JN271910

会社・金融・法

上巻

編集代表
岩原紳作
山下友信
神田秀樹

商事法務

装丁　水木喜美男

はしがき

　本書は、現代経済における最も重要であり、かつ激動にさらされている、会社法および金融法に係る諸問題について、これらの分野を代表する気鋭の研究者の最先端の研究論文を集めた論文集である。これらの領域に生じたもしくは生じつつある殆どの問題について、最高の研究者による最高のレベルの研究が示されていると自負している。

　詳しくは、編集委員によるあとがきに書かれることと思われるが、本書の企画は、我々編集代表ではなく、編集委員の諸氏によって立てられたものであり、我々は形式的な編集代表になったものにすぎない。実際の編集作業は全て編集委員の諸氏によって行われた。編集委員諸氏の大変な努力、最高レベルの力作論文ばかりを寄稿頂いた執筆者の諸氏、そして本書の企画を発案され、編集の実務を担当して頂いた公益社団法人商事法務研究会専務理事の松澤三男氏を始めとする編集部の皆様に、厚く御礼を申し上げる。

　我々が編集代表として名を連ねているのは、元々、本書が我々三人の還暦記念論文集として企画されたという経緯による。そのようなことで本書に論文を寄稿して下さった諸氏は、東京大学法学部研究室において、我々が研究をともにさせて頂いた経験のある方々である。しかし我々が、自分たちは現役の研究者であり、記念論文集の刊行は辞退したいと申し入れたところ、記念論文集を献呈される立場から自分たちも論文を執筆する編集代表ということになった。これもそれならば我々に現役の研究者としての発表の場を用意したいという編集委員諸氏の温かい計らいによるものである。我々の論文も含まれることによって、前述したように現在の学界の最高レベルの論文を集めた本論文集の価値が損なわれていないことを願うばかりである。

平成25年8月吉日

岩原　紳作
山下　友信
神田　秀樹

会社・金融・法〔上巻〕
目　次

はしがき

＜会社法総論＞
商法典と会社法
　　——わが国における商法典のあり方に関する考察・序論———松井　秀征　　1

＜企業の諸形態＞
ジョイント・ベンチャー契約と
　ベンチャー・キャピタル投資契約の交錯
　　——大企業のベンチャー企業との関わり方の変化———宍戸　善一　　31
持分会社・民法組合の法律問題———————————————大杉　謙一　　53
マフィアの私的秩序———————————————————森田　果　　83

＜株主と議決権＞
2つの残余権概念の相克—————————————————得津　晶　　111
企業支配構造の変化
　　——日本・韓国・中国の経験を素材にして———————金　建植　　135
　　　　　　　　　　　　　　　　　　　　　　（翻訳：田中　佑季）
機関投資家による議決権行使と議決権行使助言会社——————尾崎　悠一　　187
議決権拘束契約についての一考察
　　——特に履行強制の可否に関して———————————田中　亘　　219

＜株式会社のガバナンス＞
台湾における公開発行会社の機関設計の現状と課題——————蔡　英欣　　257
表見代表制度の再検討
　　——会社の機関構成の多様化を受けて—————————近藤　光男　　281

役員責任に関する二元説は会社法下の実務標準となるか	青木　浩子	301
D＆O保険と企業・役員の裁量的行動の抑止	井上　健一	333
事実上の取締役の対第三者責任について	髙橋　美加	345
取引所のコーポレート・ガバナンス規制と金商法	温　　笑侗	375

＜企業会計＞

「公正なる会計慣行」の認定をめぐって	久保　大作	399

＜株式会社のファイナンス＞

貸株と自己株式の処分	岩原　紳作	425
2011年韓国改正商法上の種類株式制度	権　　鍾浩	451
株主総会決議と募集株式の発行等の無効原因	笠原　武朗	471

＜企業グループ＞

グループ企業の経済的意義と法規制の役割	加藤　貴仁	501
グループ会社間の資金融通と貸金業法	橋本　　円	545
キャッシュマネジメントシステム（CMS）を巡る会社法上の問題に関する一考察	舩津　浩司	579

会社・金融・法〔下巻〕
目 次

＜企業買収と組織再編＞

表明保証条項のデフォルト・ルールに関する一考察 ……………… 中山龍太郎
支配株式の取得と強制公開買付
　　――強制公開買付制度の機能 …………………………………… 藤田　友敬
公開買付けの応募契約 ……………………………………………… 飯田　秀総
公開買付撤回制限に関する一考察 ………………………………… 星　　明男
会社法における株式の公正な価格の決定 ………………………… 神田　秀樹
利益相反回避措置としての
　　第三者委員会の有効性の評価基準 …………………………… 白井　正和
組織再編比率についての特別利害関係と法規制 ………………… 明田川昌幸
吸収合併における包括承継と根保証契約 ………………………… 柴田　和史
会社分割における不法行為債務の帰趨 …………………………… 小出　　篤
法人・資産・会社分割
　　――フランスにおける部分出資をめぐる議論 ……………… 川村　　力

＜投資家の保護＞

投資取引における説明義務と適合性原則 ………………………… 堀田　佳文
有価証券届出書に対する元引受証券会社の審査義務 …………… 黒沼　悦郎
発行開示における財務情報の虚偽記載と
　　元引受証券会社のゲートキーパー責任 ……………………… 後藤　　元

＜金融監督＞

金融コングロマリットにおける
　　グループ内取引に係る監督法上の規制 ……………………… 神作　裕之
利益相反取引とベター・レギュレーション ……………………… 松井　智予
銀行監督と国家賠償責任 …………………………………………… 弥永　真生

＜金融取引＞
銀行による預金の払戻しの拒絶　　　　　　　　　　　　　　　　森下　哲朗
消費者の多重債務問題に対する法的アプローチの構造
　　——比較法から見た平成18年貸金業法の改正　　　　　　　小塚荘一郎
売主の運送停止権
　　——動産売買法と運送法の交錯　　　　　　　　　　　　　清水真希子

＜保険取引＞
告知義務と詐欺、契約締結上の過失　　　　　　　　　　　　　　伊藤　雄司
保険金支払債務が履行遅滞となる時期と
　　責任保険における特別先取特権
　　——保険法の2つの争点について　　　　　　　　　　　　　神谷　髙保
保険金詐欺請求の法的効果　　　　　　　　　　　　　　　　　　山下　友信
同時多発テロの私法的側面
　　——巨大不法行為・保険・被害者救済の交錯　　　　　　　　榊　　素寛

あとがき

執筆者一覧〔上巻〕（掲載順）

〔2013 年 9 月 1 日現在〕

松井　秀征（まつい　ひでゆき）　立教大学法学部・大学院法務研究科教授
宍戸　善一（ししど　ぜんいち）　一橋大学大学院国際企業戦略研究科教授
大杉　謙一（おおすぎ　けんいち）　中央大学大学院法務研究科教授
森田　果（もりた　はつる）　東北大学大学院法学研究科准教授
得津　晶（とくつ　あきら）　北海道大学大学院法学研究科准教授
金　建植（きむ　こんしく）　ソウル大学校法学専門大学院教授
（翻訳：田中　佑季（たなか　ゆき））　慶應義塾大学大学院法学研究科助教
尾崎　悠一（おざき　ゆういち）　首都大学東京都市教養学部法学系准教授
田中　亘（たなか　わたる）　東京大学社会科学研究所准教授
蔡　英欣（さい　えいきん）　国立台湾大学法学部准教授
近藤　光男（こんどう　みつお）　神戸大学大学院法学研究科教授
青木　浩子（あおき　ひろこ）　千葉大学大学院専門法務研究科教授
井上　健一（いのうえ　けんいち）　駒澤大学法学部教授
髙橋　美加（たかはし　みか）　立教大学法学部教授
温　笑侗（おん　しょうとう）　南開大学法学院専任講師
久保　大作（くぼ　だいさく）　大阪大学大学院高等司法研究科准教授
岩原　紳作（いわはら　しんさく）　早稲田大学大学院法務研究科教授
権　鍾浩（こん　ぞんほ）　建国大学校法学専門大学院教授
笠原　武朗（かさはら　たけあき）　九州大学大学院法学研究院准教授
加藤　貴仁（かとう　たかひと）　東京大学大学院法学政治学研究科准教授
橋本　円（はしもと　まどか）　弁護士
舩津　浩司（ふなつ　こうじ）　同志社大学法学部准教授

商法典と会社法
──わが国における商法典のあり方に関する考察・序論

松井　秀征

I　はじめに
II　フランス商法典の成立とその存立基盤
III　ドイツ普通商法典の成立とその存立基盤
IV　わが国における商法典の有する意味と会社法
V　おわりに

I　はじめに

1　商法典という存在

　明治 32（1899）年に制定された現在の商法は、当初、5 つの編からなる法典であった。すなわち「第 1 編　総則」に始まり、「第 2 編　会社」、「第 3 編　商行為」、「第 4 編　手形」、そして「第 5 編　海商」と続いていた。しかし、このうち現在まで商法典に残っているのは総則、商行為、そして海商の 3 つの編であり、しかも商行為編に含められていた保険の章はやはり商法典から脱落している。

　このような商法典の構成に見られる形式上の変化は、周知のとおりその構成要素が別の法律として独立したことを意味している。すなわち手形編については、昭和 7 年の手形法および昭和 8 年の小切手法の制定により、商法典より削除された。また、会社編については、平成 17 年の会社法の制定により、

商行為編中の保険の章については、平成20年の保険法の制定により、それぞれ商法典から削除されるに至っている。かつて商法に収められていた手形および会社の各編、あるいは保険の章が独立していくについては、それぞれに政策的理由がある[1]。

商法典からその構成要素が独立するという現象を見たとき、いくつか素朴な疑問が浮かんでくる。第1に、そもそも商法典という法典はいかなる考え方に基づいて存在し、またいかなる理念によりその多様な規律内容を1つの法典に束ねていたのか。第2に、かりに何らかの理念に基づいて多様な事項が商法典という1つの法典に束ねられていたとして、その形態が維持できなくなるにはどのような事情があったのか。第3に、かりに商法典において規律されていた事項が、商法典から独立した場合、当該事項についての理解や解釈に何らかの変化は生じるのか。

以上の疑問は、まさに法典それ自体の存在意義に関わる（ように見える）点で、いずれも非常に難しい問題であるようにも思われる。他方、法典という存在が歴史上の社会的、経済的な背景から成立しているものである以上、その背景が変化すれば当初の存在形式が維持できなくなるのは当然であり、さほど難しい問題ではないのかもしれない。

2　本稿における検討対象

筆者は、わが国の商法典からその構成要素が独立するという現象を目の当たりにする中で、今後、わが国において商法典がいかなる形式で存在しうるのか（あるいはしえないのか）という点に関心を有している。この関心が対象とする問題自体は、ある法的規律を法典の形で置くか個別分野の単行法の形にするかという形式的問題であり、そもそもある分野について法的規律が必要か否かという実践的問題からは程遠い。そういう意味では、純粋理論的な関心からはともかく、それ以外にはあまり実益のない問題にも見える。

しかし、もう少し時間的、地理的に視野を広げてみると、フランスのように法典編纂に熱心で、一度、商法典から会社法を独立させながら、またこれ

---

[1] この点については、ひとまず藤田友敬「総論：商法総則・商行為法の現状と未来」NBL935号7-8頁（2010年）を参照。

を商法典の中に戻すということを行った法域も存在する[2]。あるいは、スイスのように当初より商法典を持つことなく、商事的規律を債務法（Obligationenrecht）に置いた法域[3]、イタリアのようにいったん商法典を持ちながら、後にその規律を民法典の中に統合した法域も存在する[4]。このように考えると、手形であれ、会社であれ、あるいは保険であれ、これを法典の中に位置づけるか否か、そしてこれを肯定した場合にいかなる法典の中に位置づけるかには何らかの意味があると考えることもできそうである。さらに、ある分野が法典の中に位置づけられた場合と法典の外に独立の法律として存在する場合とでは、前者には法典の理念が直接的に作用し、後者にはそれが存しないことにより、解釈論上何らかの差異が生じるのではないか、という疑問も生ずる。

　本稿は、以上のような問題関心から、1において示した3つの疑問について、一定の視点を獲得しようと試みるものである。もとより先の疑問すべてについて、限られた紙幅で明らかにすることは無理である。そこで本稿では、検討の端緒として、第1の疑問、すなわち商法典なる法典がいかなる理念や考え方に基づいて存在し、その規律内容を1つの法典に束ねていたのかという点に絞って検討を加えることとしたい。そして、そこから明らかになった結果を踏まえて、第3の疑問——ある分野が法典から独立した場合に有する意味——に関して、特に会社法の分野との関係で若干の示唆を行うこととしたい。

---

[2] フランスでは、1807年の商法典に含まれていた株式会社等に関する規定が1867年に単行法として独立し、さらに1966年にはすべての商事会社を対象とする単行法が成立した。しかしその後、2000年に再び商法典の中に戻されている。以上については、笹岡愛美「フランスにおける『商法典』」NBL935号65頁以下（2010年）参照。

[3] スイスでは、1881年に債務法が制定された際に商事的規律がその中に含まれ、商法典という独立の法典が制定されなかった。なお、スイスでは1907年に民法典（Zivilgesetzbuch）が制定され、従前の債務法は法律としての形式をとどめつつ、1911年の法律で民法典の一部（第5編）を構成するものとされている。

[4] イタリアでは、1861年に統一を実現した後、1865年に商法典（Codice di Commercio）が制定され、これは1807年のフランス商法典にかなり依拠したものであった（G. Presti/M. Rescigno, Corso di Diritto Commerciale, 2. edizione, 7 (2009)）。イタリアでは、その後1882年にドイツ法の影響も受けた商法典が制定された後、1942年に民法典（Codice Civile）に統合されている。

筆者の問題関心は、あくまでもわが国の商法典のありように向いているが、その商法典はフランスやドイツの商法典に由来する。このうちドイツの商法典——1861年のドイツ普通商法典（Allgemeines Deutsches Handelsgesetzbuch；ADHGB）——も、1807年のフランスの商法典に影響を受けている。そこで本稿では、わが国の商法典のありようを検討するに先立ち、会社に関する規律が商法典に含まれている点を特に意識しながら、まず1807年のフランス商法典の成立とその理念や考え方を明らかにするところから検討を始める（II）。次いで、ドイツにおけるADHGBについて同様の検討を行う（III）。その上で、わが国の商法典の理念や考え方、あるいは商法典から会社法が独立していくことの意味について若干の検討を行い（IV）、最後に簡単にまとめを行う（V）。

II　フランス商法典の成立とその存立基盤

　フランスにおける商法典の成立は、Napoléon時代の1807年であるが、当地ではこれに先立ちいくつかの商事立法が先行している。そこで本節では、商法典に先行する立法の概要を前史として確認し（1）、その上でフランス商法典の成立の経緯とその内容（2）、そして当該法典の理念や考え方が何であるか（3）についてまとめることとしたい。

1　前史

　中世までのヨーロッパにおいて、商事に対する法的な規律は、商人団体の内部における自治的な規律、ないしその前提となる慣習[5]に見出すことができる[6]。そして、中央主権国家の形成によりこれによる統制が及ぼされるのだが、ことフランスにおいて商事事項に対し国家による規律がなされたのは17世紀であり、1673年商事勅令（陸上商事王令）[7]および1681年海事勅令（海商王令）[8]にまでさかのぼることができる[9]。
　このうち1673年商事勅令は、当時、都市ないし地方により異なっていた商業上の取引ルールを簡明化して統一し、不正を取り締まることで商人間の信用を確立し、商業の活性化を図ることを目的としていた[10]。もっとも

1673年商事勅令による商人等に対する規律は、当時の商人身分を前提とした規制が少なからず存在し[11]、その意味では今日われわれが目にする商法の規律とは前提において異なる。

会社に対する規律との関係でいえば、1673年商事勅令は、sociétéに関する規定を有していたものの、株式組織の営利団体であるcompagnieについては規定を設けていない。これは、compagnieが特許（charte royale）により個別に設立され、法人格を付与されることを想定していたからである[12]。すなわち1673年商事勅令に定められていたsociétéとは、société generalとsociété en commenditeであり（1673年商事勅令第4章第1条）、前者は組合から発展した今日の合名会社的形態、後者は匿名組合から発展した今日の合資会社形態である[13]。これらはいずれも私的な契約的結合であって、特許により公的団体として設立されたcompagnieとはそもそも団体としての性格が異なっていた。

2　フランス商法典の成立

1673年商事勅令は、18世紀にも引き続き妥当することになる[14]が、当該勅令を改める作業は同世紀末のフランス革命期まで待たなければならなかっ

---

5) 商事法に限定しなければ、フランス北部においては、12世紀から13世紀にかけての商業の発展に伴い、狭い地域的な慣習法が接近して広域にわたる地方慣習法が支配するようになっていた。他方、南部では、ローマ法を基礎とする統一的な慣習法が支配し、このような区別は16世紀ころまでには明確になっていた（以上につき、山口俊夫『概説フランス法（上）』19-21頁（東京大学出版会、1978年））。

6) P. Huvelin, L'histoire du droit commercial (1904). 参照したのは、ポール・ユヴラン（小町谷操三訳）『商法史〔再版〕』81頁以下（有斐閣、1978年）である。

7) Ordonnance sur le Commerce Terrestre, 1673.

8) Ordonnance de la Marine, 1681.

9) これらの勅令は、Louis14世治下における重商主義的政策の発現であった（村上淳一『＜法＞の歴史』136頁（東京大学出版会、1997年））。

10) 笹岡・前掲注2) 60頁。

11) たとえば1673年商事勅令の第1章は、卸売商や小売商等に対する規定を置いているが、その内容は徒弟に関する規律、営業能力に関する規律のほか、請求権行使にかかる法的手続（出訴期間等）に関する規律であった。

12) 山本桂一『フランス企業法序説』11頁（注1）（東京大学出版会、1969年）。

13) この点につき、松井秀征「取締役の新株発行権限(1)」法協114巻4号436頁（注1）（1997年）参照。

た。革命期においては、法はすべての市民が理解でき、明確な用語による成文のものでなければならないとの思想に基づき、成文の法典編纂作業が意図されるようになる[15]。とりわけ1790年代から活発となった民法典の編纂作業は、Napoléonが1800年からその作業を引き継ぎ、1804年にこれを成立させた[16]。そしてこれ以降、1806年の民事訴訟法典、1807年の商法典（以下、「1807年商法典」という）、1808年の治罪法典、そして1810年の刑法典に至るまで、法典編纂作業が進められることとなる。

　1807年商法典の内容は、少なからず、1673年商事勅令および1681年海事勅令に依拠している面がある[17]。ただし、1673年商事勅令が商人身分の存在を前提とした規律を行っていたのに対し、革命期に当該身分が廃された結果、1807年商法典は商行為概念を基礎とした体系を有するに至った。すなわち1807年商法典1条は、商人概念につき、商行為をなす者であって、かつこれを通常の業として行う者を指すとしている。さらに1807年商法典は、第4編において商事裁判に関する規定を置き、その631条は商事裁判所の管轄権として、商人等の行為に関する紛争（同条1号）、およびすべての人における商行為に関する紛争（同条2号）を挙げている。これを受けて、1807年商法典632条は一般的な商行為を列挙し[18]、633条では海事関連の商行為を列挙している[19]。

　また、会社に関する規律との関係でいえば、1807年商法典は、1673年商

---

14) もっとも1673年商事勅令自体は、18世紀初頭には早々に欠陥が認識されるようになっていたとされる（笹岡・前掲注2) 60頁）。
15) 山口・前掲注5) 61頁。
16) 山口・前掲注5) 62頁。
17) A. Pedone, Évolution Historique de la Législation Commerciale 126 (1951).
18) 1807年商法典632条は、①現物のままの転売またはその利用、加工後の転売を目的とし、もしくはその利用のために賃貸することを目的とした商品の購入、②製造、取次 (commission)、陸上または水上運送にかかる事業 (entreprise)、③納入、代理店、競売所、公衆向けの興行にかかる事業、④両替、銀行、仲買にかかる取引、⑤公的に行われる銀行の取引、⑥商人および銀行家の間で行われる債務の負担、⑦為替手形、または時々になされる金銭の預託を商行為としている。
19) 1807年商法典633条では、①内航または外航のための船舶の建造にかかる事業、または当該船舶の購入、売却および転売、②海上の航行、③艤装品・補給品の購入または売却、④傭船および海商に関する保険その他の契約、⑤船員の賃金および報酬に関する合意ないし約束、⑥商船運行のための船員の雇用が商行為として列挙されている。

事勅令には含まれていなかった株式組織の団体をその規定の中に取り込んだ。すなわち1807年商法典19条は、sociétéの種類として3つを認め、société en nom collectif（合名会社）、société en commandite（合資会社）、そしてsociété anonyme（株式会社）を列挙している。1807年商法典において株式組織の団体であるsociété anonymeが規律されたことの意味については、次の2点を指摘することができる。第1に、当該団体がsociétéという契約的結合であることを前提にした規律がなされたこと。そして第2に、その存在が事業の目的によって基礎づけられていることである（1807年商法典30条）。この点については、次の3においてもう少し検討を加えることとしたい。

3　フランス商法典の理念と若干の分析

(1)　1807年商法典の理念・考え方

　フランスの1807年商法典は、どのような理念や考え方に基づき編まれたのだろうか。2において紹介したとおり、フランスの法典編纂作業一般に関する思想的な背景としては、法はすべての市民が理解でき、明確な用語による成文のものでなければならないとの考え方が存在していた。これは、体系的かつ網羅的な新秩序を法により提示し、それにより社会を包括的に設計するという信念に基づくものでもあった[20]。また、革命前の時代において生じていた法の不統一な状態を統一するという実際的な必要に応えるという意味も存在していたわけである[21]。

　だが、こと1807年商法典についていえば、以上の理念的説明の妥当しない面がある。なぜなら成文法の必要性、あるいは法の不統一から生ずる問題の解決といった実際的な目的は、1673年商事勅令および1681年海事勅令の存在していた商事分野の場合、すでに満たされていたからである。むろん、法典編纂の意味は以上の必要性や目的にとどまるものではない。繰り返すように、さまざまな法の規定を体系的、網羅的に整序し、これにより新しい秩

---

20) F. Wieacker, Privatrechtsgeschichte der Neuzeit unter besonderer Berücksichtigung de deutschen Entwicklung (1952). 参照したのは、F. ヴィーアッカー（鈴木禄弥訳）『近世私法史――特にドイツにおける発展を顧慮して』403頁（創文社、1961年）である。

21) 山口・前掲注5) 65頁。

序を作るという面もあるのであって、1807年商法典にその役割を見出すことは可能である。たとえば、1673年商事勅令や1681年海事勅令は商人身分の存在を前提とした法的規律であったが、1807年商法典は従前の前提を否定して、商行為概念を前提とした法的規律を置き、これは商業に対する新たな法的規律のあり方を提示したともいえる[22]。

　もっとも、このような理解にもさらに若干の留保が必要である。すなわち1673年商事勅令や1681年海事勅令に代わる法典を編纂する際、「商法典」という形式をとるべきかどうかは自明の理ではない。つまり法典編纂のあり方として、商事事項を組み込んだ民法典を起草することも考えうるところであるが、そのような方法はとられなかった。ただ、フランスにおいて商法典という形式が求められた理由としては、一点、決定的な事情がある。それは、商事裁判制度の存在であった。商人破産制度を前提としていたフランスにおいて、当該制度の適切な運用のための商事裁判制度は不可欠であり、その結果として商事裁判の管轄を明らかにするための法典としての商法典が必要であった。1807年商法典において、商行為概念に関する規定が商事裁判所の規定の中に含まれているのはこのような観点から理解できるし、商法典を編纂したことの意味は、商事裁判所の管轄を明らかにするというところに見出すことができる[23]。

(2)　会社法関連規定との関係

　革命以前のフランスにおいて株式組織の営利団体であるcompagnieは特許による設立が認められていたところ、1791年、立憲議会（Assemblée nationale constituante）は営業の自由を認め、これにより株式組織の営利団体は自由に設立が認められた[24]。だが、このような制度は各地に商業金融の営利組織を生み、これが過度の投機を招くこととなった。そこで国民公会

---

22)　この点につき、岩崎稜「商法の適用範囲と商人概念」竹内昭夫＝龍田節編『現代企業法講座1――企業法総論』88頁以下（東京大学出版会、1984年）参照。
23)　岩崎・前掲注22）87頁以下参照。
24)　2-17 mars 1791. Décret portant suppression de tous les droits d'aides, de toutes les maîtrises et jurandes, et établissement de patentes, art. 7.

(Convention nationale) は、1794年、株式組織の営利団体の設立を一切禁止する[25]。この極端な政策に対して統領府（Directoire）は、1795年、再び会社設立について以前の状態に戻し、自由な設立を認めることとなった[26]。これが再び株式組織の営利団体の濫立と投機を生み、その結果として1807年商法典において採用されたのが、株式会社の許可制度であった（1807年商法典37条）。

以上の1807年商法典までの経緯を確認した場合、革命の理念が浸透する中で、株式組織の営利団体から特権団体としての性格が拭い去られていったという点が何より重要である。すなわち革命以前における株式組織の営利団体はcompagnieと呼ばれ、これは公的な性格を担うことを前提としていた。しかし、その設立が特許に依拠し、種々の特権を付与されていたcompagnieは、革命期には何より排除されるべき中間団体にほかならなかった。その結果、1791年に営業の自由が承認され、株式組織の営利団体が自由に設立を認められた際、当該団体は理論的に契約的結合であるsociétéとして位置づけられ——これにより将来的に商法典の枠組みに取り込むことが可能になった——、これに伴うべき公的な要素が排除されたのである[27]。その後、1807年商法典において設立に許可（autorisation）を要する制度が採用されるが、ここでの許可というのは株式会社設立の濫用や投機の防止を目的としたもので[28]、かつての特許とは本質的に異なる。

---

25) 26-29 germinal an 2（15-18 avril 1794）. Décret contenant une nouvelle redaction de celui qui supprime les compagnies financières, art.1.
　なお、これに先立つ1793年、株式組織の営利団体については、その濫用の弊に対処する観点から、その設立に対する許可制が採用されていた（この点について、山本・前掲注12）58頁以下参照）。
26) 30 brumaire an 4（21 novembre 1795）. Loi qui aborge cell du 26 germinal an 2, concernant les compagnies et associations commerciales.
27) もっともすでに18世紀半ばには株式組織の営利団体は、私的な団体としての性格を帯びていたことが指摘されている（H. Lévy-Bruhl, Histoire Juridique des Sociétés de Commerce en France aux XVIIe et XVIIIe Siècles 43（1938））。
28) J.-M. Pardessus, Cours de Droit Commercial, Tome IV., 3eme ed., 135（1825）.

(3) 小括

　1807年商法典の理念、そして当該法典に株式会社規定が含められた際の考え方については、それなりの説明を充てることは可能なものの、なかなか事情は複雑である。

　1807年商法典の背景には、不文の法を成文化し、法の不統一を統一するという理念が存在するものの、これは17世紀からの成文法が存在していた商事分野の場合は必ずしも妥当しない。また、さまざまな法の規定を体系的、網羅的に整序し、これにより新しい秩序を作るという思想も存在しているが、1673年商事勅令や1681年海事勅令が十分に整理されず法典化された1807年商法典の場合はこの点も疑わしい。しかも、そもそもその整序の成果が商法典という形式であるべきかも必然ではない。そうなると1807年商法典が法典として存立する基礎には、商事裁判所の管轄を定めるための立法が必要であった点、そしてその管轄の範囲を定めるために従前の商人身分に代わる商行為概念——革命の理念的成果の表れではある——が設けられた点にかろうじて認めることができる。

　1807年商法典への株式会社規定の包含については、革命期に株式組織の営利団体たるcompagnieに関する理解が大きく変化したという点が前提となる。つまり革命期に特許によるcompagnieの設立が否定され、当該団体に本来的な公的性格が求められなくなった結果、株式組織の営利団体をsociétéと構成して、1807年商法典に受容することが可能となった。ただし注意しなければならないのは、革命期の思想が株式組織の営利団体を理論的にそう構成させたのであって、それが唯一の構成ではない、ということである。

III　ドイツ普通商法典の成立とその存立基盤

　ドイツの現行の商法典（Handelsgesetzbuch; HGB）は1897年に成立したものであるが、当地における一般的な商法典の成立はこれに先立つ1861年のADHGBにさかのぼる。さらにプロイセンをはじめとする各領邦レベルにおいては、商事事項について、このADHGBに先行する立法もある。そこで

本節でも、前節と同様、プロイセンを中心として ADHGB に至るまでのドイツ地域における商事立法の概略を前史として確認し (1)、その上で ADHGB の成立の経緯とその内容 (2)、そして当該法典の理念や考え方が何であるか (3) についてまとめることとしたい。

1 前史

　中世のドイツ地域では、各ラントにおいて「良き旧き法」の観念に基づく法が妥当し[29]、支配者が立法権を行使して法典編纂を行うという方向性はなかなか見られなかった。当該地域において、本格的な法典編纂の動きが見られるのは 18 世紀に入ってからであり[30]、商事立法を含む法典編纂は 1794 年のプロイセン一般ラント法まで待たなければならない。

　プロイセン一般ラント法は、プロイセンにおける 18 世紀初頭からの法典編纂の動きの延長線上にあり、これもフランスにおける法典編纂と同様、体系的かつ網羅的な新秩序によって社会を包括的に設計しようとの目的によるものであった[31]。そもそも、18 世紀初頭のブランデンブルクの諸領邦において妥当していた法は多様であり、これを統一しようという Friedrich Wilhelm 1 世の意図から法典編纂の計画は出発する[32]。その後、Friedrich 大王の治世における紆余曲折を経て、1780 年代から法典編纂の作業は本格的に進行し、1794 年にプロイセン一般ラント法が公布されることとなった[33]。

　プロイセン一般ラント法は、プロイセンにおける自然法であり、その国家建設に向けられた成果物であり、それゆえ内容において網羅的であった[34]。

---

29)「良き旧き法」とは、歴史的な伝習となって通用力を持ちうる既得権としての「良き旧き権利」の総体であり、自力救済を正当化する役割を果たしてきた。この観念自体は、中世の末期に支配者がその領域において自力救済を禁圧し、自己の制定する実定法により平和を維持しようとする中で、これに抵抗する勢力が生み出したものである（以上につき、村上・前掲注 9）108-115 頁のほか、村上淳一『近代法の形成』65 頁以下（岩波書店、1979 年））。
30) たとえば 1756 年のバイエルンにおけるマクシミリアン法典（Codex Maximilianeus Bavaricus civilis, 1756）はその例である。
31) F. ヴィーアッカー・前掲注 20）403 頁。
32) F. ヴィーアッカー・前掲注 20）410 頁。
33) 公布までの経緯については、F. ヴィーアッカー・前掲注 20）411 頁以下参照。

ただ、その内容について本稿の主題との関係で注意しなければならないのは、従前からの身分を前提とした体系となっていたことである。商事事項に対する法的規律については、第2編第8章「市民身分（Vom Bürgerstande）」の第7節において、「商人（Kaufleute）」の法という形式で規定が置かれた[35]。その内容自体は238か条にも及ぶ豊富かつ網羅的なものである。すなわち商品または手形に関する取引に従事する者を商人とし（プロイセン一般ラント法第2編第8章475条）、商人資格、商事代理人・商業使用人、補助者・徒弟、商業帳簿、商事組合、商事利息、商人による勧誘行為といった内容が定められている。もとよりプロイセン一般ラント法は、身分制度を踏まえてツンフト（Zunft）等の同業組合の存在を予定していたから[36]、その前提において今日とは異なることは言うまでもない。しかし、その後のADHGBの前提となる内容を含んでいたことも事実である。

ところで株式組織の営利組織について、プロイセン一般ラント法はどのような態度をとっていたのか。18世紀までのプロイセンでも、フランスの場合と同様、当該組織はCompagnieという領邦の特許により設立される団体であった。これは国家の諸権能を賦与するための媒体であって、すぐれてその実施する事業に政治性が求められた[37]。ところがプロイセン一般ラント法は、Compagnieに対する一般的規律を欠いていた。これは、Compagnieも団体の性質としてすべての人的結合体を包含するGesellschaftと扱う[38]こ

---

34) その前提には、判例、注釈、あるいは学説による法発展に対する抑圧的な姿勢が存在していた（F. ヴィーアッカー・前掲注20) 416頁）。

35) この市民身分の章には、第7節の商人に関する規定の他にも、手形や海商の規定等、商事事項に関する規定が設けられている。市民身分の章に含まれた節を列挙すると、「第1節　市民身分一般」、「第2節　都市及び都市共同体」、「第3節　手工業者及びツンフト」、「第4節　芸術家及び工場主」、「第5節　醸造業者、旅館主人、食堂主人、及び飲食物の販売従事者」、「第6節　薬剤師」、「第7節　商人」、「第8節　為替手形」、「第9節　約束手形（Handelsbillet）及び小切手（Assignation）」、「第10節　仲介業者」、「第11節　船舶所有者、船員、傭船者」、「第12節　海損」、「第13節　保険」、「第14節　冒険貸借」、「第15節　運送業者」である。

36) たとえば、前掲注35) に紹介した市民身分の章にも、「第3節　手工業者及びツンフト」という節が存在する。なおツンフトとは、中世のドイツ地域において都市の同業種の手工業者が結成した団体で、競争制限目的で親方のみが手工業を営むことを認め、徒弟や職人が独立して手工業を営むことを禁じたほか、その他の営業上の制限を課していた（以上の説明については、山田晟編『ドイツ法律用語辞典』474頁（大学書林、1981年）による）。

とを意味していた[39]。つまり株式組織の営利組織であっても、団体それ自体として Gesellschaft として私的な契約によって成立し、先に見た商人に関する規定が適用される[40]。ただ、ここに永続的な公的目的が看取できる場合には特許状により特権が付与され、Compagnie として扱われたわけである。プロイセン一般ラント法においてこのような理解がなされるについては、18世紀末に至り、Compagnie の用途が拡大して株式組織の営利団体の政治性が希薄化していたという状況が存在していた[41]。

2　ADHGB の成立

隣国のフランスにおいて Napoléon が登場し、19世紀初頭にはラインラントがフランスに占領されると、ここではフランスの1807年商法典が適用されることとなる[42]。むろん1807年商法典の適用地域を持ち出すまでもなく、19世紀前半のドイツ地域は各領邦に細分化されていたから、商事事項も含め領邦ごとに異なる法が妥当していた。たとえば1843年の段階で、56の異なる手形条例（Wechselordnung）が当時のドイツ連邦（Der Deutsche Bund）内に存在していたという[43]。手形のように領邦をこえて流通する有価証券の規律が一様でないのは不便極まりなく、手形については、1848年にドイツ地域における統一的な規律をめざすドイツ普通手形条例（Allgemeine Deutsche Wechselordnung）[44]が成立した[45]。ただ、商人や仲買人等の一般的

---

37) 以上については、松井秀征『株主総会制度の基礎理論』78-81頁（有斐閣、2010年）の記述を参照。
38) プロイセン一般ラント法は、第2編第6章において Gesellschaft に関する規定を置いていた。ここでの Gesellschaft とは、人的な契約結合である「組合」と理解するのが妥当である。
39) H. Schumacher, Die Entwicklung der Inneren Organisation der Aktiengesellschaft im Deutschen Recht zum Allgemeinem Deutschen Handelsgesetzbuch 5 (1937).
40) 村上淳一『ドイツ市民法史』117頁（東京大学出版会、1985年）。
41) 以上につき、松井・前掲注37) 85-87頁。
42) K.J. Hopt, Ideelle und Wirtschaftliche Grundlagen de Aktien-, Bank- und Börsenrechtentwicklung im 19. Jahrhundert 135, in: H. Coing/W. Wilhelm (Hrsg.), Wissenschaft und Kodifikation des Privatrechts im 19. Jahrhundert Bd. V (1980).
43) T. Baums, Der Entwurf eines allgemeinen Handelsgesetzbuchs für Deutschland (1848/49) 34, in: T. Florstedt et al. (Hrsg.), Beiträge zur Geschichte des Wirtschaftsrechts (2012).

規律、あるいは海商法、商事裁判所の裁判管轄、破産法といった個別的な領域における法的規律についても、領邦ごとに差異が存することは問題であった。19世紀前半、ドイツ地域における民法典の編纂が困難であったのはよく知られる事実だが[46]、経済的自由主義が活発となる1850年代以降、こと商事事項に関しては法的規律の統一の必要性が存在していたわけである。

　その他に19世紀前半のドイツでADHGBの成立との関連で注視すべき点が、営業の自由を求める動きである。プロイセン一般ラント法が身分の存在を前提としていたことからもわかるとおり、ツンフト[47]等の存在を前提とした営業に対する規制はドイツ地域に幅広く存在していた。そのわずかな例外が、ラインラントをはじめとする1807年商法典の適用地域である。もっともプロイセンでも、Hardenbergにより1810年から営業の自由を認める方向での改革が進められ[48]、これは次第にツンフトを解体していくことになる。そして1845年の営業令（Gewerbeordnung）[49]に至り、個々の地方において残存していたツンフトの特権を廃止するに至る（同令1条）[50]。こうして営業の自由が徐々に浸透し、かつ1850年代からの経済的自由主義の高まる中で、

---

44) ドイツ普通手形条例 (RGBl. 1848, Nr.6) は各領邦における立法措置により導入され、たとえばプロイセンでは1849年1月6日のドイツ普通手形条例導入令によって行われている (Einführungsordnung zur Allgemeinen Wechselordnung für Deutschland. Vom 6. Januar 1849. GS. S.49)。

45) その成立の経緯については、たとえば W. Brauer, Die allgemeine deutsche Wechsel-Ordnung mit den Abweichungen der Oestreichischen Wechsel-Ordnung, 2. Aufl. 1-10 (1851) に詳しい。

46) ハイデルベルク大学のThibautが、フランスから解放され民族意識の高まっている状況において、ドイツ全体に通用する民法典の編纂に向けた主張を行ったのに対して (A.F.J.Thibaut, Über die Nothwendigkeit eines Allgemeinen Bürgerichen Rechts für Deutschland 59-60 (1814))、ベルリン大学のSavignyが、ドイツの未成熟な法学の下での法典編纂に反対し、いわゆる法典論争が起こった。その後のドイツ地域における民法典の編纂についての展開は、よく知られるとおり、まずは歴史的方法により法学の漸次的発展を先行させようというSavignyの主張した方向性で進んでいったのである (F.C.v.Savigny, Vom Beruf unsrer Zeit für Gesetzgebung und Rechtswissenschaft 116-118 (1814))。

47) ツンフトについては、前掲注36) の記述を参照。

48) これは営業税の新設による国家収入の増大のため、その代償として独占的な営業権を廃止したもので、市場経済の発展によって営業の自由を認める必要があったというわけではない（村上・前掲注40) 154頁）。

49) Allgemeine Gewerbeordnung. Vom 17. Januar 1845. GS. 41.

商事事項について商人身分を前提としない法的規律を設ける前提が整うことになる。

　以上のとおり1861年のADHGBは、ドイツ地域における商事事項に関する法的規律の統一の必要性、そして営業の自由と経済的自由主義の展開という状況の下で成立したものである。ADHGB自体は、1857年のプロイセンの草案を基礎としているのだが[51]、これをプロイセン一般ラント法と比較した場合、次の点で顕著な差異がある。まず第1に、商人の定義として「業として商行為に従事する者を本法において商人とみなす」とし、これを商行為概念から導き、営利性の拘束をかけている（ADHGB4条）。もっともADHGBは、商人の規定を第1編「商業身分（Handelsstande）」に含めており、なお身分制度の名残——当時はドイツ地域全体で営業の自由が認められていたわけではない[52]——をとどめている。そして第2に、商行為についても、当然に商行為となる絶対的商行為のみを観念するのではなく、行為の性質に応じ業として行う場合にのみ適用を認める営業的商行為を区別している。ここには、商法とは業として行われる行為に適用があるからこそ特別の法として規律がなされるのだという思想があり[53]、単に行為にのみ着目し、その性質を問わず商行為を列挙するフランスの1807年商法典と異なる立場である。

　さらに株式組織の営利団体についていえば、ADHGBは株式会社に関する規定を有している。すでにプロイセンでは1843年に一般的な株式会社法[54]を有しており、その団体としての性格はGesellschaftであるとされていたのであるが、ADHGBもこれを引き継いでいる。すなわちADHGBは、第2編

---

50) もとより、1807年商法典の適用地域であるラインラントやプロイセン等の領邦以外に直ちに営業の自由が拡大したわけではない。この点については、後掲注52) 参照。

51) さらにその基礎に存在するのは、ドイツ連邦および関税同盟の会議等で議論が積み重ねられた結果として公表された1849年の部分草案である（この点については、T. Baums, a.a.O.（Fn. 43), S.38ff., 81 参照）。

52) ドイツ地域における営業の自由が確立するのは、1869年の北ドイツ連邦における営業令（Gewerbeordnung für den Norddeutschen Bund. Vom 21. Juni 1869. BGBl. S. 245.）が、ドイツ統一によって帝国全体に適用を見てからである。

53) T. Baums, a.a.O.（Fn. 43), S.78f.

54) Gesetz über die Aktiengesellschaften. Vom 9. November 1843. GS. S.341.

「商事会社（Handelsgesellschaft）」の規定を置き、その第3章が株式会社（Aktiengesellschaft）とされている。これは、一般的にGesellschaftの形態で商行為に従事することを想定する者を商事会社とし、とりわけ株式会社の場合にはこれが企業の目的に反映することを想定していた[55]。ADHGBの成立時点において、株式会社は国家の免許なしには設立できなかったことから（ADHGB208条1項）、これによりその団体の事業目的に対するコントロールが及ぼされていたのである。

3　ADHGBの理念と若干の分析

(1)　ADHGBの理念・考え方

18世紀のプロイセンにおいて、法典編纂事業というのは、体系的かつ網羅的な新秩序によって社会を包括的に設計しようという目的に裏付けられたものであった。ただしプロイセンの場合、フランスの革命期における法典編纂と異なり、なお旧来の身分制度の存在を前提としていた点において特徴的である。ここには、革命の契機を経たフランスとは異なり、抽象的、普遍的な自由な人格や所有権の観念はなく、なお伝統的な人格や所有権の観念の延長線上にあった[56]。革命の契機を経なかったドイツ地域において、この抽象的、普遍的な自由な人格や所有権の観念によって既存の観念に置き換えていくには、さらなる理論的な批判の時間が必要だったわけである[57]。いずれにしても、身分制度を前提としたプロイセン一般ラント法の下で商事事項に対する法的規律は、市民身分、ないしこれに包含される商人身分に対する法的規律という形式をとることになる。

プロイセン一般ラント法は、新秩序により社会を包括的に設計するという

---

55) 合名会社（offene Handelsgesellschaft）や合資会社の場合は、商事取引に従事する複数の者が共通の商号の下で事業を行うためにこれを設立するものとして想定されていた（合名会社の場合につきADHGB85条1項、合資会社の場合につき同150条1項）。これに対して、無機能化した株主による出資を前提とする株式会社の場合にはこのような規定が存在せず、企業の目的として商事取引を行うことを前提とし、これを国家の免許制度の存在が担保していたといえる。

56) この点については、村上・前掲注29) 103-105頁。

57) 村上・前掲注29) 105頁。

方向性を有していたから、ここに規律される内容はもちろん商事を含む民事事項に限定されるわけではなく、行政事項に関する規律（行政法）、あるいは刑事事項に関する規律も含んでいた。これに対して民事に関する事項については、19世紀以降、ドイツ地域における法の統一に向けた議論が提起されるようになる。これは、法の分裂状況による不都合に対する必要から生じたと指摘できなくはないが（とりわけ商法典に対する19世紀半ば以降の議論）、当初はむしろドイツ地域の政治状況に依拠したところが大きい。よく知られるとおり、1810年代に起こったThibautとSavignyの法典論争は、統一法典の制定によってドイツ地域の政治的統合を図るThibautに対して、法学による統合を目指したSavignyとの間で対立を生ずることになる[58]。結局、この論争はSavignyの議論が優勢となって終わったのだが、その結果、ドイツ地域における統一的な民法典の制定にはなおしばらくの時間を要することとなった[59]。

　他方で、ドイツ地域における商業活動が次第に盛んになる中で、各領邦ごとに商事事項に関する法的規律が異なる点に不都合が生じていたのも事実であった。1848年の政治の季節——政治的な自由主義を求めた3月革命——を経て、とりわけ経済的な自由主義が優位となっていく1850年前後からは、ドイツ地域における統一的な商事法典の必要性が認識される。それが1848年のドイツ普通手形条例であり、そして1861年のADHGBにつながっていくわけである。このことからもわかるとおり、ADHGBという法典が成立するに当たっては、何より領邦に分裂していたドイツ地域における商業活動が活発化する中で商事法に関する法の統一が求められていたという事情が大きい。

　では、ADHGBの法典としての理念はどこに存在していたのか。フランスのように革命の契機を経ておらず、また領邦によっては未だ営業の自由が確立されていない中、ADHGBはフランスにおける1807年商法典のように商

---

58) この点については、前掲注46）参照。
59) ドイツにおける民法典（Bundesgesetzbuch）の制定には、1896年まで待たなければならない。当該法典の制定に至るまでについては、F. ヴィーアッカー・前掲注20）565頁以下参照。

行為概念のみをもって法典の適用の基礎に置くことはしていない。一方で「商業身分」という文言に身分制度の名残を残し、他方で当該商業身分に属する商人は商行為概念——さらにこれは絶対的商行為と営業的商行為に分離し、業として行うかどうかが問題とされている——から導かれるものとしている。そのことの意味は、ADHGBが理念的に商人身分を排除し、自由な営業主体を観念することを目的とした法典ではないこと、つまりフランスにおけるような理念的な意味付けを与えることを予定した法典ではないということである。ADHGBは、もっぱら商事事項に関する領邦間の法の統一という実際上の必要性が優位となった法典であり、その法典としての基盤は営業として行為を行っている者——そこに身分制度が介在することはなお否定されていない——に対する法的規律を及ぼす点にあった。

(2) 会社法関連規定との関係

ADHGBの株式会社に関する規定は、さかのぼればプロイセン一般ラント法における株式組織の営利団体の扱いに行き着く。18世紀半ばまでのプロイセンでは、株式組織の営利団体は特権的なCompagnieとされていたが、プロイセン一般ラント法においてその団体としての法的性質は契約的結合たるGesellschaftとされるに至る。これは、フランスのように革命の契機を経てcompagnieがsociétéと位置付けられていったのではない点で特徴的である。その背景には、プロイセン一般ラント法の基礎にある自然法思想とローマ法の概念との結合が存在するのだが[60]、ともあれ株式組織の営利団体に認められた本来的な特権性はこの段階で剥奪されている[61]。

その後、1843年にプロイセンにおいて制定された株式会社法は、株式会社の設立について免許主義を採用している。この免許の意味は、かつて団体それ自体の公共性を前提としていた特許とは異なり、資本集中に伴う経済的独占に対する監督という意味に変化していた[62]。1861年のADHGBは、このようなプロイセンに見られた免許主義による設立を前提とした株式会社制

---

60) H. Schumacher, a.a.O. (Fn. 39), S.5.
61) 村上淳一「団体と団体法の歴史」芦部信喜ほか編『岩波講座・基本法学2——団体』17頁（岩波書店、1983年）。

度を取り込んでいるのであり、これを契機に特権性の剥奪や免許主義を前提とした監督という概念が生じたわけではない。その意味でドイツにおけるADHGBの成立と会社法関連規定との関係は、団体からの特権性の剥奪、あるいは団体制度の濫用に対する監督としての免許主義という観点が、1807年商法典の制定とともに明確になったフランスとは異なる。

ただ、ADHGBが株式会社に関する規定を商事会社の中に取り込んだ点について、何の意味も見出せないかと言えばそうでもない。株式会社が商事会社の1つとして商法典に規定されたということは、これが商行為に従事する団体であること——かつてのように何らかの公益性ある事業に従事する特権団体ではなく——を明確にすることとなった[63]。この点はプロイセン一般ラント法でも一応の前提とはなっていたのだが、同法には株式組織の営利団体に関する規定は直接には存在しなかったから、法律の規定上このことが明確になったのはADHGBの段階においてである[64]。

(3) 小括

以上を踏まえてADHGBの存立基盤を確認した場合、そこには理念的な基礎があるというより、19世紀半ばまでのドイツ地域における政治状況および経済状況がその存在を求めた、というのが実際のところである。つまり、領邦に分裂していたドイツ地域においては法も分裂した状況が存在していたところ、1850年前後からの経済活動の活発化は商取引をめぐる法の統一を求めるということがあったわけである。その意味で、ADHGBはすぐれて実務的な必要から成立したものと評価することができる。

---

62) B. Großfeld, Die rechtspolitische Beurteilung der Aktiengesellschaft im 19. Jahrhundert, in: H. Coing/W. Wilhelm (Hrsg.), Wissenschaft und Kodifikation des Privatrechts im 19. Jahrhundert IV 243 (1979).
63) 1861年の成立当時はまだ明文の規定にこのことが現れているわけではなかったが、1870年改正後ADHGB208条1項は、「株式会社は、企業の目的に商行為が存在しない場合であっても商事会社とみなす」としており、株式会社については商行為を企業の目的とすることが前提となっていた。
64) ただし前掲注63)に示した1870年改正後ADHGB208条1項の文言からもわかるとおり、1870年の段階において、すでに商行為に従事することが株式会社であることの要件ではなくなったのも事実である。

ただし、このような必要があるというだけなら、何も商法典という形式でなければならないわけではない。民法典を編纂し、必要ならばその中に商事事項を規律したとしても——1881年のスイス債務法のように——用は足りるはずである。しかし、これもドイツ地域に固有の事情がそれを許さなかった。革命の契機を経ていないドイツ地域においては、19世紀に入ってもなお身分制度が残存し、抽象的、普遍的な自由な人格や所有権といった枠組みによる民法典を構築するには機が熟していなかった。ThibautとSavignyの法典論争の後、学問としての法学の発展を優先し、ドイツ地域に妥当する一般的な民法典を成立させるという選択肢がなかなか現実化しなかった以上、営業を行う者であることを前提とした商人身分とその取引という特殊領域を対象とした商法典の編纂というのは現実的な選択肢であった。
　このように見ると、ドイツにおけるADHGBの成立には、そこに確固たる理論的な存立基盤があるというよりは、当時のドイツ地域の特殊状況がこれを必要ならしめたことがよく理解できる。かりにドイツ地域が領邦に分裂していなかったなら、かりにドイツ地域における経済活動がさほど盛んになっていなかったなら、あるいはかりに民法典を制定する環境が整っていたなら、ADHGBという形で商法典が立法されたかどうかはわからない。
　さらに株式会社に関する規定について、これがADHGBに導入されている点も、ADHGBをめぐる固有の事情がそれを求めたということではない。むろん、株式会社規定のADHGBへの導入によって、株式会社制度に関する理論的な基礎づけが決定的に変化したということもない。ドイツ地域においては、株式組織の営利団体の理論的な基礎づけの変化は、すでに18世紀末のプロイセン一般ラント法の段階で生じ、当該団体が契約的結合であって、商人身分に関する法の適用があることは前提となっていた。ADHGBにおける株式会社に関する規定の導入は、この延長線上にある。あえて新しい特徴をここに見出すとすれば、株式会社が商行為をなす団体として位置づけられた点にある。

IV　わが国における商法典の有する意味と会社法

　ここまでフランスにおける1807年商法典、そしてドイツにおけるADHGBについて、その成立の経緯やその理念、考え方について概観してきた。本節では、これらの比較法から導かれる前提を確認した上で (1)、わが国の商法典にどのような意味づけを与えられるのか (2)、そして商法典に会社法が含まれていたこと（ひいては商法典から会社法が独立したこと）にどのような含意があるのか (3) について検討する。

1　1807年商法典とADHGBに関する議論から導かれる前提

(1)　1807年商法典とADHGBの存立基盤

　IIにおいて見たとおり、フランスにおける1807年商法典には、法典編纂作業一般に関する理念的基礎はあったにせよ、「商法典」という法典が存在すべき理念的な基礎があったとは言い難い。1807年商法典は、1673年商事勅令と1681年海事勅令に存する身分的要素を排除し、これを法典として整理したという面が色濃くみられ、究極的には商事裁判管轄を定めるための立法として意味を持ち得たに過ぎない。

　またIIIにおいて見たとおり、ドイツ地域におけるADHGBの成立についても、「商法典」という法典が必要となった政治的、経済的事情は明確にあるが、やはりその存在を理念的に基礎づけるものが存在したわけではない。つまり、ドイツ地域では一方に法統一の必要性があり、他方に民法典の制定の困難さが背景として存在した結果、1861年にADHGBという商法典を成立させたわけである。なおADHGBの場合、営業の自由がなお全ドイツ的に確立されておらず、業としてなされる商行為という客観的な概念から商人概念を導きつつも、なお商人身分の存在を念頭に置いて規律が設けられたということがある。

(2)　「商法典」の存在意義

　ところで、かりに商人身分が排除され、ないしこれが消滅した場合、何を

もって「商法典」の規律の対象とし、その存立の基礎にどのような考え方を置くべきかは、難しい問題である。たとえばフランスにおける1807年商法典は、一定の取引類型を商行為とし、これを業として行う者を商人とし、この2つの概念で特定できる範囲を商法典の規律の対象とする。商行為概念が絶対的商行為と営業的商行為に分かたれたADHGBの場合も、業としてなされる行為に着目した点で特徴的であるものの、基本的な規律のあり方は1807年商法典と変わらない。

　以上に挙げた概念により商法典の適用範囲が確定するにしても、なお次のような根本的な問いが残る。商行為として列挙される行為類型は、なぜ民法における一般的な規律と異なる規律が必要なのか。商人のようにある取引を業として行う者がある場合、なぜこの者には民法における一般的な規律と異なる規律が必要なのか。さらにかりに異なる規律が必要だとしても、なぜその規律をもって「商法典」という特別の法典に編纂すべき必要があるのか。

　これらの問題は、わが国でも古くから問われ続けている問題である。ある種の取引がなされる場合、あるいは当該取引を業として行う者がいる場合に、その取引の特性、あるいは取引の対象となる物や役務の特徴ゆえ、特別の規律が必要となる場合はあるだろう。しかし、少なくとも最後の問い――「商法典」という特別の法典を編纂すべき必要性――に対する答えは、理論的に導かれるものではない。それは、フランスやドイツの例からもわかるとおり、その存在をその国の特殊事情を前提として個別的、歴史的に説明することはできても、それ以上の一般的、理論的な説明が難しいことからも推測できる。加えて、スイスやイタリア、あるいはアングロサクソン法系諸国のように、今日「商法典」という特別の法典を持たない国の存在を見ても、このことは妥当する。結局のところ、フランスやドイツの例からわかることは、ある種の取引、ある種の者に特別の規律を必要とするからといって、それを法典として体系的に独立させるという結論が論理必然的に導かれる話ではないということである。このことは、わが国の商法典を分析する際にも前提となるべき点である。

2　わが国における商法典の制定とその意味

(1)　商法典の制定

わが国において商法典が制定された経緯については、おおむね次の2方向の動きにまとめることができる。

第1の方向は、会社制度の導入に向けた動きである[65]。明治維新以降、政府は会社制度の利用により資金の集中を企図した。明治5（1872）年の国立銀行制度を嚆矢として、明治10年代からはその他の事業会社も含め会社形態の組織が利用されるようになっていくのである。ただ、国立銀行のようにその設立についての根拠法が明確に定められた場合はともかく[66]、この当時における会社の設立についてこれを認める一般法は存在せず、個別の許可を必要とするのが原則であった[67]。このような状況を前提として、会社濫立の防止なども視野に入れて、政府では明治10年前後より会社に関する一般法の制定に向けた動きを見せるようになる[68]。

第2の方向は、法典編纂に向けた動きである。よく知られるとおり、明治維新からしばらくの間、政府の直面していた最も重要な政治・外交問題の1つが不平等条約の改正問題であった[69]。関税自主権の回復、あるいは領事裁判制度の撤廃に向けたこの動きは、国内において西洋世界と同様の法整備を要求することとなった。わが国においても、刑事分野（刑法および治罪法）では比較的早くから法典が整備されたが[70]、明治10年代からは不平等条約の改正を目標として民法、あるいは商法の編纂に向けた動きが活発になって

---

65) この点についての概要は、さしあたり松井・前掲注37) 302頁以下を参照されたい。
66) 国立銀行条例（明治5年太政官布告第349号）である。
67) 利谷信義＝水林彪「近代日本における会社法の形成」高柳信一＝藤田勇編『資本主義法の形成と展開3――企業と営業の自由』32頁以下、48頁以下（東京大学出版会、1973年）、三枝一雄「明治商法発達史試論――維新から明治32年まで(1)」法論43巻4・5号112頁以下（1970年）等参照。
68) 利谷＝水林・前掲注67) 50頁以下、85頁。
69) 商法典の制定との関係で、三枝・前掲注67) 128頁以下参照。その他、条約改正問題に関する政治外交史の観点からの近時の研究として、五百旗頭薫『条約改正史――法権回復への展望とナショナリズム』（有斐閣、2010年）は興味深い（同書129頁以下では、Roeslerが日本政府内で商法改正問題にとどまらない役割を果たしていたことなどがうかがえる）。
70) 刑法につき、明治13年太政官布告第36号。治罪法につき、明治13年太政官布告第37号。

いく。

　このように、一方に会社制度の早い確立を求める動き、他方に条約改正のための体系的法典の編纂を求める動きが存在し、明治10年代には、会社制度に関する単行法を制定するか、体系的な商法典を整備するかの間で揺れ動いていた[71]。結局、明治23（1890）年に（旧）商法典が制定されるに至るまで、何度となく現れた会社に関する単行法制定の動きは頓挫し、会社制度も含めた商法典制定の動きが不平等条約改正の観点から勝ることとなった。この事実からうかがえるのは、商法典が制定された当時、わが国において実際に必要とされていたのは会社法であって商法典ではなかったという事実である[72]。

(2)　商法典制定の意味

　明治維新以降のわが国において、不平等条約の改正という観点から体系的な法典の編纂は不可避であって、商法典という法典がわが国にもたらされたのもそれが直接の契機であった。しかし、フランスやドイツについて検討した際にも繰り返し述べたとおり、体系的な法典が必要だというだけであれば、「商法典」という法典でなくとも民法典だけで十分である。しかもわが国の場合、フランスのように商事裁判管轄の確定の問題もなく、ドイツのように民法典を制定できない政治的事情が存在したわけでもない[73]。

　そこで、わが国における商法典制定にかかる事情をもう少しひも解くと、さらに次の点を指摘することができる。それは、会社法制を体系的に包摂す

---

71) 三枝・前掲注67) 118頁以下。
72) これは、商法の定める取引法的規律がわが国の従前の商慣習を取り入れる形で定められるのではなく、西洋諸国の商法典を前提に定められたという事実からもうかがい知れるところである（ロエスレル「商法草案脱稿報告書」ヘルマン・リョースレル『ロエスレル氏起稿・商法草案（下）』13頁（司法省、1884年）。その他、利谷＝水林・前掲注67) 86-104頁参照）。
73) わが国でも法典論争はあったけれども、それはドイツのように民法典の制定それ自体を先送りする話ではなく、Boissonadeの手による当初の民法典が批判の対象になっただけである。この点についても多くの文献があるが、さしあたり谷口知平＝石田喜久夫編『新版注釈民法(1)』14-18頁〔谷口知平＝石田喜久夫〕（有斐閣、2002年）の記述、およびここに掲げられた文献を参照されたい。

るための法典が必要だったということである。その結果、わが国では、不平等条約改正のためにフランスの法典が参照されたという事情に行き当たる。フランスの1807年商法典は、わが国でも早くから紹介がなされており[74]、法典編纂に当たって少なからず影響を与えたことは言うまでもない。フランスの法典が模範となる限り、法典編纂は民法典と商法典の分化が前提となるし、会社法制を含む体系的法典である商法典の導入は当然の帰結である。これを裏返せば、かりにこの当時のフランスがスイスのように商事事項をも包含した民法だけを有していたならば、わが国には商法典が存在しなかったのかもしれない、ということである。かようにわが国における商法典という存在は、やはり歴史的な背景によって成立したものであり、理論的な基礎を踏まえて内発的にこれが求められたわけではない、ということになる。

3 商法典と会社法との関係

(1) 商法典に含まれる会社に関する規律

わが国における商法典制定の経緯からすれば、会社に関する規律は、当然その中に包含されているべきものであった。政治的、外交的な理由により法典編纂が必要であったにしても、会社に関する一般的な規律は実務的にすでに求められていたからである。逆にこのことが意味するところは、会社に関する規律が実際に施行され、また不平等条約の改正も実現すれば、もはや会社に関する規定は商法典の中になくてもよい、ということでもあった。

わが国の商法典において会社の与えられた位置づけは、フランスやドイツにおけるのと同様であり、商行為概念を前提として商人概念を導き、会社はこの商人に準じて規律された。すなわち明治23年の商法典は、商事会社について「共同シテ商業ヲ営ム為」にのみその設立を認め（明治23年商法66条）、商業を営むとは「常業トシテ商取引ヲ為ス」ことを指していた（同9条1項）[75]。また、明治32（1899）年の商法典は、「商行為ヲ為スヲ業トスル目的

---

[74] 江藤新平を中心として、明治3（1870）年ごろからフランス法の翻訳とこれに基づくわが国の法典編纂が企図された事実が知られている（三枝・前掲注67）132頁）。また、その後もわが国においてフランス法を中心とした研究、教育がなされた（志田鉀太郎『日本商法典の編纂と其改正』5頁以下（明治大学出版部、1933年））。

ヲ以テ設立シタル社団」を会社とし（明治32年商法42条）、自己の名をもって商行為を為すを業とする者である商人と類似の定義を与えていた。

　しかし繰り返しになるが、わが国の場合、会社概念が商人概念と同じ形で導かれるべき必然性はない。フランスやドイツでは、商人概念ががんらい商人身分（ドイツの場合は市民身分）の存在を前提としており、18世紀末から19世紀に身分と無関係に商人概念を導かねばらなくなったとき、新たに商行為概念から客観的に導く必要があった[76]。そして株式組織の営利団体についても、もともとcompagnieという一定の公的目的にのみ利用可能な特権団体であったところ、以上の時期にこれをsociété/Gesellschaftという契約的結合に位置づけ、商行為を業として行う団体としていくことで制約を設けていったのである[77]。これに対して、以上のような前史を持たず、純粋にヨーロッパから商法ないし会社法を継受したに過ぎないわが国の場合、会社概念を商人概念にそろえ、そのなしうる事業の範囲に制約を課す歴史的必然性がない[78]。結局、わが国にそのような規定が設けられたについては、わが国の商法典が継受法であったという以上の意味はなかったというべきである。

(2) 会社法が商法から独立したことの意味——会社の営利性をめぐる問題

　わが国の場合、不平等条約の改正という課題を前提に、民法典と商法典という2つの法典を有するフランスの制度を参照し、とりわけ実務的に必要とされていた会社制度を包含しうる法典として商法典という法典が編纂された。

---

75) 商取引については、さらに明治23年商法4条および5条に何がそれに該当するかが詳細に列挙されていた。

76) II 2 および III 2 参照。

77) II 2 および III 2 参照。

78) もっとも、明治23年商法の制定後（明治29（1896）年）に制定された民法は、その35条1項で一般的に営利社団法人が商事会社の例により設立できるものとしており、商取引（明治32年商法であれば商行為）を業として行うのではない営利社団法人の設立を認め、同条2項はこれに商事会社の規定を適用するものとしていた（いわゆる民事会社）。その後に生じた民事会社をめぐる若干の解釈上の問題（この点については、藤井信秀「日露戦争後の経済発展への対応」浜田道代編『日本会社立法の歴史的展開——北澤正啓先生古稀記念論文集』138頁（商事法務研究会、1999年）参照）を解決するため、明治44（1911）年の商法改正は、商行為をなすことを業としない会社は商事会社とみなされるものとされた。

その意味では、不平等条約改正の目的が達せられさえすれば、そして会社制度さえ適切に実施されさえすれば、何も商法典という形態の法典が必要不可欠であったわけではない。わが国の商法典がそのようなものであったから、会社制度を理論的に契約的結合と位置づける必要もなかったし（現にわが国ではそのようには理解されてきていない）、商法に取り込んで商行為概念による制約を必要とするものでもなかった。

　もっとも、明治期のわが国における会社制度の利用は、これにより商工業その他の営利事業を営むことを想定しており、その意味においては商法典に入っていたからといって何か別段の問題があるわけではない。しかし今日のように、公益性が高い事業を会社形態で行えるか（医療、教育、場合によっては農業等）、あるいは会社を資産流動化に当たってヴィークルとして利用できるか、といった立法時には想定しなかった問題が出てきた場合、会社を本来的に営利性ある団体として位置づけておくことに躊躇するような場面も出てこないではない。

　平成17年に会社法という単行法が制定されるに当たっては、商法、商法特例法、有限会社法に分かれ、かつ頻繁に改正を重ねたわが国の会社制度の複雑性を解消することが主たる目的にあった[79]。ただ、その目的を実現するために商法から会社法を単行法として独立させるという手段を選択した結果[80]、会社の営利性という観点からは大きな転換点となったように思われる。商法典の中に会社制度に関する規律が含まれている限り、会社は営利目的を有することが本質的に要求される必要条件となる。それは、営利性を内在させた商人概念と商行為概念により商法典が構築される限り不可避である。

　ところが商法典から切り離され、会社法により規律される会社というのは、会社法の手続に従って設立されることが会社であるための必要条件であり、十分条件である。つまり会社法の下においては、会社は営利目的で設立され

---

　79) 相澤哲＝郡谷大輔『会社法制の現代化に伴う実質改正の概要と基本的な考え方』別冊商事295号1-2頁（2006年）。
　80) しかも、会社法においては明確に規律の内容を規定されていることが好ましいという判断から準用規定を整理し、民法や商法等の規定を準用することをせず、すべて会社法の中で規定を書ききるという態度が採用された（相澤＝郡谷・前掲注79）4-5頁）。その意味でも民法や商法の有する理念的な制約からは解き放たれていると言ってよい。

てもよいし、その目的を欠いてもよいはずである（むろん、公序良俗に反するような場合は別である）。会社がその事業としてする行為、およびその事業のためにする行為は商行為とされるけれども（会社5条）、これは法典の構造上、そのような規定を特に置かなければ会社の行為の商行為性（営利性）を確保できないのである。また株式会社について、剰余金配当ないし残余財産分配の権利を株主から剝奪できない（会社105条1項1号・2号）との規定をもって、なお（株式）会社は営利性を有する団体であるとする論——立法担当者もそのような解釈のようである[81]——があるが[82]、筆者は会社法の下ではこのような解釈は必然ではないと思っている。以上の規定は、株式会社に出資する株主が所有者的地位にあることを前提に、その者の利潤追求の権利の剝奪を認めないということは意味しうるものの（いわば「株主の営利性」）、これをもって会社という団体が営利目的を当然に有することにはならないはずである。つまり会社法の下で、営利性は会社設立のための必要条件ではない。「会社であるためには営利目的で設立されなければならない」（商法）というのと、「会社は営利目的で設立されてもよい」（会社法）というのとでは——結論において同じ場合がほとんどであるとしても——理論的には全く異なる。商法典から会社法が独立したことの理論的な意味は、おそらくこの点にもっともよく表れている。それは、会社制度が、商法の有するある種の思想的な背景——商人身分の法という淵源を持ち、それにとって代わった営利性を前提とした商行為概念による体系構築——から「自由」になったということを意味しよう。

---

[81] 相澤哲編著『一問一答新・会社法』25頁（商事法務、2005年）。
[82] たとえば落合誠一「会社の営利性について」黒沼悦郎＝藤田友敬編『企業法の理論（上）——江頭憲治郎先生還暦記念』21頁以下（商事法務、2007年）、神作裕之「会社法総則・擬似外国会社」ジュリ1295号138頁（2005年）等参照。

V おわりに

1 商法典という存在を支える理念の弱さ

　本稿の議論の出発点は、商法典という法典について、これに含まれる多様な規律内容を束ねる理念がどこにあるのか、という点にあった。これは、わが国の商法からその構成要素が次々と独立していくという現象に直面して生じた問いであった。そしてこれを検討するため、フランスにおける1807年商法典、そしてドイツにおける1861年のADHGBを素材として取り上げ、さらにわが国の明治23（1890）年の商法典についても検討を加えた。そしてこれらの検討から導かれたことは、商法典という法典について一般的、抽象的にその存立にかかる理念を見出すことは難しい、という結論である。

　まず、フランスにおける1807年商法典については、商法典に限定されない一般的な法典編纂にかかる理念を見出すことはできなくはないが、特に商法典という法典が要求されたのは、商事裁判管轄を定めるためであった。そして、その内容自体は、1673年商事勅令および1681年海事勅令という身分を前提とした法的規律の枠組みを少なからず引き継いでいたから、1807年商法典固有の理念というのはなかなか見出しにくかったのである。

　次いで、ドイツにおける1861年のADHGBは、領邦に分裂していたドイツ地域において商事事項の法統一が必要であったこと、そして民法典の制定が困難であったという当時の状況がこれを要求した。しかも、その内容については、商人身分の法としての性格をなお残しつつ、プロイセン一般ラント法からの規律を引き継ぎ、当時の商人に必要であった法——民法典がなかったためにこれを補う規定も含め——が幅広く規律されたのである。ADHGBは、このような政治的、経済的な背景からはその存在をよく説明できるが、逆にそれはすぐれてドイツ地域に固有の事情による法典編纂であった。

　さらに、わが国における明治23年の商法典については、まずは不平等条約の改正という政治的要請ゆえの法典編纂にかかる要求が存在し、そして会社法制を包摂しうる法典としての商法典の必要性というところから成立した

ものであった。その立法の際に少なからず参照されたのはフランス商法典であったから、わが国において商法典を制定するに当たって、やはり一般的、抽象的にその存立の理念を導き出すのは困難であった。

このように商法典という存在は、フランス、ドイツ、そして日本の例を見ただけでも、各国の固有の事情によって成立しており、そしてその内容を理念的に編纂したということは言いにくい。かろうじて商人身分の法から解き放たれた際に、商行為概念とこれから導かれる商人概念で法典を編纂し、これに営利性の制約を設けたことが唯一の理念的な基礎といえようか。商法典からその構成要素が独立するということは、商法典が背負っている各国特有の背景から解き放たれるということ、そして営利性の制約から解き放たれるということを意味するわけである。

2　今後の課題

本稿は、商法典という法典のあり方を根本的に考え直すための基礎作業を行ったに過ぎない。冒頭に示した疑問の中でも、商法典という形態が維持できなくなる例について本稿ではほとんど触れていないし、商法典からその構成要素が独立した際に生ずべき理論的、解釈論的な問題も会社の営利性にまつわる問題しか扱っていない。

本稿を踏まえて今後さらに検討されるべきは、商法典という存在を知りながらそれを選択しなかった例（たとえばスイス）、あるいは放棄した例（たとえばイタリア）について、その考え方がどのようなものであったかである。また、本稿で扱ったフランスやドイツにおけるその後の商法典の展開（両国における商法典からの構成要素の独立や、フランスにおける再法典化の動き等）も、本稿に引き続く興味深い検討課題である。ここでは、これらがなお筆者に課せられた課題であることを示して、筆をおくこととしたい。

［付記］本稿は、平成24年度科学研究費補助金（若手研究（A））・課題番号22683001による研究成果の一部である。

ジョイント・ベンチャー契約とベンチャー・キャピタル投資契約の交錯
——大企業のベンチャー企業との関わり方の変化

宍戸　善一

- I　はじめに
- II　ジョイント・ベンチャー契約とベンチャー・キャピタル投資契約の比較
- III　技術革新における大企業とベンチャー企業の役割分担
- IV　共同開発者としての大企業
    ——技術革新のための提携契約
- V　大企業とベンチャー・キャピタルの戦略的提携
    ——戦略的投資家としての大企業
- VI　おわりに

I　はじめに

　本稿は、技術革新（イノベーション）を促進する上で、ベンチャー企業と大企業の最適な関係を考えることを目的とするものであり、とりわけ、イノベーションにおける大企業の役割に注目して、最近、欧米で顕著に観察できる、大企業のベンチャー企業への新しいアプローチを紹介し、それらを「契約的組織（contractual organization）[1]」の観点から分析する。
　ジョイント・ベンチャー契約とベンチャー・キャピタル投資契約は、「契約的組織」としての共通性を有する。契約的組織とは、比較的少数の契約当事者（出資者）の間で、持分の分配と株主間契約とによって契約当事者間の

関係を調整し、互いに相手方の資本の拠出を動機付けしようとする当事者間の関係を指す[2]。両者の実務的な用いられ方の違いからする差異が大きく、基本的にはまったく別個のものであると捉えられ、研究対象としても異なる分野に属するものとして扱われてきたが[3]、技術革新の観点から、大企業がベンチャー企業との関係性を深める必要にせまられ、その試行錯誤の結果、ジョイント・ベンチャー契約とベンチャー・キャピタル投資契約の中間的な形態が用いられるようになり、両者が連続的なものとなりつつある。

大企業とベンチャー企業との連携には、技術革新の観点から様々なシナジー効果が期待できるものの、ジョイント・ベンチャー契約による場合も、ベンチャー・キャピタル投資契約による場合も、自社事業に役立つ技術の獲得を目的とする大企業がベンチャー企業に関わる場合には利益相反問題が内在し、起業家のインセンティブを阻害する危険がある。本稿では、両者の中間的な新しいアプローチにおいて、その解決がいかに図られているかに着目する。

1990 年代に入り、バイオ技術の発展に伴い、製薬産業における、バイオ・ベンチャー企業と大手製薬会社との戦略的提携（strategic alliance）ないしジョイント・ベンチャーが、経済学者の間でも注目されるようになった[4]。このような新薬開発ジョイント・ベンチャーの特色は、新薬の開発ステージ

---

1) 宍戸善一「契約的組織における不安——ジョイント・ベンチャーとベンチャー・ビジネスのプランニング」岩原紳作＝神田秀樹編著『商事法の展望——新しい企業法を求めて——竹内昭夫先生追悼論文集』453 頁（商事法務研究会、1998 年）参照。*See* Zenichi Shishido, *The Strategy behind the Organizational Game: A Comparison between the Joint Venture and the Venture Capital Investment Negotiation*, *in* STRATEGIC ALLIANCES AND JOINT VENTURES: LAW, ECONOMICS AND MANAGEMENT (Joseph A. McCahery & Erik P.M. Vermeulen eds., forthcoming).
2) 宍戸善一『動機付けの仕組としての企業——インセンティブ・システムの法制度論』125 頁以下（有斐閣、2006 年）参照。
3) ジョイント・ベンチャー契約に関する研究として、たとえば、IAN HEWITT, JOINT VENTURES (5th ed. 2011)；宍戸善一＝福田宗孝＝梅谷眞人『ジョイント・ベンチャー戦略大全：設計・交渉・法務のすべて』（東洋経済、2013 年）参照。ベンチャー・キャピタル投資契約に関する研究として、たとえば、MICHAEL J. HALLORAN, ET AL., VENTURE CAPITAL AND PUBLIC OFFERING NEGOTIATION (3rd ed. 2000)；PAUL A. GOMPERS & JOSH LERNER, THE VENTURE CAPITAL CYCLE (2d ed. 2004)；宍戸善一＝ベンチャー・ロー・フォーラム（VLF）編『ベンチャー企業の法務・財務戦略』（商事法務、2010 年）参照。

の進展に従い、必要となる人的資本と物的資本の比重が変化し、それに応じた契約上のアレンジメントがあらかじめなされていることである。また、大手製薬会社の役割も、人的資本の拠出もさることながら、物的資本の比重が極めて大きいことは、ベンチャー・キャピタルに類似している[5]。これは、大企業のベンチャー企業への関わり方としては、ジョイント・ベンチャー型のアプローチである。

また、大企業がベンチャー企業との関係性を深めるためのジョイント・ベンチャー以外の手法として、ベンチャー・キャピタル投資があるが、従前から見られる、大企業が自前でベンチャー・キャピタルを運営するコーポレート・ベンチャー・キャピタル（corporate venture capital）ではなく、大企業が専門のベンチャー・キャピタリストと戦略的提携を行う動きが見られる[6]。これは、大企業が、戦略的投資家として、ベンチャー企業との間に、ベンチャー・キャピタリストを仲介者として介入させるものである。大企業が、ベンチャー・キャピタル・ファンドにLP（有限責任組合員）として参加する場合と、既存のベンチャー・キャピタルと共同でファンドを組成する場合が

---

[4] *See* Walter W. Powell, *Inter-Organizational Collaboration in the Biotechnology Industry*, 152 J. INSTITUTIONAL & THEORETICAL ECON. 197 (1996); Josh Lerner & Robert P. Merges, *The Control of Technology Alliances: An Empirical Analysis of the Biotechnology Industry*, 46 J. INDUS. ECON. 125 (1998); David T. Robinson & Toby E. Stuart, *Network Effects in the Governance of Strategic Alliances*, 23 J. L. ECON. & ORG. 242 (2006); David T. Robinson & Toby E. Stuart, *Financial Contracting in Biotech Strategic Alliances*, 50 J. L. & ECON. 559 (2007); Ronald J. Gilson, Charles F. Sabel, & Robert E. Scott, *Contracting for Innovation: Vertical Disintegration and Interfirm Collaboration*, 109 COLUM. L. REV. 431 (2009); Ronald J. Gilson, *Locating Innovation: The Endogeneity of Technology, Organizational Structure, and Financial Contracting*, 110 COLUM. L. REV. 885 (2010).

[5] 製薬産業以外では、ベンチャー企業と大企業の戦略的提携はあまり一般的ではないが、技術開発のステージに応じて、部品メーカーと組み立てメーカーが役割分担を行う戦略的提携の例が見られる。*See* Gilson, Sabel, & Scott, *supra* note 4, at 459-467. また、イスラエルにおいては、インテル（Intel）、マイクロソフト（Microsoft）、IBMを初めとする多くの多国籍企業が、R&Dセンターを開設し、IT産業、ソフトウェア産業を中心に、現地のベンチャー企業との共同研究開発を行うとともに、有望企業の買収を行っている。Ehud Kamar, Startups in Israel, Address at Hitotsubashi ICS Symposium: Comparative Models for Fostering Entrepreneurship and Innovation (Mar. 29, 2013).

[6] *See* Joseph A. McCahery & Erik P. M. Vermeulen, *Conservatism and Innovation in Venture Capital Contracting*, 2013-2 TOPICS IN CORP. L. & ECON. 16 (2013).

あるが、どちらの場合も、大企業がベンチャー・キャピタル投資業務に積極的に人的資本を拠出する点において、ベンチャー・キャピタル・ファンドの組織に関しては大企業と専門のベンチャー・キャピタルとのジョイント・ベンチャーである。ただし、これは、大企業のベンチャー企業への関わり方としては、ベンチャー・キャピタル型のアプローチと言える。

　本稿では、以上のような、大企業とベンチャー企業の新しい関係に着目し、技術革新のための「契約的組織」の特色を分析する。

　以下、IIにおいて、典型的なジョイント・ベンチャー契約とベンチャー・キャピタル投資契約を5つの主要な差異を中心に対比する。IIIにおいては、技術革新における大企業とベンチャー企業の役割分担の変遷を振り返る。IVにおいて、バイオ・ベンチャーと大製薬会社との戦略的提携を中心に、ジョイント・ベンチャー型のアプローチの契約的組織としての特色を分析する。Vにおいては、大企業が、専門のベンチャー・キャピタルと戦略的提携を行う、ベンチャー・キャピタル型のアプローチの契約的組織としての特色を分析する。VIは、全体のまとめである。

II　ジョイント・ベンチャー契約とベンチャー・キャピタル投資契約の比較

　ジョイント・ベンチャー（合弁企業）は、2つ以上の相互に独立した企業（親会社ないしパートナーと呼ばれる）が実質的な出資（物的資本の拠出）を行い、かつ、経営に参加する（人的資本の拠出を行う）企業体であり[7]、ジョイント・ベンチャー契約とは、持分の分配と株主間契約によって形成されるパートナー間の権利義務関係を指す。これに対して、ベンチャー・キャピタル投資は、プライベート・エクイティ・ファイナンスの一形態であるベンチャー企業投資において、投資家とベンチャー起業家をつなぐ役割を担うものであり[8]、ベンチャー・キャピタル投資契約とは、持分の分配と株主間契約によって形成されるベンチャー・キャピタルと起業家との権利義務関係を指す。

---

[7]　宍戸・前掲注2）70頁参照。
[8]　宍戸・前掲注2）94頁参照。

両者とも、比較的少数の契約当事者間で、持分の分配と株主間契約によって契約当事者間の関係を調整し、互いに相手方の資本の拠出を動機付けようとする「契約的組織」であり、果実の分配と支配の分配を切り離した動機付け交渉が行われている点で共通性がある[9]。

典型的なジョイント・ベンチャー契約とベンチャー・キャピタル投資契約の第1の差異は、物的資本の拠出と人的資本の拠出の「ねじれ」の調整が必要であるか否かにある。すなわち、ジョイント・ベンチャーは共同事業であり、各パートナーがそれぞれ物的資本も人的資本も拠出するので（所有と経営の非分離）、物的資本の拠出者としての果実の取り分と人的資本の拠出者としての貢献の乖離が生じる。このようなねじれを調整しないと、より重要な人的資本を拠出するパートナーのインセンティブが阻害されてしまう。これに対して、ベンチャー・キャピタル投資においては、ベンチャー・キャピタリストがハンズオン投資として、取締役会に参加することはあるが、ベンチャー企業はあくまでも起業家の単独経営であり、人的資本の拠出者（起業家）と物的資本の拠出者（ベンチャー・キャピタリスト）が分離しているので、ジョイント・ベンチャーにおけるようなねじれを調整する必要がない[10]。

第2の差異は、利益相反取引の有無である。ジョイント・ベンチャーにおいては、すべてのパートナーが事業目的で出資しており、各パートナーとジョイント・ベンチャーとの利益相反取引が初めから予定されている。また、上記ねじれの調整も、利益相反取引を通じて行われるのが普通である。これに対して、ベンチャー・キャピタル投資契約において、ベンチャー・キャピタリストとベンチャー企業との間で利益相反取引が行われる余地はほとんどない[11]。

第3の差異として、段階的投資の手法が用いられるか否かがあげられる。ベンチャー・キャピタル投資契約においては、物的資本の拠出者としてのベンチャー・キャピタリストが、人的資本の拠出者としての起業家に対して、事業達成目標としてのマイルストーンを課し、それを達成したときに初めて

---

9) 宍戸・前掲注2) 125-126頁参照。
10) 宍戸・前掲注2) 127頁参照。
11) 宍戸・前掲注2) 127頁参照。

次の投資に応じるという段階的投資の手法が、実質的な支配権を得る最も重要な手段として用いられている。これに対して、ジョイント・ベンチャーにおいては、共同事業者間でマイルストーンを課す意味がないので、増資に際して再交渉が行われるとしても、それは段階的投資ではない[12]。

第4の差異として、投資家としてのエグジットを前提として交渉が行われるか否かがある。ベンチャー・キャピタル投資は、IPOないしM&Aによるエグジットを目標として行われるのに対して、ジョイント・ベンチャーでは、非公開企業として共同事業を継続していくことを前提とした交渉が行われるのが普通であり、株式買取請求権等のエグジットの手段が契約に盛り込まれるが、それは、将来の紛争発生に備えるものであり、投資家としてのエグジットではない[13]。

そして、第5の差異として、評判機能の重要性の違いがあげられる。評判機能は、シリコンバレー・モデルの成功の要因の1つとしてたびたび取り上げられるが、ベンチャー・キャピタリストは、同種のベンチャー・キャピタル投資を、同一地域において、繰り返し行うため、良い評判を維持するインセンティブが高い。これに対して、多くのジョイント・ベンチャーは、単発の契約であるので、各パートナーが良い評判を維持しようとするインセンティブはあまり高くないと言われている[14]。

以上のように、ジョイント・ベンチャー契約とベンチャー・キャピタル投資契約は、動機付け交渉の枠組みとしては基本的に共通のものであるにもかかわらず、それぞれの典型的な用途の違いによって、実際の契約内容はまったく異なったものになっていた。ところが、近年、技術革新に対応するため、大企業のベンチャー企業に対する関わり方に変化が見られ、上記の伝統的なジョイント・ベンチャー契約とベンチャー・キャピタル投資契約の対比も明確なものではなくなっている。

---

12) 宍戸・前掲注2) 135頁参照。
13) 宍戸・前掲注2) 127頁参照。
14) 宍戸・前掲注2) 128頁参照。

III 技術革新における大企業とベンチャー企業の役割分担

1 大企業の技術革新に対する取り組みの経緯

　伝統的に、製造業の大企業は、技術開発を企業内で行おうとする傾向が強く、技術者等の人的資本の拠出者に対する望ましい研究環境の提供という動機付けの観点（人材確保目的）や、夢を追う研究者を一か所に集約して相互に刺激し合う共創を促進する目的（知識の相乗効果獲得目的）、ハードウェア開発を想定した高額な実験装置その他研究設備の効率的配置という目的（物的資本の生産性向上目的）、ノウハウの秘密管理性などの目的から、中央研究所を設立してきた[15]。

　しかし、次第に、1つの大企業から革新的な新技術が生み出される例が少なくなってきている。成長市場や成熟市場においては、大企業の中央研究所型の開発スタイルは、既存の発明を改良して新製品を投入することに組織化・標準化された内部資源の多くを投入するので、市場の拡大には合理的であるが、反面、異質で画期的な新規技術が生まれ難くなってきたのである。

　そこで、20世紀第4四半期（1975年～2000年）になると、既存事業の商品に関する技術開発ないし設計機能やマーケティング機能から、新規分野の研究開発に携わる発明者の役割を分離することを考えた大企業は、社内ベンチャー制度を設けてきた。さらに、21世紀に入ると、研究開発投資が巨額になり、選択と集中によって、内部開発を止める分野について積極的な技術提携、産学連携、特にソフトウェア業界で顕著なオープン・イノベーションの手法による外部リソースを活用した開発体制等に、開発スタイルが変化してきている。また、大企業が、自前主義だけでなく、有望なベンチャー企業を発掘し、それに投資して、育成する、コーポレート・ベンチャー・キャピタルの試みもなされてきた。しかし、コーポレート・ベンチャー・キャピタルの成功例は少ない。

---

[15] また、米国では、いわば国家の中央研究所の技術的成果である軍事技術が、民間に展開されることによって、多くの新規技術が市場に導入されている。

2　ベンチャー企業との協力関係構築の模索

　技術革新（innovation）が起こりやすい環境はどのようなものであるかについては、多くの議論がなされてきた。1で述べたとおり、当初、大企業の経営者は、自社内で技術革新が起こる環境を整備すべく、中央研究所に優秀な研究者・技術者を集めたり、成功報酬制度や社内ベンチャー制度などのインセンティブ・システムを工夫するなどの努力を重ねてきた。これに対して、アメリカ合衆国カリフォルニア州にある、いわゆるシリコンバレー地区において、1970年代以降、数多くの技術革新が、新興ベンチャー企業によって生み出されてきたことから、これを「シリコンバレー・モデル」と呼び、そのシステムが技術革新を生む理由を解明すべく、多くの研究がなされてきた[16]。

　比較的最近まで、この技術革新の2つのルートは別個独立のものとして、それぞれにおけるシステムの改良が図られてきた。大企業がベンチャー企業によって開発された技術を利用しようとする場合には、M&A（企業の買収・合併）によることがほとんどであったが[17]、近年、大企業とベンチャー企業が技術革新のための戦略的提携を行う動きが目立ってきた[18]。そして、この戦略的提携は、従来型の共同研究開発のように、両パートナーから出向してきた研究者・技術者が一緒に研究開発を行うというものではなく、技術開発のステージに応じて、初期の技術革新はベンチャー企業が担当し、それ以後の製品化に必要な開発を大企業が担当するというように、両者の役割分担が当初から計画されているところにその特色がある。

　最近の経済学的分析においても、従来の技術とはまったく異なる新しい技

---

16) *See* ANNALEE SAXENIAN, REGIONAL ADVANTAGE: CULTURE AND COMPETITION IN SILICON VALLEY AND ROUT 128（1994）; GOMPERS & LERNER, *supra* note 3; Steven N Kaplan & Per Stromberg, *Financial Contracting Theory Meets the Real World: An Empirical Analysis of Venture Capital Contracts*, 70 REV. ECON. STUD. 281（2003）; AMAR BHIDE, THE VENTURESOME ECONOMY: HOW INNOVATION SUSTAINS PROSPERITY IN A MORE CONNECTED WORLD（2008）.

17) シスコ・システムズ（Cisco Systems）によるA&D（Acquisition & Development）戦略がその好例である。宍戸・前掲注2）97頁参照。

18) *See* Gilson, Sabel, & Scott, *supra* note 4, at 431.

術を生み出す真の技術革新は、大企業内では起こりにくく、ベンチャー企業において起こる可能性が高いという議論が有力になっている[19]。大企業の経営者ないし技術者には、すでに自社が所有している技術の価値を無にしてしまう研究開発を行うインセンティブはなく、むしろ、そのような革新的技術が生まれる研究開発を抑え込もうとするインセンティブが働く[20]。それゆえ、大企業では、過去の技術を前提にした改良発明を効率的に行うことはできても、真の技術革新は望めない。ラジャンは、これを、大企業では「標準化（standardization）」が進みすぎているため、過激な「差異化（differentiation）」を行うことが困難であると表現している[21]。

また、ベンチャー企業において技術革新を起こすような研究者・技術者と、大企業の研究所等で改良発明に取り組む研究者・技術者とでは、そのインセンティブ構造ないし文化が大きく異なるので、一緒に研究開発を行うことは困難であり、M&Aよりもジョイント・ベンチャーの方が適しているとの指摘もある[22]。

ただし、大企業とベンチャー企業の最適な協力関係の設計は、戦略的提携の対象となる技術の性格によって異なる。なぜなら、技術の性格が情報の非対称性および取引費用に影響を及ぼし、その結果として、組織構造および資金調達の手法が変わってくるからである[23]。たとえば、IT産業よりも、バイオ・製薬産業の方が、大企業とベンチャー企業の有する技術の性格、その開発に携わる研究者・技術者のインセンティブ構造の隔たりが大きく、両者が同じ組織で研究開発を行うことはより困難であるという[24]。

- 19) *See* CLAYTON M. CHRISTENSEN, THE INNOVATOR'S DILEMMA (2000); Gilson, *supra* note 4, at 905; Raghuram G. Rajan, *Presidential Address: The Corporation in Finance*, 67 J. FIN 1173, 1207 (2012).
- 20) *See* Gilson, *supra* note 4, at 905.
- 21) *See* Rajan, *supra* note 19, at 1207.
- 22) *See* Gilson, *supra* note 4, at 912.
- 23) *See id.*, at 888, 890.
- 24) バイオ・ベンチャーと大製薬会社の文化的ギャップは大きいので、IT業界におけるシスコ・システムズ（Cisco Systems）において成功したようなベンチャー企業の買収戦略は機能しない。大製薬会社であるイーライ・リリー（Eli Lilly）がバイオ・ベンチャーであるハイブリテック（Hybritech）を買収した際には、両者の従業員のインセンティブ構造の違いから、ハイブリテック側の多くの研究者・技術者が退職した。*See id.*, at 912-913.

後述するとおり、技術革新を目的とした大企業とベンチャー企業の協力関係は、ベンチャー・キャピタルを通じた資金調達の仕組とジョイント・ベンチャーを通じた資金調達の仕組の中間的な仕組に収斂しつつあるが、どちらの色彩がより強くなるかは、技術の性格に依存するところが大きい[25]。

IV　共同開発者としての大企業
——技術革新のための提携契約

1　新薬開発における不確実性への対処

　1990年代からアメリカ、ヨーロッパの製薬産業において盛んに用いられるようになった、バイオ・ベンチャーと大製薬会社との新薬開発のための戦略的提携（以下、「新薬開発ジョイント・ベンチャー[26]」）を契約的組織として観察すると、予測可能なパートナーの機会主義的行動（opportunistic behavior）に対する不安よりも[27]、むしろ、予測不能な事業の不確実性（uncertainty）対する不安に対処するための仕組に特色がある[28]。

　新薬開発は、莫大な費用と長期の開発期間を要し[29]、かつ、成功確率の低い事業である[30]。リスクを分散し、不確実性に対処するための1つの方法として、戦略的提携があるが、それはパートナー間で協力するコストが低

---

25)　*See id*., at 914.
26)　一般に、ジョイント・ベンチャーは、企業間で新たな会社を設立する合弁会社を指すことが多いが、広義のジョイント・ベンチャーは、会社形態のジョイント・ベンチャー以外にも、組合形態のジョイント・ベンチャーおよび契約関係のみで提携を行う、契約ジョイント・ベンチャーも含む概念である。宍戸＝福田＝梅谷・前掲注3）235頁参照。本稿における「新薬開発ジョイント・ベンチャー」は、広義のジョイント・ベンチャーであり、狭義のジョイント・ベンチャー、ライセンス契約、および共同開発契約を含む広範な協力関係の合意である。*See* Gilson, Sabel, & Scott, *supra* note 4, at 467. 大企業は、ベンチャー企業の持分に出資する場合も、契約ベースで研究開発に資金を提供する場合もある。前者は、新会社を設立するのではなく、既存会社の株式に出資することによって共同事業を行うジョイント・ベンチャーであり、後者は、契約ジョイント・ベンチャーの一種である。なお、持分出資（エクイティ）を伴わない場合の投資額は、エクイティを伴う場合に比べて相当程度小さくなるという実証研究がある。*See* Robinson & Stuart (2007), *supra* note 4, at 564, 572.

い場合に、とくに有効である[31]。

　新薬開発ジョイント・ベンチャーにおいてバイオ・ベンチャーと大製薬会社が協力するコストは比較的低い。第1に、新薬開発ジョイント・ベンチャーは、競争者間の水平的ジョイント・ベンチャーではなく、大製薬会社が将来の製品購入者となる垂直的ジョイント・ベンチャーであるので[32]、利益相反取引の問題は残るものの、競争者間における会社の機会や競業に関する利益相反問題は比較的少ない。第2に、製薬業界では、同種の戦略的提携が、数多く繰り返し行われるので[33]、ジョイント・ベンチャーとしては珍しく、評判の機能が働き、モラル・ハザードの問題は比較的小さい[34]。そして、第3に、契約的組織の構造が、両者の協力するコストを引き下げるように設計されている。すなわち、新薬開発ジョイント・ベンチャーでは、開発される新薬の性質や開発の進度などを事前に特定することができないので、どのような方向で研究開発を進めていくかは、両パートナーの代表者で

27) 従来、契約的組織の設計における主たる課題は、パートナーが経済合理的に行動する場合に予想される機会主義的行動（モラル・ハザード）および相手方パートナーがそれを見越して資源の拠出を躊躇するホールドアップ問題に対処することであった。*See* Robinson & Stuart (2006), *supra* note 4, at 242; Shishido, *supra* note 1. 新薬開発ジョイント・ベンチャーにおいても、その契約にしばしば含まれる最善努力条項が示すように、両当事者はモラル・ハザード問題を認識しているが、必ずしも、明示の契約でそれを解決しようとはしていない。とくに、評判の機能が働くと考えられる場合には、黙示の契約で済ませることが多い。*See* Robinson & Stuart (2007), *supra* note 4, at 579-581.
28) *See* Gilson, Sabel, & Scott, *supra* note 4, at 435 (2009).
29) アメリカにおいて、新薬がFDR（US Food and Drug Administration）の認可を得るための臨床試験等に要する費用は、2003年以前のデータに基づく平均で800億ドル、それにかかる期間は12年以上と、VC投資には、巨額すぎ、長期にわたりすぎる。*See* Gilson, *supra* note 4, at 914.
30) *See* Robinson & Stuart (2007), *supra* note 4, at 563; Gilson, *supra* note 4, at 910.
31) *See* Rajan, *supra* note 19, at 1211.
32) *See* Robinson & Stuart (2007), *supra* note 4, at 564.
33) 日本では、そのような例は少なかったが、最近、日本でも、ロート製薬がバイオ・ベンチャーであるシームスと共同で体性幹細胞の研究を開始し、大日本住友製薬がバイオ・ベンチャーの日本網膜研究所へ15億円出資して、iPS細胞技術の実用化に関する連携を開始した（日本経済新聞2013年5月17日11頁）。また、バイオ医薬品世界最大手の米アムジェン（Amgen）とアステラス製薬が新薬候補の臨床試験等を行うジョイント・ベンチャーを設立することを発表した（日本経済新聞2013年5月30日13頁）。
34) *See* Gilson, *supra* note 4, at 914.

構成される共同委員会等のガバナンスの手続によって決めていくことが契約によって定められる[35]。また、多くの場合、大製薬会社が、段階的投資によって各段階における撤退か続行かの決定権を有し、それによって、オプション価値を取得する[36]。さらに、大製薬会社のみが、一方的解約権を持つことが多いが、これも主として不確実性に対する対処である[37]。

2 大企業の役割の多重性

新薬開発ジョイント・ベンチャーは、典型的なジョイント・ベンチャー契約と典型的なベンチャー・キャピタル投資契約の中間的な性格を有している[38]。

新薬開発ジョイント・ベンチャーにおいても、各パートナーが人的資本および物的資本を拠出するが、その比重が大きく異なり、バイオ・ベンチャーは人的資本の比重が圧倒的に大きく、大製薬会社は、少なくとも開発初期の段階においては、物的資本の拠出の比重が圧倒的に大きい。それは、起業家とベンチャー・キャピタルの関係に類似している。換言すると、初期段階における大製薬会社は投資家としての役割が大きい。実際に、大製薬会社はバイオ・ベンチャーの持分を取得することも多いが、ベンチャー・キャピタルとは異なり、ベンチャー企業の企業価値を高めて売却することを目的として出資を行うのではなく、共同事業を成功させるための出資であるから、あくまでも、その本質はジョイント・ベンチャーである。

開発段階が進んで、実験段階に進むと、大製薬会社の共同開発者としての

---

35) *See* Gilson, Sabel, & Scott, *supra* note 4, at 435; Gilson, *supra* note 5, at 913. このように、将来の決定の一定部分をガバナンスの手続に委ねているところに、契約的組織としての特色が現れている。
36) *See* Robinson & Stuart (2007), *supra* note 4, at 572.
37) *See id.*, at 584. また、持分（エクイティ）の大きさと一方的解約権との間には有意な負の相関が見られた。これは、所有権ベースの支配の分配と契約ベースの支配の分配は代替関係にあることを示している。*See id.*, at 584-585.
38) ベンチャー・キャピタル投資契約も、ジョイント・ベンチャー契約も、人的資本の拠出者と物的資本の拠出者の分離の度合いに応じて、さまざまなバリエーションがある。すなわち、新薬開発ジョイント・ベンチャーに限らず、ベンチャー・キャピタル的なジョイント・ベンチャー、ジョイント・ベンチャー的なベンチャー・キャピタルは存在する。前掲注10）およびその本文参照。

人的資本の役割が大きくなり、新薬開発がさらに進み商品化の目処が立つ段階になると、大製薬会社は新薬特許の購入者の役割を果たすことになる。これは、一方パートナーとジョイント・ベンチャーとの利益相反取引に当たるので、購入価格等の点で相手方パートナー（バイオ・ベンチャー）と利害が対立することになるが、それを見越して、あらかじめ、売上高に対する一定割合のロイヤルティ等が合意されていることが多い[39]。大製薬会社が、技術のみならず、バイオ・ベンチャー企業自体を買収することもありうるが、企業文化の違いから、買収後の研究開発が成功する例は少ないと言われている[40]。大製薬会社と戦略的提携を行うバイオ・ベンチャーの経営者も、一般に、支配権を取得されることを警戒し、出資を受け容れる場合にも、その持分割合の上限を設定することが多い[41]。

このように、開発段階の進展に応じて、一方パートナーである大製薬会社の協力者（collaborator）としての役割が、投資家から共同開発者、さらには、製品購入者へと変化していくところに、新薬開発ジョイント・ベンチャーのジョイント・ベンチャー契約としての特色がある。

3　開発段階に応じた契約的組織の設計

上記の通り、新薬開発ジョイント・ベンチャーの特色は、開発段階の進展に応じて、パートナー間の関係性、とくに、大製薬会社の役割が変化していくところにあるが、その契約的組織の仕組も開発段階の進展に応じて変化するように設計されている。

第1に、大製薬会社の物的資本の拠出がマイルストーンの達成に応じて段階的になされる点は、ベンチャー・キャピタル投資契約に似ている[42]。たとえば、Warner-Lambert（大製薬会社）とLigand（バイオ・ベンチャー）との提携契約では、いくつかの具体的なマイルストーンが定められており、そ

---

39)　*See* Gilson, Sabel, & Scott, *supra* note 4, at 471.
40)　*See* Gilson, *supra* note 4, at 913.
41)　*See* Robinson & Stuart (2007), *supra* note 4, at 574.
42)　*See* Robinson & Stuart (2007), *supra* note 4, at 561. 前述の通り、マイルストーン投資はジョイント・ベンチャーでは稀である。前掲注12）およびその本文参照。

れぞれのマイルストーンを達成するごとに、Ligand は追加の支払いを受け、最終的に上市できる新薬が開発されたときには、Ligand は売上に応じたロイヤルティを得られることになっている[43]。

　第2に、標準化のプロセスが段階的に進み、それに応じて支配の分配が変化するが、この点もベンチャー・キャピタル投資契約に似ている。ベンチャー・キャピタル投資契約では、ベンチャー企業の事業が初期の開発段階では、起業家に十分な持分とオートノミーを与えて、技術革新ないし「差異化（differentiation）」を促すが[44]、段階を追って、ベンチャー・キャピタリストは起業家に対して「標準化（standardization）」を求めていく[45]。マイルストーンは標準化のための道程標である[46]。新薬開発ジョイント・ベンチャーにおいても、差異化の作業（バイオ研究による新薬シードの発見）はバイオ・ベンチャーが主役となり、標準化の作業（認可を受けるための実験、商業化）は大製薬会社が主役となるが[47]、それに応じた支配の分配がなされる[48]。これは、ベンチャー・キャピタル投資契約における、起業家とベンチャー・キャピタリストの関係に対応するものである。役割の変化に応じて支配の分配も変化する。大製薬会社は支配の分配の手段としてバイオ・ベンチャーの持分に出資することが多いが、ベンチャー・キャピタルと異なり、取締役を派遣することはむしろ稀である。その代わり、大製薬会社は特定のプロジェクトに関するモニタリング権限および決定権を確保しようとする[49]。

　そして、第3に、新薬開発ジョイント・ベンチャーにおけるパートナー間の動機付け交渉は、明示の契約（立証可能な事実に基づき、法的な執行が可能）と黙示の契約（観察可能な事実に基づき、法的な執行は不能）との組み合わせ

---

43) *See* Gilson, Sabel, & Scott, *supra* note 4, at 471.
44) *See* Rajan, *supra* note 19, at 1175.
45) *See id*., at 1192, 1197.
46) *See id*., at 1200.
47) *See* Gilson, *supra* note 4, at 912.
48) 新薬候補の開発段階では、バイオ・ベンチャーに広範な裁量が与えられるが、実験段階、商業化段階になると、大製薬会社に大幅に決定権限が移る。*See* Lerner & Merges, *supra* note 4, at 136; Gilson, Sabel, & Scott, *supra* note 4, at 469.
49) *See* Robinson & Stuart (2007), *supra* note 4, at 578.

によって規定されているが[50]、その組み合わせ方は、開発段階に応じて違っている。開発初期の段階においては、共同委員会等のガバナンスの仕組によって支えられた黙示の契約の組み合わせによって[51]、パートナーはお互いの共同開発者としての能力および信頼性について学習できるようになっているが[52]、最終段階になって、新薬候補の存在が確認された場合のために、明示のオプション契約が定められている[53]。初めから、エグジット[54]を前提とした交渉が行われることは、伝統的なジョイント・ベンチャーでは稀であり、この点はむしろベンチャー・キャピタル投資契約に近い[55][56]。

---

50) *See* Gilson, Sabel, & Scott, *supra* note 4, at 435; Robinson & Stuart (2007), *supra* note 4, at 561.
51) 研究開発計画を法的に執行可能な明示の契約で定めることなく、共同委員会において研究開発方針が協議され、紛争の解決がなされる。*See* Gilson, *supra* note 4, at 913; Robinson & Stuart (2007), *supra* note 4, at 578. 契約的組織の特色が強く現れている部分である。ただし、前述した、Warner-Lambert（大製薬会社）と Ligand（バイオ・ベンチャー）との提携契約におけるように、大製薬会社が一方的にプロジェクトを終了できるオプションを有している場合が多い。*See* Gilson, Sabel, & Scott, *supra* note 4, at 469; Robinson & Stuart (2007), *supra* note 4, at 578. 上記提携契約には、大製薬会社による機会主義的な終了に対処するため、共同プロジェクトの終了後一定期間内に、大製薬会社が単独で開発を続け、認可申請した場合には、バイオ・ベンチャーにロイヤルティを支払わなければならないという定めがある。*See* Gilson, Sabel, & Scott, *supra* note 4, at 470.
52) *See* Gilson, *supra* note 4, at 913. 各パートナーが、それぞれの共同開発者としての能力・信頼性に関する評価を高めるべく投資を行うほど、機会主義的行動をとることがより困難になる。*See* Gilson, Sabel, & Scott, *supra* note 4, at 436. 伝統的な共同開発ジョイント・ベンチャーにおいては、技術情報の開示に関して囚人のジレンマ状況に陥りやすい。宍戸・前掲注2) 78頁以下参照。
53) 新薬技術の知的財産権の所在は、オプション契約によって、明示的に規定される。たとえば、新薬候補の存在が確認された場合、大製薬会社は、自らのコストでクリニカル・テストに進むオプションを有している。それを行使して、成功し、新薬が上市された場合には、バイオ・ベンチャーはロイヤルティを収受できる権利を得る。オプションを行使しなかった場合には、バイオ・ベンチャーは開発した技術（新薬候補）の所有権を取り戻すことができる。*See* Gilson, *supra* note 4, at 913-914. *See also* Robinson & Stuart (2007), *supra* note 4, at 585.
54) ただし、ここでエグジットとは、広い意味で用いており、ベンチャー・キャピタルのエグジットは、ベンチャー・キャピタル投資が成功した場合の出資株式の売却であるが、大製薬会社のエグジットは、新薬技術の買取オプションを行使するか否かによる、共同プロジェクトからの退出である。
55) 前掲注13) とその本文参照。

V 大企業とベンチャー・キャピタルの戦略的提携
　——戦略的投資家としての大企業

1 ジョイント・ベンチャー・キャピタル

　ジョイント・ベンチャー以外にも、大企業のベンチャー企業への関わり方として、ベンチャー・キャピタル投資がある。ジョイント・ベンチャーは、プロジェクトベースで、大企業とベンチャー企業が協力し合うものであるが、ベンチャー・キャピタル投資は、大企業がベンチャー企業の株式に投資を行い、ベンチャー企業自体の成長を助けるものである[57]。

　大企業がベンチャー・キャピタル投資を行う目的は、一般のベンチャー・キャピタル投資とは異なり、投資収益率を高めることよりも、新技術に関する情報収集を行い、自社事業に役立てることである。その意味において、大企業は「戦略的投資家（strategic investor）」であり、投資収益率を高めることのみに関心がある「金融投資家（financial investor）」とは異なる存在である。

　従来から、大企業の中には、物的資本も人的資本も拠出して、自らベンチャー・キャピタルを設立し（corporate venture capital）、有望なベンチャー企業の発掘、育成に当たる製造業の大企業があったが、最近の傾向としては、大企業が、ベンチャー・キャピタルをすべて自前で運営するのではなく、専門のベンチャー・キャピタルと戦略的提携を行う動きが目立っている。これは、ベンチャー・キャピタル業務をジョイント・ベンチャーで行うものであり、ジョイント・ベンチャー・キャピタル（joint venture capital）という新し

---

56) ギルソンらは、製薬産業以外においても、不確実性に対処するため明示の契約と黙示の契約の組み合わせによる企業間協力の仕組が用いられている例として、農機具メーカー大手のディアー（Deere）と部品メーカーのスタナダイン（Stanadyne）との共同開発契約、および、アップル（Apple）と部品メーカーのSCIとの共同開発契約をあげている。See Gilson, Sable, & Scott, *supra* note 4, at 459, 463.

57) *See* Robinson & Stuart (2007), *supra* note 4, at 562. 新薬開発ジョイント・ベンチャーでも、大製薬会社がバイオ・ベンチャーの株式を取得することはあるが、それは特定の新薬開発プロジェクトを成功させるために支配の分配の観点からなされるものである。

い概念も提唱されている[58]。

　ジョイント・ベンチャー・キャピタルには、ジョイント・ベンチャーをベースとするもの、すなわち、大企業と既存のベンチャー・キャピタルが共同でベンチャー・キャピタル・ファンドを組成するものと[59]、ベンチャー・キャピタルをベースにするもの、すなわち、大企業が既存のベンチャー・キャピタルが組成するベンチャー・キャピタル・ファンドに、戦略的LP（有限責任組合員）として出資するものがある[60]。

　ジョイント・ベンチャー・キャピタルの特色は、ベンチャー・キャピタル・ファンドの組成に関して、大企業とベンチャー・キャピタルが戦略的提携を行うところにあるが[61]、大企業のベンチャー企業への関わり方という観点からすると、専門のベンチャー・キャピタリストを介した間接的なアプローチをとっているところが、IVで紹介した新薬開発ジョイント・ベンチャーとの差異である。

2　ジョイント・ベンチャー・キャピタルのシナジー

　戦略的投資家としての大企業は、それが参加するベンチャー・キャピタル・ファンドに対して、資金提供以外にも、多くの貢献を行っている。第1に、有名大企業がファンドに参加していることによる評判効果によって、ベンチャー・キャピタル・ファンドに他の投資家を呼び込むことができる。第

---

[58] See McCahery & Vermeulen, *supra* note 6, at 20.
[59] たとえば、Royal Dutch Shell が Kenda Capital を運営者として、他の2投資家（Coller Capital / Abu Dhabi Investment Authority）と、石油・ガスの再生利用技術に投資する目的で組成した Shell Technology Venture Fund 1 がある（Yuliya Chernova, Shell Looks for Startups, Tech Partnerships Now More than Ever, Wall Street Journal, March 22, 2013（blogs.wsj.com/venturecapital/2013/03/22/shell-looks-for-startup-tech-partnerships-now-more-than-ever/tab/print/））。また、ベンチャー・キャピタルの Index Ventures と相互に競合する製薬会社である Glaxo Smith Kline と Johnson & Johnson のパートナーシップもその一例である（McCahery & Vermeulen, *supra* note 6, at 23）。
[60] たとえば、Royal Dutch Shell は Chrysalix Energy Venture Capital に有限責任組合員（LP）として出資している（Chernova, *supra* note 59）。*See also* McCahery & Vermeulen, *supra* note 6, at 20-25.
[61] マカヘリーとフェアミューレンによれば、そのような例として2012年の上半期のみで31の例がある（Data from Global Corporate Venturing）。*See id*., at 24 (Table.7)．

2に、大企業の業界に関する知識・経験を生かして、投資先候補企業のデュー・ディリジェンスに参加したり、投資先企業に対して技術面、マーケティング面での助言を行うことができる。第3に、自社の事業に有益であることが分かった投資先企業を買収することによって、ベンチャー・キャピタル・ファンドに投下資本回収の途を提供することができる。そして、第4に、ベンチャー・キャピタル・ファンドとしては、大企業からのスピン・オフ企業に対する投資機会が得られる[62]。

　大企業の立場からすると、ジョイント・ベンチャー・キャピタルに参加することによって、どのようなベンチャー企業がどのような技術開発を行っているのかに関する情報を入手することができ、かつ、ファンドの投資先企業を事実上他の大企業に先駆けて買収する機会を得ることができる。

　以上のように、ジョイント・ベンチャー・キャピタルは、ベンチャー・キャピタルにとっても[63]、大企業にとっても[64]、それぞれがシナジーの利益を取得できる可能性が高い有望な戦略的提携の方向である。しかし、ジョイント・ベンチャー・キャピタルの問題点は、そのようなシナジーの可能性の中に潜んでいる。

3　ジョイント・ベンチャー・キャピタルの利益相反問題

　大企業が自前でベンチャー・キャピタルを運営するコーポレート・ベンチャー・キャピタルがあまり成功しなかった原因は、その利益相反問題にあ

---

[62] *See id.*, at 20-21. ただし、ベンチャー・キャピタリストの業務と大企業の経営者ないし技術者の業務は大きく異なっているので、大企業は、ベンチャー・キャピタルに対する資金拠出にとどめ、大口のLPとして、情報提供を受けることに専念する方がより効率的であるとの見解もある（松木伸男東京工業大学教授（MKSパートナーズ創業者）に対するインタビュー（2013年5月14日））。

[63] ジョイント・ベンチャーのシナジーを、ジョイント・ベンチャーに参加したことによって得られる各パートナーの利得（ペイオフ）と定義すると、シナジーの類型は、各パートナー企業の目的意識の観点から11の類型に分類することができる。宍戸＝福田＝梅谷・前掲注3）53頁、57頁以下参照。ジョイント・ベンチャー・キャピタルにおける一方のパートナーであるベンチャー・キャピタルにとってのシナジーは、費用負担型、信用補完型、コンサルタント型、および販路等利用型に該当する。

[64] ジョイント・ベンチャー・キャピタルのもう一方のパートナーである大企業にとってのシナジーは、技術導入型および資源確保型に該当する。

る。前述の通り、大企業がベンチャー・キャピタル投資を行う最大の目的は、自社事業に役立つ技術の獲得であるから、企業価値を高めるという他の株主の目的とは一致せず、独立性を維持しながらIPOを目指す起業家のインセンティブを阻害する可能性も高い。

ジョイント・ベンチャー・キャピタルがベンチャー企業に対して投資する場合は、大企業が自らベンチャー企業の株式を取得するわけではないので、上記の起業家との間の利益相反問題は緩和されるであろう。その代わり、ファンドの他の投資家との間の利益相反問題が生じる[65]。

ジョイント・ベンチャー・キャピタルにおいては、3つの動機付け交渉の関係が存在する。第1に、ベンチャー・キャピタルと戦略的投資家としての大企業との関係、第2に、ベンチャー・キャピタルとその他の投資家（金融投資家と当該大企業以外の戦略的投資家）との関係、そして、第3に、大企業とその他の投資家（金融投資家と当該大企業以外の戦略的投資家）との関係である[66]。

ベンチャー・キャピタルは、前述したように、戦略的投資家としての大企業から資金以外にもさまざまなシナジーの利益を得られるが[67]、その利益相反問題を認識している金融投資家は、戦略的投資家がファンドに参加することに関して、取引行為の制限や禁止条項（covenants）をベンチャー・キャピタルに求めるであろう。しかし、それらは、ベンチャー・キャピタルが戦略的投資家の提供する知識、経営資源、ないしは投資機会から利益を受ける可能性を制限することになる[68]。

ベンチャー・キャピタルは、金融投資家から出資を求めず、戦略的投資家のみが参加するファンドを組成するという選択肢もありうるが、それでは、

---

[65] 伝統的なベンチャー・キャピタル投資契約では、利益相反取引が問題となることは稀であり、この点はむしろジョイント・ベンチャーに性格が近い。ただし、ベンチャー・キャピタルにも、利益相反問題（たとえば、投資先企業から得た技術情報を他の投資先企業のために用いる等）がないわけではない。See Gilson, *supra* note 4, at 897.

[66] *See* McCahery & Vermeulen, *supra* note 6, at 21.

[67] そのような貢献に対して、ベンチャー・キャピタルは別契約（side letter）によって他の投資家よりも有利な条件を与えることがある。*See id.*, at 22. このような形で「ねじれ」の調整が行われている点はジョイント・ベンチャーに近い。前掲注10）およびその本文参照。

[68] *See id.*, at 21.

戦略的投資家の影響力が強くなりすぎ、前述の、コーポレート・ベンチャー・キャピタルにおける起業家との利益相反問題が再び持ち上がることになろう。また、仮に、複数の戦略的投資家が参加する場合には、一般のジョイント・ベンチャーにおける取引利益をめぐるパートナー間の利害対立が表面化するであろう[69]。

VI おわりに

　イノベーションを促進する上で、ベンチャー企業と大企業の最適な関係が模索されている。その試行錯誤のアプローチは、プロジェクトごとにベンチャー企業と大企業が戦略的提携を行うジョイント・ベンチャー型と、大企業がベンチャー企業の株式に投資するベンチャー・キャピタル型に大きく分類できるが、最近の顕著な傾向として、両者が、従来それぞれの特色とされてきた性格を併せ持つようになり、いわば、ハイブリッドな契約的組織が生み出されていることを指摘できる。

　イノベーションを目的に、大企業がベンチャー企業に資金を提供しようとする場合の最大の問題点は、その利益相反問題である。大企業が欲しているのは、ベンチャー企業が有する技術ないしベンチャー企業がこれから開発するかもしれない技術であり、ベンチャー企業の企業価値最大化ではない。それゆえ、大企業のベンチャー企業への資金提供が、ベンチャー企業の経営者およびその他の株主のインセンティブを阻害する危険がある。ジョイント・ベンチャー型として紹介した「新薬開発ジョイント・ベンチャー」においても、ベンチャー・キャピタル型として紹介した「ジョイント・ベンチャー・キャピタル」においても、利益相反問題を許容範囲内に制御するための工夫の跡が見られた。

---

69) 専門のベンチャー・キャピタルである Index Ventures と戦略的投資家である Glaxo Smith Kline および Johnson & Johnson とのジョイント・ベンチャー・キャピタルにおいては、戦略的投資家が、ファンドの投資先企業ないしその開発した技術に関心を持った場合には、公開入札の手続をとらなければならないとの定めを置き、利益相反問題を回避している。*See id*., at 23.

日本におけるイノベーションをいかに促進するかという観点からも、大企業のベンチャー企業との関わり方は重要な検討事項であり、今後、より積極的な試行錯誤が行われることを期待したい[70]。

［付記］本稿の執筆に当たって、梅谷眞人、後藤元、福田宗孝の各氏より、有益な指摘を受けた。また、2013年3月29日、一橋大学大学院国際企業戦略研究科（ICS）において行われた国際シンポジウム（ICS/AGL Global Business & Law Seminar）「起業家精神の育成および技術革新の促進のための各国モデル比較（Comparative Models for Fostering Entrepreneurship and Innovation）」における議論から多くの示唆を得た。

---

[70] 日本における大企業とベンチャー企業の戦略的提携の試みは、欧米に比べると少ないようである。これは、日本の大企業の「自前主義」が欧米の大企業に比べて、強力で、根強く残っていることに原因があるものと思われる。日本の大企業の経営者および事業部長等のミドル・マネジメントは、外部のベンチャー企業が開発した新技術を採用すると、自社生え抜きの研究者・技術者のモチベーションが下がることを危惧するといわれている（矢島英明モバイル・インターネットキャピタル株式会社エグゼクティブディレクターに対するインタビュー（2013年5月9日））。なお、特許庁の外郭団体である知的財産研究所の調査においても、日本企業は欧米企業に比べて、知的財産の獲得が自前での調達に偏っていることが明らかになった（日本経済新聞2013年5月27日15頁）。ただし、最近、JVCケンウッドがベンチャー企業とジョイント・ベンチャーを設立し、自動車向けクラウド情報サービスを開発する（日本経済新聞2013年7月18日10頁）といった新しい動きも見られる。

持分会社・民法組合の法律問題

大杉　謙一

 I はじめに
 II 持分会社の法規定の構造・背景
 III 社員の出資義務
 IV 計算書類の作成および損益の分配
 V 利益の配当
 VI 持分の払戻し
 VII 結びに代えて

I　はじめに

　持分会社（合名会社・合資会社・合同会社）で生じる法解釈上の問題点については、判例・学説の多くが戦前期に由来し、戦後の会社法学説の関心が株式会社に集中したことから、かつての議論が現在まで承継されず断絶を生じているとの危惧がある。

　本稿は、持分会社に関する法解釈上の問題のうち、近年あまり取り上げられなくなっている基本的なものについて、かつての判例・学説を整理しつつ今日的観点から検討を加えるものである。平成17年制定の会社法により合同会社という新たな会社形態が導入され[1]、同時に法規定の若干の整備が図られたことから、かつての判例・学説と現在の法規定の関係を確認することには意義があろう。

　たとえば、合資会社の社員が出資義務を果たすことなく退社したとき、会

社に対して持分の払戻しを請求できるかという問題²⁾を検討するとき、前提として出資義務の発生要件のほか、損益の分配のあり方、つまり、履行された出資の額を基準とするのか、それとも定款に記載された出資の額を基準とするのかを論じる必要があるだろう³⁾。しかし、平成17年改正前商法では損益分配と利益配当の関係が法規定上明らかでなかったこと等から、前提問題の分析が不十分なままに応用問題が論じられてきたきらいがある。

1) 大峯隆「登記申請からみた合同会社の利用状況」資料版商事2012年11月号6頁によると、合同会社の設立登記申請件数は徐々に増加して平成23年には9,000件を超えるに至っている（株式会社の設立件数は微減し、同年では9万件弱である）。また、設立時の資本金の登記申請件数割合は、合同会社では100万円以下が54.2％、300万円未満が82.5％であり、この数字を株式会社（それぞれ18.2％、48.5％）と比較すると、事業規模が小さい会社の設立の際に合同会社が活用されていると考えられる。もっとも、資本金1億円以上での合同会社の設立も、一定程度ある。

　登記申請がされた法務局を見ると、株式会社・合同会社では東京・大阪・横浜の法務局に集中しているのに対して、合名会社・合資会社では他の局にも比較的分散して分布していることから、同稿は、合同会社は、従前であれば株式会社または有限会社を利用していたであろう者のニーズに応えているとしている。

　もっとも、株式会社においては出資金の半額以上が資本金に積み立てられるが（会社法445条1項・2項）、合同会社ではそのような法規制がないことから（会社計算規則30条、31条を参照）、資本金額が小さいことが直ちに事業規模が小さいことを意味するものではないことには注意が必要であろう。また、合同会社の登記申請が大都市圏に集中している点については、次の点にも関係があろう。すなわち、合同会社は①資産流動化のビークルとして、あるいは②アメリカ企業が出資者として日本の子会社や合弁会社について構成員課税を享受する目的で用いられることも多く、これらは従来の有限会社のニーズでもあった（関口智弘＝西垣建剛「合同会社や有限責任事業組合の実務上の利用例と問題点」法時80巻11号18頁、19頁（2008年））。この①②の目的で設立される合同会社のほとんどは大都市圏で登記されると推測される。合同会社の法律論を展開する前提として、このように合同会社の利用が多岐にわたっていることが踏まえられなければならないであろう。

　合同会社を利用する際の実務上の留意点（法解釈上の問題を含む）については、新家寛＝桑田昭宏「合同会社の活用に際しての留意点」資料版商事2012年11月号30頁、宍戸善一「合弁合同会社」小出篤ほか編『企業法・金融法の新潮流──前田重行先生古稀記念』211頁（商事法務、2013年）を参照。また、有限責任事業組合を含む各種の事業体全般について、その利用状況を踏まえつつ、立法上の課題についても検討を加えるものとして、棚橋元「新しい企業形態──合同会社・有限責任事業組合・投資事業有限責任組合」江頭憲治郎編『株式会社法大系』613頁（有斐閣、2013年）、『新たなLLCの創設に向けて（仮）』（金融財政事情研究会、近刊）を参照。

2) 最判昭和62年1月22日判時1223号136頁は、「右退社員の合資会社に対する持分払戻請求権は成立しない」と判示している。この判決については、Ⅵ2で批判的に検討する。

3) 損益分配のあり方と関連させて論じるべき点を指摘するものとして、大和正史「判批」『会社判例百選〔第5版〕』224頁、225頁（有斐閣、1992年）がある。

本稿では、以下の順序で問題を検討する。まず、持分会社の法規定の構造・背景を確認する（II）。次に、社員の出資義務および社員の平等取扱いの原則、「出資をする権利」について（III）、また計算書類の作成・損益の分配（IV）、利益の配当（V）についてそれぞれ検討を加える。以上の前提問題を踏まえた上で、最後に持分の払戻しの意義を整理し、応用問題を検討する（VI）。最後に簡単な結びを置く（VII）。

本稿は持分会社の法律問題を検討するものであるが、この検討の中には民法上の組合についても妥当する部分が少なくない。標題を「持分会社・民法組合の法律問題」としたのはそのためである。

II　持分会社の法規定の構造・背景

1　総説

平成17年改正前商法（以下、「改正前商法」という）には、次の3つの特徴があった。第1に、147条が、合資会社には合名会社の規定を準用する旨を定めていたため、合資会社に適用されるルールに階層性があった。第2に、68条が、会社の内部関係については、定款が商法の規定に優先し、定款・商法に定めのない事項については組合に関する民法の規定[4]が準用される旨を定めていたため、商法と民法の法規定に階層性があった。第3に、民法の組合に妥当するはずのルール（合名会社等にも妥当するはずのもの）の中には、条文化されずに、条理や慣行、組合契約の定めに委ねられた部分が存在した。

平成17年会社法は、新たな会社形態として合同会社を導入し、その際に若干の実質改正が行われたものの[5]、改正前商法の規律は実質においてほとんどそのまま会社法に引き継がれた。その際には、今日の法制執務に従い、要件効果の曖昧な規定は回避された。具体的には、第1に、改正前商法147

---

[4]　会社法制定とほぼ同時期、具体的には平成16年に、民法の財産法部分が改正により平仮名化されている（平成16年法律第147号）。しかし、組合に関する民法667条から688条の規定には実質改正はなく、条・項などの番号も改正の前後を通じて変更がないことから、本稿では特に同年改正の前後を区別せずに民法の規定を引用する。

条の趣旨は、すべての持分会社に共通する規定とそうでない規定の書き分けにより表現された。第2に、改正前商法68条に代わって民法の規定のうち持分会社に適用されるべき規定が会社法に盛り込まれ[6]、会社法の規定が任意規定であり、定款で別段の定めを為しうる場合には、その旨が個別規定で明らかにされた[7]。第3に、資本金の減少（会社法620条）、利益の配当（621条）、出資の払戻し（624条）のように、民法にも規定のなかった条理の一部が明文化された（これらは、合同会社に関する特則〔625条から636条〕を定める必要があったことから、それに対応する一般規定の明文化が法制執務上要求されたことによるのではないかと推測される）。このように、会社法の持分会社についての規定は、かつてモザイク状に入り込んでいた改正前商法および民法の規定を整理し、その適用関係を明確化するとともに、一覧性に優れたものとなっている。しかし、前記の第1点・第2点に関連して、元来は階層的な構造であった法規定が並列されたために問題の所在が見えにくくなった点があり、第3点に関連して、民法組合・持分会社に妥当するはずのルールのすべてが条文化されたわけではなく、いまだ条理により解決されるべき問題が残されており、これらの点には注意が必要である。次の2、3では、階層性に関する注意点を紹介する。明文化されていない条理については、Ⅲ以降

---

5) 会社は他の会社の無限責任社員となれないとの制限（改正前商法55条）の撤廃、法人が業務執行社員となる場合の特則（会社法598条）の新設、有限責任社員による業務執行・会社代表の禁止（改正前商法156条）の撤廃、業務を執行する有限責任社員の対第三者責任（会社法597条）の新設、株主代表訴訟に類似する制度（社員が持分会社を代表して社員の責任追及の訴えを提起できる。会社法602条）の新設など。

6) たとえば、次の民法規定（「民」）が会社法（「会」）に引き継がれている。民667条2項（労務出資の許容）→会576条1項6号かっこ書の反対解釈。民669条（金銭出資を遅滞した者の責任）→会582条1項。民670条（業務執行の方法）→会590条2項・3項、同591条1項。民671条（業務執行社員に対する委任規定の準用）→会593条。民672条（業務執行者の辞任・解任）→会591条4項・5項。民673条（業務・財産状況の検査権）→会592条1項（なお同条2項は改正前商法153条に由来する）。民674条（組合員間の損益分配の割合）→会622条。民681条（脱退組合員の持分の払戻し）→会611条1ないし4項。

7) 会社法585条4項（持分譲渡の要件）、590条1項・2項（業務の執行と決定）、591条1項・2項・6項（業務執行社員を定めた場合）、592条2項（業務財産状況調査権）、593条5項（業務執行社員と持分会社との関係）、594条1項（競業の禁止）、595条1項（利益相反取引の制限）、606条2項（任意退社）、618条2項（計算書類の閲覧）、637条（定款変更）、648条2項（清算人の解任）、650条2項（清算人による業務の決定）。

の各論の中で取り上げる。

2 民法の適用

わが国の判例は、社員が定款を作成し署名するという意思表示の合致により、持分会社の設立という合同行為が成立すると説明している[8]。民法組合については、この点を論じた判例は筆者の知る限り存在しないが、学説では、組合と社団の区別を強調する論者はこれを契約とし、両者の連続性を強調する論者はこれを合同行為と説明する[9]。合同行為には契約に関する規定の一部は適用されないと説かれるが[10]、民法組合についても（合同行為と解するか否かに関わらず）契約に関する規定の一部は適用されないと考えられている[11]。

この点をどのように解するにせよ、民法では組合員間の契約により組合が組成され、組合員間の法律関係はこの組合契約により規律され、組合契約・民法 667 条以下の規定に定めのない問題については、組合契約の性質に反しない範囲で、民法の契約総則の規定（民法 521 条から 548 条）および債権総則の規定（同法 399 条から 520 条）が適用され、また不文の法理（契約自由の原則など）が妥当する。

改正前商法の合名会社・合資会社に関する法規定も、この民法組合についての法の適用関係を前提としており（たとえば持分譲渡の対抗要件について難問がある）[12]、ただ法人格の有無に応じて用語や説明方法が異なるものと考えられる。そして、会社法の下でも、持分会社の法律関係は定款・会社法規定だけでなく民法の契約総則・債権総則の規定および不文の法理が適用され

---

8) 大判昭和 7 年 4 月 19 日民集 11 巻 837 頁。
9) 詳細は、鈴木祿彌編『新版注釈民法(17)』30 頁以下〔福地俊雄〕（有斐閣、1993 年）。
10) 合同行為においては、同時履行の抗弁（民法 533 条）や危険負担の規定（民 534 条以下）、自己契約・双方代理の禁止の規定（民法 108 条）が適用されないと論じられることがある。中馬義直「判批」『会社判例百選〔第 3 版〕』233 頁、235 頁（有斐閣、1970 年）を参照。
11) 鈴木編・前掲注 9)〔福地〕33 頁以下。判例には、組合員の除名、脱退、解散請求等の規定は、契約解除に関する特別規定に外ならないから、組合には、その解除に関し当事者が特別の意思表示をした場合および法律が特別に規定した場合のほかは、契約解除に関する総則およびその他の規定は適用されないとしたもの（大判明治 44 年 12 月 26 日民録 17 輯 916 頁）がある。

うることには変わりがない。規定振りの上ではかつて商法と民法をつないでいた改正前商法 68 条のような規定は会社法では姿を消したが、そのことは会社法においては民法規定の参照が不要になったことを意味するものではない。

なお付言すると、合同行為という概念は契約に関する規定の一部が適用されないことの言い換えであり、合同行為であることが民法規定の不適用を常に根拠づけるわけではない（説明であって理由ではない）。結局、民法のどの規定が合同行為に適用されないかは、組合契約や持分会社の特質に応じてケースバイケースに検討せざるをえない。

3　合資会社のルール

会社法では、すべての持分会社に共通する規定とそうでない規定とを書き分けることにより、条文の適用関係が明らかにされているが、改正前商法下の解釈を知らないと、読み誤るおそれのある規定がないではない。

たとえば、社員の責任を定めた規定である 580 条は、一読すると 1 項が無限責任社員の責任を、2 項が有限責任社員の責任を定めたものに見えなくもない。しかし、1 項は無限責任社員・有限責任社員に共通の規定である。前出のルールを適用除外する際には用いられる「前項の規定にかかわらず」という表現が 580 条 2 項には存在しない。

---

12) 持分会社の社員が持分を譲渡するとき、会社・第三者に対する対抗要件は民法 467 条以降の規定（持分が証券化されないならば同条および 468 条）により定まるものとして、実務は運用されている。つまり、会社法 585 条は持分譲渡の効力要件を定めているにすぎないと解されている。ただ、合名会社・合資会社では社員の氏名が登記事項であるため（会社法 912 条 5 号、913 条 5 号。合同会社については 914 条 6 号以下と対比）、民法上の対抗要件が履践されなくても会社が持分の譲渡を前提とした変更登記を行えば対第三者対抗要件は問題とならない（908 条参照）。以上につき、江頭憲治郎ほか「座談会　合同会社等の実態と課題（上）」商事 1944 号 6 頁、15 頁以下〔江頭憲治郎発言、新家寛発言〕（2011 年）。

もっとも、かつての学説は、改正前商法 73 条、154 条（会社法 585 条にほぼ相当）は会社その他の第三者に対する対抗要件を定めたものであると解し（松本烝治『日本会社法論』515 頁、516 頁（厳松堂、1929 年））、あるいは第三者に対する対抗要件は変更登記であると解する（田中誠二『会社法詳論〔3 訂版〕（下）』1217 頁（勁草書房、1994 年）。民法の対抗要件の規定が適用されないと解していることについて 1219 頁参照）ことが一般的であった。この問題については、棚橋・前掲注 1) 646 頁（注 59）を参照。

そのため、有限責任社員の場合にも、会社債権者に対して直接責任を負うこと（間接有限責任ではないこと）、社員の責任は連帯債務となること（以上、1項柱書）、社員の責任が生じるのは持分会社が債務を完済することができないか持分会社に対する強制執行が功を奏しなかった場合に限ること（以上、同項1号・2号）が導かれる。

会社法580条は、1項が改正前商法80条を、2項が改正前商法157条1項を引き継いだものである。改正前商法下では同法147条により、合資会社の有限責任社員の責任は80条と157条とにより定まると解されていた[13]。この点が、会社法580条の文言によって示されているのである。

III　社員の出資義務

1　総説

持分会社では、社員の出資の目的とその価額・評価の標準が定款に記載される（会社法576条1項6号）。合同会社においては設立の登記までに出資が履行されなければならないが（578条）、合名会社・合資会社においてはそのような制限はない。

社員の出資義務について、判例は、定款の作成により発生する一般的・抽象的義務と、特定の時期に到来する具体的出資義務（具体的出資請求権）とを区別している[14]。そして、履行期の到来した具体的出資請求権は譲渡が可能であり、また強制執行や転付命令（民執法159条）の対象となる[15]。社員は、会社に対する債権を自働債権として履行期の到来した具体的出資義務を相殺し、これを会社に対抗することができる[16]。発生した具体的出資義務は、社員の退社によって消滅しない[17]。会社の出資請求に対して社員が

---

13) 上柳克郎ほか編『新版注釈会社法(1)』640頁〔江頭憲治郎〕（有斐閣、1985年）。
14) 大判昭和16年5月21日民集20巻693頁。
15) 大判明治38年4月15日民録11輯502頁、大判大正5年5月1日民録22輯841頁。逆に、履行期の到来していない出資請求権は、譲渡性が認められず、差押えの対象にもならない（大判昭和6年6月12日民集10巻420頁）。
16) 大判大正5年5月1日・前掲注15)。

義務を果たせない場合に、両者はこの出資義務を目的として準消費寄託契約を締結し、これによって社員の出資義務を消滅させることができる[18]。

出資義務（具体的出資義務）の履行期について、判例は、当初、①定款または総社員の同意によって定められない限り、会社の請求によって出資の履行期が到来するとしていたが[19]、②少なくとも金銭出資義務は会社の設立登記と同時に到来する[20]、と見解を改めた。しかし、その後、判例は変更され、①の立場に回帰した[21]。

この①の立場は、履行期のない債務について債務者は履行の請求を受けたときから遅滞の責任を負うとする民法412条3項と整合的である。そして、会社の要請があった時に社員の出資義務を具体的に発生させるニーズは存在すると推測されるし[22]、定款で履行期の決定方法について会社法590条、591条と異なる定めを置くことは妨げられないから、定款の定めのない場合に①の解釈を採ることは合理的であろう。

定款等で期限が定められていない出資義務については、社員に対する出資の請求は持分会社の業務の執行に該当し、会社法590条、591条に従い（業

---

17) 大判大正7年12月7日民録24輯2315頁。
18) 大判大正15年3月31日民集5巻230頁。
19) 大判昭和6年6月12日・前掲注15）。
20) 大判昭和10年2月8日民集14巻49頁。
21) 大判昭和16年5月21日・前掲注14）。同判決は、大判昭和10年2月8日・前掲注20）を変更することを明示している。この判決の事案および判旨の内容については、注58）および対応する本文を参照。
22) 集合投資スキームのビークルとして投資事業有限責任組合が用いられることがある。投資事業有限責任組合の実務においては、余資運用を最小限化するために、予め合意した出資約束金額の枠内で投資等のために必要な都度必要な金額を払い込ませる（無限責任組合員の要請があった場合に有限責任組合員が順次払込を行う）キャピタル・コール方式が一般的である。

この点につき、経済産業省の委託により作成された、平成16年12月版（森・濱田松本法律事務所による）と平成22年11月版（西村あさひ法律事務所による）の2種類の投資事業有限責任組合モデル契約（具体的には、両版の第8条、および第1条解説2.と第8条解説2.）を参照。経済産業政策局産業組織課「投資事業有限責任組合契約に関する法律（LPS法）について（平成23年4月22日）」経済産業省ウェブサイト（http://www.meti.go.jp/policy/economy/keiei_innovation/sangyokinyu/kumiaihou.htm）で公開されている。

もちろん、投資事業有限責任組合の実務を持分会社の法規定の解釈に援用することはやや強引であるが、筆者は事業活動を行う合名会社・合資会社においても会社の要請があった時に社員の出資義務を具体的に発生させるニーズは存在すると推測する。

務執行）社員により決定・執行されると考えられる[23]。判例は、清算中の会社について、社員に出資の請求を為し得るのは会社の機関である清算人であり、会社債権者がこれを代行することはできない、としている[24]。

2　社員の平等取扱い・「出資をする権利」

　もっとも、裁判例の事案を見ると、1の②を判示した裁判例は、別途考慮すべき問題点を示している。

　すなわち、大判昭和10年2月8日[25]において問題となったのは、会社と社員の間の利害対立ではなく、会社債権者の間の利害対立であった。同判決の事案は、A合資会社が債務を完済できないため、A社に対して債権を有するXが、A社の有限責任社員として出資義務を負っているYに対してその債務の弁済を求めたところ、Yは、A社に対して債権を有しており、これを自働債権として出資義務を相殺したため、出資義務は消滅していると抗弁した、というものであった。大審院は、(a)出資義務について定款に反対の定めがない以上、社員は期限の利益を放棄することができ、出資金を支払う権利を有している、(b)出資時期を定款または総社員の同意により定めていない場合には少なくとも金銭出資の履行期は会社設立の登記と同時に到来する、とした（(a)(b)の標識は筆者による付記）。

　この法律論のうち、(b)は現在の判例・通説に反し、またそのように解すべ

---

[23] 常務（590条3項、591条1項後段）として各執行社員が単独で専行しうるものではない。田中・前掲注12）1204頁。

[24] 大判昭和6年6月12日・前掲注15）。清算中のA合資会社に対して債権を有するXが、A社が社員Yに対して有する出資請求権を差し押さえ取立命令を得た上で、Yに出資金相当額を自己に支払うことを求めた（YのA社の定款には出資時期の定めがなかった）、という事案である。昭和13年改正前商法は合資会社の有限責任社員の会社債権者に対する責任を定めた規定がなく（同年改正により平成17年改正前商法157条〔会社法580条2項、623条2項に相当〕が規定された）、直接責任を否定する趣旨の裁判例もあったことから（大判大正5年4月7日民録22輯647頁。ただし、傍論である）、本事件では会社債権者が会社の有する出資請求権を差し押さえようとしたものと推測される。

[25] 前掲注20）。原審は、出資義務について定款に特別の定めがない場合には会社の社員に対する催告によって弁済期が到来し、催告がない場合には出資義務は会社に対する債権と相殺適状にないとして、Yの抗弁を排斥したが、大審院は、これを破棄し、原審裁判所に差し戻した。

き理由に乏しいことは前記1で前述したとおりである。しかし、この判決の結論がある程度もっともらしく感じられるのは、判例・通説の立場を取っても、社員が会社から出資の請求を受けていたのに放置していた場合には相殺をもって対抗できる、すなわち他の会社債権者よりも優先的に債権を回収できるのに、会社から出資の請求を受けていない場合にはこれが認められないことの不均衡にある。

　そこで、判旨の(a)の法律論について検討の必要がある。判旨はそのように解する理由として、仮にこれを認めないと、会社の営業状態が良好である場合に、会社は特定の有限責任社員に対してだけ出資させてこの者に利益を分配し、他の有限責任社員には出資の請求をしないことによってこの者には利益を分配しないことができてしまう、しかしこの場合にも出資の請求を受けない有限責任社員も会社債権者に対しては出資義務に応じた責任を負うという不公平な結果が生じる、と述べている。

　この点を検討すると（損益分配の基準については、Ⅳ2でも検討する）、定款に出資時期の定めがない場合に、一般論として社員の側に任意のタイミングで出資を行う権利を認めることは適切でない。会社には不要な資金を持たないことのニーズがあるからである。しかし、判旨の理由のいうとおり、会社が特定の社員のみに出資を行わせてその者を優遇することにも問題がある。

　この点に関連して、ある判例は、財産が債務の完済に不足している清算持分会社が社員に出資を請求する（昭和13年改正前商法92条＝同年改正後商法126条、会社法663条に相当）場合について、清算人がこの規定に従って出資を請求する場合には、所用金額を各社員の出資義務額に按分し、各社員に対しその割合に相当する出資を請求すべきであり、特定の社員に対してのみ所用金額の全部の出資を請求することは公平を失する、と判示している[26]。

　また、学説は、（清算時に限らず）一般論として、①出資義務の履行期について定めのない場合、各社員に対し同時に請求することが必要であり、また、

---

26) 大判大正6年8月30日民録23輯1299頁。なお、民法組合に関する裁判例であるが、大判大正14年5月23日新聞2466号11頁は、組合契約中に出資の額およびその時期を明示しないときは、特段の事由がない限り、各組合員は、随時、平等に、拠出する意思であると解釈すべきであるとしている（傍点は筆者が追加）。

分割履行の場合には、その出資額の割合に応じて均一に出資をさせることが必要である（社員平等の原則）、ただし、②定款の別段の定めや総社員の同意があれば社員ごとについて異なる取扱いをすることができ、また、③出資の性質に反する場合はこの限りでない（もっとも、少なくとも金銭出資については③の例外は認められない）、と解している[27]。

持分会社について、形式論として株式会社における株主平等の原則（109条1項）に相当する原理が妥当するか否かはともかく、持分会社が社員間の信頼関係の基礎の上に設立・運営されることに鑑みると、実質論として、持分会社（の業務執行社員）は、社員間の公平・公正について配慮すべきという点には異論は小さいであろう（ここでは「社員の平等取扱い」と呼ぶ）。そして、上記の学説の③がいうように、厳格な平等取扱いを貫徹できない場合には柔軟な取扱いを認める必要が生じるため、会社が①の平等取扱いをしていない場合には、社員は会社からの出資の請求を受けていない場合でも、正当な利益があれば出資をする権利を有していると解するべきである。そして、会社が合理的な理由なく平等取扱いをしていない場合にはこの正当な利益が認められ、また会社の不平等取扱いに合理的な理由がある場合でも、状況に照らして株主に出資をする権利を認めるべき場合には、正当な利益ありと考えるべきである。

そして、ここでいう「正当な利益」は、社員間の公平が問題となる場合に認められるだけでなく、昭和10年判決の事案で問題となったような債権者間の利害対立においても認め得よう。この事案で、仮にYがA社に対して有している債権は第三者（D）から譲り受けたもので、債権譲渡がA社の財務状況の悪化後に行われたため、これが債権回収のための脱法的行為と推認される場合であれば、もちろんYによる相殺は認めるべきではない。しかし、そのような事情がなければ、Yが出資義務と会社に対する債権とを相殺でき

---

27) 松本・前掲注12) 496頁、大隅健一郎『会社法論』55頁（厳松堂、1938年）、田中・前掲注12) 1204頁。
　なお、経済産業省の委託により作成された2種類の投資事業有限責任組合モデル契約（前掲注22)) は、いずれも各組合員に対して出資約束金額または出資未履行金額に共通の比率を乗じた金額の払込みを組合が請求するものとして、組合員間の平等取扱いを定めている（平成16年12月版の第8条の解説2.、平成22年11月版の第8条の解説2.）。

るという期待を有することは自然である。よって、この脱法的行為に類する事情のない場合には、Yは正当な利益を有するものとして出資をする権利を有する（相殺できる）と考えるべきではないか。

IV　計算書類の作成および損益の分配

1　総説

　持分会社は、事業年度（通常、定款で定められる）ごとに計算書類を作成する（会社法617条2項）。「計算書類」とは、合名会社・合資会社においては貸借対照表のほか、会社が作成するものと定めた場合には損益計算書、社員資本等変動計算書または個別注記表の全部または一部が含まれ、合同会社においては貸借対照表・損益計算書・社員資本等変動計算書・個別注記表のすべてを指す（同項、会社計算規則71条1項）。

　株式会社においては、作成された計算書類は取締役会および／または株主総会による承認を受けることにより正式なものとなるが（会社法436条3項、438条2項、439条）、持分会社においては、その旨を定めた法規定はなく、その作成を担当する業務執行社員が作成することにより計算書類は直ちに正式なものとなる。

　持分会社では、会社の資本金・資本剰余金・利益剰余金（会社計算規則76条1項2号、同条3項、30条から32条）は、各社員の資本金・資本剰余金・利益剰余金に分かたれる[28]。そして、事業年度ごとに計算書類の作成によって会社の利益・損失の額が明らかになると、それは各社員の利益剰余金に分配される（会社法622条1項）。損益の分配とは、帳簿上、利益や損失を各社

---

[28]　葉玉匡美氏によるブログ「会社法であそぼ。」(http://blog.livedoor.jp/masami_hadama/)の記事「持分会社の利益配当等」(2006年3月12日)、記事「持分会社の利益配当等(2)」(2006年3月13日)。相澤哲＝葉玉匡美＝郡谷大輔編著『論点解説新・会社法──千問の道標』592頁（商事法務、2006年）の「図表11-2」は、持分会社の利益剰余金・資本剰余金・資本金が社員ごとに分かたれることを図示している。
　もっとも、持分会社は社員ごとの資本金・資本剰余金・利益剰余金の帳簿を作成することを義務付けられるわけではない。

員の利益剰余金に反映させることを意味する。損益の分配の割合は、定款に定めがあればそれに従って、定款の定めがない場合には各社員の出資の価額に応じて行われる（同項）。

有限責任社員の損失の分担については、出資額を超えて損失を分担することはないのが原則である。定款規定により特に出資額を超えて損失を分担することを定めることは可能であると解されている[29]。判例には、合資会社において有限責任社員が一定の額の出資義務を負うことに加えて、会社財産でてん補できない会社の損失のうち公租公課（酒造税など）に相当する部分の金額について、社員がその出資額に比例して連帯して会社に給付する義務を負う旨の定款規定を有効と判断したものがある[30]。もっとも、公租公課のうち負担することとなる額が当該有限責任社員にとって事前に予想することが困難である場合や、社員として負う出資義務と比較して相当に大きいといえる場合には、当該負担の定めが公序良俗に反し無効と解される余地もあろう。

持分会社に損失が生じると、会社の計算上、社員の持分[31]が減少するが、（無限責任）社員はこれを補てんする義務を負うことはなく、損失分担の結果は社員の退社または会社の解散の場面で初めて現実化する[32]。もっとも、定款で、損失の発生時に直ちに社員に損失を補てんさせる義務を負わせる旨を定めることは可能であろう[33]。

---

29) 松本・前掲注12) 625頁、大隅・前掲注27) 123頁。
30) 大判大正5年4月7日・前掲注24)。原審は、有限責任社員に定款所定の出資義務を超える義務を負担させる本件定款条項は無効であるとして、合資会社の社員に対する出資金の払込み請求を棄却したが、大審院は、本件定款条項は有限責任社員の法律上の特質に反するとはいえず、また公序良俗に反するともいえず、会社の本質に反するともいえない、会社債権者を害することもないとして、これを有効と判示した（破棄差戻し）。
31) 「持分」には、社員の会社に対する法律上の地位という意味と、会社の純資産額に対して社員の有する分け前を示す計算上の数額という意味とがあり（松本・前掲注12) 510頁、大隅・前掲注27) 65頁）、ここでの「持分」は後者を意味する。
32) 松本・前掲注12) 522頁、大隅・前掲注27) 80頁。
33) 民法組合につき、契約に基づく損失分担金の支払請求が認容された事例として、東京地判平成21年1月20日判時2035号59頁（建設共同企業体の事例）がある。

2 「出資の価額」

ここで問題となるのが、定款に別段の定めがない場合に損益分配の基準となる「出資の価額」（622条1項）とは、履行済みの出資の額を指すのか、それとも定款記載の出資の額を指すのかである（合同会社においては、社員となるまでに必ず出資の全額が履行されていなければならないから〔578条、604条3項〕、この問題が生じるのは合名会社・合資会社に限られる）。

会社法の規定を一読すると、「出資の……価額」の語は576条1項6号に登場するから、ここでの出資の価額とは定款記載の額をいうようにも思われる。しかし、622条1項は平成17年改正前商法下における民法674条1項を取り入れたものである[34]。民法の組合に関する規定には「出資の価額」の語は他に688条3項（残余財産の分割の基準）に登場するのみであるが、民法668条の用法（「各組合員の出資その他の組合財産は、総組合員の共有に属する」）では「出資」は履行済みのものを指しており、組合契約に定められた抽象的出資義務を指す場合には「出資を……約する」（667条1項）、「出資の目的」（667条2項、669条）という語が用いられている。

そして、会社法622条1項が当事者の意思を推定する規定であり、一般的には約束した額よりも実際に履行した額を基に各社員の会社に対する貢献を測ることが合理的と考えられること、実務資料にも履行済みの出資の額を損益分配の基準としているものが見られること[35]に照らすと、「出資の価額」は原則として履行済みの出資の額を指すと解することが合理的である[36]。

もっとも、このような意思解釈は絶対的なものではない。昭和23年商法

---

34) 前掲注6)参照。
35) 有限責任事業組合契約に関する法律33条は、「組合員の損益分配の割合は、総組合員の同意により、経済産業省令で定めるところにより別段の定めをした場合を除き、会計帳簿に記載された各組合員が履行した出資の価額に応じて定める」として、履行済の出資額を基準とすることを明示している。なお、平野嘉秋『Q&AによるLLP/LLCの法務・財務・会計』247-252頁（税務研究会出版局、2005年）を合わせて参照。
　　また、経済産業省の委託により作成された2種類の投資事業有限責任組合モデル契約（前掲注22)）は、いずれも出資履行金額を損益の分配の基準としている（平成16年12月版の25条、平成22年11月版の28条）。
36) 同旨、松本・前掲注12) 521頁、大隅・前掲注27) 79頁。

改正前の株式会社における分割払込制度の下では、第2回以降の払込みの時期・金額については、まず定款・株主総会決議の定めにより、これがないときには取締役が業務執行の権限に基づき必要に応じて随時払込みをさせるものと解され、いずれの場合であっても払込期日の2週間前に各株主への催告が必要と規定され（昭和23年改正前商法213条1項）、このような株主間の平等取扱いを前提に、定款によって払い込んだ株金額の割合に応じて利益配当を行うと規定されていた（同293条）[37]。なお、「定款によって払い込んだ株金額」とは、額面超過発行の場合の超過額や株主が任意に払い込んだ金額を含まないものと解されていた。また、他国の立法例には、分割払込制度の下でも株金額（額面株式の券面額）を配当の基準とするものもあったようである[38]。

　持分会社に話を戻すと、会社が社員に平等に出資の機会を与えている場合や、そうでない場合でも社員が損益分配にあずかるために出資の権利を行使できると解する（Ⅲ2）ならば、実際に履行した額を損益分配の基準とすることが多くの場合には合理的であろう。しかし、定款記載の出資の額を損益分配の基準と解することが合理的な場合も考えられる。まず、業務執行社員については、定款には所定の額の金銭を出資するものと記載されていても、当事者の間では実際の金銭の出資は念頭に置かれておらず、むしろ業務の執行による貢献の評価額として意識されているという場合は皆無ではないだろう。また、業務を執行しない社員の場合でも、会社の創業者が相続に代わる生前贈与を意図して、相続人を社員とする合資会社を設立し、相続人の中で業務執行に関与する者を無限責任社員、そうでないものを有限責任社員とし、実際の金銭の出資は念頭に置かずにむしろ損益分配の割合を示すものとして定款の出資の額を決める場合もあるのではないだろうか。

　そうであれば、以下は試論に過ぎないが、第1に、年度ごとの計算書類の作成の際に、帳簿上、会社に生じた損益を定款記載の額に応じて各社員の利益剰余金に反映させている持分会社においては、「出資の価額」は定款記載の出資の額を意味するのが当事者の意思であると解すべきであろう。また、

---

[37] 以上につき、松本・前掲注12）204頁、大隅・前掲注27）211頁以下を参照。
[38] 松本・前掲注12）336頁以下、大隅・前掲注27）328頁以下。

第2に、年度ごとに損益を各社員の利益剰余金に反映させる記帳がなされていない会社においても、業務執行社員について利益の配当と別に報酬が約定されていない（あるいはごく少額である）持分会社においては、「出資の価額」とは定款記載の出資の額を意味すると推定すべきであろう。第3に、以上の場合のほかにも、履行済みの額ではなく定款記載の額を基準とすることを主張する者は、それが会社設立時の社員の意思であったことを証明することが許されるべきである。

V　利益の配当

1　総説

平成17年会社法制定前の商法・民法は、損益分配（民法674条）と別に利益配当についての根拠規定を置いていなかった。これは、利益の分配の方法として、現実に金銭をもって支払う方法と、利益の全部または一部を会社（組合）に留保し、社員の持分を増加させる方法とがあると解されていたからである[39]。

平成17年会社法は、持分会社の社員は、会社に対し、利益の配当を請求することができる旨を明文化した（621条1項）。これは、株式会社において配当概念が変容した（利益以外に払込資本をも財源とする「剰余金」から配当を行うものと整理された）のに伴い、持分会社についても概念の整理を行ったという説明がなされている[40]。

改正前商法の下でも、定款に別段の定めがなければ、社員は持分会社に対して事業年度末において利益の配当を請求できると解されていたが[41]、会社法621条1項はこのことを明確にしたものであり、持分会社では、株式会社におけるような機関決定（454条1項、459条）なくして、各社員が個別に、配当請求権を行使できると解される[42]。合同会社について、法が、社員が利益額を超える配当を会社に請求した場合には、会社はこの請求を拒むこと

---

[39] 松本・前掲注12）521頁以下、大隅・前掲注27）80頁、田中・前掲注12）1224頁以下、鈴木編・前掲注9）128頁以下〔品川〕（民法組合について）。

ができる旨を定めている（628条）のも、このことを前提としている。

　もっとも、社員の配当請求権については、配当を請求する方法等について定款の定めを置くことができ（621条2項）、この場合には、社員の配当請求権は定款規定による制限を受けることになる。

　社員が持分会社に対して一定の額の配当を請求すれば、当該社員には配当を受ける具体的権利が発生し、会社には配当を行う義務が生じる（具体的配当受領権・具体的配当支払債務）。配当を請求することができる権利（621条1項）と具体的配当受領権の関係は、いわば前者が基本権、後者が支分権に当たる[43]。

　法規定からは明らかではないが、具体的配当受領権は社員による配当請求の意思表示が持分会社に到達したときに発生すると解される。この時点から遅延利息が生じるとともに[44]、消滅時効の期間が開始する。そして、消滅時効期間は、株式会社における具体的剰余金配当請求権の場合[45]と同様に10年と解される。

---

40) 相澤哲＝郡谷大輔「持分会社」相澤哲編著『立案担当者による新・会社法の解説』別冊商事295号153頁、163頁（2006年）。もしかすると、会社法制定の審議過程において、合同会社にパススルー課税を認めることを視野に入れて、損益分配と利益配当とを概念として区別したのかもしれない（仮にパススルー課税が実現していれば、後者ではなく前者について各社員の課税関係が生じる）。

　けっきょく、合同会社については法人課税が行われることとなったため、社員に対する課税は計算書類の確定時ではなく、利益配当時となる。江頭憲治郎ほか「座談会　合同会社等の実態と課題（下）」商事1945号27頁、33頁以下〔黒田裕発言、江頭憲治郎発言〕（2011年）。

41) 松本・前掲注12) 521頁。また、組合の目的が営利である場合につき、同旨、鈴木編・前掲注9) 128頁〔品川〕。

42) 東京地判平成23年12月21日判例集未登載（平成22年（ワ）第45465号）。

43) 基本権としての配当請求権は、社員が会社に対して有する地位（持分）の一部を成すものであり、持分と独立に時効により消滅することはなく、持分会社の社員である間は存続するが、支分権としての具体的配当受領権は、その発生時期や時効消滅を観念できる。

44) 東京地判平成23年12月21日・前掲注42)。

45) 江頭憲治郎『株式会社法〔第4版〕』634頁（注3）（有斐閣、2011年）。なお、株式会社の場合には、定款で10年よりも短い期間を定めると、不当に短いものでない限り除斥期間としてその効力が認められると解されているが（大判昭和2年8月3日民集6巻484頁）、持分会社においては、集団的事務の整理の問題はさほど深刻ではないことから、このような定款規定の効力については議論があろう。

2 配当額についての規制

(1) 序

合同会社においては、(有限責任)社員が利益額を超える配当を請求しても会社はこれに応じることができない(628条)。利益額を超える配当がなされた場合の法律関係も、業務執行社員の対会社責任および受領した社員の対債権者責任を含めて、明文で規定されている(629条、630条)。

これに対して、合名会社・合資会社では、無限責任社員・有限責任社員が配当を請求できる金額を制限する法規定は現在では存在しない。

(2) 無限責任社員に対する配当額の規制

かつては、合名会社の利益配当について、会社は損失をてん補した後でなければこれを為し得ず、これに違反する配当がなされたときは会社債権者はこれを返還させることができる旨の規定があったが(昭和13年改正前商法67条1項・2項)、この規定は昭和13年改正により削除された。

この昭和13年改正の趣旨については、学説は分かれている。一方には、①直前の事業年度に利益があれば前年度までの損失を填補しないで利益を配当することを可能にしたものであり、貸借対照表上の利益と特定事業年度の利益のいずれかを任意に選ぶことができるという理解がある[46]。他方、②合名会社・合資会社では無限責任社員が会社債権者に連帯無限の責任を負うことから会社財産の維持の必要が小さいため、利益がなくとも財産の分配を行うこともできるという理解も存在する[47]。

この点を検討すると、配当可能金額の制限は昭和13年改正により撤廃されたが、当時は配当は損益分配の一方法であると理解されており(1で前述)、言い換えると、利益が生じた場合に、これを内部留保せずに株主に現実に交

---

[46] 田中・前掲注12) 1223頁以下。
[47] 大隅・前掲注27) 78頁以下。もっとも、大隅79頁は、定款に別段の定めがないときは、昭和13年改正前商法と同様、純資産額が社員の出資総額を超える額という意味での利益がある場合にのみ、その配当を為し得ると解するのが、会社の業務執行社員の服すべき善管注意義務の要求であろうと述べる。

付することを「利益の配当」と呼んでいたと理解される。そして、この点は平成17年会社法により損益分配と利益配当が概念として分離された後でも基本的には妥当するというべきであろう[48]。また、実質論としても、仮に会社からの財産流出を無制限に認めれば、たとえ無限責任社員が会社債権者に責任を負うとしても債権者が社員の責任を追及することについて追加の費用を負担させられることとなるし、また、これを認めることは社員間の公平という点でも問題がある。

　よって、先の①の見解に与するべきである。すなわち、無限責任社員は、合名会社・合資会社に対して利益（当該社員に属する利益剰余金）の額を限度としてのみ配当を請求することができ、社員がこれを超える請求をしても会社は超過部分の支払いを拒むことができると解すべきである。

　そして、利益の額を超える配当が実際になされた場合には、（配当額の全額ではなく）超過する額を社員は会社に支払う義務が生じると解すべきである。このとき、法律構成として、③受領した社員は不当利得の返還義務を負うと解すべきか、④出資の払戻し（624条）がされた場合と同視し、超過額について当該社員の出資義務（576条1項6号）が復活すると解すべきか。受領した社員が履行遅滞に陥るのが、③では配当の支払時となるが、④では会社が請求した時となるところ、③では酷に過ぎると考えれば、④を採るのが穏当ということになろう。なお、いずれの見解を採るにしても（また会計処理について、超過分を当該社員の出資金勘定から控除する場合だけでなく、当該社員の利益剰余金から控除しこれをマイナスとする場合でも）、翌期以降の損益分配においては超過額は履行済みの出資額から控除した額を基準とするのが社員間の公平に合致するであろう。

(3) 合資会社の有限責任社員に対する配当額の規制

　合資会社の有限責任社員については、平成17年改正前商法は、利益を超過する配当を受領した有限責任社員が会社債権者に対して負う責任の額の算

---

48) 葉玉匡美『新・会社法100問〔第2版〕』94頁（ダイヤモンド社、2006年）は、「利益の配当とは、持分会社が設立後に損益取引等により得た利益を社員に割当てて配ることをいう」としている。

定についての規定（同法157条2項＝会社法623条2項にほぼ相当）を置いていたが、配当可能額に関する有限責任社員と会社の間の法律関係についての規定を有していなかった。これに対し、会社法は、有限責任社員が会社に請求できる配当の金額を制限する法規定を置いていない点は改正前商法と同様であるが、「利益額」を超える配当を受け取った社員は、「配当額」を会社に支払う義務を負う旨を定めている（会社法623条1項）。

ここでいう「利益額」とは、具体的には次の①②のうちいずれか少ない額をいう（計算則163条）。①社員の請求に応じて会社が利益の配当をした日における（持分会社の）利益剰余金の額。②請求をした社員に対して既に分配された利益の額から既に分配された損失の額を控除し、さらに当該社員に対して既に配当された金額——厳密には、利益の配当により交付された金銭等の帳簿価額——を控除した額。

②は要するに、会社全体の利益剰余金のうち当該社員に帰属している部分である。他の社員に帰属する利益剰余金がマイナスとなっている場合には、①が②よりも小さな金額となる場合がある[49]。

会社法623条1項を628条、629条（合同会社）と対比すると、合資会社の場合は、有限責任社員が合資会社に利益額を超える配当を請求した場合にも会社はこれを拒むことができず、ただ、当該社員に対して「配当額」（623条1項第1かっこ書）に相当する金銭の支払いを求めることができるにとどまると解するのが、文理に忠実な解釈ではある。

しかし、実際に配当を支払い、直ちに会社が当該社員に配当の返還を求めることができる以上、条理上、合資会社は利益額を超える額の配当の請求を拒むことができると解することが自然であり、そのように解すべきである。

(4) 小括

以上の(2)(3)での議論を踏まえると、そこで展開した私見を採るか否かとは別に、平成17年会社法の規定の位置づけについて、次のように理解すべきと思われる。

---

49) 前掲注28) のブログの記事「持分会社の利益配当等(2)」。

まず、合名会社で社員が配当を請求できる金額を制限する規定が会社法に置かれていないことは、そのような制限がないことを意味するのではなく、むしろ、会社法の制定に当たってはこの点につき解釈上の争いがあることから、法務省の立案担当者（および立法者）はこれを特に明文化せずに解釈に委ねたものととらえるべきである。次に、合資会社と有限責任社員の間の配当可能額に関しては、立案担当者は、改正前商法下で形成された法律関係への影響を最小限にとどめるために、最低限の規定の整備のみを行い、その余を解釈に委ねたものと考えられる。

VI　持分の払戻し

1　精算・一部清算としての持分払戻し

　最後に、退社に伴う持分[50]の払戻し（611条）について検討したい。「退社した社員と持分会社との間の計算は、退社の時における持分会社の財産の状況に従ってしなければならない」（611条2項。平成17年改正前商法下における民法681条1項もほぼ同じ）。

　この持分の払戻しについては、次の点についてほぼ異論がない。第1に、持分会社は、退社員から持分払戻の請求を受けたときから遅滞の責めに任ずる。第2に、会社が退社員に負う持分払戻しの債務については、退社員以外の社員が連帯責任（580条1項）を負う。第3に、退社員が、退社後に会社債権者に対して責任（612条）を果たした場合には、同人は他の社員に対してその全額の償還を求めることができる[51]。

　持分の払戻しについての最近の議論については、後記2、3で検討する。ここでは、それに先立ち、「退社した社員と持分会社との間の計算」を「持分会社の財産の状況に従って（する）」という611条2項の趣旨をまず踏まえることにする。

---

[50]　「持分」には2つの意義があるが（前掲注31）参照）、ここではもちろん、会社の純資産額に対して社員の有する分け前を示す計算上の数額を意味する。

[51]　以上の3点につき、松本・前掲注12）567頁。第2点につき大隅・前掲注27）74頁も同旨。

かつての学説[52]とその後の判例の発展を踏まえると、定款に別段の定めのない場合、退社員と持分会社との間の計算は次のように行われるのが原則となろう。

　まず、社員の退社の効力が生じる日を基準として持分会社の企業価値（EV）を算定する。EVの算定は継続企業価値または時価純資産を基準とする[53][54]。次に、ここから各社員が有している出資金（資本金および資本剰余金）・利益剰余金の合計額（C、ES）を控除する（各社員の利益剰余金を超える利益配当がなされている場合には、利益剰余金がマイナスとなっており、この金額〔の絶対値〕がEVに加算される）。ここでは仮に、この額（＝EV－C－ES）を「調

---

[52] 松本・前掲注12）564頁以下、大隅・前掲注27）73頁以下を参照した。

[53] 定款で別段の定めをなす場合は格別、原則論としては、簿価によらず継続企業を前提とする企業価値を算定の基礎とすべき点について、ある時期以降の学説・判例はほぼ一致している。たとえば、大隅・前掲注27）73頁、名古屋地判昭和62年9月29日判時1264号128頁（合名会社）、名古屋地判平成14年10月29日判タ1153号285頁（中小企業等協同組合法上の事業協同組合の事例）。

　もっとも、継続企業価値と会社財産の時価評価による算定とは、しばしば代替的に用いられ、また認識される（松本・前掲注12）564頁、神戸地判昭和61年8月29日判時1222号135頁〔合名会社〕）。また、譲渡制限株式の評価の場合と同様に、実際の算定においてはさまざまな便法によることもありうる（合資会社での払戻持分額の評価に当たり、ＤＣＦ法と時価純資産方式を併用したものとして、東京地判平成7年4月27日判時1541号130頁を参照）。

　計算書類の作成が義務付けられていない民法組合においては、事情によっては、企業価値を計算の前提とするのではなく、出資額を出発点として払戻しの計算を行うこともあり得よう（東京地判平成22年3月29日判時2099号49頁を参照〔法律事務所の事例〕）。

[54] 継続企業価値ではなく清算価値（残余財産の簿価ではなく、最高処分価格）を基準とすべきと説く見解として、宍戸・前掲注1）236頁以下がある。その理由としては、合同会社が合弁会社として用いられる場合を念頭に置いて、合弁参加企業は、設立の段階では退社の自由を制限したいと考えるのが一般的であり、通常、継続企業価値よりも低い評価となる清算価値を払戻しの基準とする方がそのような当事者の意思に合致する場合が多いこと、合弁参加企業の一方が退出した後に、残存する者が単独で事業を継続することを前提に継続企業価値を算定することにすると、事業の経営能力が高い参加企業が残った場合の方が持分の払戻しの額が大きくなりモラル・ハザードを引き起こすことが挙げられている。

　この点、合弁会社の設立時に合弁参加企業がそのニーズに応じた定款規定を置くことはさほど困難ではないように思われるのに対して、いわゆる中小企業（個人による小規模事業の創業）では定款自治のコストは大きいため、任意規定の解釈は主に後者を念頭に置いて行われるべきである。もっとも、小規模事業の創業者の通常の意思にかなう持分評価が継続企業価値を基準とするものであるか否かについては、慎重な検討が必要であり、この点は今後の検討課題としたい。

整企業価値」(AEV) と呼ぶ。

次に、退社員に対しては、同人の有する出資金・利益剰余金の額（C'＋ES'）、および調整企業価値にそのうち同人に帰属すべき割合（r）を乗じた額が、払い戻されるべきである。なお、C'、ES'、r×AEV はいずれも、負になりうる。C'、ES' と r×AEV の和がマイナスである場合には、退社員が無限責任社員である場合[55]には同人はこの額（の絶対値）を会社に支払う義務を負う。

そして、r（調整企業価値のうち退社員に帰属すべき割合）は、定款に別段の定めがなければ、先にⅣ2で論じたのと同様に、履行済みの出資額を基準とするのが原則であるが、特段の事情があれば定款記載の出資額を基準とする場合もあり得よう。

2　出資義務未到来の退社員による持分の払戻請求

本稿の冒頭で言及したように、合名会社・合資会社の社員が出資義務を果たさずに退社するとき、同人は会社に対して持分の払戻しを請求できるかが争われてきた。

判例は、社員の出資義務の履行期が会社設立時に到来するという立場（大判昭和10年2月8日）[56]を取っていた時期には、払戻請求権について次のように判示していた。①まったく出資義務を履行していない社員が退社したという場合であっても、会社財産のうち債務を超過する部分について持分の払戻しを受ける権利が生じることは出資義務の履行未了のために妨げられることはなく、ただ未履行の出資義務たる金銭債務が退社により当然に消滅するわけではないから、会社は出資請求権によって払戻請求権と相殺することができ、また、②退社員がすでにこの債務の履行を怠っているときには、退社員が負っているこの債務の額および利息・損害賠償（民法669条＝会社法582

---

[55] 有限責任社員の場合には、大判大正5年4月7日・前掲注24）の判示（その内容は、前掲注30）および対応する本文を参照）の延長として、有限責任社員はC'、ES' と r×AEV の和がマイナスである場合には会社に支払義務を負わないのが原則であるが、定款規定により特に出資額を超えて損失を分担することが定められている場合には、退社時にこのマイナスについて精算を行うことが必要となると解されよう。

[56] 前掲注20）。

条1項に相当）について、会社は（払戻請求権と）相殺することができる、③その結果、会社が現実の払戻しを必要としない場合がありうるが、特別の事情がない限り払戻請求権が発生することは否定できない、と（大判昭和15年10月30日[57]）。もっとも、この判示は傍論である。①から③の番号は、筆者による付記）。

　しかし、III1で紹介したように、翌年、大審院は、原審判決が依拠していた大判昭和10年2月8日を変更することを明示するとともに、次のように判示した。合資会社の社員の出資義務は社員がその資格に基づき会社に対して負担する特種の義務であり、金銭出資の場合であっても純然たる金銭債務と見るべきではない、当該義務について定款または総社員の同意によって弁済期が定められたときにはその到来によって特定出資額を支払うべき金銭債務となるが、その定めがないときには会社の請求によって初めて特定額の給付を目的とする金銭債務となるものであり、このように金銭債務となる以前の出資義務は社員たる資格とともに終始し、社員が退社により社員たる資格を喪失するときは出資義務もまた消滅する、と（大判昭和16年5月21日）[58]。

　そして、その46年後に、最高裁は、大審院昭和16年判決を引用し、ほぼ同様の判示を繰り返した上で、社員の金銭出資義務について履行期が定められておらず、履行期を到来させる会社の請求がなされていないという事案において、「社員が退社して社員たる地位を喪失するときは、出資義務も消滅

---

[57] 民集19巻2142頁。大審院は、原審は原告の請求が出資金の払戻しであるのか持分の払戻しであるのかを釈明することなく出資義務の不履行だけを認定して請求を棄却したのは審理不尽・理由不備であるとした（破棄差戻し）。本文に示した判示は本件の事案を離れた一般論であり、本文の①②の意味するところも曖昧であることから、この判旨を一般化することには問題がないではない。参照、竹田省「判批」民商13巻5号831頁（1941年）、石井照久「判批」法協59巻6号985頁（1941年）。

[58] 前掲注14）。
　　事案は次の通り。YはA合資会社の無限責任社員であり、その出資額は1万円であるが払込時期の定めはなかった。Yは総社員の同意を得て昭和7年7月に退社し（その持分全部をBに譲渡したことによるもののようである）、その時までにA社から出資金の払込みの請求を受けなかった。A社は昭和10年3月に破産宣告を受け、Xがその破産管財人に選任された。Xは、破産債権の弁済に充てるためYに対して出資金1万円の支払いを請求した。原審は、大審院昭和10年判決を引用して、請求を認容した。これに対して、大審院は、本文の判示を行い、請求を棄却した（破棄自判）。

するに至るというべきであるから、右退社員の合資会社に対する持分払戻請求権は成立しない」と判示した（最判昭和62年1月22日）[59]。

　この最高裁の立場については、一方にはこれを肯定する学説がある。他方には、具体的出資義務が発生して未履行の場合と（会社からの請求がなかったために）そうでない場合とを区別し前者の場合のみ持分払戻請求権を認めることは均衡を欠く、と批判する学説[60]もある。

　ここでは学説の詳細には立ち入らないが、先に1で述べたところに照らせば、最高裁昭和61年判決は少なくとも舌足らずというべきである。すなわち、定款に別段の定めがないことを前提とすると、退社員と持分会社との間においては、出資義務の発生の有無、履行の有無に関係なく、出資金・利益剰余金についての精算がなされる。また、持分会社の企業価値から各社員の有する利益剰余金の合計額を控除した後の調整企業価値に当該退社員に帰属すべき割合を乗じた額もまた払い戻される。

　最高裁の示した「退社により出資義務が消滅するから、持分会社に対する持分払戻請求権は成立しない」というロジックは、上記のような退社員・会社間の計算の具体的な方法に触れておらず、論理の飛躍がある。

　もっとも、出資義務につき履行期の定めがなく、社員が出資義務を果たす機会のないまま退社した場合で、定款に損益分配の割合について特段の定めがなければ、「出資の価額」は原則として履行済みの出資の額を指すから（Ⅳ2）、退社するまでの同人への損益の分配はゼロであり、また「退社員に帰属すべき割合」（r）も原則として履行済みの出資額を基準とするから、調整企業価値の払戻しの額もゼロとなる。

　いいかえれば、最高裁昭和61年判決が、上記のような事案に対するものであるならば、判決の結論は首肯できなくはない。ただし、その結論に至る前に検討すべき事項がいくつかある。

　第1に、損益分配の割合であれ、調整企業価値の払戻しの割合であれ、特段の事情がある場合には、履行済みの出資の額ではなく、定款記載の出資額を指すと意思解釈すべきである（Ⅳ2、Ⅵ1）。第2に、仮に持分会社から請

---

[59]　前掲注2）。
[60]　川島いづみ「判批」ひろば40巻9号68頁、72頁（1987年）など。

求がないため出資義務の履行期が到来していない場合でも、社員は正当な利益があれば「出資をする権利」を有していると解される（Ⅲ2）。もしも正当な利益が認められる場合には、退社員は退社の意思表示と近接した時期に出資の権利を行使する旨を会社に主張することによって、損益分配等の基準となる履行済みの出資の額を増加させ、そのことを前提とする持分の計算を会社に求めることができると解すべきである（このとき、退社員は、「出資の権利」を行使する旨を会社に通知すれば、実際の給付をしなくても、持分の払戻しにより得られる金額と相殺することにより、出資義務の履行を会社に主張できると考えてよいだろう）。

よって、結論に至るためには、以上の点について事案の詳細を見ることが必要であったというべきである[61]。

3　611条は強行規定か

退社にかかる持分の払戻しに関する611条は、損益分配の割合（622条1項）、利益の配当に関する事項（621条2項）、出資の払戻しに関する事項（624条2項）の場合と異なり、法規定上は定款で別段の定めを為し得るか否かについて規定が置かれていない。しかし、対内関係に属する事項であるから、持分の払戻しに関しても611条は任意規定であり、定款自治が認められるのが原則であると考えられる[62]。

もっとも、少し細かく見ていくと、同条のうち4項から6項は、これに反する定めを置くことはあまり考えられず、また7項は外部関係（会社債権者と会社・社員の関係）についての定めであるから任意規定ではない（621条3項、624条3項も同様に解される）。よって、611条の強行規定性が問題となるのは、主として、2項（退社員と会社間の計算の方法につき、特段の定めを置くことが

---

61) ここでは論じないが、昭和62年判決の事案には、本文で述べた点と関連して検討されるべき点がいくつか含まれていたように思われる。川島・前掲注60) 72頁以下、『昭和62年度重判解』100頁、102頁〔古瀬村邦夫〕、渡邊正則「判批」ジュリ979号105頁、108頁（1991年）を参照。

62) 大隅・前掲注27) 73頁。松本・前掲注12) 564頁は、定款で持分の払戻し・支払いに関する計算および実行の方法を任意に定めることができ、定款で持分の払戻しを行わない旨を定めてもよいとする。

できるか等)、1項(そもそも持分の払戻しを行わない旨を定めることができるか等)である(3項が任意規定であることは明らかであろう)。

まず、2項にいう「持分会社の財産の状況」とは、定款に別段の定めがなければ、継続企業価値を前提とすると解されていることはすでに述べた。もっとも、定款でこの点について別段の定めを行うこと、たとえば会社財産の時価によって、または簿価によって算定する旨を定めることに問題はない[63]。継続企業価値の算定や会社財産の時価評価には手間がかかり、また恣意が入りやすいことから、当事者がこれを避けたいと考えることには合理性が認められるからである。

その他の点についても、公序良俗に反しない限り(民法90条)、定款自治が可能であると考えられ[64]、たとえば611条2項の「退社した社員と持分会社との間の計算」の方法を定款で定めることも認められよう。もっとも、払戻しを一切行わない旨を定めることは、常に公序良俗違反となるわけではないものの、定款作成時に社員がそのことに同意したことにつき、一定のもっともらしさ(最低限の理由等)を会社が示すことができなければ公序良俗違反と判断される可能性も否定できないであろう。

4 定款に損益分配の割合の定めがある場合

持分会社・民法組合の重要な特徴の1つとして、定款自治(契約自由)が挙げられる。このことは、物的資本の拠出者(A)と人的資本の拠出者(B)が共同事業を行う場合に、出資割合と異なる損益分配の割合を定款(組合契約)に定めることができる(会社法622条1項、民法674条1項)という点で大きな意味を持つ。

以下、民法組合ではなく持分会社の用語法(会社〔組合〕・社員〔組合員〕・退社〔脱退〕)で説明する。Aが2,000万円、Bが(名目的に)1円だけ出資し、損益分配割合を1:1と定める場合を考える。設立から数年が経過したところでBが退社し、持分の払戻しを行うという場合、まず、①これまでの会計

---

[63] 熊本地判平成10年2月18日判タ985号292頁(中小企業等協同組合法上の事業協同組合の事例)。

[64] 江頭ほか・前掲注12) 18頁、新家=桑田・前掲注1) 42頁を参照。

上の損益が半分ずつＡＢに分配されたものとしてＢの利益剰余金を計算し、次に、②Ｂに帰属する資本金・資本剰余金の合計額である１円を「出資の払戻し」の額とし、（ここまでの①②の計算はＡについても行い）、最後に、③企業価値が持分会社の純資産（簿価）を超える部分（ここでは便宜上、「含み損益」と呼ぶ。前述の「調整企業価値」と同じ）を、所定の割合でＡ・Ｂ間で配分する。持分払戻の計算方法について、特に定款に定めがなければ、この「所定の割合」は損益分配と同じ割合と考えられる。

以下、計算を単純にするため、名目的な出資額である１円を無視する（０円とする）。

第１のシナリオとして、退社までに持分会社に2,000万円の会計上の利益が生じており、また退社直前の会社の企業価値が5,000万円である場合を考える。①ＡＢの利益剰余金は（途中で配当をしていなければ）1,000万円ずつであり、②Ａには2,000万円、Ｂには０円の出資金が帰属しており、③「含み益」1,000万円を１：１で配分し、Ｂには500万円が配分される。

以上の①から③を合計すると、Ｂは、退社に当たり、持分の払戻しとして1,500万円を会社から受け取ることになる。

		A	B
会計上の利益	2,000万円	1,000万円	1,000万円
出資金	2,000万円	2,000万円	０円
「含み益」	1,000万円	500万円	500万円
持分の払戻額			1,500万円

第２のシナリオとして、結局ＢはＡと馬が合わず早期に退社する、あるいはＢが事業への熱意を失い最善を尽くさなかったという場合を想定して、会計利益が200万円、企業価値が2,300万円（つまり「含み益」は100万円）という場合を考える。この場合、Ｂへの払戻額は、150万円となる。

		A	B
会計上の利益	200万円	100万円	100万円
出資金	2,000万円	2,000万円	0円
「含み益」	100万円	50万円	50万円
持分の払戻額			150万円

　ベンチャー企業の実務の発展したシリコン・ヴァレーでは、株式会社形態でのベンチャー企業において、ベンチャー・キャピタル（VC）と起業家の間では、種類株式の定めや新株予約権を用いたvesting（持分の段階的確定）が約定されることが一般的である。この複雑で洗練された「動機付け交渉」と比較すると、持分会社で出資割合と異なる損益分配割合を定款に定めることは、単純・素朴であるが、一種のvestingであると考えられる[65]。このシンプルな持分計算を基礎にして、物的資本の拠出者と人的資本の拠出者がこれに肉付けをしていけば、両者が納得できる仕組みを設計することができる。

　平成17年会社法が導入した合同会社は、小さな定款起草のコストでこのような仕組みを実現できるものであり、大きな利用可能性を有している。

VII　結びに代えて

　持分会社に関する法規定は、平成17年制定の会社法により大幅に整理され、一覧性が改善された（II）ものの、株式会社についての法規定と比較すると、今なお条文と条文の間の隙間が大きい。そのため、法解釈上の問題を検討するにあたっては、会社法の規定の文言解釈に加えて、民法の規定や一般原則、ひいては条理にさかのぼることが必要となる。法解釈学者にとって、持分会社は想像力を掻き立てられる領域であるといえる。

　本稿は、持分会社の法律問題のうち特に基本的なものを中心に取り上げた（III以降）。本稿で検討した諸論点の多くは、合名会社・合資会社で問題とな

65）宍戸善一「人的資本の評価と果実の分配」宍戸善一＝ベンチャー・ロー・フォーラム編『ベンチャー企業の法務・財務戦略』（商事法務、2010年）339頁以下、340-342頁、宍戸善一＝大杉謙一「共同事業における人的資本と物的資本の結合──漁業LLCを中心に」前掲注1）近刊書所収を参照。

るものである。合同会社については、全額払込制が取られ、また法規定が整備されているため、本稿での検討はあまり実益を持たないかもしれない。しかし、会社法が、改正前商法においても存在したが条理に委ねられていた利益の配当（621条）について明文の規定を置いたことは、問題の一部を明確化したものに過ぎず、今なお解釈によって埋められるべき隙間が残されていることを、本稿での検討は示すことができたのではないかと考える。

　他方、本稿では、本来取り上げるべきであった出資の払戻し（624条）や計算のルール等について論じることができなかった。また、本稿の執筆に当たっては、学説を必ずしも網羅的に調査することができなかった。この2点により、本稿には思わぬ見落としや勘違いがあるのではないかと懼れている。本稿が持分会社の法解釈についていささかなりとも裨益するところがあれば幸いである。

　先に述べたように、合同会社については、会社法は多くの点で法律関係を明確化している。しかし、解釈による解決の限界はなお残っており、今後は立法論も必要となろう。たとえば、合同会社における持分譲渡の対抗要件[66]について、第三者に対する対抗要件として会社法130条1項のような規定を置くことも一考に値しよう。

---

66) この点につき、前掲注12) を参照。

マフィアの私的秩序

森田　果

I　はじめに
II　マフィアの提供するサービス
III　マフィアの資源
IV　マフィアの内部構造
V　マフィアの起源
VI　終わりに

I　はじめに

　金融の世界においては、マネーロンダリングをいかにして防ぐかが重大な問題の1つとされてきた。国際的には、1989年に設立されたマネーロンダリングに関する金融活動作業部会（Financial Action Task Force on Money Laundering）がマネーロンダリング対策に関する国際的な勧告を打ち出してきた。また、日本においても、1991年に国際的な協力の下に規制薬物に係る不正行為を助長する行為等の防止を図るための麻薬及び向精神薬取締法等の特例等に関する法律が、1999年に組織的な犯罪の処罰及び犯罪収益の規制等に関する法律が、そして2007年に犯罪による収益の移転防止に関する法律が制定されるなど、資金洗浄への対策が次々と打ち出されてきた。
　これらのマネーロンダリング対策はいずれも、マネーロンダリングを抑止することによって、最終的には、その背後にある組織犯罪・麻薬取引・テロ

行為等を抑止することを目的としている。政治的な動機に基づいてなされることの多いテロ行為はともかくとして、組織犯罪や麻薬取引は、一定の経済的利益を求めてなされるものである以上、その利益の剥奪につながる可能性のある制度が整備されれば、それらの行為の一定程度の抑止が期待できるからである。とすれば、これらマネーロンダリング対策を考える際には、その背後の存在の1つである犯罪組織のメカニズムについての理解も必要不可欠だろう。

他方、森田（2011）[1]において紹介したように、犯罪組織——森田（2011）において取り上げたのは中世カリブ海の海賊——であっても、それが一定期間持続的に存在し続ける組織である以上、何らかの経済合理性に基づいているはずだ（さもなければ長期間存続するのは不可能である）、ということが推測される。そこで本稿では、マネーロンダリング規制のターゲットである犯罪組織の典型例の1つとして、シチリア・マフィアを取り上げ、そのメカニズムについて簡単な紹介を試みたい。

一口にマフィアといっても、世界中、さまざまな地域において、さまざまな犯罪組織が「マフィア」と呼ばれている。たとえば、映画「ゴッドファーザー」で有名になったのは、シチリア・マフィアや米国のマフィアであるし、最近では、ロシアン・マフィアやチャイニーズ・マフィアといった新興国におけるマフィアの活動もしばしば話題にのぼる。それらの中で、本稿が取り上げるのは、シチリア・マフィアである（以下、本稿では、シチリア・マフィアのことを単に「マフィア」と呼ぶ）。

「マフィア」と呼ばれるさまざまな存在の中からシチリア・マフィアを本稿が取り上げるのには、理由がある。「マフィア」という名称の起源が、シチリア・マフィアであることが1つの理由である。映画「ゴッドファーザー」で描かれたように、米国のマフィア（の一部）は、シチリア・マフィアに起源を持っているし、ロシアや中国のマフィアは、シチリア・マフィアに似た存在の犯罪組織であるとして、後から名付けられたものである。この意味で、シチリア・マフィアは、マフィアのいわば「原型」と位置付けられるのであ

---

1) 森田果「海賊の掟——Captain Jack Sparrow とその愉快な仲間たち」吉原和志＝山本哲生編『変革期の企業法——関俊彦先生古稀記念』661-698頁（商事法務、2011年）。

り、他のマフィアも、シチリア・マフィアの異バージョンという形で理解されてきた。

そして、マフィアという犯罪組織がどのようなメカニズムを有しているかを考察することは、いわゆる私的秩序（private ordering）の形成に関する研究の一端としての性格も持つことにもつながる。すなわち、マフィアのような犯罪組織においては、秩序の実現や維持に関して、国家権力の助力を得ることができない。そのような前提の下で、どのようにして実効的なガバナンスを実現することができるのか、という問題は、さまざまな私的秩序の形成・維持と同様の問題状況であると言える[2]。筆者はこれまで、フォーマルな法ルール以外に、どのような社会規範が現実世界において機能しているのか[3]、また、フォーマルな法ルールが必ずしも十分に機能していない状況でどのようにして私的秩序が自生してくるのか[4]、について考察してきたが、本稿は、筆者のこれまでのそういった研究の延長線上にある。

もっとも、本稿が取り上げるマフィアは、筆者がこれまでに取り上げてきた私的秩序とは性格をやや異にする。筆者がこれまでに取り上げてきた私的秩序の多くは、効率的なメカニズムが自生的に生まれてくる過程であった。これに対し、本稿が取り上げるマフィアは、犯罪組織自体にとっては確かに効率的ではあるが、社会全体にとっては、当該組織がもたらす外部性故に、かえって非効率となりうる私的秩序のケースである。この意味で、森田（2011）[5]において取り上げた中世の海賊とよく似ている。私的秩序――ソフトローの一部とも言える――は、常に効率的で望ましいというわけではなく、

---

2) これに対し、国家が私的秩序を意図的に利用している場合が多い、とする見方も存在する。たとえば、Sagy, Tehila, 2011, What's So Private about Private Ordering?, LAW & SOCIETY REVIEW 45:923-954. を参照。
3) 森田果「株主間契約（6・完）」法協121巻1号1-76頁（2004年）。森田果「『信頼』と法」小塚荘一郎＝髙橋美加編『商事法への提言――落合誠一先生還暦記念論文集』951-985頁（商事法務、2004年）。森田果「宮城県における日本酒をめぐる取引の実態調査」法学68巻5号793-820頁（2004年）。森田果「（取引）法ルールの影響メカニズムの諸相」黒沼悦郎＝藤田友敬編『企業法の理論（下）――江頭憲治郎先生還暦記念論文集』187-210頁（商事法務、2007年）。森田果「信頼と法規範」藤田友敬編『ソフトロー叢書(1)ソフトローの基礎理論』247-266頁（有斐閣、2008年）。
4) 森田・前掲注3)「宮城県における日本酒をめぐる取引の実態調査」、森田・前掲注1)。
5) 森田・前掲注1)。

その外部の社会との関係では非効率なものになるというシナリオは、十分にあり得るのである[6]。

他方、本稿で取り上げるマフィアの分析は、森田（2011）[7]において取り上げた海賊の分析とは、分析視角の点で異なっている。森田（2011）においては、海賊の内部組織、つまり、コーポレートガバナンスの分野で議論されるのと同様のガバナンスメカニズムの問題を取り上げた。しかし、本稿では、マフィアの内部組織の問題よりもむしろ、マフィアが外部社会とどのような関係を築き上げてきたのか、という点により重点を置くこととしたい。その方が、マフィアのよってたつ基盤を明らかにし、組織犯罪の抑止のための政策的インプリケーションを見いだすためには、より有益だと考えられるからである。

かかるマフィアについての研究においては、伝統的には、社会学的な視点から多くの分析が加えられてきた。典型的なものとしては、Lewis[8]や竹山博英[9]や藤澤房俊[10]が挙げられる。このタイプの研究は、マフィアに関する資料が十分に存在せず、マフィアがどのような活動をしているのかが十分に明らかにされてこなかったことから[11]、あまり十分なものとは言い難かった。

ところが、1980年代ころから、イタリアにおけるマフィア撲滅運動がようやく効果を上げはじめ、マフィア内の重要人物の証言が引き出されるようになり、マフィアの姿が次第に明らかにされてきた。そのような中、Gambetta[12]が、それまでのマフィア研究の殻を打ち破り、膨大なインタビューに基づきながらも、マフィアの活動の多くの側面が経済合理的なもの

---

6) 藤田友敬「星野教授の質問・コメントに対する補足説明」ソフトロー研究12号133-139頁（2008年）を参照。そのような社会的非効率性をもたらす私的秩序の典型例としては、カルテルも挙げられよう。
7) 森田・前掲注1）。
8) Lewis, Norman, 1951, THE HONOURED SOCIETY: THE SICILIAN MAFIA OBSERVED (Eland Publishing).
9) 竹山博英『マフィア　シチリアの名誉ある社会』（朝日新聞社、1988年）。
10) 藤澤房俊『シチリア・マフィアの世界』（講談社、2009年）。
11) これには、後述するように（IIIを参照）、マフィアにおいては「秘密」が重要視されてきたことも影響している。
12) Gambetta, Diego, 1993, THE SICILIAN MAFIA: THE BUSINESS OF PRIVATE PROTECTION (Harvard University Press).

として理解できることを初めて明らかにした。そこで、本稿では、このGambettaの分析を紹介していくことで、マフィアの作り出す私的秩序に迫っていきたい。

　本稿の構成は、以下の通りである。まず、Ⅱにおいて、マフィアがその顧客に対してどのようなサービスを提供することによって、そのビジネスを成立させているのかを見る。マフィアが顧客に提供する「保護（protection）」の内容を理解するこの節が、本稿の中心となる。続いて、Ⅲにおいて、そのようなサービスを提供するために、マフィアがどのような資源を必要としているのかを見る。一転、Ⅳにおいて、マフィアがどのような内部構造を有しているのかについて見る。その上で、Ⅴにおいて、以上のような特徴を持つマフィアが、シチリアという地域においてなぜ成立し得たのかを見た上で、Ⅵにおいて簡単なまとめを述べる。

Ⅱ　マフィアの提供するサービス

　そもそも、マフィアとは、どのようなサービスを提供する組織なのだろうか。犯罪組織といえども、それが組織として存続している以上、構成員や関係者に対して何らかのサービス（あるいは財）を提供しない限り、存続することはできないはずである[13]。たとえば、「犯罪組織」という名前から私たちが容易に連想するサービスの典型例は、犯罪者に対して、犯罪の手段（凶器等）を提供したり、犯罪遂行後の逃走経路や盗品の処分ルートを提供したり、犯罪対象に関する情報を提供したりすることだろう。

　しかし、一口に犯罪組織といっても、さまざまなバリエーションがあり得る。犯罪組織の典型例の1つとしてのイメージを持たれることの多いマフィアは、他の犯罪組織とはかなり異なったサービスの提供を、その事業の中心としている。マフィアが提供する、そして、マフィアの存続の基盤を形成してきたサービスは、「保護」の提供である。

---

13) なお、さまざまな組織の果たす機能については、Hansmann, Henry, 1996, THE OWNERSHIP OF ENTERPRISE (Harvard University Press) を参照。

1　保護

⑴　保護とは何か

では、マフィアが提供するサービスである保護とはいったい何なのかを、Gambetta が行ったインタビューを通して見ていこう。ここでインタビューの対象となっているのは、シチリアの牧畜業者と家具業者とである[14]。

マフィアは、牧畜業者と食肉店とが取引をする際に介在し、両者の間での売買取引において、合意内容が実現されるように保証する——たとえば不良品を売りつけられたり代金の不払いが起こったりしないようにする——役割を果たす。同様に、家具業者についても、家具業者と顧客との間の売買取引において、保証人の役割を果たしたり、顧客の信用に関する情報を提供してくれたりする。そして、このような情報提供や保証の対価として、家具業者は、手数料を支払ったり、販売上の特典——たとえば、割引価格での販売を行ったり、普段は認めない掛け買いを認めたり——を提供したりする。

このような形でマフィアが商取引に介在するのは、取引の当事者間において、相手方に対する信用が脆弱で不安定な状況だからである。たとえば、牧畜業者の例では、牧畜業者が正規の屠畜市場を経由せずに、何らかの理由（たとえば税回避目的）に基づいて非正規の屠畜市場を利用しようとした場合には、正規の法のエンフォースを期待することはできない。そのような場合、何らかの形で相手方の履行の確保を実現しないと、囚人のディレンマゲームにおける「互いに裏切り合う」非協力均衡が実現してしまう。そこで、相手方の信頼性に関する情報を提供したり、相手方の履行を保証したりする存在としてのマフィアが必要とされるのである。

もちろん、かかるマフィアのサービスを利用するためには、マフィアに対して一定の報酬を支払うことが必要になる。しかし、それがたとえば回避された税金より安価なのであれば、非正規の市場とマフィアのサービスを組み合わせて利用することが、取引当事者にとって合理的な行動となり得る。

---

14) Gambetta, *supra* note 12, pp. 15-18.

(2) 保護の提供される範囲

　このように、情報提供や取引の保証を行うこと——「保護」の提供——がマフィアの提供する主要なサービスである。しかし、そのような保護は、必ずしも平等に与えられるわけではない。売買取引における売主だけ、あるいは、買主だけに提供されることもあれば、両者双方に提供される場合もある。また、市場に参加している全ての売主・買主に対して保護が提供されるわけではなく、その一部だけに提供されることの方が一般的である[15]。

　仮に、マフィアが市場に参加している全ての売主・買主に対して保護を提供することになると、マフィアにとっては、いくつか不都合が発生する。第1に、マフィアによる保護が普遍的に提供されることになると、マフィアは顧客から報酬を徴収するのが難しくなってしまう。第2に、あまりに多くの市場参加者に対して保護を提供すると、実際には約束通りの履行をしなかった当事者を捜し出してそれに対してサンクションを発動することが困難になる。つまり、保護の対象に対するモニタリングが難しくなってしまう。保護を与えたはずなのに、保護が実現されなかったということになると、そのマフィアが提供する保護は真正のものではないということになり、当該マフィアの評判が傷ついてしまいかねない。

　第3に、市場参加者がマフィアから保護というサービスを購入しようと考えるためには、取引が成功裏に終わったときに、それは取引相手が信頼できる者だったからではなく、マフィアの保護による結果であると認識できなければならない。もし、取引相手が信頼できる者だと当事者が判断できてしまうのであれば、マフィアの保護なくして、取引当事者間の直接の信頼の発達が促進され、マフィアのビジネスが衰退してしまう。それを避けるためには、マフィアによる保護の提供は、市場参加者全員に対する普遍的で匿名のものであってはならず、マフィアと個別に契約を締結した特定の市場参加者に限定される必要があるのである。

　このように、マフィアは、保護というサービスを提供する対象者の数を限定することが必要であるが、それと同時に、対象者の数をある程度は多くし

---

15) Gambetta, *supra* note 12, pp. 22-24.

たいというインセンティヴも持っている。なぜなら、対象者の数を多くすることによって、対象者からの報酬という収入が増加するし、少数の対象者だけにマフィアという事業を依存させてしまうと、顧客に対する自らの交渉力が弱体化してしまうからである。この意味で、マフィアにとっては、最適な規模の顧客数が存在しており、実際には、一定のグループに対して保護を提供することになる。

(3) 不信の内生性

以上のように、マフィアにとっては、市場参加者間において直接の信頼が発達してしまうと、自らの事業基盤が脅かされる結果になるから、そのような信頼の発達を阻害するような行動をとるインセンティヴも持っていることになる。市場参加者間に不信が発生するように、ときに不良品の売買がなされる状況の方が、マフィアにとっては好ましい[16]。

この点、確かに、囚人のディレンマゲームは、それがワンショットゲームであれば、互いに裏切り合うことが均衡になるけれども、繰り返しゲームであれば、一定の条件下において、互いに協力し合うことが均衡になることはよく知られている。そして、市場取引は、繰り返しゲームであるから、長期的には、互いに協力し合うインセンティヴが市場参加者に存在しているはずである。

けれども、マフィアによって市場参加者のサブグループに対して保護が提供されていると、このサブグループは、サブグループ内部においては協力行動をとりつつ、サブグループの外部の者に対しては裏切り行動をとることが合理的となり得る。なぜなら、サブグループ外部の者に対して裏切り行動をとっても、それらの者が、自分たちが保護を購入しているマフィアより強力なマフィアの保護を得ていない限り、報復される危険性がないからである。

このため、マフィアの保護が、市場参加者の一部に対して提供されている場合には、マフィア自身が市場に参加して売買を行っていなくても、その市場では不良品の売買が一定程度なされ、市場において不信が自然と醸成され

---

16) Gambetta, *supra* note 12, pp. 24-28.

ることになる。すると、その分、マフィアの保護を購入したいと考える市場参加者が増える。こうして、マフィアによる保護というサービスは、内生的で、自己保存的な性格を持つことになる。

(4) 対価支払いの自発性

　以上のシナリオで重要なのは、マフィアの顧客からマフィアに対する報酬の支払い[17]は、「自発的に」なされている、という点である。私たちがマフィアに対してしばしば抱いているイメージは、顧客を定期的に訪問して報酬を強制的に徴収する（強請る）、というものであろうが、それは現実ではないのである。顧客にとっては、マフィアから保護を購入することの方が、そうしない場合よりも望ましい状態を実現できることに注意しなければならない。特に、前述したように、市場参加者の中で、マフィアから保護を購入する者の割合が増えれば増えるほど、自分もマフィアからの保護を購入しないと、マフィアから保護を購入している者との取引によって損害を受ける危険性が高まるので、マフィアからの保護を購入するインセンティヴが増すのである[18]。

2　保護の具体的な内容

(1)　紛争解決

　マフィアがその顧客に対して提供するサービスのうち最も重要なのは、前述したように、商取引をめぐる個別的な紛争解決機能を提供することである[19]。マフィアは、より一般的な紛争解決や治安維持というサービスを提供するインセンティヴを強く持っているわけではない。マフィアが、特定されていない一般的な人々に対して保護を提供したとしても、それによって保護の対価を得ることはできない。マフィアが、一定の地域について一般的な

---

[17]　なお、報酬は、不良品の販売がなされた場合や代金の支払いがなされなかった場合にサンクションを発動した場合だけに支払われるわけではなく、ちょうど保険料が保険事故の発生の有無にかかわらず支払われるように、常に支払われる。

[18]　この意味で、マフィアの保護には、マフィアと保護の買主との当事者間だけに与える影響だけでなく、それ以外の者に対する外部性があることになる。

[19]　Gambetta, *supra* note 12, pp. 166-171.

保護を提供するのは、小さな街で住民全員のモニタリングが可能なような場合に限定されていた。この意味で、マフィアによる保護は、法の支配が提供するような一般的な保護とは、大きく異なる様相を見せる。

このように、マフィアが提供する保護サービスは、特定の顧客に対し、紛争解決機能を提供することをその本質としていた。マフィアは、債権者のための負債の取立や、債務者のための返済の猶予のために、商取引に介入することがしばしばあった。裁判所による訴訟処理のスピードが遅いので、マフィアに紛争解決を依頼した方が、顧客にとっては効率的だからである。なお、紛争が発生した場合に、マフィアが債務者・債権者のいずれか一方だけを保護するのか、あるいは、両者を仲介するのかは、当事者（債務者・債権者）の交渉力次第であった。

(2) 犯罪抑止

以上のような紛争解決機能の他に、マフィアが自ら提供する重要なサービスであると自認しているのは、犯罪からの保護である。具体的には、盗難・強奪・誘拐からの保護が主要なものである[20]。

マフィアが顧客に提供する保護はまず、盗難からの保護である。マフィアの顧客の大部分は、一般的なビジネスマンであり、自らの行う商取引がきちんと履行されるように、盗難からの保護を必要としている。マフィアは、このような顧客に対して盗難からの保護を提供するために、犯罪者とのつながりを持っている必要がある。すなわち、マフィアによって保護されている顧客から盗難を行った窃盗犯に対してサンクションを与えることで、窃盗犯がマフィアの顧客を狙わないようなインセンティヴを設定し、もって顧客に対して盗難からの保護を提供するのである[21]。なお、このように、マフィアの顧客の財産は盗難の対象にならないとなると、「公共財産」とは、誰もが盗んでよい財産を意味する、という皮肉な帰結が待つことになる。

第2に、マフィアが顧客に対して提供する保護は、他のライバルから強奪

20) Gambetta, *supra* note 12, pp. 171-179.
21) なお、マフィアのルールの中には、マフィアによる盗みを禁ずる規定もあった（ただし、完全に遵守されていたわけではない）。Gambetta, *supra* note 12, p. 174.

されない、という保護も含んでいる。前述したように、マフィアの顧客は、マフィアに対して自発的に保護サービスの対価を支払っている。あるマフィアに対して保護サービスを受ける対価を支払っているにもかかわらず、他のマフィアからさらに対価を徴収されたり、あるいは、他のマフィアの顧客から債務不履行を受けたりするような状況は、顧客にとってもマフィアにとっても望ましくない。このため、マフィアは、自らの顧客に対しては、保護サービスの供給主体として独占的な地位を占めることを目指すことになる。

　最後に、マフィアは、誘拐からの保護も提供していた。私たちがしばしば有しているマフィアのイメージの中には、マフィアは誘拐稼業をも行う犯罪組織というものが含まれているかもしれない。しかし、それは必ずしも正確ではない。むしろ、一部のマフィアにおいては、誘拐は明示的に禁じられていた。なぜなら、誘拐を行うと、マフィアに対する一般的な敵意を発生させるし、警察当局の注意を引くことにもつながるからである。実際、1970年代のシチリアは、イタリアの他の地域に比べて、誘拐の発生件数は少なかったとされる。

(3) 競争減殺

　以上のように、「保護」という言葉から直接想定されるようなサービスの他に、マフィアは、競争からの保護も顧客に対して提供している[22]。顧客に対して競争からの保護を提供する際には、顧客の競争者に対して直接脅迫して競争行為を止めさせるという手段もあり得たが、マフィアがより好んだのは、市場に参加している複数の顧客によるカルテル合意の形成に助力することで、競争減殺効果を生み出す手法である[23]。

　もっとも、マフィアは、全ての市場に介入して、カルテル合意の形成に助力できていたわけではない。マフィアが介入しやすい市場とは、需要が非弾力的であったり製品差別化が不存在であったりするなど、カルテルが市場参

---

22) Gambetta, *supra* note 12, pp. 195-202.
23) なお、マフィアがカルテル合意の形成に助力する際には、さまざまな手法が採られていた。複数の市場参加者の間で地域分割を行う手法、顧客を分割する手法、時間的に分割する（順番に供給を行う）手法、が採られていた。

加者(供給者)にとって望ましいオプションである一方で、企業数が多かったり市場参入障壁が低かったりして、市場参加者が自発的にカルテルを実現することが困難な場合であった。

したがって、市場への参加者が大企業に限定されている鉄・自動車・化学といった業界や、製品差別化が可能なハイテク業界などにおいては、マフィアがカルテル合意の形成に助力することはなかった。これに対し、ゴミ収集業のような業界においては、マフィアの介入がしばしば見られた。マフィアの活動が盛んであったシチリアのパレルモにおいては、魚市場においてはマフィアによるカルテルの形成が見られたが、果物野菜市場においては、仲買人の数の増加によるマフィアのモニタリングの困難化によってマフィアの介入は減少していったことが報告されている[24]。

また、無線タクシー業界については、一見、前述したようなマフィアの介入の条件が具備されているように見えるが、パレルモは、イタリアの大都市の中では唯一無線タクシーシステムが成立しなかった都市である。これは、タクシー運転手が無線オペレータに対して「自分が最も近くにいる」と嘘をついた場合のモニタリングが困難であり、マフィアが介入するとかえってマフィアの判断に対する評判が揺らぐ危険性がある。しかも、運転手に対してはマフィアの情報ネットワークの構成員として保護を提供していたため、嘘をついた運転手を処罰すると、誰か他のマフィアの保護に抵触する危険性があり、うかつに手を出せなかったことによるものと考えられる[25]。

(4) 対価の支払方法

以上のようなマフィアによる保護サービスの提供に対する対価は、さまざまな方法でなされていた[26]。現金の支払いの他にも、割引・信用の供与・資源の無償利用の許可などが、対価の支払い方法として活用されていた。さらに、便宜供与という形での対価の支払いも多く行われていた。特に、政治家のような立場にある者が対価を支払うときは、職の提供、試験の合否、免

---

24) Gambetta, *supra* note 12, pp. 202–214.
25) Gambetta, *supra* note 12, pp. 220–225.
26) Gambetta, *supra* note 12, pp. 179–182.

許の提供、年金の確保、などといったさまざまな政治上の援助の形でなされることが多かった。そして、マフィアがこれらのタイプの便宜供与を行う者と取引をするときは、マフィアは暴力の使用を控える傾向があった。これらの便宜供与ができる者は、社会的に相当程度高い地位にあることが通常であり、そのような者を暴力の対象とすることは、マフィアの側にとっても危険が大きかったからである[27]。

3 マフィアの形成する私的秩序の非効率性

以上に見てきたように、マフィアがその顧客に対して提供する保護というサービスは、信頼が不十分にしか存在しない社会において、商取引を円滑に進めるためのツールとして望ましい存在のように見えるかもしれない。しかし、私的秩序が常に効率的で社会的に望ましい帰結をもたらすとは限らない[28]。マフィアが提供する私的秩序には、次のような欠点がある[29]。

第1に、通常の国家権力のように法の支配によるコントロールの及んでいない権力の独占が生じるため、マフィアにとっては、自らが保護サービスを提供している顧客の利益のみを保護し、それ以外の者の権利を踏みにじるインセンティヴが発生する。つまり、マフィアによって実現される私的秩序には、その私的秩序の内部に組み込まれた者にとっては効率的であり、自発的に当該私的秩序に参加する顧客にとっては好ましい取引環境がもたらされる。しかし、マフィアによって保護されていない外部者にとっては、望ましくないシステムになる。マフィアによる私的秩序には、大きな外部性があるのである。前述したような、マフィアがカルテル合意をモニタリングすることによって競争減殺効果を生み出している、という状況は、まさにこのような非効率性の典型例だと言えよう。

第2に、マフィアが保護サービスを提供する対象となるのは、商取引に携

---

[27] そして、かかる便宜供与という形でも対価の支払いがなされていたということは、政治家がマフィアと癒着していることにもつながる。実際、マフィアが一定の政治家に対して選挙における支持を提供することもしばしば見られた。Gambetta, *supra* note 12, pp. 182-187.
[28] 藤田・前掲注6)を参照。
[29] Gambetta, *supra* note 12, pp. 187-194.

わる通常の商人たちだけではない。マフィアは、盗人や強盗に対しても保護サービスを提供している。マフィアは、商取引だけではなく、犯罪行為をも同時に保護の対象としているのである[30]。両者に対する保護の提供が矛盾対立する状況が発生し得るため、マフィアがその顧客に対して提供する保護サービスの内容は、しばしば相対的で曖昧なものになってしまう。

それだけではなく、マフィアは、盗人や強盗に対して保護サービスを提供する際に、対価として、彼らの犯罪収益の一部を受け取るので、犯罪行為が「普及」することに対して、プラスのインセンティヴを持つ。さらに、一定量の犯罪行為が存在することは、それによって社会に不信が醸成される結果となり、通常の商人タイプの顧客が、マフィアから保護サービスを購入しようという追加的なインセンティヴを持つことになるので、マフィアにとっても有益である。このため、マフィアが私的秩序を実現している地域においては、他の地域に比べて、犯罪行為が少なくなりにくい、という非効率性が発生することになる。

第3に、後述するように、マフィア同士が保護サービス市場の独占をめぐって争う際には、暴力による抗争が発生する。マフィア同士の抗争が発生した場合、ライバルのマフィアとその顧客に対する強奪・誘拐等が、ライバルのマフィアの評判を毀損し、ライバルを弱体化させるために行われる。特に、ライバルの顧客の誘拐は、ライバルの保護に対する婉曲なチャレンジとしてしばしば使われる。このように、私的秩序の異なったなわばり間の抗争は、双方の所属者にとって大きな損害をもたらし、非効率的な結果を生じさせてしまう。

このように、マフィアの提供する保護サービスは、それによって一定の地域内での私的秩序を実現するという長所を持っているものの、それと同時に、大きな非効率性も生じさせていることになる。もっとも、強力な国家権力が

---

[30] マフィアが盗人に対して保護を提供するのは、彼らが麻薬ルートの仲介人として機能しているからだ、というのも1つの理由である（Gambetta, *supra* note 12, pp. 227-234）。もっとも、麻薬取引自体は、取引の完全なモニタリングが非常に困難であり、マフィアにとっても完全な保護サービスを提供することが難しく、しばしば紛争の種となっていた（Gambetta, *supra* note 12, pp. 234-244）。

存在せず、信頼に基づいた商取引が困難な状況において、マフィアが存在する場合と存在しない場合とで、どちらがより望ましい社会なのか、という点については、評価は難しいであろう。

III マフィアの資源

　信頼の希薄な社会において、マフィアが保護を顧客に対して提供することで商取引を円滑化させるためには、一定の資源を有している必要がある。では、前節において見たような保護を顧客に対して提供するために、マフィアはどのような資源を有しているのだろうか。

1　情報

　前節で見たように、保護というサービスの中には、商取引における債務不履行があった場合の実力行使によるサンクションの発動、という側面もあるけれども、それよりもまず重要なのは、情報である。マフィアが顧客に対して保護を提供するためには、さまざまな情報を収集した上で、それを継続的にアップデートする必要がある。なぜなら、顧客あるいはその取引相手がどれくらい信頼できる取引当事者であるかということを評価するためには、顧客およびその取引相手について、さまざまな情報を知っていなければならないからである[31]。

　この情報には、取引当事者の信用についての情報だけではなく、彼がどこに住んでいて、どのような仕事に就いていて、どのような親族や友人がいるか、などといった細かい個人情報をも含む。このような個人情報を入手することによって、単に取引当事者の信頼性を評価することができるだけでなく、商取引に債務不履行が発生した場合に、たとえば親族や友人に対して危害を加える等の報復措置を実行することが可能になる。そして、このようなサンクションの存在によって、債務不履行の発生を抑止する効果をもたらすことができる。

---

31) Gambetta, *supra* note 12, pp. 35-36.

もっとも、債務不履行の発生を抑止するためには、マフィアが取引当事者に関するさまざまな情報を保有している、というだけでは足りない。むしろ、顧客が、マフィアが自分たちについてのさまざまな情報を保有している、ということを知っていることが必要になる。マフィアが実際にどれだけの情報を持っているかどうかよりも、取引当事者が、マフィアにどれだけの情報を持たれていると信じるかによって、取引当事者の行動が左右されることになるから、取引当事者の信念の方が、債務不履行の抑止のためにはより重要である。このため、マフィアの情報収集能力は、マフィアの評判を形成する重要な一要素を構成することになる。

　このように、マフィアとして活動し、顧客に対して保護を提供していくためには、情報収集能力に長けていなければならない。情報収集ネットワークの構築と維持運営は、必ずしも容易な仕事ではないけれども、マフィアにとっては一番最初に取りかからなければいけない仕事になる。情報収集能力は、会話力・記憶力といったマフィア個人個人の能力にも依存するが、一般的には、顧客の数が増えるにつれて、情報収集作業は複雑になっていく。場合によっては、マフィア個人で実効的な情報収集を行うことができず、下請けを使う必要も出てくる。また、顧客のタイプ——田舎の商取引か、都市の商取引か、国際的な麻薬取引か、など——によっても、情報収集に必要なノウハウは異なってくる。

　すると、マフィアが、その情報収集能力を効果的に発揮するためには、あまり広範囲の顧客に対して保護を提供することは望ましくない。広い領域における一定の種類の取引を保護するよりも、自らの生まれ育った地縁を活用するなどして、狭い領域における全ての取引について保護を提供した方が、合理的な戦略となってくる[32]。このため、マフィアは、基本的には小規模なマフィアが各地に多数存在する形となっており、それが１つに統一されるという形はとりにくい。

　なお、マフィアによるこのような情報収集活動は、単に、顧客に対して保護を提供するためだけになされるのではない。マフィアが、その顧客に対し

32) Gambetta, *supra* note 12, pp. 37-38.

て保護を提供する存在であるということは、同様に保護を提供し得る潜在的な競争者——国家権力やライバルのマフィア等——についての情報収集も十分に行っておかないと、自らの地位が脅かされてしまう。このため、取引当事者以外の者についても、情報収集がなされることになる。

　さらに、このようにして収集された情報については、マフィアは、できるだけその秘密を維持しなければならない。もちろん、前述したように、「マフィアが情報収集能力を持っている」という評判を維持するための情報を、顧客ら取引当事者に対して開示する必要はある。しかし、それ以上の情報を開示してしまうと今度は、取引当事者や潜在的な競争者が、マフィアの保護の提供者としての地位を脅かす情報を入手しかねないからである。

　私たちは、しばしばマフィアには「沈黙の掟（omerta）」がある、ということを耳にするけれども、マフィアは、情報をいかにコントロールするかに腐心し、それによって利益をあげているのである[33]。それはちょうど、営利企業が営業秘密を守ることに腐心するのと類似しているといえよう。

2　暴力

　以上のように、マフィアが顧客に対して保護を提供するためにまず必要なのは情報であるが、情報に基づいて保護を提供するためには、マフィアが一定の暴力を行使できる能力を具備している必要がある。情報に基づいて、適切な暴力を行使する能力があって初めて、取引当事者に対する抑止効果が発揮できるからである。

　もっとも、マフィアが暴力を行使する能力を保有するのは、顧客に対して提供する保護のエンフォースメントのためだけではない。むしろ、保護のエンフォースメントのために暴力が行使されることはあまりない。マフィアによって暴力が行使される主要な局面はむしろ、マフィア間の競争である[34]。マフィアは、その「タフさ」の程度をめぐって、互いに競争している。暴力の競争に勝利することで、勝利したマフィアは、敗北したマフィアよりも優

---

[33] このため、マフィアは嘘をつくことに対して、厳しい制裁をもって臨んでいた。Gambetta, *supra* note 12, pp. 121-123.

[34] Gambetta, *supra* note 12, pp. 40-43.

れているという評判を獲得し、逆に、敗北したマフィアは、評判を失う。このように、マフィアが競争に勝つ、すなわち、既に他のマフィアが保護を提供している市場に新たなマフィアが新規参入するためには、暴力に訴えて自らの方が強い保護を提供できることを示すしかない。

また、国家権力によって、一定の商品やサービスが違法であるとされた場合にも、マフィアが暴力を行使する能力を保有していることが重要になってくる。違法な商品やサービスの取引においては、合意のエンフォースメントのために国家権力の助力を得ることができない。このため、その取引に参加する当事者たちは、国家権力に代わる何らかの力を持っている蓋然性が高くなる。そうすると、これらの者に対して保護というサービスをマフィアが提供できるためには、これらの当事者よりも強力な力を有していることが必要となるからである[35]。

3 評判

そして、情報収集能力に関する評判と同様、暴力を行使する能力についても、評判が確立してしまえば、暴力を現実に行使する必要は低くなる（ゲームの均衡においては、暴力の行使はなされない）[36]。マフィアの保護に関する評判、すなわち、情報収集能力に関する評判と暴力に関する評判とがともに強ければ強いほど、その評判を維持するために現実に暴力を行使する必要性は減る。極端な話、強い保護を有しているという評判さえ形成できれば、それをサポートする現実の情報収集能力や暴力行使能力がなかったとしても、保護を提供できることになる。

このため、マフィアでない者がマフィアを名乗ってその評判にフリーライドしようというインセンティヴが生まれることになる。そして、このようなフリーライドが行われると、マフィアの評判に稀釈化が発生し、評判が毀損されてしまう結果になる。これは、商号・商標等の名称におけるダイリュー

---

[35] 19世紀のマフィアが保護サービスを提供していたような、シチリア島内の日常的な商取引ではなく、今日のマフィアが保護サービスを提供しているような国際的な麻薬取引になってくると、マフィアが保護を提供するために必要な暴力の程度は高まることになる。

[36] Gambetta, *supra* note 12, pp. 43-46.

ションと同様の現象である。

　このような評判の稀釈化の問題を回避するために、マフィアは、誰が真のマフィアであり、誰が真のマフィアでないかを確認するための手続に、大きな関心を抱いている。このためにマフィアが採用している確認手続には、次の2つのものがある[37]。

　第1の方法は、自分がマフィアであると直接に名乗るのではなく、周囲の人に自分がマフィアであるかどうか尋ねてまわるように求める、という方法である。前述したように、マフィアは、特定の地域に顧客のネットワークを作り上げているから、この方法を使えば、その者がマフィアであるかどうかについて、ほぼ確実に真実にたどり着くことができる。もう1つの方法は、潜在的顧客が、司法当局に出向いて犯罪記録を閲覧し、マフィアらしき者に十分多くの犯罪記録がある（過去にそれだけ暴力に関わる事件を起こしている）場合に、その者がマフィアであると推定する手法である。

　では、このようにマフィアにとって重要な価値を持つ評判は、どのようにして獲得されるのだろうか。一般的には、マフィアが真に保護の能力を有しているかどうかは、当該マフィアが最初にマフィアとして活動し始める段階において、実際に暴力を行使して見せることによって、あるいは、マフィアとして活動を開始した後に、他のマフィアからの挑戦を受け、それに対抗するために実際に暴力を行使して見せることによって、周囲の評価を通じて獲得される。このような機会において適切に行動することができれば、当該マフィアは、保護サービスを提供する能力があるという評判を形成することができるのである。

　もっとも、マフィアの評判は、必ずしも確固とした安定的なものではなく、その維持には細心の注意が払われる。たとえば、マフィアの評判は、保護サービスの提供に関する局面だけではなく、マフィアの個人的な生活の局面においても評価される。すなわち、自らの妻を守ることができない（あるいは妻から自分を守ることができない）ようなマフィアは、保護サービスを提供する能力がないものと評価され、その評判が毀損されることになる。これは、

---

37) Gambetta, *supra* note 12, pp. 123-126.

前述したように、ゲームの均衡においては、保護サービスの提供の局面において暴力が行使されることが稀であることによるのではないかと考えられる[38]。

そして、このようにして形成されたマフィアの、実効的な保護サービスを提供する組織としての評判は、聖人や神話などのシンボルを借用することで強化されたり、マフィアが生み出したシンボル（たとえばサングラスやマフィア映画）によってさらに評判が強化されるという循環的な形で強化されたりする。この結果、「マフィア」という名前そのものが、一種の商標のように、保護サービスを提供する組織としての評判を伝達することになっている[39]。

IV マフィアの内部構造

さて、前節までは、マフィアが外部とどのような関係を持っているかを記述してきたが——そして、冒頭に述べたように、それが本稿の主な注目点であるが——、本節では、マフィアのガバナンスメカニズムについても言及しておきたい。というのは、古典的な「企業の境界」論が示すように[40]、マフィアと外部市場との関係と、マフィアの内部構造とは、連続的な側面を持つ。このため、前者について語ることと後者について語ることとの間には、一定の連続性が認められるからである。マフィアの内部構造を観察する際の着眼点は、マフィアの顧客・所有者（オーナー）が、マフィアとどのような関係を持っているかである。本節ではさらに、マフィア全体を1つの業界として見た場合の複数のマフィア相互の関係についても簡単に言及したい。

1 顧客

まず、マフィアから保護というサービスを購入する顧客には、さまざまな

---

38) マフィアが「タフ」であるとの評判を維持するために、たとえば、性行動に関するルールは非常に厳格に守られていたし、当局によって拘束・起訴された際に、実刑判決を回避するために精神鑑定を求めることも、禁止されていた。Gambetta, *supra* note 12, pp. 119-121.
39) Gambetta, *supra* note 12, pp. 129-146.
40) Coase, Ronald, 1937, The Nature of the Firm, ECONOMICA New Series 4:386-405.

者がなり得る。信頼が十分に存在していない市場において何らかの商取引を実現しようとするときには、保護という形で履行を確保するための手段が必要となるから、合法な取引・違法な取引を問わず、マフィアの顧客となり得る者は多様である。

　もっとも、マフィアが顧客に対して保護サービスを提供する場合には、通常、顧客との関係を、1回限りの短期的なものにするのではなく、長期的な関係とすることが通常であり、その意味で、顧客が、マフィアという組織の中に一定程度内部化されている状態になることが多い。それには、いくつかの理由がある。

　まず、前述したように、マフィアが保護を提供するためには、顧客とその取引相手についてのさまざまな情報を得続ける必要がある。そのためには、これらの者をモニタリングする情報ネットワークの構築が必要となるが、その構築のための投資を回収するには、一定程度長期の取引を行うことが合理的となる。

　また、顧客に対する保護の提供を、ある時期には行い、また別の時期には行わない、という間欠的な方法で行うと、特定の時点において、当該顧客がマフィアによって保護されているのかいないのかが不明確になる。これでは、顧客にとっても不便であるし、マフィアにとっても保護のありなしを外部に対して示さなければいけなくなるから、コストがかかる。

　このため、マフィアにとっても、顧客にとっても、いったん保護サービスをめぐる契約について合意したのであれば、それを長期的なものとするインセンティヴがあることになる。そして、この過程を通じて、顧客は、マフィアという犯罪組織の中に、実質的に内部化されていくことになる。

2　所有者

　次に、マフィアという犯罪組織の所有者とはどのような存在だろうか。どのようなものがマフィアの所有者たり得るかという点は、マフィアの提供するサービスによって決まってくるところが大きい。

　これまでに述べてきたように、マフィアがその顧客に対して提供するサービスとは、商取引における保護である。このようなサービスを提供するため

には、何らかの固定資産を保有している必要性はあまりない。保護というサービスを提供するために必要なのは、情報ネットワークの構築・維持と暴力行使能力の構築・維持であるが、どちらも特定の固定資産の所有を前提としないからである。

むしろ、マフィアのサービスにとって必要不可欠なのは、保護を提供できるマフィアであるという評判の維持である。この評判があれば、顧客に対する保護の提供を実効的に行うことができるし、また、保護の提供にかかるコストも低減できる。

このようなマフィアの評判は、特定の資産ではなく、特定の個人に結び付いている属人的なものであることが多い。このため、マフィアという犯罪組織の所有が売買の対象になる（例えば株式会社のように）、ということはほとんどない。犯罪組織を譲渡しても、マフィアの評判が帰属している個人が移転しない限り、譲受先の新たなマフィアが譲渡元の評判を引き継ぐことはできないからである。この意味で、保護サービスを提供するマフィアのような犯罪組織においては、株式会社に見られるような所有と経営の分離という状況は発生しにくいことになる。

また、マフィアという犯罪組織における所有者の交替では、後継者が、何らかの形で、自分は被承継者と同等かそれ以上に優れている、ということを示す必要がある。それは、犯罪組織の中でヒエラルキーを昇進していく過程で獲得する評判によることもあるし、他の後継者候補からの挑戦に勝利することによって得た評判によることもある。このため、マフィアにおいては、通常の営利企業のように、外部市場から経営者をリクルートするということはできず、基本的には内部からの「たたき上げ」の経営者しか存在しないことになる[41]。また、ボスの地位の交替は、比較的に平和かつ緩やかなプロセスによってなされ、マフィア同士の抗争を通じてボスの地位の交替が発生する、という事態は稀になる。

そうだとすると、マフィアにとっての重要な資産である評判を揺らがせる

---

41) Gambetta, *supra* note 12, pp. 103-107. これに対し、シチリアではなくカラブリア（イタリア南部ナポリ周辺地域）においては、内部的な昇進ではなく、外部からの挑戦によってボスの交替が起きる頻度が高いとされる。

ためには、その評判の帰属主体であるボスを機能不全にすることが効果的な手段となり得る。実際、シチリアのマフィアにおいては、マフィアのボスが投獄されたり、あるいは他の理由によって活動できなくなったりすると、しばしば下克上が発生してきた[42]。

3 マフィア間の関係

複数のマフィアが同一の市場内に存在していた場合、それらマフィア間の関係は、どのようなものであるのだろうか。

前述したように、マフィアの主要な事業は、取引市場における顧客に対して保護を提供することであり、かつ、保護というサービスは、基本的にあり・なしという二値的なものである——強い保護と弱い保護が同時に存在している場合、強い保護の方が貫徹し、弱い保護は貫徹されないので、結局、弱い保護は存在しないことになる。このことに鑑みれば、マフィアによる保護の提供が、独占的なものではなく、競争的なものである場合、次の２つの均衡のうち、いずれかが成立することになるだろう。１つの均衡は、複数のマフィアが、自分の方がより強力な保護を提供できることを示すために抗争を続ける、というものであり、もう１つの均衡は、何らかの形で市場を分割し、各マフィアが分割された市場の内部において独占を達成する、という協力均衡である。

通常、前者の抗争を継続するという均衡は、いずれのマフィアにとっても（そしておそらく抗争のとばっちりを受ける社会にとっても）望ましくない均衡である。このため、通常は、マフィア同士で市場を分割する（黙示の）合意を結ぶという協力均衡が実現されることになる[43]。

もっとも、そのような協力均衡が簡単に成立するわけではない。協力均衡が成立するためには、協力をしない（＝市場の奪い合いの抗争をする）ことのコスト（恐怖）が十分に大きくなければならない。そして、そのようなコストの見込みに依拠した不安定な協力均衡であるからといって、直ちに明示の合意がマフィア間で締結されるかというと、そのような結果には至らない。

---

42) Gambetta, *supra* note 12, pp. 62-63.
43) Gambetta, *supra* note 12, pp. 68-71.

おそらく、そのような合意を締結しても、その合意を実効的にエンフォースすることが期待しにくいからであろう。

むしろ、小さなマフィアが上納金を払って大きなマフィアの傘下に入り、それによって大きなマフィアが一定の地域の内部での合意をエンフォースする、という形に落ち着くこととなる。しかし、もちろん、この大きなマフィア相互の間の合意については、これをエンフォースできるような主体は存在しないから、そこは依然として不安定な協力均衡のままとならざるを得ない。

とはいっても、1950年代後半から、マフィア間においてより明示的な組織化を図る動きも出てきた[44]。それは commissione と呼ばれる連合形態で、複数の隣接したマフィアによって構成されていた。もっとも、commissione は、マフィア間の協力均衡をめぐる合意のエンフォースを実現するために、マフィア間の紛争を規律するためのものではなかった。

commissione は、マフィアのボスとその構成員の間の紛争を解決することを目的としていたのである。特に、マフィアのボスが死去したり投獄されたりして不在となった場合に、その地位の承継に関する事項を規律することは、commissione の重要な機能であった。また、commissione の仲裁機能は、終局的なものではなく、各マフィアのボスは、自らの裁定権限を留保していた。この意味で、commissione は、マフィア間のカルテルを強固にするためのものというよりは、各マフィアの内部統制のためのものであった。

V マフィアの起源

では、以上に見てきたような特徴を持つマフィアは、シチリアにおいて、なぜ、どのように発生してきたのだろうか。

これまでに見てきたように、マフィアの従事する事業の特徴が、信頼が十分に存在しない商取引市場において、取引を円滑に進めるための保護を提供することにあるのであれば、保護というサービスに対する需要が存在するためには、信頼が不足している市場が必要となる。この意味で、南イタリアは、

---

44) Gambetta, *supra* note 12, pp. 110-117.

信頼が十分に存在してこなかったから、保護サービスに対する需要が存在していたと言える[45]。

　しかし、信頼が不足していたという事実は、それを補うための保護に対する需要が存在し、保護を提供する事業に収益機会があることを意味するけれども、そのような需要に応じた保護サービスの供給があることを必ずしも意味しない。マフィア以外による保護サービスの供給が行われる可能性もあるし——シチリア以外の地域では、中央集権化した国家が保護サービスを独占的に供給するようになるのが通常である——、そもそも何らの保護サービスの供給も行われない可能性もあるからだ。

　この点、19世紀のシチリアにおいては、それまで存在していた封建制度が崩壊し、それと同時に私的財産権の概念が導入されることによって、私的財産権を他者の侵害から守る、という保護サービスに対する需要が劇的に拡大した。封建制度が崩壊すると、土地が法的な財産権の対象となり、取引対象たり得る商品に変化する。土地が取引対象となると、それまでの封建領主とは異なる、新たな中産階級が土地の所有者として出現したし、共有地や教会所有地が競売にかけられることによっても、新たな土地所有者が出現した。この結果、伝統的な封建領主＝土地所有者の権限は弱体化し、小作農や羊飼いは共有地の消滅によって貧困化して社会不安の種になる一方で、新たな中産階級は土地の取得に邁進した。このような社会の不安定化の中で、保護サービスに対する需要が増大したのである。

　もっとも、これらの中産階級自身が、保護サービスを提供するマフィアになっていったとは限らない。マフィアは、あらゆる階級の者に対して保護を提供していたものであり、必ずしも中産階級が自衛のためにマフィアになったわけではないからである。

　むしろ、19世紀のシチリアにおいては、自警団員・私的警備員・山賊・除隊兵士・受刑者など、保護を提供するサービスの主体となり得る能力を有

---

45) Gambetta, *supra* note 12, pp. 77-78. 特にシチリアは、イタリア半島から飛び出した地中海に位置しており、支配者が頻繁に交代した歴史を有しており、フォーマルな法エンフォースメントが強固に確立しにくい地域であったことも、信頼が十分に醸成されず、保護サービスに対する需要が高まってきた一因であろう。

する者が豊富に存在していた。当初は、単純な暴力で保護を提供していたこれらの者が、私的信頼をコントロールし得る専門家である、公証人・弁護士・医者・僧侶などと結び付くことによって、次第に、自立的な保護の供給者として確立していくことになった[46]。

そして、保護サービスに対する需要を考えると、大土地所有（latifunda）が発達した農村地域ではなく、都市の方が、商取引が活発に行われる分、保護サービスの需要は高いはずである。このため、貧しい農村地域よりは、豊かな農村地域やそれをめぐる都市の市場において、さまざまな取引当事者が相互交流しあうために保護サービスが必要とされ、マフィアが発達していった、と考えるのが素直であろう[47]。

もっとも、シチリアの全土においてこのような形でのマフィアの発生が見られたわけではない。前述したような条件が充足されない地域においては、同じシチリアの中でもマフィアの活動は活発ではなかった。実際、シチリアの東半分においては、封建制度の崩壊後、支配階級が比較的強固に維持され、かつ、不在地主としてではなく、在地地主として活動したので、かかる支配階級が、保護サービスを提供することができ、マフィアの発生は抑えられた[48]。これに対し、シチリアの西半分においては、地主が不在地主であったために、小作農の取り締まり、土地・家畜・農産物についての財産権とその配分について、保護サービスに対する需要が多く存在し、それを満たすために、マフィアが発達してきたのである[49]。

VI 終わりに

本稿が見てきたのは、イタリアのシチリアという特殊な社会的背景を元に成立したマフィアという組織であった。シチリアと全く同じ条件が世界の他

---

[46] Gambetta, *supra* note 12, pp. 78-81, 84-85. 自立的であるというのは、複数の顧客に対して保護サービスを提供することによって、特定の顧客に依存するのではなく、保護サービスの供給主体として独立した存在になることである。

[47] Gambetta, *supra* note 12, pp. 86-89.

[48] Gambetta, *supra* note 12, pp. 81-83, 89-90.

[49] Gambetta, *supra* note 12, pp. 90-96.

の地域で成立するとは限らず、マフィアと同じ組織が他の地域で発生することは必ずしも容易ではないだろう[50]。けれども、本稿において見てきたような、マフィアがどのように機能しているのかという分析は、他の犯罪組織にも、多かれ少なかれあてはまる。

たとえば、ロシア・マフィアについては、Gambetta 自身が、ソビエト連邦崩壊後のロシアにおいて、共産主義が崩壊して財産権が突然導入され、しかし、国家が保護サービスを十分に提供できていない、という状況が、19 世紀のシチリアにおいて、封建制度が崩壊して財産権が突然導入されたが、国家サービスが保護サービスを十分に提供できなかった状況とよく似ていることを指摘し、マフィア類似の組織の成立可能性を指摘している[51]。実際、Varese[52] は、ロシアにおける保護サービスの提供者としてのロシア・マフィアを描き出している。

同様のことは、日本のヤクザについても一定程度あてはまるだろう。たとえば、宮崎学[53] は、神戸港における荷役のとりまとめという、国家による法エンフォースメントの機能しにくい状況において、山口組というヤクザが発生し、その後、社会の変化に対応してさまざまな形でその組織や提供するサービスを次第に変容させていった状況を描き出している。

このように、犯罪組織がどのように機能しているのかを分析し、解明することは、犯罪組織に対してどのように対処していけば実効的かを考える際に、重要である。犯罪組織の活動に対して無計画な対処を行っても、その対処に実効性があるかどうかは明らかではないし、逆効果になることさえありかねない。犯罪組織の機能の仕方を明らかにして初めて、犯罪組織に対する対処のあり方を考えることができる。金融法・企業法のさらなる発達のためにも、本稿のような分析が進展することが望まれる。

---

50) Gambetta, *supra* note 12, pp. 245-256.
51) Gambetta, *supra* note 12, pp. 252-253.
52) Varese, Federico, 2001, THE RUSSIAN MAFIA : PRIVATE PROTECTION IN A NEW MARKET ECONOMY (Oxford University Press).
53) 宮崎学『近代ヤクザ肯定論——山口組の 90 年』(筑摩書房、2010 年)。

2つの残余権概念の相克

得津　晶

I　はじめに
II　静的モデル
III　動的モデル
IV　2つのモデルの相克
V　今後の課題

I　はじめに

　株式会社を代表し、業務執行を行うのは取締役・代表取締役であり（会社法349条1項、348条1項、363条1項[1]）、この取締役を選任するのは株主が議決権を有する株主総会である（同法329条1項）。これは、先進資本主義各国で共通の規律であり、株主による「所有」と表現されている[2]。さらに、取締役の善管注意義務（同法330条、民法644条）・忠実義務（会社法355条）の判断その他の場面における会社を取り巻く利害関係人（Stakeholders）の利害調整は、株主利益最大化原則に基づいてなされると整理されている[3]。このような状況を株主に支配権があると表現し、他の利害関係人ではなく株

---

[1] Delaware General Corporation Act (*hereinafter* DGCL) §141 (a); Revised Model Business Corporation Act (*hereinafter* RMBCA) §8.01 (b).
[2] REINIER KRAAKMAN ET AL., THE ANATOMY OF CORPORATE LAW 14 (2d ed. 2009); 大隅健一郎「最近における会社機構の推移」民商19巻3号2頁（1944年）、森本滋『会社法──現代法学〔第2版〕』34頁（有信堂高文社、1995年）は所有権規定（民法206条）から使用・処分・収益権能に着目して株主が会社の所有者であることを導く。

主に支配権が認められている根拠として、伝統的に、株主が「残余請求権者」（residual claimants）であることが挙げられてきた[4]。「残余権者」であることから、債権者その他の stakeholders がそれぞれの取り分の残りを最大化するインセンティヴを有し、このことは、優先権者である他の stakeholders の取り分が確保される限りにおいて、株主に他の stakeholders の取り分を含めた企業価値合計最大化のインセンティヴがあることを意味する。それゆえ、株主に支配権を認めることが企業価値・社会の価値の最大化につながると整理してきた。

　このような残余権による株主の支配権の正当化は、必ずしも盤石ではない。とりわけ、株式の所有が分散している場面では、少数の株式しか保有していない株主には、集合行為問題として、「合理的無関心（rational apathy）[5]」およびフリー・ライダー（free rider）問題[6]が存在し、必ずしも企業価値最大化のインセンティヴを現実の株主が有しているわけではないことが指摘されてきた。そのため、株主の正当化根拠を、残余権者性のみに求めず、地位の均一性・単一性から同一グループ内での利害対立が他の stakeholders に比較して少ないことをも挙げられることがある[7]。

　このような議論状況ではあるが、本稿は、あくまで残余権者性の概念のみに着目する。というのも従来の議論では「残余権者」概念に2つの異なる意義を認めてしまっていることから、議論の混乱が見られているのではないかと思われるからである。本稿の目的は、「残余権者」概念として①静的モデルと②動的モデルとがあることを示し、現在の会社法は②動的モデルを目指していることを示しながらも、①静的モデル概念が入っていることが個別の論点において議論の混乱を生んでいることを示す。その意味で、本稿は個別

---

3) 落合誠一「企業法の目的」岩村正彦ほか編『岩波講座現代の法7（企業と法）』23頁（岩波書店、1998年）、江頭憲治郎『株式会社法〔第4版〕』20頁（有斐閣、2011年）。

4) 江頭・前掲注3) 22頁（注2）、吉原和志ほか『会社法(1)〔第5版〕』55頁（有斐閣、2005年）、伊藤秀史「現代の経済学における株主利益最大化の原則」商事1535号6頁（1999年）; ROBERT C. CLARK, CORPORATE LAW 389 (1986); Henry Hansmann, *Ownership of the Firm*, 4 J. L. ECON. & ORG. 267, 269 (1988).

5) CLARK, *supra* note 4, at 390.

6) CLARK, *supra* note 4, at 392.

7) Hansmann, *supra* note 4, at 283; HENRY HANSMANN, THE OWNERSHIP OF ENTERPRISE 62-3 (1996).

具体的な解釈論を提言するものではないが、議論の整理となることで幾許か寄与できるのではないかと考えている。

II 静的モデル

「残余権者」概念の解説として、典型的な株主（equity holders）と債権者（debt holders）のみを取り出し、企業全体の価値からまず債権者が取り分を取り、その残部を株主が取る、と整理するものがある[8]。株主の価値は企業全体の価値から債権者価値を控除したものであり、企業価値（平常時）が負債総額を上回っている場合（平常時）には企業価値の増大は株主価値の増大と比例ないし連動しており、株主利益を最大化させることが企業価値を最大化させることになるとする。他方、企業価値が負債総額を下回る場合（債務超過時）には、企業価値の増大は債権者価値の増大と対応しており、債権者利益の最大化が企業価値の最大化につながることになる。このことから、株主有限責任制度の存在と相俟って[9]、債務超過の場合には会社の支配原理が株主利益最大化から債権者利益最大化に移り、債務超過が倒産手続開始原因となること[10]、さらには日本法下での取締役の対債権者責任規定（会社法429条）の正当化[11]が導かれうる。

---

8) Bernard S. Black, *Corporate Law and Residual Claimants* 4 (Stan. Law & Econ. Olin Working Paper No. 217, 2001), *available at* http://papers.ssrn.com/sol3/papers.cfm?abstract_id=1528437;藤田友敬「株主の議決権」法教194号20頁（1996年）、吉原ほか・前掲注4）94頁。
9) 藤田友敬「基礎講座 Law & Economics 会社法(4) 株主の有限責任と債権者保護(1)」法教262号84頁（2002年）。
10) 藤田・前掲注8) 22頁（注3）、藤田・前掲注9) 84頁。
11) 黒沼悦郎「取締役の債権者に対する責任」曹時52巻10号2925頁（2000年）。これに対し、藤田友敬「基礎講座 Law & Economics 会社法(5) 株主の有限責任と債権者保護(2)」法教263号132頁（2002年）、特に（注17）は黒沼・前掲が取締役の信認義務の相手方を「債務超過」を基準にする点について反論するが、その議論は後述する静的モデルを用いている。

[図表] 静的モデルによる残余権の説明

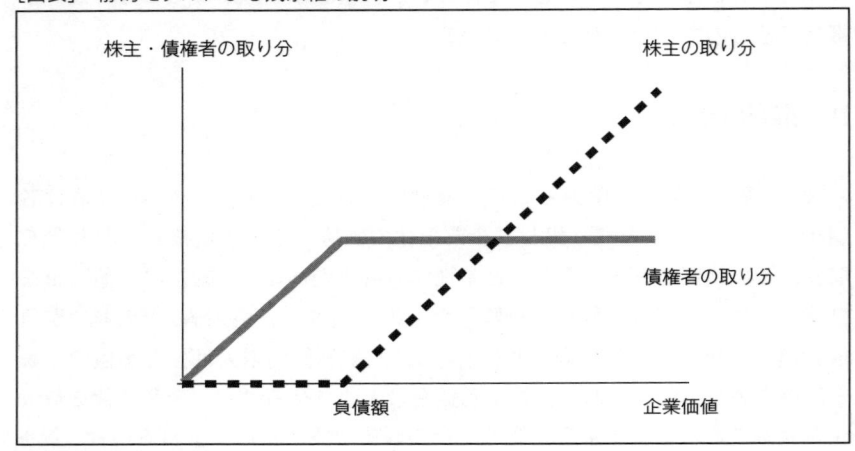

（グラフ：縦軸「株主・債権者の取り分」、横軸「企業価値」。実線は債権者の取り分で、原点から負債額まで上昇し、その後は水平（「債権者の取り分」）。破線は株主の取り分で、負債額までは0、その後右上がりに上昇（「株主の取り分」）。）

　このモデルに対し、2種類の批判ないし留保がなされている。1つは、企業価値が負債額よりも高い平常時であっても企業価値の増加は従業員の給与・賞与等にも影響し、債権者の一部たる従業員に帰属するように、必ずしも企業価値の増大が株主価値にのみ反映されるわけではないということである[12]。この留保は、企業価値最大化のインセンティヴが必ずしも株主に独占的に認められるわけではないことを示唆する。かかる考慮は、上記のように企業価値を利害関係者間でどの順番に充当していくのかというモデルにはそもそも内包されておらず、次に紹介する動的モデルの問題意識を取り入れたものである。

　次いで、信託法上の受益債権（信託法101条）との比較から、会社法による株式は清算時には債権者に劣後することが定められているものの（会社法502条）、事業継続中は剰余金分配ルールが存在し（同法461条）、債権の弁済が完了していない状態でも剰余金分配という取り分のある株主は残余権者ではないということが指摘されている[13]。貸借対照表テストにより、原則と

---

12) 藤田・前掲注8) 20頁。
13) 神田秀樹「株式の不思議」前田重行ほか編『企業法の変遷——前田庸先生喜寿記念論文集』134頁（有斐閣、2009年）。

して資産の額から負債・資本金・準備金を控除して導く剰余金概念（同法446条）に残余権者性がすでに読み込まれているとみることもできないではない。だが、原則として資産の取得原価主義が採用されていること（会社計算規則5条1項）等の理由により貸借対照表テストに信頼をおけないという立場が、同様の理由により資本制度の債権者保護機能にも疑問を呈した[14]。かかる立場が、最低資本金を廃止した平成17年会社法の政策決定によって採用された立場と評価できるため、現行法における貸借対照表上の剰余金をこの意味での残余権と評価することはできない。

　かかる批判・留保の観点からすれば、上記モデルは、清算時にのみ妥当し、利害関係者間の充足の順番のみを対象とし、任意の企業価値を静的にとるものとみることができる[15]。そこで、本稿ではこのモデルを「静的モデル」と称する。そして、かかる静的モデルには、事業継続中の株式会社には妥当しないこと、企業価値最大化のインセンティヴが株主以外にも存在することを示せていないこと、という2つの問題点が存在する。この静的モデルはあくまで直感的に理解しやすい説明の便宜として用いられてきたものにすぎず、この静的モデルを説明に利用してきた論者も、以下の動的モデルとの対比で静的モデルを支持していたわけでは決してない。

III　動的モデル

　もう1つのモデルは、株主の議決権の正当化根拠としての「残余権者性」を、企業価値が上がれば利害関係人の価値が上がる、企業価値が下がれば利害関係人の価値が下がる、というような利害関係人[16]、すなわち、限界収益および限界費用が帰属する者[17]とする整理であり、元来、教科書等で引用さ

---

14) 藤田友敬「会社法と債権者保護」商法会計制度研究懇談会編『商法会計に係る諸問題』29頁（企業財務制度研究会、1997年）、吉原和志「会社の責任財産の維持と債権者の利益保護——より実効的な規制への展望(1)」法協102巻3号443頁（1985年）。
15) LYNN STOUT, THE SHAREHOLDER VALUE MYTH 39 (2012); Black, *supra* note 8, at 4.
16) Black, *supra* note 8, at 4, 14.
17) Frank H. Easterbrook & Daniel R. Fischel, *Voting in Corporate Law*, 26 J.L. & ECON. 395, 403 (1983).

れていた文献が想定していた理解である[18]。企業価値が限界的な1単位増加・減少する場合に、その増加・減少する企業価値が帰属する利害関係人に会社の支配権を認めることで、効率的に裁量権を行使するインセンティヴが生じ、社会の効率性に資するという整理であり、より直接に社会の価値最大化に着目したものである。

このモデルは清算時ではなく going concern としての企業を前提とするものである。清算が近い将来に予定されていない限り、明示・黙示を問わず、将来の期待収益・損失のすべてが、企業価値増加のためのインセンティヴとなる[19]。よって、清算を予定せず、事業活動を継続する多くの企業にとっては静的モデルではなく動的モデルが妥当する[20]。また、清算に近接する場面でも、企業に残された決定権限は乏しく、支配権を観念する意義は乏しい。このことから、支配権の正当化のために残余権者性を用いるならば、静的モデルは有用ではない[21]。

この動的モデルによる整理の1番の特徴は株主のみが残余権者であるという理解に修正を迫る点にある[22]。たとえば、従業員であれば、企業関係特殊的投資を行うなどにより企業の成功に強い利害関係を有するという意味での残余権者の1人となる[23]。長期型雇用慣行および年功序列賃金制度の下で、早期においては従業員の企業への付加価値が賃金を下回る代わりに、後期には、従前の未払過去勤務債務の償還により、付加価値よりも高い賃金を受ける[24]というシステムの中にいる従業員は、従業員の努力、忠誠、企業特殊的・産業特殊的投資を行う意欲等を醸成する。これら従業員の役務提供の対

---

[18] CLARK, *supra* note 4, at 389 n.1 で引用されている Armen A. Alchian & Harold Demsetz, *Production, Information Costs, and Economic Organization*, 62 AM. ECON. REV. 777, (1972); Michael C. Jensen & William H. Meckling, *Theory of the Firm: Managerial Behavior, Agency Costs and Ownership Structure*, 3 J. FIN. ECON. 305, (1976).

[19] Black, *supra* note 8, at 4.

[20] Black, *supra* note 8, at 18.

[21] Black, *supra* note 8, at 18.

[22] Black, *supra* note 8, at 25; STOUT, *supra* note 15, at 41.

[23] Black, *supra* note 8, at 4; 伊藤・前掲注4) 6頁、藤田・前掲注8) 20頁。

[24] エドワード・P・ラジアー (樋口美雄＝清家篤訳)『人事と組織の経済学』299-300頁 (日本経済新聞社、1998年)、菅野和夫『新・雇用社会の法〔補訂版〕』176頁 (有斐閣、2004年)。

価として後に受ける報酬は企業価値と相関するため、企業価値の増加分の一定割合が従業員に帰属することになる[25]。企業特殊的投資[26]・産業特殊的投資（人的資本）を行う場合もそれらの人的資本の価値は企業の成功と関連する[27]。また、転職のための取引費用の存在[28]、収益の高い企業ほど報酬基準が緩いこと[29]等からも、従業員も重要な残余権者の1人であることが導かれる。

債権者は、静的モデルによれば、債務超過状況になって初めて残余権者となると整理されてきた。だが、債権を、近時のオプション理論に基づき、無リスクの債権と会社資産を対象資産とするプット・オプションの普通株主への売りの地位（short position）との合計と整理する考え方[30]はこの整理に再考を促す。企業価値の増減に伴いプット・オプションの価値が変化することにより[31]、債権の価値も変化する[32]。また、企業の支払能力に不安のない場合に、債権者の限界損益帰属割合が小さくなっても債権自体の額が大きい場合には残余権者性は大きくなることから、債権者についても残余権者性が肯定される[33]。そのほか、優先配当がなされなかった場合に議決権が復活する形の優先株式[34]、オプション的地位[35]、徴税機関としての政府[36]、取引相手[37]、不法行為被害者[38]なども残余権者性が肯定される。

---

25) Black, *supra* note 8, at 25-26; ラジアー・前掲注24）300頁 ; 伊藤・前掲注4）8頁。
26) 企業特殊的人的資本について、ラジアー・前掲注24）156頁以下、小池和男『仕事の経済学〔第3版〕』150頁（東洋経済新報社、2005年）、伊藤・前掲注4）8頁。
27) Black, *supra* note 8, at 26.
28) Black, *supra* note 8, at 26.
29) Black, *supra* note 8, at 27.
30) Black, *supra* note 8, at 5 note 10, 27-28; RICHARD A. BREALEY, STEWART C. MYERS & FRANKLIN ALLEN, PRINCIPLES OF CORPORATE FINANCE 652 (8th ed. 2006); Stephen A. Ross, et al.（大野薫訳）『コーポレートファイナンスの原理〔第7版〕』999-1000頁（金融財政事情研究会、2007年）; 藤田・前掲注9）85頁。
31) Put optionの現在価値は、行使価格、株式ボラティリティ、金利、行使期限日までの時間とならび、原資産の価値（企業価値）によって決定され、short positionの価値は、原資産の価値と正の相関関係にある。Ross, et al. *supra* note 30, at 981; BREALEY ET AL, *supra* note 30 at 549, 554, 576.
32) Black, *supra* note 8, at 28.
33) Black, *supra* note 8, at 29.
34) Black, *supra* note 8, at 4, 29.

このような動的モデルの整理によれば、株主支配権の正当化根拠論は、さまざまな残余権者が存在する中で、株主のみに法的な議決権が認められるのはなぜかという形に問題が再定式化される[39]。そこでは、①従業員の人的資本に伴う残余利益とは異なり、株式は譲渡可能であるため、企業のモニタリングに優れた者に譲渡することも可能であること[40]、②従業員の場合はそれぞれの地位が年齢や職種によって異なるため残余利益が非均一であり、株式のように同一の単位に分割することができず、意思決定の際の投票数のカウント等もできないこと[41]、③株主と従業員に議決権を認めても株主が均一の利益であるためほぼ全会一致の投票がなされるのに対し、従業員の立場はそもそも個別に異なることから票が分散され、結局のところ株主の意思決定が会社の意思となり従業員に議決権を認めることの意義が乏しいこと[42]、④仮に複数の種類の残余権者に拒否権を認めるとすれば意思決定コストが高くなりすぎること[43]、⑤多くの場合、株主の利害と従業員の利害とが一致するため、従業員はモニタリングを株主に任せれば足りると考えられること[44]、⑥従業員はその職務上、企業の情報を有することがあるが、

---

35) Black, *supra* note 8, at 30 は企業の限界損益によってオプション保有者も影響を受けるが、企業自体との契約関係にないことを理由に議決権は認められえないとする。だが、オプションによる企業の限界損益の帰属の問題を会社と直接の契約関係がないことを理由に議決権の問題と分離してよいかどうかは難しい問題である。Shaun Martin & Frank Partnoy, *Encumbered Shares*, 2005 U. ILL. L. REV. 775, 794 (2005); Henry T.C. Hu & Bernard Black, *The New Vote Buying: Empty Voting and Hidden (Morphable) Ownership*, 79 S. CAL. L. REV. 811, 886- (2006); Henry T.C. Hu & Bernard Black, *Equity and Decoupling and Empty Voting II: Importance and Extensions*, 156 U. PA. L. REV. 625, 694- (2008); HEDGE FUND WORKING GROUP, HEDGE FUND STANDARDS CONSULTATION PAPER PART 2: THE BEST PRACTICE STANDARDS, 61 (2007).
36) Black, *supra* note 8, at 5-6.
37) Black, *supra* note 8, at 30.
38) Black, *supra* note 8, at 31.
39) Black, *supra* note 8, at 6.
40) Black, *supra* note 8, at 8; さらにこのことから会社支配権市場の活用を指摘するものとして藤田・前掲注8) 20頁。
41) Black, *supra* note 8, at 8; Hansmann, *supra* note 4, at 283; HANSMANN, *supra* note 7, at 62-3.
42) Black, *supra* note 8, at 8.
43) Black, *supra* note 8, at 8.
44) Black, *supra* note 8, at 8.

この点については、企業が大規模化・複雑化した場合、全企業規模での意思決定においてそのような情報は有用ではなく、反対にこういった情報をよい意思決定に結びつけるための専門能力が必要であること[45]、⑦従業員その他の利害関係人は法律上の議決権以外の、事実上の影響力・支配力を用いることができるため法律上の議決権が不要であること[46]、等の要素が並べられている。

このように、株主の支配権の正当化根拠は残余権者性のみには求められないことになるが、他方で、残余権者性がその前提ないし必要条件でもある。よって、株主の支配権・議決権を検討するのに、残余権者性という視角はなお有用である。

IV　2つのモデルの相克

このような2つのモデルを対比したのは、個別具体的な議論の場面において静的モデルのみを前提としており、より現実的な動的モデルには妥当しないのではないのか、ということを示唆するためである。

1　危険資本拠出論との整合性

日本法において議決権の正当化根拠として、危険資本の裏付けの有無という点が挙げられることがある[47]。このような危険資本拠出論に対し、危険資本を拠出したことを最劣後権（残余権）という危険な状態にある権利を保有していることと再構成することで、残余権者性によって議決権を基礎付ける整理と整合的に理解できると指摘されてきた[48]。

ドイツ学説等の影響を受けた伝統的な危険資本拠出論は、株式ないし議決権に危険資本の裏付けを要求するという考え方であった[49]。その理解は、

---

45) Black, *supra* note 8, at 8.
46) Black, *supra* note 8, at 8.
47) 龍田節『会社法大要』156頁（有斐閣、2007年）。
48) 藤田・前掲注8) 19-20頁、得津晶「持合株式の法的地位（5・完）――株主たる地位と他の法的地位の併存」法協126巻10号2029頁（2009年）。

①会社存続中の会社実財産維持の制度(資本制度)および②抽象的な実財産としての資本が株式に分割されている、という前提に立つものであった[50]。②については、ドイツ株式法1条2項に相当する「資本を株式に分割する」規定であった昭和13年改正商法199条が昭和25年商法改正によって廃止されたことをもって否定されている[51]。また①実財産維持制度としての資本制度の存在も否定する見解が日本法下では有力である[52]。

そこで、近時は、会社の企業価値のうち債権者の有する取り分を差し引いた分を株主の取り分とすることをもって「危険資本」という理解に代替し、このことが株主の利益の最大化が企業の価値を最大化させることにつながる、ないし、企業価値を最大化させるインセンティヴが株主にある、と表現されている[53]。だが、この「企業価値のうち債権者の取り分からの残り」という理解はまさに静的モデルによる残余権者概念を反映したものである。つまり、この整理は、従前の①実財産維持の資本制度概念を放棄したように見えながら、資本金概念とは切り離した形で、会社における清算時の実財産の価値を問題としているのである。これに対し、動的モデルで残余権者概念を捉えるならば、そもそも清算状態の財産分配の順番を問題にすることはない。企業の限界損益の帰属を直接に問題にするため、会社の実財産の価値を想定することはなく、「危険資本」に相当する概念は想定できないのである。ただし、これはあくまで概念上の問題にすぎない。具体的解釈論を示唆する場面で問題となるのは以下の場面である。

---

49) Ernst-Joachim Mestmäcker, Verwaltung, Konzenrgewalt und Rechte der Aktionäre, 1958. C. F. Müller Karlsruhe, S.114-117〔相互保有株式について〕; Wolfgang Zöllner, Die Schranken mitgliedschaftlicher Stimmrechtsmacht bei den privatrechtlichen Personenverbänden, 1963. C.H. Beck, S.137f.
50) 得津・前掲注48) 2030頁。
51) 鈴木竹雄=石井照久『改正株式会社法解説』60頁(日本評論社、1950年)
52) 藤田・前掲注14) 29頁、郡谷大輔=岩崎友彦「会社法における債権者保護(上)」商事1746号52頁(2005年)、得津晶「持合株式の法的地位(4)——株主たる地位と他の法的地位の併存」法協126巻9号1851頁以下(2009年)。
53) 藤田・前掲注8) 20頁、得津・前掲注48) 2030頁。ここでの残余権概念は基本的にアウトプットを想定しているが、インプットによって残余権を考えることにつき Fahad Khalil, *Input versus Output Monitoring*, 66 J. Econ. Theory 139, (1995); 得津・前掲注48) 2035頁。

2　過度のリスクテイク

　静的モデルを念頭に説明されてきた具体的事象として有限責任に伴う過度のリスクテイクの問題がある。以下は、ある書籍で紹介されている例である[54]。

　計画 I ：400万円を使用して、1年間で、確実に100万円の収益があり500万円となる。
　計画 II ：400万円を使用して、50％の確率で1年間で400万円の収益があり800万円となるが、50％の確率で300万円損失が発生し100万円となる。

　ここで、計画 I の期待収益は100万円、計画 II の期待収益は50万円であり、社会的には計画 I の実施が望ましいところ、株式会社が計画 I 、II の選択を行う場合、当該株式会社の株主の取り分の状況においては II が選択されることがあるとされる。

　株式会社 A ：株主からの出資300万円と債権者からの100万円の無利子借入
　株式会社 B ：株主からの出資100万円と債権者からの300万円の無利子借入

　A社において、株主の期待収益は、計画 I は100万円、計画 II は50万円となるので[55]、計画 I が選択される。他方、B社における株主の期待収益は、計画 I は100万円、計画 II は150万円となるので[56]、計画 II が選択される。

　この例から、有限責任制度の下で、会社に株主の取り分が一定規模存在しない場合には、社会的に望ましくなくてもリスクのある事業を行うという問題点が指摘されている[57]。その上で、法人格否認の法理、取締役の対第三

---

54) 小林秀之＝神田秀樹『「法と経済学」入門』165頁以下（弘文堂、1986年）。
55) 計画 I ：1年後500万円中100万円を債権者に弁済、残りは400万であり出資300万からの収益100万円。計画 II ：50％の確率（成功）で1年後800万円、うち100万円を債権者に弁済し、残りは700万円であり出資300万からの収益400万円。残り50％の確率（失敗）で1年後100万円、うち債権者に100万円弁済し、株主は0円で出資300万円からは300万円の損失。よって計画 II の期待収益は 0.5×400 万円 $+ 0.5 \times -300$ 万円 $= 50$ 万円となる。
56) 計画 I ：1年後500万円中300万円を債権者に弁済、残りは200万であり出資100万からの収益100万円。計画 II ：50％の確率（成功）で1年後800万円、うち300万円を債権者に弁済し、残りは500万円であり出資100万からの収益400万円。残り50％の確率（失敗）で1年後100万円、債権者に100万円弁済し、債権残額200万円は有限責任制度により株主は責任を負わず、株主は0円となり出資100万円からは100万円の損失。よって計画 II の期待収益は 0.5×400 万円 $+ 0.5 \times -100$ 万円 $= 150$ 万円となる。

者責任、最低資本金制度等、いかなる法制度により対応をするのか、また、会社の財産維持に着目するのか、株主インセンティヴそのものに着目するのか、等については意見が分かれている[58]。

だが、依拠している数値例は、どれも債権者の取り分の残りが株主の取り分であるという静的モデルを念頭に置いている。このことは、過度のリスクテイクが現実の紛争・裁判で問題になる場面では、会社が倒産状態にあることが多いことからあながち不合理ではないかもしれない。しかし、計画Iおよび計画IIの成功時の場面では静的モデルは妥当しない。このため、厳密には、この問題は動的モデルから静的モデルへの切り替えタイミングという難しい問題を抱えているのであるが、事前のインセンティヴを問題とするのであれば[59]、継続企業を念頭に置いている限り動的モデルで考えるのが原則であろう。

設例に即して言えば、1年を1単位と考えた場合の限界損益は、計画Iであれば100万円、計画IIであれば50万円、IIの成功時は400万円、失敗時は-300万円と整理することになり、この限界損益のうちどれだけが株主に帰属しているのかと考えることになる。そもそもこのような限界損益はほぼすべて株主に帰属すると考えることができるのではないか、というのが、後述する株主への剰余金分配規制の位置づけからの考察である。

次項での検討結果を先取りすれば、日本法の分配可能限度額規制の下では、継続企業である限りは、損益取引による当期純損益の「累積」が株主の取り分に当たる。となると、計画IIによる50％の確率（失敗時）の-300万円は、株主に帰属することになり、本設例で危惧するような過度のリスクテイクは発生しないことになる。他方で、清算状態（倒産）が問題になって初めて過度のリスクテイクとしてコストを債権者に外部化していることになる。

---

57) その他の数値例として後藤元『株主有限責任制度の弊害と過少資本による株主の責任——自己資本の水準から株主のインセンティブへ』96頁以下（商事法務、2007年）。
58) 小林＝神田・前掲注54) 170頁以下、藤田・前掲注11) 122頁以下、後藤・前掲注57) 106頁、580頁以下。
59) 後藤・前掲注57) 106頁、小林＝神田・前掲注54) 171頁。

3　分配規制の理論的位置づけ

　他方で、動的モデルを採ることで説明しやすくなる場面もある。会社の事業継続中の株主への剰余金分配は、株主の残余権者性と矛盾するということが指摘されてきた[60]。だが、これは静的モデルを前提としたものであり、動的モデルを前提とすれば異なった見え方があると思われる。

　日本法における剰余金の分配規制（会社法461条2項）は貸借対照表テストに基づくものであり、日本の会社法会計は、公正妥当と認められる企業会計の慣行に従うとしながらも（同法431条）、昭和37年商法改正以降、資産の評価については取得原価主義を原則としている（会社計算規則5条、企業会計原則　第三・5）。この昭和37年商法改正前には、貸借対照表法ないし会社法会計の目的として清算時の財産価値を示すものであるという財産法（財産情報開示）の立場と、会社が一定期間にどれだけ利益を上げたかという業績を開示することを目的とする損益法（損益計算）の立場とが対立していた[61]。財産法の立場は、会社の保有する財産の価値を示すものであり、債権者保護に資するもので、資産評価は売却価値ないし時価主義が望ましいとされていた。他方、損益法の立場は、企業の収益力を示すもので、投資家（株主）の投資判断材料となり、そのためには企業の業績とは関係ない保有資産の時価変動による価値変動を避けるため、取得原価主義に親和性があると整理されていた[62]。

　その後、会社債権者にとっても清算時の弁済財産よりも継続的事業の損益が通常は重要であるとして、会社債権者保護の観点からも継続的事業による債務負担能力を示す損益法が支持されると主張されるようになった[63]。そして、かつての時価主義から、昭和13年商法改正を経て、昭和37年商法改

---

60) 神田・前掲注13) 134頁。
61) 田中耕太郎『貸借対照表法の論理』177頁以下（有斐閣、1944年）等参照。
62) この両者を「妥協」させる試みについて田中・前掲注61) 210頁以下、328頁、それに対する評価について鈴木竹雄「貸借対照表法の最近の動向」同『商法研究1（総論・手形法）』223頁（有斐閣、1981年）、得津・前掲注52) 1858頁。
63) 矢沢惇「企業会計法の基本問題」同『企業会計法の理論』10頁以下（有斐閣、1981年）鈴木・前掲注62) 227頁。なお、田中・前掲注61) 327頁も参照。

正により取得原価主義ないし低価基準が義務づけられたことで、財産法から損益法へ移行したと評価されている[64]。

本稿の残余権者概念の静的モデルと動的モデルは、前提とする企業価値を清算状態とするか継続企業価値とするかという区分である点で、財産法、損益法の区分論と共通する。そして、現行の貸借対照表が原則として損益法に基づくということは、株主の残余権者性の理解において動的モデルを採用することと接続可能である。だが、意外にも、貸借対照表の原理が財産法から損益法へ移行したことと、株主の取り分であるところの分配制限との関係性の議論は少ない[65]。

前述の財産法から損益法への移行は投資家（株主）・債権者への情報開示の有用性という観点からなされたものであり、株主と債権者との間の企業価値の分配を念頭に置いたものではない。だが、会社法の株主への配当制限ルールは原則として「剰余金」に限定するということ（会社法461条2項）、その剰余金は取得原価主義による貸借対照表テストに基づき、原則として、期間中の損益の累積であるということができ（同法446条）、まさに限界損益を意味することになる。細かい調整ルールの点も確認する。

株主への分配規制は、原則としてその他資本剰余金およびその他利益剰余金の合計額であるところの剰余金（会社法446条1号、会社計算規則149条）[66]から控除・付加の調整によってなされている（会社法461条2項）。その他資本剰余金は、資本剰余金から資本準備金を控除した額であり（会社計算規則76条4項）、自己株式処分差益（同規則14条2項1号等）、資本金・資本準備金を減少した場合（会社法447条、448条）、合併等の組織再編時の合併差益等（会社計算規則35条2項等）などのいわゆる資本取引によって増減するも

---

[64] 矢沢惇「計算規定の目的と構成」同『企業会計法の理論』117頁（有斐閣、1981年）、片木晴彦『新しい企業会計法の考え方』30頁（中央経済社、2003年）、龍田・前掲注47）354頁、江頭・前掲注3）542頁。ドイツの財産法から損益法への移行について田中・前掲注61）196頁参照。

[65] 弥永真生「商法における配当可能利益算定目的と開示目的——当初認識時測定主義との整合性」會計153巻2号184頁（1998年）。例外として弥永真生『商法計算規定と企業会計』31頁以下（中央経済社、2000年）、得津・前掲注52）1859頁以下。

[66] 相澤哲＝郡谷大輔「新会社法関係法務省令の解説(9)分配可能額（上）」商事1767号35頁（2006年）、江頭・前掲注3）613頁。

のである（同規則27条）。これらのうち、資本金・資本準備金の減少の場合や組織再編においては債権者異議手続という手続保障を経ることから（会社法449条、789条等）、株主と債権者との間であらかじめ定めてあった取り分（基準）の事後的な変更と整理でき、原則的な株主の取り分ではないということができる。他方、自己株式処分差益等は、損益取引ではない資本取引という分野ながらも自己株式を用いた期間内の会社の業績と整理することで剰余金とみなすことになる[67]。

その他利益剰余金は利益剰余金のうち利益準備金以外のものであり（会社計算規則76条5項）、損益取引から発生する当期純損益金額（同規則94条）が累積したものとなる（同規則29条）[68]。この当期純損益金額こそ、まさに当期における業績であり、この期間における限界損益の集積と評価できる。

上記のその他資本剰余金およびその他利益剰余金の合計額から以下の控除・増額による調整が行われて剰余金になる（会社法446条）。最終事業年度の末日から株主の財産分配行為の効力発生日までの間の資本金・準備金の減少（会社法446条3号・4号）およびその間の吸収型組織再編行為によるその他資本剰余金・その他利益剰余金の増加額（会社法446条7号、会社計算規則150条1号・5号）は増額されるが、これらは最終事業年度末日以降に債権者異議手続を経ているものであり、債権者・株主の取り分の調整ルールの原則を事後的に変更したものと捉えることになる。同じく最終事業年度末日から株主への分配効力発生日までの間に消却した自己株式の帳簿価額（会社法446条5項）は控除されることになるが、この控除は、後述するように分配効力発生日の自己株式の帳簿価額は剰余金概念に含みながらも分配可能額の計算の際に控除される（同法461条2項3号）。消却の有無を問わず、自己株式を未発行授権株式と同質のものと捉える整理にならったためである。同様の期間中に行われた剰余金配当をした場合の配当財産の帳簿価額も控除され

---

[67] ただしこのような見方には自己株式と未発行授権株式の同質性の観点を強調すれば、立法論的に疑問の余地がある。藤田友敬「自己株式の法的地位」小塚荘一郎＝髙橋美加編『商事法への提言——落合誠一先生還暦記念論文集』93-94頁（商事法務、2004年）、弥永真生『「資本」の会計——商法と会計基準の概念の相違』119頁以下（中央経済社、2003年）。
[68] 江頭・前掲注3）615頁。

るが（同法446条6号）、これは配当によってすでに使用された剰余金を控除するものである。同じく同期間中のその他資本剰余金・その他利益剰余金から資本金・準備金に組み入れられた額を控除するのは（会社法446条7号、会社計算規則150条1項1号・2号）、剰余金計算の基準を事後的に変更する資本金・準備金組み入れの一形態である。同期間中の会社分割の分割会社として剰余金を減少させた場合が控除されるのも（会社法446条7項、会社計算規則150条1項4号）、会社分割の際の剰余金の減少と同趣旨である。

　こうして計算した剰余金から分配可能額としては以下の控除・付加が行われる（会社法461条2項）。自己株式の帳簿価額が控除されるのは（同項3号）、先述の通り、自己株式を未発行株式と扱うためであり、自己株式取得を株主への剰余金分配の一方法と整理し、すでに剰余金の使用がなされたものと扱うためである[69]。また、最終事業年度の末日から財産分配行為の効力発生日までの間の自己株式取得の対価の額が控除されるが（同項4号）、これは自己株式取得の際に対価となる財産を不当に高く評価することで分配可能額が不当に高くなる懸念があるとして、政策的に株主総会等で承認されるまでは分配可能額から外した例外的なものである[70]。「のれん等調整額」として資産の部に計上したのれんの額の半分は控除される（同項6号）。この点について、会社法上、のれんとは、組織再編等の企業結合において支払った対価と識別可能な財産の価額との差額等に限られるところ、全額が「経済的価値のある事実関係」の反映であるか疑わしく、換金性がないことが2分の1に控除する理由として挙げられている[71]。だが、動的モデルに即して言えば、組織再編ないし企業結合を会社の業績ないし「実現」として扱ってよいか（換金性は実現性の判断の一要素となろう）について、完全に否定も肯定もできないために認められた特別措置と説明することになろう[72]。有価証券評価

---

69) 相澤＝郡谷・前掲注66) 37頁。

70) 相澤哲＝郡谷大輔「新会社法関係法務省令の解説(10) 分配可能額（下）」商事1768号22頁（2006年）。ただし、処分対価が金銭である場合にまで分配可能額が不当に高くなるおそれがあるといえるのか、そもそも株主総会等の計算書類の承認の有無にかかわりなく自己株式処分の対価を配当可能利益から外すべきではないのか（前掲注67）参照）疑問の余地がある。

71) 江頭・前掲注3) 文献627頁（注2）、相澤＝郡谷・前掲注66) 37頁。

差額金、土地再評価差額金のマイナス分は控除されるが（会社法461条2項6号、会社計算規則158条2号・3号）、これは貸借対照表上資産の評価が要求される例外的場合の表れである。また連結配当規制適用会社（会社計算規則2条3項51号）の調整としての控除がある（会社法461条2項6号、会社計算規則158条4号）。

　このようにみると、事業継続中の会社の株主の取り分であるところの剰余金ないし分配可能額は、損益取引から発生する当期純損益金額を中心とした会社の一定期間の業績すなわち限界損益の累積であると評価でき、控除・増額等の調整は、基準となる係数の事後的な変更やすでに支払われた剰余金、会社の限界損益と評価できないものの控除が行われていると評価できる。よって、動的モデルからみれば、株主への剰余金分配は、残余権者性の例外ではなく、むしろ、株主の残余権者性を基礎づけるものというべきである。

　ただし、既存の剰余金・分配可能額が動的モデルの残余権者性と完全に一致するわけではない。たとえば、利益準備金制度（会社法445条5項、会社計算規則22条2項）や純資産額300万円の配当規制（会社法458条）、一定の場合の資産の評価替え（会社計算規則5条3項等）等は、配当規制ないし貸借対照表に財産法的発想が残っており、折衷主義と評価することも可能である。また、日本の分配可能額は損益取引の成果の「累積」であるため、当期限りの利益による配当（nimble dividends）を認める法制[73]と比較して、現在における限界損益という性格は弱く、その分、大陸法的な名目的資本維持すなわち財産法的性格が強い[74]。さらに、近時、会社債権者保護・剰余金分配規制（配当規制）との関係で時価情報開示の必要も叫ばれている点は、財産法的発想への揺り戻しを示唆する[75]。だが、従前の時価情報の開示の要請は、

---

72) その意味で、相澤＝郡谷・前掲注66) 37頁がのれんの中に「将来の収益によって回収可能なものも含まれている」ことを、資産計上を肯定する要素として挙げているが、このことは実現すなわち資産計上のタイミングを遅らせることを支持する要素でもある。

73) DGCL §170 (a); 猪熊浩子「会計基準の国際化と配当可能利益の動向」国際会計研究学会年報2009年度102頁。

74) 江頭・前掲注3) 626頁。

75) 弥永真生『企業会計法と時価主義』227頁、231-232頁（日本評論社、1996年）、片木・前掲注64) 108頁。

金融資産等の流動性あるもの、実現していると評価できるものに限られていること等からすると[76]、あくまで損益法を中心とした枠組みの中での、どのタイミングで事業の「リスクから解放された状態」[77]と評価できるのかという損益の認識タイミングの問題にすぎない。よって、現在でもなお、貸借対照表その他の計算書類は期間損益計算を中心とした損益法の枠組みの中にある。そして、かかる貸借対照表テストに基づく株主への分配可能額ないし剰余金分配こそが、株主の動的モデルによる残余権者性を基礎づけるものである。

　この点に関して、剰余金配当制限について、あらかじめ限度が定まっていることのみが重要であり、何を限度にするのかは本質的な問題ではない旨の指摘がなされている[78]。会計上の剰余金ないし分配可能利益概念は、限界損益の一部が帰属すると整理した債権者の取り分がすでに控除された後のものにすぎない一方で、分配可能利益がすべて株主に分配されるわけではなく従業員の将来の報酬等に用いられる可能性もあり、またそもそも会計上の損益認識が必ずしも企業価値の算定上適切とはいえず、計算書類の数値の信頼性にも当然限界がある。このようなさまざまな理由により、会計上の数値が、企業価値全体の限界損益を正確に表しているわけではない。だが、貸借対照表テストを採用する限りであれば、動的モデルの残余権概念であるところの企業価値の限界損益の近似値として分配可能額は画せられるべきである[79]。そして、より正確に測定するための工夫の可能性も開かれている。コース的契約の成立の可能性の高い、株主・債権者間の交渉の可能な閉鎖会社につい

---

76) 斎藤静樹『企業会計とディスクロージャー〔第3版〕』65頁（東京大学出版会、2006年）のほか、醍醐聰「時価評価と業績測定・成果分配」會計146巻5号701頁以下（1994年）、醍醐聰『会計学講義〔第2版〕』183頁（東京大学出版会、2001年）は、一方で、時価評価益について投資活動の事業の損益といえる限りで利益分配会計の対象にすべきと主張するが、営業資産については、経営者が事業をリストラクチャリングする代替的投資機会の収益性との比較衡量のために時価を情報提供会計の対象とすべきとするものの、利益性は否定しており、分配可能額とは認めていない。

77) 斎藤静樹『会計基準の研究』39頁（中央経済社、2009年）。

78) 斎藤静樹「財務会計における認識領域の拡大——現状と課題」會計153巻2号180頁（1998年）、斎藤・前掲注76) 267-268頁、斎藤・前掲注77) 147頁、弥永・前掲注75) 20頁、230頁。

79) これが、私法75号139頁、140頁（2013年）の拙質問に対する質問者自身の回答である。

ては分配規制の意味は乏しいといえるが[80]、大規模公開会社のように株式所有構造が分散し、交渉・契約の現実可能性が低い場合には法律等により限界損益の近似値となるような配当制限を定める意味があるというべきである。

なお、配当制限にこのような残余権者性の意味のほか、伝統的な債権者保護ないし倒産回避の機能を付け加えることも当然ありうる。たとえば、支払不能基準による配当規制[81]、流動性比率（流動負債の流動資産に対する比率）による配当規制[82]を追加的に課す方法も考えられてよい[83]。

ただし、このような整理も、国際会計基準における包括利益概念の進展によっては覆される可能性があることには留意すべきである。というのは、包括利益概念は一定の資産について公正価値の変動を認識することを要求し[84]、従前の日本法の実現主義・損益法とは相容れない可能性が生じるからである[85]。その場合、公正価値基準の下で株主の分配可能額をいかに画するかが再度問題になる。そして、現行の剰余金概念を中心とした算式をそのまま維持することに拘泥すべきでなく、公正価値基準の下で企業価値の限界損益をよりよく示す新たな近似値を模索すべきである。

80) 伊藤・前掲注4) 7頁も残余権者にコントロール権を与えることが問題となるのは契約の不完備性を前提としている。
81) RMBCA §6.40；他方、問題点について久保大作「資本制度・分配規制に関連して」商事1974号26頁（2012年）参照。
82) California Corporations Code §500(b)；矢沢・前掲注63) 10頁は立法論として流動性比率による規制に賛成。
83) なお、日本法の原価主義会計が一定程度、流動性比率をチェックしていると理解するものとして、斎藤静樹「実現基準と原価評価の再検討」會計140巻2号161-174頁（1991年）、斎藤・前掲注78) 180頁、斎藤・前掲注76) 265-274頁、斎藤・前掲注77) 131-151頁、特に142頁以下。反対、醍醐・前掲注76) 701頁以下、片木・前掲注64) 108頁。
84) ISAB, Framework for the Preparation and Presentation of Financial Statements, Framework 83.
85) 弥永真生「国際会計基準の会社法への影響」岩原紳作＝小松岳志編『会社法施行5年 理論と実務の現状と課題（ジュリ増）』210-211頁（有斐閣、2011年）、片木晴彦「公正妥当と認められる会計慣行および会計基準」商事1974号19頁（2012年）、シンポジウム「企業会計法の諸相」私法75号112-114頁〔伊藤邦夫コメント〕（2013年）、猪熊・前掲注73) 100頁。これに対して、郡谷大輔「IFRS導入・適用に関する会社法上の論点」商事1905号39頁（2010年）は、日本の分配可能額規制は昭和37年商法改正以前の財産法に基づくものであるとし、むしろ、取得原価主義からIFRS導入によって時価主義を導入することが目的に合致すると評価する。本稿の結論と反対であるが、貸借対照表および分配額規制のみに着目すれば理論上ありうるもう1つの整理である。

4　有価証券報告書虚偽記載違反があった場合の株主への責任

近時、日本では、有価証券報告書等虚偽記載が行われた場合の会社への損害賠償責任（金融商品取引法（以下、「金商法」という）21条の2ないし民法709条）に関して、最高裁判決も出される等[86]、注目が集まっている。その中で、株主がかかる責任を会社に追求することは、債権者より劣後すべきはずの株主が債権者と同一の地位に立つことになり、株主の残余権者性に反すること[87]、および、損害賠償請求権を認めても株主間の利益移転にすぎないという循環問題[88]が指摘されていた。

このうち前者の問題意識の前提に静的モデルがあることは明らかである。そして、紹介されているアメリカ法の議論ではアメリカ連邦破産法510条b項による不実開示による損害賠償請求権を破産債権の劣後化という破産の場面に焦点が合わせられている。その意味で清算時を念頭に置いた静的モデルが妥当する場面であった。他方で、日本法上問題になっている場面のような支払不能に至らない事件には、この議論は妥当しない。よって、平時実体法としての金融商品取引法21条の2ないし民法709条について考える際にはかかる批判は妥当しない[89]。

それでは事業継続を念頭に置く動的モデルではどのように評価することになるか。株主はあくまで限界損益の主要な部分が帰属するために残余権者であるというにとどまる。この理解からすれば、有価証券報告書等虚偽記載違反として一定規模の損害賠償請求権が会社に対して認められたとしても、株主間のみの利益移転にとどまらず、当該損害賠償が認められなければ従業員

---

[86] 最判平成23年9月13日民集65巻6号2511頁〔西武鉄道一般投資家集団訴訟〕、最判平成23年9月13日判タ1361号103頁〔西武鉄道機関投資家訴訟〕、最判平成24年3月13日民集66巻5号1957頁〔ライブドア機関投資家訴訟〕。

[87] 和田宗久「判批」金判1328号17頁（2009年）。紹介として、後藤元「不実開示に関する会社の民事責任と倒産法（上）」ジュリ1357号111頁以下（2008年）。

[88] 近藤光男「判批」商事1846号14頁（2008年）、若杉敬明「虚偽記載判明による株価低落を巡る損害賠償裁判」経営戦略研究18号14頁（2008年）、岩原紳作ほか『金融商品取引法セミナー　開示制度・不公正取引・業規制編』135-136頁〔神田秀樹発言〕、139頁〔藤田友敬発言〕（有斐閣、2011年）。

[89] 得津晶「判批」ジュリ1397号106頁（2010年）。

の報酬が上昇ないし維持されていたかもしれない。また、損害賠償請求が認められたことによって企業価値が下がることにより債権者はその債権の中に内在しているプット・オプションの売りの地位[90]の価値が下がる。このように当該損害賠償請求権による損益の帰属は株主以外にも及ぶのであり、単なる株主間だけの利益移転と評価することはできない[91]。よって、後者の循環問題も動的モデルの下では妥当せず、被害者である虚偽記載に基づいて株式を購入した株主を含めた全株主および全残余権者の間で、当該損害賠償をどのように分配するのかは、当該会社の残余権の割合によることになる。

　このような動的モデルの実益は、抽象論にとどまらず、有価証券報告書等虚偽記載における株主への責任の場面で、株主の残余権者性から、一般債権者との利害関係を考慮して、損害賠償請求権を制限しようとする解釈の否定につながる。具体的には、金商法21条の2ないし民法709条によって株主が発行会社の責任を追及する際に、会社の負う責任の範囲が、①虚偽表示をしなければ本来有していたはずである価格と実際に購入した差額であるところの高値取得損害に限るのか、②虚偽記載が明らかになったことで真実の開示をしていた場合の価格と虚偽記載の下で形成された差額にとどまらず、信用毀損や狼狽売りによる株価下落等も含むのか、という問題に表れる[92]。損害①（高値取得損害分）については、金商法21条の2の規定の存在または不実開示による市場の歪みによって生じた損害であることを理由に発行会社の責任を肯定するという結論で見解は一致している[93]。だが、損害②については、企業が違法行為を行っていたことが発覚した場合一般に生じる損害であり、取締役が法令違反行為を行って会社に損害を与えた場面として、不実開示そのもののリスクではない法令違反行為という事業リスクの問題であること、当該損害は株主代表訴訟によって解決すべき問題であること、これ

---

90) 前掲注30）および該当本文参照。
91) 岩原ほか・前掲注88）137頁、156頁〔三井秀範発言〕。
92) 加藤貴仁「流通市場における不実開示と投資家の損害」新世代法政策学研究11号321-322頁（2011年）。さらに、③株式取得時から虚偽記載の事実公表日までの間の株価下落分も含むか、という論点があるが、本稿では省略する。なお、最判平成23年9月13日民集65巻6号2511頁は会社の責任の範囲から③を除外した。
93) 加藤・前掲注92）326頁、337頁。

を金商法・不法行為法を用いて株主からの直接請求を認めることで一般債権者と株主とを同順位に扱うことは不都合であること等を理由に、株主への損害賠償責任の範囲からは除くべきとする見解が主張されている[94]。

これに対して、動的モデルで考えれば、倒産状態であれば格別[95]、継続企業としている限り、株主を債権者に劣後させる必要はないことになる。その意味で、虚偽表示に端を発する強制捜査、代表取締役解任、上場廃止に向けた動き、狼狽売り等の取引市場の混乱、マスメディアの報道の影響等を理由とする株価の値下がり分も、虚偽記載等と相当因果関係のある損害であるとして金商法21条の2による損害賠償責任の範囲であると判断した最判平成24年3月13日民集66巻5号1957頁および一連の最高裁判決[96]は支持されてよい。これらの最高裁判決は、残余権者性を問題としなかったのではなく、これらの事件が継続企業であったため、動的モデルによることを暗黙裡に前提とし、一般債権者と株主との優劣問題を考慮しなかったものと捉えるべきであろう[97]。

このような解決の方向は、金商法21条の2の責任にとどまらず、会社法429条に基づく取締役の責任追及規定を株主がいかなる場合に利用できるか、という問題にも連なるが、今後の課題としたい。

V　今後の課題

以上のように、残余権者概念について2つのモデルのいずれを想定するのかによって、具体的な制度の見え方も変わってくる。基本的には思考実験的な側面が強いが、本稿でも解釈論に影響を与えうる点として金商法21条の

---

[94] 田中亘「判批」ジュリ1405号187-188頁（2010年）、加藤・前掲注92）文献326-327頁、337頁。
[95] 加藤・前掲注92）311頁（注21）、民事再生法155条1項但書参照。
[96] 最判平成23年9月13日民集65巻6号2511頁、最判平成23年9月13日判タ1361号103頁も狼狽売りによる値下がり部分を株主に対する会社の責任の範囲と判断している。
[97] 一連の最高裁判決が伝統的な意味での民法不法行為法上の判断しかしていないように見えるのは、このような残余権者概念の理解の上であり、残余権者性が問題となる清算に近接した場面でも民法不法行為法上の考慮のみで判断できると捉えるべきではない。

2の責任の問題を扱った。今後、さらに分析する範囲を広げたいと考えている。具体的には、前述した会社法429条の対第三者責任規定を株主が利用できる範囲の確定のほか、取締役の法令違反責任の問題を考えている。法令遵守義務ないし法令違反においては、当該法令違反行為による限界損益が株主以外に外部化しており、それを株主代表訴訟等でエンフォースすることがいかに正当化できるかという問題である。この場面で、動的モデルを採用することにより、通常の営業の場面でも株主以外に残余権者がいるにもかかわらず、株主が法的な支配権（議決権）を持っているということと、連続的に捉えられるのではないかと考えているからである。同様に、メインバンクなど一部の株主が債権者の地位を併存することで、private benefit を一部の株主のみが持っている場面で、限界損益の帰属が株式保有割合とずれる場面の分析にも応用を考えたい[98]。

　他方、上記のような拡大方向だけではなく、より根本ないし基本に立ち返ることも必要である。継続企業の場合を動的モデル、清算状態の場合を静的モデル、と本稿はカテゴリカルに分けたが、不実開示の会社の責任や過度のリスクテイクの問題の中で言及したように、現実には会社が倒産状態ないし支払不能状態にあることも多く、両モデルの接続が必要になる。そのため、どのような基準で両モデルを切り替えるのか、いかに両モデルを接続させるのかが問題になる。その具体的な解釈問題としては、両モデルの切り替えの典型的場面であると思われる破産開始原因について支払不能概念をどのように理解するのか、また、制定法上の法人の破産手続開始原因に支払不能という動的モデルと整合的な概念と、債務超過という静的モデルと整合的な概念の2つが用意されていることをどのように理解すべきか、という問題が残さ

---

[98] Ronald Gilson & Alan Schwartz, *Contracting About Private Benefits of Control*（Stan. Law & Econ. Olin Working Paper No. 438, 2013）, *available at* http://papers.ssrn.com/sol3/papers.cfm?abstract_id=2182781. 従前の静的モデルによれば、残余権者は株主だけであるので債権者と地位を兼ねても企業価値最大化のインセンティヴの観点からは無差別、ないしは、過度のリスクテイクで指摘された問題の一部解決につながることからむしろ改善することになる。他方で、そもそも限界損益の帰属（残余権者性）の問題ではなく、地位の同質性等が崩れる等といったさまざまな残余権者の中で株主のみに法的な議決権を付与した正当化根拠（前掲注40)-46) および該当本文参照）が揺らぐという異なる問題として処理する方が適切なのかもしれない。

れている。このような根本的な問題が解決できない限りにおいては、本稿の提示した２つの残余権者概念はまだ思考実験にとどまっていることを認めざるを得ない。今後も研鑽を続けることを恩義ある三先生に誓うことで赦しを請いたい。

企業支配構造の変化
——日本・韓国・中国の経験を素材にして

金　建植＊
翻訳：田中　佑季＊＊

I　序論
II　予備的検討
III　企業支配構造の現状と変化
IV　主観的評価と展望
V　結論

I　序論

　数年前、外国の学者らと共に「東アジアにおける企業支配構造の転換」と題した英文の文献を刊行した[1]。当時、共編者の Milhaupt 教授はこの題目になぜか不満を示したが、より良い代案を見出すことができず、結局は上記のような題目で発刊されることとなった。この題目に対する彼の不満は、彼が執筆した序論を読んで初めて理解することができた。彼は序論の題目において、転換（transformation）という単語の前にかっこ書きとして「不規則で、

　＊）ソウル大学校法学専門大学院教授。本稿執筆過程で、資料を提供してくれた汤欣、宮島英昭、吉野直行各教授、金亨泰博士、そしてコメントをくれた松井秀征教授に感謝の意を表する。
　＊＊）慶應義塾大学大学院法学研究科助教・博士課程（ソウル大学校法科大学博士課程単位取得退学）。
　1）Hideki Kanda et al. eds., Transformation of Corporate Governance in East Asia（2008 Routledge）.

不完全で予測不可能な（uneven, incomplete, and unpredictable）」という文言を追加した。東アジアの諸国で進行されている企業支配構造の変化を転換であると断定することに不満を感じたのである。

　本稿の目的は、このように多少混乱状態にある東アジアの企業支配構造を概括的に眺望することである。上記文献では台湾も検討対象としたが、本稿では日本・韓国・中国の3か国のみを対象とする。これらの国々は地理的に隣接しているだけでなく、歴史的、文化的、経済的に密接に関連している。そして、3か国は全て漢字文化圏に属し、程度の差はあるものの儒教的伝統を共有し、法制度の面においては全て基本的に大陸法系に属している。また、企業支配構造の側面において特に注目すべきことは、これらの3か国が全て政府主導の経済成長過程を経験したという点である[2]。

　しかし、このような共通分母があるにもかかわらず、3か国の企業支配構造の現実には大きな差異が見受けられる。このような企業支配構造の差異は、単純に経済発展水準の格差から生じたものではないと考えられ、また、これら3か国の企業支配構造は、全て変化の過程にあるものの具体的な変化の様相は必ずしも同様なものではない。3か国の企業支配構造の多様かつダイナミックな変化の姿は、それ自体としても非常に興味深いものであるが、比較企業支配構造の観点から注目する必要がある。とりわけ、今後企業支配構造の変化をもたらす力学関係と、変化過程を支配する秩序と論理を解明する作業が必要となろう。本稿は、このような本格的作業が扱うべきいくつかの論点を提示する程度に留めておくこととする。また、本稿の対象は極めて広範囲にわたり複雑であるため、概括的な叙述は（時に過度に）単純化するほかないという点を指摘しておきたい。

　本稿は、次のような順序で論じることとする。第1に本格的議論に先立ち、本稿の対象である企業支配構造に関する概念上の問題点を整理する（II）。第2に、3か国の企業支配構造の現状と変化を4つの側面から検討する（III）。そして第3に、企業支配構造の現状と変化に関する考察を土台に、主観的な評価と展望を試みることとする（IV）。

　2）特に中国においては、そのような政府主導の経済成長が現在も進行中である。

II 予備的検討

1 企業支配構造の意義──広義と狭義

　企業支配構造は極めて柔軟な概念であり、論者によって異なる意味で使用されている。しかし、企業支配構造に関する議論は大きく2つに分けられると言える。まず広い意味としては、株主だけでなく、債権者、労働者、消費者等の企業における各利害関係者（stakeholder）の相互関係に関する議論を対象とする。企業の所有者は誰であるか、企業の目的は何であるかという問いはその議論の主たる素材である。その一方、狭い意味としては、企業の所有者が株主であるという前提に立脚して、所有と経営の分離による経営者（または支配株主）と一般株主の間の利益衝突、即ち、経済学におけるエイジェンシー問題（agency problem）の解決に関する議論を示す。

　企業支配構造に関するこれまでの議論は、広義と狭義の議論、そして規範的議論と実証的議論が互いに絡み合って多少混乱の状況にあると言える。しかし、過去には狭い意味の企業支配構造が議論の中心であったが、近年では広い意味の企業支配構造がより関心を集めていると言える。広義の企業支配構造は、多様な利害関係者の間の葛藤を内包しているため、政治的性格を強く帯びるほかない。広義の企業支配構造は、経済に対する政府の関与度、産業構造、労使関係、言論、司法制度等の多様な生態的要素の影響を受ける従属変数であり、このような生態的要素の底面では政治力が作用しているからである[3]。広義の企業支配構造に関する議論は、利害関係が複雑で、客観的に測定し難いため、狭義の議論に比べて学問的な厳格性を維持することが難しいのも事実である。しかし、企業支配構造の比較研究において、より重要なことは広義の観点である。よって、本稿においても3か国の企業支配構造をより広義の観点から展望することとする。

---

3) このような観点に立脚した代表的研究としては Peter Gourevitch & James Shinn, Political Power and Corporate Control: The New Global Politics of Corporate Governance（Princeton 2005）。

2 企業支配構造議論の構成要素

　企業支配構造に関する比較研究において、とりわけ企業支配構造の変化に関心が集まっている。企業支配構造の変化に関しては2つの見解が対立している。1つは、各国の企業支配構造が結局は株主利益を重視する英米式モデルに収斂するという見解[4]、もう1つは、企業支配構造が一旦定着すれば、いわゆる経路依存性（path dependence）があるため、変化し難いという見解[5]である。現在「理論上の交錯状態」（theoretical stalemate）[6]に陥った議論を本稿で反復する意図はない。しかし、企業支配構造があまりにも複雑で多重的な概念であるので、その変化を論ずる際には何を基準として判断するかを留意する必要があることを強調しておきたい。企業支配構造の変化に関する議論の混乱は、相当部分が概念上の不明確性から生じたものであるかもしれない。

　実際に企業支配構造の変化は多次元において生じ得る。一部の学者は所有構造の変化に、また他の学者は社外取締役や株主代表訴訟のような制度変化に注目する。しかし、広義の企業支配構造に関する議論の核心は、企業が実際に何を目的として運用されるか——ひいては、当為的に何を目的として運用されるべきか——という問いであろう。企業の目的は、企業運営の方向を決定付けるという点において企業支配構造の最も基本的要素である。だが、企業の実際の運営が何を目的とするか、外部から客観的に把握するのは困難である。企業の目的を把握する糸口を提供するのは、企業の意思決定を統制する主体である。企業の統制主体が誰であるかによって、企業運営の形態が変わる可能性がある。企業の統制主体が支配株主である場合には何よりも支配株主の利益が重視されるであろう。反面、株式所有が分散された会社にお

---

[4] 代表的見解としてはHenry Hansmann & Reinier Kraakman, The End of History for Corporate Law, 89 Georgetown Law Journal 439（2001）.

[5] 代表的文献としてはLucian Bebchuk & Mark Roe, A Theory of Path Dependence in Corporate Governance and Ownership, 52 Stanford Law Review 127（1999）.

[6] Li-Wen Lin and Curtist J. Milhaupt, We are the（National）Champions:Understanding the Mechanisms of State Capitalism in China（Working Paper No. 409 November 1, 2011）50（available at: http://ssrn.com/abstract=195 2623）.

いては、株主利益が相対的に重視されない可能性が高い。

　実際に、誰が企業の統制主体かについては会社法ではなく、各企業の所有構造によって決定される。よって、企業の統制主体を把握するためには、当該企業の株式所有構造をよく調査する必要がある。企業の所有構造、特に上場企業の所有構造に関する情報は比較的容易に取得することができる。企業支配構造に関するこれまでの多くの研究が企業支配構造に影響を与える各種環境要素と所有構造との相関関係を対象としてきたことは、まさにそのためであると言うことができよう[7]。

　企業の所有構造はあらゆる要素の影響を受けるが、特に企業の資金調達行動と密接に関連している。過去には企業支配構造を企業金融の側面から資本市場中心モデルや銀行中心モデルに区分する場合が多かった。資金調達を資本市場ではなく、銀行に依存する体制では、株式所有の分散は進展し難い。また、資本市場に依存する企業は企業目的と関連して、株主利益を重視する方向に圧力を受けることとなる。

　企業支配構造に関する議論で無視してはならないことは、企業の統制主体の行動が企業目的に符合するように担保する各種法的または非法的装置である。企業の所有構造や資金調達行動が主に経済学者の研究対象であったならば、主に会社法学者はこのような担保装置に注目して来たと言える。

　一方、経済学界では、企業支配構造を構成するこのような要素が会社の実績や株価に及ぼす影響に関する実証研究が活発に進められている。企業支配構造の実際の効果に関する実証研究は企業支配構造についての政策的議論に影響を及ぼすという点において重要な意味を有する。しかし、本稿では極めて制限的にのみ言及することとする。

---

7) このような研究は無数にあるが、代表的な例としては Mark Roe, Political Determinants of Corporate Governance: Political Context, Corporate Impact (Oxford, 2003); La Porta et. al., Law and Finance, 106 Journal of Political Economy 1113 (1998); Corporate Ownership Around the World, 54 Journal of Finance 471 (1999); Investor Protection and Corporate Governance, 58 Journal of Financial Economics 3 (2000)。

3　企業支配構造を見る4つの視点

前述したような企業支配構造議論の構成要素は、企業支配構造に関する比較研究の一種の基準点として活用することができよう。本稿では3か国の企業支配構造を次の4つの視点、即ち、企業の所有構造、資金調達行動、企業の統制主体と目的、そして統制主体に対する牽制装置から接近を試みたい。

以下、日本、韓国、中国という経済発展の順番で、企業支配構造の現状と変化について検討する。

III　企業支配構造の現状と変化

1　企業の所有構造

(1)　分散型と集中型

企業の所有構造は、分散の程度によって分散型と集中型に区分することができる。分散型は米国、日本等の一部に過ぎず、残りの国家の大部分は集中型に属すると解されている。集中型では支配株主が、分散型では専門経営者が統制主体となる可能性が高い。企業の統制主体については、株主所有の分散度と共に分散の形態も重要である。支配株主が過半数の株式を保有する場合もあるが、10％未満の株式を保有しながら系列会社の株式保有を適切に活用することで企業集団全体を安定して支配する例も多い。その場合には、支配株主の経済的持分（cash flow right）は10％未満であるが、議決権持分（control right）ははるかに大きい。このように、実際に少数持分を持って支配する株主を支配少数株主（controlling minority shareholder: CMS）とも呼ぶ[8]。支配少数株主は、一般株主とインセンティブが不一致であるが、経営権に対する脅威がないため、専門経営者の場合よりもさらに深刻なエイジェンシー

---

[8] 支配少数株主体制に関する文献として Lucian A. Bebchuk et al., Stock Pyramids, Cross Ownership and Dual Class Equity: the mechanisms and agency costs of separating control from cash flow rights, in: Randall Morck ed., Concentrated Corporate Ownership (University of Chicago 2000) 445.

問題を生じる。

　企業の所有構造は、客観的把握が可能であることが長所として考えられるが、3か国の企業所有構造とその変化の客観的な比較が可能な資料を見出すことは困難である。図表1は政治学者である Gourevitch & Shinn の著書に掲載された各国所有構造の比較表を整理してまとめたものである[9]。図表1は20％以上を保有した個人支配株主の支配を受ける企業の市場価値が、全企業の市場価値に占める比重を示している。

［図表1］　主要国家の株式所有分散度（％）

日本	4.1	タイ	51.9
中国	5	イタリア	59.6
アメリカ	15	ブラジル	63
イギリス	23.6	ドイツ	64.6
韓国	31.8	フランス	64.8
マレーシア	42.6	インドネシア	67.3
インド	43	チリ	90
台湾	45.5		

　Gourevitch & Shinn の表に示された対象国家全体の平均は47であり、大部分の国家は40から70の間に位置している。よって、この表によれば日本はもちろん、一般の通念とは異なり、中国と韓国も分散型に属すると言える[10]。このような結果は、上記統計が支配株主を20％以上保有する「個人」株主として「法人」株主を含めなかったため生じたものであろう。したがって、各国の企業所有構造をより正確に把握するためには、各国の事情を個別的に調べる必要がある。

(2)　日本──株式相互保有と安定株主

　上記図表1によれば、日本の企業所有構造は分散型に属する。しかし、はじめから分散型の所有構造を有していたわけではない。19世紀後半、政府

---

　9) Gourevitch & Shinn・前掲注3) 18頁。統計の基準年度は多少差があるが、2000年前後を基準にしている。
　10) この点は Gourevitch & Shinn も認めている。*Ibid.*

主導の経済開発過程で形成された財閥は、ピラミッド型の持株会社構造をとった[11]。だが第2次世界大戦後、これらの財閥は米軍政によって解体されて独立した企業に再編された。持株会社が保有していた株式は強制的に分散され、支配株主が退いた席は、労働者出身の専門経営者が占めるようになった。株式を買い入れるだけの財産を有していない専門経営者らは、いわゆる安定株主を確保することで、経営の安定を図ったのである。安定株主は一般株主とは異なり、配当や株高よりも取引関係維持等、他の目的で株式を保有する株主であって、メインバンク（main bank）のような金融機関や取引関係のある企業が大部分であった。安定株主は、当然企業の経営成果と関係なく既存の経営者に友好的でありながら、短期的処分を行う意図は持っていなかった。これらの会社は、逆に安定株主である会社に対して安定株主の役割を担う場合も多かった。このような場合を特に株式相互保有（いわゆる株式持合）と呼ぶ。この株式の相互保有を含んだ安定株主の存在は、分散型に属するアメリカやイギリスとは異なる日本の特徴であると言える。内部昇進を通じて経営組織の頂点に立った経営者は、保有株式はないが、安定株主に依存することで、外部株主の脅威から「経営の自立性」を確保することができたのである。

　このような株式相互保有現象は、1960年代の資本自由化を契機に急速に拡散した[12]。安定株主の持分は1960年代後半から2000年に至るまで過半数を占めた。しかし、安定株主の持分は1990年のバブル崩壊後、持続的に減少の趨勢にあるというのが衆論である[13]。このような事情を示しているのが図表2である。図表2は1955年から2005年以後までのいわゆる内部者

---

11) 日本企業所有構造の変化に関する文献として、例えば宮島英昭＝新田敬祐「株式所有構造の多様化とその帰結」宮島英昭編『日本の企業統治』105頁以下（東洋経済新報社、2011年）；Randall K. Morck & Masao Nakamura, A Frog in a Well Knows Nothing of the Ocean? A History of Corporate Ownership in Japan, in: A History of Corporate Governance Around the World (Randall Morck ed. University of Chicago, 2007)。

12) 得津晶「持合株式の法的地位(1)――株主たる地位と他の法的地位の併存」法協125巻3号470頁以下（2008年）；中東正文＝松井秀征編『会社法の選択』469-474頁〔松井秀征〕（商事法務、2010年）。

13) 得津・前掲注12) 485頁、コーポレート・ガバナンスに関する法律問題研究会報告書「株主利益の観点からの法規整の枠組みの今日的意義」28-29頁（2011年）。

と外部者の保有比率の変化を示したものである。ここで内部者は安定株主と大きな差はない。図表2は1965年以後始められた内部者優位体制がバブル崩壊後に急速に弱くなり、1990年代後半に至って崩壊したことを物語っている。

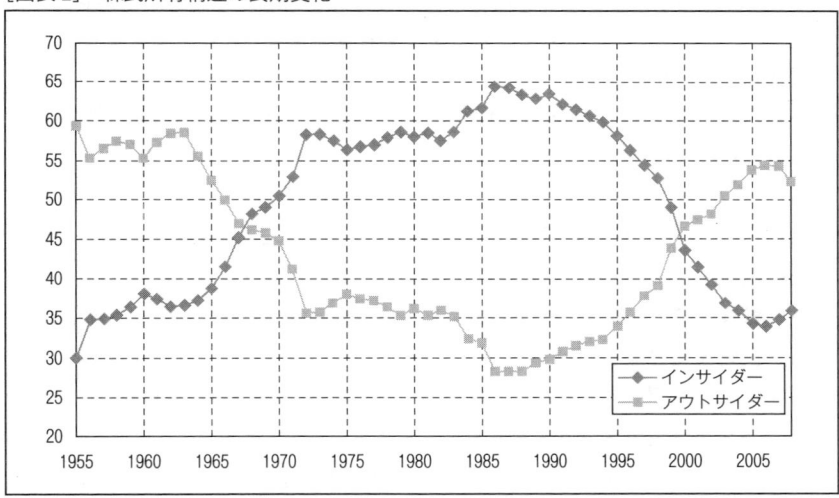

[図表2] 株式所有構造の長期変化

(出典：宮島＝新田・前掲注11) 109頁)

一方図表3は、図表2の内部者と外部者が如何なる株主で構成され、この60年の間にどのように変化してきたかを示している。

[図表3] 株主類型別株式所有分布（％）

	1949	1985	2010
政府	2.8	0.8	0.2
銀行、保険会社	9.9	42.2	22.5
証券会社	12.6	2.0	1.8
事業法人	5.6	24.1	24.3
個人	69.1	25.2	29.1
外国人	0	5.7	22.2

(出典：東京証券取引所『平成22年度株式分布状況調査の調査結果について』(2011年))

図表3で注目すべきは、2つの変化である。第1に過去60年間に銀行、保険会社、事業法人の比重が大幅に大きくなったことである。これらの大部分は安定株主の役割のため、保有されているものと推測される。しかし、1985年から2010年の間には事業法人の比重には変化が見られないが、銀行と保険会社の比重はほとんど半分に減少した。この比重の減少は、事業法人との間に相互保有関係が解消されることによるものである。事業法人は、1980年代後半から資本市場における資金調達が可能になったことで銀行依存度が低下した一方、銀行はとりわけ1990年代後半の金融危機を契機に、事業法人の株式を続けて保有し難くなったことが、相互保有関係が解消された原因であるということができよう[14]。

　第2に、銀行と保険会社が後退した後、比重が大きくなったのは外国人投資家である。1985年には5.7％に過ぎなかった外国人の保有比率は、90年代に持続的に上昇して2006年末には28％に達したが、2007年に始まった世界金融危機を契機に下落傾向となり、2010年には22.2％まで下落した[15]。外国人投資家はただ比重が大きくなっただけではなく、過去とは違い、企業支配構造に積極的なファンド投資家（いわゆる activist fund）が増加した。そして、彼らの脅威のため減少傾向にあった株式相互保有が2005年以後、事業法人を中心に再び増加しているという見解も主張されている[16]。しかし、現実的には保有株式の時価変動の損益計算書への反映を要求する国際会計基準が導入された状態で、株式相互保有を強化することは容易なことではないという観測も存在する[17]。

　最後に、同様の分散型に属する英米の株式所有構造との差については、機関投資家の役割について注目する必要がある。アメリカでは機関投資家が成長株式の50％以上を保有するだけでなく、とりわけ年金基金の場合には株主利益のため積極的に乗り出すことに対して、日本では機関投資家の比重も

---

14) また、2002年に施行された銀行等株式保有制限法も銀行の保有比率下落に寄与したものと評価される。
15) 詳しくは宮島＝新田・前掲注11) 115-118頁。
16) 得津・前掲注12) 486-487頁、宮島＝新田・前掲注11) 125-126頁。
17) 宮島＝新田・前掲注11) 130頁。

低く、議決権行使を通じた経営者の牽制に消極的であるという観測が一般的であった[18]。しかし、最近の研究によれば、国内機関投資家の保有比率が20％前後に達し、行動様式も外国人投資家と大きな差がなくなっているという[19]。

(3)　韓国——系列会社を通じた株式保有と支配少数株主

韓国の企業所有構造は一言で言えば、支配少数株主体制であると言える。一部の金融持株会社と公企業民営化の産物である一部の大企業を除いて、ほとんど全ての企業に支配株主が存在する。大企業の支配株主は通常数十個の大小の上場および非上場法人として構成された企業集団を支配する。これらの企業集団は通常、財閥と呼ばれ、その支配株主は総帥と呼ばれる。

1960年代の経済発展初期には、企業の資金調達は銀行借入をはじめとした間接金融に依存していたため、創業者らは会社株式の大部分を保有した。1960年代末から政府が資本市場育成政策を推進することによって、創業者の持分は徐々に低くなっていったが、1980年代まで創業者の持分は20％残り、系列会社の持分は微々たるものであった[20]。しかし、1990年代に至って総帥の持分が平均10％となり、代わりに系列会社が保有する持分が30％代に上昇した。2010年現在、53の企業集団のうち、個人支配株主である総帥がいる企業集団の内部持分率[21]は50.5％に達しており、そのうち総帥持分率は2.12％、総帥一家の持分率は4.4％、系列会社の持分率は43.58％である[22]。総帥持分率は規模が大きい企業集団であるほど低い。これらの所有構造は図表4のように、過去20年間を見ても相当安定した姿を見せている。

図表4で示されたように、総帥一家が直接保有する持分は下落したが、系

---

18) アメリカと日本の株主行動の差については江頭憲治郎「企業と団体」同『会社法の基本問題』39-47頁（有斐閣、2011年）参照。
19) 宮島英昭＝保田隆明『変貌する日本企業の所有構造をいかに理解するか』9頁、36頁（FSA Institute Discussion Paper Series、2012年）。
20) 金建植ほか「企業集団規律の国際比較」（公正取引委員会研究用役報告書）75頁（2008年）。
21) 総帥個人、総帥一家、そして系列会社の持分率全てを含めた数値を言う。
22) 公正取引委員会『2011年公正取引白書』295頁。

[図表 4]　上位 10 大企業集団（総帥のいる場合）の内部持分率の変化

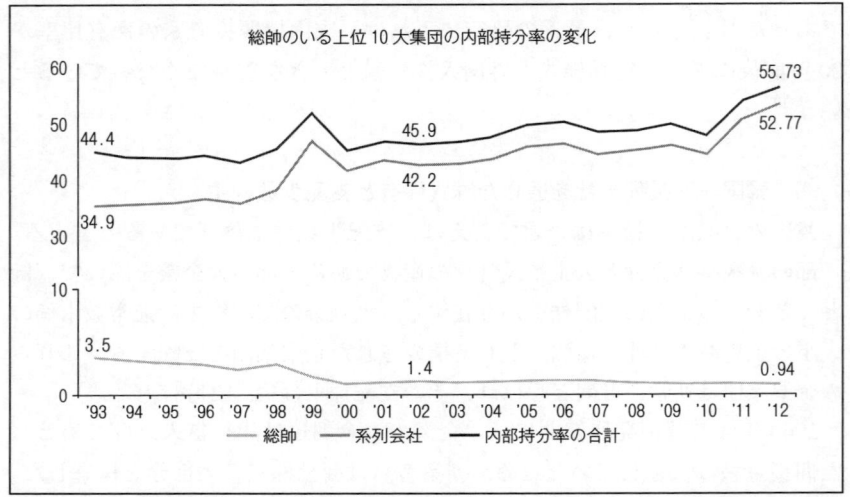

総帥のいる上位 10 大集団の内部持分率の変化

（総帥：'93 3.5 → '00 1.4 → '12 0.94
系列会社：'93 34.9 → '99 42.2 → '12 52.77
内部持分率の合計：'93 44.4 → '03 45.9 → '12 55.73）

（出典：2012 年大企業集団株式所有現況および所有持分度に関する情報公開（公正取引委員会報道資料 2012-07-02））

列会社を利用した循環出資やピラミッド式株式保有を通じて、全体の企業集団に対する支配力を維持している[23]。企業集団の具体的所有構造は多様であるだけでなく、変化を続けている。図表5は2012年現在、韓国最大企業集団であるサムスングループの主要系列会社の所有構造を示したものである。所有構造は極めて複雑であるが、頂点は支配株主が占めている点は明らかである。このような事情は他の企業集団においても大きな差はない。

23) 公正取引委員会の発表によれば、2008年現在サムスングループの支配少数株主の経済的持分は3.57％である一方、議決権持分は28.88％であり、現代社グループの場合にはその数値はそれぞれ6.62％と37.05％である（公正取引委員会「2008年度 集団単位対応比較」(乖離度/議決権乗数))。

[図表5] サムスングループの主要系列会社の所有構造

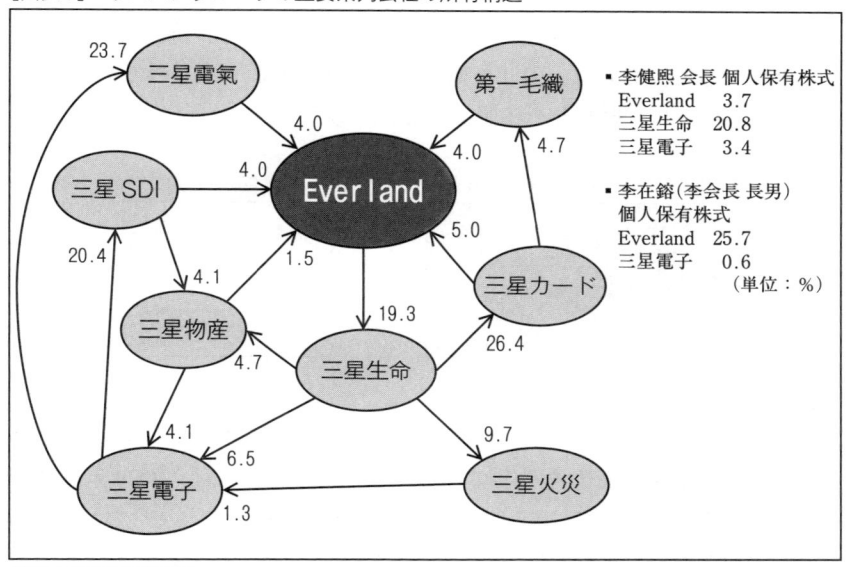

図表5に見られるように、韓国の企業集団では系列会社が日本の「安定株主」のような役割をしている。財閥は政経癒着、世襲経営、非関連の多角化等、多くの面で批判の的となった。とりわけ所有構造については、微々たる持分で絶対的な経営権を行使するという指摘が多かった。また、図表5のような複雑な所有構造については、透明性の観点から批判を受けた。政府は、1999年から所有構造の単純化のために企業集団が持株会社構造に転換することを政策的に誘導した。このような政府による政策の結果、2010年現在96の持株会社が存在している[24]。さらに、財閥の持株会社転換をより容易にするため、上場子会社の場合には持株会社がその株式を20％のみ保有しても、持株会社要件を備えたものと認めた（独占規制及び公正取引に関する法律8条の2第2項2号）。そのため、持株会社構造の企業集団の場合にも、依然として少ない実質的持分で多数の系列会社を率いる支配少数株主体制はそ

---

24) 12の金融持株会社を含んだ数値である。公正取引委員会・前掲注22) 303頁。

のまま残っている。

　支配少数株主体制が具体的に如何なる姿であるかは上記の叙述から推測することができる。ならば、残りの株主らの姿はどのようなものであろうか。これを検討するには図表6を参照する必要がある。

［図表6］　有価証券市場の所有者別株式所有分布（2010年、%）

政府	4.67
機関投資家	14.59
一般法人	27.72
個人	36.55
外国人	16.48

（出典：韓国取引所）

　図表6は2010年現在、韓国取引所の第1部市場に該当する有価証券市場の所有者別株式所有分布を示している。このような分布は、2000年以後多少変化がなかったわけではないが、基調はそのまま維持されている。図表6は2つの興味深い点を示している。第1に、日本と同じように一般法人の保有比重が比較的大きい点である。しかし日本とは異なり、この数値のうち相当部分は系列会社の保有分であろう。第2に、外国人の持分が過去よりは低下したが、未だ相当大きいという点である。実際に、大企業の外国人持分はより大きい可能性が高い。取引所のホームページによれば、株主数ではない原価基準の外国人の持分比率は2011年末現在32.87%で、株式数を基準とした図表2の数値のほぼ2倍に達している。

　韓国の株式所有構造は過去に比べれば大きく分散したが、支配株主の経営権は系列会社の株式保有を通じてそのまま維持されている。これ以上の分散が進行すれば、経営権の安定を保障することができない状態になってしまうため、近い将来、分散がさらに進行するかは疑問である。過去10年間の株式所有構造に大きな変化がないことも、支配株主の持分比率をこれ以上低くすることができない限界点にすでに到達したためであると推測される。

(4) 中国——国有企業と共産党
(i) 会社化

図表1は、中国の企業所有構造を分散型に分類している。しかし、個人支配株主を基準にした図表1の統計は、未だ国家所有株式の比重が大きい中国の現実を適切に反映したものではない。日本や韓国とは異なり、中国の企業所有構造は、国家所有持分の比重が圧倒的に大きいことが特徴である。中国は共産党が支配する国家である点を鑑みれば、このような特徴は当然のことである。中国は国有企業の効率を高めようと多方面にわたり努力したが、欠損がさらに増加した[25]。そのため、政府は1993年にようやく国有企業の効率を高めるための方案として、国家の企業活動を会社形態に転換（会社化）する方針を定めた。そして会社化を支援するため、1993年に会社法を制定した。会社化の目的は、会社の日常的な運営から政府の影響を排除することで効率を高めるためであった。しかし、会社化が直ちに民営化を意味するわけではなかった。

(ii) 民営化の遅れ

政府による直接管理から抜け出て、新たに誕生した国有企業の民営化はなかなか進行していない。東欧圏での民営化とは異なり、中国は国家安保や経済安全のために、石油化学、通信、航空海運、石炭等の重要産業の場合、部分的に株式が処分されるのみで、国家が支配権を維持している[26]。このように一部の株式をわざわざ民間に処分したのは、経営者に市場の圧力を加えることで経営効率を高めるためであった。これらの株式は1990年上海と深圳に設立された証券取引所に上場された。この2つの取引所の時価総額は2011年現在、東京証券取引所の規模を超え、中国証券市場は香港を除いても世界第3位を占めている[27]。中国の証券取引所がその歴史は浅いにもかかわらず大規模とされるのは、実際に取引されない国有株式と法人所有株式が全て時価総額に含まれているためである[28]。2010年現在、個人投資家の

25) 吳敬璉『当代中国经济改革教程』132-133頁（上海远东出版社、2010年）。
26) Wei He & Haibo Yao, Value Creation after State Share Transfers: New Evidence from China (no date) at 5-6（available at: http://ssrn.com/abstract=1929176）.
27) World Federation of Exchanges ホームページ（http://www.world-exchanges.org）参照。

数は8,000万人にのぼり、彼らが保有する上場株式（A株式）は全体の約30％に達している[29]。民間保有株式の相当部分は主に機関投資家が保有しているが、これらも長期的視点を持つというよりは、投機的に行動すると考えられている[30]。

(iii) 株式の取引制限

これらの国有企業の株式は、かつて取引制限株式と取引可能株式に分けられた。前者は国有株式、法人所有株式[31]、労働者所有株式が含められ、後者には国内上場会社の株式のうち、中国投資家のみが投資することのできるA株式、外国人も投資可能なB株式、香港証券取引所に上場されたH株式が含まれる。取引制限株式は、意図せずに国有企業が民営化されることを制度的に防止するために導入されたものであった。過去には国有株式、残りの取引制限株式、取引可能株式がそれぞれ3分の1程度を占めた[32]。

このような一部の株式取引制限は、株式価格の歪曲をもたらした。2005年、政府は取引制限株式の取引を漸進的に許容するという方針を定め、その手続のための規定を公布した[33]。このような政府方針の施行によって2011年には取引可能株式の比重が99％に達するに至った[34]。しかし、形式的にはこのように取引可能株式が増加したと言っても、現実的には政府が処分に対して慎重を期している。

---

28) Donald C. Clarke, Law Without Order in Chinese Corporate Governance Institutions, 30 Nw. J. Int'l L. & Bus. 131 (2010), 152-153.
29) 中国証券監督管理委員会『中国資本市場二十年』139-140頁（中信出版社、2012年）。
30) Clarke・前掲注28) 155頁。
31) 主に国有企業のような法人が保有する株式で、法人間では取引可能であるという点において国有株式と区別される。
32) Clarke・前掲注28) 145-146頁。
33) これに関する詳細はWai Ho Yeung, Non-Tradable Share Reform in China: Marching Towards the Berle and Means Corporation? Comparative Research in Law and Political Economy (CLPE) Research Paper 48/2009, Vol.5, No.9 (2009), at 11-19 (available at: http://ssrn.com/abstract=1515957)。政府の取引許容方針は必ずしも国家所有株式を処分するというものではなかったが、市場では株価の上昇をもたらした。Andrea Beltratti et. al., The Stock Market Reaction to the 2005 Non-Tradable Share Reform in China (2011)(European Central Bank Working Paper No. 1339).
34) 中国証券監督管理委員会・前掲注29) 34頁。

(ⅳ) 国有株式の管理

国家所有の株式は、2003年に設立された国務院国有資産監督管理委員会（国資委）が管理している。現在国資委が管理する国有企業は、企業集団の形態をとっている[35]。企業集団の最上層には「国家投資公司」のようないわゆる「国家授権投資機構」という持株会社が存在し、このような持株会社核心会社は持株会社として事業会社の株式を保有するのみで、直接事業を遂行するのではない。これらの事業子会社は上場されている場合が多い。最上層の持株会社株式を100％所有する国資委は、はじめはまるで理事会と同じく事業会社の経営に干渉したが、2009年から施行された「企業国有資産法」は会社法上の株主としての権限行使のみを許容している[36]。

(ⅴ) 国有企業の比重と成果

国有企業が中国の経済において占める比重は、次第に小さくなっているが、未だ相当な比重を占めている。年間の売上が500万元を超える国有企業（製造業）の比重は、会社数を基準に1998年の39.2％から2010年には4.5％に大幅に減少したが、資産を基準とする比重は68.8％から42.4％に減少しただけである[37]。上場企業のうち国有企業が占める比重については研究によって大きな差がある。中国の上場企業において国家が支配する企業[38]の比重は、2000年73％から2010年21％に下落したとする研究[39]がある一方、国有企業の比重は3分の2を超えるとする他の研究もある[40]。

35) 企業集団のより具体的な構造に関しては Lin & Milhaupt・前掲注6) 18-23頁。企業集団の形態をとったのは、中国が経済開発を始めながら過去の日本と韓国の企業集団をモデルにしたためであると言える。Id. 14-16.
36) 詳細は、呉・前掲注25) 139-141頁。
37) IBRD, China 2030（2012）, 110.
38) その意味は明らかではないが、国家が最大株主である企業を示すものと推測される。場合によっては政府が6％の株式のみを有した場合にも国家支配企業に分類されることがあるという。Clarke・前掲注28) 144頁（注39）。
39) Martin J. Conyon & Lelong He, CEO Compensation and Corporate Governance in China（2012）at 21（available at:http://ssrn.com/abstract=2071001）.
40) Joseph Fan et. al., Translating Market Socialism with Chinese Characteristics into Sustained Prosperity, in: Capitalizing China（Joseph Fan & Randall Mork eds. University of Chicago 2013）at 9. 他の研究によれば、2003年現在、上場会社の84％が政府の株式保有を通じて支配されているという。Clarke・前掲注28) 142頁（注33）。

中国においても上場会社の成果は株式所有が分散された会社よりは、ある程度集中された会社がより良いという研究結果が多い[41]。しかし、国家が支配株主である場合は成果が良くない。一部の実証研究によれば、国家の持分が高いほど、企業の会計的成果は低い反面、法人や個人の持分比率が高いほど会社成果も高い[42]。また、国有企業、上場企業、非公開企業のうち、非公開企業の成果が最も良好であるという研究もある[43]。図表7は、非国有企業の収益率が国有企業の収益率を大きく持続的に上回っていることを示している。

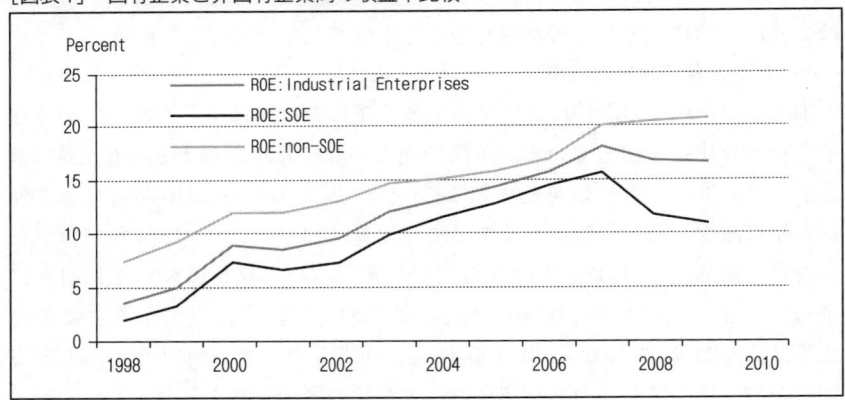

[図表7]　国有企業と非国有企業間の収益率比較

(出典：IBRD, China 2030 (2012), at 111.)

(vi)　民間企業

　前述したように、現在中国の資本市場における民間企業の比重は大きく増加した。しかし、民間企業の所有構造は未だ集中度が高い。上場企業の最大株主の平均持分が2000年から2010年の間に45.10％から36.54％に下落しただけである。この間に外国人株主持分は1％から2％に増加したのみであ

---

41) Clarke・前掲注28) 159頁 (注106) に列挙された論文参照。
42) Larry Li et.al., A Review of Corporate Governance in China (2008), at 9-10 (available at: http://ssrn.com/abstract=1233070); He & Yao・前掲注26) 6-7頁。
43) Franklin Allen et al., Law, Finance and Economic Growth in China (2005) at 3 (available at: http://ssrn.com/abstract=768704).

る。しかしながら、民間企業の場合も党の影響力の下にあるという点においては、国有企業と大きな差はない。ある研究によれば、主要な上場民間企業も党の指示を受けるのみでなく、民営化された国有企業の経営者の大部分は党員であるとされる[44]。

2 資金調達

(1) 銀行中心型と資本市場中心型

　企業の資金調達行動は、企業支配構造に影響を与える。影響は大きく2つに分けることができる。1つは、企業の目的に与える影響である。企業が新株発行を通じた資金調達に依存する割合が大きくなるほど、投資家の関心を引くため、株主の利益を重視するようになる。いわゆる金融市場の圧力を受けることになるのである。もう1つは、所有構造に与える影響である。所有構造に与える影響は、新株発行が株主割当方式か、あるいは一般公募方式であるかによって異なるであろう。一般公募方式で行われる場合には、株式所有が分散される可能性がより大きいと考えられる。政府が主導する経済発展の初期段階では、通常は銀行に依存するほかない。資本市場が十分に作動するためには、高度なインフラが必要な反面、銀行を通じた資金融通は、基本的な法制度のみを備えれば可能であるためである[45]。また、経済開発を主導する政府が不足資金の配分に関与することにも銀行中心モデルが便利である。日中韓の3か国も全て銀行中心モデルから出発した。しかし、企業の資金調達を銀行に過度に依存する場合は、企業の破綻が金融機関の財務危機につながり、システム危険をもたらす危険が高い。よって、ある程度の経済成長が進展すれば、資本市場を育成する必要が生じる。3か国は資金調達行動の面でも相当な差を見せている。

　企業の観点から株式発行を通じた資金調達の重要性を把握するためには、年間資金調達額のうち、株式発行の比重に関する統計情報が必要となる。そして3か国の状況について適切な比較評価を行うためには、その統計情報が

---

44) Fan・前掲注40) 9頁、13頁。
45) 資本市場の発展に必要なインフラについて詳細なものは Bernard Black, The Legal and Institutional Preconditions for Strong Securities Markets, 48 U.C.L.A. L.REV. 781 (2001)。

同様の基準によって示される必要があろう。しかしながら、それに関して信頼できる統計情報を見出すことはできない[46]。したがって、株式発行を通じた資金調達の比重に関する比較評価は次の機会に示したいと思う。

(2) 日本

第2次世界大戦後、日本経済の再建過程における企業の資金は主に銀行に依存していた。この過程において、いわゆるメインバンクは企業金融はもちろんのこと、企業支配構造でも重要な役割を担った。銀行借入による資金調達は高度成長期が終わる1970年代中盤から弱くなっていった。このような現象は負債比率の変化にあらわれた。非金融会社の負債比率は1970年代中盤までは持続的に上昇したが、1970年代後半から下落に転じ、その後20年間は漸進的に下落が続いた後、1999年からは急速に下落することとなったのである[47]。これについては、日本財務省財務総合政策研究所が作成した自己資本比率の変化に関する図表8においても示されている。図表8によれば、製造業の自己資本比率は1970年代中盤から上昇し始め、2010年には45％に至っている。

銀行借入に対する依存度が低下するのとは反対に、資本市場に対する依存度は上昇した。非金融業の資金調達状況に関する図表9は、まさにその点をよく示している。株式／借入の比率は1980年には半分をかろうじて超えていたが、1990年には100％、2005年には200％を超過した[48]。

---

[46] 主要国の取引所で構成された団体・World Federation of Exchanges (http://www.world-exchanges.org) が発表した統計があるが、本稿で示した他の統計と大きな差異があり、そのまま使用することはできない。

[47] Tokuo Iwaisako et. al., Debt Restructuring of Japanese Firms: Efficiency of Factor Allocations and the Debt-Labor Complementarity (PRI Discussion Paper Series (No.11A-01)) (2010) 2.

[48] 2010年に株式の比重が低下したことは、金融危機による資本市場の機能低下によるものである。日本証券経済研究所編『図説日本の証券市場〔2012年版〕』4頁（日本証券経済研究所、2012年）。

[図表8] 日本企業の自己資本比率の変化

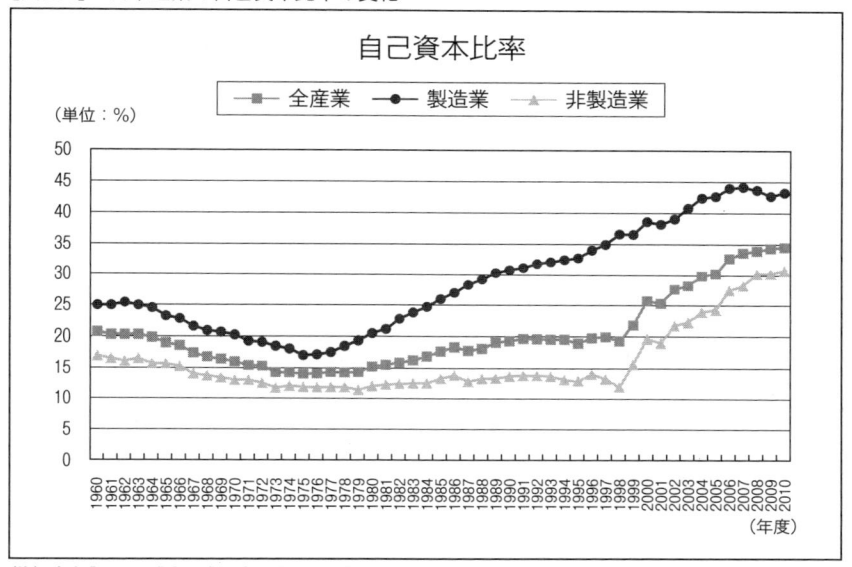

自己資本比率

(単位:%)
―■― 全産業　―●― 製造業　―▲― 非製造業

(年度)

(注) 全産業および非製造業は金融業と保険業を除く。
(出典:日本財務省財務総合政策研究所『法人企業統計年譜』)

[図表9] 法人企業部門の資金調達構成比 (残高基準)

	1980	1990	2000	2005	2010
借入	42.2	36.5	36.2	22.4	31.3
証券	27.1	43.1	42.0	58.2	42.5
(株式)	(23.1)	(37.3)	(35.2)	(52.9)	(35.2)
(社債)	(2.2)	(2.3)	(5.3)	(4.1)	(5.8)
企業間信用	24.3	14.6	16.2	12.8	15.4
その他	6.4	5.8	5.6	6.6	10.8
合計	477.4	1,358.7	1,198.0	1,421.8	1,056.7

＊ 構成比は%、合計は兆円。
(出典:日本証券経済研究所編・前掲注48) 5頁)

　図表9は、ストック基準で現実的に株式発行を通じた資金調達の重要性を把握するために、フロー基準の統計が必要となる。図表10は上場企業の株式関連証券による資金調達規模を示したものである。株式発行を通じた資金調達規模は、資本市場の状況によって大きく変化してきているが、2011年

には 10 年前の水準にまで減少した。ただ、有償増資は大部分が株主割当発行ではない公募増資や第三者割当増資の形態でなされている。

[図表 10] 上場企業の株式関連証券発行による資金調達 (単位：件、100 万円)

	国内		海外		合計
2011	83	670,468	11	708,471	1,378,939
2010	88	2,133,453	21	1,642,325	3,775,779
2009	98	3,041,218	27	2,439,423	5,480,642
2008	88	858,449	24	829,025	1,687,474
2007	211	729,116	38	753,606	1,482,723
2006	415	3,255,559	58	1,595,625	4,851,184
2005	406	2,116,456	55	469,080	2,585,536
2004	403	1,846,386	154	1,846,129	3,692,516
2003	201	832,637	76	1,237,643	2,070,281
2002	190	788,229	39	782,800	1,571,029

(出典：日本証券業協会)

(3) 韓国

韓国企業の資金調達も銀行中心モデルから出発した。1960 年代以後、高度成長過程において企業の負債比率は爆発的に増加した。1997 年通貨危機を迎えた当時の一部大企業の負債比率は、1000 ％を超える場合もあった。通貨危機後、政府が 200 ％をガイドラインとして提示する等、財務構造改善を誘導した結果、企業の負債比率は大幅に下落した。2010 年現在、製造業の負債比率は 101.53 ％、大企業はより低い 86.32 ％に過ぎない[49]。

一方、図表 11 が示しているように、直接金融を通じた資金調達もまた減少していったが、2007 年から増加に転じた。直接金融は、社債発行が大部分であり、例えば2010 年株式発行額は10.3兆ウォンで全体実績123.2兆ウォンの 10 ％にも満たない。図表 12 によれば、株式発行は既存の上場会社の有償増資が大部分であり、企業公開が占める比重は 2010 年を除いて 10 ％を少々超える程度に過ぎない[50]。

49) 韓国銀行 経済統計システム (ecos.bok.or.kr)。
50) 2011 年の上場法人資金調達実績は、企業公開 2.4 兆ウォン、有償増資 10.5 兆ウォン、合計 12.9 兆ウォンである。金融監督院 報道資料 (2012.1.20) 1 頁。

[図表11]　最近10年間の直接金融実績

（出典：金融監督院 報道資料（2011.1.17）4頁）

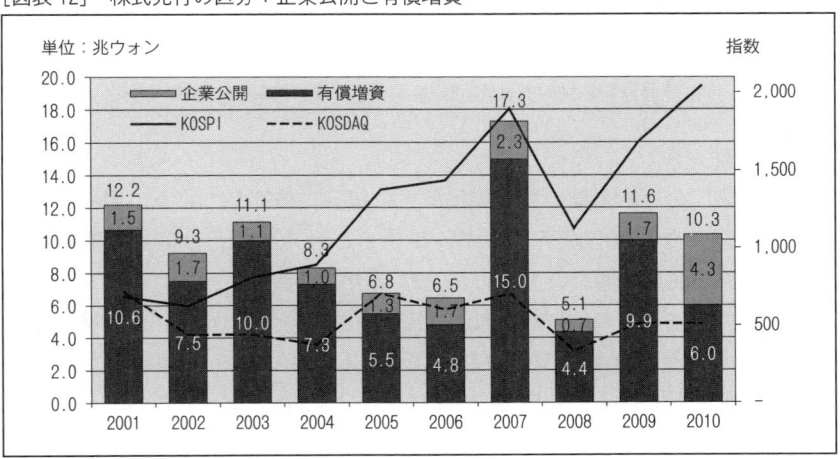

[図表12]　株式発行の区分：企業公開と有償増資

（出典：金融監督院 報道資料（2011.1.17）5頁）

　注目すべきことは、有償増資において公募発行が占める比重が低いという点である。図表13によれば、2011年有価証券市場上場法人[51]が行った45

---

51) 第2部市場格のコスダック市場上場法人を除く。

件の株式発行のうち、一般公募はたった1件であった。企業公開と一般公募を合わせても金額の面では14％に達しない。株主割当発行に依存する場合には、株式所有の分散が進展しにくい。このように株式発行が主に株主割当方式でなされる理由は何よりも、持分が希薄化されることを支配少数株主が憚るためであろう。また、株主の相当数が系列会社であるという状況から、株主割当増資は資金をより安定的に確保することができるという長所がある。しかし、逆に系列会社の財務状態が良くない状況では、資金調達が困難であるという短所も存在する。実際に一部の研究によれば、企業投資が当該企業の収益よりもむしろグループ全体の収益と関係があるという[52]。

[図表13]　2011年株式発行の詳細区分

	件数	金額（億ウォン）
株主割当増資	26	56,370
第三者割当増資	5	30,437
一般公募	1	299
企業公開	13	13,590
株式発行 合計	45	100,696

（出典：金融監督院『2011年有価証券市場 上場法人 直接金融現況』（2012年））

(4) 中国

中国企業における企業の資金調達は主に銀行に依存していた。中国における大型銀行は全て政府が所有している[53]。これらの銀行は国有企業や政府と関連のある民間企業に、多くの場合は政治的考慮によって、資金を大規模に提供している[54]。中国の銀行は貸出審査や債務者である企業に対する監督を遂行する能力はもちろんのこと、誘因もなかった[55]。銀行は事実上全て国家所有であるため、利潤追求動機がそれほど強くない。このような傾向

---

52) Randall K. Morck et al., Finance and Governance in Developing Economies (December 2011) at 7 (available at SSRN: http://ssrn.com/abstract=1981829).
53) La Porta et al., Government Ownership of Banks (2000) at 7 (available at SSRN: http://ssrn.com/abstract=236434).
54) Larry Li et. al., A Review of Corporate Governance in China (2011), 15 (available at: http://ssrn.com/abstract=1233070).
55) Clarke・前掲注28）156-157頁。

は、不良債権の規模からも見出すことができる。2007年末現在、大型商業銀行の不良債権は他の銀行に比べて非常に多く、総債権額の8.05％に達した[56]。このような不良債権の大部分が、国有企業に対する債権である。多方面で政府の支援を受ける国有企業は、倒産の危険が相対的に低いため、不良債権の危険は直ちに実現されるわけではない。しかし、景気悪化が続けばシステム全体の危険につながり得る。

　企業側から見れば、銀行借入は重要ではあるが、その比重は圧倒的なものではない。企業の資金調達源は、銀行借入、自体調達資金、政府予算、外国人による直接投資の4つに分けることができる。企業の成長によって、次第に自体調達資金の比重は大きくなっている[57]。しかし、株式や社債発行を通じた資金は一部に過ぎないという。自体調達資金は、1994年から2009年の間に毎年23.6％ずつ増加し、2009年末には2兆2,132億ドルに達したが、国内銀行からの借入は5,657億ドルに留まった[58]。上場法人の場合、自体調達資金が全体資金調達の約45％を占めている[59]。

　中国政府は国有企業の資金調達を支援するため、1990年には上海と深圳に証券取引所を設立した。しかし、資本市場導入の初期段階にある現在は政府の干渉が強い。証券監督管理委員会（証監会）は、一定の要件を備えた上場会社にのみ株式や社債を発行することを認めている[60]。また、証監会と国家発展和改革委員会は毎年株式発行規模を決定している[61]。株式発行においては、株主割当方式よりも第三者割当方式の採用がはるかに多い[62]。株式市場の規模は日本の先を行っているという調査もあるが、実際の株式発行は企業の資金調達手段としては未だそれほど重要なものではない。資本市場における株式発行額と銀行貸出増加額の変化を示している図表13によれ

---

56) Li・前掲注54) 15頁。しかし2010年には1.31％に減少した。中国銀行業監督管理委員会サイト http://www.cbrc.gov.cn. 実際の不良債権比率は、より高いものであるという見解としては Franklin Allen et al., China's Financial System: Opportunities and Challenges, in: Capitalizing China (Joseph Fan & Randall Mork eds. University of Chicago (2013)) at 79-82 参照。
57) ここに言う自体調達資金には、留保利益はもちろんのこと、地方政府の投資額、株式や社債発行を通じて調達した資金も含まれる。
58) Allen・前掲注56) 73頁。
59) *Ibid*.

ば、株式発行の規模は、過去 20 年間の間に大きく増加したが、依然として銀行貸出増加額にははるかに及ばない[63]。

[図表14] 国内株式発行と銀行貸出増加額　　　　　　　単位（億元）

年度	国内株式発行（A）	銀行貸出増加額（B）	A/B（％）
1993	314.54	6335.40	4.96
1994	138.5	7216.62	1.91
1995	118.86	9339.82	1.27
1996	341.52	10683.33	3.20
1997	933.82	10712.47	8.72
1998	803.57	11490.94	6.99
1999	897.39	10846.36	8.27
2000	1541.02	13346.61	11.55
2001	1182.13	12439.41	9.50
2002	779.75	18979.20	4.11
2003	823.10	27702.30	2.97
2004	862.67	19201.60	4.49
2005	338.13	16492.60	2.05
2006	2463.70	30594.90	8.05
2007	7722.99	36405.60	21.21
2008	3534.95	41703.70	8.48
2009	5051.51	95940.00	5.27
2010	9587.93	79510.73	12.06

（出典：中国証券監督管理委員会「中国証券期貨統計年鑑」（2011 年））

60) M. M. Fonseka et. al., Equity Financing Capacity and Stock Returns: Evidence from China (2012) at 6-7 (available at: http://ssrn.com/abstract=2118616). 異例ではあるが中国の社債市場は株式市場に比べることができない程、微々たる程度にとどまっている。陣雨露＝馬勇『中国金融体系大趨勢』63 頁（中国金融出版社、2011 年）；William T. Allen & Han Shen, Assessing China's Top-Down Securities Markets, in: Capitalizing China (Joseph Fan & Randall Mork eds. University of Chicago (2013) at 163. 2011 年に初めて上場会社の社債発行規模が新株発行規模を超えたという。ただし、中国上市公司市値管理研究中心『弱市引発市値結構劇烈変化──縮水倒逼市値管理行為活躍』21 頁（2011 年中国 A 股市値年度報告、2012 年）。
61) Li・前掲注 54) 15 頁、Allen・前掲注 56) 166 頁。
62) 反対に、株主割当方式が圧倒的であるという見解もある。Fonseka・前掲注 60) 5 頁。
63) 2002 年の統計によれば、銀行貸出が 2,177 億ドルに達したが、株式発行は 89 億ドルに過ぎなかった。Clarke・前掲注 28) 153-154 頁。

3　企業の統制主体と目的

(1)　序説

　企業の実際の運営は、企業が追求する目的によって大きく変わり得る。また、企業の目的は、企業の統制主体が誰であるかによっても影響を受ける。企業を誰が統制するかは、企業の所有構造を土台に把握することができる。ここでは前述した企業の所有構造と資金調達行動を基に、企業の統制主体と目的について論じたい。

(2)　日本——社員出身の専門経営者

　一般的に分散型の所有構造では、企業の統制主体は株主ではない専門経営者である。日本において所有が分散した大企業の統制主体は、従業員出身の専門経営者である。従来、日本企業の専門経営者は、アメリカの場合とは異なり、株主よりは従業員の利益を重視するものと考えられてきた[64]。このようなアメリカと日本の専門経営者の差は、法制度の差から生じたものではない。事実、アメリカと日本の会社法、特に成文の会社法典は内容の面では大きな差はない。日本の専門経営者の大部分は、同会社の従業員として入社し、経営組織の頂点に上った者である。彼らが時々刻々と変わっていく株主より、会社生活を共に過ごした同僚や部下に同質感を感じることは極めて自然なことであろう[65]。

　従業員出身の経営者は、自身が属する組織の長期的発展を追求する。このような長期的な利益追求は、会社の多様な利害関係の利益にも符合した。会社の従業員はもちろんのこと、債権者である金融機関や取引先も全て会社の長期的発展を望んでいる。ただ、問題となり得ることは、株主利益との調和についてである。しかし、企業が高度成長を持続した時期には、株主利益も

---

64)　西山忠範『支配構造論——日本資本主義の崩壊』49-68頁（文眞堂、1980年）。
65)　日本の68企業の経営者に対する設問調査の結果、会社の所有者が株主であると回答したのは3％に過ぎなかったという。Masaru Yoshimori, "Whose Company Is It? The Concept of the Corporation in Japan and the West." Long Range Planning, Vol. 28, No. 4 (1995) at 33-44 (Franklin Allen et. al., Stakeholder Capitalism, Corporate Governance and Firm Value (2009) at 35. から再引用).

他の利害関係者の利益と大きく衝突する余地はあまり存在しなかった。

　従業員出身経営者が株主利益から比較的自由であったことは、市場の圧力の影響が小さかったためである。前述したように、株式所有は幅広く分散していたが、経営者の地位は安定株主の支持によって確保することが可能であった。安定株主らは、主に会社との取引関係を維持するための手段として株式を保有したので、経営者は短期的な経営成果や配当に大きくかかわらずに、長期的な観点から会社を経営することができた。また、資金調達は主に銀行に依存していたので、資本市場の圧力からも比較的自由であった。メインバンクをはじめとした安定株主が会社経営に干渉することは、会社が経営危機に陥った場合に限られた。よって、正常な会社運営が継続される限り、経営の自立性は維持されたのである。

　現在も大部分の会社で、従業員出身の経営者が経営を担っている点には大きな差はない。しかし過去と比べて、多くの理由によって株主利益を考慮する必要が顕著に高まった。何より重要な変化の要因は、株式所有構造の変化である。金融機関の株式処分で安定株主体制は大きく弱まったのである[66]。既存の体制を支えてきた安定株主体制が崩れれば、変化は不可避なことであろう[67]。これと関連して注目すべきは、外国人株主の増加である。前述したように、現在外国人株主の保有比率は20％を超えている。彼らの大部分は長期的成長よりは、短期収益を目的とするファンドらである。ある実証研究によれば、外国人保有比率が高いほど従業員数が減少し、配当率が高いという[68]。一部の実証研究によれば、外国人保有比率と企業の成果の間には、正の相関関係があるという[69]。

　このような株式所有構造の変化が、企業行動に如何なる影響を与えるかに

---

[66] 安定株主体制を脅威にさらす要因に関する簡単な説明としては、中東＝松井編・前掲注12)。

[67] Poison pill に対する経済界の関心が突然拡散された背景には、安定株主体制の後退による経営者らの不安があるものと判断される。しかし、Poisin pill も株主利益重視を唱える投資家の圧力を遮断するには限界がある。いわゆる日本型の poison pill は、作動に株主承認を要するため、アメリカ式 poison pill よりは株主利益に親和的である。

[68] 福田順『コーポレート・ガバナンスの進化と日本経済』135頁、151頁（京都大学学術出版会、2012年）。

[69] 宮島＝新田・前掲注11) 138頁以下。

ついては図表 15 と図表 16 が明確に示している[70]。

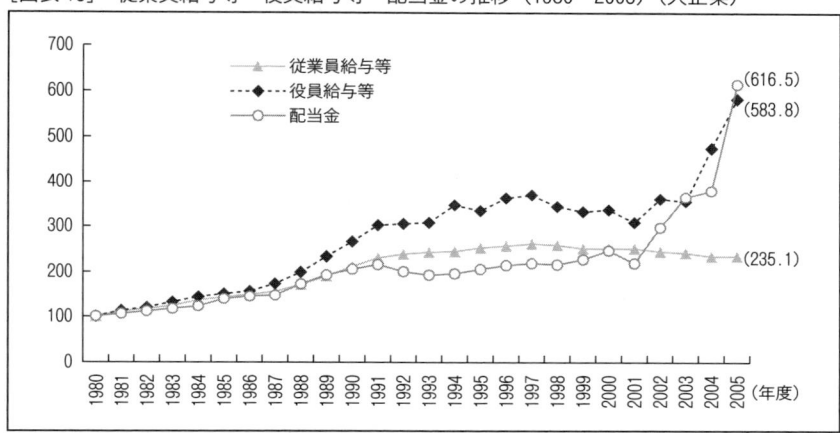

[図表 15]　従業員給与等・役員給与等・配当金の推移（1980～2005）（大企業）

```
従業員給与等
役員給与等
配当金
(616.5)
(583.8)
(235.1)
```

　図表 15 は、大企業における配当金と従業員および役員の給与が変化する様子を示したものである。配当金と役員給与が持続的に上昇し、とりわけ 2001 年から急速に上昇したのに比べ、従業員給与にほとんど変化はない。興味深いことは、全企業を対象とした場合に、役員給与は従業員給与と同様にとりわけ変化はないという点である。

70）星屋和彦＝永田久美子『企業行動の変化と経済成長・利益分配：法人企業統計を用いた企業部門のマクロ分析』23 頁、29 頁（PRI Discussion Paper Series（No.07A-03）、2007 年）。

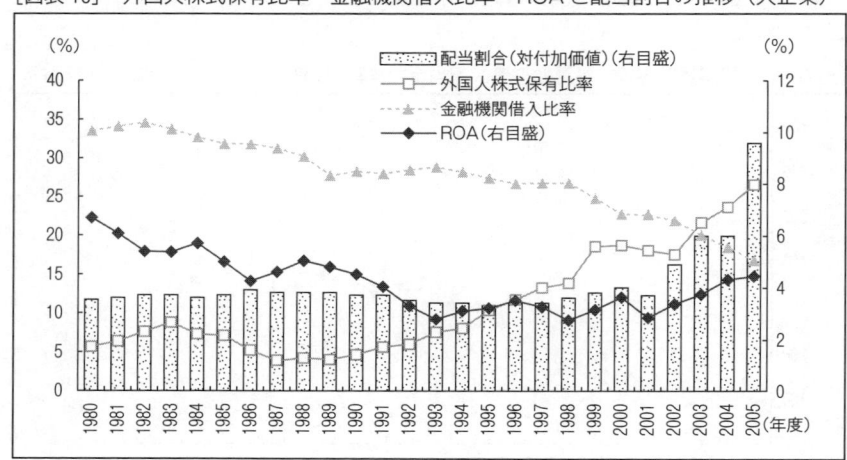

[図表16] 外国人株式保有比率・金融機関借入比率・ROAと配当割合の推移（大企業）

図表16は、最近の対付加価値配当比率の上昇動向が外国人株式保有比率の変動に相応していることを示している。

(3) 韓国――支配少数株主の世襲的支配

ほとんど全ての韓国企業の統制主体は、未だ支配株主だと言っても過言ではない。過去20年間の支配株主の経済的持分は大きく低下したが、議決権の持分は未だに高い水準を維持しているため、彼らの経営権は非常に安定している。支配株主も株主であるが、彼らが追求する利益は必ずしも一般株主のそれと一致するわけではない。支配株主はそもそも支配株式を処分する意思がないため、株価の上昇に執着することはない[71]。一方、支配株主は自身の王国とも言える企業集団を子女らに譲ることを望むため、短期的な高収益よりは、長期的成長に関心を持っている。おそらく韓国企業の目覚ましい成長は、このような支配株主らの執念と努力によったところが少なくなかったであろう。

支配株主のこのようなインセンティブは、企業の他の利害関係者らのイン

---

[71] むしろ株価が上昇すればするほど相続税の負担が大きくなり得るため、後継者への相続が終了していない場合では、株価上昇を望まない場合もある。

センティブと相当部分で一致する。韓国の企業にも専門経営者が存在する。大企業であればあるほど、専門経営者の役割が大きいことが普通である。専門経営者は通常、その企業の従業員から出発してその地位に達した者である点においては日本の従業員出身経営者と差はない。しかし最も大きな差は、韓国の専門経営者は支配株主の厳しい統制を受けるため、自身の部下である従業員の利益よりは、支配株主の利益を重視するほかないという点である。

　支配株主の観点から見れば、専門経営者の能力に劣らず重要なことは、自身に対する忠誠度である。このような状況で経営者が自身が仕える支配株主が気に入らないからと言って、新たな支配株主の下に移ることは容易なことではない。転職の機会が制限される専門経営者としては、報酬の大きさよりも経営者の地位を維持することができるかが重要な意味を持つ。したがって、専門経営者も支配株主と同様に短期的な成果よりは、長期的な成長を好む傾向にある。また、事実上の終身雇用が保障される正規職従業員と、会社と持続的な取引を望む取引先が、会社の長期的成長を好むことは当然のことである。

　支配少数株主体制の最も大きな問題は、一般株主の利益と衝突する可能性が大きいという点である。最も典型的な利益衝突は、支配株主が自身の私益のために会社の富を移転する場合（いわゆるトンネリング（tunneling））であると言える。実際に、財閥の総帥らが各種トンネリング行為を理由に、民刑事上の責任を追及された事例は近年も見受けられる。しかし、このように経営権の私的利益（private benefit of control）を露骨に追求する行為は、韓国でも会社法をはじめとする各種規制の強化により、少なくとも今後は容易にできなくなった[72]。

　一般株主の利益と衝突する場合がトンネリング行為に限定されるわけではない。韓国において企業の経営権は、ほぼ例外なく支配株主の子に承継されている。これらの経営権承継は、支配株主の希望に沿ったものであるが、それは必ずしも一般株主の利益に合致するという保証はない。

　支配少数株主体制はそれなりの長所と短所が共存する体制であるが、具体

---

[72] 近年、財閥総帥の民事・刑事責任を認めた判決が相次いでいる状況を鑑みれば、少なくとも財務状態が健全な企業では、露骨な私的利益追求行為を敢行する可能性は高くないであろう。

的にそれが成果に如何なる影響を及ぼすかについては未だ判断し難い。2003年のある研究によれば、財閥に所属する企業は独立企業に比べて企業価値の減少が見られるという[73]。その根拠としては、利益極大化に代わって利益安定を追求する点、収益性が低い業種に過度に投資する点、財務状況の悪い系列会社を支援する点等が挙げられている。このような認識は従来一般的に広く知られていたことである。しかし、現在の状況でも同様の結果が得られるかどうか断定することは困難である。

支配少数株主体制は過去20年間、大きく変化することなく維持されている。ただ前述した通り、外国人保有比重は相当高く、大規模企業であればあるほどその比重は高い。日本と同様に、外国人保有比重の増加は配当率を高める効果を生み出している。ある研究では、5％以上を保有する外国人株主がいる場合には配当率が高くなるという[74]。

(4) 中国——支配株主としての国家と官僚経営者

前述したように、中国国有企業の支配株式は国家が統制している。元々国有企業は、従来政府部署が運営した国営企業を会社化したものであるため、はじめは政府部署の影響を大きく受けた。しかし、2003年国資委によって株式が集中した以降は、国資委が投資家の観点から企業に対する統制を次第に強化している[75]。現実的に日常的な経営については経営者が担当するほかないため、経営者を如何に選任するかが重要である。実際の経営者選任は共産党が行う[76]。共産党は経営者を当該企業の内部や外部の専門経営者から選任するのではなく、党や政府の幹部の中から選任する場合が多い[77]。彼ら官僚経営者は政府と企業の間を行き来しながら、出世街道を歩んでいく

---

[73] Stephen P. Ferris et. al., The costs (and benefits?) of diversified business groups: The case of Korean chaebols, Journal of Banking & Finance 27 (2003) 251-273.

[74] Soojung Kim et. al., Impact of Foreign Institutional Investors on Dividend Policy in Korea: A Stock Market Perspective, Journal of Financial Management and Analysis, 23(1) (2010) 10-26.

[75] 呉・前掲注25) 139-142頁。Lin & Milhaupt・前掲注6) 35-36頁。

[76] 小口彦太＝田中信行『現代中国法〔第2版〕』47頁（成文堂、2010年）; Richard McGregor, The Party: The Secret World of China's Communist Rulers (Harper Perennial 2010) at 46.

のである[78]。

　このような国有企業の現実では、2つの利益衝突が問題となる。まず問題となるのは、支配株主が存在する企業において通常存在する支配株主と一般株主の間の利益衝突である。支配株主である国家としては、企業運営時に株主としての利益と共に、国家の政策的必要を考慮せざるを得ない。国家としての企業成果も重要であるが、政治、経済、社会的利益を極大化することを望むであろう[79]。すなわち、国家が国有企業の経営を通じて雇用機会の確保、特定産業の統制、内部者のための利益確保等の政策目標を追求すると考えられる[80]。このような企業外部的目標を追求することは、株主利益と衝突する可能性がある。しかし、企業が高度な成長を持続する限り、一般株主がこのような利益衝突を深刻に問題とする余地は大きくないと考えられる。

　国有企業で浮き彫りとなるもう1つの利益衝突は、株主の利益と官僚経営者の私益との衝突である[81]。官僚経営者は党や政府での昇進を目標とする可能性が高い。企業経営成果が官僚経営者に対する党の評価にどれほど影響を与えるかは明らかではない。最近では、官僚経営者の報償を企業成果に連動させることで、企業の実績を高めようという試みが行われている。2005年にストックオプションが導入されたことは、このような試みの一環であると言えよう[82]。近年の実証研究によれば、CEO報酬が会計上の実績と正の相関関係にあり[83]、政治的昇進の可能性が企業成果と正の相関関係

77) 中国国有企業の官僚経営者に関する詳細は張珍宝「中国会社型 国有企業の支配構造に関する研究――官僚経営者制度を中心に」(ソウル大法学博士学位論文、2011年)。
78) Lin & Milhaupt・前掲注6) 66頁。
79) Lin & Milhaupt・前掲注6) 46頁。利害関係者利益についての考慮に関しては会社法も明示している。社会的責任のある経営を命じる5条と監査会3分の1以上を従業員代表と構成することを命ずる118条。
80) Donald Clarke & Nicholas C. Howson, Pathway to Minority Shareholder Protection: Derivative Actions in the People's Republic of China (2011) at 3 (available at: http://ssrn.com/abstract=1968732).
81) Yeung・前掲注33) 10頁。
82) しかし、実際にストックオプションを実施する会社は未だ2-3％に過ぎない。Martin J. Conyon & Lerong He, CEO Compensation and Corporate Governance in China (2012), at 5 (available at:http://ssrn.com/abstract=2071001).
83) Conyon & He・前掲注39) の論文。株価とも相関関係にあるが、より弱いものであるという。

にあるという [84]。これらの研究によれば、官僚経営者が経済的利益を追求しても政治的昇進を狙ったとしても、会社の成果を高める誘因となると言えるであろう。

このように国有企業の一般株主は、二重のエイジェンシー問題に直面する。企業価値の向上が、国家が追求する他の政策目標や官僚経営者の私益追求行為によって犠牲となる危険が少なくない。しかし、このような官僚経営者の支配が、必ずしも一般株主に不利な側面のみが存在するわけではない。経済に対する政府の介入が広範で、意思決定に未だ「関係」が重要な中国において、共産党と政府に縁故のある官僚経営者が非常に有利になることもある [85]。だが、一部の研究によれば、官僚経営者が経営する国有企業がそうではない企業に比べて株価、収益、売上増加の面において全て遅れをとっている [86]。

4　統制主体に対する牽制装置

(1)　牽制装置の要素

狭義の企業支配構造に関する議論では、企業の統制主体が株主利益のために働くよう担保する装置が関心の対象となっている。そのような牽制装置は、次のような要素で構成される。

① 　会社内部機関による統制―理事会、監査、株主総会等
② 　訴訟による統制―理事の信認義務と株主代表訴訟等
③ 　情報開示と外部監査制度
④ 　市場による統制―経営権市場、資本市場等
⑤ 　その他―政府、社会規範、マスコミ等

---

84) Jerry Cao et. al., Political Promotion, CEO Incentives, and the Relationship between Pay and Performance (2011) (available at: http://ssrn.com/abstract=1914033).
85) 一部の研究によれば、政治的縁故のある会社は資本費用が低いという。Narjess Boubakri et. al. Political Connections and the Cost of Equity Capital (2012) (available at: http://ssrn.com/abstract=1589688).
86) J. P. H. Fan et. al., Politically connected CEOs, corporate governance, and post-IPO performance of China's newly partially privatized firms. Journal of Financial Economics 84(2) (2007), 330-357.

このような牽制装置は国ごとに程度の差はあるが、大きく変化して来た。その具体的形態と機能も国ごとに異なるが、特に①と②の面では共通分母が増えているように見える。個別の牽制装置に関しては、既存の研究が多く蓄積されているので、本稿ではいくつか特徴的な点のみを簡単に言及しておくこととしたい。

(2) 日本

　日本では、従来の専門経営者が株主利益を尊重するよう作られた牽制装置がほとんど作動していなかった。上記5つの要素全てにおいて実効性があったとは言い難い。①と関連して、立法者は実効性を発揮し難い監査役の権限強化に力を注いできた。監査役の権限強化は、社外取締役の導入阻止のために行われた側面がある[87]。2002年の商法改正で、株式会社が監査役に代わって社外取締役で構成された監査委員会を設置する道が開かれたが、それほど活用されなかった。

　②の訴訟による牽制も、1993年に株主代表訴訟の印紙額が現実に利用可能な額にまで引き下げられる以前はあまり活発ではなかった。また、訴訟による牽制は、経営者が積極的に株主利益を侵害する場合に初めて作動することができる。経営者が単に株主利益を熱心に追及しないことを理由に訴を提起することは難しい。

　③の情報開示と外部監査制度は、持続的に強化されてきた。しかし、③は不正行為を抑制する機能は強いが、経営者に株主利益を追求させる機能は微弱である。

　このような状況で重要なことは、④の市場による牽制であるが、それも満足に作動していなかった。経営権市場は安定株主体制では根を下ろす余地がなかった。また、銀行中心モデルによった結果、資本市場の発達が相対的に不十分であったため、資本市場からの圧力もあまり大きくなかった[88]。

　⑤による牽制も微弱であった。経営者が私益を追求する行為はあまり深刻なものではなく、株主利益を尊重すべきであるという認識もとりわけ強いも

　87）このような現象は1974年の会社法改正時にすでに生じていた。中東＝松井編・前掲注12）413-414頁〔松井秀征〕。

のではなかったためである。

　以上の牽制装置は、近年の株主利益の重要性が次第に浮き彫りになることによって全般的に強化されていると判断される。①に関しては、結局挫折してしまったが、2011年に公表された会社法改正の中間試案に社外取締役選任を強制する案が含まれていたことに注目すべきであろう。近年のオリンパス社の粉飾会計スキャンダルを収拾する対策の一環として、取締役会が社外取締役を中心に再構成されたことも興味深い。これは社外取締役が外部の信頼を得ることに、より効果的であるという判断から生じたものと見られる。

　②に関しては、株主代表訴訟をはじめとする各種会社訴訟は大きく増加した。株主代表訴訟の増加で、過去にはあまり使用されなかった取締役の信認義務の規範化が大きく進展した。③の情報開示や外部監査については、すでに先頭に立っていると考えられるアメリカと比べてもあまり差がない程度に強化された。金融商品取引法に基づいて提出される有価証券報告書に1億円以上を受ける取締役の報酬を個別的に開示するようにしたこと[89]は、その最たる例であると言えよう。④については、経営権市場は過去とは比べることのできない程活性化された。いわゆる日本版ポイズンピルの拡散は、経営権に対する脅威を感じる企業が増加していることを示している。また、敵対的企業買収に対する防御と関連して、「企業価値」や「株主利益」のような概念が大きく浮き彫りになったことも特記すべきことである。

　⑤に関する変化について、外部の人間が評価を行うことには躊躇がある。しかし、企業価値報告書と指針が政府の後援によって制定されたことや近年のオリンパス社スキャンダルに対する言論の反応を見れば、日本企業の内部者中心的支配構造に改善の余地があるという認識が広がったように思われる。

(3) 韓国

　韓国の支配少数株主体制においては、分散型の所有構造から生じる経営権

---

88) 奥村宏『粉飾資本主義』(東洋経済新報社、2006年) では、高株価経営という題目においていくつかの事例を紹介しているが (24-51頁)、その事例は一般大企業が投資家圧力を意識して短期成果を高めるための努力を傾けることとは距離がある。
89) 江頭憲治郎『株式会社法〔第4版〕』421頁 (有斐閣、2011年)。

不安の問題はないが、その代わりに支配株主と一般株主との間の利害衝突が問題となる。前述した5つの牽制装置は過去、韓国でもほとんど作動することはなかった。しかし、1997年の通貨危機を契機として大幅に強化されることとなり、比較的容易に変えることのできる①と②を中心に変化した。

　①の例で上場会社については、社外取締役の選任が義務化され、大規模の上場会社については取締役の過半数を社外取締役として選任することとしている[90]。そのため、2011年の統計によれば、有価証券市場の上場会社の場合、取締役会の規模の平均は6.7名であり、そのうち32.8％に達する2.3名が社外取締役である[91]。過去には取締役会を実際に開催する代わりに、議事録のみを作成することが一般的な慣行であった。しかし、現在社外取締役のいる上場会社では実際に取締役会が開催されることが普通である。社外取締役らが主に支配株主の意思によって選任されるため、独立性が保たれないという指摘が多いが、少なくとも支配株主の部下のみで構成された過去の取締役会に比べれば、機能が大きく強化された点を否定する者は少ない。

　②については、株主代表訴訟を提起することのできる株主の持株要件が大幅に引き下げられた。その結果、図表17に示されるように株主代表訴訟数は大きく増加した。

　その他、支配株主に対して業務上背任のような刑事責任を問う訴訟も後を絶たない。実際にサムスン、現代自動車、SK、韓化のような大規模グループの支配株主らもこのような刑事訴訟で有罪判決を受けたことがある。しかし、これらは有罪が認定された場合にも執行猶予を受けたり、すぐに赦免を受ける場合も多く、法執行の公正性について批判が続出している。だが、株主利益を侵害する行為について民刑事責任が問われる可能性があるという点はすでに広く認識されているため、過去のように支配株主らが会社財産を移転させるいわゆる「トンネリング」（tunneling）行為を敢行する可能性は高くないと見られる。図表17で2007年以後、株主代表訴訟が急速に減少していることは、そのような推測を裏付けるものであろう。

---

90) 商法542条の8、施行令34条。
91) オ・ドクキョ「有価証券市場とコスダック市場の支配構造実態分析」企業支配構造レビュー59巻（2011年）46頁。

[図表17] 株主代表訴訟数：1997.1.1－2010.5.30

年度	提訴件数	訴訟結果			
		原告勝訴判決確定	被告勝訴判決確定	進行中	取下げ
1997	2	2	-	-	--
1998	4	2	2	-	--
1999	4	-	4	-	--
2000	2 (1)*	-	1	-	1 (0)
2001	2	-	2	-	-
2002	4	2	1	-	1
2003	6	4	2	-	-
2004	9	6	2	1	-
2005	9 (8)*	4	4	1 (0)	-
2006	8	-	7	1	-
2007	-	-	-	-	-
2008	3	1	-	2	-
2009	-	-	-	-	-
2010	2	-	-	2	-
合計	55 (53)*	21	25	7 (6)	2 (1)

＊ 2000年と2005年に各1件の訴訟が新聞で報道されたが、訴訟結果を確認することはできなかった。
(出典：Hyeok-Joon Rho & Kon-Sik Kim, Invigorating Shareholder Derivative Actions in South Korea, at 214 (in Dan W. Puchniak et. al. eds., The Derivative Action in Korea: A Comparative and Functional Approach (Cambridge 2012)))

③の企業開示と外部監査制度はおそらく1997年通貨危機以後、最も強化された分野であると言える。不実開示や不実監査を理由に経営者や会計法人に対して損害賠償責任を問う訴は、実際に稀なことではない。

一方、④について経営権市場は未だに日本ほど活性化されていない。敵対的企業買収が試みられ、実際に成功した事例がないことはない。しかし、大企業を相手に試みたのは極めて珍しい。NGOや外国人投資家が支配株主を牽制するために、代表取締役の解任や取締役の選任を試みた場合もいくつかあるが[92]、それが敵対的企業買収を目的としたものであると見るのは困難である。このような大企業に対する敵対的企業買収の可能性は、それほど高くはないであろう。しかし、実際に支配株主側で感じる不安は会社によって

---

92) Sovereign FundとSK、Steel PartnersとKT&G間の紛争がその例である。

差があるが、相当大きいものと見られる。経営権防御手段に対する経済界の高い関心はその証拠であると言える。

⑤についても多少変化の兆しがないわけではない。株主利益に対する一般国民の認識が高まったことは明らかなことであろう。過去の慣行として認識された「取引の集中割り当て」[93]については、早くからNGO等が問題を提起していた。近年の公正取引委員会がこのような取引の集中割り当てを公正取引法上の不当支援行為と見做し、課徴金を課した決定[94]を宣告したことや会社機会に関する規定（397条の2）が商法に新たに導入される等の変化は、世論の裏付けなしには困難であったと考えられる。

(4) 中国

中国で株主利益を侵害する行為は多様な形態で行われている[95]。国有企業であれ、民間企業であれ、支配株主が会社財産を移転させる「トンネリング」行為は稀なことではないように見える。ある研究によれば、トンネリングの規模は2002年には967億元であり、この金額は同年に証券市場で調達された総資金額に相当し、翌年は倍に増加した[96]。

政府は比較的早くからこの問題を是正するために努力している。特に①と②の面においては、急速に韓国と類似した方向に向かっているものと見られる。2001年8月、中国の証券監督管理委員会（証監会）は「上場会社の独立取締役制度導入に関する指導意見」を発表し、2003年6月までに取締役3分の1以上を社外取締役で構成することを要求した[97]。続いて2005年の改正会社法では、上場会社は国務院規定によって独立取締役を選任すると規定した（123条）。このような経過を経て2010年現在、取締役会構成員の37％が社外取締役であるという[98]。

2005年の改正会社法は、株主代表訴訟を明示的に導入した（152条）。特

---

93) 会社が支配株主やその子息が個人的に支配する他の会社を優待して取引する行為である。
94) 2007.10.24 公正取引委員会 全員会議議決第2007-504号（事件番号2007조사0845）。
95) Yeung・前掲注33) 10頁。
96) Clarke & Howson・前掲注80) 5頁。
97) 趙立新ほか「走出困境――独立董事的 角色定位, 職責与責任」3頁（法律出版社、2010年）。
98) Conyon & He・前掲注39) 47頁。

記すべきことは、中国の株主代表訴訟は取締役だけでなく支配株主のような「他人」も被告となる点である。中国企業にほとんど例外なく支配株主が存在し、支配株主によるトンネリングが問題となる状況を考慮すれば、むしろ韓国より実効性のある規定であると言えよう。株主代表訴訟は実際に多く提起されている[99]。しかし、株式会社よりは、主に規模の小さい有限責任会社においてのみ利用され、上場会社が関連する訴訟は2011年現在わずか1件に過ぎない[100]。だが、国有企業の上場子会社の経営者に対して代表訴訟が提起される場合、裁判所が果たして十分に判決を出すことができるか注視すべきである。裁判所が地方政府や党の統制を受けている[101]中国の現実を考慮すれば、官僚経営者を相手に提起された訴訟において、裁判所が所信に従って判決を出すことは容易ではないためである[102]。

政府が国有株式に対する取引制限緩和を決定した時点で、一部の敵対的企業買収の可能性に対する期待が表れたことがあった。しかし、未だ中国で実際に敵対的企業買収が実現された例を探し出すのは困難である。共産党が大企業に対する関心と影響力をそのまま維持する限り、近い将来、敵対的企業買収が発生する可能性はそれほど高くないものと見られる。

最後に、中国では法以外の制度的牽制装置、とりわけ市民社会的制度（civil-society institution）が十分に作動していない[103]。弁護士や会計士のよう

---

99) ある研究者が中国の法律関係データベースPkulawで検索した結果、1999年から2011年の間で78件の代表訴訟が検索され、これら全て有限責任会社に関する訴訟であったという。崔貞蓮「中国の株主代表訴訟に関する研究」19-20頁（ソウル大学校法学修士学位論文、2013年）。

100) Clarke & Howson・前掲注80) 21頁。彼らは、そのような上場会社の場合、株主代表訴訟が少ないのは法院が事件の受理を拒否するためではないかという疑問を提起している。Id. 22. 中国の裁判所は、法的根拠がないにもかかわらず、政治的に敏感な事件の受理を拒否する例が多い。江偉＝肖建国編『民事訴訟法〔第5版〕』77頁〔廖永安〕（中国人民大学出版社、2011年）。

101) 裁判所に対する党の優位に関してはMcGregor・前掲注77) 23-26頁。裁判官が裁判所内外の権力の影響を受けているという点は、中国の学者たちも指摘している。賀卫方「司法改革的困境与路径」胡舒立＝王烁編『中国2013——关键問題』（財新伝媒有限公司、2013年) 188頁。

102) Clarke・前掲注28) 182頁。最近では、政治的にあまり敏感ではない一般的な裁判の信頼度は大きく向上したという評価もないわけではない。例えば、www.chinalawblog.comやwww.chinahearsay.comのようなブログ参照。

な専門職の能力や信頼度が不十分であり[104]、韓国や日本における投資家利益のために活動するNGOは存在しない。代わりに証監会が、日本や韓国の監督機関とは異なり、上場会社の企業支配構造に関しても関与しているが、その実効性には限界がある[105]。

5　小結

以上検討してきた3か国の企業支配構造の現状について要約すれば、以下のようになる。

第1に、所有構造に関して日本は分散型、そして中国は集中型に分類することができる。韓国の支配少数株主体制は経済的持分は分散されたが、議決権の持分は集中されたという点において、一種の中間型であると言えよう。分散型から発生する経営権の不安を日本企業は安定株主を利用して解消している。

第2に、統制主体について日本は従業員出身の経営者が支配しているが、韓国は支配株主が支配している。中国は支配株主にあたる政府（積極的には共産党）と経営を担った官僚経営者が、権限を分担しているという点において差がある。

第3に、企業目的に関して日本、韓国、中国全てが長期的利益を重視するという点で類似している。ただ、韓国では少なくとも現在までは、支配少数株主の私的利益がより重視されてきた。一方、中国では官僚経営者が会社の利益に代わって、自身の私的利益を追求する危険がある。

第4に、経営者に対する牽制装置に関して、少なくとも公式的な法制度の側面においては、3か国の制度が類似した方向に集約しているように見られる。

103）より詳しい内容についてはClarke・前掲注28）136頁参照。
104）Clarke・前掲注28）161-162頁。
105）Clarke・前掲注28）169-180頁。

IV　主観的評価と展望

1　企業支配構造の変化と様相

　前述した通り、企業支配構造の収斂可否については未だ議論が続いている状態である。しかし、企業支配構造がたとえ安定的であっても、変化が不可能だということではない。一国の企業支配構造はそれを取り囲む生態系の産物、即ち従属変数であると言える。企業支配構造の環境が変化すれば、企業支配構造自体も変化し得る。

　前述のように企業支配構造という概念が、あまりにも複合的で多重的な概念であるため、その変化を何を中心に判断すべきかは明確ではない。しかし、我々が企業支配構造に関心を持つ理由が、根本的に企業が実際にどのように動くのであろうか――そしてひいては（より欲を言えば）企業が当為的に如何に動くべきか――を理解するためであると言うならば、特に注目すべきは企業の統制主体と目的であると言えよう。そしてそれを裏付けるのが企業の所有構造である。3か国の企業支配構造を企業の所有構造、統制主体と企業目的を中心に整理したものが図表18である。

[図表18]　3か国における企業支配構造の特徴

	日本	韓国	中国
所有構造	分散型/安定株主体制	支配少数株主体制	国有（法人所有を含む）
統制主体	従業員出身経営者	支配少数株主	共産党/官僚経営者
企業目的	会社（従業員）利益	支配株主利益	共産党/官僚経営者

　企業の所有構造を変化させることは簡単なことではない。集中型の所有構造を分散型に変化させることも難しいが[106]、分散した所有構造が再度集中型に変わることも容易ではないであろう[107]。しかし、統制主体が変化する

---

[106] この点については、すでに Bebchuk と Roe が詳細に論じている。Lucian Bebchuk & Mark Roe, A Theory of Path Dependence in Corporate Governance and Ownership, 52 Stanford Law Review 127 (1999).

ことはさらに困難なことである。前述したように、3 か国の企業所有構造は過去数十年の間に相当な変化を経た。日本では金融機関の持分が減少した一方、外国人株主の持分が増加した。韓国では支配株主が直接保有する持分は大幅に減少し、中国では国家所有持分の比重は相当減少することとなった。だが、統制主体の面を見ればあまり変化はない。日本では安定株主体制が事業法人を中心に維持されることによって[108]、従業員出身の経営者体制に大きな変化はない。バブル崩壊後の多様な制度改善努力にもかかわらず、日本の企業支配構造には変化はないという見解[109]の底面にはまさにこのような認識が広がっていると思われる。

　韓国の支配株主は過去とは異なり、系列会社の株式保有という方法を通じて統制主体としての地位を維持しているが、グループ内における地位は依然として確固としている。近年の財閥に対する世論の悪化を契機に、財閥改革議論が再燃しているが、それが系列会社の株式保有に対する直接的規制として続いていくかどうかは疑問である。中国でも国有企業の株式を分散させて来たが、その究極的統制主体が共産党であるという点には変化はない。今後共産党自体が変わらない状況において、共産党の統制が不可能な程度に株式所有を分散させることは期待し難い。

　企業目的は統制主体が誰であるかに大きく依存する。しかし、統制主体に比べて企業目的は環境の変化によって、より柔軟に変化することができる。日本では図表15のように、大企業の場合、株主に対する配当と役員給与が増加していることは、そのような変化の一端を示していると言える。韓国では1997年の通貨危機以降、株主利益に対する考慮が大きく強化された。一方、

---

[107] その例外がカナダだと言える。実際にカナダでは19世紀初め、支配株主が支配する企業集団が多かったが、その後株式所有の分散が進み、19世紀中盤頃にはアメリカやイギリスのような分散型の所有構造が定着した。しかし、その後再び所有集中が始まり、20世紀末には家族が支配する企業集団体制に復帰した。Randall K. Morck et al., The Rise and Fall of Widely Held Firm？ A History of Corporate Ownership in Canada, in: A History of Corporate Governance Around the World (Randall Morck ed. University of Chicago, 2007).

[108] 得津・前掲注12) 484-485頁。

[109] 例えばJohn O. Haley, Heisei Renewal or Heisei Transformation: Are Legal Reforms Really Changing Japan?, 19 J. JAPANESE L. 5, 13 (2005). 彼は1990年代に会社法改正が最も頻繁に行われたが、日本の企業支配構造の根本は変わらなかったという結論を出した。

支配株主がトンネリング行為を敢行し難い環境が作り出されたことはもちろんのこと、外国人の保有比率が高い企業では、営業利益と配当に気を使っている。中国でも政府の統制権が危険にさらされない範囲においては、株主利益に対する配慮を惜しまないようである。

　企業の所有構造や統制主体、企業目的を変化させることに比べ、統制主体に対する牽制装置を変化させることは相対的に容易である。この分野では3か国全てで相当な制度上の変化があり、その部分については一部収斂されると言えよう。

2　企業支配構造の変化をもたらす動因

　上記のような企業支配構造の変化に影響を与える要素は多い。法制度の変化もその1つであると言える。法制度の変化は、政治的世論の裏付けなくして生じ難い。政治的世論を動かすのはスキャンダルや危機である場合が多い。しかし、スキャンダルや危機の余波は性格上一時的であるので、それによる世論も時間の流れによって弱くなっていくことが普通である。企業支配構造の変化をより持続的に促進することは、経済環境の変化であると言える。

　日本の既存の企業支配構造は、経営者、政治家、官僚という鉄の三角形（iron triangle）によって裏付けられた。従業員出身の経営者が安定株主の支援を受けて会社の長期的利益を追求する体制は、会社の利害関係者と政府の利益に符合するのはもちろんのこと、世論の支持も受けた。しかし、既存の三頭体制に対する世論の支持は、特に1990年のバブル崩壊を契機に急速に弱まった。一連のスキャンダルによって、彼らに対する国民の信頼は崩れてしまった。企業支配構造に関する法制度が、バブル崩壊後に急速に変化したことは、そのような危機とスキャンダルの影響が作用したものと見ることができるであろう。しかし、日本でも企業支配構造の変化をもたらすより深層的要因は、経済環境の変化から見出すべきであろう。大企業の資金調達が、銀行借入から資本市場に転換されたこと、金融危機を迎えた銀行が保有していた事業法人の株式売却に乗り出したこと、外国人投資家の保有比率が増加したこと、敵対的企業買収の登場等の変化は、全て企業支配構造に関する制度と実務の面で、株主利益の位相を高めることに寄与したと判断される。し

かし、近年の会社法改正における社外取締役の選任義務化の挫折に見られるように、既存の企業支配構造を固守しようとする経営者集団の意思と影響力は未だ強力なものである[110]。このような経営者集団の影響力は、日本企業、とりわけ製造業の強い競争力に由来するものではないかと個人的には推測している。そうであるならば、企業支配構造のより根本的な変化は、製造業の経営者らが信頼を失う状況になってようやく可能であるという推測も可能であろう。

　韓国でも1997年の通貨危機を契機に企業支配構造に関する法制度が整備された。その後、財閥総帥のトンネリング行為に対する刑事訴追と株主代表訴訟が繰り返され、企業支配構造に対する一般の認識が強化されて制度改善の試みが力を得ることとなった。しかし、韓国でも企業支配構造の変化と関連して、より重要なことは経済環境の変化である。支配株主は系列会社の保有株式を利用して経営権を確保しているが、過去に比べ、機関投資家と外国人株主を含む一般株主らの保有比率が高まったことは事実である。彼らが皆反旗を翻す場合には、たとえ支配株主であっても経営権を失う可能性が高い。だが、これまでそのような可能性はほとんど実現されなかった。機関投資家を含む一般株主らは、相対的に良い実績を収めた大企業の支配株主に対して大きな不満があるようには見えない。投資家としては、会社の安定的な経営を担保するだけでなく、政府、国会、言論等、社会の権力集団をより効果的に扱うことのできる支配株主がいなくなることに、むしろ不安を感じることもあり得る。これまでの支配少数株主体制に対する批判の声は、投資家よりは学界とNGOから生じた場合が多い。しかし、このような状況が限りなく持続されると断定することはできない。現状に変化が生じ得る場合としては、大きく2つの場合を考えることができる。1つは大企業の実績が悪化し、支配株主の経営能力に対する信頼が崩れる場合である。例えば、サムスン電子や現代自動車のように、これまで卓越した実績を収めている大企業が不振に陥ったとすれば、支配少数株主体制に対してより深刻な苦悩を抱えることに

---

110) 最近のオリンパス社のスキャンダルのような内部者中心の経営体制に対する疑問を生じさせるスキャンダルが続出したにもかかわらず、そのような試みが挫折したことに注目する必要がある。

なろう。もう1つの場合は、支配少数株主体制が経済全体に及ぼす悪影響が一般の国民にも広く認識され、改革に対する要求が大きくなる場合である。

　後者の可能性について注目すべきことは、最近の世論の動向である。近年の支配株主中心の財閥体制に対する世論の関心は、株主利益の観点よりは、いわゆる両極化の観点に向いている。現在のような財閥中心の経済体制で、財閥に属さない中小企業が十分に成長することは極めて困難である。財閥に属する企業は、外部企業と取引することが有利である場合にも、系列会社の製品やサービスを優先的に購買する場合が多い。外部企業が財閥企業とようやく取引ができた場合にも利益を多く得ることは難しい。独自の技術を持って創業した中小企業の場合にも、財閥企業が買取単価を下げ続けるため困難を経験する企業が多い。このような中小企業の経営環境の劣悪さは、大学卒業者が創業に乗り出すことはもちろんのこと、中小企業に就業することさえも躊躇させている。このような企業の両極化は、現在の財閥中心の経済体制に対する世論を大きく悪化させた[111]。このような批判的な世論が、今後如何なる形態で企業支配構造に影響を与えるかについて予測するのは困難である。過去と同様に、このような否定的世論は選挙期間中、しばらくの間注目を集めながらも、再び影をひそめる可能性もあるからである。

　中国における企業支配構造の変化は、政府（共産党）が主導している。国有企業と関連したスキャンダルはないこともなかったが、韓国や日本のような危機は経験しなかった。企業支配構造を改善するための政府の努力は危機やスキャンダルが理由ではなく、経済環境の変化を考慮した先制的な試みだと見られる。中国の国有企業は規模の面で非常に成長したが、その成果が必ずしも満足のいくものであったわけではない。国有企業の成果が不十分な理由のうちの1つは、官僚経営者に対する圧力と牽制が十分でなかったためであると言える。国有企業が困難になれば、国有企業に貸し出した銀行も困難に陥る可能性もある。1990年代初め、中国が上海と深圳に証券取引所を開設して資本市場を育成しようとしたことは、国有企業の経営効率性を高め、

---

[111] 近年では、財閥一家の娘らが運営するベーカリーのため、その地域の小規模な製菓店が閉店を余儀なくされたというニュースが大きな関心を集め、彼らがその事業を放棄したということもあった。

銀行に代わって国有企業に資金調達源を提供するためであった[112]。中国政府は資本市場を育成するために、株主利益保護に関心を注いでいる[113]。

　官僚経営者の私益追求行為を防ぐことも容易なことではない。しかし、より難しいことは官僚経営者の効率的な経営を誘導することである。効率的な経営を誘導する法案として最も容易に考えられることは、企業をより民間企業のようにすることである。実際に政府は、保有株式を漸進的に処分することで一般株主の比重を高めている。中国の学者の大多数は、株式所有が分散されたアメリカ式の所有構造を理想型として考えている[114]。しかし、このような国有企業の私有化がどの程度まで進行するかは疑問である。国有企業に投資する投資家の観点からも、政府の持分下落は必ずしも歓迎すべきことではないであろう。結局は、政府の介入が広範に行われる社会主義国家において政府が持分を有する企業は、あらゆる特恵を享受することができるためである。政府の観点からも、国有企業が株主利益以外の政治社会的目的を遂行すべきであるならば、官僚経営者の地位を脅かす程度まで政府持分が低下することは受容し難いことであろう。これは、企業支配構造の変化がどこまで可能であるかの問題につながる。

3　企業支配構造変化の限界

　どの社会においても、企業を誰が統制し、如何なる目的のために運営するかという企業支配構造の核心要素は、経済的にはもちろんのこと、政治的にも重要な問題である。また、企業支配構造を裏付ける法制度も政治的な性格を帯びている。既存の企業支配構造は、当然にその社会、その時点の政治的勢力関係、ひいては既得権層の利益を反映することが可能である。よって、企業支配構造を変化させることは、当時の政治的環境がそれを許容する場合、その限度内においてのみ可能であるということになろう。

　日本の既存の企業支配構造を裏付けていた経営者、政治家、官僚の三頭体制が持つ影響力は過去よりも大きく弱まった。しかし、経団連に代表される

---

112) Li・前掲注54) 18頁。
113) Lin & Milhaupt・前掲注6) 48頁。
114) Clarke・前掲注28) 158頁。

経営者集団の力は依然として強力なものである。一方、株主利益を重視するアメリカ式資本主義を追求しようという投資家集団の声は、未だ微弱な状態である。近年の会社法改正において、社外取締役の義務化が挫折したことは、そのような勢力関係がまだ大きく変化していないことを示す証拠だと言える。

韓国においても企業支配構造と関連した改革が最も劇的に進行されたのは、通貨危機によって財閥体制に対する信頼が崩れ、最初に政権が交代した時期であった。初期の改革は、金大中政権が始まった1990年代末に集中した。しかし、財閥体制は広範な既得権層の支持を受ける体制であった。新たな政府も急速に既得権層に抱き込まれ、改革の動力は急速に失われることとなった。いわゆる10年の進歩政権を経ながらも、財閥の支配少数株主体制は全く変わることがなかった。2008年に再び保守政権となった後にも、企業支配構造に対する関心は一層減少した。その上、後述するように、過去の成果がむしろ後退した側面もないわけではなかった。

過去20年間に企業支配構造と関連した中国の制度変化は、その由来を見出すのが難しい程、画期的なものであった。これまでの改革は、主に国有企業の効率性を高めるためのものであって、究極的な既得権層である共産党の利益を脅かす段階にまでは至らなかった。しかし、高度経済成長が終わる段階となれば、株主利益に対する声がより高まるのではないかと推測される。ひいては、共産党体制に変化が生じる場合には、官僚経営者中心の企業支配構造も大きな変化を経るほかないであろう。

4　企業支配構造変化の危険——韓国の例

企業支配構造の変化は、変化に対する圧力と変化を望まない既得権層の力との相関関係によって決定され得る。変化に対する圧力は、現在の韓国で最も強く、中国で最も弱いものであると考えられる。支配少数株主体制と財閥中心体制については、すでに一部の学者やNGOのみならず、主要な言論と与党も問題点を指摘している。一方、未だ高度成長を続けている中国では、官僚経営者体制の改善を要求する声は相対的に高くないようである。

一方、根本的な変化を望まない既得権層の力は、やはり主観的評価であるが、中国が韓国と日本より先を行っているようである。このような観点から、

既存の企業支配構造が変化する可能性は、現在韓国が最も大きいと判断される。韓国における現在の企業支配構造に関する不満は、支配少数株主体制に集中している。既存の制度改善が、主に支配少数株主の権限濫用の抑制に重点を置いたものと考えれば、近年の議論はより根本的に支配少数株主の存在自体を対象としている。その上、与党でも環状型の株式保有を規定する法案を提出した状態にある。それでも支配少数株主体制に対する不満が、支配少数株主の交代につながる可能性は高くないように思われる。

　支配少数株主体制に関する代案として考えられることは、英米式の専門経営者体制である。しかし、現在韓国には専門経営者が経営する企業は数少ないのみならず、深刻な脆弱さを示している。韓国に現在支配株主のいない大企業は、一部の金融持株会社とPOSCOやKTのようなごく少数の民営化された大企業があるだけである。これらのいわゆる「所有者なき企業」は、英米のような専門経営者体制を採用している。取締役会には社外取締役らが圧倒的多数を占めているだけでなく、監査委員会、報酬委員会のような委員会も社外取締役らが主導している。また、CEOも社外取締役が中心となった指名委員会で選任されている。これらの企業が、企業支配構造に関する各種評価で高い点数を得ていることは当然のことである。しかし、最近これらの所有者なき企業の企業支配構造に対して、疑惑の目が向けられている。2008年の保守政権誕生後、集権層と近い者たちが大挙としてこれらの企業の社外理事として選任されたとされるのである[115]。その上、一部の企業では集権層が最高経営者選出に関与したという噂も聞こえてくる。

　支配少数株主体制を王政に例えるなら、専門経営者体制は民主制に例えることができる。民主制と同様に、専門経営者体制が十分に作動するためには、それを裏付けるインフラが必要である。このようなインフラが十分に備えられていない状況で突然専門経営者体制となったならば、集権層の戦利品のような存在に転落する恐れがないわけではない。

---

115) 新聞記事によれば、金融持株会社や市中銀行の社外理事として選任された207名中、政権と近い人事が73名で3分の1以上を占めているという。ソウル経済新聞2012.5.15.（http://economy.hankooki.com/ArticleView/ArticleView.php?url=finance/201205/e20120515165037117450.htm&ver=v002 2012.5.18）。

V 結論

　政治的、経済的状況は各国で異なるものであり、各国の状況によって適合した企業支配構造が異なるのは当然のことである。どの場所でも適合するような企業支配構造はない。どの国の企業支配構造もそれぞれ長所があるため根付くのである。しかし、定着した企業支配構造も、その弊害が効用より大きくなれば、変化に対する圧力が生じることになる。安定株主を活用した日本の専門経営者体制は、会社の長期的利益を追求する安定的経営として日本経済の復活と跳躍に寄与した。韓国の支配少数株主体制も長期的観点の果敢な決定を可能にさせたことで、飛躍的な成長を達成した。政府と企業が未だ完全に分離されていない中国の企業支配構造は、市場経済体制のインフラが不十分な状況からもたらされる不確実性を最小化する機能を担ったものであると考えられる。

　本稿で論じたように、3か国の企業支配構造は、一見して現状が維持されているように見えるが、変化の兆しも見られる。統制主体の面ではほとんど変化はないが、牽制装置の面では相当な変化があり、その変化は概して株主利益を重視する方向へ向かっていると考えられる。その間、株主利益が相対的に軽視された傾向があった点を考慮すれば、このような変化は望ましい側面がないわけではない。問題は、あまりに短期的な株主利益に重きを置く可能性があるということである[116]。その場合には、持続的な成長を阻害し得るだけでなく、労働者をはじめとした利害関係者との葛藤が生じる憂慮がある。株主利益と利害関係者の利益を調和する問題は、まさに広い意味の企業支配構造の問題であり、今日、全世界の資本主義国家が向き合っている問題でもある[117]。この問題については正解はなく、結局のところ政治的に決定されるほかない。そのような意味においては、3か国の企業支配構造は今後

---

[116] ただし、中国ではそのような可能性があまり大きくはないようである。
[117] 株主利益に関する信頼が最も強いと見ることのできるアメリカでも、この議論は近年注目されている。近年の例として Lynn Stout, The Shareholder Value Myth: How Putting Shareholders First Harms Investors, Corporations, and the Public (Berret-Koehler 2012)。

も結局、序論で言及したMilhaupt教授の表現のように、「不規則で、不完全で予測不可能な」変化の道を歩むしかないのではないだろうか。

機関投資家による議決権行使と議決権行使助言会社

尾崎　悠一

I　はじめに
II　米国における議決権行使助言会社の現状
III　結びにかえて

I　はじめに

1　わが国における機関投資家の議決権行使と議決権行使助言会社

わが国の上場会社のコーポレート・ガバナンスにおいては、投資家・株主総会によるガバナンスへの期待が高まっているといえよう。たとえば、金融審議会金融分科会が 2009 年 6 月 17 日に発表した「我が国金融・資本市場の国際化に関するスタディグループ報告——上場会社等のコーポレート・ガバナンスの強化に向けて」においては、「投資者の側においても、自らに与えられた議決権等を行使し、企業の経営を適切に監視していくことが求められる」とし、「株主・投資者が自らの行動を通じて的確な経営監視を行っていくこと」は「株主・投資者の責務」であると述べている（また、同報告書は株主・投資者と経営者との対話の重要性も指摘する）。そして、より具体的には、機関投資家に対して、①受託者責任に基づく適切な議決権行使の徹底、②議決権行使に関するガイドラインの作成および公表、③議決権行使結果の公表を求める[1][2][3]。

さらに、法制審議会が 2012 年 9 月に決定した「会社法制の見直しに関する要綱」では、一定の要件を満たす第三者割当増資に対して株主総会決議による承認を求めるなど、株主総会の権限の拡大が提案されており、また、社外取締役の選任についてのいわゆる Comply or Explain のルールは、会社が社外取締役を選任せず、その理由について合理的な説明を行えない場合には株主、とりわけ、機関投資家が一定のアクションを起こすことを期待しているようにも思われる。また、会社法の改正が提案される前から、買収防衛策の導入や存続に関して株主総会決議を（勧告的決議として）とる事例はかなり幅広く見受けられ、そこでは機関投資家の動向が注目されている[4]。委任状勧誘合戦の事例も散見され、株式持合の崩壊もあって機関投資家の存在感は高まっている[5]。

　このような中で、機関投資家による議決権行使を支援する議決権行使助言会社の存在感が高まっている。たとえば、2012 年の株主総会においては、

1) 同報告書は、機関投資家のほかに、上場会社に対して株主総会議案の議決結果の公表を、上場会社や取引所等の関係者に対しては議決権行使に関する環境整備等を求めている。この報告書を受けて、2010 年 3 月 31 日の企業内容等の開示に関する内閣府令の改正において、上場会社は議決権行使結果を臨時報告書において開示することが求められるに至った（この改正の解説として、谷口義幸「上場会社のコーポレート・ガバナンスに関する開示の充実等のための内閣府令等の改正」商事 1898 号 21 頁（2010 年））。
2) コーポレート・ガバナンスにおける投資家（とりわけ機関投資家）の役割の重要性を指摘するものとして、江頭憲治郎「コーポレート・ガバナンスと機関投資家の役割」BLJ 25 号 5 頁（2010 年）、日本経済新聞 2012 年 9 月 17 日朝刊 15 面における岩原紳作教授のコメント等。なお、機関投資家のコーポレート・ガバナンスへの関与は議決権行使に限られるものではない。機関投資家の会社との対話（いわゆるエンゲージメント）を推進する近時の動きとして、首相官邸「日本再興戦略」（2013 年 6 月 14 日）。
3) もちろん、近時になって急速に投資家に対する期待が高まっているわけではない。従前から、企業年金連合会等の機関投資家が株主総会における議決権行使に関して、存在感を高めてきたところである。
4) 藤本周ほか「敵対的買収防衛策の導入状況」商事 1776 号 46 頁、54-57 頁（2006 年）、藤本周ほか「敵対的買収防衛策の導入状況——2007 年 6 月総会を踏まえて」商事 1809 号 31 頁、40-44 頁（2007 年）、藤本周ほか「敵対的買収防衛策の導入状況（下）——2008 年 6 月総会を踏まえて」商事 1844 号 11-13 頁（2008 年）、藤本周ほか「敵対的買収防衛策の導入状況——2009 年 6 月総会を踏まえて」商事 1877 号 12 頁、18-20 頁（2009 年）、藤本周ほか「敵対的買収防衛策の導入状況——コーポレート・ガバナンスの諸規則改正を受けて」商事 1915 号 38 頁、44-49 頁（2010 年）、藤本周ほか「敵対的買収防衛策の導入状況——2011 年 6 月総会を踏まえて」商事 1948 号 13 頁、18-23 頁（2011 年）、藤本周ほか「敵対的買収防衛策の導入状況——2012 年 6 月総会を踏まえて」商事 1977 号 24 頁（2012 年）。

会社提案に対して、議決権行使助言会社が反対推奨の議決権行使助言を行い、それに対して会社側が会社提案の補足説明ないし議決権行使助言会社の反対推奨に対する反論を公表する例が見受けられる[6)][7)][8)]。議決権行使助言会社が会社提案に対して反対の推奨をした場合に常に会社側が反論等を試みるわけではないが、会社が反論を試みる場合が存在するということは、少なくともそのような事例においては、会社側が議決権行使助言会社の影響力を認めているといえよう[9)]。他方、業績の低迷により取締役の選任決議に対する株主の反対が強く、ISSによる賛成推奨がなければ、会社の提案する取締役選任決議の成立が危うかったといわれる例もある[10)][11)]。株主総会の運営に関連して、議決権行使助言会社に言及する文献も見受けられ、近時は、敵対

---

5) わが国における株式持合の崩壊後の株主と経営者の関係を考察するものとして江口高顯「株式会社の支配をめぐる経営者と株主との間の力関係——各国比較と日本の株式持ち合いへの示唆」宍戸善一編著『「企業法」改革の論理——インセンティブ・システムの制度設計』第8章（日本経済新聞出版社、2011年）。

6) たとえば、オリンパス臨時株主総会において、米国の最大の議決権行使助言会社であるISS（Institutional Shareholder Services）が計算書類の訂正の承認と、会長・社長等の就任予定者についての取締役選任議案について反対推奨を行い、それに対して会社側が会社ウェブサイト上などで提案理由の補足説明を公表している（日本経済新聞2012年4月11日朝刊9面、2012年4月12日朝刊9面）。ISSの反対理由は、取締役選任議案については、反対する3名のうち、2名はメインバンクの元役員であり、株主利益よりも出身銀行の利益を優先する懸念があること、社長候補については、業務経験からリストラや資金調達問題に及ぶ経営課題に対処することは困難であり、また、経営戦略が発表されていないために資質やリーダーシップを判断することが困難であることが挙げられている。監査役候補者については、オリンパスの監視・監督に失敗した最大株主の出身者であり、経営陣の監督機能が求められる監査役としての資質が疑問視されることを反対理由とし、計算書類の訂正については、当局による調査が未了であることを理由とする。オリンパスの臨時株主総会の招集通知等、不祥事の発生から臨時株主総会に至る経緯については、本村健＝篠田大地「オリンパス臨時株主総会——招集通知全掲載」資料版商事339号6頁（2012年）を参照（ISSとの関係については特に16-17頁）。

7) 同様に、会社提案に反対する議決権行使助言について会社側が反論を公表したものとして、アコーディアゴルフの定時株主総会（http://www.accordiagolf.co.jp/file/pdf/ir_20120618175321.pdf、http://www.accordiagolf.co.jp/file/pdf/ir_20120619165524.pdf、http://accordia-shareholders.jp/pdf/press_20120618.pdf）、KDDIの定時株主総会（http://www.kddi.com/corporate/ir/shareholder/meeting/20120620/pdf/soukai28_hosoku.pdf）等がある。

8) 2011年度のものとしては、横河電機株式会社の事例（http://www.yokogawa.co.jp/cp/ir/pdf/2011/20110617.pdf）等がある。

的買収の防衛策の導入や独立役員の選任に関する議決権行使助言会社の動向等は注目を集めており[12]、わが国においても議決権行使助言会社の存在感・影響力はすでに小さくないように見える[13]。

　もっとも、全体的に見れば、わが国において、現時点での議決権行使助言会社の利用はそれほど活発ではない。2012年5月・6月に開催された株主総会に関して、社団法人投資信託協会の調査[14]によると、助言機関の助言を基に担当者が議決権行使について判断しているのは23％であり、一般社団法人日本投資顧問業協会[15]の調査によると、助言機関を活用していると答えたのは回答会員数の62％である（2011年の調査では53％とされており微増

9) 鈴木裕「議決権コンサルへの反論事例」大和総研コンサルティングレポート（2009年6月11日、available at http://www.dir.co.jp/souken/research/report/esg/cg/09061101cg.pdf）は、会社が議決権行使助言会社の反対推奨に反論しない理由として、①議決権行使コンサルタントの反対投票推奨自体を会社側が認識していない、②議決権行使コンサルタントの推奨に大きな影響力はなく、議案の成否に関係しないと考えている、③反論すると反対推奨自体が広く知られることになってしまうことを危惧するという3点を挙げる。
10) 菊池伸ほか「座談会　近年の動向からみる株主総会のあり方」商事1973号32頁、43頁〔ソニー株式会社についての北浦一也発言〕（2012年）。
11) ほかにも、2012年6月の関西電力の株主総会においては、原子力発電事業からの撤退を求める定款変更議案を株主提案した大阪市が議決権行使助言会社の賛同を求めたとの報道もなされている（日本経済新聞2012年6月1日朝刊第14版5面）。
12) たとえば、ISSの日本における議決権行使助言の方針については、2010年以降、ISSの担当者による説明が掲載されている。石田猛行「2010年ISS議決権行使助言方針」商事1894号15頁（2010年）、同「2011年ISS議決権行使助言方針」商事1925号28頁（2011年）、同「2012年ISS議決権行使助言方針」商事1960号40頁（2012年）、同「2013年ISS議決権行使助言方針」商事1993号41頁（2013年）（これ以前にもISSの議決権行使助言方針についての紹介として、マーク・ゴールドスタイン＝三苫裕「ISSに今年の議決権行使方針を聞く」商事1795号21頁（2007年）やマーク・ゴールドスタイン「機関投資家の議決権行使方針について」東京株式懇話会会報686号2頁（2008年）等）。また、米国第2の議決権行使助言会社であるGlass Lewisについても、同様に2012年以降、議決権行使助言方針についての担当者による説明が商事法務に掲載されている（ナオミ・ストラウド「グラス・ルイス日本市場議決権行使助言方針」商事1961号50頁（2012年）、同「グラス・ルイス日本市場議決権行使助言方針」商事1994号32頁（2013年））。
13) 近時は、議決権行使助言会社の独立役員に対する議決権行使助言会社の動向にとくに注目が集まっているようである（石田・前掲注12）商事1960号40-46頁など）。
14) 社団法人投資信託協会「投資信託委託会社における議決権行使アンケート調査結果」（平成24年9月発表〔平成24年10月17日訂正〕）。
15) 一般社団法人日本投資顧問業協会「投資一任契約に係る議決権等行使指図の状況について」（平成24年9月27日、available at http://www.jiaa.or.jp/osirase/pdf/giketsu24ippan.pdf）。

しているが、2012年度に活用していない26社のうち、25社は今後も活用予定はないと答えている）。また、2010年以降、国内機関投資家（信託銀行ならびに投資顧問会社）の議案別の議決権行使結果の開示を集計した調査においても、国内の運用機関が米国大手議決権行使助言会社の賛否推奨レポートを参考に、日本の企業の株主総会において議決権を行使するケースはほとんどないと評価されている一方、海外の機関投資家に対する影響力は大きいとされている[16]。

このような状況を前提とすると、議決権行使助言会社の動向が現時点においてわが国のコーポレート・ガバナンスに大きな影響を及ぼしているとは考えづらいものの、海外の機関投資家の株式保有割合が高い会社を中心に議決権行使助言会社の影響が現れつつあると評価することができよう。機関投資家による経営監視機能に期待を寄せる場合には、米国において機関投資家による議決権行使のインフラを形成する議決権行使助言会社の現状と課題を検討することには一定の意義があると思われる。

2　欧米における議決権助言会社をめぐる議論と本稿の目的

コーポレート・ガバナンスにおける議決権行使助言会社の影響力とそれに対する規制の必要性については、諸外国において議論が進んでいる。たとえば、ヨーロッパでは、EUが2011年に「コーポレート・ガバナンスの枠組みに関するグリーンペーパー」[17]を発表し、そこでは、議決権行使助言会社の影響力の拡大[18]に対する懸念事項として、議決権行使助言のために用い

---

[16] 依馬直義「機関投資家による議決権行使の状況——2010年株主総会を振り返って」商事1914号39頁、40頁（2010年）、同「機関投資家による議決権行使の状況——2011年株主総会の検証」商事1946号17頁（2011年）、同「機関投資家による議決権行使の状況——2012年株主総会の検証」商事1984号43頁（2012年）。なお、国内でも外資系運用機関の中には、議決権行使に当たって賛否推奨を参考にしたり、判断をアウトソーシングするケースもあるとの指摘もなされている（商事1914号40頁）。ただし、2012年の株主総会については、海外機関投資家においても、企業再編や資本政策等の実施に伴う重大な局面については、必ずしもISSの推奨に従わないものも見られたとの指摘がある（商事1984号51頁）。

[17] European Commission, Green paper on the EU corporate governance framework, COM (2011) 164 final (5.4. 2011).

[18] 議決権行使助言会社の影響力は国際的な投資家の割合が高い市場（market with a high percentage of international investors）においてより一層高まると指摘する。

る手法の不透明性（具体的には、会社固有の事情や各国における国内法やベストプラクティスの特徴を考慮していない）、議決権行使助言会社の利益相反（特に会社側にコーポレート・ガバナンスに関するコンサルタント業務を提供している場合や、自らの顧客の提案した株主提案についての助言を行う場合）、議決権行使助言会社の競争環境（競争がないことが助言の質に与える影響）を挙げ、規制の必要性（分析手法、利益相反の有無やその対処措置、行為規範の採用の有無などについての透明性を要求すべきか、その他の規制〔たとえば、議決権行使助言会社によるコンサルタント業務の提供の制限〕）について意見照会をしている。

以下では、米国における議決権行使助言会社の現状とそれに関する議論を検討することにより、わが国における機関投資家による議決権行使に関する検討を行う手がかりをえたい[19]。米国における議論を参照するのは、議決権行使助言会社は米国で発祥・発展した事業であり、議決権行使助言会社の存在感・影響力を前提とする議論の蓄積があること、わが国で（あるいは、ヨーロッパも含めて）存在感を有する議決権行使助言会社は、主として、米国の議決権行使助言会社である ISS であることが理由である。

II 米国における議決権行使助言会社の現状

1 株主権の拡大

従前から、必ずしも一般的に受け入れられているわけではないものの、株主総会決議による意思決定の範囲の拡大を主張する見解もあったところ[20]、金融危機以降、経営のモニタリングを株主に期待し、株主の議決権の拡大を

---

[19] すでに、欧米における議決権行使助言会社の法的規制に関する議論については、高橋真弓「議決権行使助言会社の法的規制論に関する一研究」一橋法学11巻2号441頁（2012年）によって詳細に検討されている。本稿の素材となる議論の多くはすでに同文献により紹介されているが、米国で近時、注目を集めた say on pay に対する議決権行使助言会社の行動というより具体的な事例を踏まえつつ検討を進めたい。

[20] Lucian Bebchuk, *The Case for Increasing Shareholder Power*, 118 HARV. L. REV. 833 (2005). 株主権の拡大に反対する見解の代表例として、Stephen M. Bainbridge, *The Case for Limited Shareholder Voting Rights*, 53 UCLA L. REV. 601 (2006)。

意図する動きが進んでいる。ドッド・フランク法[21]においては、いわゆるsay on pay（役員報酬について法的拘束力のない株主総会決議による承認を求めるもの）が導入されたり[22]、ブローカーによる議決権行使の制限（ドッド・フランク法957条。ブローカーは従来は、会社提案に賛成するのが一般的であったところ、これを制限することにより、会社提案を成立させるためには、株主、とりわけ機関投資家の賛成票を多数調達する必要性が高まった）がなされるに至り、投資家のコーポレート・ガバナンスにおける役割の拡大が図られている[23]。

2　議決権行使助言会社の発展

(1)　議決権行使助言会社[24]

　議決権行使助言会社について法的な定義はなされていないが、「機関投資家向けに、上場会社の株主総会決議に付される議案について、情報の整理ないし独自の分析を行い、どのように議決権を行使すべきかを勧告するという形態の事業を営む者」と定義することができよう[25]。議決権行使助言会社が機関投資家に提供するサービスとしては、委任状説明書に記載されている議案を分析し、議決権の行使に関する勧告を行うことが中心であるが、付随して、投資家の指示に従って（機関投資家と議決権行使助言会社が協議して作成した議決権行使基準、あるいは、議決権行使助言会社の議決権行使基準、または、

---

21) 金融危機を受けて2010年に制定されたドッド・フランク法（Dodd-Frank Wall Street Reform and Consumer Protection Act）については、松尾直彦『Q&Aアメリカ金融改革法——ドッド＝フランク法のすべて』（金融財政事情研究会、2010年）等を参照。ドッド・フランク法957条、および2009年改正後のニューヨーク証券取引所規則452条の議決権行使助言会社への影響について、STEPHEN M. BAINBRIDGE, CORPORATE GOVERNANCE AFTER THE FINANCIAL CRISIS (Oxford, 2012) at 256-257.

22) 米国におけるドッド・フランク法によるsay on payの導入に際しての議論については、尾崎悠一「金融危機と役員報酬規制」神作裕之責任編集・財団法人資本市場研究会編『金融危機後の資本市場法制』129-208頁（財経詳報社、2010年）。

23) 法的な動きとは別に、多くの会社で、定款変更によって、取締役選任について、plurality rule（1票でも賛成票があれば取締役に選任される）からmajority ruleへの移行がなされている（2006年2月時点ではS&P500のうち84％がplurality ruleであったのに対して、2007年11月の時点では、34％にまで低下し、66％は、何らかのかたちのmajority ruleに変更し、棄権数以上の賛成票を得る必要が生じている）。

24) ISSとGlass Lewisのビジネスモデルについては、高橋・前掲注19) 445-451頁。

25) この定義は高橋・前掲注19) 443頁に依拠するものである。

機関投資家の独自の議決権行使基準に従って）議決権を実際に行使すること、議決権の行使およびその記録に伴う事務処理を補助すること、コーポレート・ガバナンスに関する潜在的なリスク要因を研究すること、機関投資家がその受益者と異なる利害関係を有する場合にその利益相反の緩和を図ること等も行われる[26]。

　議決権行使助言という事業を開始し、最も影響力の大きい議決権行使助言会社が、1985 年に設立された ISS（Institutional Shareholder Services）である[27]。ISS は、2006 年にコーポレート・ガバナンスに関するコンサルティング業務を提供する RiskMetrics 社により買収された。ISS[28]は、一般的な機関投資家に対して標準的な議決権行使助言業務（standard "best practices" proxy advisory service）を行うほかに、社会的責任投資を行う機関投資家向けへの Social Advisory Services 等、機関投資家のタイプに応じて複数の議決権行使助言サービスを行う。ISS は、2002 年以降、議決権行使助言業務のほかに、会社のコーポレート・ガバナンスの水準を点数化して評価するいわゆるコーポレート・ガバナンス格付を行い、さらに、2006 年以降は、会社に対してコーポレート・ガバナンスの改善に向けたコンサルタント事業をも提供している。

　米国で最も影響力の大きい議決権行使助言会社である ISS のほかに、有力とされる議決権行使助言会社として、Glass Lewis という会社が挙げられる。Glass Lewis は、2003 年に設立された会社であり、2007 年以降は、オンタリオ州教員年金基金の子会社の形態をとっている。Glass Lewis は、機関投資家に議決権行使助言サービスを提供するとともに、格付の形はとらないものの、ガバナンスに関する調査事業も営んでいる。Glass Lewis は、原則として議決権行使助言の対象となった会社に対してコンサルタント業務を提供し

---

26) SEC, *Concept Release of the U.S. Proxy System*, Exchange Act Release No. 34-62495 (File No. S7-14-10), 146-50 (July 14, 2010. *Available at* http://www.sec.gov/rules/concept/2010/34-62495.pdf) at 106-107.
27) ISS のわが国における活動については、ゴールドスタイン＝三苫・前掲注 12)、ゴールドスタイン・前掲注 12)。
28) ISS の事業については Paul Rose, *The Corporate Governance Industry*, 32 J. Corp. L. 887, 899-903 (2007) に詳細に説明されている。

ないこととしている。

　ほかにも、有力な議決権行使助言会社としては、信用格付会社であるEgan-Jones Ratings Company の一部門として 2002 年に設立された Egan-Jones Proxy Services や 2004 年に設立されたものの金融危機の影響で 2010 年に閉鎖された Proxy Governance, Inc. などがある[29]。

　委任状説明書を調査し、議決権行使助言を行い、機関投資家が議決権行使ガイドラインを作成することを支援するのが議決権行使助言会社の業務であるが、各社によって、議決権行使助言業務を行うに当たって重視するポイントが異なることが指摘されている。議決権行使助言会社が議決権の行使の勧告に際して考慮するファクターとその重み付けの異同を統計的な手法を用いて明らかにしたのが、2005 年と 2006 年の S&P1500 を構成する会社における委任状争奪戦のない取締役選任決議を素材に議決権行使助言会社（ISS、Proxy Governance, Inc.、Glass, Lewis&Company、Egan-Jones Proxy Services の 4 社）について検討した Choi らによる 2009 年の研究である[30]。この研究によると、議決権行使助言会社ごとに、取締役選任議案に対して棄権（withhold）を推奨する傾向、勧告内容に影響を及ぼす考慮要素およびその考慮要素の重み付けには違いがあり、具体的には、ISS はガバナンスに関連した要素に重点を置き、Proxy Governance は報酬に関連する要素に重点を置き、Glass Lewis は、監査・開示に関連する要素に重点を置き、Egan-Jones は、考慮要素を幅広く取り入れる傾向があるとする。

(2)　議決権行使助言会社の機能
(i)　機関投資家の株式保有割合の拡大と議決権行使の拡大

　議決権行使助言会社が誕生し、その役割を広げていく背景としては、機関投資家の株式保有割合の拡大と機関投資家による議決権行使の拡大が挙げら

---

29)　両社については、Edouard Dubois, *Shareholders' General Meetings and the Role of Proxy Advisors in France and Japan*, 4 JOURNAL OF INTERNATIONAL LEGAL STUDIES (KYUSHU UNIVERSITY) 56, 83-84（2011）参照。また、Proxy Governance については、Rose, *supra* note 28, at 904-905。

30)　Stephen J. Choi, Jill E. Fisch & Marcel Kahan, *Director Elections and the Role of Proxy Advisors*, 82 S. CAL. L. REV. 649（2009）。

れる。

　米国における機関投資家の株式所有割合は、1992年の37％から2005年の60％超に拡大している[31]。株式保有の機関投資家への集中は、株主の集合行為問題の克服を促し、機関投資家の議決権行使が促進されるとの指摘もあるが、実際には、積極的な議決権行使を行う者がいる一方で（いわゆるアクティビスト）、議決権行使を直接に分析するスタッフ・専門性を有していない機関投資家も多い。1990年代以降に株式保有割合を大きく高めてきたのは、一般的に議決権行使にあまり関心を持たないとされるミューチュアル・ファンドであり[32]、1990年に全株式の7％を保有していたが、2006年末には保有割合が32％にまで拡大している。

　従来は、集合行為問題等から議決権行使に消極的な機関投資家も少なくなかったところ、年金基金の議決権行使に大きな変化を及ぼしたのが1988年のいわゆるAvon Letter[33]である。Avon Letterでは、議決権は年金基金の資産であり、運用資産の価値を高めることは受託者の義務であるとし、年金基金が議決権を行使するのは受託者責任に含まれることを明らかにした。これは、年金基金による議決権行使を促進するものである。議決権行使に必要な情報収集・分析能力のない機関投資家が、受託者責任を満たす形で議決権を行使したということを示すためには、議決権行使助言会社の議決権行使助言

---

31) 機関投資家の拡大が経営者支配に与える影響について検討するものとして、Marcel Kahan & Edward Rock, *Embattled CEOs*, 88 TEX. L. REV. 987 (2010)。

32) ミューチュアル・ファンドは、積極的に議決権を行使する傾向がないことについて、Robert C. Pozen, *Institutional Investors: The Reluctant Activists*, HARV. BUS. REV., Jan.-Feb. 1994 at 140. 機関投資家の中でもミューチュアル・ファンドが特に議決権行使に消極的とされる理由としては、①いわゆるWall Street Rule（ポートフォリオ企業に問題がある場合には当該会社の株式を売却する〔exit〕ことによって不満を表明する）による規律付けの重視、②ポートフォリオ企業とミューチュアル・ファンドの利益相反、③委任状勧誘や大量保有報告書に関するルールのために投資家間のコミュニケーションが困難であり、また、分散投資義務や流動性の維持が求められていること、等が挙げられる（James Cotter, Alan Palmiter & Randall Thomas, *ISS Recommendation and Mutual Fund Voting on Proxy Proposals*, 55 VILL. L. REV. 1,8-10 (2010))。

33) Letter from the Department of Labor to Helmuth Fandl, Chairman of Retirement Board, Avon Products, Inc. (Feb. 23, 1988), reprinted in 15 Pens. & Ben. Rep. (BNA) 391 (Feb. 29, 1988). Avon Letterの機関投資家の行動への影響力について指摘するものとして、Bernard S. Black, *Shareholder Passivity Reexamined*, 89 MICH. L. REV. 520, 554 (1990)。

に依拠して行うのが最もコスト面でも実際面でも合理的であり、Avon Letter によって議決権行使をせざるを得ないと感じる機関投資家の間で議決権行使助言会社の利用が広がった[34]。

さらに、2003年の投資助言法規則の改正により、ミューチュアル・ファンドに対して、受益者の最善の利益のために議決権が行使されることを確保するような議決権行使方針と手続を設けること[35]、議決権行使結果を毎年開示すること[36]が要求され、ミューチュアル・ファンドによる議決権行使が促進されることになった。ミューチュアル・ファンドにおいては、保有する株式について議決権を行使することが投資家に対する信認義務の観点から要請され、ミューチュアル・ファンドによる議決権行使助言会社の利用が拡大した[37]。

(ii) 議決権行使助言会社の機能

議決権の行使を求められる機関投資家が議決権行使助言会社を利用する理由は、議決権行使のためのコストを節減するためである。多くのポートフォリオ企業の株式を保有する機関投資家が、きわめて短い期間内に数多くの企業の実情を調べて適切な判断をし、議決権行使を行うためには、（たとえ一時的であっても）多数のスタッフをそろえる必要がある。これに対して、議決権行使助言会社にこれらのプロセスをアウトソーシングした場合、情報収集等のためのコストは、同一の議決権行使助言会社と契約する他の機関投資家と分担して負担することができる。また、多くの株主を代表して（より大きな議決権を背景にして）議決権行使助言会社が会社に情報提供を求める場合には、（大株主ではない）個別の機関投資家が、会社に情報提供を求める場合に比べて、より情報の提供を受けやすいという側面もあろう。このような観点からは、議決権行使助言会社は、機関投資家が十分な情報に基づいて議

---

34) なお、Avon Letter の内容は1994年に連邦労働省の従業員退職所得保障法（Employee Retirement Income Security Act ; ERISA）402～404条についての解釈指針として明文化された（29 C.F.R. § 2509.94-2）。
35) 17 C.F.R. § 275.206(4)-6.
36) 17 C.F.R. § 270.30b1-4.
37) 機関投資家における議決権行使の義務化と議決権行使助言事業の拡大との関係について指摘するものとして、Dubois, *supra* note 29, at 76-78, Bainbridge, *supra* note 21 at 256。

決権行使をするためのコストを節減し、議決権行使の実質化を実現するという機能を果たすことになる[38]。

もっとも、議決権行使助言会社を使う理由としては、信認義務に基づいて議決権を行使することを求められる機関投資家が、信認義務を尽くしたということを証明する最も低コストで安全な方法が議決権行使助言会社の利用であるということも考えられる[39]。このような観点から、議決権行使助言会社を利用する機関投資家にとっては、自らの信認義務が尽くされたと評価されるか否かがもっぱらの関心事であり、議決権行使助言会社の助言内容の当否はあまり問題とならないのかもしれない。議決権行使助言会社の助言に無批判に従うことが、機関投資家の信認義務の履行として妥当とはいえないという理解もあり得ようが、自ら議決権を行使すること、あるいは、議決権行使助言会社の選任や助言内容の妥当性を検証することには一定の専門性と大きなコストを要することを考えると、すべての機関投資家にそのようなことを認めることには無理があると思われる。逆にいえば、議決権行使助言会社の利用という比較的低コストの議決権行使手段があるからこそ、議決権を行使することが信認義務の内容に含まれるという解釈（すなわち、議決権行使助言会社は、機関投資家の議決権行使義務の必要不可欠なインフラストラクチャーであるという理解）が可能であるのかもしれない。

(3) 議決権行使助言会社の影響力

米国においては、様々な文献において議決権行使助言会社の影響力に言及されている。たとえば、具体的な株主総会における議決権行使助言会社の影響力を示す事例として、Compaq と Hewlett Packard の合併（2002年）における ISS の影響力がしばしば取り上げられている[40]。また、監査法人が監

---

38) Bainbridge, *supra* note 21, at 255-256.
39) Stephen J. Choi & Jill E. Fisch, *How to Fix Wall Street: A Voucher Financing Proposal for Securities Intermediaries*, 113 YALE L. J. 269, 296 (2003)。また、議決権行使助言会社のサービスを criticism insurance（議決権行使助言会社の勧告に従った機関投資家には、その議決権行使についての説明責任は生じず、信認義務違反が生じることはあり得ないように思われる）と称する見解もある（Rose, *supra* note 28, at 916）。
40) Peter Burrows, *Compaq and HP: What's an Investor to Do?*, Bus. Wk., Mar. 18, 2002, at 62.

査対象企業に対して提供するコンサルティング業務について、サーベンス・オックスリー法によって提供が禁止されていない業務であっても、その報酬が監査費用を上回る場合には、その監査人の選任に反対することを議決権行使助言会社である ISS が主張し、これが規範として受け入れられるようになったことを指摘する文献もある[41]。

　議決権行使助言会社の勧告の影響力については実証的な分析もなされている。初期に行われた実証研究においては、議決権行使助言会社の影響力を強調するものが見受けられたが[42]、近時の実証研究は必ずしも議決権行使助言会社の影響力を強調するわけではない。

　2005 年と 2006 年の S&P1500 を構成する会社における対抗提案のない取締役選任決議に対する議決権行使助言会社の勧告を素材に議決権行使助言会社の助言の影響力について分析したのが、Choi らによる 2010 年の研究である[43]。この研究は、議決権行使助言会社の勧告と機関投資家の議決権行使が相関性を有する理由は様々あり得るところ、従来の実証研究が相関関係と因果関係を十分に区別していなかった[44]という問題意識に基づく実証研究である。ISS が最も機関投資家の議決権行使に影響を与える議決権行使助言会社であること、ISS の勧告が表面上は議案の賛成割合を 20％程度変動させ、大きな影響を与えるように見えることを認めつつも、投資家の意思決定に影

---

41) JOHN C. COFFEE JR., GATEKEEPERS: THE PROFESSIONS AND CORPORATE GOVERNANCE 166-167 (Oxford, 2006). ほかに、経営者が議決権行使助言会社の影響力の大きさを認識しており、合併提案や役員報酬や買収防衛策等についての議案に関する自らの見解を説明するために CEO が ISS の本拠地を訪ねて担当者と面談を求めていることを指摘するものとして、Leo E. Strine, Jr., *The Delaware Way: How We Do Corporate Law and Some of the New Challenges We (and Europe) Face*, 30 DEL. J. CORP. L 673, 688 (2005). 会社経営者側は、ISS の支配的な影響力を強調し（20〜30％の議決権行使に影響すると述べるものとして、Business Roundtable, *Re: Concept Release on the U.S. Proxy System* (Oct. 20, 2010. Available at http://www.sec.gov/comments/s7-14-10/s71410-152.pdf))、議決権行使助言会社は、自らの影響力の大きさを否定する傾向がある（大手の機関投資家や Glass Lewis など）。
42) Jennifer E. Bethel & Stuart L. Gillan, *The Impact of the Institutional and Regulatory Enviroment on Shareholder Voting*, FIN. MGMT, Winter 2002, 29 は、1998 年の株主総会における株主提案に対する議決権行使について検討し、ISS が否定的な勧告をした場合には、経営者提案よりも 13.6〜20.6％支持率が低下するとの結論を導いている (*Id.* at 46)。
43) Stephen J. Choi, Jill E. Fisch & Marcel Kahan, *The Power of Proxy Advisors: Myth or Reality?*, 59 EMORY L. REV. 869 (2010).

響を与える会社固有の事情を考慮に入れると、ISS の議決権行使助言は賛成票を 6〜10％変動させるものに過ぎず、一般的にいわれるほどの影響力を与えていないという評価をしている[45]。

　他方、議決権行使助言会社のミューチュアル・ファンドに対する影響力について研究するのが、Cotter らによる 2010 年の研究である[46]。取締役の選任議案以外の非日常的な議案（non-election, non routine）について、2003 年から 2008 年のミューチュアル・ファンドの議決権行使を分析し、一般株主の議決権行使の動向と比較することによって ISS の影響力を検討したものである。ここでは、ミューチュアル・ファンドは、会社提案の議案についても、株主提案の議案についても、ISS の勧告に従って議決権行使をする傾向があるとして、ISS の影響力は非常に強いものであるという評価を与えている。ミューチュアル・ファンドが経営者の勧告にも ISS の勧告にも従わずに議決権を行使する場合もあるが、そのような場合は一般株主に比べてまれであり、また、そのような場合には、Glass Lewis の勧告に従う場合も含まれるとする。ミューチュアル・ファンドの議決権行使に対する議決権行使助言会社の影響力の大きさについて、その理由として、同研究は、①ミューチュアル・ファ

---

44) 議決権行使助言会社の勧告と機関投資家の議決権行使が一致する理由としては、①取締役候補の特質ないし会社の特質が、それぞれ独立に議決権行使助言会社と機関投資家の意思決定に影響を及ぼした場合、②議決権行使助言会社は、機関投資家が意思決定をする際に利用するのと同じ情報を用いている場合、③機関投資家が議決権行使助言会社の助言に至るプロセスを事前に承認して議決権行使助言に関する契約を締結している場合、④機関投資家が議決権行使助言会社の勧告のみを意思決定の根拠としている場合があり得るとし、④の場合のみが議決権行使助言会社の勧告と機関投資家の意思決定に相関関係のみならず因果関係があるとする。

45) ただし、この実証研究は、①議決権行使助言会社の勧告は機関投資家には影響を与え得るが個人投資家には影響を与えない、②機関投資家が ISS の勧告に従わない場合には、機関投資家は個人投資家と同じ情報に基づいて議決権行使を行う、③ ISS は、個人投資家には知られていない情報に基づいて議決権行使助言を行う場合でも、その基礎となった情報を顧客に提供していない、という前提に基づくものである。①は、研究の対象が対抗提案のない取締役選任決議であることから、通常は個人投資家は議決権行使助言会社の勧告内容を知らないということからある程度担保されているが、②については、比較対象となった個人投資家の議決権行使の一定の部分はブローカーが裁量的に行使したものであること等、必ずしも前提の正確性は担保されていないことを認めている。

46) James Cotter, Alan Palmiter & Randall Thomas, *ISS Recommendation and Mutual Fund Voting on Proxy Proposals*, 55 Vill. L. Rev. 1 (2010).

ンドは、ISS の議決権行使助言が企業価値を高めるような内容であると信頼している、②ISS の議決権行使助言の形成方法が、ミューチュアル・ファンドを含む顧客の選好を取り込んだものである、③議決権行使結果を開示しなければならないミューチュアル・ファンドは、自らのみが他のファンドと大きく異なる議決権行使を行い目立つことを避けるために、議決権行使の内容はともかく結果をそろえることを望み、その調整機関として ISS を利用している、という可能性を指摘している[47]。

　ドッド・フランク法により 2011 年以降の総会において say on pay を行うことが義務付けられた後は、say on pay における株主の投票行動も、議決権行使助言会社の影響力を検討する上での重要な素材となっている。say on pay の導入時において、当該議案に対する議決権行使助言会社の影響力の大きさを（やや否定的な文脈で）指摘する学説があったところ[48]、2011 年・2012 年において行われた say on pay においては、議決権行使助言会社の影響力の大きさを示すようなデータが多数報告されており、議決権行使助言会社の影響力の大きさは現実的なものとして理解されている[49]。

---

47) 本稿の検討の直接の対象ではないが、ヨーロッパにおいても、議決権行使助言会社の影響力を実証的に検証する研究は存在する。たとえば、英国およびオランダにおける議決権行使助言の検証を行うものとして、Michael C. Schouten, *Do Institutional Investors Follow Proxy Advice Blindly?*, working paper (2012, *available at* http://ssrn.com/abstract=1978343)。

48) say on pay の導入に際して、議決権行使助言会社の問題を指摘するものとして Jefferey N. Gordon, *"Say on Pay" : Cautionary Notes on the U.K. Experience and the Case for Shareholder Opt-in*, 46 HARV. J. ON LEGIS. 323 (2009)。Gordon の議論については、尾崎・前掲注 22) 177-181 頁参照。

49) 2011 年の say on pay の動向を集計し分析したものとして Randall S. Thomas, Alan R. Palmiter & James F. Cotter, *Dodd-Frank's Say on Pay: Will it Lead to a Greater Role fore Shareholders in Corporate Governance?*, 97 CORNELL L. REV. 1213, 1244-1266 (2012)。米国における 2011 年の say on pay の実施状況について検討するものとして伊藤靖史「米国における経営者の報酬に関する近時の改正——ドッド＝フランク法による say on pay の導入等」同法 357 号 1 頁（2012 年）、2011 年および 2012 年の実施状況について検討するものとして、尾崎悠一「ドッド・フランク法制定後の米国における役員報酬規制の動向」神作裕之責任編集・公益財団法人資本市場研究会編『企業法制の将来展望——資本市場制度の改革への提言〔2013 年度版〕』244 頁、245-270 頁（財経詳報社、2012 年）。

3 議決権行使助言会社の規制の必要性

(1) 議決権行使助言会社の正統性に対する疑義

議決権行使助言会社に対する規制の必要性を論じる際には、(重なりはするものの) 2 通りの視点があり得る。まず第 1 に、議決権行使助言サービスは、議決権行使助言会社と機関投資家の間の契約に基づいて行われることから、議決権行使助言会社は、契約から期待される助言サービスを十分に提供できているかという視点である。とりわけ、機関投資家が受託者責任の内容として議決権の行使を義務付けられているところ、能力や時間的制約の観点から議決権行使についての情報収集・決定をできない場合 (あるいは情報収集や決定を行うインセンティブがない場合) に、機関投資家に代わって議決権行使助言会社がそれを行うという議決権行使助言事業の誕生の契機に鑑みれば、機関投資家側が、自らが受けるサービスの質を十分に評価できるのかは疑わしい。とすれば、個別の契約の履行の適正を図るという観点から議決権行使助言会社について何らかの規制を課す必要があるのではないかという視点は十分にあり得よう。

もう 1 つの視点は、議決権行使助言会社の行動が、株主総会決議という会社の意思決定に影響を及ぼすことを前提に (前述の通り、十分に実証的な裏付けがあるわけではないが、少なくとも会社経営者側を中心に議決権行使助言会社の議決権行使助言が株主総会における議案の得票率に大きな影響を与えるという認識がある程度は共有されている)、コーポレート・ガバナンスの観点から何らかの規制を加える必要があるのではないかという視点である。2010 年 7 月に SEC が公表した株主総会における議決権行使に関する問題点を整理・検討するための Concept Release on the U.S. Proxy System という文書[50]は、このような視座を別の言い方で表現している。すなわち、株主の議決権の正当化根拠は、会社に対する残余権であるにもかかわらず、議決権と経済的利益の乖離している状況において規制が必要か (規制が必要であるとして、どのような規制をするべきか) という問題設定 (基準日問題 〔dual record〕や empty

---

[50] SEC, *supra* note 26. この Concept Release についての紹介として、関孝哉「株主総会議決権行使を取り巻く環境変化と議決権行使助言会社」商事 1947 号 6-7 頁 (2011 年)。

voting[51]と一緒に議論される)のなかで、会社の株式を保有していない(つまり、会社に対する残余権を有してない)議決権行使助言会社の行動がもたらし得る問題を検討することとしている[52]。

　どちらの観点を重視するかによって、規制を設ける根拠あるべき規制の姿は変わり得るものであり、議決権行使助言会社とクライアントである機関投資家の契約関係に着目すれば、市場に対して、一定の水準の公正性・正確性を確保した勧告ないしレポートを発出する責任を負うものであるとはいえないが、コーポレート・ガバナンスにおける役割に期待する場合には、分析の失敗を減らすための法的方策を検討する必要性も生じるとの指摘もある[53]。しかし、前者の関係に着目する場合であっても、機関投資家自身が最終的な受益者との関係で信認義務を負っており、議決権行使助言会社の利用がその義務履行手段であるという点を踏まえれば、機関投資家と議決権行使助言会社の契約に尽きない側面があるといえ、最終的な受益者や議決権行使助言の対象会社の利益を考えることが正当化されよう。どちらの視点も、最終的に

---

51) empty voting とは、株主が経済的なリスクをヘッジした上で議決権を行使するなど、会社に対する経済的な持分割合と乖離した割合の議決権行使を指す。empty voting についてのわが国における文献として、武井一浩ほか「ヘッジファンドと会社法」神作裕之責任編集・財団法人資本市場研究会編『ファンド法制——ファンドをめぐる現状と規制上の諸課題』第13章(財形詳報社、2008年)、酒井太郎「議決権買収 (vote buying) について」布井千博ほか編『会社法・金融法の新展開——川村正幸先生退職記念論文集』171頁(中央経済社、2009年)、得津晶「Empty Voting に関する近時の議論状況」北法61巻1号200頁(2010年)、白井正和「持合解消信託をめぐる会社法上の問題」法学76巻5号491頁、497-501頁(2012年)、佐藤勤「現代の議決権信託とその実質的効果であるエンプティー・ボーティング規制」小出篤ほか編『企業法・金融法の新潮流——前田重行先生古稀記念論文集』39頁(商事法務、2013年)等。

52) 議決権行使助言会社は、会社に対して残余的利益を有していないと同時に、会社に対する信認義務を有していない点を指摘するものとして、Leo E. Strine, Jr., *Toward a True Corporate Republic: A Traditionalist Response to Bebchuk's Solution for Improving Corporate America*, 119 HARV. L. REV. 1759, 1765 (2006)。また、Tamara C. Belinfanti, *The Proxy Advisory and Corporate Governance Industry: The Case for Increased Oversight and Control*, 14 STAN. J. L. BUS. & FIN. 384, 406 (2009) は、このような状況を、議決権行使助言会社は重大な権限を有しているにもかかわらず、ほとんど説明責任を負っていない("significant power and virtually no accountability")と表現し、意思決定権限の所在(議決権行使助言会社)とリスク負担の主体(機関投資家)が分離している状況をエージェンシー関係と捉え、エージェンシー理論を援用して、その実効的なコントロール措置をとることの必要性を指摘する。

53) 高橋・前掲注19) 481-482頁。

は議決権行使助言会社の議決権行使助言サービスの質の問題に帰着することになり、法規制以外の手法によりサービスの質の維持・向上が図れるか否かがまずは問題となり、次に、法規制以外の手法によりサービスの質の維持・向上が図れないとした場合に、いかなる法規制を用いるべきかが問題となる。

(2) 議決権行使助言会社の勧告の質についての疑問
(i) 議決権行使助言会社のスタッフ・予算についての制約

議決権行使助言会社によるサービス提供をめぐる問題としては、個別の議決権行使助言の内容の適否とは別に、議決権行使助言会社の体制が不十分ないし不適切ではないかという指摘がある。議決権行使助言会社は、サービスの性質上、短期間で大量の委任状説明書その他の資料を分析し、議決権行使助言の方針を適用して勧告内容を決定する必要があるにもかかわらず、それを行うのに十分なスタッフ・予算を有していないのではないのかという指摘である[54]。

(ii) 利益相反

議決権行使助言会社の規制について論じる場合にしばしば取り上げられるのは、議決権行使助言会社の利益相反である。ここでいう利益相反とは、ISSを念頭に、会社に対するコンサルティング業務やガバナンス格付け（およびその向上策のアドバイス）の提供と株主への議決権行使助言業務の提供が利益相反に当たるのではないかという指摘が中心である[55]。すなわち、コンサルティング業務等の提供を受けている会社に対しては、その会社の経営

---

54) Rose, *supra* note 28, at 897 は、ISS は、十分な専門能力のない一時的な従業員を使ってガバナンスの評価を行っており、そこでは、主として SEC に登録された開示書類に焦点が当てられているとする。また、株主総会の開催が集中している以上、スタッフを常勤でそろえることは経済合理性の観点から困難であるとの指摘もある（高橋・前掲注 19）469 頁）。

55) 議決権行使助言会社についての GAO (Government Accountability Office) の報告書（U.S. Government Accountability Office, Corporate Shareholder Meetings: Issues Relating to Firms that Advise Institutional Investors on Proxy Voting (2007, *available at* http://www.gao.gov/assets/270/263233.pdf)）では、本文で記述した点のほかに、①議決権行使助言会社の役員が対象会社の株主・取締役になること、②顧客の行う株主提案に対して議決権行使助言会社が友好的に評価する可能性、③議決権行使助言会社による金融サービスの提供などを指摘する（at 11-12）。

者に有利な議決権行使助言を行うのではないかという懸念である。

(iii) 助言内容の決定プロセスの透明性と妥当性

　助言内容が適切な判断過程を経て決定されたものであること、その決定過程に恣意性がないことを示すためには、各議決権行使助言会社が、あらかじめ議決権行使助言に関する基準を設け、個別の議案の賛否については基準を当てはめることによって結論を出すという手法を用いることが考えられる。そして、恣意性を排除するためには、また、上述の利益相反の影響を受けていないことを示すためには、基準をできる限り形式的に定め、その基準を形式的に当てはめることが1つの解決としてはあり得る[56)][57)]。しかし、このような規律は、会社ごとの事情を反映しない一律的な (one-size-fits-all) 議決権行使助言になる可能性があり、かえって、議決権行使助言の内容が各会社の事情を反映しない不適切な内容となってしまう危険があるとともに、議決権行使助言会社の影響力を恐れてその方針に反するガバナンス行動をとることを回避する会社が現れ、ガバナンスの標準化が進むことになりかねない[58)]。また、そもそも各議案の当否について形式的な基準を適切に設定できるのかも疑問の余地があろう[59)][60)]。

---

56) Rose, *supra* note 28, at 917, 921.

57) このほか、形式的な基準の設定と適用には、議決権行使助言会社の議決権行使助言業務の運用コストの低下というメリットもあるかもしれない。もっとも、この点については、運用コストについて議決権行使助言会社の報酬に転嫁することができるとすれば、議決権行使助言会社自身にはあまり大きなメリットはないことになる。

58) Rose, *supra* note 28, at 916-919. 米国における say on pay の導入の際の議論においてもこのような指摘はなされていた（尾崎・前掲注22）179-180頁）。

59) そもそも、有効な形式的基準を定めること自体が困難であるという問題もある。企業のガバナンスの格付けに関する限り、ガバナンスの評価の基礎となるデータもその有効性に疑問が持たれており（たとえば、Lucian A. Bebchuk, Alma Cohen & Allen Ferrell, *What Matters in Corporate Governance?*, 22 Review of Financial Studies 783 (2009))、議決権行使の形式的な基準において、会社のパフォーマンスを高めるとは限らない事柄を考慮要素とする可能性は否定できない（ただし、Robert Daines, Ian D. Gow & David F. Larcker, *Rating the Ratings: How Good are Commercial Governance Ratings?* 98 Journal of Financial Economics 439 (2010) は、ガバナンスのスコアと企業の業績の関連性に疑問があるとしつつも、ガバナンスのスコアと ISS の議決権行使助言の内容との関連性の低さを指摘する）。議決権行使助言会社の方法論の問題点について、Rose, *supra* note 28, at 907-916.

(iv) 助言の質の確保のための取り組み

　経営者は、会社提案に対して反対の勧告がなされる場合や、経営者が望ましくないと考える株主提案に賛成の勧告がなされる場合を中心に、議決権行使助言会社の助言内容に不満を持つ場合が少なくない。もちろん、そのような見解の相違は、企業価値の評価方法の差異に由来する場合も多いであろうが、議決権行使助言会社が勧告の基礎とする情報収集にあたって事実誤認や誤解をしているのではないかという懸念が会社側には存在する。会社としては、（特に重要な案件については）事前に議決権行使助言会社に説明する機会を設けるようであり、また、ISS は議決権行使助言のレポートを発する 24 時間前に会社に情報提供をし、事実誤認（factual errors）の指摘があった場合には、会社のコメントを受けて、勧告を変更する場合があるようである[61]。これは、助言の質の確保のために有効に機能し得る取り組みであるが、会社側のコメントが常に反映されるとは限らず、特に、事実誤認以外の指摘については基本的には対応されないこと、レポートを受け取ってからコメントをするまでに 24 時間しか与えられていないことから、会社側に十分な反論機会が与えられているとはいえない。

(3) **市場メカニズムによる規律**[62]

　個々の議決権行使助言会社による議決権行使勧告の内容、あるいはその形成プロセスが必ずしも妥当なものではないとしても、複数の議決権行使助言会社が市場において競争しているのであれば、不適切な議決権行使助言事業を行っている議決権行使助言会社は市場によって淘汰されることが期待される[63]。とすると、議決権行使助言会社に対する規律の要否・内容について

60) say on pay の運用に関し、ISS の設定する議案の賛否の判断基準の適切性についての議論については、尾崎・前掲注 49) 257-260 頁。

61) say on pay の文脈における会社のコメントについては、尾崎・前掲注 49) 265 頁（注 61）およびそこで引用されている Web サイトの記事を参照。なお、会社の CEO が ISS の助言の前に ISS の担当者に意見表明や情報提供を行えないことに対する批判として、Martin Lipton, *ISS Goes with Form over Substance*, Harv. L. Sch, Forum Corp. Gov. & Fin. Reg. (Mar. 17, 2011, *available at* http://blogs.law.harvard.edu/corpgou/2011/03/17/iss-goes-with-form-over-substance)。

62) Belinfanti, *supra* note 52, at 408-422.

検討するためには、市場メカニズムがどの程度機能しているのかが問題となる。

(i) サービス提供者の市場への参入

GAO の報告書においては、市場競争による規律付けが機能しない可能性がある理由として、①すでに ISS がレピュテーションを確立しており、また、既存の機関投資家が利用する議決権行使助言会社を変更するにはコストがかかるために新規参入者が顧客を奪取することは困難である、② ISS は大きなマーケット・シェアを有しており、その影響力が巨大なために、会社側としては ISS による情報提供要求に応じるものの、新規参入者が情報提供を求めた場合には会社側がそれに応じるとは限らず、ISS と新規参入者の間には情報収集コストに差が生じる、③議決権行使助言会社は助言の対象となる株式会社についてある程度包括的なカバレッジをしないとビジネスとして成り立たないので、初期投資のコストが非常に大きくなり新規参入が困難という点を挙げる[64]。

(ii) 機関投資家による選択

議決権行使助言サービスの利用者である機関投資家の側からは議決権行使助言会社の市場はどのように見えるのであろうか。機関投資家としては、議決権行使助言会社の競争によって議決権行使助言のコストが削減できればそれ自体は望ましいことであり、機関投資家は基本的には議決権行使助言会社の競争を歓迎する立場であると思われるが、競争による規律付けが働くためには、議決権行使助言会社を機関投資家が選択することが必要となる。GAO の調査では、議決権行使助言会社への依存度は、大規模な機関投資家においては助言を参考資料の１つとして利用したり、複数の助言会社の助言サービスを受けたり、機関投資家が独自の調査・分析スタッフを擁するなど特定の議決権行使助言会社への依存があまり高くないのに対して、小規模な

---

63) Rose, *supra* note 28, at 926.
64) GAO, *supra* note 55, at 13-14. なお GAO 報告書においては、①情報収集に関しては大部分は公開情報に基づいてサービス提供ができる、② ISS と差別化できれば新規参入は可能であり、実際に Glass Lewis 等は、利益相反がないことをアピールして顧客奪取に成功している、③調査と勧告のサービスを特定の会社あるいは特定の事項に絞って提供することも可能である、との反論も紹介されている。

機関投資家においては議決権行使助言会社への依存度が高い（ただし、大小問わず、経営者側と株主側の対立、ないし株主間の対立が予想される議案については自ら精査している〔in-house scrutiny〕と主張している）[65]。この調査を踏まえると、特に大規模な機関投資家を中心に、投資家による選択能力があると評価する余地はありそうであるが、もっぱら受託者としての義務を尽くすという目的のみで議決権行使助言サービスの提供を受ける機関投資家が、議決権行使助言会社の助言の形成プロセスや助言内容に関心を寄せることは想定し難い[66]。

すでに紹介した Choi らによる 2009 年の研究によれば、議決権行使助言会社の助言内容には差異があり、ISS とその他の助言会社の間には差別化の余地がある。とすれば、議決権行使助言会社を採用する機関投資家が、各助言会社の勧告における傾向を理解しているのかが問題となり、もし理解していれば、機関投資家が、自らの評価基準に応じて助言会社を選別することが可能であり、助言の透明性が向上し、助言会社・機関投資家の説明責任が強化されるという肯定的な評価が可能である[67]。もっとも、機関投資家が各助言会社の傾向を認識していない場合には、各機関投資家が、助言会社の助言によって、自らの判断のみで議決権を行使する場合に比べて十分な情報に基づく議決権行使を促進するものではなく、議決権行使助言会社の機能は株主の権利の拡大にならず、適切なインセンティブを有しない自らの利益を追求する主体として議決権行使助言会社が位置付けられるとも指摘されている[68]。したがって、機関投資家の視点から見た場合には、選択の根拠となる情報が十分に提供されているのかが問題となる[69]。

---

65) GAO, *supra* note 55, at 15-17.
66) Choi & Fisch *supra* note 39 at 296.
67) Choi et al., *supra* note 30, at 650-651, 696-697.
68) *Id.* at 651, 697.
69) 議決権行使方針の透明性が重要であることを指摘するものとして *Id.* at 650.

4 議決権行使助言会社の規制の方向性

(1) 業規制

現状においては、議決権行使助言会社に対して行政機関による特別な規制や監督・監視もなされていない。

現行法の延長として検討する場合、investment adviser（投資顧問）としての規律の余地もある。投資顧問とは、対価を得て、証券の価値あるいは投資適格性について助言し、あるいは、対価を得て証券に関する報告書や分析を発行する者であり、議決権行使助言会社は、対価を得て、証券に関する報告や分析を発行し、証券の価値について他者に助言することを業としているので、投資顧問業の要件を満たすように見える。投資顧問業としての規律が及ぶとすると助言を受ける顧客に対する信認義務、詐欺防止条項などが適用される。投資顧問業を行う者については登録義務があるが、議決権行使助言会社は通常は顧客の資産を管理しないため、一般的には議決権行使助言会社は登録の対象とならない[70]ところ、登録に関する要件を見直して、投資顧問としての業規制を加えることも提案されている。もっとも、pension consultants としての資格において ISS はすでに投資顧問業としての登録を行っている。pension consultants であれば登録禁止の適用除外があり、ISS はこれによって登録している。その結果、ISS については、利益相反等についての開示義務、コンプライアンスプログラムの実施等がさらに義務付けられているが、他の議決権行使助言会社についても同様の義務付けを行うべきであるという主張であろう。

業規制とはやや異なるが、現行ルールの延長上で議決権行使助言会社に対して行政的な規制を課す場合、議決権行使に関する助言を委任状勧誘規制における勧誘（solicitation）として、委任状勧誘規制に服せしめる可能性がある。

---

70) 管理資産 2,500 万ドル未満の者については投資顧問業の登録禁止に該当する（203A 条(a)）。GAO, *supra* note 55, at 8-9 によると Egan-Jones も同様に SEC に登録しているが、Glass Lewis はかつて行った登録を 2005 年に撤回している。なお、1997 年に ISS が SEC から投資顧問業としての登録は不要であるとの見解を得ていたことについて、土浪修「議決権行使の助言と委任状規則における『委任の勧誘』」ニッセイ基礎研所報 11 号 70 頁、97 頁（注 52）（1999 年）。

現行法では、取引所法規則 14a-2(b)(3)により、発行会社や議案に対する利害関係の開示や被助言者以外から報酬を受け取らないこと等の要件を満たす場合は、議決権行使助言会社の事業は委任状勧誘（solicitation）の適用除外とされ、同規則 14a-9 による詐欺防止条項の適用のみがなされていると説明されている[71]。

(2) 助言の形成プロセスの規律

議決権行使助言会社がクライアントおよび会社との関係で最も悪影響を及ぼすのは、議決権行使助言会社の勧告の質が低い場合である。議決権行使助言会社が質の高い勧告を行うことが担保されている場合には、利益相反や市場の寡占（あるいは ISS による独占）もそれ自体は大きな問題とされないだろう。もっとも、議決権行使助言の勧告内容、あるいは、勧告に至る方法論を直接的に規律することには現実性はない（方法論を改善するには、方法論を研究者が詳細に調査し、その問題点を明らかにすることが必要不可欠である[72]）。

助言の形成プロセスに働きかける方法として最も現実的なのは、開示規制であろう。もっとも、議決権行使助言の提供について標準的な方法が存在しているとは言い難い以上、具体的な議決権行使助言の方法論の開示には営業秘密との関係で限界があろう[73]。開示の対象となり得るのは、議決権行使助言方針および個別の議案に対する勧告であろう。前者については、すでに、ISS は、助言基準の開示を行っているところ、他の議決権行使助言会社も義務化するべきか否かがまず論点となる。3(3)(ii)で述べたように、議決権行使助言会社の勧告基準には差異があるところ、機関投資家による選択を機能させるためにはこれらの開示は必要であると思われる。ISS が現時点において開示しているものよりも詳細な助言基準の開示を求めることについては、営業秘密との関係で問題があろう。

また、後者（議決権行使助言会社の個別の勧告について、事後的に顧客以外の

---

71) 土浪・前掲注70) 93-94 頁。
72) Rose, *supra* note 28, at 925.
73) *Id.* at 924. SEC の権限としては開示の強制と詐欺防止（anti fraud）しかないが、開示による規制について信用格付けの場合も具体的な方法論の開示には踏み込まない。

者にも公開するという方法[74]）も、助言の形成プロセスの透明化の観点からは有益である。前者は、直接的に機関投資家に選択の材料を提供するものであるのに対し、後者は、公開された個別の勧告の内容に基づいて議決権行使助言会社の勧告形成プロセスを（学術的に）検証することを容易化し、その検証の精度も向上することを通して、機関投資家に選択の材料を提供するという機能が見込まれる。

　議決権行使助言をするに至る過程の透明性・正確性の向上を図るためには、議決権行使助言会社が基礎となる情報について事実誤認をしないような手当てを要求することも考えられる。議決権行使助言会社が事前に会社側に勧告レポート案を通知し、会社側の反論を受けることとすれば、少なくとも単純な事実誤認は生じないであろう。また、会社と議決権行使助言会社の見解の相違が事前に判明し、会社に十分な反論機会が与えられれば、株主総会の決議時に向けて投資家の議案に対する理解は深まっていくだろう。もっとも、現状では、ISSの場合には、24時間の反論機会しか与えられておらず、これでは必ずしも十分ではない一方[75]）、より長期間の反論機会を会社に与えることは、議案の通知から株主総会の開催までのタイトなスケジュールの中では時間的に困難である[76]）ことにも留意する必要がある。

(3) 利益相反の克服

　利益相反の危険性は強く指摘されてきたことであり、議決権行使助言会社も一定の対応をとっている。たとえば、ISSは、利益相反の一般的な可能性を開示するとともに、議決権行使助言とコンサルタント業務を切り離すためにファイアーウォールを構築していると説明している[77]）。また、他の議決権行使会社においても、Glass Lewisは、発行会社に対するコンサルタント

---

　74) 株主総会の前に公開してしまうと、議決権行使助言サービスについて契約をしていない他の機関投資家がフリーライドしてしまうため、事前の公表はあり得ないことについて、高橋・前掲注19) 474頁。
　75) SEC, *supra* note 26, at 118. 前掲注61) および対応する本文も参照。
　76) また、（とりわけ事実誤認以外の点について）会社のコメントを受け入れることは、議決権行使助言会社の客観性・独立性を害する可能性があるとの指摘もある（高橋・前掲注19) 468頁）。

業務の提供がないことを自らのアピールポイントとしており、利益相反の可能性に対する懸念を理由にISSからGlass Lewisに乗り換える機関投資家の例もある。

利益相反についての対応策としては、利益相反の開示を求め、最終的な判断を顧客（この場合は機関投資家）に委ねるという考え方と、そもそも利益相反状況自体を禁止してしまうという考え方があり得る。

ISSのように、利益相反の存在可能性をあらかじめ開示することは、前者の考え方によるものといえる。もっとも、一般的な（generic）開示が機関投資家の判断材料として十分か否かという点は問題とする余地があり、議案ごとにどのような利益相反が考えられるかをより具体的に開示するよう（法規制により）求めるということは十分にあり得る解決であろう[78]。この開示によるアプローチが有効か否かは、最終的には、3(3)で検討した点とも重なるが、利益相反について問題があるとしても、サービスの提供を受ける機関投資家の判断に委ねるという方法もあるかもしれない。

利益相反状況自体を禁止してしまうという考え方はより直接的な解決である。ISSのようなファイアーウォールの構築は、ある意味では、利益相反状況自体の禁止に近いアプローチといえそうだが、ファイアーウォールの構築には限界があるという指摘は強い。一見すると利益相反と思われる行為を議決権行使助言会社が行うことには、相応の合理性があり得るとすると、利益相反状況を禁止することは議決権行使助言事業の有用性を害することになりかねない。仮に議決権行使助言がそれ単独では収益性が低いとすると[79]、

77) Letter from Mari Anne Pisarri, Attorney, Pickard and Djinis LLP, to Douglas J. Scheidt, Assoc. Dir., SEC（Sep. 15, 2004, *available at* http://www.sec.gov/divisions/investment/noaction/iss091504.htm）.
78) この場合は、(1)の規制と併せて考えると、委任状勧誘における「勧誘」の適用除外要件において利益相反の開示を要求したり、投資顧問業としての業規制を行うことを前提に、投資顧問としての信認義務の内容として利益相反の開示を要求するということが考えられよう。
79) 議決権行使助言会社と契約をしていなくても、議決権行使助言の内容について知る機会があること、また、合理的無関心等により議決権行使をしない株主もいまだ多いことというサービスの公共財的性質とフリーライド問題のため、サービスに見合った資金が市場に流入せず、市場が十分に発達しないという問題点を指摘するものとして、Choi & Fisch, *supra* note 39 at 296。

近接サービス（ここでは、ガバナンスに関するコンサルティング事業やガバナンス格付事業）と併せて行わないと資金的に議決権行使助言事業を行うことは困難になる。資金的な手当てをしないで利益相反の解消を図っても、議決権行使助言会社の破綻や議決権行使助言会社の報酬の引き上げなどをもたらし、議決権行使助言事業の社会的有益性を傷付けることになりかねない[80]。

(4) 開示による規律と議決権行使助言会社の行為規範

また、開示を行うとしても、各議決権行使助言会社がばらばらに開示を行うだけでは、機関投資家は比較が必ずしも容易ではない。Yale 大学に設置されている The Millstein Center for Corporate Governance and Performance は、2009 年に、"Voting Integrity" と題する報告書を公表し[81]、その報告書の Appendix においては、「議決権行使助言会社の行為規範（案）」が掲載されている。このような行為規範案は、各議決権行使助言会社が利益相反等の問題に対して独自の対応指針を設けており、相互の比較が困難であるところ、業界で統一的な行為規範を設けることにより議決権行使助言者に対する市場参加者（投資家、発行者、規制当局やその他の利害関係者）の信頼をもたらすことが挙げられている[82]。具体的には、議決権行使助言のプロセスの質と誠実性、議決権行使助言会社の独立性と利益相反の回避、議決権行使助言会社の顧客および発行者に対する責任および各議決権行使助言会社の行為規範の開示について、具体的な提言がなされている。開示された情報の比較の基準を設けるために行為規範を定めるというアプローチはそれなりに合理的で

---

80) Choi & Fisch, *supra* note 39 at 274-276. もちろん、Glass Lewis の例から見ても、利益相反を排除して、議決権行使助言を行うことは不可能ではない。実際、利益相反が生じるようなコンサルティングサービスの同時提供を全面的に禁止すべきであるとする行為規範案もある。

81) The Millstein Center for Corporate Governance and Performance, Voting Integrity : Practices for Investors and the Global Proxy Advisory Industry (2009, *available at* http://millstein.som.yale.edu/sites/millstein.som.yale.edu/files/Voting%20Integrity%20Policy%20Briefing%2002%2027%2009.pdf).

82) なお、作成に当たっては、IOSCO（International Organization of Securities Commissions, 証券監督者国際機構）が 2004 年に作成した信用格付会社の行為規範（Code of Conduct Fundamentals for Credit Rating Agencies）を参考にした旨が明記されている。

あるが、草案段階で、Glass Lewis 等は、行為規範案の導入と採用について留保付きで賛成していたが、業界最大手の ISS はこの行為規範案を採用することを拒否しており、現実的にはこの行為規範案が期待されたような機能を発揮しているとは言い難い。

(5) 信認義務による規律付け
(i) 議決権行使助言会社の信認義務

議決権行使助言会社に信認義務を課すことによって、議決権行使助言会社が適切な議決権行使助言を行うよう規律付けようという考え方もあり得るところである。

問題となるのは、誰に対する信認義務を負うかであるが、議決権行使助言会社の勧告対象会社の意思決定に対する影響力を考えると、議決権行使助言会社が勧告対象会社に対して信認義務を負うという議論が考えられなくはない。米国においては、支配株主の会社ないし少数株主に対する信認義務は認められる余地があり[83]、また、積極主義をとる株主（アクティビスト）について会社に対する信認義務を認めるべきであるという見解もある[84]が、株主に比べて会社の意思決定への関与が間接的である議決権行使助言会社にこのような義務を認めることは容易ではなかろう。

また、議決権行使助言会社の機関投資家、あるいは最終的な受益者に対する信認義務を観念する議論もあり得る。米国連邦労働省は、議決権行使助言会社が ERISA 法における受託者として、受給権者に対する信認義務を負う余地を認めるルール改正を提言している[85]が、議決権行使助言会社の議決権行使勧告の違法性および機関投資家の損害の存在、および両者の因果関係

---

83) 親子会社間の取引において親会社の子会社に対する信認義務を認める有名な裁判例として Sinclair Oli Corp. v. Levien, 280 A.2d 717 (Del. 1971) などがある。米国の判例における信認義務を負う株主の範囲や信認義務違反の判断基準について、加藤貴仁「グループ企業の規制方法に関する一考察(3)」法協 129 巻 10 号 2203 頁、2252-2279 頁（2012 年）参照。

84) Iman Anabtawi & Lynn Stout, *Fiduciary Duties for Activist Shareholders*, 60 STAN. L. REV. 1255 (2008). 同論文は、会社の具体的な意思決定へのアクティビストの影響力を信認義務のトリガーとする（at 1295-1300）。

85) Department of Labor Employee Benefits Security Administration, Proposed Rule: Definition of the Term "Fiduciary" (Oct 22, 2010), 75 Fed. Reg. 65263.

の立証は困難であり、エンフォースメントが困難であるとの指摘がある[86]。そもそも、議決権行使助言会社の勧告に疑義を持ち得る機関投資家であれば、信認義務を設けなくても、不適切な議決権行使助言会社との契約を打ち切ったり（市場における選択）、サービス提供契約の違反を主張して損害賠償請求を行ったりできるはずであるから、単純に信認義務を設定して解決する問題ではないように思われる。

(ii) **機関投資家の信認義務**

機関投資家による積極的な議決権行使助言会社の選別、および議決権行使助言の勧告内容の吟味を行わせることを期待すべく、機関投資家は、議決権行使助言会社の利用をもってその責任を免れるものではないとする考え方もあり得る[87]。

しかしながら、機関投資家の中には、議案分析や議決権行使についての能力やインセンティブのない者も含まれ、議決権行使助言会社の選任や助言内容の妥当性を検証することには一定の専門性と大きなコストを要することを考えると、すべての機関投資家に課す信認義務の内容として、議決権行使助言会社の利用以上のものを認めることには無理があると思われる[88]。

III 結びにかえて

すでに紹介したとおり、米国における議決権行使助言会社の発展の基礎は、機関投資家が保有する株式の議決権を行使することが信認義務の観点から求められたことにある。逆にいえば、議決権行使助言会社の提供するサービスは、機関投資家が議決権を行使する上でのインフラとして機能してきたということができる。

機関投資家の議決権行使による経営者の監督を重視するのであれば、それ

---

86) 高橋・前掲注19) 478-479頁。
87) このような考え方を強調するものとして、Report of the New York Stock Exchange Commission on Corporate Governance（Sep. 23, 2010, *available at* http://www.nyse.com/pdfs/CCGReport.pdf) at 3.
88) 高橋・前掲注19) 481頁。

を容易にする環境整備も重要になる。もちろん、直接的には、株主総会の集中開催の改善や、株主総会招集通知の送付時期の前倒し、株主総会参考書類やその他の開示書類の充実が重要であり、また、議決権電子行使プラットフォームへの参加会社の拡大[89]等も大きな意味を持つであろう[90]。これらは、機関投資家が議決権行使に向けて情報収集と意思決定を行うコストを低下させるものである（もちろん、議決権行使に向けてのコストが低下したとしても、集合行為問題が完全に消滅するわけではない）。

わが国の機関投資家は、自ら議決権行使基準を制定し、それに照らして具体的な議決権行使を行っている。基準を作成することそれ自体にもコストがかかり、また、実際に基準を適用・運用していくためにも、情報収集や議案の分析・検討等のコストがかかる。現在は、機関投資家に自ら積極的に議決権行使を行うよう求めているが、今後の機関投資家のガバナンスへの関与について、あるべき姿を検討する上では、各機関投資家におけるコスト・ベネフィットの分析や、全体として機関投資家の積極的な議決権の行使がコーポレート・ガバナンスに与える影響についての分析が必要であろう。そのコスト・ベネフィットを分析する上で、わが国および諸外国における議決権行使助言会社をめぐる議論は１つの比較対象になるであろう[91]。そして、機関投資家に議決権行使を求めるのであれば（特にすべての機関投資家に議決権行使を求めるのであれば）、機関投資家が議決権行使をする上でのコストの軽減策を工夫する必要があろう（もちろん、その工夫は、機関投資家が議決権行使にかかるコストを共同で負担する仕組みであればよく、既存の議決権行使助言会社を利用することに限られるものではない）。

89) 東京証券取引所のウェブサイトによると、2013年3月22日現在の「議決権電子行使プラットフォーム」の参加上場会社数は423社である（http://www.tse.or.jp/listing/platform/b7gje6000000599f-att/tse_hp.pdf）。議決権電子行使プラットフォームについては、坂東照雄「議決権電子行使プラットフォームの現状と課題」商事1911号45頁（2010年）参照。

90) 株主総会の集中の問題点については、田中亘「定時株主総会はなぜ6月開催なのか」黒沼悦郎＝藤田友敬編『企業法の理論（上）——江頭憲治郎先生還暦記念論文集』415頁（商事法務、2007年）等。

91) 機関投資家の議決権行使については、議案によってそのあり方が大きく異なることも予想される。米国においても、実証研究においては議案のタイプを分けて（限って）検討するものも多い。

［付記］　本稿は日本証券業協会客員研究員としての研究成果の一部である。
　脱稿後に、投資顧問業法204A条違反で30万ドルの支払いを求めることでISSと合意した旨のSECのプレスリリースに接した（2013年5月23日、*available at* http://www.sec.gov/News/PressRelease/Detail/PressRelease/1365171574952）。この事件においては、ISSの従業員が、顧客投資家の非公開情報（具体的には議決権の行使方法）を委任状勧誘者に対して、個人的な利益供与を受けることと引き換えに提供したことが、投資顧問に対し非公開情報（nonpublic information）の濫用防止を求める204A条違反とされた。投資顧問業に対する業規制が議決権行使助言会社に対して発動された例である。

議決権拘束契約についての一考察
——特に履行強制の可否に関して

田中　亘

I	はじめに——本稿の目的および検討範囲
II	議決権拘束契約の有効性
III	議決権拘束契約の履行強制
IV	議決権拘束契約の履行強制を否定あるいは制限する見解とそれに対する反論
V	議決権拘束契約の履行強制の方法
VI	おわりに——残された課題

I　はじめに——本稿の目的および検討範囲

1　議決権拘束契約の意義

　株式会社形態を採用した合弁事業において、合弁のパートナーどうしが結ぶ合弁契約に見られるように、株主の間で株式会社の運営に関する契約——株主間契約——を締結することは少なくない[1]。株主間契約においては、当事者の株式保有割合や、追加出資義務などの資金調達に関する事項、配当など株主への分配に関する事項、あるいは株式の譲渡制限など、多様な事項が定められるが[2]、中でも重要な事項として、株主総会における議決権の行使

---

[1] 江頭憲治郎『株式会社法〔第4版〕』60頁（注1）（有斐閣、2011年）、江頭憲治郎編『会社法コンメンタール(1)』246頁〔武井一浩〕（商事法務、2008年）参照。
[2] 実務上、合弁契約で定められる事項については、武井・前掲注1) 247-252頁参照。

の仕方について約定することがある。これを議決権拘束契約という³⁾。たとえば、株主Aと株主Bの間の契約において、Aが4名、Bが1名の取締役をそれぞれ指名するものとし、それぞれが指名した取締役の選任議案について、株主総会で賛成の議決権行使をすることを合意する、といったことが挙げられる⁴⁾。

　定款自治が相当広く認められている現行の会社法のもとでは、こうした議決権拘束契約と同じ目的を、種類株式のような定款の仕組みによって実現することが可能な場合も多い。いま挙げた例でいえば、AとBに対し、それぞれ、取締役4名と1名を選任する権限を持つ種類株式を発行する仕組み（いわゆるクラス・ボーティング。会社法108条1項9号）によっても、目的を実現することができそうである。しかし、たとえば、「A（またはB）が指名した取締役候補者が一定の属性を持つ場合のみ、B（またはA）はそれに賛成する」といった内容の議決権拘束契約⁵⁾を考えると、それと同じ目的をクラス・ボーティングを通じて実現できるかどうかは必ずしも明らかでない⁶⁾。そのように、定款で取り決めることが必ずしも容易でない事項についても、議決権拘束契約によれば定めることができる点に、こうした契約の意義が認められる⁷⁾。また、現経営陣に批判的な株主どうしで、取締役選任議案に関して共同して議決権を行使することを合意する場合のように⁸⁾、多数派株主ではないため定款による取り決めをすることが現実的に不可能な場合にも、議決権拘束契約によれば、一定の取り決めをすることが可能であるという利点もある。

　3）江頭・前掲注1）60頁（注1）。
　4）本稿で後に詳しく検討する、名古屋地裁平成19年決定（スズケン対小林製薬事件）の事案における株主間契約には、そのような条項が存在した（金判1319号61頁以下掲載の「本件基本合意書」14条2項参照）。
　5）「一定の属性」の簡単な例としては、「取締役候補者がAまたはB自身である」というものが考えられる。つまり、AとBが、自分たちがともに取締役となれるように、株主総会で議決権を行使することを合意する、ということである。
　6）解釈論としては、クラス・ボーティング種類株式の内容として、当該種類株式の種類株主総会で選任する取締役の属性として、社外取締役であること（会社法108条2項9号ニ、会社則19条1号参照）以外の属性を定めることができるか、という問題になる。
　7）江頭・前掲注1）60頁（注1）参照。

2　本稿の目的

(1)　履行強制の可否の問題について

　議決権拘束契約をめぐっては、その有効性の限界をめぐる問題や[9]、契約に反する議決権行使がされた場合における総会決議の効力の問題[10]、あるいは国際私法上の問題[11]など、多岐に渡る論点が存在する。しかし、筆者は現在、議決権拘束契約をめぐる法律問題に関し、包括的な分析をする準備はできていない。むしろ本稿では、議決権拘束契約に関するある特定の論点を集中的に検討し、それについての私見を述べることにしたい。具体的には、「株主間の議決権拘束契約の履行を強制できるか、できるとして、それはどのような方法によるべきか？」という問題である[12]。

　このように検討課題を限定することに対しては、議決権拘束契約の履行強制の可否だけを論じることにどれほどの意味があるか、といった批判が向けられうることは否定できない。というのは、議決権拘束契約の履行強制が仮にできるとしても――実際にできると解すべきだというのが、本稿の主要な主張であるが――、それだけでは、議決権拘束契約の履行を確保するうえでの意義は必ずしも大きくないと考えられる。なぜなら、議決権拘束契約の履

---

8) 実例として、2011年に、パルコ（東京証券取引所第1部上場会社）の株式を取得し業務提携を目指すイオンが、パルコの大株主である森トラストとの間で、このような議決権の共同行使についての合意を結んでいる。平成23年3月29日付イオン株式会社「株式会社パルコとの資本・業務提携提案に関する提案とそれに対する回答に関するお知らせ」(http://www.aeon.info/news/2011_1/pdf/110329R_2.pdf)、2011年3月31日付イオン「変更報告書（大量保有）」（EDINET (http://info.edinet-fsa.go.jp/) 収録）参照。
9) 有効性の限界をめぐっては、たとえば、長期に渡って株主の議決権を拘束する契約は無効とならないかが問題となる。これについては、Ⅱで触れる。
10) この問題については、本稿の終わりに（Ⅵで）多少触れる。
11) たとえば、設立準拠法と異なる法を議決権拘束契約（あるいはより一般的に、株主間契約）の準拠法に定めることによって、設立準拠法が課している議決権拘束契約（あるいは株主間契約）に対する制限を回避することができるか、といった点が問題となり得る。森田果「株主間契約をめぐる抵触法上の問題(1)(2・完)」法学67巻1号39頁（2003年）、6号166頁（2004年）参照。
12) 本稿では、議決権拘束契約の準拠法として日本法と異なる法を指定する可能性に触れることなく、もっぱら、日本法のもとでの議決権拘束契約の履行強制の可否および方法について論じることにする。国際私法上の問題については、森田・前掲注11)参照。

行強制のためには、本稿で後に論じるとおり、株主総会の決議前に、議決権拘束契約どおりの議決権行使を命じたり、あるいはその逆に、契約に反する議決権行使を禁じる(議決権行使の差止め)という内容の判決または仮処分命令を得る必要がある。もし議決権拘束契約の一方当事者が、株主総会の前に、他方当事者に対して、契約に反する議決権行使をする意図であることを開示していれば、他方当事者は、履行強制を裁判所に求める機会はあるであろう。しかし、議決権拘束契約の違反は、そうした事前の開示などなく、いきなり株主総会で契約に反する議決権行使をするという形で行われることもあろう。後者の形の契約違反に対しては、議決権拘束契約の履行強制ができると解したところで、無力であって、むしろ議決権拘束契約において、契約に反する議決権行使を当事者にさせないような仕組みをあらかじめ設けておく必要があると考えられる。そのような仕組みについては、本稿のおわりに(Ⅵで)、多少なりとも触れる予定である(具体的には、信託を通じた仕組みが考えられる)。

ただ、現在の解釈論の状況に鑑みると、議決権拘束契約の履行強制の可否について詳細に論じることには、なお一定の意義があると考える。それは、次のようなことである。

わが国では伝統的に、議決権拘束契約の履行を強制することができるか、あるいはその前提として、そもそも議決権拘束契約を有効に締結することができるかについては争いがあった。共益権の人格権的性質を根拠に、議決権拘束契約は無効であるとする見解も存したところである[13]。また、契約自体は有効としつつも、その履行を強制することは許されないという見解が、伝統的には有力であった[14]。しかし、議決権拘束契約を無効とする見解に対しては、共益権も基本的には株主自身の利益のための権利であって、株主が議決権の行使の仕方について他者と合意することを一般的に禁じる理由はないという見解が通説化した[15]。また、契約の履行強制はできないとする見解に対しても、根拠が説得的でないという批判が向けられるようになっ

[13] 松田二郎博士(元最高裁判所判事)の主張である。Ⅱで後述する。
[14] こうした履行強制否定論については、Ⅳで紹介する。
[15] 鈴木竹雄博士の共益権論である。Ⅱで後述する。

た[16]）。さらに、議決権拘束契約を含めた株主間契約に関する研究が進み、そうした契約が、とりわけ、株式の流動性が乏しく、資本多数決原則のもとで少数派株主の抑圧が生じやすい閉鎖型の株式会社において、少数派の権利を確保し資本参加を促すメリットがあるという理解も進んだ[17]）。こうした状況を受けて、議決権拘束契約が有効であること（少なくとも、一般的に無効とされることはないこと）については、今日ではほぼコンセンサスができたといってよいし[18]）、さらに進んで、履行強制についても、これを肯定する見解が漸次有力化してきたと評することができるように思われる[19]）。

　筆者は、従来、議決権拘束契約（あるいは株主間契約一般）を積極的に評価する学説を説得的であると感じていたので、議決権拘束契約の（有効性はもとより）履行強制を肯定する見解が有力化するのは好ましい流れであると考えていた。ところが、平成19年に出された名古屋地裁の決定は、このような議論の流れを後退させる——「後退」とは、もちろん、以上のような筆者の価値判断に照らしての表現であるが——可能性をもたらすものであった。

(2)　名古屋地裁平成19年決定

　すなわち、名古屋地裁平成19年11月12日決定（スズケン対小林製薬事件。以下、「名古屋地裁平成19年決定」ないし「本決定」という）[20]）の事案（以下、「本件」という）は、合弁会社（以下、A会社）の2名の株主（XとY。両名の合計でA会社の発行済株式の約94.2％を保有）が株主間契約[21]）を結んでいたところ、Xが、近くA会社で開催予定の株主総会においてYが行おうとしている議決権の行使（A会社を完全子会社とする株式交換契約の承認議案に賛成すること）は、株主間契約に反するとして、その差止めの仮処分を求めたものである。

---

16) 履行強制を否定する根拠に関しては、IVで批判的に吟味する。
17) とりわけ、アメリカ会社法を詳細に検討して株主間契約の重要性を明らかにした浜田道代教授の業績は重要である。IIで紹介する。
18) IIで後述する。
19) 履行強制の可否についての学説状況は、IVで紹介する。
20) 金判1319号50頁。本決定の評釈として、太田洋「スズケンvs小林製薬事件」中東正文ほか編『M&A判例の分析と展開II（別冊金融・商事判例）』76頁（経済法令研究会、2010年）参照。
21) なお、この契約にはA会社も当事者に加わっていた。後掲注27）参照。

XY間の株主間契約中には、契約当事者は、他方当事者の書面による事前の承認なしには、A会社株式を他に譲渡してはならないという趣旨の条項（以下、「本件条項」という）が置かれていた。Xは、本件条項にいう「株式の譲渡」には、A会社が完全子会社となる株式交換によって株式が移転する場合も含まれると解釈し、その解釈を前提にして、そうした株式交換を承認する株主総会において、YがXの事前の承認なしに賛成の議決権行使をすることも、本件条項によって禁じられていると主張したものである。

　本決定は、一部上場企業であるXとYが、「株式の譲渡」を商法・会社法の用語とは異なる意味で用いたとは考えがたいこと、および、本件条項によっては、株式の移転を伴わない方法で、当事者の一方にとって不都合な者が株主になるという事態はいずれにせよ阻止することはできないこと等を理由にして、本件条項は、X主張のような議決権拘束契約の趣旨を含んでいると解することはできないと判示した[22]。この判断だけで、Xの申立てを却下する理由としては十分であるが、本決定はそれに続けて、議決権拘束契約に基づく議決権行使の差止めの可否についても論じている。

　すなわち、本決定は、(ア)議決権拘束契約に基づき議決権行使を差し止めることになれば、その影響は、契約の当事者以外の株主にも及ぶこと、および、(イ)本件の株主間契約の当時、議決権行使の差止めの可否について判断した判例は見当たらず、学説上はこれを否定するものが優勢であったことから、議決権行使を差し止めることは法的安定性を害するおそれがあることを理由として、議決権拘束契約に基づく議決権行使の差止めは原則として認められないが、ただ、①株主全員が当事者である議決権拘束契約であること、②契約内容が明確に議決権を行使しないことを求めるものといえること、の2つの要件を満たす場合のみ、例外的に差止請求が認められる余地がある、と判示した[23]。本件においては、A会社にはXとY以外にも株主（A会社の従業員持株会および若干名の個人株主で、発行済株式の約5.8％を保有）がいることから、少なくとも①の要件は満たされない（さらに、本件では②の要件も満たされないと判示されているが、それについてはⅣで検討する）。そこで、本決定は、

---

22) 名古屋地裁平成19年決定・前掲注20) 57-59頁参照。
23) 名古屋地裁平成19年決定・前掲注20) 60頁。

たとえYがX主張のような議決権の行使をしない債務を負っているとしても、Xは、それに基づく議決権行使の差止めを求めることはできないと判示したものである。

(3) 名古屋地裁平成19年決定がもたらした問題

このように、名古屋地裁平成19年決定の事案は、そもそも当事者が議決権拘束契約を結んだといえるのかが疑わしいケースであった。株式交換による株式の移転は、会社法127条以下に規定する株式の譲渡とは法概念に違いがあるだけでなく、その経済的帰結においても重要な点で異なっているから（株式の譲渡の場合は、Yだけが株式を譲渡すればXはA会社に取り残されてしまうが、株式交換の場合は、YもXも平等な条件で株式を取得される）、株主が、株式の譲渡について他の株主の承認を必要とする旨を約したからといって、株式交換の承認議案に賛成することについても同様の契約をしたとは当然にはいえないであろう。それゆえ、本件条項は議決権拘束契約の趣旨を含まないとした本決定は、支持できるものであり、筆者は、本決定の結論自体に異を唱えるものではない。

問題は、本決定が、傍論ではあるが、議決権拘束契約に基づく議決権行使の差止めについて制限的な解釈をとったことである。とりわけ、前記①の要件（株主全員が契約当事者になること）は、履行強制ができる議決権拘束契約の範囲に重大な制約を課すことになる。たとえば、現経営陣に批判的な株主どうしが議決権を共同で行使する旨を合意するような場合[24]には、その契約の履行を強制することはおよそできないことになろう[25]。詳細はⅣで論じるが、筆者は、株主全員が当事者となるのでなければ議決権拘束契約の履行強制はできないとする主張（本決定の他、一部学説が提唱している）は、説得力に欠け、そのような要件を課すべきではないと考えている。また、前記②の要件（契約が明確に議決権を行使しないことを求めるものであること）につ

---

24) 実例として、前掲注8）で紹介したイオンと森トラストの合意を参照。
25) 厳密には、名古屋地裁平成19年決定は、議決権拘束契約に基づく議決権行使の差止めの要件に関してのみ、述べたものであるが、その趣旨は、契約に従った積極的な議決権行使を求める場合も含め、議決権拘束契約の履行強制一般に及ぶものと解されよう。

いても、その意味するところが必ずしも明確でないうえ、議決権拘束契約の履行強制についてだけ、他の契約にはないこうした追加的要件を課す理由はないため、やはり、このような要件を課すべきではないと考えている。

名古屋地裁平成19年決定は、下級審の裁判例であることに加え、履行強制の可否を論じた部分は傍論に過ぎないことから、ことさら本決定を重大視する必要はないという見方もあろう。けれども、株主間契約に関する裁判例がもともと少ないわが国においては、本決定は、議決権拘束契約の履行強制の可否について論じた、現在までで唯一の公刊裁判例と見られる[26]。そのため、同決定で示された基準（前記①②の要件を満たす場合以外は差止めは認められない）が、具体的な事案を離れて、議決権拘束契約の履行強制の可否についての一般的な基準となっていく可能性は否定できない。また、本決定を1つの契機として、履行強制の可否以外の問題に関しても、議決権拘束契約に対して不必要な法的制約が課され、こうした契約の有用性が減殺されていく懸念もなしとはしない。たとえば、本稿の終わりに（Ⅵで）触れるとおり、議決権拘束契約の履行を確保する手段としては、履行強制以外にも、当事者間で高額の違約金を定めたり、あるいは、第三者に株式を信託するという方法も考えられるところであるが、契約外の株主に対する影響を理由として全株主を当事者としない議決権拘束契約の履行強制を否定する本決定の立場を徹底するならば、契約の履行を事実上強制するような上記の契約上の仕組みもまた、全株主を契約当事者としない限りはその効力が否定される、という帰結にもなりかねないと思われる。

筆者は、株主が自発的に採用した契約メカニズムによって自己の出資者としての利益を守る株主間契約（議決権拘束契約もその1つ）は、基本的に有用であり、特段の弊害がない限り、法はその効力を尊重するべきであると考える。本稿は、そのような立場から、議決権拘束契約の履行強制を否定あるいは制限する見解を批判し、履行強制は可能であるという解釈（それはすでに、学説上は相当程度に有力になっているものであるが）を確たるものとすることを、主たる目的とする。

26) 金判1319号51-52頁の本件解説参照。

3　本稿の検討範囲および検討の順序

本論に入る前に、本稿の検討範囲について若干の補足をしておきたい。

第 1 に、議決権拘束契約としては、株主どうしで結ばれるものの他に、会社と株主の間で結ばれるもの（株主が、会社の指図に従い議決権を行使するとか、会社提案の議案に賛成する義務を負うとするものなど）も考えられるが、本稿では、後者の契約は検討の対象としないことにする。これは、会社が株主の議決権行使を拘束する内容の契約は、経営者支配につながることから、そもそもその有効性について疑義が持たれているところであり[27]、それ自体、別個の考察を要すると判断したためである。実務上は、資本・業務提携等に際して、会社と出資者（提携の相手方）との間で、取締役会の構成等について取り決めることが実際にあるようである[28]。このような取り決めは、ど

[27] 会社を契約当事者とする議決権拘束契約は無効と解するものとして、菱田政宏『株主の議決権行使と会社支配』156 頁（酒井書店、1960 年）。また、公開会社における議決権拘束契約であって、会社や取締役の指図に従って議決権を行使すべきものとする契約は無効と解するものとして、森田果「株主間契約（6・完）」法協 121 巻 1 号 1 頁、25 頁（2004 年）参照。無効だと明言はしないが、代表取締役の指図に従って議決権を行使することを約することには「問題がある」とするものとして、森本滋『会社法――現代法学〔第 2 版〕』203 頁（注 8）（有信堂高文社、1995 年）参照。もっとも、株主のほかに会社を当事者に加える議決権拘束契約であっても、議決権の行使の判断がもっぱら株主に委ねられ、会社に指図権や同意権を与えない内容であれば、経営者支配につながるという問題はないから、その有効性に疑義は生じないと考えてよいのではないか。名古屋地裁平成 19 年決定の株主間契約は、2 名の株主（X と Y）とともに会社（A 会社）をも当事者とするものであったが、仮に X の主張するとおり、本件条項が議決権拘束契約の趣旨を含むものであったとしても、それは、株主の議決権行使を他の株主の事前の承認にかからしめるという内容であり、会社（その取締役会ないし代表取締役）に何らかの権限を与えるものではないから、契約の有効性に疑義を生じることはないと考えることができよう。

[28] J. フロントリテイリング（以下、J フロント）は、2012 年に、大株主（森トラスト）からの株式取得とそれに続く公開買付けによって、パルコの株式の 65 % を取得したが、当該買収に際してパルコと結んだ資本業務提携契約において、① J フロントは、パルコの委員会設置会社によるガバナンス体制を維持するものとすること、②パルコの取締役会の構成について、取締役の半数以上は独立取締役とし、J フロントより指名する取締役をパルコの取締役会の過半数となる最小の数とすること、および、独立社外取締役以外の取締役のうち、J フロントが指名する取締役とパルコ出身者である取締役は同数とすることを、それぞれ約した旨を公表している。2012 年 7 月 5 日付 J. フロントリテイリング株式会社「株式会社パルコの株式に対する公開買付けの開始及び同社との資本業務提携契約の締結に関するお知らせ」7 頁（http://www.j-front-retailing.com/_data/news/120705_TOB.pdf）参照。

の程度の法的拘束力を持つことを意図しているのか、必ずしも明らかでない面もあるが、仮に、会社と株主が議決権拘束契約としてこのような取り決めをしたとすれば、その有効性はどこまで認められるかは、興味深い法律問題になるであろう。しかし、これは、限られた紙幅の中で履行強制の可否の問題と並べて論じるには重すぎる問題であり、今後の検討課題としたいと考える。

第2に、本稿では、議決権拘束契約の一方当事者が、他方当事者の議決権行使に対して何らかの対価の支払いをするタイプの契約（いわゆる議決権売買）も、考察の対象外とする。対価の支払いを伴わない議決権拘束契約と、対価の支払いを伴う契約（議決権売買）の相違点としては、前者の契約では、当事者である株主は、みな、当該契約は株主としての経済的利益を向上させると信じたが故にそのような契約を結んでいると推定することができるのに対し、後者の場合には、そうした推定が働かない点にある[29]。この相違は、会社や契約外の株主の利益を害する危険性が、議決権売買においては構造的に大きいことを意味し、そのことが、議決権拘束契約一般についてはその有効性（および履行強制の可能性）を肯定しつつも、議決権売買に限っては、有効性に対して一定の制限を設けることを正当化する根拠になるかもしれない。しかし、これもまた、本稿の紙幅の中で論じるには大きすぎる問題であり、やはり、今後の検討課題としておきたい[30]。

本稿の検討は、次の順序で行う。まずⅡで、履行強制の可否を論じる前提として、議決権拘束契約が有効かどうかについての裁判例・学説を分析し、現在では、その有効性が一般に承認されていることを確認する。そのうえで、Ⅲにおいて、議決権拘束契約の履行強制は認められるという私見を、その法的根拠とともに展開する。次にⅣにおいて、議決権拘束契約の履行強制を否定あるいは制限する見解に対して、反論を加える。Ⅴでは、議決権拘束

---

[29] 加藤貴仁『株主間の議決権配分――一株一議決権原則の機能と限界』230-231頁（商事法務、2007年）参照。

[30] 議決権売買に関する文献としては、特に近年の米国法の展開について分析したものとして、加藤・前掲注29) 224-296頁、今野美綾「議決権買いと法ルール――米国法におけるvote buyingをめぐる判例法理」同法64巻6号159頁（2013年）参照。

契約の履行を強制する具体的な方法を検討する。最後にVIでは、議決権拘束契約の履行を確保するためには、履行強制を認めるだけでは必ずしも十分とはいえないという点を含め、残された課題について指摘し、結びとする。

II　議決権拘束契約の有効性

1　議決権拘束契約の一般的な有効性

　本節では、議決権拘束契約の履行強制の可否を論じる前に、そもそも議決権拘束契約が有効であるかどうかを検討する。

　この点については、かつては争いがあり、共益権たる議決権の「人格権的性質」に背反するため無効とする見解も存したところである[31]。しかし、この見解が前提にしている、共益権はもっぱら会社の利益のために行使すべき一身専属的な人格権であり、処分することも株主個人の利益のために行使することも許されないといった考え方は、今日一般に支持されるところではなくなっている。むしろ、株主の共益権も、根本において株主自身の利益のための権利であることは自益権と違わないが、それを行使するとその効果が団体（会社）全体に及び、他の株主の利益にも影響するため、法政策上の見地から一定の制限が認められる場合があるだけであるとの理解[32]が、今日では一般的になったといえよう[33]。この見解からは、議決権拘束契約のような株主の議決権に関する取り決めについても、「当然許容され得ないものではなく、唯第二段的にそれ等の制度が弊害をもたらすとき、立法政策的に法が干渉の

---

31) 松田二郎『株式会社の基礎理論――株式関係を中心として』665頁（岩波書店、1942年）。松田説の概要については、鈴木竹雄「共益権の本質――松田博士の所説に対する一批判」同『商法研究III　会社法(2)』（有斐閣、1971年）1頁、6-10頁〔初出・法協62巻3号（1944年）〕を参照。

32) 鈴木・前掲注31) 14-18頁、鈴木竹雄＝竹内昭夫『会社法〔第3版〕』96-97頁（有斐閣、1994年）。

33) 最判昭和45年7月15日民集24巻7号804頁も、自益権も共益権も「いずれも直接間接社員自身の経済的利益のために与えられ、その利益のために行使しうべきもの」であり、「共益権をもって社員の一身専属的な権利であるとし、譲渡または相続の対象となりえないと解するいわれはない」と判示している。

手をさし伸ばすことあるに過ぎぬのである」と説かれることになる[34]。

以上のような理論の発展と並行して、会社法学では、議決権拘束契約をはじめとした株主間契約の研究が進み、そのような契約が、少数派株主の地位を強化することによって少数派としての資本参加を促進し、あるいは将来の紛争を未然に防止するといった利点があることも明らかにされてきた[35]。こうしたことから、今日では、学説上はほぼ一致して、議決権拘束契約の有効性を承認するに至っている[36]。

裁判例（下級審であるが）もまた、議決権拘束契約の有効性を承認している。東京高裁平成12年5月30日判決[37]は、株主どうしで、（さまざまな取り決めをしているがその1つとして）特定の者が取締役として選任されるように株主総会で議決権を行使しあう旨を合意した事例において、「本来、株主がどのように議決権を行使するかは株主の自由であり、商法上、株主総会は株式数の多数によって決議される機関とされており、したがって、会社は多数の株式を有する株主によって支配されるものであるとされていることに鑑みると、株主が多数の賛成を得るために他の株主に働きかけて右のような合意をする

---

34) 鈴木・前掲注31) 22頁。

35) 米国法の詳細な検討を通じて株主間契約の重要性を明らかにし、日本法のもとでその効力を積極的に認める解釈論を展開したのが、浜田道代『アメリカ閉鎖会社法』（商事法務研究会、1974年）である。また、日本の株主間契約に関する研究としては、ジョイント・ベンチャー研究会編著『ジョイント・ベンチャー契約の実務と理論——会社法施行を踏まえて』（判例タイムズ社、2006年）参照。

36) 森田・前掲注27) 24頁は、学説を網羅的に検討したうえで、「今日では、わが国においても、その一般的な有効性が承認されるに至っている」とする。議決権拘束契約を有効と明言する学説としては、江頭・前掲注1) 315頁、鈴木＝竹内・前掲注32) 239頁（注4）、浜田・前掲注35) 307頁のほか、有地平三「議決権行使に関する所謂『プール契約』(2・完)」法曹会雑誌8巻8号67頁、74-76頁（1930年）、大森忠夫「議決権」田中耕太郎編『株式会社法講座（第3巻）』877頁、903-904頁（有斐閣、1956年）、菱田・前掲注27) 155頁、青木英夫「議決権（拘束）契約」獨協1号41頁、47頁（1968年）、大隅健一郎＝今井宏『会社法論（中）〔第3版〕』79頁（有斐閣、1992年）、森本・前掲注27) 203頁（注8）、青竹正一「株主の契約」平出慶道ほか編『現代企業法の理論——菅原菊志先生古稀記念論集』1頁、22頁（信山社出版、1998年）、神田秀樹『会社法〔第15版〕』177頁（弘文堂、2013年）参照。これに対し、宍戸善一「株式会社の強行法規性と株主による会社組織設計の可能性——二人会社の場合」商事1402号30頁、32頁（1995年）は、議決権拘束契約の違反に対して損害賠償請求を求められるかどうかについては、「見解が分かれている」とするが、近年では例外的な存在といえる（森田・前掲注27) 61頁（注229）参照）。

37) 判時1750号169頁。

ことは、何らこれを不当視すべきものではなく、これが商法の精神にもとるものともいえない」とし、当該合意を有効と認めている。

2 有効性の限界をめぐる議論

　もっとも、上記の東京高裁判決は、過度に長期間、株主の議決権の行使に制限を加えることについては制限的な態度をとっている。同判決の事案は、2名の株主（契約締結時に代表取締役でもあった）の間で、両名が代表取締役退任後、取締役の地位を有することを前提にして、約18年間に渡り、取締役として同額の報酬を受けることができる（そのようなことが可能となるように、両名は株主総会で議決権を行使する）旨を合意したものである（なお、期間満了時には、両名はそれぞれ83歳と75歳になっている）。このような契約について、同判決は、「約18年間の長きにわたって議決権の行使に拘束を加える右の約束は、議決権の行使に過度の制限を加えるものであって、その有効性には疑問があるといわざるを得（ない）」とし、同契約は、相当の期間の経過後——具体的には、契約締結時から10年を経過した後——は、もはや拘束力を有しないと判示した。

　長期に渡る議決権拘束契約に制限を課そうとする立場は、米国の各州の立法（伝統的に、10年に限って効力を認めているものが多い）にも存在し[38]、法律家の間では、国を問わずポピュラーな考え方であるように見受けられる。しかしこれに対し、米国の学説からは、「もしも10年の制約が付されるならば、彼［閉鎖型の会社に参加する少数派株主］は、10年経ち苦しい創業期を乗り切っていよいよ繁栄を享受しうる時期にさしかかるであろう頃に、多数決支配の餌食となり、慈悲深いとばかりは期待できない多数株主の意のままに処理される立場に投げ出されてしまう」という、痛烈な批判が加えられている[39]。株主、ことに閉鎖型の会社の少数派株主にとっては、議決権拘束契

　　38）期間制限についての米国の立法については、浜田・前掲注35）165-167頁参照。ただし、近時は期間制限が廃止される傾向がある。デラウェア州一般事業会社法は、1994年の改正で期間制限を撤廃した（今野・前掲注30）231頁（注86）、Del. Gen. Corp. Law §219(c)参照）。
　　39）浜田・前掲注35）166頁（注689）で引用されている、F. Hodge O' Neal教授の主張。

約の有効期間に制限を課したところでリスクから解放されるわけではなく、むしろ、資本多数決原則のもとで多数派株主による圧迫を受けるリスクが増大するだけであるという事実に、法律家はもっと思いをいたすべきであろう。議決権拘束契約が会社の実情に合わなくなった場合にも、当事者間の再交渉により、たとえば一方当事者の株式を他方当事者が買い取るといった形の問題解決を図ることも可能である[40]。その意味では、議決権拘束契約は、契約どおりの効果が契約期間中当然に続くと考えるべきではなく、むしろ、期間中に再交渉によって契約が変更されることも当然ありうるものであり、ただ、当該契約は、再交渉における当事者の交渉力に影響を与える要素になる（議決権拘束契約が有効とされるほうが、そうでない場合よりも、少数派株主の交渉力が強化されることが多いであろう）、と理解するほうが適切であると思われる。そのような理解のもとに、議決権拘束契約の有効性の限界を考察するべきであろう。筆者としては、米国のような明示の立法的制限を持たない日本の会社法の解釈としては、議決権拘束契約の有効期間には、基本的に制限はない（事情変更の原則による契約の終了といった、民法の一般原則による制限の可能性はある）と解すべきではないかと考えている。

　以上のように、議決権拘束契約の有効期間に制限があるかどうかという点については議論の余地があるものの、少なくとも、（前記東京高裁判決にいう）「相当の期間」の範囲であれば、契約は有効であることについては、ほぼ争いがない。そこで、以下では、議決権拘束契約が有効であることを前提にして、その履行強制の可否について考えていくことにする。

---

[40] 契約が非効率になった（費用を上回る便益を生まなくなった）場合には、誰よりも契約当事者自身が、再交渉により契約を変更するインセンティブを持つ。それは、適当な対価のやりとりがなされるならば、再交渉は契約当事者全員の利益になるからである。スティーヴン・シャベル（田中亘＝飯田高訳）『法と経済学』359 頁（日本経済新聞出版社、2010 年）参照。

III　議決権拘束契約の履行強制

1　問題の所在および私見の概要

　議決権拘束契約が有効であるとすれば、契約当事者である株主が当該契約に違反して議決権を行使した場合、他の契約当事者は、それによって生じた損害の賠償を請求することができることになる（民法415条）。もっとも、契約に違反して議決権を行使されたことによる損害を証明することは、多くの場合は容易ではあるまい。そこで、議決権拘束契約の履行強制をすること、たとえば、契約に違反した議決権の行使を事前に差し止めることができないかが、問題となる。

　この問題については、Ⅰで紹介した名古屋地裁平成19年決定を除けば、裁判例はなく、学説も分かれている[41]。そこで、以下では、まず履行強制の可否に関する私見を述べたうえで、次節（Ⅳ）において、それと異なる裁判例や学説の見解について、反論を述べることにする。

　私見の立場は、至って簡単である。すなわち、民法の原則上、債務はその性質がこれを許さない場合を除き、履行を強制することができる。議決権拘束契約に従い特定の方法で議決権を行使するあるいは行使しないという債務は、その性質上、履行の強制を許さない債務とは解されないから、履行を強制することができる。履行の強制の方法としては、議決権拘束契約の内容によって、判決による意思表示の擬制（民法414条2項ただし書、民事執行法174条）か、または間接強制（民事執行法172条）によることになる。また、民事保全法23条2項の要件を満たせば、同項の仮の地位を定める仮処分として、議決権拘束契約の履行を強制することも可能である。

---

[41]　議決権拘束契約の履行強制を認める見解として、浜田・前掲注35) 308頁、有地・前掲注36) 83-84頁、青木・前掲注36) 52頁、杉本泰治『株式会社生態の法的考察――株主間契約の機能と効力』290頁（勁草書房、1988年）、野村秀敏「議決権拘束契約の履行強制――ドイツにおける議論を中心として」同『民事保全法研究』375頁、388頁（弘文堂、2001年）参照。履行強制を否定する、あるいは履行を強制できる場面を限定する見解については、Ⅳで紹介する。

本節では、履行強制の可否の問題に関する上記の私見を敷衍して論じる。履行強制の具体的な方法については、次々節（Ｖ）で論じる。

2　議決権拘束契約の履行強制が可能であること

民法414条1項本文が示すとおり、日本法は、債権には原則として履行請求権があり、その内容を強制的に実現することができるものとしている[42]。ただし、「債務の性質がこれを許さないときは、この限りでない」（同項ただし書）。そこで、どのような債務について、履行の強制が許されないのかが問題になるが、判例・学説は、相当限定的に解しているといってよい。具体的には、①義務内容からしてそれを強制することが人格権の侵害になる、あるいは社会通念上是認できないと考えられるような債務（夫婦の同居義務、あるいは婚約により生じる婚姻をする債務など）[43]、②債務者の自由な意思で履行するのでなければ、契約の目的を達しえない債務（芸術的創作をする債務など）[44]が挙げられる程度である。とくに①は、かなり限定的に解されていると思われる。たとえば、判例は、謝罪広告をする債務の履行を強制しても

---

42) 内田貴『民法Ⅲ〔第3版〕』116頁（東京大学出版会、2005年）参照。本文の議論は、民法414条1項本文は、債務不履行に対しては履行の強制ができるという一般原則を表明した規定であるという理解を前提にしている（内田・同121頁）。この理解からは、同項ただし書が、債務の履行を強制できない場合を一般的に定めた規定と解することになろう。これに対し、民法学の伝統的な通説は、414条1項本文は、債務の性質が直接強制を許す限り直接強制ができることを定めた条文と解している（この解釈によると、同項ただし書は、履行の強制一般ではなく、直接強制が許されない場合を定めた規定と解されることになる）。もっとも、伝統的な通説も、債務は原則的に履行を強制できると解しているため（通説によれば、それには明文上の根拠はないということになるが）、いずれの見解によっても実質的な差異は生じない（内田・同120-121頁）。以下、本文の議論は、民法414条1項の起草趣旨により忠実とみられる、内田教授の解釈によっている。債務は原則として履行を強制できるという原則を述べるもの（民法414条1項を根拠にするか、不文の法理を根拠にするかは問わない）としては他に、奥田昌道編『新版注釈民法⑽Ⅰ』536頁〔奥田昌道＝坂田宏〕（有斐閣、2003年）、潮見佳男『プラクティス民法 債権総論〔第3版〕』67頁（信山社、2007年）、中田裕康『債権総論〔新版〕』74頁（岩波書店、2011年）参照。

43) 内田・前掲注42) 122-123頁、奥田編・前掲注42) 539頁、583-584頁、潮見・前掲注42) 101頁、中田・前掲注42) 85頁。夫婦の同居義務につき間接強制を否定した判例として、大決昭和5年9月30日民集9巻926頁。

44) 内田・前掲注42) 122頁、奥田編・前掲注42) 539頁、583-584頁、潮見・前掲注42) 101頁、中田・前掲注42) 85頁。

人格権（良心の自由）の侵害にはならず、代替執行（民法414条2項本文）による強制が可能であると解している[45]。親権者に対する子の引渡債務も、少なくとも間接強制によれば、履行を強制できるとの見解が有力である[46]。

議決権拘束契約は、営利法人の社員である株主が、株主権の1つである議決権をどのように行使するかを約すものであり、基本的には、経済上の利益が問題になっているに過ぎない。その履行を強制することが、株主の人格権の侵害になるとは解されない（議決権その他の共益権を一身専属的な人格的権利とみる見解が、今日支持を失っていることは、II1で述べたとおり[47]）。また、議決権拘束契約により強制される行為は、単に、特定の議案に対して賛成の議決権を行使するとか、あるいは議決権を行使しないとかいったことであり、債務者が自由な意思で履行しなければ契約の目的を達成できないということも考えられない。

以上からすれば、議決権拘束契約上の債務が、その性質上、履行の強制を許さないものと考える理由は何もないから、当該債務は、民法の原則に従い、履行を強制することができると解すべきである。

IV 議決権拘束契約の履行強制を否定あるいは制限する見解とそれに対する反論

1 はじめに

III2で述べた私見とは異なり、議決権拘束契約の履行強制を否定したり、あるいは、履行強制ができる場面に一定の制限を課そうとする立場が存在する。本節では、それらの見解を検討し、反論を行うことにする。

---

[45] 最判昭和31年7月4日民集10巻7号785頁。
[46] 中田・前掲注42) 87-88頁。
[47] 前掲注32) と対応する本文参照。

2 履行の強制は議決権行使の「任意性」ないし株主の「自由意思」に反して認められないとする見解

　まず、「株主総会における株主の議決権行使には株主の任意性が尊重され、株主総会なる会社機関の意思決定に対して外部的強制力をもって干渉すべきではないから、かかる契約の強制的履行を請求することはできない」とする見解がある[48]。「契約どおりに議決権を行使せよという事前の積極的差止命令を出すことは、議決権の行使が自由意思によることを前提にしている以上、不可能であろう」とする見解も[49]、同趣旨といえよう[50]。

　しかし、これらの見解は説得的でない。確かに株主は、自己の議決権を任意に行使することができるのが原則であるが、任意に行使できる以上は、その行使の仕方に関し、株主の自由な意思に基づきあらかじめ他の株主と合意することを禁じる理由も存在しない[51]。そして、株主が任意でそのような合意をした以上、民法の原則に基づき債務の履行を強制されたとしても、それは契約締結の当然の結果であって[52]、何ら株主の自由意思に反するものではない（それが自由意思に反するとすると、契約の履行を強制することはすべて自由意思に反することになる）。確かに、Ⅲで述べたとおり、当事者が任意に合意した場合であっても、合意による債務の履行を強制することが許されない場合はある。しかしそれは、今日の社会通念あるいは文化的価値観に照らして、債務者の（合意時でなく履行時における）意思に反して特定の行為を強いることが人格権の侵害となることに社会的コンセンサスがあると考えられる場合——具体的には、婚姻したくない者を強いて婚姻させたり、配偶者と同居したくない者を強いて同居させるような場合——に限られている（判例は、謝罪広告をしたくない出版社に謝罪広告を強いても人格権の侵害にはなら

---

48) 菱田・前掲注27) 158頁。
49) 宍戸・前掲注36) 32頁。
50) 「議決権の行使は株主自身の意思でなさねばならない」ことを理由に履行強制を否定する見解として、青竹・前掲注36) 22頁も参照。また、とくに理由は示さないが履行の強制はできないとする見解として、大隅＝今井・前掲注36) 79頁も参照。
51) 前掲注37) で引用した、東京高判平成12年5月30日の判示参照。
52) 浜田・前掲注35) 308頁。

ないとしている)。経済的利益を目的に会社に参加している株主に対し、契約内容どおりに特定の議決権行使をさせる(あるいは特定の議決権行使を禁じる)ことが、個人の人格権の侵害などといえるものではないことは、明らかであろう。

3 株主全員が当事者になる場合のみ、履行の強制は可能とする見解

(1) 契約外の株主の利益への影響を理由とする見解

 Ⅰ2で紹介したとおり、名古屋地裁平成19年決定は、議決権拘束契約の履行を強制できるのは、株主全員が契約当事者になった場合のみであると解しており、近時の学説の中には、これと同趣旨のものも存在する((2)で後述する)。しかし、次に挙げる理由から、その見解を支持することはできない。

 従来の学説において、株主全員が議決権拘束契約の当事者となる場合には特別の法律効果が認められると説かれることは確かにあった。しかし、それは、契約の履行強制についてではなく、契約違反の議決権行使が現になされた場合に、それによって成立した株主総会決議の効力についてであった。

 すなわち、従来の学説においては、契約(債権)の相対効の原則を根拠として[53]、議決権拘束契約違反の議決権の行使がなされた場合でも、原則として株主総会の決議の効力には影響は及ばないと解するものが支配的であるが[54]、例外的に、株主全員が議決権拘束契約の当事者となっている場合は、契約の違反は決議の効力に影響を及ぼすと解する見解[55]が有力である。

 こうした学説上の有力説は、株式会社の実質的所有者である株主全員の同意に対して、単なる株主間の債権契約を超えた会社法上の効力——それも、強行規定にも優越する効力——を認めてきた判例法理の自然な応用であると見ることができよう。すなわち、判例は、(a)招集手続を経ないで開催された

---

[53] 相対効の原則とは、契約の効力は当事者間にしか及ばないこと(内田貴『民法Ⅱ〔第2版〕』78頁(東京大学出版会、2007年))、物権は誰に対しても主張できるが、債権は債務者に対してしか主張できないこと(中田・前掲注42)17頁)をいう。

[54] 浜田・前掲注35)307-308頁、江頭・前掲注1)315頁、神田・前掲注36)177頁等、ほぼ定説といってよいが、Ⅵで後述するとおり、異論がないわけではない。

[55] 浜田・前掲注35)309頁、江頭・前掲注1)316頁(注2)。

株主総会も、株主全員が同意して出席すれば有効に成立するとし[56]、(b)譲渡制限株式の譲渡について株主全員の同意を得れば、法の要求する譲渡承認手続を経なくても譲渡は会社との関係で有効になるとし[57]、(c)取締役会の承認を欠く利益相反取引も、株主全員の同意を得れば有効になるとし[58]、(d)定款または株主総会の決議によらない取締役への報酬の支払いも、株主全員の同意があれば適法となるとしてきた[59]。こうした判例を基礎にすれば、議決権拘束契約も、株主全員が同意したものであれば、単なる株主間の債権契約としての効力にとどまらず、会社との関係でも効力が及ぶという見解が出てくるのは自然であろう。実際、株主全員が当事者となった議決権拘束契約に違反した議決権行使によって成立した株主総会の決議は、定款違反の決議（会社法831条1項2号）と同視し、決議取消しの対象になるという見解が、有力に主張されているところである[60]。

　名古屋地裁平成19年決定の前記①の要件は、こうした学説上の有力説を、議決権拘束契約の履行強制の場面にも及ぼそうとするものであるように思われる。しかし、これは、まったく異なる場面を混同したものといわざるを得ない。確かに、同決定が指摘するように、議決権拘束契約の履行が強制された結果、さもなければ成立していなかった決議が成立するならば、その影響は、契約当事者以外の株主（以下、「契約外の株主」という）にも及ぶ。しかし、それは、契約が履行されれば通常起きることである。売買契約が履行された結果、物の所有権が買主に移転し対抗要件も備えれば、その効力は天下万民に及ぶ（すべての人は、買主の所有権を尊重しなければならなくなる）。しかし、それが契約の相対効に反するとは誰もいわないし、相対効に反するから売買契約の履行は強制してはならないとも誰もいわないのである。契約が相対効しか持たないということは、契約がそれ自体として、契約外の第三者に何ら

---

[56] 最判昭和60年12月20日民集39巻8号1869頁。
[57] 最判平成5年3月30日民集47巻4号3439頁、最判平成9年3月27日民集51巻3号1628頁。
[58] 最判昭和49年9月26日民集28巻6号1306頁。
[59] 最判平成15年2月21日金判1180号29頁。
[60] 浜田・前掲注35) 309頁、江頭・前掲注1) 316頁（注2)。同じ結論は、ドイツでは判例により、承認されている（BGH NJW 1983, 1910. 野村・前掲注41) 390頁（注52))。

かの義務を課すことはできない、ということであって、契約が履行されたときに、結果として契約外の第三者の利益に影響が及ぶことまでも、相対効によって否定されているわけではないのである。だからこそ、従来、議決権拘束契約の履行強制を肯定する学説（(2)で後述する、近時主張されている若干のものを除く）は、株主全員が当事者になっていることを要件とはしてこなかったのである[61]。

名古屋地裁平成19年決定は、議決権拘束契約の履行を強制した結果として、契約外の株主の利益が害されるような決議が成立しうることを懸念しているのであろう。しかし、そうした事態に対しては、履行強制を一般的に否定しなくても、個別の事例に対して既存の法理を適切に適用することによって対処することが可能である。具体的には、もしも議決権拘束契約に従った議決権行使の結果、著しく不当な決議が成立した場合には、契約外の株主は、決議取消しの訴え（会社法831条）を提起することができる。たとえば、A会社の株主である甲と乙（乙は会社とする）が、甲は乙の指図どおりに議決権を行使すべき旨を合意した場合において、乙とA会社の間で、A会社の株主に著しく不利な条件の合併契約が締結されたとしよう。この場合に、合併契約を承認するA会社の株主総会において、乙の指図に従い甲が賛成の議

---

61) 前掲注41）引用の文献参照。とくに、浜田・前掲注35）は、いったん成立した決議を取り消すには株主全員が議決権拘束契約の当事者であることを要するとするが（同書309頁）、議決権拘束契約の履行強制についてはそれを要求しておらず（同書308-309頁）、両者は異なる問題であることが明確にされている。これに対し、江頭・前掲注1）316頁（注2）は、「株主全員が当事者である議決権拘束契約」の場合には、「契約違反の議決権行使により成立した決議は……取消しの対象となる」とともに、「契約に従った議決権行使をしない株主がいる場合に他の契約当事者が意思表示に代わる判決（民法414条2項但書、民事執行法174条）を求めることは契約内容が明確であれば可能である」とし、決議の取消しも履行強制も、ともに、株主全員が契約当事者になっていることを要求するかのごとくである。しかし、当該記述は、契約に反して議決権が行使されても決議の効力に影響がないという一般原則を説明したうえで、「株主全員が当事者の契約の場合における違反の効果がそれにとどまるか否かは、疑問である」と指摘した本文（江頭・前掲注1）315頁）に対応する注の中でなされているものであり、記述の主眼は、契約違反の議決権行使によって成立した決議の効力の点にあるのであって、それを超えて、議決権拘束契約の履行を強制する場合にも株主全員が契約当事者になっていることまでも要求する趣旨ではないのではないかとも解される。筆者の知る限り、明示的かつ理由を示して、議決権拘束契約の履行強制のためには株主全員が契約当事者になる必要があると主張する学説は、(2)で検討する、森田・前掲注27）16頁が唯一のものである。

決権を行使したため、当該総会決議が成立した場合には、A会社の契約外の株主は、特別利害関係人の議決権行使によって著しく不当な決議がなされたとして、決議の取消しを請求することができる（会社法831条1項3号）[62]。また、議決権拘束契約に従った議決権の行使が、会社または株主の利益を侵害することが明らかであるような場合には、契約外の株主は、当該議決権の行使が株主権の濫用（民法1条3項）に当たるとして、事前の差止めを求めることも可能であろう[63]。

　もっとも、議決権拘束契約に従った議決権行使がなされたとしても、それにより成立する決議が会社または株主の利益を明らかに侵害することはなく、決議が著しく不当であるともいえない場合には、契約外の株主が前記のような救済を求めることはできない。しかし、議決権をどのように行使するかは、原則として各株主の意思に委ねられている以上、そのような結果になるのはやむを得ないことである。契約がないときは、株主がある議案に賛成する議決権行使をすることについて他の株主が異議を唱えることができない場合において、株主が契約に従ってそのような議決権行使をした場合に限って、他の株主は法的救済を求めることができるとすれば、かえって不合理なことである。

　以上の議論は、株主が議決権拘束契約に従った議決権行使をすることにより、さもなければ成立しなかった決議が成立するという場面を念頭に置いて論じてきた。これに対し、株主が議決権拘束契約に従った議決権行使をすると、さもなければ成立していた決議が成立しなくなる、という場面も考えら

---

[62] 本文の設例の場合、乙は決議の成立に特別な（他のA会社株主と共有しない）利益を有しており、契約に従い乙の指図により議決権を行使する義務を負う甲もまた、決議の成立について他の株主と共有しない利害を有するといえるから、特別利害関係人に当たると解することができる。なお、合併の効力が発生した後は、合併無効の訴えを提起することができると解される。伊藤靖史ほか『会社法〔第2版〕』398頁〔田中亘〕（有斐閣、2011年）参照。

[63] 株主権も私権の1つである以上、その濫用が許されないことは当然である（民法1条3項）。従来の裁判例・学説は、株主が、株主としての利益と異なる目的のもとに、会社・株主の利益を侵害するような株主権の行使をする場合に、株主権濫用となる可能性を認めてきた（大隅健一郎＝今井宏『会社法論（上）〔第3版〕』344頁（注2）（有斐閣、1991年）、長崎地判平成3年2月19日判時1393号138頁参照（株主代表訴訟の提起が株主権の濫用に当たるとして却下された事例））。

れる。具体的には、議決権拘束契約が、ある議案に反対することまたはその議案について議決権を行使しないことを株主に義務付けている場合であって、当該株主の賛成の議決権行使がなければ、決議の成立に必要なだけの賛成票が得られない、というような場合がそれに当たる。このような場合、契約外の株主は、決議取消しの訴えを提起することはできない。理論的には、議案に反対の議決権行使をすることが株主権の濫用になるといえる場合には、契約外の株主は、差止めや損害賠償の請求ができる可能性があるが、現実に株主権濫用が認められることは極めて例外的であろう。また、契約が株主に議決権を行使しないことを義務付けている場合には、契約に従って議決権を行使しなかった株主に対し、株主権濫用の責任を問うことはいっそう困難であろう。しかし、そもそも株主は、議決権を行使する権利があるだけで、善管注意義務に従い議決権を行使する義務を負うものではないのだから、以上のような結果となることもまた、やむを得ないところである。契約がないときには、株主が議決権を行使しなくても他の株主から責任を問われないのに、契約に従って行使しなかった場合に限って責任を問われるとすれば、かえって不合理なことである。

　以上を要するに、議決権拘束契約の履行を強制することで契約外の株主の利益が害されるという懸念に対しては、もしも当該利益が法的保護に値するなら、既存の法理（不当決議の取消しまたは株主権の濫用）によって対処可能であり、逆に、既存の法理が対処しない場合は、当該利益はそもそも法的保護に値しないのであるから、当該利益を根拠にして、議決権拘束契約の履行強制を否定することはできないというべきである。したがって、契約外の株主の利益は、株主全員を当事者とする議決権拘束契約でなければその履行を強制できないと解することの根拠にはなり得ないと考える。

(2) 矛盾する契約が締結される可能性があることを理由とする見解

　近時、議決権拘束契約を含む株主間契約一般に関して包括的な検討を行った森田果准教授は、履行強制が可能なのは、「全株主が当事者となった議決権拘束契約に限定されると解すべきである」と主張し、その理由として、「一部の株主のみによる議決権拘束契約について強制可能性を肯定すると、相互

に矛盾する複数の議決権拘束契約が締結されている場合の処理に困難が生じる」ということを挙げている[64]。

しかしながら、この見解も支持できない。その理由は、矛盾する契約が結ばれる可能性があるからといって、何ら矛盾する契約が結ばれていないときも含めて履行強制を一般的に否定するという議論が説得力を欠くということもあるが[65]、それ以前に、そもそもわが国の契約法（債権法）上、矛盾する契約が締結される（当事者が矛盾する債務を負担する）ことは背理でも何でもなく、その場合の法的処理に困難を来すこともないからである。

一般に、契約の効力は契約当事者にしか及ばず、債権の効力は債務者にしか及ばないのが原則であるから[66]、ある人が2以上の契約を締結することにより、それぞれの契約の相手方に対し、内容的に矛盾する債務を負担することは可能である。典型的には、不動産の二重譲渡においては、譲渡人は複数の譲受人に対し、同一の不動産を引き渡し、かつ登記を移転する債務を負担することになるが、それが背理だとは解されていない。ましてや、その場合の処理が困難になるというだけの理由で、譲渡契約の履行強制を──二重譲渡がされた場合だけでなく、二重譲渡がされない場合も含めて──否定すべきだとは、何ら解されてはいない。

実際に二重譲渡がされたときは、どの譲受人も譲渡人に対して目的物の引渡および移転登記請求権を有し、それらの履行を強制することができることを当然の前提にして、その場合に生じうる紛争は、物権移転の対抗要件（もしも仮処分が行われた場合は、仮処分に関する法制度）と履行不能の法理をしかるべく適用して解決されることになる。すなわち、二重譲渡においては、先に所有権の移転登記を備えた譲受人が、他の譲受人を含む第三者に対して所有権の移転を対抗できる（民法177条。後続の譲受人が「背信的悪意者」である可能性は無視する）。そして、ある譲受人がそのように対抗要件を備えた

---

64) 森田・前掲注27) 16頁。
65) せめて、矛盾した契約が結ばれたときには履行を強制できなくなるといった解釈をとるべきであろう。もっとも、本文で後述するように、結論としてはそのような解釈をとる必要もない。
66) 前掲注53) と対応する本文参照。

場合、譲渡人の他の譲受人に対する債務は、社会通念上、履行不能と評価されるため、譲渡人は本来の債務（引渡および登記の移転）の移転を強制されることはもはやなくなり、それに代えて、他の譲受人に生じた損害を賠償する責任を負うことになる（民法415条）[67]。

もっとも、譲受人は所有権の移転登記請求権を保全するため、処分禁止の仮処分をすることができる（民事保全法53条）。その場合には、処分禁止の登記（同条1項）がされた後に、他の譲受人が、譲渡人から所有権移転登記を受けたとしても、後に仮処分債権者である譲受人が所有権移転登記をすれば、先に所有権移転登記をした譲受人を含む第三者に対して所有権の移転を対抗できる（同法58条1項。この場合、仮処分債権者である譲受人は、処分禁止の登記に後れる所有権移転登記を抹消することができる。同条2項）。そしてこの場合、仮処分債権者である譲受人以外の譲受人（処分禁止の登記後に所有権移転登記をした譲受人も含む）の譲渡人に対する引渡しおよび移転登記請求権は、いずれも履行不能となり、譲渡人はこれら他の譲受人に対し、民法415条による損害賠償責任を負うことになるのである。

議決権拘束契約についても、矛盾した契約が締結される危険——めったに起きることとは思えないが[68]——をおそれて履行強制を否定する理由はまったくなく、むしろ、契約（債権）の相対効の原則をとる以上はそのような事態も起きうることを認めたうえで、適切な法解釈によって、生じる紛争を解決するべきである。具体的には、ある議決権拘束契約に従って、特定の議決権行使をすることまたはしないことが裁判所により命じられ、かつそれが執行された時点で、それとは矛盾する他の議決権拘束契約上の債務は、社会通念上、履行不能と評価され、損害賠償責任に転化すると解すべきであろう。「執行された時点」とは、具体的には、①履行の強制が間接強制の方法によって行われるときは、執行裁判所が強制金の支払いを命じた時点（民事執行法172条1項）であり、②履行の強制が意思表示に代わる判決（民法414

---

67) 最判昭和35年4月21日民集14巻6号930頁、中田・前掲注42) 107頁参照。
68) 矛盾する契約をすることで困るのは、誰よりも、そうした契約を結んだ株主自身であることに鑑みれば（少なくとも、いずれかの契約の相手方には損害賠償しなければならなくなる）、そのような契約が頻繁に結ばれることはおよそ考えづらい。

条2項ただし書）により行われるときは、判決確定の時点（民事執行法174条1項）となろう（判決確定と同時に執行されることになる）。もっとも、実際には、本案判決を待っていては、総会日までに議決権拘束契約の履行は強制できない場合が多いと考えられるので、仮の地位を定める仮処分（民事保全法23条2項）を求めることが多いであろう。その場合も、本案判決の執行と同様に解して、仮処分を債務名義とする間接強制の強制金が命じられた時点（同法52条1項、民事執行法172条1項）、または、意思表示に代わる仮処分が命じられた時点で、それと矛盾する他の議決権拘束契約上の債務は履行不能となると解してよいと考える。

　以上の解釈には、個別的には異論があるかもしれない（たとえば、履行不能の時点をいつと考えるかなど）。しかし、ここで述べたいことは、特定の解釈論を一義的に正しいものとして提唱することではなく、矛盾した議決権拘束契約が結ばれたとしても、法制度の適切な解釈・運用によって処理することは十分可能であるということである（基本的に、執行の先後関係と履行不能の法理だけで対応できる）。不動産の二重譲渡の可能性があることが、譲渡契約の履行強制を否定する理由にならないのとまったく同様に、矛盾した議決権拘束契約が結ばれる可能性があることは、そうした契約の履行の強制を否定する理由にはならないのである。

4　当事者の意思が明確である場合にのみ履行の強制は可能であるとする見解

(1)　名古屋地裁平成19年決定の「明確性」の要件

　名古屋地裁平成19年決定は、議決権拘束契約に基づく議決権行使の差止めを求めるための要件として、①株主全員を当事者とすることの他に、②契約内容が明確に議決権を行使しないことを求めるものといえることを要求している[69]。①の要件が不要であると解すべきことは、3で論じたとおりであるので、ここでは②の要件について検討する。

　まず、本決定の②の要件が、具体的に何を意味するのかは必ずしもはっき

69）前掲注23）と対応する本文参照。

りしない。一般に、ある株主がある議決権行使をしないことを約したことの主張・立証責任は、そのような契約に基づき議決権行使の差止めを求める当事者の側にあるから[70]、株主がそのような契約をしたかどうかが、真偽不明である、すなわち、事実認定に必要な証明度に達しないという意味において明確でないならば、もとより議決権行使の差止めはできないことになる。しかし、それは、債務の存在が認められなければその履行を強制することはできないという当然の事理であって、本決定がそのことをいっているに過ぎないのであれば、あえて②を履行強制の要件として掲げる意味はないといえよう。したがって、②の要件に意味があるとすれば、それは、議決権拘束契約に基づく議決権行使の差止めを認めるためには、株主がある議決権行使をしない旨を約したということが、事実認定に必要な程度に明確であるという以上に（より一層強く）明確になっていなければならない、ということを要求しているのではないかと考えられる。

　ただ、②の要件は抽象的には以上のように理解できるとしても、それだけでは、具体的な事案において、議決権拘束契約が何をどこまで定めていれば、②の要件を充足したことになるのかは明らかでない。そこで、本決定自身が、②の要件をどのように適用したのかを見てみると、I2で説明したように、本件は、A会社の2名の株主（XとY）の間の契約において、一方の当事者が株式を他に譲渡するには他方当事者の事前の承認を要する旨の条項（本件条項）が定められていたところ、Xは、本件条項にいう「株式の譲渡」には、A会社が完全子会社となる株式交換による株式の移転も含まれると解釈し、その解釈を前提にして、YはXの事前の承認なしに、当該株式交換を承認する株主総会において賛成の議決権行使をしないという義務を負う、と主張したものである。これに対し、本決定は、本件条項の「株式の譲渡」には株式交換は含まれないと判示し、YがX主張のような義務を負うこと自体を否定したのであるが、それに続けて（傍論として）、仮に本件条項の「株式の譲渡」に株式交換が含まれるとしても、本件条項の規定上、「A会社といかなる当

---

[70] 債務の存在（要件事実としては、当事者がそのような債務を負うことを約したこと）は、履行の強制を求める側の当事者が主張・立証すべき事実（積極的要件）である。中田・前掲注42) 89頁。

事会社間の株式交換が対象になるかは不明であり、②の要件を欠くといわざるを得ない」（傍点は引用者付加）として、この点においても、Xによる差止めの申立には理由はないとしたものである[71]。

この判示部分（傍点を付した箇所）は、筆者には分かりづらく思われる。本件条項は、何ら譲渡の相手方を限定することなく、株主（XまたはY）が株式を他に譲渡するには他の株主（YまたはX）の事前の承認を要求している。そうだとすれば、仮にXが主張するように、本件条項の「株式の譲渡」に株式交換も含まれると解するならば、本件条項は、いかなる当事会社との間の株式交換もその対象としていると解するのが自然であって、本決定がいうような「不明」な点は何もないように思われる。

あるいは、本決定は、およそ株式交換の承認に関する議決権行使について議決権拘束契約を結ぶ場合には、いかなる当事会社との間の株式交換を対象にするのかについてある程度限定的な定めを置かない限り、②の要件は満たさないと解するものであろうか。しかし、どうしてそのように解さなければならないのか明らかでない。「会社が行ういかなる当事会社との間の株式交換であれ、株主がそれに賛成する議決権行使をするには、他の株主の事前の承認を要する」という趣旨の議決権拘束契約は、株主がどういう場合にどういう内容の議決権行使をしてはならないのかについて、十分に明確にされているように思われる。かえって、どういう当事会社との間の株式交換を対象にするかについて限定を付した契約（たとえば、「同種の事業を営む会社との間の株式交換について賛成の議決権を行使するには、他の株主の事前の承認を必要とする」という趣旨の契約）のほうが、具体的な事例において、当該契約の適用があるか否かをめぐり、不明確性を生じることもあるように思われる（「同種の事業」を営んでいるかどうかは、必ずしも明確でない場合もありえよう）。このように、本件における②の要件の適用の仕方を詳しく検討しても、なお、本決定が②の要件をどのようなものと理解したうえでこれを要求しているのかは、明らかでないといわざるを得ない。

---

[71] 名古屋地裁平成19年決定・前掲注20) 60頁。

(2) 明確性の要件を課す理由がないこと

(1)で述べた疑問点に加えて、本決定の②の要件に対しては、そもそもなぜ、このような要件を課す必要があるのかという根本的な疑問がある。Ⅲで説明したとおり、債務はその性質がこれを許さない場合を除き、履行を強制することができるというのが、わが国の民法の原則である。議決権拘束契約についてのみ、なぜ民法の原則とは異なる取扱いがなされるのか、不明である。

同決定は、その根拠として、(ア)議決権拘束契約に基づく差止めの可否について判断した判例は見あたらないこと、(イ)学説上はこれを否定する見解が優勢であったことから、差止めを認めると「法的安定性を害するおそれがある」ことを挙げている[72]。しかし、まず(ア)については、ある契約類型についてその履行強制の可否が最初に裁判で争われるときは、常にそれについて判例はないから、もしも判例がないことを理由として、当該の契約類型について履行強制を否定するとすれば、債務は原則としてその履行を強制できるという民法のルールと矛盾してしまう。民法の原則であると一般に認められていることが、特定の契約類型については、判例がないというだけで簡単に変更されてしまうことのほうが、「法的安定性」を害するというべきである。

次に、(イ)についていうと、議決権拘束契約に基づく議決権行使の差止め（あるいは、契約の履行強制一般）を否定する学説のほうが優勢であるというのは、少なくとも戦後の学説状況に照らせば、正確とはいえない。2004年の時点で、議決権拘束契約をめぐる学説を網羅的に検討した森田果准教授は、戦後の当初は履行強制を否定する見解が主流だったものの（その例として菱田政宏教授の論文[73]を挙げる）、「議決権拘束契約の強制執行を肯定する見解も次第に出現してくる」として、青木英夫、土肥一史、野村秀敏、浜田道代、杉本泰治の各氏の論文[74]を挙げている。そのうえで、「数の上では少ないも

---

72) 前掲注23）と対応する本文参照。
73) 前掲注27）参照。
74) ここで挙げた論文のうち、土肥一史「議決権拘束契約の効果と執行可能性(1)(2)」福岡21巻2号1頁（1976年）、22巻2号1頁（1977年）は、ドイツ法の紹介で日本法については直接論じていないが、森田准教授は、記述を読む限り日本法においても履行の強制は可能と考えていた節がうかがわれるとして、肯定説に含めている（森田・前掲注27）51頁（注169）。その他の論文については、前掲注41）参照。

のの」(傍点は引用者付加)、なお戦前からの議論の流れを受けて否定説をとるものがあるとしているが、これについては、青竹正一[75]、宍戸善一[76]の各教授の論文を挙げる程度である[77]。以上の森田論文引用のものに加え、とくに理由を示さずに履行強制はできないとする大隅健一郎教授と今井宏教授の共著[78]、および、株主全員が契約当事者にならなければ履行強制はできないとする森田准教授自身の見解（3(2)参照）を否定説に含めるとしても、単純に数を比較しただけでも、否定説が「優勢」と決めることはできない。いずれにせよ、学説とは法令の公権的な解釈を示すものではなく、あくまで裁判所が公権的な解釈をする際の参考となるに過ぎないものであるから、裁判所が法解釈をする際に、どちらの学説が「優勢」なのかを問題にすることには違和感がある[79]。むしろそれらの学説が、法律論として説得的な論拠を示しているかどうかを具体的に検討すべきものであろう。

5　まとめ

以上に論じたとおり、議決権拘束契約の履行強制を否定したり、あるいは履行強制ができる場面を限定する見解は、いずれも根拠に乏しい。議決権拘束契約は、株主全員が当事者になっているかどうかを問わず、また、他に追加的な要件を課すことなく、その履行を強制することが可能であると解するべきである。

---

75) 前掲注50) 参照。
76) 前掲注49) 参照。
77) 以上につき、森田・前掲注27) 15頁。
78) 前掲注50) 参照。
79) そもそも、ある法律問題について全ての学者が見解を公表しているわけではないことも考えれば（ある1つの優れた論文で示された見解をほとんどの学者が支持しており、その論文につけ加えることがないため、以後、誰もそのテーマで論文を書かないということは、ままあることである）、どちらの説が「優勢」であるかなど、厳密には決められないのではなかろうか。

V 議決権拘束契約の履行強制の方法

1 履行強制の方法について

　前節で、議決権拘束契約の履行強制が一般的に認められるべきことを論じたので、本節では、その解釈を前提にして、履行強制の具体的な方法について簡単に触れておく。

　この点は、議決権拘束契約の内容が、株主に対して①特定の態様で議決権を行使することを求めるものであるか（たとえば、「Ａを取締役とする」という議案に賛成することを約す場合）、それとも、②特定の態様で議決権を行使しないことのみを求めるものであるか（たとえば、「Ａを取締役にする」という議案に賛成しないことを約す場合。この場合、株主は、議案に反対の議決権行使をしてもよいし、棄権あるいは議決権を行使しなくてもよい）によって、異なってくる。①の場合は、債務の内容が意思表示（議決権の行使も、意思表示の１つに違いない）を求めるものであることから、判決による意思表示の擬制（民法414条2項ただし書、民事執行法174条1項）の方法によることができると解される[80]。つまり、この場合は、特定の態様で議決権を行使することを命じる判決の確定をもって、議決権拘束契約の債務者である株主が株主総会でそのような議決権を行使したとみなすことができると解される[81]。

　これに対し、②の場合は、株主がすべき意思表示の内容が特定しないため、判決による意思表示の擬制を用いるわけにはいかない。そこでこの場合は、契約の履行強制は、間接強制（民事執行法172条）によることになる[82]。すなわち、議決権拘束契約の債権者は、債務者である株主は特定の態様で議決権を行使してはならないという内容の確定判決を債務名義として、執行裁判所に対し、債務者が当該債務に違反した場合には一定の金額（強制金）を支払うよう命じる決定を求めることができる[83]。議決権行使のような、将来の一回的な行為をしないことについて間接強制の決定をするためには、債務

---

[80] 江頭・前掲注1）316頁（注2）、浜田・前掲注35）309頁、森田・前掲注27）17頁、野村・前掲注41）388頁。

者が不作為義務に違反するおそれがあることが必要だが、高度の蓋然性や急迫性の立証は必要ない[84]。強制金の額は、「債務の履行を確保するために相当と認める」額（同条 1 項）として、執行裁判所が裁量により定めることができ、契約違反が行われた場合に債権者が被るであろう実際の損害額を超えていても差し支えない[85]。

2 仮処分について

1 では、議決権拘束契約の債権者が、債務者に対して契約に従った議決権の行使をすること（あるいはしないこと）を命じる確定判決を得ることを念頭に置いていた。しかし、実務上は、確定判決を待っていては総会日に間に合わないことが多いであろう。そこで、議決権拘束契約の履行強制は、民事保全法 23 条 2 項の仮の地位を求める仮処分によって行う場面が多いと考えられる。当該仮処分においては、債権者が、被保全権利の他、保全の必要性として同項の要件（「争いがある権利関係について債権者に生ずる著しい損害又は急迫の危険を避けるためこれを必要とするとき」）を疎明すれば、裁判所は、議決権拘束契約の内容に従い、債務者に対し①特定の態様で議決権を行使

---

81) 本文の解釈に対しては、議決権の行使は、原則として株主が株主総会に出席して行う必要があり、書面または電磁的方法による議決権の行使が認められる場合であっても、会社の作成する議決権行使書面を用いるなど所定の方法によって行う必要があることが、判決による意思表示の擬制に対する障碍とならないか、という疑問があるかもしれない。しかし、官公署に対する許認可申請や登記申請のような要式行為であっても、判決による意思表示の擬制によって強制執行ができると解されている（意思表示を命じる判決により、そのような「要式」を遵守した意思表示がなされたとみなされる。中野貞一郎『民事執行法〔増補新訂 6 版〕』829 頁（注 1）（青林書院、2010 年））。議決権行使のための株主総会への出席や書面投票・電子投票も、一種の「要式」として、判決によればそれに代えることができると解すべきである。そう解する場合、議決権拘束契約の債権者が、株主総会の決議の時点までに、判決の正本または謄本を会社に送付または提示すれば、その内容どおりの議決権行使を債務者たる株主がしたとみなされる（ただし、意思表示の効果発生は、民事執行法 30 条 1 項により、株主総会決議の時点になる）こととなろう。第三者に対する意思表示の判決による擬制につき、中野・同 826-827 頁参照。
82) 浜田・前掲注 35) 308-309 頁、森田・前掲注 27) 18 頁。
83) 間接強制の手続一般に関し、中野・前掲注 81) 頁。
84) 最決平成 17 年 12 月 9 日民集 59 巻 10 号 2889 頁参照。
85) 中野・前掲注 81) 811 頁。

ること、または②特定の態様で議決権を行使しないことを仮に命じることとなる。①の場合は、当該命令によって債務者の意思表示（議決権行使）に代えることができ、②の場合は、債権者は当該命令を債務名義として、間接強制を申し立てることができると解される（民事保全法52条2項参照）。

VI　おわりに——残された課題

　本稿は、株主どうしが議決権の行使の仕方について合意することは、基本的に法の尊重を受けるべきであるという立場から、議決権拘束契約の履行強制は、一般的に認められるべきであることを説いてきた。とりわけ、近時の裁判例や一部の学説で主張されているような、履行強制ができるのは全株主を当事者とする議決権拘束契約に限られるといった制限を課すべきではないことを重点的に論じた。筆者の理解では、履行強制を否定する見解は、根本的には、議決権その他の共益権を一般の財産権と異なる特殊な人格権的権利とみる見方に根ざすものであって[86]、そのような見方が否定された今日にあっては、議決権拘束契約は、一般の財産上の契約と何ら変わることなく、その履行を強制することができるということで、理論上はすでに決着を見ている。全株主を当事者とする議決権拘束契約でなければ履行を強制できないとする裁判例・学説の登場は、契約の相対効という概念についての誤解に基づく、一時的な議論の混乱に過ぎないというのが筆者の見方である。IV3で論じたように、契約の相対効が何を意味し何を意味しないのかを正しく理解し、それを議決権拘束契約に当てはめて考えれば、誤解は正すことができ、それによって、議決権拘束契約の履行強制は特段の制限なく可能であるという結論へと議論を収束させることができると考える。

　もっとも、仮に議決権拘束契約の履行強制が認められるとしても、それだけでは、議決権拘束契約の履行を確保する手段としては必ずしも十分でない。I2で指摘したように、履行強制のためには、株主総会前に判決または仮処

---

86) 議決権拘束契約の履行を強制することは株主の自由意思に反するというような議論（III2参照）は、議決権を特殊な人格権と見なければ、理解できないと思われる。というのも、一般の財産上の契約の履行強制が自由意思に反するとは、誰も考えないからである。

分命令を得る必要があることから、株主が、事前に自らの意図を相手方に悟られることなく、いきなり株主総会で契約に反する議決権行使をするといったことへの対処法としては、履行強制は役立たないのである。

しかも、議決権拘束契約に反する議決権行使がされた場合も、それによって成立した決議の効力には——少なくとも、株主全員が議決権拘束契約の当事者になっていない場合は——影響がないとするのが、支配的な見解である[87]。もっとも、これに対しては、一方当事者の契約違反を予想して他方当事者が履行強制という形で先制をかければ他方当事者は救済されるが、一方当事者が友好を偽装し、株主総会のときになって不意打ちをする場合に他方当事者は救済されないというのでは、狡猾の度の強い方が勝つことになって甚だ不公平であるとして、そのような場合は総会決議は取り消されるべきであるとする見解も存在する[88]。これは、価値判断として傾聴すべきものがあるが、債権契約である議決権拘束契約が株主総会の決議の効力に影響を及ぼすという解釈は、議決権拘束契約の履行を強制した結果として、会社ひいては契約外の株主の利益に影響が及ぶ（前述のように、これが契約の相対効に反するというのは、誤解である）というのとは異なり、まさに契約の相対効に抵触するものである。もっとも、現行の判例法理では、会社の実質的所有者である株主全員の同意には、債権契約を超えた（会社法上の）効力が認められている。この点を踏まえて、株主全員が当事者となった議決権拘束契約の違反は決議の取消事由になるとする解釈は、可能であると思われる[89]。しかし、それを超えて、株主全員が契約当事者とならない場合を含めて、議決権拘束契約の違反が一般的に総会決議の効力に影響を及ぼすという立場は、現行法の解釈としてはとりにくいと思われる。

この点に鑑みれば、実務上は、履行強制の可能性のみに頼ることなく、契約に反する議決権行使をさせないような仕組みを、契約上あらかじめ作っておくことが望まれよう。1つの方法としては、契約違反の議決権行使に対し

---

87) 前掲注54) 引用の諸文献参照。
88) 杉本・前掲注41) 276-278頁（法令上の根拠としては、会社法831条1項1号の決議方法の著しい不公正に当たるとする）。
89) 前掲注55)-60) と対応する本文参照。

て高額の違約金を定めることが考えられる[90]。もっとも、あまり高額の違約金は、当事者に対して、相手方が契約違反の議決権行使をしたと主張する強いインセンティブを与えてしまい、それがかえって、契約関係の円滑な発展の妨げになるおそれもあるように思われる。

　違約金以外に、議決権拘束契約の履行を確保する方法としては、信託を活用することも考えられる[91]。具体的には、議決権拘束契約の当事者である株主が、契約に従った議決権行使を目的として、保有株式を第三者（信託銀行等）に信託するのである。受託者は、委託者の指図が議決権拘束契約に従ったものであることを条件として、その指図に従って議決権を行使する義務を負う。剰余金の配当等、株式から得られる経済的利益は、委託者に帰属するものとする。なお、こうした信託においては、保有株式を信託した者（委託者）だけでなく、議決権拘束契約の他の当事者も（議決権拘束契約の履行が確保されるという利益を得るため）受益者となる。したがって、信託の変更または終了には、議決権拘束契約の当事者全員の同意が必要とされることになる（信託法149条1項、164条1項参照）。

[90] 日本の民法上は、実損額を超える損害賠償額の予定も可能であり、違約罰も禁じられていない。消費者契約については、消費者契約法9条による制限があり、その他の契約でも、公序良俗違反により無効とされる可能性は否定されないが（中田・前掲注42）184頁）、一般的には、事業者である株主どうしの議決権拘束契約であれば、違約金についての定めの有効性は広く認められるであろう。

[91] 株主間契約に基づくものではないが、議決権に関する合意の実効性を確保するために信託が活用された実例として、楽天が、東京放送（TBS）株式の10％をみずほ信託銀行に信託し、その議決権を一定期間、凍結した例がある（楽天株式会社2005年11月30日「株式会社東京放送と楽天株式会社の覚書締結について」、同2006年3月29日「株式会社東京放送との協議期間の延長について」http://corp.rakuten.co.jp/news/press/archive.html）。これは、TBSに対して業務提携を求めていた楽天（交渉前にTBS株式の約19％を取得したことが、TBS経営陣の反発を招いていた）が、行使できる議決権割合をあえて引き下げることで、敵対的イメージを緩和する狙いがあったと見られている（「楽天、TBS株の信託、中旬にも手続き」日本経済新聞2006年3月7日朝刊13面）。また、結果としては実現はしなかったが、2008年に、電源開発（Jパワー）の株式買い増しを目指したザ・チルドレンズ・インベストメント・ファンド（TCI）が、外為法上必要な承認を得るため、原子力発電所と送電線設備に関しては株主総会で議決権を行使しないことを約束し、当該約束を確保するため、株式を第三者に信託することを提案した例がある（「英投資ファンドTCI、Jパワー株買い増しへ新提案、信託活用で議決権凍結」日本経済新聞2008年4月15日朝刊7面）。本文の試案は、これらの事例からヒントを得ている。

もっとも、前記の仕組みでは、委託者の指図が議決権拘束契約に違反しないかどうかを受託者が判断しなければならず、そのような責任を負うことを嫌って受託者になることをためらう者が多いかもしれない。そこで、受託者に契約解釈の責任を負わせないようにする仕組みとして、たとえば次のようなものが考えられる。
① 委託者は、総会日の一定期間前までに議決権の行使の仕方を受託者に指図するものとする。
② 受託者は、①の指図の内容を他の（委託者以外の）受益者、すなわち、議決権拘束契約の他の当事者に通知するものとする。
③ 他の受益者は、①の指図が議決権拘束契約に従ったものであるか否かを自ら判断したうえで、受託者が①の指図に従い議決権を行使することについて、総会日の一定期間前までに、同意または不同意の意思を受託者に伝えるものとする。
④ 受託者は、他の受益者から③の同意を得た場合にのみ、①の指図に従って、株主総会で議決権を行使するものとする。

以上の仕組みのもとで、もしも委託者が、議決権拘束契約に従った議決権行使の指図をしない場合には、他の受益者は、委託者を相手取り、当該指図をするように求める訴えまたは仮処分の申立をすればよい。逆に、委託者が議決権拘束契約の内容に従った指図をしたにも関わらず、他の受益者が同意を与えない場合は、委託者が他の受益者を相手取り、当該同意をするように求める訴えまたは仮処分の申立をすればよい。いずれの場合でも、受託者は、裁判の結果に従って議決権を行使するものとすれば、受託者が契約解釈の責任を負うことは避けられる。また、裁判所の代わりに、あらかじめ契約当事者が定めた仲裁人が契約解釈をするという仕組みも、考えられるところであろう。

　以上は、まったくの試案に過ぎないが、株主間契約の履行を確保するとともに紛争を予防するような仕組みをいかにして構築するか、実務の知恵が試されるところであろう。

　議決権拘束契約をめぐっては、履行強制の可否の問題の他にも、有効性の限界をめぐる問題[92]など、論ずべき問題は多々ある。また、本稿では検討

を避けた、会社が株主の議決権を拘束する契約の有効性がどこまで認められるかという問題（Ⅰ3参照）も、実務上重要でありながら、学説の検討がまだほとんど進んでいない難問である。本稿が、議決権拘束契約に関する法律問題について、さらなる議論の発展の契機となれば幸いである。

　［付記］本研究は、科学研究費補助金（基盤（B）・課題番号25285085）「株主総会と企業統治のグローバル比較分析」の研究成果の一部である。

---

92) Ⅱ2で多少触れた、長期に渡る議決権拘束契約には一定の制限を課すべきではないかという問題である。また、議決権の行使に際して対価を支払う議決権売買は許容されるべきかという問題（Ⅰ3参照）も、議決権拘束契約の有効性の限界を考えるうえで重要であろう。

台湾における公開発行会社の機関設計の現状と課題

蔡　英欣

I　はじめに
II　二元制から一元制へ
III　公開発行会社における機関設計上の問題
IV　結論に代えて

I　はじめに

　本稿は、台湾における公開発行会社の機関設計に関する法規制の内容およびその課題を紹介するものである[1]。

　台湾会社法は、株式会社の機関設計について、株主総会、取締役会および監査役という3つの機関設置を求めている。このような機関設計は、概ねドイツ法ないし日本法のモデルを継受したものであり、通常、二元制（two-tier system）と呼ばれている[2]。株主総会は、会社の基本的な事項についてのみ

---

[1] 台湾法における公開発行会社の意味は、日本会社法における公開会社と異なる。台湾会社法においても、台湾証取法においても、公開発行会社を定義する規定はないが、通常、株式会社を設立するとき、あるいは設立後、新株を発行するとき、会社が不特定の者に対して新株を公募した場合、当該株式会社は公開発行会社と呼ばれる。また、株式会社が公開発行会社になるかどうかについて、かつては、会社が一定の資本金あるいは株主数を有することを要件として決められたが、現在は、取締役会の決議をもって決められ、株式の公募を所管機関に届け出てから、はじめて公開発行会社となる（台湾会社156条3項、台湾証取22条）。なお、台湾会社法においては、定款による株式譲渡制限は認められないので、日本会社法のように、株式譲渡制限の有無によって公開会社と非公開会社を区分することはあり得ない。

決議をもって決める機関であるが、株主総会が選任した取締役全員を構成員とする取締役会は、これらの基本的な事項以外の会社の経営に関する事項を決定する業務執行機関である（台湾会社 202 条）。また、監査役は、株主総会により選任された取締役の業務執行を単独で監査する監督機関である（同法 218 条、221 条）。かかる機関設計は、2006 年 1 月 11 日台湾証券取引法（以下、「台湾証取法」という）改正までは、公開発行会社を含むすべての株式会社が例外なく採用しなければならなかった[3]。

2006 年台湾証取法改正により、公開発行会社は、新たな機関設計を選択することが可能になった。すなわち、同改正は、アメリカ法を模倣し、公開発行会社の機関設計について、独立取締役（Independent Directors）および監査委員会（Audit Committee）制度を新たに導入したのである（台湾証取 14 条の 2 から 14 条の 5）。同改正に向けた動きは、2002 年頃から始まったが、

2) 台湾会社法が採用している二元制は、特にドイツ株式法とやや異なっている。台湾会社法において、取締役会の構成員と監査役は、いずれも株主総会により選任される。しかも、監査役は会議体という形ではなく、単独執行という形で監督機能を担っている。このような二元制は、並行的二元制と呼ばれている。これに対して、ドイツ株式法は、株式会社の場合に株主総会、取締役会および監査役会という 3 つの機関設置を求めている一方、監査役会の構成員は、株主総会および労働組合双方から選ばれた代表により構成されており、取締役会の構成員は監査役会に選任されるという仕組みがとられている。すなわち、ドイツ株式法における二元制は、監査役会と取締役会との間に上下関係が存在するのであり、従属二元制と呼ばれている。また、監査役会は、会議体という形で監督機能を担っている。

3) 二元制のもとでは、台湾会社法と台湾証取法における公開発行会社の取締役と監査役の定員数、資格等に関する規定は、非公開発行会社のこれとやや異なっている。主な相違点は、次の通りである。まず、取締役と監査役の定員数は、公開発行会社の場合、それぞれ 5 名と 2 名以上であるが（台湾証取 26 条の 3 第 1 項、台湾会社 216 条 2 項）、非公開発行会社の場合、それぞれ 3 名と 1 名以上である（台湾会社 192 条 1 項、216 条 1 項）。また、取締役と監査役になる資格要件として、いずれの会社においても株主であることは要求されていないが（同条項）、公開発行会社の場合、次のような特別規制がある。まず、取締役と監査役が親族関係にあることは好ましくないため、取締役の過半数は、①配偶者、②二親等以内の親族であってはならず、少なくとも 1 名の監査役は、取締役との間に上記①あるいは②の関係を有してはならない（台湾証取 26 条の 3 第 3 項）。また、公開発行会社の場合、取締役と監査役の持株数の総額は、会社の発行済み株式総数の一定比率を下回ることができないので（同法 26 条 1 項）、取締役と監査役は、株主である場合がほとんどである。さらに、公開発行会社の取締役と監査役の持株の譲渡方式は、一定のルートによってしか認められない（同法 22 条の 2）。そして、取締役あるいは監査役は、その持株譲渡数が選任された際の持株数の 2 分の 1 を超えるときは、当然解任される旨定められている（台湾会社 197 条 1 項後段）。

2004年、ある著名な上場会社による粉飾決算が発覚したことをきっかけに、監査役制度における監督機能の不全という問題が改めて重要視された。そこで、取締役会に対する監督機能を強化するため、同法改正により、独立取締役制度を導入した[4]。

　2006年台湾証取法改正により、公開発行会社は、その機関設計について、独立取締役あるいは独立取締役全員を構成員とする監査委員会の設置を選択することができるようになった。その結果、株主総会と取締役会だけの設置、いわゆる一元制（one-tier system）が公開発行会社の機関設計の選択肢の1つになった。ただし、独立取締役であれ、監査委員会であれ、これらの機関の設置は、原則として定款自治に委ねられるので、公開発行会社にとっては、以下のような三類型の機関設計の選択肢があることになる。第1に、株主総会、取締役会および監査役を設置する類型、いわゆる二元制である。第2に、二元制を採用しながら、取締役会において独立取締役を設置する類型である。第3に、取締役会において独立取締役を設置しながら、独立取締役全員を構成員とする監査委員会を設置する類型、いわゆる一元制である。このような柔軟性のある法制度設計は、公開発行会社にとって一見有利に思われる。しかし、独立取締役の権限や責任等が会社法上の取締役とどのように区分され、規制されるかという問題については、台湾会社法ないし台湾証取法において全く定めていない。そのため、その制度の利用に際して、新たな問題が生ずる。

　また近年、上場会社・店頭会社のうち、2年連続赤字を出したにもかかわらず、取締役・監査役に対する報酬総額あるいは平均報酬を増額したという例がよく見られた[5]。このような不合理な現象を是正するため、台湾証取法は、2010年に議員立法の形で、上場会社と店頭会社に対し、報酬委員会（Compensation Committee）の設置を強制するよう改正された。この法改正に

---

[4] 台湾行政院は、コーポレート・ガバナンスを改善するために、2003年、「コーポレート・ガバナンス強化の政策要領及び行動方針」を作成した。この同方針において、独立取締役・独立監査役の設置、委員会設置会社制度等の導入が提案された。

[5] 台湾証券取引所が2010年4月1日公表したデータによると、このような上場会社は41社であり、このような店頭会社は57社であった（http://mops.twse.com.tw/nas/t119/098320110128162343_sii2.htm 参照）。

よって、すべての上場会社と店頭会社は、二元制と一元制のいずれを採用したか、独立取締役を設置したかといったことにかかわらず、2011年末までに報酬委員会を設置しなければならなくなった[6]。しかし、公開発行会社が一元制の設置を強制されていないにもかかわらず、一元制の産物である報酬委員会の設置を強制されるというのは疑問が残るところである。

以下、Ⅱで台湾証取法が導入した独立取締役、監査委員会および報酬委員会といった二元制から一元制へ向かう制度の内容をそれぞれ紹介し、Ⅲでこれらの新制度と既存の法規制が整合性を欠いていることを指摘する。

Ⅱ 二元制から一元制へ

1 独立取締役制度

独立取締役制度は、2006年台湾証取法改正によって初めて導入されたが、台湾証券取引所および店頭証券取引所は、2002年、すでにそれぞれ自主規制という形で、新規上場会社と新規店頭会社に対して独立取締役の設置を求めていた[7]。同改正により、公開発行会社が独立取締役を設置するかどうかは、原則として定款自治に委ねられたが、台湾証取法の所管機関である行政院金融監督管理委員会（以下、「金管会」という）は、会社の規模、株主の持株構造、業務の性質およびその他の事情に鑑み、一定の公開発行会社に対し

---

[6] 2013年5月時点において、すべての上場会社（811社）および店頭会社（634社）は、すでに報酬委員会を設置していた（http://mops.twse.com.tw/mops/web/index 参照）。

[7] 2002年当時、台湾証取法の所管機関であった行政院財政部証券および先物管理委員会は、台湾証券取引所と店頭証券取引所が、上場会社と店頭会社に対して、独立取締役と独立監査役を設置するように指示した。そこで、同年、台湾証券取引所は、「有価証券上場審査準則」および「有価証券上場審査準則補足規定」を制定し、台湾店頭証券取引所は、「店頭証券取引所における売買の有価証券審査準則」を制定した。これらの自主規制において、新規上場会社あるいは新規店頭会社になるための要件の1つとして、2名の独立取締役および1名の独立監査役を設置することが求められていた。もっとも、実務上、すでに上場会社あるいは店頭会社である会社は、この要件を充足する必要がなく、これらを設置したとしても、次回の株主総会において、独立取締役や独立監査役が選任されなくなるという実情があった。なお、2006年台湾証取法改正により、独立監査役の設置は廃止されたが、独立取締役の設置が同法により規定された。

て、その設置を強制することができるようになった（台湾証取14条の2第1項、同条項ただし書）[8]。

(1) 独立取締役の資格要件

独立取締役とは何か。台湾証取法によれば、独立取締役とは、専門知識を有し、その持株および兼職を制限され、業務執行範囲内で独立性を保ち、会社との間に直接的あるいは間接的な利害関係を有しない取締役のことである（台湾証取14条の2第2項前段）。その専門知識、持株数・兼職制限および独立性に関する具体的な規制内容については、金管会が制定した「公開発行会社における独立取締役の設置および遵守事項に関する政令」（以下、「独立取締役の設置に関する政令」という）がこれらを定めている。

具体的に言うと、独立取締役は、商務、法務、財務、会計あるいは会社業務に関する専門資格を有し、かつ5年以上の職務経験を有する自然人でなければならないとされている[9]。その兼職について、その他の公開発行会社の独立取締役を兼任する場合、その兼任会社数は、3社を超えることができないと定められている（独立取締役の設置に関する政令4条）。これにより、1名の独立取締役は、最大4社の公開発行会社の独立取締役に就任することができることになる。また、その独立性について、金銭的ないし経済的に独立していることが判断基準とされている。すなわち、独立取締役になる者は、選任前の2年間および任期中、次のような者であってはならない（同令3条1項）。第1に、会社あるいはその関連会社の被用者である。第2に、会社あるいはその関連会社の取締役、監査役である。ただし、会社あるいはその親会社の独立取締役、または会社が直接ないし間接的に議決権付き株式の50％以上を有する子会社の独立取締役である場合は、その限りではない。第3に、本人、その配偶者、未成年者である子、あるいは他人の名義により会社の発行

---

8) 金管会は、公開発行会社のうち、金融完全持株会社、銀行、手形金融会社、保険会社、証券投資信託事業、総合証券会社、上場（店頭）先物業者、および資本金が100億台湾元以上の非金融業者の上場（店頭）会社に対して、独立取締役の設置を強制している（金管会2011年3月22日金管証発字第1000010723号）。この場合には、独立取締役の人数は少なくとも2名以上であり、しかも取締役全員の5分の1を下回ることができない（台湾証取14条の2第1項ただし書）。

済み株式の１％以上を有する者、あるいは持株数上位 10 位内の自然人株主
である。第４に、第１から第３までに列挙した者の配偶者、２親等以内の親
族あるいは３親等以内の直系親族である。第５に、発行済み株式の５％以上
を有する法人株主の取締役、監査役あるいは被用者である。第６に、会社と
の間に財務あるいは業務提携がある特定の会社あるいは機構の取締役、監査
役、経理人[10)]あるいは発行済み株式の５％以上を有する株主である[11)]。第
７に、会社あるいは関連会社に対して商務、法務、財務、会計等のサービス
あるいはコンサルティングを提供する専門家、個人事業者、組合、会社ある
いは機構の代表者、組合員、取締役、監査役、経理人およびその配偶者であ
る。ただし、上場会社と店頭会社が設置する報酬委員会の委員は、第７に列
挙する者から除外される[12)]。

9) その専門知識について、次の条件のいずれかがみたされなければならない（独立取締役
の設置に関する政令２条１項）。第１に、商務、法務、財務、会計あるいは会社業務にかか
わる専門領域に関して、公私立大学において講師以上の職位に就いている者である。第２に、
裁判官、検察官、弁護士、会計士あるいはその他会社業務にかかわる専門領域の国家試験
合格者およびその資格を有する専門職業・技術者である。第３に、商務、法務、財務、会
計あるいは会社業務にかかわる職務経験を有する者である。
 しかし、実際には、裁判官ないし検察官が民間企業の独立取締役に就任するのは適切で
はない。弁護士や会計士の場合にも、平時、会社業務に携わっていることとの関係で、利
益相反のおそれがあるため、独立取締役に就任するのは不適切である。したがって、独立
取締役に相応しい人材は、相当限られると思われる。同様の問題は、後述の報酬委員会の
委員の場合にも生ずる。というのは、報酬委員会の委員の資格要件は、独立取締役の資格
要件と同様だからである。財団法人証券および先物市場発展基金会が設けた「独立取締役
人材データベース」によると、2013 年５月時点において、当該データベースに登録した適
任独立取締役の人材の数は、約 2,630 人である（http://webline.sft.org.tw/B/watch/ 参照）。
 なお、台湾証取法において、独立取締役が自然人でなければならないとわざわざ定めら
れている理由は、台湾会社法においては法人取締役が認められる（台湾会社 27 条）のに対
して、独立取締役の場合にはこれが認められないからである（独立取締役の設置に関する
政令２条２項２号）。
10) 経理人制度は、会社の定款により、取締役の業務執行を補佐するものとして設けられる
常設機関である。株式会社における経理人の選任・解任・報酬について、取締役会は特別
決議をもってこれらを決める（台湾会社 29 条１項３号）。経理人の権限は、会社との契約
あるいは会社の定款により定められる（同法 31 条１項）。経理人は、その権限の範囲内に
おいて、会社のために事務管理を行い、会社の代表として署名する権限を有する（同条２項）。
実務上、総経理、副総経理、総裁、執行長、経理といった名称はよく使われている。また、
取締役が経理人を兼任する場合が多い。

(2) 独立取締役の選任と権限

　独立取締役の選任手続は、次の通りである。まず、独立取締役候補者の指名について、会社法の定めた取締役候補者指名制度が強制的に採用されるので、取締役会および資格のある株主は、それぞれ独立取締役の定員を超えない数の候補者を指名することができる[13]。その選任は、株主総会において、独立取締役以外の取締役の選任と併せて累積投票で行われるが、投票結果はそれぞれ別個に計算される（独立取締役の設置に関する政令5条6項、台湾会社198条1項）。

　台湾会社法においては、独立取締役という法概念がないため、独立取締役の権限は、一般の取締役の権限と同様である。一方、台湾証取法は、独立取締役設置会社において、取締役会が次の事項を決議するにあたって、独立取締役が当該事項に対して反対意見を述べたり、意見を留保した場合、これを

---

[11] ただし、会社との間に財務あるいは業務提携関係がある特定の会社あるいは機構の独立取締役がすでに解任されていた場合、選任前の2年間という期間制限は適用されない（独立取締役の設置に関する政令3条2項）。なお、ここでいう特定の会社あるいは機構とは、次のとおりである（同条3項）。第1に、会社の発行済み株式の20％以上、50％以下を有するものである。第2に、ある会社とその取締役、監査役、その持株数が発行済み株式の10％を超える株主の当該会社に対する持株総数が、当該会社の発行済み株式の30％以上であり、かつ、両会社の間にかつて財務あるいは業務提携があったものである。第3に、当該会社の営業収入のなかに、ある会社とその関連会社からの営業収入が当該会社の30％以上に占めるものである。第4に、当該会社の主要製品の原料や主要商品の数量または仕入れ金額のうち、ある会社とその関連会社からのものが50％以上を占めるものである。

[12] 報酬委員会の委員の資格要件が独立取締役のこれと同様である以上、報酬委員会の委員である者が会社の独立取締役に転任することができるかどうかという問題が生じる。この点について、独立取締役の設置に関する政令は、報酬委員会の委員は独立取締役に転任することができると明文で定めている（同政令3条1項7号ただし書）。

[13] 台湾会社法においては、公開発行会社は取締役の選任について、定款により、候補者指名制度を採用することができるとされている（台湾会社192条の1第1項）。この場合、持株数が会社の発行済み株式の1％以上を有する株主は、事前に書面をもって、取締役の選任員数を超えない数の候補者を会社に提出することができる。これに加えて、取締役会も選任員数を超えない数の候補者を指名することができる。これによって、取締役候補者リストは、取締役会と資格のある株主両者の指名により構成される。
　ただ、このような選任方法には、次のような問題がある。すなわち、独立取締役の資格要件の1つとして、その持株数が会社の発行済み株式の1％を超えることができない。この法的制限によって、独立取締役候補者は、大株主にのみ推薦されることになり、その結果、独立取締役の独立性が監査役のそれと比べて低くなるという期待はずれの現象が生じてしまう。頼英照『最新証券交易法解析』200頁（元照、2009年）。

取締役会の議事録に記録しなければならず（台湾証取14条の3）、会社は、取締役会の決議の日から2日以内に同記録内容を開示しなければならないと定めている（公開発行会社における取締役会の議事に関する政令17条2項1号）。対象となる決議事項は、第1に、会社の内部統制システムの構築と改定である[14]。第2に、資産の取得あるいは処分、金融派生商品の取引、資金の貸出し、他人のための裏書や保証の提供といった重大財務業務行為の処理手続の制定と改定である。第3に、取締役あるいは監査役と利益が相反する事項である。第4に、重大資産あるいは金融派生商品の取引である。第5に、巨額の資金の貸出し、裏書あるいは保証の提供である。第6に、株式の性質を有する有価証券の募集、発行あるいは私募である。第7に、会計監査人の委任、解任あるいはその報酬である。第8に、財務、会計あるいは内部統制責任者の任免である。第9に、所管機関により決められた重大事項である。

また、独立取締役による監督機能を充分に発揮させるため、取締役会が上記事項を決議する場合、独立取締役自ら取締役会に出席するか、他の独立取締役に委任して代理出席させなければならない。独立取締役が自ら取締役会に出席し反対意見を述べたり、あるいは意見を留保することができない場合、当該独立取締役は、正当な理由がある場合を除き、事前に意見書を提出しなければならず、当該事実は、取締役会の議事録に記録されなければならない（公開発行会社における取締役会の議事に関する政令7条5項）。

2 監査委員会制度

前述したとおり、台湾証取法は公開発行会社に対し、一元制の機関設計を選択肢の1つとして認め、独立取締役制度のほかに監査委員会制度も導入した。当該制度は、二元制の監査役制度を代替するものとして位置付けられる。したがって、立法技術上、台湾証取法は、会社法が定める監査役に関する規定をほとんど監査委員会に準用している（台湾証取14条の4第3項）。

---

[14] 公開発行会社は、財務、業務に関する内部統制システムを構築する義務を負うとされている（台湾証取14条の1第1項）。内部統制システムの構築について、経理人がこれを設計し、取締役会が決議をもってこれを決めるとされている（公開発行会社における内部統制システムの構築の取扱いに関する政令3条1項）。

公開発行会社が監査委員会を設置するかどうかは、独立取締役の場合と同様に、原則として定款自治に委ねられているが、金管会は会社の規模、株主の持株構造、業務性質およびその他の事情に鑑み、一定の公開発行会社に対して、その設置を強制することができる（台湾証取14条の4第1項、同条項ただし書）[15]。

(1) 監査委員会の構成
　監査委員会は、独立取締役の全員により構成されなければならないので、監査委員会設置会社は、必ず独立取締役設置会社である。その委員数は、3名以上であり、そのうち1名は委員会の招集者であり、また少なくとも1名は会計あるいは財務専門家でなければならない（台湾証取14条の4第2項）。

(2) 監査委員会の権限
　監査委員会は、監査役の代替機関として、台湾会社法ないし台湾証取法において定める監査役の権限を有する。これに加えて、独立取締役設置会社の場合、本来、取締役会が決議すべき重要事項（台湾証取14条の3各号）、内部統制システムの運用評価、年次財務報告および半期財務報告といった事項についても決議する権限を有する（同法14条の5第1項参照）。これらの事項の決議にあたっては、監査委員会の構成員の2分の1以上の同意を得る必要があり、さらに取締役会の決議を経る必要がある（同項）。ただし、年次財務報告および半期財務報告以外の事項については、監査委員会の構成員の2分の1以上の同意決議が得られなくとも、取締役会で取締役の3分の2以上の同意が得られれば、これで足りる（同条2項）[16]。この場合、監査委員会

15) 現在、金管会は公開発行会社のうち、金融完全持株会社、銀行、手形金融会社、保険会社、上場（店頭）会社の総合証券業者、あるいは金融持株会社の子会社たる総合証券業者、および資本金が500億台湾元以上の非金融業者の上場（店頭）会社に対して、監査委員会の設置を強制している（金管会2013年2月20日金管証発字第1020004592号）。
16) なお、監査委員会が正当な理由で会議を招集することができない場合、これらの事項の決議は、取締役会の全員の3分の2以上の同意決議をもって、これを行う（公開発行会社における監査委員会の権限行使に関する政令8条5項）。この場合、年次財務報告および半期財務報告については、同意するか否かについて、独立取締役の意見が示されるべきである（同項ただし書）。

の同意決議が得られなかったことは、取締役会の議事録に記録されなければならない（同項）。また、会社は、取締役会決議の日から2日以内に当該事実を開示しなければならない（公開発行会社における取締役会の議事に関する政令17条2項2号）。

3　報酬委員会制度

2010年、台湾証取法改正により、上場会社と店頭会社は、報酬委員会の設置を強制されることになった（台湾証取14条の6第1項）[17]。また、報酬委員会の構成や権限行使の方法について、金管会は、台湾証取法の授権に基づき、「上場・店頭会社の報酬委員会の設置およびその権限行使に関する政令」（以下、「報酬委員会の設置に関する政令」という）を制定した。同政令によると、上場会社あるいは店頭会社の取締役会は、報酬委員会の組織規程を制定すべきであるとされている（報酬委員会の設置に関する政令3条2項）。また、かかる組織規程には、少なくとも同委員会の構成、委員の人数・任期、同委員会の権限、議事規則および会社が同委員会に対して提供すべき情報を記載しなければならない（同条1項）。

(1)　報酬委員会の構成と委員の資格

報酬委員会の委員の選任について、取締役会は、決議をもって委員を選任する（報酬委員会の設置に関する政令4条1項）。委員数は3名以上であり、その中の1名は委員会の招集者とし、その任期は、同委員を選任した取締役会の任期と同様である（同条2項）。なお、独立取締役を設置しない上場会社あるいは店頭会社の場合にも報酬委員会の設置が強制されることから、報酬委員会の委員は独立取締役に限られない。ただし、金管会は、独立取締役が報酬委員会の委員であることを求めており、また、政令においても、独立取締役設置会社の場合、少なくとも1名の独立取締役が報酬委員会の委員にならなければならないと同時に、独立取締役が委員会の招集者と議長を務めなければならないと規定されている（同令8条3項）。なお、委員の解任により、

---

[17]　強行法規といっても、上場会社・店頭会社がこれに違反した場合の罰則は定められていない。林國全「従強制設置薪酬委員会談起」月旦法学雑誌202期24頁（2012年）。

同委員会の委員に欠員を生じた場合、取締役会は、その事実発生日から3か月以内に委員を補選・委任すべきであるとされている（同令4条3項）。

報酬委員会の委員の資格要件は、独立取締役の資格要件と同様であり、一定の専門資格および独立性が要求される（報酬委員会の設置に関する政令5条1項、6条1項）。しかし、独立取締役を設置していない上場会社あるいは店頭会社の場合は、次のような問題が生じる。報酬委員会の各委員は、専門性と独立性といった資格要件を満たしていても、会社の内部経営状況を十分に把握していないおそれがある。そこで、報酬委員会の設置に関する政令の施行日から3年間、報酬委員会の委員の3分の1以下は、会社あるいは関連会社の取締役であることが許される、という暫定的な措置がとられている。ただし、この場合、当該取締役は、報酬委員会の招集者と議長を務めることができない（同令6条5項）。

(2) 報酬委員会の権限

台湾証取法は、報酬委員会が取り扱う報酬は、取締役、監査役および経理人の報酬であると定めている（台湾証取14条の6第2項）。当該委員会の権限内容を紹介する前に、台湾会社法における、これらの者の報酬決定権の所在について概観する必要がある。

まず、取締役と監査役に対する報酬は、定款あるいは株主総会の決議をもって定めなければならない（台湾会社196条1項、227条）。ただし、定款あるいは株主総会の決議により、取締役会に報酬の決定を授権し、取締役会が同業種の一般的な報酬水準に沿った報酬額を決定することができるとされた場合には、取締役会はこれに従い、報酬額を最終的に決定することができると解されている。なお、ここでいう報酬とは、取締役ないし監査役と会社との間の委任契約に基づいて支給されるものに限られる。取締役ないし監査役に対する賞与については、剰余金配当の一環として株主総会の決議をもって決める（同法184条1項参照）[18]。取締役のその他の報酬は、取締役会が自ら決めることができる。他方、経理人に対する報酬は、取締役会が決議を

---

18) 取締役ないし監査役への賞与を剰余金配当に含めるのは、実務上の慣行であり、台湾会社法においてこのような規定はない。

もってこれを決める（同法29条1項3号）。したがって、取締役が経理人を兼任する場合には、経理人の地位に基づいて支給される報酬、賞与、ストック・オプション等は、株主総会ではなく取締役会の決議をもって決めることになる。

次に、報酬委員会の権限内容に関して、当該委員会の主な権限は、次の2つである。第1に、取締役、監査役および経理人の業績評価と報酬に関する政策、制度、基準および枠組を制定し、定期的に検討することである。第2に、取締役、監査役および経理人の報酬を定期的に評価し、決定することである（報酬委員会の設置に関する政令7条1項）[19]。また、報酬委員会が決定する報酬範囲は、現金報酬、ストック・オプション、新株予約権、退職金あるいは離職金、各種手当およびその他実質的に奨励の意味合いを有する措置を含む（同条3項）[20]。そして、報酬委員会の決議方法について、同委員会の委員の2分の1以上の同意、すなわち絶対多数決の決議方法が採用されている（同令9条5項）。そして、報酬委員会は、権限行使の際に、取締役、会社の関連部門の経理人、内部会計職員、会計士、顧問弁護士あるいはその他の者を報酬委員会に参加させて、必要な関連情報の提供を求めることができる（同令8条4項）。また、報酬委員会は、場合によっては、決議をもって、弁護士、会計士あるいはその他の専門家を委任し、彼らにその権限事項に関し必要な審査や意見を求めることができ、その費用は会社が負担する（同令11条）。

ただし、報酬委員会が取締役、監査役および経理人の報酬を決議したとしても、これが最終決定を意味するわけではない。報酬委員会が当該決議内容を取締役会に提出してから、取締役会がこれを改めて検討し、報酬の総額、

---

[19] 報酬委員会は、権限行使の際、次の3つの原則を遵守しなければならない（報酬委員会の設置に関する政令7条2項）。まず、報酬委員会は、同業種の一般的な報酬水準を参照し、また、個人の能力、会社の経営業績および将来のリスクとの関連合理性をも考慮しなければならない。また、報酬委員会は、取締役と経理人が高額の報酬を求めて会社のリスク許容度を超える行為を行うよう導いてはならない。さらに、取締役と管理部門の経理人に対する業績連動型賞与の割合や変動報酬の支給時期は、業種の特殊性と会社の業務の性質を考慮の上、決めるべきである。

[20] 子会社の取締役と経理人に対する報酬が、親会社の取締役会により決められる場合には、親会社の報酬委員会は、これらの者の報酬も決議し、親会社の取締役会に提出する（報酬委員会の設置に関する政令7条7項）。

支払方法および会社の将来におけるリスクといった事項を総合的に考慮する必要がある（報酬委員会の設置に関する政令7条1項・2項）。なお、監査役の報酬に関しては、定款あるいは株主総会の決議により、監査役の報酬の決定を取締役会に授権した場合に限り、報酬委員会が当該決議内容を取締役会に提出する（同条1項ただし書）。このように監査役の報酬に関して、定款あるいは株主総会の決議による授権が特に要求されるのは、監査役の監査の実効性を担保し、その地位の独立性を確保するためである。すなわち、もしも報酬委員会が監査役の報酬を決定した後、当該決議内容を必ず取締役会に提出しなければならず、取締役会が監査役の報酬決定に関与することができるとすれば、被監督者たる取締役会が監督者たる監査役の報酬決定に関与することになり、適切な監査を期待できなくなり、監査役の地位の独立性が損なわれるおそれがあるからである。

　一方、取締役会が報酬委員会による決議内容を検討する際、この内容を承認せず、あるいは修正する場合、取締役会の決議は、取締役の3分の2以上が出席し、その出席取締役の過半数をもって行う（報酬委員会の設置に関する政令7条5項）。しかも、当該取締役会決議において、取締役会は、報酬の総額、支払方法および会社の将来におけるリスクといった事項をどのように総合的に考慮したのか、取締役会による報酬の決議内容が報酬委員会による決議内容より優れているかどうかについて、具体的に説明しなければならない（同項）。取締役会による報酬の決議内容が報酬委員会による決議内容より優れている場合、両者の相違点とその原因を取締役会の議事録に記録しなければならず、また、これらの内容は、取締役会決議の日から2日以内に、所管機関が指定するウェブサイト上で公告し、届け出なければならない（同条6項）。

　ところで、取締役会が報酬委員会が決議した取締役、監査役および経理人に対する報酬額を検討した場合、必ずしも取締役会が検討したとおりに報酬額が決定されるわけではない。最終的な報酬決定権の所在については、台湾会社法の定めによる。この点については、Ⅱ3(2)の最初の部分で前述したとおりである。

III 公開発行会社における機関設計上の問題

　以上のように、台湾証取法が、公開発行会社の機関設計について、独立取締役、監査委員会および報酬委員会制度を次々に導入してきたことからすると、立法者に二元制から一元制への転換を図る意図があったことは明らかであろう[21]。現段階では、独立取締役あるいは監査委員会の設置は、原則として定款自治に委ねられているので、公開発行会社が二元制と一元制のいずれを選択するかは自由である。このような立法政策は、一見公開発行会社にとって有利に思われるが、下記のとおり、中途半端な法制度の移植は多くの問題を招来する。

1 独立取締役の法的位置付け

　台湾法における独立取締役制度の主な問題は、独立取締役の法的位置付けが明らかではない点にある。これは、台湾証取法の所管機関ないし立法者が一元制の本質を正確に理解していなかったからである。

　一元制のもとでは、取締役会は、経営機能および監督機能を有している。取締役会は、執行役を選任し、会社の経営戦略を決定し、執行役による業務執行を監督する。取締役会の中の一部の取締役は、執行役を兼任し、会社の業務を執行するが、その他の取締役は、執行役を兼任せずに経営を監督する。後者の場合、取締役が会社との間に利害関係を有しなければ、当該取締役は独立取締役と呼ばれる。また、取締役会のもとに、機能ごとに複数の委員会が設置され、最も重要な監査委員会、指名委員会および報酬委員会の構成員はそのほとんどが独立取締役でなければならない[22]。これは、独立取締役の独立性によって、取締役会に対する監督機能の実効性がより高まると期待されているからである。台湾の所管機関と立法者は、二元制のもとでは監査

---

21) 独立取締役と監査委員会制度の導入について、行政院金管会が立法院に提出した証取法改正草案は、本来これを強行法規としていたが、立法院は、当該草案を審議した際、これを任意法規に改めた。立法院公報 94 巻 75 期 84-86 頁（2005 年）、立法院公報 94 巻 77 期 1018 頁（2005 年）。

役が監督機能を果たせなかったことから、その打開策として、監査役制度の改革を行わない代わりに、制度設計上、監督機能をもつ独立取締役制度を導入することにした。しかし、現行法では、監査委員会の設置が強制されないため、独立取締役が設置される二元制という、類をみない独特の機関設計が現れることになった。かかる会社において、独立取締役制度に対して最も期待される監督機能の強化を如何に図るかは大きな課題であるが、その実効性には疑問が残る。

　これに加えて、台湾会社法は、独立取締役制度の導入に際して、取締役制度について、相応の法改正を行わなかったので、独立取締役の義務・責任は、一般の取締役と同様であると解される[23]。では、台湾会社法において、独立取締役がどのような義務・責任を負うか、次において概観する。まず、取締役は会社の責任者として、会社に対し善管注意義務と忠実義務を負う（台湾会社8条1項、23条1項）。取締役全員で構成される取締役会は、法令および定款ならびに株主総会の決議を遵守し、業務執行を行わなければならない（同法193条1項）。また、取締役会の決議が法令、定款あるいは株主総会の決議に違反し、これによって会社が損害を蒙った場合、決議に参加した取締役は、会社に対し損害賠償責任を負うことになる（同条2項）。ただし、決

---

22) アメリカにおいては、ニューヨーク証券取引所規則により、上場会社は独立取締役を選任し、独立取締役全員による監査委員会、指名およびコーポレート・ガバナンス委員会、ならびに報酬委員会を設置しなければならないと定められている（NYSE Listed Company Manual 303A 参照）。また、イギリスにおいては、法律ではなく、コーポレート・ガバナンス準則により、上場会社は少なくとも3名の非執行取締役を選任し、非執行取締役全員による監査委員会、報酬委員会を設置しなければならないと定めている（UK Corporate Governance Code 参照）。なお、これらの準則は、法律ではなく、自主規制にすぎない。そして、日本会社法においては、委員会設置会社は、指名委員会、監査委員会、報酬委員会を設置しなければならないと定められている（日本会社2条12号）。

23) 台湾会社法の所管機関である経済部が示した見解によると、独立取締役は台湾会社法ではなく、台湾証取法において定められているので、独立取締役は公開発行会社だけ設置することができる。したがって、非公開発行会社は独立取締役を設置することができないと解されている（経済部2008年9月19日経商字第09702347670号函）。また、独立取締役を設置した公開発行会社が非公開発行会社になる場合には、台湾会社法において独立取締役に関する規定がおかれていないので、独立取締役は、当然に解任されると解される（経済部2009年7月3日経商字第09800603050号、金管会2009年6月18日金管証発字第0980011787号函）。

議の際に異議を唱えた取締役は、これを記録ないし書面にて証明できる限り、当該責任を免れる（同項ただし書）。

このような法規制には、次のような問題がある。すなわち、取締役会は、取締役全員で構成され、その決議により、業務執行に関する会社の意思決定をする機関であるが、実際の具体的業務執行については、当然、代表取締役等がこれを行う。しかし、取締役会がある適法な業務の執行を決定したにもかかわらず、取締役会から委任された代表取締役が当該業務を違法に行った場合、具体的業務執行を行わず、決議だけに参加した取締役も全員、監視義務違反の有無を問わず、責任を負うべきであり、かつ、当該責任は連帯責任だと解されている[24]。このような責任構造から生ずる問題は、独立取締役の場合、より深刻化すると考えられる。

具体的にいうと、Ⅱ1(2)で述べたように、台湾証取法において独立取締役に与えられた権限は、取締役会がいくつかの重要事項を決議するにあたって、独立取締役が当該事項につき反対意見を述べ、あるいは意見を留保する場合、これが取締役会の議事録に記録されるのにとどまる（台湾証取14条の3）。そして、会社が取締役会の違法行為により損害を被った場合、独立取締役が反対意見を述べ、あるいは意見を留保した場合を除き、独立取締役は、他の取締役と同様の責任を負うべきであると解されている。さらに、取締役会があ

---

[24] 学説上、台湾会社法193条の取締役責任規定をめぐって、異なった見解がある。ある学者は、会社の業務執行は、意思決定の段階と当該意思決定の執行段階に分けられるため、解釈論上、執行取締役と非執行取締役を区分し、ある具体的違法業務執行により会社が損害を蒙った場合に、執行取締役は責任を負うことはいうまでもないが、非執行取締役も取締役会での意思決定自体が違法である限り、責任を負うと主張している。柯芳枝『公司法論（下）〔増訂6版〕』284-285頁（三民書局、2007年）。これに対して、台湾会社法が取締役会を会社業務執行機関と位置付ける以上、学説が自ら執行取締役と非執行取締役を区分するのは、立法趣旨に適うかどうかが疑わしいという批判がある。黃銘傑「公司治理與董監民事責任——以独立董事之雙重責任為中心」会計研究月刊303号78頁（2011年）。

なお、取締役の責任が連帯責任であるかどうかについて、台湾会社法はこれを明確には定めていない。法定連帯責任原則に基づき（台湾民法272条）、取締役の責任は、連帯責任ではないと解すべきであるが、立法論としては、取締役の権限を拡大し取締役の民事責任を加重する必要性から、これを連帯責任であると主張する学者もいる。柯・前掲285頁。この点については、監査役が会社あるいは第三者に対し損害賠償責任を負うとき、取締役もかかる責任を負う場合には、監査役と取締役の責任は連帯責任だと明文化されているので（台湾会社226条）、取締役の責任も同様に連帯責任と解されてもよいと思われる。

る適法な業務執行を決定したとしても代表取締役が当該業務執行を違法に行った場合には、独立取締役は業務執行機関の一員として、会社に対して責任を負う可能性がある。しかし、独立取締役に期待されるのが業務執行機能ではなく、専ら業務執行への監督機能であるならば、独立取締役に他の取締役と同様の責任を負わせるのは妥当ではない。むしろ、独立取締役が一般の取締役と比べて、会社の内部経営への関与度が低く、会社情報の収集力に劣ることや、独立取締役の監督機能を重視すると、独立取締役の会社に対する義務・責任の内容は、別途新たに構築する必要があると思われる[25]。そうでなければ、一般の取締役より重く、想定外の責務を負う可能性のあるような独立取締役の担い手はいなくなり、その結果、公開発行会社は、有能な人材を確保することが困難になるであろう。

2　独立取締役と監査役との二重監督

すでに述べたように、台湾現行法では、監査委員会の設置が強制されていないため、独立取締役を設置する二元制の機関設計が認められる。また、独立取締役の設置状況に関するデータ（図表1と図表2）によれば、上場会社であれ、店頭会社であれ、独立取締役設置会社のうち、二元制を採用する会社の数は、この10年間、徐々に減少する傾向があるとはいえ、依然として大多数であるということが分かる。独立取締役制度の立法趣旨が独立取締役による監督機能の強化にある以上、かかる会社においては、独立取締役と監査役の監督機能の役割が重複しかねない。そこで、両者の義務・責任をどこで線引きするかという重大な問題が生ずる。

---

[25] 現行法の不備に対して、種々の立法論が提案されている。たとえば、独立取締役の注意義務を緩和し、故意または重大過失がある場合を除き、責任を負担しないという内容に変更すべきであるという提案がある。劉連煜「独立董事是少数股東之守護神？」月旦民商法雑誌26期31頁（2009年）。また、独立取締役制度が英米法制を模倣したものである以上、取締役を執行取締役と非執行取締役に区分し、それぞれの義務・責任内容をも分けて規制すべきという提案も見られる。曾宛如『公司之経営者、股東與債権人』211頁（元照、2008年）。

[図表1] 上場会社における独立取締役・監査委員会の設置状況*

年度	上場会社総数	独立取締役設置会社数	監査委員会設置会社数	独立取締役・監査役設置会社数	独立取締役設置会社が二元制を採用する割合
2002**	638	133	0	133	100%
2003	669	211	0	211	100%
2004	697	273	0	273	100%
2005	691	290	0	290	100%
2006	688	297	0	297	100%
2007	698	298	10	288	97%
2008	718	311	22	289	93%
2009	741	311	29	282	91%
2010	758	334	45	289	87%
2011	790	355	66	289	81%
2012	809	396	103	293	74%
2013***	811	399	109	290	73%

* 台湾証券取引所のウェブサイト http://newmopsov.twse.com.tw 参照。
** 2002年、台湾証券取引所が制定した自主規制によって、新規上場会社は独立取締役の設置を求められることになった。
*** この統計データは2013年4月までのものである。

[図表2] 店頭会社における独立取締役・監査委員会の設置状況*

年度	店頭会社総数	独立取締役設置会社数	監査委員会設置会社数	独立取締役・監査役設置会社数	独立取締役設置会社が二元制を採用する割合
2002**	384	132	0	132	100%
2003	423	239	3	236	99%
2004	466	297	13	284	96%
2005	503	320	15	305	95%
2006	531	335	21	314	94%
2007	547	355	22	333	94%
2008	539	375	26	349	93%
2009	546	391	32	359	92%
2010	564	420	40	380	90%
2011	607	444	55	389	87%
2012	638	471	55	416	88%
2013***	638	473	67	406	86%

* 店頭証券取引所のウェブサイト http://newmopsov.twse.com.tw 参照。
** 2002年、店頭証券取引所が制定した自主規制によって、新規店頭会社は独立取締役の設置を求められることになった。
*** この統計データは2013年4月までのものである。

このような二重監督構造について、独立取締役と監査役の監督機能は、その法的性質がそれぞれ異なるため、かかる機関設計の存在を認めてもよいという見解もある[26]。すなわち、独立取締役は、取締役会の構成員であるから、取締役会の内部において会社経営戦略に関与しながら、その経営戦略執行の妥当性ないし適法性を監督するので、独立取締役による監督機能は、関与型の内部監督である。これに対して、監査役は、取締役会に出席して意見を述べることができるが（台湾会社218条の2第1項）、これは意見陳述にとどまり、会社経営戦略の決定やその執行に関与することができない。監査役による監督機能は非関与型の外部監督である。しかしながら、内部監督にせよ、外部監督にせよ、独立取締役と監査役の主な相違点は、独立取締役が業務執行機関たる取締役会の構成員であり、いくつかの法定重要事項について妥当性監督を行うのに対して、監査役は適法性の観点から取締役会を監督する立場に立つだけであるという点にある[27]。両者の監督対象がいずれも取締役会であり、かつ現行法のもとでは両者の監督権限の配分がはっきりしない以上、両者による監督機能には、根本的な相違は見出せない。そうだとすると、このような二重監督体制は、屋上屋を架すようなものであり、かえって会社のコスト増加を招くだけではなく、独立取締役と監査役に対する監督責任の追及およびその認定を困難にする。

　この問題に対して、ある論者は、たとえこのような機関設計が維持されようとも、独立取締役の権限は、立法論として改めて配分されるべきであり、その職務内容は、取締役会に対する監督ではなく、経営戦略への関与と業務執行だけにとどまるのがより合理的であると主張している[28]。しかし、このような主張は、独立取締役制度の立法趣旨に反するのではないかと思われる。すなわち、独立取締役制度は、現行の監査役制度が監督機能を発揮でき

---

26) 劉・前掲注25) 31頁。
27) ただ、監査役は、監査役設置会社における独立取締役と比べて、より多くの監督手段を有するのが確かである。たとえば、監査役は、随時、会社の業務や財務状況を調査することができる（台湾会社218条1項）。また、取締役が違法行為を行うおそれがある場合、監査役はその取締役に対して、違法行為の差止請求をすることができる（同法218条の2第2項）。
28) 曾宛如『公司管理與資本市場法專論(二)』181-183頁（元照、2008年）。

ないため、監督機能の改善策として導入されたものである。したがって、独立取締役の職務内容を取締役会への監督から業務執行に転換するのは妥当ではない。根本的な解決策としては、立法論として、監査委員会設置会社だけが独立取締役を設置することができるように修正すべきであると思われる。

3 監査委員会の法的位置付けの不明確性と監督機能の弱化

Ⅱ2(2)で紹介したように、現行法のもとでは、監査役に関する規定が監査委員会に準用され、その規定の一部は、監査委員会の構成員である独立取締役にも準用される（台湾証取14条の4第3項・第4項）ため、監査委員会は、監査役設置会社における監査役の権限を有する。また、いくつかの法定重要事項について監査委員会全員の2分の1以上の同意を得た場合、これを取締役会に提出するという、いわゆる妥当性の監督権限をも有する。ただし、年次財務報告および半期財務報告という事項以外の事項については、監査委員会の同意決議が得られなかった場合でも、取締役会で取締役全員の3分の2以上の同意が得られれば、この限りではない（同法14条の5第2項参照）。このような権限配分には、次のような問題がある。

まず、監査委員会の構成員である独立取締役が会社の業務執行機関たる取締役会の一員であるのに対して、監査役は、専ら会社の業務執行を監督する。したがって、監査役に関する規定をそのまま監査委員会に準用するのは妥当ではない[29]。たとえば、監査委員会は、当該委員会全員の2分の1以上の同意で決議しなければならないという規定があるが（台湾証取14条の4第6項）、各監査役は、監査権を単独で行使することができるという規定（台湾会社221条）が監査委員会に準用されると（台湾証取14条の4第3項）、一体、監査委員会の運営は、会議体で行われるのか、それとも独立取締役単独で行われるか、この点が不明確になるという問題がある。また、監査役に関する規定の一部が監査委員会設置会社における独立取締役に準用される結果、当該独立取締役は、取締役の責任だけではなく監査役の責任をも負わなければならない（同条第4項、台湾会社224条）。そして、このような法の準用の結果、

---

29) 曾宛如「証券交易法之現状與未来」月旦法学雑誌217期96頁（2013年）。

二元制の会社における独立取締役と監査委員会設置会社における独立取締役は、同じ取締役であるにもかかわらず、異なった取扱いをされることになる。このような取扱いの差異については、十分な理由付けが必要であり、これがなければ、適切な立法ではないと言わざるを得ない。

　第2の問題点は、現行法のもとでは、監査委員会に与えられた権限が不十分であり、場合によっては、監査委員会の委員の責任と一般の取締役の責任の認定が困難である点である。英米法の一元制によれば、通常、独立取締役（国によって非執行取締役あるいは社外取締役という）全員で構成する監査委員会は、主に財務諸表の正確性、企業の法令遵守や内部統制システムといった関連事項を検討してから、その結論を取締役会に報告し、取締役会がこれを決議してから執行する。これに対して、台湾法のような制度設計は、法定重要事項について、監査委員会が否決したとしても、取締役会が自ら決議できるのであるから、いわば取締役会に対する監督権を取締役会自らが握っているといっても過言でない。このような制度設計のもとでは、監査委員会の監督機能は形骸化してしまう[30]。また、年次財務報告および半期財務報告は、取締役会の特別決議をもってしても、監査委員会の否決決議を代替することができない事項であるが（台湾証取14条の5第2項）、かかる財務報告に問題がある場合、取締役は全員、監査委員会の委員であるかどうかにかかわらず、原則として責任を負うべきであると解されている（台湾会社193条1項）。しかし、財務報告に関する監督権限が完全に監査委員会に与えられる以上、監査委員会における取締役と一般の取締役との責任は、別個に判断される必要があるのではないかと思われる。

　最後に、監査委員会の監督機能の強化の観点から、独立取締役を構成員とする指名委員会の設置が有用であると思われる。現行法のもとでは、独立取

---

30) かかる権限配分の定めは、その立法資料から分かるように、企業界が制度を利用しようとする実態を勘案しながら、監査委員会制度の推進によって、会社運営の効率性や柔軟性を損なうことを避けるため、暫定措置をとったのである。立法院第6届第2会期第11次会議議案関係文書15-16頁（2005年）。学説上、このような暫定措置は、制度導入初期においては、台湾の従来の企業経営権行使パターンからして受け入れられやすいものであったという賛成意見があった。林仁光「董事会功能性分工之法制課題──経営権功能之強化與内部監控機制之設計」国立台湾大学法学論叢35巻1期225頁、254頁（2006年）。

締役の選任は、必ず取締役候補者制度によって行われるが、独立取締役の資格要件の1つである持株数の制限があるために、その候補者は、取締役会か、あるいは大株主から推薦されなければならない。監査委員会が一般の取締役を監督するための実効性のある手段として、監査委員会設置会社において、独立取締役を構成員とする指名委員会を設置することは、立法論として1つの選択肢ではないかと思われる。

4 報酬委員会の強制設置の妥当性と実効性

II3で述べたように、台湾証取法において、上場会社・店頭会社は、報酬委員会の設置を強制されている（台湾証取14条の6第1項）。このような定め方は、先進国が採用する一元制と比べて、独特の法規制であると思われる。すなわち、通常、先進国における報酬委員会の設置に関する規制のほとんどは、自主規制であり、法律上も任意規定である。また、必ず独立取締役（あるいは非執行取締役）を構成員として設置する。他方、台湾の現行法では、独立取締役の設置が強制されていない。そうであれば、台湾の現行法における報酬委員会の設置に関する強行法規は、行き過ぎといっても過言ではない。また、報酬委員会は、取締役、監査役ないし経理人の報酬を提案する権限を有するが、報酬委員会の実質的な権限を見ると、その実効性は疑わしい。というのは、当該委員会による取締役、監査役ないし経理人の報酬提案は、単なる提言としての性質をもつに過ぎず、取締役会ないし株主総会に対して法的拘束力がないからである。そうだとすると、議員立法の趣旨、すなわち2年連続赤字を出したにもかかわらず、取締役・監査役に対する報酬総額あるいは平均報酬を増額させるような上場会社・店頭会社を減少させるという趣旨を達成することはできない。

さらに、現行法のもとでは、すでに取締役・監査役の報酬に関する情報開示規制があり、当該規則が適宜改定されれば、実効性のない報酬委員会の設置は不要ではないかと思われる。すなわち、公開発行会社が年次財務報告を提出するに際して、当該年次財務報告において、取締役・監査役・総経理・副総経理への報酬総額は「コーポレート・ガバナンス」という項目の中で開示されなければならない（公開発行会社年報に記載すべき事項の準則10条2号

③)。また、その開示方法には、2つの選択肢がある。1つは、報酬額を一定の金額範囲ごとに区分し、各取締役・監査役の報酬がそのうちどの金額範囲に属するかを開示する方法である。もう1つは、取締役・監査役の個別報酬を開示する方法である。ただし、以下の場合には、取締役と監査役への個別報酬が開示されなければならない。第1に、会社の最新年度の個別財務諸表において、欠損が出た場合である。第2に、最新年度において、取締役あるいは監査役の持株数の総額が法定基準に達しない場合である。第3に、最新年度中の取締役・監査役の3か月分の持株の質権設定の平均比率が50％以上の場合である。この場合は、持株の質権設定の比率が50％以上の取締役・監査役の個別報酬は開示される。上記の情報に加えて、会社と連結決算を行うすべての会社における、直近2年度の会社の取締役、監査役、総経理および副総経理に対する報酬総額が個別財務諸表の当期純利益に占める比率を分析・説明し、その報酬支給の政策、報酬決定の手続とその経営業績との関連性も開示されなければならない（同則10条2号④）[31]。現状の2つの報酬開示方法だと、多くの企業が前者の開示方法を選択し、不合理な報酬支給に対する抑止効果が不十分であるから、個別報酬開示を原則とすべきである。これにより、取締役・監査役への不合理な報酬支給は、程度差があっても概ね抑制されうるだろう。

IV　結論に代えて

　以上、公開発行会社の機関設計に関する台湾の法規制の内容とその課題を検討してきた。このような法制度設計から、台湾独特の立法技術が見られる。すなわち、本来、会社法が規制すべき事項であっても、公開発行会社に関連する事項であれば、これらは台湾証取法によって規制されてしまう。した

---

31) 自主規則である「上場会社・店頭会社コーポレートガバナンス実務規則」においては、上場会社・店頭会社は、最新年度の取締役、監査役、総経理および副総経理に対する報酬の支給額、その報酬総額が当期純利益に占める割合の分析、報酬支給の政策、標準と組合せ、報酬制定の手続およびその経営業績との関連性という、コーポレート・ガバナンスの情報を開示しなければならないと定めている（同実務規則59条1項7号）。なお、特殊事情がある場合、取締役・監査役の個別報酬をも開示する必要がある。

がって、台湾証取法は台湾会社法の特別法になるわけである。しかし、問題は、独立取締役制度から見られるように、2つの法律の所管機関が、会社の機関設計に関する定め方について、意思疎通を図らないまま、整合性のない法規制を行ってしまった点である。この問題に対する解決策の1つは、現在における公開発行会社の機関設計に関する事項を、会社法において規制することである。もう1つは、現行法の規制を維持するのであれば、所管機関同士、十分な意思疎通を図ることが不可欠である。

また、本稿が紹介したように、立法者は、公開発行会社の機関設計を二元制から一元制へ導くという潜在的意図を有していた。このような立法政策の背後には、立法者が、英米法制が国際的趨勢であると考え、これを継受する必要があると考えたということがある[32]。しかし、一元制は、英米法系の国におけるその利用成果の有無は別として、これを台湾に導入する際には、企業の実態や既存制度の再検討、新制度導入のコスト、その受入程度の予想等が考慮されなければならないと思われる。実際、台湾における二元制の機関設計は、長年使われてきたものであるため、二元制の監査役制度に存在する問題を立法上解決することができるならば、企業にとっても、その方が受け入れやすいのではないかと思われる[33]。仮に立法者が公開発行会社に一元制を導入する意図を有していたのであれば、一元制に関する規定を強制法規ではなく任意法規として定めるべきであった。また、独立取締役制度をベースとする各種の機能を有する委員会の組織ないし権限配分を再構築する必要があったといえよう。

32) 研究者は、台湾立法者が英米法制を選んだ理由は、次の3点であると指摘する。第1に、英米法制には権威性があるという点である。第2に、英米法制の研究が盛んであり、関連資料の取得が容易である点である。第3に、これまで多くの国が英米法制を継受した点である。頼英照「法制的移植――従公司律到独立董事」台北大学法学論叢84期40頁2013年。

33) たとえば、台湾の監査役は、独立性に欠けるとよく指摘されている。この点に関して、監査役の選任方法について、かつての取締役と監査役との併合選任制を再導入すべきであるという見解がある。これによって、監査役の選任は、取締役のコントロールから離れ、監査役の独立性は高くなる。劉・前掲注25) 31頁。

表見代表制度の再検討
——会社の機関構成の多様化を受けて

近藤　光男

I　序
II　裁判例にみる適用状況
III　取締役会設置会社と取締役会非設置会社
IV　委員会設置会社の表見代表
V　908条と表見代表
VI　結語

I　序

　会社法は、354条において表見代表取締役制度を定め、421条において表見代表執行役制度を定める。表見代表の制度は、外観信頼に基づき第三者を保護するために、わが国では、昭和13年の商法改正において初めて規定されたものである。しかしながら、制定当初と現在とでは、株式会社における機関構成、とりわけ取締役制度は大きく異なるものになってきている。この間に表見代表の規定をめぐり争われた事例は少なくなく、そこで示された裁判所の判断から、一定の判例法理が形成され、現在に至っている。しかしながら、現在の会社法の規定の下で、そこにはいくつかの疑問が生じる。
　第1に、長年盛んに議論されてきたところであるが、現在の会社法908条が定める登記の効力と表見代表制度の調整はいかになされているかという問題が依然として存在する。同条は登記により悪意が擬制されるとするのが現

在の多数説である。しかし、登記によって第三者が悪意の扱いになったにもかわらず、354条等の適用は排除されることなく、第三者は一定の場合に保護されると解されてきている[1]。この点を矛盾なく説明するために、表見代表が認められるのは、908条1項における正当事由が認められる場合であるとする見解もあったが、多くの学説は354条が適用されるのは908条の例外的場面、あるいは両者の規定は異次元のもの解してきた。しかし、はたして登記制度と表見代表制度との整合性はとれているのであろうか、依然として疑問が残る。

第2に、取締役制度は常に発展・変化してきている。もともと昭和13年の表見代表取締役制度が制定された当時には、株式会社において商法は取締役会制度を法定しておらず、取締役は原則各自が代表権を有するものとされていた一方で、例外的に特定の取締役に代表権を付与することも認められていた。そこで、代表権を有するような取締役の中で上位のポストをもつ名称についての信頼が保護された。ところが昭和25年の商法改正では、あらたに取締役会制度が法定され、代表取締役のみが会社を代表することとなった。このため、取締役についての名称信頼の基礎が変化した。すなわち代表取締役制度の下では、取締役であっても必然的に代表権があるわけではないにもかかわらず、第三者が専務取締役等の名称について信頼したことで、代表権を認める保護を与える結果となった。そしてその後、このような前提を大きく変えたのが、平成17年の会社法である。同法349条2項によれば、取締役が各自会社を代表することを原則と定めることにより、昭和25年改正前の取締役制度が復活したかのようになったからである。もっとも、それは株式会社の中でも取締役会を設置しない会社に限られている。取締役会設置会

---

[1] 加藤勝郎「表見代表取締役と商業登記」竹内昭夫編『現代商法学の課題(下)――鈴木竹雄先生古稀記念』1289頁(有斐閣、1975年)によれば、取引に当たりいちいち登記簿を調査することを期待できない事情が存在し、登記の有無を絶対視するのが妥当でないとの一般的な認識があるときは、登記だけによる静的安全の保護を抑制するのが取引の相手方の公的一般的な信頼を保護し法秩序の全体的利益につながることになるとされる。

なお、登記事務がコンピュータ化されている登記所の保有する登記情報については、インターネットを利用して自宅または事務所のパソコンで確認することができるサービスが提供されているが、このことをもって第三者保護の必要性がなくなるわけではない。

社においては従前の取締役制度と同様である。その結果、会社法制定後は、あらたに取締役会設置会社かどうかで名称信頼の意味が異なることになったのである。取締役会設置会社であるかどうかも登記事項であることから（911条3項15号）、再び登記事項についての信頼保護という問題が加わることとなった。

　第3に、平成14年の商法改正によって新設された委員会設置会社（当時は委員会等設置会社）では、会社を代表するのは代表執行役であり、代表取締役は存在しない。このため、会社法でも、表見代表取締役を定める354条とは別に421条で表見代表執行役制度が規定されている。この場合、執行役制度を採ることで表見代表の発想が異なるのであろうか。社長や副社長の名称が付されるのが執行役と取締役とでは差異が生じるのか、あるいは421条は354条が適用されないことを前提にしているのであろうかが疑問になる。すなわち委員会設置会社においては表見代表取締役制度は排除され、取締役には表見代表が成立しないのかが問題となる。なお、現在会社法改正で検討されている監査監督委員会設置会社の場合には、代表執行役や執行役が置かれることがなく、代表取締役が会社を代表するのを原則とするため、354条の適用がそのまま認められて良いように思える。

　本稿は、コーポレートガバナンスの改革の議論の中で、株式会社の機関制度に変更が加えられてきている状況において、以上の3つの視点を柱に現在の表見代表取締役制度および表見代表執行役制度について再検討を試みるものである。

II　裁判例にみる適用状況

1　序

　前述したように、商法の昭和25年改正では、代表取締役制度が法定され、取締役が各自会社を代表する権限を有する制度は廃止された。この時点で表見代表取締役の制度を廃止することも十分に考えられたが、表見代表取締役の制度はそのまま残ることになった。このため、社長等の名称への信頼保護

が、消極的信頼保護から積極的信頼創出へと転化したことになった。この点については、そのような機能は外観法理の機能的限界を超えるので、表見代表取締役の適用は限定的に解さなければならない[2]との主張も見られていた。しかし、裁判所は、積極的な信頼保護という立場で表見代表取締役制度を理解し、昭和25年改正後においても、学説の一部にあったような制限的な発想を採ることはしないで、名称信頼を積極的に保護してきたように思われる。一方、その過程において、表見代表取締役が成立するための要件が明らかにされていった。

2　会社の帰責事由

会社法354条は、「株式会社は、代表取締役以外の取締役に社長、副社長その他株式会社を代表する権限を有するものと認められる名称を付した場合には、当該取締役がした行為について、善意の第三者に対してその責任を負う。」としており、株式会社が名称を付したことを要件としている。このため、条文上は必ずしも明らかではないものの、外観法理の一般原則に従い、名称を付した場合の会社の責任を認めるためには、会社が名称を付したことあるいは名称使用を許諾したこと等、会社の帰責性が前提となると解される。当該人物が自ら社長であると名乗っているだけでは、適用対象とならないことは当然である。それでは、いかなる状況の下に会社の帰責性を認めるべきであろうか。会社を代表する取締役や取締役会のような機関が、当該人物にそのような名称を積極的に付与していたのであれば、疑いなく帰責性は認められるが、そのような場合に限定したのでは第三者保護に欠けることとなる。たとえばそのような名称使用を会社が承認・黙認していれば、会社の帰責事

---

[2] 酒巻俊雄『取締役の責任と会社支配』108頁（成文堂、1967年）。また、中村信男「有限会社法上の表見代表取締役に関する一考察——有限会社の代表権なき取締役が取締役の名称で行った取引と会社の責任」早稲田商学366・367号349頁（1996年）は、各自代表原則が採られない株式会社については、表見代表取締役規定はその法的基礎を欠いているとする。そして積極的信頼保護へと変容し、外観信頼保護規定としては過ぎたるものであり、取締役の各自代表原則を採る有限会社において表見代表が本来の機能を維持するものと論じている。もっとも、昭和25年改正前から実際には定款で社長等にのみ代表権を有する例が非常に多かったのであり、同年改正による取締役制度の変更は考慮しなくて良いとの見解もある。上柳克郎ほか編『新版注釈会社法(6)』182頁〔山口幸五郎〕（有斐閣、1987年）。

由が認められるべきであろう。

　最高裁によれば、表見代表取締役には、名称の使用を会社から黙認された取締役を含むものと解しており、当該代表取締役が単独で代表権限を行使できるものであると見られる名称を使用しているのに対し、これを会社が黙認していた場合をも含むものと解している（最判昭和42年4月28日民集21巻3号796頁）。そして、会社が許諾していたことが必要ではあるものの、代表取締役が名称使用を1回注意しただけでそれ以上の監督をしなかった場合についても、表見代表取締役による会社の責任が認められている下級審裁判例がある（東京地判昭和49年10月15日下民集25巻9〜12号832頁）。

　問題は、代表取締役が黙認したとは言えない場合である。すなわち一部の取締役だけが名称使用を知っていた場合についてである。この点について学説では、取締役は、代表取締役や取締役会に知らせ違法状態を是正する職責があることから、取締役が1人でも知って放置すれば会社に責任を負わせるべきであるとの意見が見られる[3]。仮に、この解釈に従ったならば、委員会設置会社の場合については、どのように解するべきであろうか。代表執行役を選定・解職するのは取締役会であるが、業務を執行するのは執行役である。したがって、取締役のほか執行役が黙認したかどうかが問題となるのであろうか。代表執行役は代表執行役を選定する取締役会の構成員とは限らないが、名称付与は代表執行役の同意や黙認でも良いのであろう。また取締役の過半数の同意または黙認があれば良いと思われるが、取締役の1人でも、あるいは執行役の1人でも知っていれば良いのかについて議論がある。しかし、この場合には僭称にも適用を認めざるを得なくなってしまうことから、これに反対する意見がある[4]。

　これに対して、取締役1人であっても承認と一応言えるとするものの、それで直ちに表見代表取締役が適用されて第三者が保護されるわけではなく、重過失の判断が必要であり、その範囲で承認の程度は広く認めて良いとする見解が見られる[5]。結局のところ、名称付与あるいは会社の帰責性は第三者

---

　[3]　鈴木竹雄＝竹内昭夫『会社法〔第3版〕』287頁（有斐閣、1994年）、龍田節『会社法大要』109頁（有斐閣、2007年）。
　[4]　酒巻俊雄ほか編『逐条解説会社法（第5巻）』343-344頁〔野田博〕（中央経済社、2011年）。

の重過失と関連づけて評価する必要があろう。

3 取締役以外の者への名称付与

354 条は、代表取締役以外の取締役に名称を付与した場合について規定しているが、最高裁によれば、従業員への名称を付与した場合についても適用を認めている（最判昭和 35 年 10 月 14 日民集 14 巻 12 号 2499 頁）。一般に、取締役でなくても会社に関わる者であれば表見代表が成立する余地があるのであろうか。たとえば会社と雇傭関係のある者が副社長等の名称を使用していた場合には、同様に第三者を保護するとも言えるが、従業員でもない外部者の場合には、原則としてこれを否定すべきであろう。この点に関して、浦和地判平成 11 年 8 月 6 日金判 1094 号 54 頁に、従業員でない者が専務取締役の名刺を使った事例が見られる。裁判所は、取締役でも、従業員もでない外部の者については、会社の業務に従事しているわけではなく、会社から指揮監督を受ける立場にないのが通常であるから、商法旧 262 条の類推適用はできないとしつつ、会社は名板貸しの責任を負うとされた。ここで会社の業務従事と指揮監督と言う要素が挙げられていることが注目される。表見代表取締役制度の下で、名称だけを信頼すれば保護されるわけではなく、会社における通常の業務執行関係を前提とすべきであると思われる[6]。

なお、名板貸しと表見代表との関係も検討が必要である。商法 14 条は、「自己の商号を使用して営業又は事業を行うことを他人に許諾した商人は、当該商人が当該営業を行うものと誤認して当該他人と取引をした者に対し、当該他人と連帯して、当該取引によって生じた債務を弁済する責任を負う。」と規定し、同様に会社法 9 条は、「自己の商号を使用して事業又は営業を行う

---

5) 宮城京子「表見代表取締役制度——商法 262 条不要論と表見代表取締役制度の存在意義」龍谷大学大学院法学研究 7 号 297 頁（2005 年）。

6) 伊藤壽英「判批」金判 1094 号 58 頁（2000 年）によれば、雇用関係がない場合でも業務執行の関与の事情によっては商法旧 262 条の類推の可能性が否定できないとする一方、会社の業務執行に何ら関与しない行為については類推が否定されるとする。江頭憲治郎＝中村直人編著『論点体系会社法（第 3 巻）』114 頁〔酒井太郎〕（第一法規、2012 年）は、対外的取引にかかる権限を会社から何らか付与されていたか、または事実上そのような権限を会社の黙認の下に行使していたことをもって判断されているとする。

ことを他人に許諾した会社は、当該会社が当該事業を行うものと誤認して当該他人と取引をした者に対し、当該他人と連帯して、当該取引によって生じた債務を弁済する責任を負う。」と定める。いずれも平成17年改正前と比較して要件を厳格化して、それまで条文にあった「氏、氏名」をあえて外し、商号に限定している。名板貸しの立法趣旨からして、ある種の名称を外部者に付与（または使用の黙認）したことのみから当然に会社や営業主が責任を負うことになるかといえば、それを肯定することは名板貸しを広い外観保護に近いものとして理解することになるおそれがある。外部者への名称を付与（または使用の黙認）したことで名板貸し責任が当然生じると解するには、両制度の趣旨を考えた上で要件の差異について慎重な判断が求められる。

4　名称

　会社法では、表見代表取締役の名称の例として、社長と副社長を例に挙げる。旧商法ではこの他、専務と常務が挙げられていた。常務取締役に代表権がある会社は実際に必ずしも多くないことから、常務についても表見代表取締役が認められることには疑問も感じられていたが、実際に裁判例で常務取締役の名称信頼を保護したものが見られている（最判昭和40年4月9日民集19巻3号632頁）。もちろん条文に挙げられた名称は例示であり、その他代表権限を有する名称であればよいが、「取締役」というだけの名称は対象外であろう。東京地判平成7年6月28日判タ912号241頁では、Y_1 は、Y_2 に対し、単に「取締役」の名称を付与したのみで、会社を代表する権限を有するものと認むべき名称を付与していないことが明らかであるから、Xの Y_1 に対する商法262条に基づく請求はその前提を欠いているとしている。

　しかしながら、有限会社について取締役の名称に表見代表取締役を認めた裁判例がある。東京地判平成5年1月28日判タ839号246頁である。この事件では、X_1 会社においては取締役Bを代表取締役として定める旨の登記がなされており、X_2 に X_1 会社を代表する権限はなかった。本件土地について、X_1 会社の取締役 X_2 と買主Aとの間で本件売買契約が結ばれた。判旨は、「X_2 は X_1 会社の取締役であり、本件売買契約にあたり、X_1 会社の取締役として、かつ、取締役の名称を使用表示して、これをなしたものであって、買受人た

るAも、X_2が取締役であることから本件土地をX_1会社のために売却する権限があるものと信じて買い受けたものであるから、そうとすると、X_1会社は、有限会社法32条によって準用される商法262条の類推適用により、A買受人に対し、本件売買契約による責任を免れることはできないものというべきである。けだし、有限会社においては、数人の取締役があるときでもその各自が取締役という資格において単独で会社を代表する権限を有するのが法律上の原則であり（有限会社法27条）、取締役に加えられた代表権の制限を知らなかった善意の第三者は保護されるべきであるからである。」と述べている。

この判旨については、取締役という名称への信頼が法的に保護されるべきと解することは、代表権のない取締役の存在を認め、かつそれを登記で公示させ保護を与えたことと矛盾する。取締役なる名称は表見的名称に当たらないのであり、代表権のない取締役に取締役の名称を付与しても直ちに会社に帰責性ありとは言えないとの批判が見られる[7]。

これに対して、他の取締役を特定代表取締役に定める一方で、代表権を喪失した取締役に代表権があるかのようにして取引をすることを知りながら防止しないこと自体を、会社による黙示の付与として評価すべきとの立場も見られる[8]。これは旧有限会社法の事案であり、同法の下では取締役は各自代表権を有することを原則としていた。会社法の下では、株式会社法のうち取締役会非設置会社では、旧有限会社法と同じ原則になっており、上記判旨からは、この種の会社では一般に取締役との名称でも信頼保護が成立することになりそうであるが、この点は相手方の重過失を通して慎重に考えるべきであろう[9]。

それでは、代表取締役という名称はどうであろうか。東京高判平成元年9月12日金法1247号26頁がその例である。判旨は以下のように述べている。

「A社の前身のB社からCへの持分権移転について、Y_1は右会社の代表取

---

[7] 来住野究「判批」法学研究71巻7号101-102頁（1998年）。
[8] 落合誠一編『会社法コンメンタール(8)』49頁〔落合誠一〕（商事法務、2009年）。
[9] 江頭憲治郎『株式会社法〔第4版〕』383頁（有斐閣、2011年）も、特殊な事案であり、一般化できないと解すべきであろうとする。

締役ではなかつたことが認められるけれども、Y_1 は、昭和57年7月23日当時右会社の取締役であり、自己が会社を代表する者として行動し、『B株式会社　代表取締役 Y_1』と記載のある名刺を所持し、右記載のある資格証明書、印鑑証明書を持参し、所有権移転登記の委任状にもその旨記載し、Dからその旨の宛名の記載のある領収証を異議なく受領したのであり、Cも Y_1 に代表権があることを疑わなかつたことが認められ、さらにA社の前身のB社もA社もその後本訴に至るまで Y_1 のこれらの行為について何らかの異議を述べた形跡は本件全証拠によつても認められず、しかも前示認定のとおり Y_1 が代表者である Y_2 社は後にA社を吸収合併しており、Y_1 のA社に対する支配力は強いと認められることからすると、A社の前身のB社は、Y_1 が代表権を失つた後も、代表取締役として行動し、前記契約をなすことを承認していたものと認められる。そうすると、A社の前身のB社は商法262条により Y_1 が代表取締役としてCとの間になした契約についてその責に任じなければならないというべきである。」

この事案は、代表取締役ではないのに代表取締役の名刺を示したものであり、社長、副社長等の肩書きは付されてはいないものの、代表権限を有するものと認められる名称を使用したことになり、相手方を保護すべきことは疑いないであろう。

5　重過失

主観的要件について、354条では善意の第三者は保護されるとするが[10]、相手方に重過失がある場合には保護されないとするのが最高裁の立場（最判昭和52年10月14日民集31巻6号825頁）であり、学説の多くもこれを支持する[11]。裁判例はこの第三者の重過失の判断を通して、公正な結果を達成しようとしているように思われる。

たとえば、東京地判平成11年3月25日金判1071号49頁では、Y会社は、C常務に常務取締役の名称を付していたのであるから、商法262条の規定に

---

[10]　山下友信「判批」法協97巻10号1543頁（1980年）によれば、民法109条と同じ要件にすると表見代表取締役の存在意義がなくなるのであり、商取引における取引の迅速安全の要請と定型的な表示と結びついた外観信頼の保護の要請は、主観的要件を緩和させるとする。

より、C常務の代表権の欠缺について善意でありかつ重過失のない第三者に対しては、C常務の代表権の欠缺を主張することができないと判示した。その上で、Xの重過失の有無について以下のように詳細に事案を検討して判断した。

「本件金銭消費貸借契約証書の調印に至るまでの過程においてはXからみると外観上格別の問題はなかったのであって、調印の段階において始めて本件金銭消費貸借契約証書上のY会社を代表ないし代理する者がC常務及びD部長であってその名下の押印が個人印であることが判明した。しかし、一般に総合建設業を営む株式会社においては全社一括して代表取締役社長名で契約を締結することが常態であるということはできず、むしろ、地域ごと若しくは部門ごとに取締役の地位を有する者の名前で契約を締結することも多い。株式会社を相手方として契約を締結するに当たっては、格別の疑念を生じさせるような特段の事情のない限り契約書上において株式会社を代表ないし代理する者の権限については逐一調査しないのが通常であると考えられることからすれば、X側においてC常務に本件金銭消費貸借契約締結の権限があると信じたことを著しい落ち度であるということはできない。Y会社は中堅ゼネコンであり、ゼネコンにおいては地域ごと若しくは部門ごとに取締役の地位を有する者の名前で契約を締結することも多く、また、C常務はY会社本店事務所内で白昼堂々と本件金銭消費貸借契約証書に調印したのであるから、Fが自らは代表権を有していないことからC常務の代表権の存在についても当然これを疑うべきであったとまでいうことはできず、この点からX原告の重過失を基礎付けることもできない。」

判旨では、建設業界の実態を重視していることが注目される。ここで明らかなように、表見代表取締役としての会社に責任を負わせるに当たり、名称信頼以外の要素をも慎重に判断していることである。重過失の判断と言う形

11) 重過失が認められた事例として、東京地判昭和48年4月25日下民集24巻1～4号216頁は、以下のように判示する。「当該取締役の代表権の有無を疑うに足りる十分な理由がある場合に登記簿の閲覧ないし会社の支払担当者等への照会を怠った者は、たとえ善意であってもその善意につき重大な過失があるものというべく、このような場合には、公平の見地からいつて、善意の第三者といえども商法262条の保護に値しないと解するのが相当である」。

を通して、一般の表見責任の成立が認められるかどうかという程度に審査しているようである。

6 表見支配人

　会社法13条は、「会社の本店又は支店の事業の主任者であることを示す名称を付した使用人は、当該本店又は支店の事業に関し、一切の裁判外の行為をする権限を有するものとみなす。ただし、相手方が悪意であったときは、この限りでない。」と規定する。この表見支配人に関する裁判例は従来から多く、表見代表取締役を検討するに当たり参考になる。表見支配人制度も名称信頼に基礎を置くからである。ただし、以前から判例においては、表見支配人として認められるためには、営業所の実質があること、その主任者たる名称に限定されている（最判昭和37年5月1日民集16巻5号1031頁）。

　この立場は一貫して維持されており、たとえば、東京高判平成9年1月28日判タ967号221頁では、「東京通信システム営業本部は、内部組織上及び取引活動の外観上も、Y社の経営管理活動を分担しているとか、本社を離れて独立の営業活動を決定しうる権限があったとはいえず、したがって、商法上の営業所の実質を備えているということはできない。他に東京通信システム営業本部が商法上の営業所の実体を備えていると認めるに足りる証拠はない。してみれば、Aが商法42条（現24条）にいう表見支配人に該当するとのXの右主張は、その前提を欠くものであって、採用し難い」と判示している。

　また、主任者たる名称という場合に、次の事例のように、一般取引上の見地から支店長という名称でいつでも表見支配人が認められるわけではない。

　東京高判平成元年6月7日金法1249号30頁では、「信用金庫の支店長は、なるほど、その名称は支店の営業の主任者であることを示す名称ではあるものの、その支店の取引についてもその権限に多くの制約が存し、通常右の如き包括的権限を有するものではないこと、換言すれば、支配人としての代理権を授与されているものでないことは一般取引上の見地からも明らかであるというべきである。従って、支店長の権限が右のとおり包括的なものではないことを知っている者は、その支店長が支配人でないことについて悪意であ

ると解される。」と判示している。

　なお、表見支配人として営業主の責任が認められるには、本店・支店の主任者たる名称を付したという要件だけではなく、条文上明らかではないが、営業所との実質、営業主との雇用関係（あるいは委任関係）が必要であると解するべきである。裁判所も同様の立場であると思われる。たとえば、仙台高判昭和 61 年 10 月 23 日判タ 624 号 218 頁では、以下のように判示する。「商法 42 条（現 24 条）の表見支配人に関する規定は、営業主が支配人でない使用人に対し本店又は支店の営業の主任者であることを示す名称を附した場合に適用される規定であるところ、そもそもAはYとは全く別個独立に営業を行っていたものであり、Yと同人との間に使用者、被傭者の関係即ち、同人がYの使用人であるとの関係になかつたことは右にみたところから明らかであるから、右規定をもとに、Yに前記売買に基づく債務についての責任を肯認することはできない」。

III　取締役会設置会社と取締役会非設置会社

　会社法では、349 条 2 項で「取締役が二人以上ある場合には、取締役は、各自、株式会社を代表する。」と定めるが、362 条 3 項では、「取締役会は、取締役の中から代表取締役を選定しなければならない。」としており、取締役会設置会社では、代表取締役のみが代表権を有する。取締役会非設置会社では取締役という名称には代表権の外観が備わっていると解されるから、表見代表をめぐる状況は 1938 年当初に回帰した一面があるとの指摘がある[12]。たしかに取締役会非設置会社ではそうであろう。しかし、取締役会設置会社では会社法制定前と異ならない。そこで、表見代表取締役制度を取締役会設置会社とそうでない会社に分けて検討する必要があることになる。社長や副社長以外の名称については、取締役会設置会社とそうではない会社とで保護の必要性が異なる余地がある[13]。取締役非設置会社であれば専務取締役と言う名称を付された取締役に代表権があると信頼した場合に保護されると言

---

12) 酒巻ほか編・前掲注 4) 419 頁〔石山〕。

える。これに対して、取締役会設置会社である場合については、取締役というだけでそのような名称から代表権ありと信頼した場合に、どこまで保護されるべきか疑問となる。しかも、取締役会設置会社かどうかは登記事項であり、908条1項の問題となる。当該会社は取締役会設置会社でないと思った第三者については、専務取締役と言う名称についての信頼が保護されるのであろうか。取締役会設置会社として登記されていれば、908条1項で相手方の悪意が擬制されるから、このような第三者は保護しなくても良いと一応言えるかもしれないが、表見代表取締役と908条の関係に鑑みるとこのような割り切りには疑問も生じる[14]。

IV　委員会設置会社の表見代表

　会社法421条は、「委員会設置会社は、代表執行役以外の執行役に社長、副社長その他委員会設置会社を代表する権限を有するものと認められる名称を付した場合には、当該執行役がした行為について、善意の第三者に対してその責任を負う。」と規定する。この規定は354条を排除するものか、あるいは354条の適用があることを前提にして、その上に適用されるのか検討を要する。換言すれば、委員会設置会社では取締役について社長等の名称信頼についても保護があるのか。あるいは委員会設置会社では表見代表執行役だけが認められるのであろうか。354条と421条の文言上はどちらも考えられなくはないが、立法者の意図は会社の代表権は代表執行役に任せており、委員会設置会社に表見代表取締役が認められる余地はないのであろう。執行役に社長等の名称が付された場合については、すでに表見代表取締役について述べたことと同様のことが当てはまるのであろう。

---

[13]　江頭・前掲注9）も、表見代表取締役制度を取締役会設置会社とそうでない会社に分けて検討する。同書402頁によれば、取締役会設置会社については、各自代表の原則がとられていないこと、実務における代表取締役の通常の名称に鑑みるとき取締役会設置会社では専務取締役、常務取締役の名称が代表権を推測させる肩書きであるかどうか疑わしいとする。

[14]　会社法制定前に存在し、登記事項であった共同代表制度（商法旧261条2項）の下で、単独で代表権を行使した場合にも表見代表取締役が類推適用されるというのが最高裁判例であった。最判昭和42年4月28日民集21巻3号796頁。

しかし、委員会設置会社において、たとえば会長取締役[15]と言う名称を付された取締役に代表権があると信頼した第三者は保護されないのであろうか。委員会設置会社で取締役に代表権があると信頼することは重過失であるという考えも成り立つかも知れない。ただし、委員会設置会社であることを知らない第三者が会長取締役との名称を信頼した場合が問題となる。委員会設置会社として登記されれば、908条1項で相手側は委員会設置会社であることについて悪意となり、取締役に代表権があることの信頼は保護されないのであろうか。この場面においても、委員会設置会社かどうかは登記を見れば分かるのであって、登記されれば悪意が擬制されるのであろうか。

既に見たように、委員会設置会社以外についての裁判所の考え方は、社長、副社長という肩書きを信頼すれば、取締役であろうと従業員であろうと保護される余地を認めてきた。そうであれば、421条も執行役に限定していると解する必要は無いかも知れない。たとえば執行役と紛らわしい執行役員に専務との名称が付与された場合も第三者の保護が必要ということとなろう[16]。そうなれば、取締役についても表見代表を認める余地はないのであろうか。委員会設置会社において、社長取締役と社長執行役とでは、同程度に保護の必要性があるのではなかろうか。

しかし、委員会設置会社の取締役（執行役兼務ではない者）に会社が社長の名称使用を黙認したが、業務執行に一切関与させなかった場合には、表見代表執行役と認めることは消極的であるべきである。というのは、執行役が

---

15) 委員会設置会社以外の会社について、東京地判昭和48年4月25日下民集24巻1〜4号216頁は、以下のように判示して取締役会長に表見代表取締役を認める。「一般に、取締役会長とは取締役会における主席たる地位にある取締役を指すものと考えられるので、代表権を有するのが通常である。もっとも、会長の外に社長が別に設けられている場合には、取締役会長とは合議体の議長たる地位を指し必ずしも代表権を有するのが通常であるとはいえないとの見解もあり得ようが、社長が別に設けられているか否かは第三者には必ずしも明らかでなく、個々の会社の内部組織によって取扱いを異にするのは取引の安全保護を目的とする商法二六二条の趣旨からいつて適当ではないので、取締役会長はすべて同法のいわゆる表見代表取締役に当ると解するのが相当である。」

16) 江頭憲治郎ほか編『論点体系会社法（第3巻）』379頁〔受川環太〕（第一法規、2012年）では、表見代表執行役の名称に専務や常務も含まれるとする。その上で同書382頁は、執行役員に専務や常務が付与されることも多く、このような委員会設置会社の実態や使用人にも認めた35年判決を考慮すると、執行役以外の使用人にも認めるべきであるとする。

取締役を兼任することがあるものの（402条6項）、そのような場合を除けば委員会設置会社の取締役は、原則として委員会設置会社の業務を執行することができない（415条）。会社の業務を執行することができない者についていえば、代表権があるという信頼は、保護する必要は無いのではなかろうか。表見代表の制度では、第三者から見て会社の業務執行に関わっている者が名称を付していることが前提に思われる。その結果、第三者が当該会社は委員会設置会社ではなく、会長取締役に代表権があると信頼したとしても、委員会設置会社としての登記がなされている場合には、第三者は保護されないこととなろう。

　そもそも、執行役という名前に代表権があると信頼することに保護の必要性はあるのであろうか。この点は取締役に比べると執行役であれば代表権があるという蓋然性が低く[17]、また委員会設置会社を採用する会社はきわめて少なく、執行役自体に馴染みが薄い場合に、421条の存在意義がどこまであるのか疑問なしとしない[18]。執行役と言う名前に代表権の信頼は当然にはないし、421条はあえて設けなくても良かった条文とも言える。ただし、委員会設置会社の業務に関与する者への名称信頼を保護し、354条を排除して、執行に関与しない取締役には表見代表取締役を認めないという意味があると思われる。

V　908条と表見代表

　表見代表による保護が与えられるには、第三者は善意（判例により無重過失）が求められる。一方908条1項は、「この法律の規定により登記すべき事項は、登記の後でなければ、これをもって善意の第三者に対抗することができない。

---

[17] 代表執行役制度ができた時点では誤認される名称があったわけではないので、ここに表見代表執行役という名称信頼保護を設けることは疑問である。近藤光男「執行役」民商126巻4・5号93頁参照。

[18] 酒巻俊雄ほか編『逐条解説会社法（第4巻）』342頁〔野田博〕（中央経済社、2011年）によれば、執行役各自代表の原則はとられておらず、専務執行役や常務執行役が代表権を推測させる名称であるという社会通念が存するとは言えないから、代表権を有するものと認められる名称であるとすることは困難であるとする。

登記の後であっても、第三者が正当な事由によってその登記があることを知らなかったときは、同様とする。」と規定する。代表取締役および代表執行役の氏名・住所は登記事項であり、登記によって善意者にも対抗できることから、登記後第三者は善意者として保護を受ける余地はないのではないかと言う点が長年盛んに議論されてきた。この点判例は、第三者は善意・無重過失であれば354条等で保護されるという結論はとるものの、外観信頼保護規定と商業登記の効力との関係につきいかなる法的理論構成をとるものかについて、必ずしもはっきりしない状況にあると評価されている[19]。

学説では、表見代表は登記制度の次元が異なるとの立場や、登記事項を対抗できない正当事由がある場合と解する立場、悪意擬制を否定する立場等が見られている[20]。しかし、908条（商法旧12条）と354条（商法旧262条）は外観保護の点では同一次元と解するべきで、次元が異なるとの意味は不明であると論じられている[21]。なお、表見代理を定める民法112条と登記事項との関係については、最判昭和49年3月22日民集28巻2号368頁が以下のように判示して、民法112条の適用する余地を否定する。「商法は、商人に関する取引上重要な一定の事項を登記事項と定め、かつ、商法12条（筆者注・現9条、会社法908条）において、商人は、右登記事項については、登記及び公告をしないかぎりこれを善意の第三者に対抗することができないとするとともに、反面、登記及び公告をしたときは善意の第三者にもこれを対抗することができ、第三者は同条所定の『正当ノ事由』のない限りこれを否定することができない旨定めている……。商法が右のように定めているのは、商人の取引活動が、一般私人の場合に比し、大量的、反復的に行われ、一方これに利害関係をもつ第三者も不特定多数の広い範囲の者に及ぶことから、

---

19) 落合編・前掲注8) 43頁〔落合〕。

20) 龍田節「代表取締役の退任・代表権喪失の登記と民法112条（最判昭和49.3.22）」法学論叢97巻2号85-86頁（1975年）では、商法（旧）12条を過大視するのは不当だが、無視するのも妥当ではないとして、同条に推定的効力を認めるにとどめ、登記後は第三者が善意を立証して初めて悪意の推定を覆すことができ、表見責任の要件を満たさなければならないと論じる。

　このほか、登記後の第三者には登記事項についての善意を対抗できないだけであって、悪意が擬制されるわけではないとの見解が見られる。宮城・前掲注5) 298頁。

21) 加藤・前掲注1) 1289頁。

商人と第三者の利害の調整を図るために、登記事項を定め、一般私法である民法とは別に、特に登記に右のような効力を賦与することを必要とし、又相当とするからに外ならない。ところで、株式会社の代表取締役の退任及び代表権喪失は、商法188条（筆者注・現会社法911条）及び15条（筆者注・現会社法909条）によって登記事項とされているのであるから、前記法の趣旨に鑑みると、これについてはもつぱら商法12条（筆者注・現9条、会社法908条）のみが適用され、右の登記後は同条所定の『正当ノ事由』がないかぎり、善意の第三者にも対抗することができるのであつて、別に民法112条を適用ないし類推適用する余地はないものと解すべきである。」[22]。

一方、正当事由を弾力的に解する立場は、登記と矛盾する、または登記自体を紛らわしくするような登記当事者の行為や事情に起因して、通常誰しもが登記を調査する必要性を感じさせられなかったであろうと客観的に見うる場合は、正当事由に当たると解してよいと論じる[23]。しかし、正当事由を安易に認めることは登記制度を損ないかねないことが問題となる。

さらに、登記の積極的公示力は、登記された者に代表権があることに生じるだけで、代表権のある者はほかにいないことを示すものではないとする見解もあるが[24]、取締役であったことや、退任すればその旨が記載されるの

---

22) 同様に、最判平成6年4月19日民集48巻3号922頁が、登記事項について民法112条適用を否定する。すなわち原審大阪高判平成3年4月26日判時1396号138頁では、「一般私人の場合に比し、取引活動が大量的・反復的に行われる商人の場合には、これに利害関係をもつ第三者も不特定多数の広い範囲に及ぶことから商人と第三者の利害の調整を図るためには商法12条（筆者注・現9条、会社法908条）の規定のみが適用され、別に民法112条を適用ないし類推適用する余地はないけれども、社会福祉事業法に基づき設立された社会福祉法人の場合にはそのような要請が少なく、個別の事情により第三者との利害の調整を図ることが可能であり、またその必要がある。」とした。これに対して最高裁は、「社会福祉法人の理事の退任すなわち代表権の喪失は、社会福祉事業法27条1項、組合等登記令（昭和39年政令第29号）1条、2条により、登記しなければならない事項とされているのであるから、前記規定の趣旨に照らせば、社会福祉法人が理事の退任につき登記をしたときは、右理事の退任すなわち代表権の喪失を第三者に対抗することができ、その後その者が右法人の代表者として第三者とした取引については、交通・通信の途絶、登記簿の滅失など登記簿の閲覧につき客観的な障害があり、第三者が登記簿を閲覧することが不可能ないし著しく困難であるような特段の事情があった場合を除いて、民法112条の規定を適用ないし類推適用する余地はないものと解すべきである。」とする。

23) 加藤・前掲注1) 1294頁。

であり、908条と354条との間には衝突はある[25]。

　結局の所、商業登記の原則的な効力も、会社代表に関しては、原則を貫徹することで第三者に酷な場合があり得るので、原則の例外を認めなければならない[26]と言うことに尽きると思われる。正当事由の柔軟化が難しいのであれば、悪意擬制を修正することも考えられる。しかし、例外を認める場合は、必ずしも名称だけが決め手になるわけではない[27]。354条等は名称信頼と言ってもそれだけで決まることはまれであり、会社の帰責事由、相手方の状況（重過失の有無）によって決まるのであり、総合的な信頼保護としても良いのではなかろうか[28]。すなわち908条の原則にもかかわらず、第三者を保護する例外を認める必要のある場合が存することは否定しがたいが、実際には裁判所も総合的な事情を考慮しており、現行の表見代表取締役制度を維持していくことにどこまで大きな意味があるのかは疑わしい。

　ところで908条からは、委員会設置会社であることや取締役会設置会社であることは登記事項であり、これらを確認していない第三者は、機関構成について誤解をしていても保護されないことになる。この点で名称信頼保護の限界がある。この点で表見支配人制度は、本店支店の主任者たる名称であり、

---

24) 大塚龍児「商業登記（および公告）の対抗力について」江頭憲治郎編『80年代商事法の諸相――鴻常夫先生還暦記念』211頁以下（有斐閣、1985年）。
25) 柴田和史『会社法詳解』192頁（商事法務、2009年）。
26) 落合編・前掲注8) 46頁〔落合〕。
27) 加藤・前掲注1) 1294-1295頁は、信憑性ある外観は名称のみならず、これを許容する本人の態度も合わせて成立し、信頼の原因となる。登記と矛盾ないし紛らわしくするような事情や行為に当たれば与因していると解すべきとする。また、社長以外の名称では、名称付与だけではなく、付加的事情を加味するとする。
28) 表見代表の制度は、一般の表見法理の中でも名称信頼に特化して相手方を保護するものであるが、そのような立法趣旨は必ずしも活かされていないような判例もある。
　最判昭和56年4月24日判時1001号110頁では、代表取締役に通知しないで招集された取締役会において代表取締役に選任された取締役が、この選任決議に基づき代表取締役としてその職務を行ったときは、右選任が有効な取締役会の代表取締役選任決議として認められず、無効である場合であっても、会社は、商法262条の規定の類推適用により、代表取締役としてした取締役の行為について、善意の第三者に対してその責に任ずべきものと解するのが相当であると判示している。ここで判旨は、表見代表取締役の類推適用と述べているが、単に一般的な表見法理を適用しているようにも見える。そうであれば、わざわざ表見代表取締役を持ち出すことなく、一般的な表見法理として解決すれば良さそうであるが、908条との関係がやはり問題になるのであろう。

表見代表取締役に比較して保護すべき範囲が明確かも知れない。しかし、判例によれば、営業所の実質があることが要件であり、第三者は名称を信頼しただけで保護されるわけではない。

仮に表見代表制度を廃止する場合には、会社法908条の悪意擬制を否定するか、正当事由を広く解するという考え方をとらなければ、第三者保護に欠けることになる。もっとも登記事項全てについて同様に解する必要は無く、たとえば908条1項の厳格な悪意擬制の例外を会社代表に限り認めることも考えられなくはない。それを名称信頼に留めるかどうかの問題でもある。

VI 結語

株式会社においては、取締役および代表取締役の氏名は登記事項であり、また取締役会設置会社であるか否か、委員会設置会社であるか否かも登記事項である。したがって、株式会社と取引する者は、登記を見ない限り当該人物が会社を代表できるのかどうか判断できないようになっている。しかし、登記の確認をいつでも求めるのでは株式会社と取引する第三者の保護に欠けるとも考えられ、誰が会社を代表する者であるかという場面において、908条1項の例外を認めざるを得ない。

この点について登記での確認を怠った者は、登記事項であるにもかかわらず代表取締役については354条で、代表執行役については421条で保護される余地があるが、一方で取締役会設置会社であることや委員会設置会社であることは登記で確認しておく必要があり、会社の形態を誤解していたと言っても保護されないものと思われる。たとえ名称信頼には会社の形態の信頼まで含まれるとしても、第三者に重過失が認められる可能性がある。

委員会設置会社における「取締役会長」については、委員会設置会社では取締役に代表権があることはあり得ないので、表見代表は認められないと解すべきであろう。そもそも委員会設置会社では取締役には業務執行権がないからである。表見代表取締役となる者は業務の執行に関与していることが前提であると解すべきである。これは表見支配人における営業所の実質を要求することに対応するとも思える。業務の執行に関与していない者を代表者と

信頼した場合には、原則として重過失を認めて良いと思われる。

　908条に例外が必要なことは否定できない。908条は登記事項を善意者にも対抗できるとしている。その例外として354条は名称を付与した場合に善意の第三者を保護するとするが、名称信頼による現行の表見代表制度で良いのかは慎重に検討すべきことである。名称付与のほか、相手方の態様や名称を持つ者が業務執行をしていることを要件とすべきであり、実際に裁判例ではこの点を考慮しているし、相手方に重過失ある場合は保護されない。代表取締役であると信頼するに足りる事情があった場合については、そこに908条の正当事由を認めるという考え方も成り立つが、そのような解釈では、他の登記事項への波及効果が危惧される。354条の要件を明確化して適用範囲を一定範囲におさめるべきかもしれない。たとえば、社長以外の名称について表見代表を成立させるには、業務執行の態様や相手方の過失の程度等の総合考慮が必要である。取締役会設置会社においては取締役以外に、委員会設置会社においては執行役以外に、表見代表を認めることは例外的であるべきであろう。しかし、これを具体的に明文化することは難しく、現行制度に変更を加えないと言う選択肢を採るのであれば、表見代表制度には単なる名称信頼以外の要素が大きいこと、908条1項には例外が必要であることにとくに留意しておくべきであろう。

役員責任に関する二元説は
会社法下の実務標準となるか

青木　浩子

I　はじめに
II　法律文書における任務懈怠と過失の扱い
　　　——大江・要件事実会社法の分類
III　裁判例から推測する実務

I　はじめに

　筆者は、平成17年会社法施行後しばらく、「役員責任に関する二元説[1]（会社法導入に際しての議論で、①役員責任と善管注意義務との関係に重点を置く主に研究者による議論[2]と、②会社法423条を含む役員責任規定の要件事実論に重点を置く（会社法423条の「任務懈怠」と「過失」とを峻別すべきこと、「過失」を役員側抗弁とすべきことを説く）主に法務省関係者による議論[3]とでは、発想や対象にずれがある[4]。本稿では②に重点を置いている）について、起案練習の際に言及する必要はない」と学生相手に説明していた。

　役員責任追及の請求原因としては、会社法の条文に従い、任務懈怠という要件に事実をあてはめていけば足り、無過失抗弁や任務懈怠不存在を持ち出さねば解決が難しい事案がそうあるとは思えなかったからである[5]。代表的教科書である江頭憲治郎『株式会社法』は無過失抗弁の意義に消極的であり[6]、法務省関係者による『会社法大系』も無過失抗弁の機能の評価につき消極的だった[7]。別の代表的教科書である神田秀樹『会社法』は、二元説に

好意的なものの脚注で記述するに留まり、しかも追記で留保を重ねている[8]。二元説論争の核というべき 2006 年潮見論文結論も、(具体的法令違反等の客観的要件を過失責任規定に置く) 商法に比べると「任務懈怠」という要件を置

1) 役員責任と関係して「二元説」という語を初めて使ったのは潮見佳男「民法からみた取締役の義務と責任——取締役の対会社責任の構造」商事 1740 号 28 頁、38 頁 (2005 年) のようである。
　主要文献を時系列で並べると、①について、吉原和志「法令違反行為と取締役の責任」法学 60 巻 1 号 1 頁 (1996 年) が商法 266 条 1 項 5 号の「法令」解釈を中心に取締役責任性質論を深め、野村證券最高裁判決 (最判平成 12 年 7 月 7 日民集 54 巻 6 号 1767 頁) で一部採用、平成 17 年会社法公布および同年私法学会での潮見発表を機に議論が再燃し、たとえば田中亘「利益相反取引と取締役の責任——任務懈怠と帰責事由の解釈をめぐって (上) (下)」商事 1763 号 4 頁、1764 号 4 頁 (2006 年) のように利益相反取引に限定 (対象限定を批判する落合誠一「株式会社のガバナンス(8)」法教 321 号 46 頁、49-50 頁 (2007 年)(一元説だが立証責任は当事者一方のみとしない)) して二元説採用を支持する具体的解釈論が出る一方、債権法理論と関連させた諸論稿 (得津晶「取締役法令遵守義務違反責任の帰責構造」北法 61 巻 6 号 61 頁 (2011 年) に詳しい) が出た (総括として吉原和志「会社法下での取締役の対会社責任」黒沼悦郎ほか編『企業法の理論——江頭憲治郎先生還暦記念 (下)』521 頁 (商事法務、2007 年)、論点および学説整理として同「取締役等の会社に対する責任の範囲と性格」浜田道代ほか編『会社法の争点』154 頁 (有斐閣、2009 年)、利益相反取引に関する学説概観に伊藤靖史ほか『事例で考える会社法』222 頁〔齋藤真紀〕(有斐閣、2011 年))。②について元立案担当者として潮見論文に反駁する石井解説 (後掲注 14))、葉玉ブログ (後掲注 13)) が直ちに出され、菅原貴与志「任務懈怠責任の法的性質と構造」山本爲三郎編『新会社法の基本問題』193 頁、195 頁 (慶應義塾大学出版会、2006 年) (①につき二元説に立つが、具体的法令違反のない場合につき請求者側による過失の評価根拠事実の主張立証が先行することを指摘の上、経営判断原則 (の対象) もこれであるとする) が出た後、本文に引用した大江・後掲注 10) が出ている。
　最高裁調査官解説 (学説紹介に徹する傾向が強い) での定義例として増森珠美「判解」曹時 62 巻 7 号 223 頁、228 頁 (2010 年) (二元説を要するに、取締役が法令に違反する行為がただちに旧商法 266 条 1 項 5 号の要件を充足するという考え方とする)。
2) 潮見・前掲注 1) 37 頁は、任務懈怠ある場合の過失の証明責任につき、商法学説では無過失抗弁を認めるもの (多数説) と認めないもの (江頭・後掲注 6)『株式会社・有限会社法〔第 4 版〕』404 頁 (有斐閣、2005 年) ほか) とに別れているとする。吉原 2007・前掲注 1) 529 頁以下は説相違の実質は立証責任の配分とする。
3) この中でも更にニュアンスの違いがあり、葉玉氏は前者つまり任務懈怠と過失との区分に重点を置くが、従来の要件事実分類教本は、過失 (その内容にはあまり拘らない) を役員側抗弁とすべき点に重点を置く。後掲注 66) 参照。
4) 「ずれ」を指摘するものとして吉原 2007・前掲注 1) 529 頁。江頭憲治郎=門口正人編集代表『会社法大系(3)』231 頁 (青林書院、2008 年) も、一元説・二元説について①具体的法令違反と善管注意義務違反での責任判断構造を区別しない (潮見)・する (吉原) (人名は代表的論者)、②任務懈怠と帰責事由とを区別する・しないというように、論者により定義が違うことを指摘している。

く会社法は一元説により親和的であるとする[9]。そのようなことから、筆者は「二元説論争は会社法導入時の諸混乱の1つ」程度に軽視していた。

ところが、2011年12月に発刊された大江忠『要件事実会社法(2)』は、通説判例が二元説に立つとした上で、役員責任に係る要件事実の分類を展開し

---

5) 条文要件に事実を当てはめた結果が妥当でない場合（たとえば、商法適用事例で具体的法令違反はあるが、それに基づき責任を認めるのが酷な場合）や、無過失責任規定あるいは責任推定規定が役員に酷な場合（法428条1項あるいは423条3項）が考えられるが、他の構成で同結論を得る可能性について本稿のIII参照。むしろ、根拠や必要性についての理解があいまいなまま、必要もないのに二元説に触れた挙げ句、任務懈怠要件との調整に苦慮する例が目立つ。

6)「注意義務違反（過失）の証明責任は、取締役の責任を追及する原告側にある。」およびその脚注として「(7)証明責任（本稿筆者抄、取締役の職務は手段債務ゆえ本旨に従わない履行の主張立証は注意義務違反の証明となり）通常、取締役が無過失を証明する余地はない。もっとも、取締役・会社間の利害対立の事実または取締役による公益を保護する法令の違反行為等を原告が主張・立証すれば、取締役の注意義務違反の存在が事実上推定され、取締役側が相当の注意を尽くしたことを証明する事実上の説明に迫られることはあり得る」。この記述は二元説論争前（江頭憲治郎『株式会社・有限会社法〔初版〕』326頁（有斐閣、2001年））から基本的に変わっていないが、2箇所あった「事実上」の語は、野村證券最高裁判決を受けてであろうが削除された（同『株式会社法〔第4版〕』437-438頁（有斐閣、2011年））。

7) 江頭＝門口編集代表・前掲注4) 232頁（注4）は「善管注意義務違反の類型においては、任務懈怠と帰責事由の要件の内容はほとんど重なるので、任務懈怠が認められながら過失がないとされる余地は実際にはないといえる」、また（注5）で法令遵守重視の傾向下、法令違反につき過失が否定される野村證券最高裁判決のような例はレアケースとなろうとする（なお同書231頁は前掲注3)の①については二元説（吉原）を取るべきとするが、②については不明である。分要件事論の教本は一般に無過失抗弁とする。後掲注66)）。

8) 神田秀樹『会社法〔第14版〕』（弘文堂、2012年）は役員責任に関して(a)215頁（注8）（自己のために直接取引をした取締役は、無過失を立証して責任を免れることはできないが（428条）、任務懈怠がなかったことを立証して責任を免れることができるかどうか（423条3項）については見解の対立がある。これが認められてもよいと思う）と(b)236頁（注3）とに記述している。(a)は第11版（2009年）210頁以来変更ないが、(b)は第9版（2006年）218頁では「423条1項は民法415条の特別規定ということができるが、取締役等の任務は法律上当然に生じることもあるので、任務懈怠と過失とを別の要件としている［いわゆる二元説］（任務懈怠があったとしても過失がなければ責任は負わない）。428条1項も「任務を怠ったこと」と「責めに帰することができない事由」を区別していることからもこのことがわかる。」とあったところ、第14版では「区別している」以降を「区別している。ただし、善管注意義務義務違反の有無を判断する際は、『任務懈怠＋過失』と2元的には考えないで、善管注意義務違反があると判断すると過失の有無は問題にしない（＝過失の有無も善管注意義務違反のなかで判断する）のがこれまでの判例の趨勢である」と追記され、428条の前に［上記最判平成12・7・7］が挿入された。

9) 潮見・前掲注1) 40頁。

ている[10]。要件事実分類について類書なく、実務への影響力が大きいことに疑いない同書記述を見て、筆者も、二元説は消滅するどころか実務標準として確立する可能性が高いと認識を改めた。だが、二元説に基づく要件事実分類が支配的実務である、あるいはそうなるとまでは得心できていない。むしろ、①役員責任を追及する側が必要な主張立証をした段階で役員側から無過失抗弁を出す余地は通常はなく、ただし、②推定規定により任務懈怠が立証されやすい場合には、役員側が抗弁を援用する機会も増えようが、③上の②の場合にも裁判例で用いられてきた各種の抗弁（過失相殺や信義則、特段の事情といった、直感的にわかりやすいもの）を整理発達させれば対処できそうであるし、④その方が関係当事者の負担が少ない、という印象を捨てられないでいる。

　本稿では、大江氏見解の論理的・実務的な問題点（Ⅱ）、および、裁判例では役員責任を減免する構成として無過失抗弁以外の手法とりわけ過失相殺が目立つこと（Ⅲ）、の2点について述べる。債権法と関連させた、あるいは、利益相反取引問題に絞った先行研究はある[11]ので、本稿は過失内容の立証および法律文書作成上の負担に重点を置いた。その関係上、商事事件に関わる裁判官の最近の見解も紹介・検討したかったが見い出し得なかった[12]。この点を含め、ご意見やご注意を賜ることができれば幸いである（hrkaoki@faculty.chiba-u.jp）。

　　10）大江忠『要件事実会社法(2)』680頁（商事法務、2011年）。通説とするのは「具体的な立証内容を通説の二元説の立場から考えると」と述べた1箇所だけであり、また一元説（江頭見解）に配慮しているが、全体として二元説に立っていることに疑いはない。なお、これも実務への影響が強いと思われる澤口実編著『新しい役員責任の実務〔第2版〕』（商事法務、2012年）の157頁も「（任務懈怠と過失は）あくまで別個の要件である……故意・過失（帰責事由）を独立の要件とするのが判例、通説であるとされている（注1）」とした上で後掲注61）の太田調査官解説485頁を引用するが、太田解説は改正前商法266条1項5号の法的性質を債務不履行責任とし、取締役の故意または過失（帰責事由）を要件とすると解するのが判例・通説（注13）とし、（注13）は江頭憲治郎『株式会社法〔第3版〕』367頁（有斐閣、2009年）（本稿筆者、該当する記述は見あたらない））を引用しているので、「任務懈怠と過失が理論的に別物であり、後者は役員側抗弁である」という見解の根拠とするには無理があろう。

　　11）前掲注1）を含む本稿脚注中に引用する文献（これに尽きない）。

II 法律文書における任務懈怠と過失の扱い
——大江・要件事実会社法の分類

1 葉玉氏の見解

(1) はじめに——葉玉氏見解[13]をまず紹介する理由

大江忠『要件事実会社法(2)』は逐条解説で、理論的に掘り下げた記述はしていない。また、「請求原因が主張立証された場合、無過失抗弁成立の余地は通常ない」とする通説的見解との調整を図る反面、徹底さを欠いている。

翻って立案担当官であった葉玉匡美氏の見解は、二元説を詳細鮮鋭に擁護しており、わかりやすい。別の担当官である石井解説[14]と読み合わせれば、立案関係者の理解をより良く理解できると考え、以下にその要約を紹介する。

12) 商法下での見解につき後掲注66) 参照。東京地方裁判所商事研究会編『類型別会社訴訟Ⅰ〔第3版〕』220頁(判例タイムズ社、2011年)はQ63で会社法423条下での法令定款違反行為についての責任に係る主張立証について、債務不履行一般についての請求原因の1つである「②債務履行が本旨に沿っていない」を具体的法令違反がなく善管注意義務違反が問題とされる場合について主張立証内容は会社主張と取締役主張とで重複してくること等を踏まえると「会社から請求原因として一応了解可能な②の不完全履行を特定し基礎付ける事実の主張立証がされ、これを取締役が争うとなるや、会社は不完全履行を特定し基礎付ける事実、及び過失の不存在の評価を障害する評価障害事実を、取締役は不完全履行を否認する事情、及び過失の不存在を根拠付ける評価根拠事実を主張立証すべきことになると思われる(本稿筆者、間接事実を念頭に置いてのかっこ書は省いた)」と述べている(引用する文献は潮見・前掲注1) および前掲注6) の江頭株式会社法を除きいずれも後掲注66) の『商事関係』研究会で引用されていたもの。潮見・江頭文献を踏まえる点、および、具体的法令違反・定款違反のある場合とは別とする点を除き、商法時代の東京地方裁判所商事研究会の見解を踏襲している)。具体的な個別法令または定款規定の違反の場合には、請求原因と抗弁との区分は容易なのでそうせよという趣旨かと思われる。

13) ブログ「会社法であそぼ。」の記事として「取締役の任務懈怠責任(1)」(2005年12月28日。http://blog.livedoor.jp/masami_hadama/archives/50421917.html)、「取締役の任務懈怠責任(2)」(2005年12月29日。http://blog.livedoor.jp/masami_hadama/archives/50424509.html)、「取締役の任務懈怠責任(3)」(2005年12月29日。http://blog.livedoor.jp/masami_hadama/archives/50425864.html) (以上を本文中では「2005年見解」とする)、「善管注意義務」(2009年4月22日。http://kaishahou.cocolog-nifty.com/blog/2009/04/post-8aee.html)、「Q&A 9」(2009年4月28日、2009年6月16日 (http://app.m-cocolog.jp/t/typecast/221025/188743/58530779?page=5) (いずれも2013年8月14日アクセス可)。

14) 相澤哲=石井裕介「株主総会以外の機関(下)」商事1745号13頁(2005年)。

葉玉氏は会社法（以下、「法」という）423条について次のように語った上、議論の実益は、取締役の損害賠償責任の要件事実と立証責任の所在への影響にあるとする。

(2) 立案関係者の語る会社法423条のなりたち──概観
(i) 役員責任規定の文言変更の理由

葉玉氏によると、責任規定の文言変更、すなわち、平成17年改正前商法（改正前商法。以下、文脈上明らかな場合は単に「商法」とする）下で中心となる規定（法266条1項5号「（左ノ場合ニ於テハ其ノ行為ヲ為シタル取締役ハ……弁済又ハ賠償ノ責ニ任ズ）5　法令又ハ定款ニ違反スル行為ヲ為シタルトキ」）と、会社法下の一般規定（法423条「（役員等は）その任務を怠ったときは、株式会社に対し、これによって生じた損害を賠償する責任を負う」）とで文言が変更された理由は、(a)商法特例法21条の17（委員会設置会社役員の責任）の先例[15]に倣った（相澤＝石井・前掲注14) 22頁もこの理由を示した上で「任務懈怠と過失との関係について、商法から、その実質を変更したものでない」とする）、(b)「法令定款違反」では、たとえば取締役会決議違反のような職務上の義務違反が入らないとする解釈が出るので、それを防ぐため、である。

(ii) 会社法の任務懈怠責任（善管注意義務）は民法415条の債務不履行責任とは異なる法定責任である
　　──法定責任と見ることで要証事実や立証責任についての考え方は変わらない

葉玉氏は、法423条制定に際して責任根拠につき次のような議論がされたという。民法以外に会社法で独自に損害賠償責任を置く必要があるかが議論されたが、結局、法定義務違反に損害賠償責任を発生させる効果を法423条1項により付与した。会社法の任務懈怠責任（葉玉氏はこれを「善管注意義務」とする）と民法415条の責任とを同列とし、（約定債務にかかる債務二分論に立っ

---

[15] 山下友信「委員会等設置会社における取締役・執行役の責任」民商126巻6号805頁、809-811頁（2002年）は、任務懈怠という語を用いる特例法では、商法の法令定款違反（野村證券最高裁判決により善管注意義務とは別に判断される）を発生原因とする責任はなくなった（昭和25年改正前に戻る）と解する見解と、そうではなく何らかの形で残るとする見解とが分かれているとする。

て取締役義務を手段債務と捉えた上）取締役は無過失抗弁を出せない（原告による役員過失の立証に対する間接反証を行うに留まる）とする考え（筆者、要するに潮見説）は、立案経緯に照らすと違和感がある[16]（相澤＝石井・前掲注14) 22-23 頁は、法 428 条 1 項の区分から明らかなように法 423 条 1 項は任務懈怠と過失とを別要件としており（二元説)、法 423 条が法定責任であることからも一元説は採れないとする)。法定責任と考えることによって、従来の具体的な要証事実やその立証責任についての考え方は変わらない。

(3) 「二元説」の定義および利点

法 423 条の「任務を怠った」とは「法令・定款違反の行為を行ったこと」か（葉玉氏による二元説定義)、「会社に法令違反をさせないように注意して行動すべき取締役の義務を怠ったこと」か（葉玉氏による一元説。潮見教授の定義に同じとする）について、前者の二元説を採るべきことおよびその理由を葉玉氏は次のように述べる。

葉玉氏は任務懈怠を法定義務違反と考える（前出(2)(ii)参照）ので、（民法 415 条と同列に考える）一元説とは相容れない。そこで二元説であるが、潮見教授の定義と異なり、具体的法令（利益相反や競業のように、条文に責任について明記されているもの）違反に限らず単なる善管注意義務違反の場合についても「任務懈怠≠過失」と考えるべきとする。つまり葉玉氏は、潮見教授が①具体的な法令違反と②それ以外の注意義務違反とで分け、前者の任務懈怠＝具体的な法令違反≠過失、後者の任務懈怠＝善管注意義務違反＝過失、とする後者を否定する。理由として、具体的法令違反の場合には（民法 415 条の手段債務を経由せず）任務懈怠と過失とを区別してきたが、法定責任という理解から善管注意義務違反の場合も区別すべきだからという[17]（相澤＝石井・前掲注14) 23 頁は任務懈怠と過失とは別という前提の下、善管注意義務を認めながら過失を否定した例として蛇の目事件控訴審判決を引用)。

16) 同列に論ずべきでないことの傍証として、会社法上の任務懈怠責任の①免責要件が法定されており、約定で自由に免責できないこと、②法 429 条では対第三者責任として規定されていること、を挙げている。
17) 森本・後掲注 71) は、これと反対の考えをとると解される。

葉玉氏は、二元説支持の実質かつ最重要の理由は、すべての要件事実の立証責任を原告に負担させることの不公正さにあるとした上で、原告が「任務懈怠」の、取締役が主観的事情である「故意・過失」の立証責任を負うとするのが健全な実務であろうという。二元説支持の形式的理由として、①法428条1項では任務懈怠と過失とを別要件としていること（なお相澤＝石井・前掲注14）23頁の（注24）は428条1項の対象となる取締役等は「責めに帰すべき事情」は主張できないが「任務懈怠がないこと」は主張できるとする）、②具体的法令違反については過失が別要件となっていること、③法429条1項の第三者責任では重過失を任務懈怠と別としていること、④法428条1項は法423条1項が「責めに帰すべき事由がない」ことを抗弁とすることを前提とするように読めること、を挙げる。

(4)　具体的な立証責任の分配について
　　――「任務懈怠」と「過失」との区分
　このように、葉玉氏は、「任務懈怠＝取締役の法定責任（善管注意義務を含む）違反≠過失（責めに帰すべき事由）、これは取締役の無過失抗弁として主張される」のワンセットを二元説の内容とする。
　葉玉氏が任務懈怠＝善管注意義務違反＝過失という考えを否定することに関連して、（具体的法令違反がなく経営判断として善管注意義務が問題となる場合に）従来よりも取締役責任が厳しく問われないか、そもそも任務懈怠と過失とをどう区分すればよいか、という質問が寄せられた。これに答えて葉玉氏は2005年見解で子会社支援のため手続的瑕疵ある債務の肩代わりをしたという例で責任成立の有無を論じ[18]、2009年ブログでは更に一般化した責任配分についての見解[19]を述べている。

18）前掲注13）の「取締役の任務懈怠責任(2)」（2005年12月29日）Q＆A 4。
19）これは葉玉氏独自の見解のようである。潮見佳男『債務不履行の救済法理』139頁（信山社、2010年）は立案者は帰責事由＝過失とした上、野村證券事件を踏まえ法令違反行為につき認識可能性が欠如していたことが想定されているとする。

[図表1] 任務懈怠と過失の区分

		任務懈怠（例）	無過失（例）
①	逸脱	薬事法違反の商品の販売を役会決議で承認	薬事法違反について知らず、そのことに過失がない
②	濫用	不法関係維持目的融資の承認	目的につき知り得なかった
③	著しく不合理	適法かつ濫用にあたらないが経営判断原則に照らして義務違反とされるハイリスクローリターン取引	各取締役が自分に与えられていた情報や権限等を主張して、善意無過失を立証

＊本稿筆者がブログ内容を要約して作成したもの。

　葉玉氏は、取締役の権限行使が、①会社法その他の法令・定款・総会決議に違反する場合（逸脱）、②自己または第三者の利益を図る目的または会社に損害を与える目的で行使される場合（濫用）、または、③関連業界の通常の経営者を基準として事実に基づく判断が著しく不合理であった場合（著しく不合理な判断）、に任務懈怠が認められるとする。

　このうち局面①が最もわかりやすく、立証責任の配分でも特に妥当な結果が得られるとされる。局面②は外形上は違反でないが主観的意図により任務懈怠となる場合であり、具体例として、代表取締役との愛人関係維持を目的とした当該愛人への融資が挙げられる。局面③が任務懈怠と過失を区別するのが難しい典型と断りつつ、例として、経営判断原則に照らし善管注意義務違反とされるようなハイリスク・ローリターン取引を挙げる。局面③について、何が任務懈怠で何が過失かは例示されていないが、葉玉氏は、裁判実務に沿った任務懈怠と過失の判断プロセス（問題となる業務執行について(a)まず、会社が把握していた情報を前提として著しく不合理かを検討し、客観的にそうである業務執行に関与した取締役には任務懈怠を認め、(b)続いて、各取締役が自分に与えられていた情報や権限等を主張して、善意無過失を立証する）に従えば、任務懈怠と過失との混同から免れ得るという。

(5) 葉玉氏見解への疑問

> 葉玉氏見解の要点
> (1) 立案担当者として、要証事実や立証責任について現状を変更する意図はない。
> (2) 会社法の任務懈怠責任（善管注意義務）は民法415条の責任と異なる法定責任である。
> (3) 取締役の法定責任（善管注意義務を含む）違反＝任務懈怠≠過失（責めに帰すべき事由）であり、取締役が無過失抗弁を援用する。具体的法令違反のない、経営判断に関する善管注意義務違反の場合も同じ。
> (4) 裁判実務上の任務懈怠と過失との判断プロセスに従えば、両者は自ずと区分できる。

(i) 要点(1)について

「現状から変更なし」とするが、肝心の「現状」が定かでない。つまり、商法下で役員責任に関する要証事実、立証責任を裁判所がどのように考えていたかは定かでない。

判決中に役員側が抗弁を援用したことが明記されていれば、無過失の主張立証責任が役員側にあると裁判所が考えていることは明らかである。しかし裁判例は一般に「過失が認められないから役員の責任を認めない」という書き方をしている（実例につきIII）。この場合、請求者側に過失の立証責任があり、それが果たされないので請求が認められないとも、逆に、役員側に無過失の立証責任があり、無過失抗弁が認められたから請求が認められなかった（こちらの理解のほうが一般的であろう[20]）とも、さらには、そもそもそのような割切りは困難という見方[21]も可能であろう。

---

20) 田中（下）・前掲注1) 7頁参照。役員側は過失の反証に留まらず、無過失を主張立証しなければ責任を免れない。なお平成2年前の在来様式使用時代の裁判例に、過失を請求者側の要証事実とするか無過失を役員側抗弁とするかを明らかとする例が出てくることが期待されたが、実際には見られなかった。在来様式につき田中豊『法律文書作成の基本』243頁（日本評論社、2011年）。

21) 裁判所では前掲注12)、後掲注66)のように立証負担を当事者一方にあると割り切るのではなく、過失を基礎付ける諸事実を双方に配分するという考えが一般的なのかもしれない。後掲注61)の蛇の目事件における過失実質が判然としないという調査官解説も、これによるのではないか。

(ii) 要点(2)について

　野村證券最高裁判決（最判平成12年7月7日民集54巻6号1767頁）が任務懈怠責任が民法415条の責任とは異なると判示したのは、具体的法令違反のある場合についてであり、そうではない場合（例：経営判断原則に照らして著しく不合理な経営をした場合）については異ならないというように解しても、法定責任に立つ立案担当者見解には反しても判例に反することとはなるまい[22]。

　そもそも立案時に「具体的法令違反のない場合も、請求者側は民法415条の主張立証をする必要はない一方、役員側は無過失抗弁を出さねばならない」とまで明瞭に意識されていたのだろうか。仮にそうならば、たとえば(2)(i)で挙げた文言変更理由に、それに関わる記述がもっとあっても良さそうなものである。

(iii) 要点(3)について

　葉玉氏は「取締役に無過失立証の責任を課すのが妥当な実務」「すべての要件事実の立証責任を原告が負担する（のは不適切）」ということを二元説の実質的かつ重要な理由とする。

　㋐　無過失の立証責任が役員側にあると当事者や裁判所が従来から意識してきたのならばともかく、そうでなかった場合にはどうなるか。これについては大江氏への批判にも共通するので、以下の「3　考察」で検討したい。

　請求者側の立証困難という実質判断については、医療訴訟など請求者側の立証が構造的に困難なことが予想される場合には説得的だが、たとえば濫訴の場合[23]はどうか。請求者側に気の毒とばかりは言えないように思われる。

　㋑　形式的理由も以下のように決定的なものではないようである。現在の

---

[22] 得津・前掲注1）のように蛇の目事件判決を一般的義務違反についても最高裁は二元説に立つ可能性があるとする見方もあるが、筆者は同事件をもって二元説がとられたとまで断じ得ないと考える。

[23] 以下の例では裁判所は適宜釈明の上で争点を絞っている。東京地判平成16年5月20日判時1871号125頁（三菱商事株主代表訴訟事件（控訴）。投資先会社のカルテル教唆等に関して会社が受けた損害につき、会社が補助参加し証拠資料が提出されたにも関わらず、①体制の具体的不備、②本来構築されるべき体制、③上の②があれば結果が回避された可能性、につき具体的に主張しないまま、法令遵守体制構築義務不履行を抽象的に指摘するだけの原告の主張自体失当とした）。

条文を前提とすればいずれの説も不具合は免れないので、よほど無理のない限り文理を決定打とすべきではあるまい。

① 428条1項が任務懈怠と過失とを別要件とすることについては、任務懈怠の立証過程で過失相当の主張をなし得る（主張できないのは責任阻却事由）という構成（要するに本条を過失責任規定とみる）[24]等によって回避できるかもしれない。

② 具体的法令違反について過失が別要件となっていること、については、それをもって、注意義務違反一般につき、しかも抗弁を求めるという結論を論理必然的には導けまい。

③ 法429条1項の第三者責任で重過失を任務懈怠と別とすることについては、対第三者責任の根拠や内容が法423条のそれらと相当に違うものだから異なって当然と言えよう。

④ 「法428条1項は法423条1項が『責めに帰すべき事由がない』ことを抗弁とすることを前提とするように読める」という理由に至っては、「なぜ立案担当者は、法423条1項後段に『責めに帰する事由がない場合その限りでない』等の文言を例えば法120条4項のように明記しなかったのか」というように、稚拙な立案を批判[25]されるというジレンマを抱えている。

(iv) 要点(4)について

葉玉氏基準によって、任務懈怠と過失とを十分に区別し得るであろうか。

裁判実務上の判断プロセスが、違法不当な行為を実行した役員（実行役員）にまず焦点を絞り、この者が有責とされた場合に初めて監視義務を負う他の取締役（その他取締役）に権限その他から責任の有無を判断する過程を辿る、

---

24) 森本滋「会社法の下における取締役の責任」金法1841号10頁、19頁（2008年）。北村・後掲注36) 237頁および注85）は任務懈怠不存在を主張できるという立案担当者は無過失責任と解しているとはいえないとする（北村・後掲注36) 241頁自身は法428条1項は無過失責任の特則を定めるとする）。

25) 高橋英治「取締役の任務懈怠責任」法教362号26頁、28頁（2010年）。潮見・前掲注1) 37頁は一元説かつ過失について評価根拠事実と障害事実とを当事者に配分することを前提に、本条は自己のために会社と取引した取締役から任務懈怠への推定を破る余地（無任務懈怠の抗弁）を残しており、体裁の悪い立法であるという（同旨、田中（上）・前掲注1) 7頁）。

とする記述自体には問題はない。しかし、その他取締役については、その者自身の任務懈怠を判断する必要が本来はあり（実行役員の任務懈怠がわかっても、その他役員の任務懈怠や過失が明らかとはならない）、実行役員の任務懈怠の有無に連動させて判断するのは審理上の便宜に過ぎまい。さらに、実行役員にその他取締役を連座させない法律構成としては、無過失の他にも、任務懈怠なし（監視義務の内容およびそれを果たしたことの主張は、任務懈怠ありという請求者の主張に対する否認とも見得る）やその他の抗弁もあり得る。要するに、任務懈怠を決すれば消去法的に過失が明らかとはなるまい。

区分可能性は次の大江氏の見解にも共通する問題なので、区分の困難を指摘する文献等については「3 考察」に譲る。

2 大江氏の見解

(1) 概観

基本的理解は葉玉氏の見解とほぼ同一である（ただし葉玉氏の文献の引用はない）が、細部の理由付けや判例の解釈で葉玉氏にない見解が示されることがある。また、実際の分類にあたっては、任務懈怠と過失との区分を明確に行わない[26]江頭・株式会社法との整合性に配慮している。

会社法423条1項と民法415条（債務不履行の損害賠償責任で過失責任）との関係については、423条1項は法定責任とするのが通説・判例[27]であるとする。訴訟物は当然「423条1項に基づく損害賠償請求権」となる（大江忠『要件事実会社法(2)』678頁。以下、2の本文中で頁数のみ引く場合、同書のそれによる）。

---

[26] 後掲注30）参照。
[27] 最判平成20年1月28日民集62巻1号128頁（北海道拓殖銀行ミヤシタ事件上告審（時効につき））を引用。

[図表２] 大江氏の要件事実分類

		請求原因（任務懈怠に明らかに関わらない部分は略した）	抗弁	注記
A1. 423条1項 （取締役の責任）		1. Yの取締役として行われるべき具体的任務（職務）の内容 2. Yが請求原因1について実際に行った行為	（帰責事由の不存在） 1. 請求原因2の任務懈怠行為は、Yの責めに帰することができない事由によるものであること （過失相殺） （損益相殺） （総株主同意による免除） （消滅時効）	抗弁1は債務不履行につき帰責のないこと、つまり無過失を立証すべき
A2. 423条2項 （競業取引規制違反（損害額の推定））		1. Yは356条1項の規定に違反して競業取引をしたこと	（総会または役会の承認を得ていた） （少額の損害）	
任務懈怠の推定規定がある場合	B1. 423条3項1号 （自己のための取引）	1. X会社はYとの間で、本件土地を500万円で売買する契約を締結したこと	（任務懈怠の不存在） 1. 請求原因1の売買契約の締結については、Yの任務懈怠の事実はないこと	裁判例はない
	B2. 423条3項1号 （第三者のための取引）	1. X会社はYとの間で、本件土地を500万円で売買する契約を締結したこと 2. AはYに対し、請求原因1の売買契約を締結するに先だって、その代理権を与えたこと 3. Yは、請求原因1の売買契約を締結する際、Aのためにすることを示したこと	（任務懈怠の不存在） 1. 請求原因1の売買契約については、Yの任務懈怠の事実はないこと （無過失） 1. 請求原因1の利益相反取引（任務懈怠）は、Yの責めに帰することのできない事由によるものであること	裁判例はない 江頭記述（無過失抗弁）に言及
	B3. 423条3項2号 （会社にさせた場合）	1. X会社代表取締役YはAとの間で、本件土地を500万円で売買する契約を締結することを決定したこと	（任務懈怠の不存在） 1. 請求原因1の売買契約の締結については、Yの任務懈怠の事実はないこと （無過失） 1. 請求原因1の利益相反取引（任務懈怠）は、Yの責めに帰することのできない事由によるものであること	上に同じ
	B4. 423条3項3号 （決議に賛成した場合）	1. X会社はAとの間で、本件土地を500万円で売買する契約を締結したこと 2. 請求原因1の売買契約について、X会社取締役会が承認決議をする際、	（任務懈怠の不存在） 1. 請求原因2の取締役会承認決議にYが賛成したことについて、任務懈怠がないこと	上に同じ

| | Yは賛成したこと | (無過失)
1. 請求原因1の売買契約に関する取締役会の承認決議への賛成は、Yの責めに帰することのできない事由によるものであること |

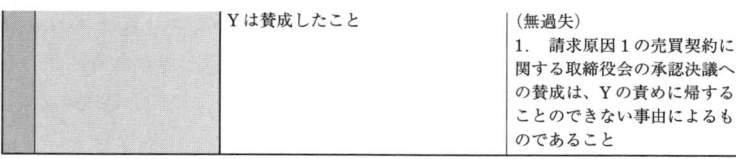

＊大江忠『要仕事実会社法(2)』681-707頁の分類を筆者がまとめたもの。

(2) 二元説について

大江氏は「不完全履行（任務懈怠）と過失は全く別個の要件である」とする考えが二元説だとした上で、この二元説は伝統的な要件事実分類（請求者側が役員の不完全履行の事実を主張立証し、役員が帰責事由の不存在（＝無過失）または違法性阻却事由を抗弁として援用する）に整合的であり、野村證券最高裁判決（独禁法違反について認識を欠いたことに過失がないとして役員責任を否定）とも整合的であるとする（679頁）。

大江氏によると、一元説とは、通説たる二元説に対する近時の説であり、手段債務における履行不完全と過失との区分が困難（過失の客観化）であることを理由に、同一事実を当事者双方の主張立証に係らしめる二元説の欠陥を批判する説である。大江氏自身は、(a)法428条1項の文言から一元説は取り得ない、(b)結果債務については無過失抗弁が事実上成立しないことは認めるとしても、全体としては二元説を維持するのが相当、とする（680-681頁）。

(3) 具体的な立証責任の分配について
―― 立証責任の分配の考え方および「任務懈怠」と「過失」の区分基準
(i) 立証責任の分配の考え方

図表2に整理したように、大江氏は、法423条1項・2項・3項の各々について役員側が主張すべき事実（抗弁）の内容を異にしている。

BのうちB2からB4（推定規定があり、自己のためでない場合）では、抗弁として、①任務懈怠の不存在、②無過失、の双方が挙げられている。無過失抗弁につき大江氏は次のように注釈する（703頁。抗弁の具体的内容の記述はない）。これらの場合、自己のための取引ではないので法428条1項の制限は受けない。つまり「自己の責めに帰すべき事由がない」ことを証明して責

任を免れ得る。これは無過失抗弁と等しいことをいうため、大江氏は、江頭・株式会社法 487 頁（筆者、第 3 版 437 頁、第 4 版 442 頁と思われる）が「自己の責めに帰すべき事由がない」に続け（会社の損害発生に関し過失のない）とかっこ書きしていることを挙げる[28]。

B1（自己のための取引）について大江氏は、無過失抗弁は主張自体失当となるとしつつ、428 条 1 項について任務懈怠と過失とを区別しない一元説も唱えられているが、二元説を採るべきことは条文から明らかなので、任務懈怠の不存在の抗弁を出せるとする（評価障害事実の具体的内容の記述はない）（701-702 頁）。

A2（競業取引規制違反）については、役員側抗弁として①任務懈怠の不存在、②無過失、のいずれも挙げておらず、③帰責事由の不存在も挙げていない（697-699 頁）。

最後に A1（役員責任の一般規定）であるが、大江氏は、B での抗弁整理と異なり、「帰責事由の不存在」という名称を使っている。もっとも大江氏が「帰責事由の不存在」＝「無過失」と考えていることに疑いはない。帰責事由の不存在に関する注釈では結局は無過失立証を要求しており（683 頁）[29]、また、素直に読めば二元説に消極的な江頭記述を、無過失抗弁を前提とする二元説と整合的に読む努力をしているからである[30]。

---

28) 本稿筆者はこの引用は「無過失抗弁を援用できる」という大江氏見解の傍証として適切でないと考える。理由は、引用された箇所に伴う（注 7）で、任務懈怠不存在の抗弁による免責可能性を唱える新説（田中亘）が紹介されているが、江頭教授自身はその説をとってはいないと解される。仮にそうならば、江頭教授がいう「過失のない（無過失）」には、田中教授あるいは大江氏が「任務懈怠」とする内容も含まれる可能性があり、要するに二元説で考える「無過失」とは内容が異なるからである。

29) 取締役は委任契約なので、請求者側が行われるべき任務と実際の行為との齟齬を主張立証し、これに対し取締役は、「自己に帰責事由のないこと、つまり故意・過失のないこと（無過失）を抗弁として立証しなければならない」（かっこ内は本文のまま）。

[図表3] 要約：規定と役員側抗弁

	任務懈怠不存在・無過失抗弁		それ以外の抗弁
A1. 423条1項（一般）	帰責事由の不存在（無過失）		過失相殺、損益相殺、総株主同意免除、消滅事項
A2. 423条2項（競業規制違反）	（記載なし）		総会または役会の承認を得たこと、少額の損害であること
B. 423条3項（任務懈怠の推定あり）	B1 自己のため	・任務懈怠の不存在	無過失抗弁は主張自体失当
	B2以下 それ以外	・任務懈怠の不存在	
		・無過失	（とくに挙げられていない[31]）

(ii) 「任務懈怠」と「過失」との区分方法

　大江氏によると、二元説に立って具体的な立証内容を考えると、任務懈怠の場合、一般的には①取締役が負担する職務（義務）の内容と、②取締役が実際に行った①と齟齬する行為、となる。(a)法令違反の場合には、②の事実のみで足りる。また、(b)経営判断の範囲の問題の場合には、①の内容は、取締役がなすべき行為を考えるのではなく、具体的になされた②の行為をする判断に先立って事実の把握に重大な誤りがないか否か、また、その判断が通常の経営者を基準として不合理であるか否かが問題となる（680-681頁）。

　葉玉氏と異なり、(a)具体的法令違反、(b)経営判断原則違背、という伝統的な区分に従っている（685頁）[32]。また、善管注意義務違反の場合の任務懈怠基準として近時の経営判断原則に係る判例を引用する等、現行実務を尊重

---

30) 江頭株式会社法・前掲注6）440頁（第3版435頁。大塚龍児「株主権の強化・株主代表訴訟」落合誠一ほか編『現代企業立法の軌跡と展望——鴻常夫先生古稀記念』51頁、63頁（商事法務研究会、1995年）を引用）は、取締役債務内容は手段債務として善管注意義務を尽くすことが内容なので、請求者側が債務の本旨に従った履行がないことを証明すれば同時に注意義務違反が証明され、「通常、取締役が無過失を証明する余地はない」とするところ、大江氏は、「帰責事由の不存在の抗弁成立の余地が少ない」という江頭指摘は「任務懈怠の多くが債務不履行であることを鑑みると、任務懈怠行為を主張するとそれは事実上取締役の過失を主張することに等しいという意味で頷ける」とする。

31) 各条項の分類が例示されたものに限るかは明記されていない。たとえばB.423条3項について、A1.423条1項で挙げられる各種の抗弁を例示していないが、援用を否定する趣旨ではなかろう。他方、無過失抗弁を援用できるB2以下（B1以外）については A1. 法423条1項の「帰責事由の不存在」の援用は否定されよう。競業規制違反（A2. 法423条2項）の場合に、「帰責事由の不存在」あるいは「無過失」のいずれかの援用を認めるか否かは記載から明らかでない（「帰責事由の不存在」を抗弁として認めるのが大江氏見解を前提とすれば素直であろうか）。

した記述である。

(4) 大江氏見解への疑問

しかし、大江氏見解は、一元説的立場との調整に成功しているとはいい難く、また、二元説に不可欠な任務懈怠と過失の区分につき実用的な基準も示していない。

(i) 一元説的立場との調整

前掲注28)および30)で敷衍したように、法423条3項（図表3のB2について任務懈怠不存在と無過失抗弁を並立[33]させるか）および法423条1項（図表3のA1について無過失抗弁を認めるか）について、一元説的立場に立つ江頭記述との調整に成功しているとはいい難い。

更に、大江氏は、法423条1項で請求者側が任務懈怠を主張立証すれば、帰責事由不存在を抗弁として出すことはまずないことを認めながらも、全類型（自己のために会社と取引した取締役の場合（図表3のB1）を除く）につき役員に無過失抗弁を課している。そのため、任務懈怠と過失との区分の問題に直面する。

(ii) 任務懈怠と過失の区分

筆者は、葉玉氏の区分基準（Ⅱ1(4)濫用・逸脱・著しい不合理に区分）よりも大江氏の基準（Ⅱ2(3)(ii)）のほうが理解しやすく、判例にも整合的であると思う。それでも、立証責任の分配問題を解決できていないように思われる。

まず、B2以下の事例（任務懈怠推定があり、自己のために会社と取引した取締役でない場合）で、たとえば利益相反取引を承認した取締役につき、葉玉基準によれば、実行した取締役の行為の承認が任務懈怠、承認にあたって情

---

32) このほか、取締役責任に関連して任務懈怠の態様を①経営判断の誤り、②会社関連法規（会社法、金商法、各種業法等）違反、③その他の取締法規違反、④監視義務ないし内部統制体制構築義務違反、と分類している。③の会社関係法規以外の法令（贈賄罪、米国銀行規制、薬事法など）の違反については、法令違反の行為者自身の責任は明らかでも、他の取締役の監視義務違反の有無が争点となり得るとする。このような区分は会社法下でも一般的なものと考えられているようである。江頭＝門口編集代表・前掲注4) 231頁参照。

33) 並立問題の指摘例として黒沼悦郎「株式会社の業務執行機関」ジュリ1295号64頁、69頁（2005年）。

報や権限を踏まえて過失が判断されるが（大江基準ではどうか、筆者には定かでない）、ワンマン社長が支配する会社の名目的取締役が理解不十分のまま承認した場合どうか。過失の問題であると同時に（そのような承認行為をなした全体を捉えて）任務懈怠の問題ともいえないか。

次にA1の事例すなわち経営判断原則が問題となる事例について大江基準に従い経営判断原則を当てはめるならば、「無過失抗弁」は実際には使われないであろうことは大江氏も認めるところである。

要するに、任務懈怠と過失との区分が難しい上に、「無過失抗弁」は使われないか（A1の場合）、あるいは、使えるが、その他の方法によっても過失の実質を主張できる（B2以下の場合）と考えられる。

3 考察

推測であるが、二元説が支持される背景には、主観・客観で区分する論理的明快さがあるのではないか[34]。しかし、「任務懈怠」あるいは「無過失」が、実は主観とも客観とも位置付けにくく、しかも抽象度が高い[35]ので、その評価を裏付ける具体的事実（普通は間接事実とされるもの）の相当は重なる。主観・客観を「区分」する実効的な基準を提示することは困難であろう[36]。

「区分しなくてよい、同じ事実が複数の主要事実に関わっても問題ない」という意見[37]もあるかもしれない（更なるそもそも論として、過失のように抽象度の高い、いわゆる規範的要件については、通常は間接事実とされる事実を、評価根拠事実・評価障害事実と分けた上で請求者側・役員側に配分するので[38]、無過失の抗弁という発想自体が不適切とする見解もあろうが[39]、本稿ではとりあえず、過失を根拠付ける具体的事実の立証責任のほとんどが役員に分配されるな

---

[34] 森本・前掲注24）の13-14頁は立案担当者解説は「違法性が『任務を怠った』という表現で、無過失が『責めに帰することができない事由によるものであること』という表現で表されている（とする）」と整理する。潮見佳男「債権法改正論議と取締役の責任」監査役565号62頁、64頁（2010年）（最近の契約責任法学では「帰責事由」＝「契約の拘束力」、「免責事由」＝「債務不履行からの解放自由」＝「不可抗力等」、「無帰責事由」≠「免責事由」とされることと対比する）もその趣旨か。

[35] 仮に「無過失」ではなく、たとえば「何についての害意」とまで具体化されておれば、任務懈怠との重複という問題は生じまい。

ら無過失抗弁を考える実益があるという了解で考察を続ける)。しかし、「任務懈怠」との内容的重複が多い「無過失」を抗弁として援用することを求めると、相当の実務上の負担とならないか。すなわち、裁判所は、従来ならば任務懈怠の一段階で総合判断できた内容を、二段階(任務懈怠と無過失)あるいはそれ以上にわたって整理し、その際、当事者の区分違いを訂正し、場合によっては、役員側に無過失抗弁を明らかに主張立証するよう釈明せねばなるまい。さらに、二元説を奇貨として「無過失抗弁につき審理不尽(抗弁を主張していないのに無過失を認めた、あるいは、無過失抗弁の根拠事実でないものを元に抗弁を認めた)あり」とする上訴がないよう、起案に神経を使わねばならないかもしれない(当事者あるいは代理人については従来とさほど負担は変わらないかもしれないが)。

そもそも、葉玉氏、大江氏は、二元説が通説であり実務であろう[40]というが、実務はどうだったのだろうか。平成17年改正前商法下の裁判所は、請求者側に任務懈怠(当時の条文に照らせば、善管注意義務違反や具体的法令違反)を、役員側に無過失抗弁を主張立証させることを前提として判断しているか。次章ではそれを検討したい。

36) 後掲注66)で東京地方裁判所商事研究会が、商法下の役員責任に関し無過失抗弁の確立には熱心な一方で、請求者側主張と役員側抗弁との峻別は要するに無理と記述していることが示唆的である。蛇の目事件(東京高判平成15年3月27日判タ1133号271頁。具体的法令違反のない事件)を例に区分が困難なことを指摘する吉原2007・前掲注1) 530頁以下、得津・前掲注1) 77頁および(注49)(蛇の目事件との非整合性および債権法改正との不調和を批判。ただし不履行事由と免責事由とを二分する発想自体は否定しない。同37頁)、北村雅史「競業取引・利益相反取引と取締役の任務懈怠責任」川濱昇ほか編『企業法の課題と展望──森本滋先生還暦記念』193頁、205頁(商事法務、2009年)(葉玉二分説を違法性と過失とを区分するものと整理の上で否定。ちなみに同208頁では同一事実の二重審理手間が懸念されているが、裁判所が同じである以上、一度心証が得られた事実審理には(それを崩す新事実が出ない限り)手間取らないのではないか。なお後掲注37))。
37) 後掲注66)参照。
38) 司法研修所編『民事訴訟における要件事実(第一巻)〔増補〕』30頁以下(法曹会、1986年)。
39) 潮見・前掲注1) 38頁参照。詳細は潮見・前掲注34)文献参照。
40) 大江氏は善管注意義務違反の主張立証を請求者側が行う場合に無過失抗弁は事実上機能しないことは認める。大江・前掲注10) 680-681頁。葉玉氏も、健全な実務あるいは実務と整合的といった暈かした表現を取っている(Ⅱ1(3))。

III 裁判例から推測する実務

1 概観

　この章では、主に平成17年改正前商法下において、請求者側と役員側が役員責任についてどのように主張立証しているかを裁判例を踏まえて検討する。

　なぜ規定の体裁が現行会社法と異なる（詳細につき以下の(1)）改正前商法を中心に検討するかというと、会社法を適用する裁判例[41]で立証責任に関する見解を明らかとするもの（「任務懈怠あり」としながら「無過失抗弁あり」と認定し役員責任を否定する例が出れば二元説採用が決定的といえる）が出ておらず、また、前述のように立案担当者は立証責任につき変更の意図はないと述べているので、法律要件の相違に留意すれば参考にし得ると考えるからである。

　裁判例の検討に移る前に、(1)法423条に近い文言の規定についての裁判例が参考とならないか、および、(2)参照した裁判例について、述べておきたい。

(1) 商法下と会社法下での取締役責任規定の相違
　——会社法423条に近い文言の規定は参考とならないか

[図表4] 役員責任規定の変遷

	1. 昭和25年改正前商法	2. 平成17年改正前商法 (1951〜2006)	3. 会社法 (2006〜)
A. 取締役	任務懈怠 法266条[42]	客観要件＋通説判例・過失責任 法266条1項[43]	任務懈怠 法423条1項
B. 監査役その他	任務懈怠 法277条（昭和27年改正）	任務懈怠 法277条[44]	任務懈怠 上と同じ

　会社法423条は「任務懈怠」を責任要件とし、法令定款違反といったより客観的な要件を責任発生事由とする平成17年改正前商法とは形式からして

---

[41] 最判平成22年7月15日判時2091号90頁（アパマンHD株主代表訴訟）、さいたま地判平成22年3月26日金商1344号47頁など。

かなり違う。立案担当官は立証配分の実質を変更する意図はないという（Ⅱ1(2)）が、これだけ違う要件で全く同じく解し得るというのは無理であろう[45]。

立案担当官は法423条の形式の先例を委員会設置会社の役員に求める（Ⅱ1(1)(i)）が、実は平成17年改正前商法の前身である昭和25年改正前商法266条1項も「任務懈怠」を要件としていた。とはいえ、昭和25年改正前には主張立証責任について戦後のそれのような厳密な検討は行われてはおらず、戦前の裁判例を見ても責任分配について参考となりそうな事案は見あたらない。

また、取締役以外の機関とくに監査役については、図表4にあるように、戦後一貫して「任務懈怠」と同等の語（「任務ヲ怠リタル」）が用いられてきた（下の(2)の第一法規の体系目次項目でも、役員損害賠償責任について、取締役に関する筆頭の項目が「責任の要件」となっているのに対して、監査役は「任務懈怠」とされている）[46]。そこで監査役等の責任に関する裁判例を見れば、取締役責任に係る会社法423条の解釈の参考となりそうである。ところが、裁判例の数が少ない上、任務懈怠ひいては責任の存否を簡単に判断するものばかり（その際に過失という言葉は原則として使われない[47]）で参考となり難い（ちなみに昭和25年改正前商法266条（取締役）、277条（監査役）のいずれも無

---

[42] 明治32年制定商法177条1項（「取締役カ法令又ハ定款ニ反スル行為ヲ為シタルトキハ株主総会ノ決議ニ依リタル場合ト雖モ第三者ニ対シテ損害賠償ノ責ヲ免ルルコトヲ得ス」）を昭和15年改正（商法266条1項「取締役ガ其ノ任務ヲ怠リタルトキハ其ノ取締役ハ会社ニ対シ連帯シテ損害賠償ノ責ニ任ズ」、2項「取締役ガ法令又ハ定款ニ違反スル行為ヲ為シタルトキハ株主総会ノ決議ニ依リタル場合ト雖モ其ノ取締役ハ第三者ニ対シ連帯シテ損害賠償ノ責ニ任ズ」）で改めて以来、昭和25年改正までこの形を維持している。

[43]「左ノ場合ニ於テハ其ノ行為ヲ為シタル取締役ハ……賠償ノ責ニ任ズ」、1～4（略）、「5 法令又ハ定款ニ違反スル行為ヲ為シタルトキ」。

[44] 平成17年改正前商法277条「監査役ガ其ノ任務ヲ怠リタルトキハ其ノ監査役ハ連帯シテ損害賠償ノ責ニ任ズ」。会計監査人につき、旧商特9条「会計監査人がその任務を怠ったことにより大会社に損害を生じさせたときは、その会計監査人は、大会社に対し連帯して損害賠償の責めに任ずる」。

[45] 山下・前掲注15）の809頁も文言相違は責任相違を来しかねないとする。

[46] 明治32年施行時商法186条（「監査役カ其任務ヲ怠リタルトキハ会社及ヒ第三者ニ対シテ損害賠償ノ責ニ任ス」）後、大正11年改正から昭和27年改正までは「責ニ任スヘキ場合」という表現となっているが、昭和27年改正後から平成17年改正前商法277条（「監査役ガ其ノ任務ヲ怠リタルトキハ其ノ監査役ハ会社ニ対シ連帯シテ損害賠償ノ責ニ任ズ」）までは「任務懈怠」を要件とし続けている（理由は不明だが前掲注42）の取締役責任規定の改正経緯とは全く異なる）。

帰責事由その他の抗弁について規定していない。法423条（およびその先例である委員会設置会社役員責任規定）が無帰責事由を役員側抗弁として明記しないのは、これらに倣ってであろうか）。

(2) 参照した裁判例について

　裁判実務で利用されている第一法規情報総合データベースを使用した。これは加除式書籍「判例体系」の電子版で、通常の検索機能（判例原文あるいは要旨をキーワード（類義語検索等も可）で検索）のほか、現行法の各条につき分野・論点を指定して検索できる体系目次検索機能がある。筆者は当初、体系目次検索機能の利用を試みた。項目1(1)ウ「故意過失」の7件中に無過失抗弁に関する情報があることが期待されたからである。ところが7件[48]のうち明瞭に無過失抗弁を前提とするものはなく、しかも、審級を異にする事件を1つと数えれば、蛇の目事件と野村證券事件の2件に収斂した。

---

[47] 判決中に珍しく「過失」という語を用いた浦和地判平成8年11月20日判タ936号232頁は、粉飾見逃しの過失とする原告主張に合わせたもので、「任務懈怠または過失」と表記するように、両者を同義あるいは任務懈怠が過失を包含する関係にあるという程度で使うに留まり、二元説のような使い分けに立っての用法ではない。

[48] 最判平成18年4月10日民集60巻4号1273頁（蛇の目ミシン株主代表訴訟上告審）（266条1項5号の責任を過失がないことを理由に否定した原審（東京高判平成15年3月27日民集60巻4号1306頁、東京高判平成11年1月27日金商1064号21頁）を破棄。過失の具体的内容とされた脅迫はむしろ違法性阻却事由その他で構成すべきという批判があるほか、任務懈怠（善管注意義務注意義務）の間接事実か、役員側抗弁かも明らかでない。ただし過失のないことの証明責任が役員側にあるからこそ最高裁は「過失を否定することはできない」としたと解する得津・前掲注1) 74頁、最判平成12年7月7日民集54巻6号1767頁（野村證券最高裁判決。二元説の根拠としてよく挙げられる著名判決だが、旧法下の具体的法令違反（会社法に直接相当する規定はない）の事例であるというほか、役員側抗弁であるか明らかでない（東京高判平成11年2月23日判タ1058号251頁、東京地判平成9年3月13日判時1620号116頁（日興証券損失補填）も同様））、最判昭和51年3月23日金商503号14頁（傍論。責任前提となる法令違反がないことを認定の上で、過失のあることが責任認定に必要であることを判示）。

[図表5] 体系目次項目　第423条（役員等の株式会社に対する損害賠償責任）

```
1  取締役の損害賠償責任
 (1)  責任の要件（175件）
    ア  利益相反取引（8件）
    イ  ア以外の任務懈怠（172件（ママ））
    (ア) 該当するとされた例（105件）
    (イ) 該当しないとされた例（83件）
    ウ  故意過失（7件）
 (2)～(6) （略 49)）
2  監査役の損害賠償責任
 (1)  任務懈怠（10件）
    ア  会計監査
    イ  業務監査
    ウ  その他
 (2)  その他
3  （略 50)）
```

　そこで通常の検索機能を用い、要旨の参照法令に会社法423条が挙げられた[51]事例を検索したところ、211件（2012年8月5日現在〔〔追記〕2013年8月31日時点で217件。新規6件につき無過失抗弁の例はない）。会社法判例4,254件の約5％）が得られた[52]。見落としが多々あろうし、「この件はそう解すべきでない」といった批判もあろうが、以下が読み取ったところである。

49）抗弁に関わるような項目として、たとえば「(4)責任解除」や「(6)参考判例　イ故意過失」などがあるが、いずれも古い、あるいは、役員抗弁の事例でないので略した。
50）会計監査人の責任、有限会社の場合、が続いている。
51）要旨も参照法令も第一法規が独自に整理・作成したもので、判決中には通常は適用法令は挙げられていない。また、会社法423条で検索しても改正前の相当規定（平成17年改正前商法266条さらにはそれ以前）についても検出される（最古の事件は大判明治38年12月25日大民録11輯1854頁）が、参考となり得るのは基本的に平成17年改正前商法266条適用事件である。
52）いしかわまりこほか『リーガル・リサーチ〔第4版〕』147頁（日本評論社、2012年）によると収録事件数は実際の既済事件の1％にも満たないが、無過失抗弁の標本として問題は特にないようなのでこの例にのみよった。

2 役員責任に関する抗弁

(1) 概観

抗弁が援用されたことが明らかな例は少なく、言及するものが19件ほど（全体（211件）の1割以下）、抗弁が成立して役員側勝訴とされた例は12件（全体の6％程度）に過ぎない。大部分は注意義務違反の有無（なお、平成17年改正前商法下でも、「任務懈怠」を認定した上で取締役責任を認めた例が相当ある[53]）で決着している。

(2) 抗弁

役員側抗弁については野村證券最高裁判決の河合補足意見[54]が網羅的に類型を挙げており、同補足意見を意識して検討した結果が以下である。

・ 最多の抗弁は「過失相殺（類推[55]）」で、抗弁が成立し責任軽減が認められた例が6件、職権による相殺例が1件、傍論で述べるものが1件あ

---

[53] 図表4にあるように「任務懈怠」という語を使わない改正前商法266条1項において、善管注意義務（改正前商法254条、254条の3からも導ける）はともかく、「任務懈怠」が認められるから取締役に責任ありとする裁判例が10件程度見られる（例、東京地判平成6年12月20日判タ893号260頁（佐世保重工代表取締役退任慰労金）。「任務、怠った」で検索）のは不思議であるが、当時の基本書であった鈴木竹雄＝竹内昭夫『会社法〔第3版〕』296頁（有斐閣、1994年）（266条1項5号……の「法令」は、具体的な職務を定める規定のみならず、一般的な忠実義務ないし受任者の善管注意義務を定める規定をも含むと解されるから、任務を怠った場合の責任は5号にすべて尽くされている（傍点は本稿筆者による））の記述等を踏まえてであろうか（この場合の任務懈怠は善管忠義義務違反と同義または包含する概念として使われている）。

[54] 前掲注1）。取締役責任の成立につき善管注意義務違反を請求者側が主張立証することを要するとする見解に反対する理由として、①取締役の責任を否定する事由は(a)違法性阻却事由、または(b)責任阻却事由としても考慮できる場合が多いこと、②いったん責任の成立を認めつつ会社との関係で(a)損益相殺、または(b)過失相殺類推、により賠償額で調整するのが望ましいこと、③会社の体質に流された場合等には(a)公平の原則、または(b)信義則の援用も考えられること、をいう。

ちなみに、取締役側が抗弁を援用したことが判決から明らかという珍しい例がダスキン大肉まん事件控訴審（大阪高判平成19年1月18日判時1973号135頁）であり、しかも①違法性阻却事由（実害がない）、②責任阻却事由（販売継続や口止め料支払いについてワンマン取締役に影響できない事情があった）、③過失相殺、④損益相殺、のすべてが援用されている。

[55] 委任契約の履行にあたっての会社側の過失よりは広い内容を相殺対象とするから「類推」とされるのかと思われるが、本稿ではそのような場合を含めて単に「過失相殺」とした。

- 損益相殺の例は過失相殺の例に比べて少なく、三井鉱山高値買戻損害賠償請求上告審で成立が否定された後に下級審で認められた例が1件あるのみである[57]。
- 信義則[58]および「特段の事情」[59]が用いられる判決は事案の個性が強い。
- 違法性阻却事由や責任阻却事由の例は見い出し得なかった。
- 無過失抗弁を明確に認めた例は見出し得なかった（なお、請求者側と役員側のいずれに立証責任があるかの評価につきⅡ1 (5)(i)要点(1)への批判お

---

56) 大阪地判平成20年4月18日判時2007号104頁（ナナボシ粉飾決算。監査役、8割相殺）、東京地判平成15年4月14日判時1826号97頁（公認会計士、7割）、横浜地判平成10年7月31日判タ1014号253頁（雇われ社長、2割）、福岡地判平成8年1月30日判タ944号247頁（代表取締役、4割）、大阪地判平成3年8月27日労経速1440号3頁（取締役、7割）、東京地判平成3年3月19日判時1381号116頁（日本コッパース事件、公認会計士、8割）、東京地判平成2年9月28日判時1386号141頁（取締役、4割。抗弁でなく職権による）。傍論として札幌地判平成16年3月26日判タ1158号196頁（拓銀ソフィア事件）。

57) 最判平成5年9月9日民集47巻7号4814頁（三井鉱山高値買戻損害賠償請求上告審）、名古屋高判平成20年4月17日金商1325号47頁（わら人形による競業取引。原告請求の1割程度が認容された）。過失相殺も損益相殺も、自己のためでなく会社のために法を犯した場合が主であろうに前者のほうが断然多いのは、「会社ぐるみで違法行為をした」と「違法行為で会社を利得させた」というのでは、前者の減免事由のほうが裁判所に受け入れやすいからだろうか。なお、原告の立証にかかることが明らかな損害や因果関係の認定を取締役が争って責任の減免を得た例は多い。例、名古屋高判平成20年4月17日金商1325号47頁、大阪高判平成18年6月9日判時1979号115頁（ダスキン大肉まん事件）、東京地判平成8年6月20日判時1572号27頁（日本航空電子工業株主代表訴訟）。

58) 役員勝訴事例として東京地判平成19年5月23日判時1985号79頁（傍論よりはやや強め、すなわち、善管注意義務違反でないことを判決理由とするが、仮に違反しても信義則違反ゆえ請求棄却と判示）、名古屋高判昭和48年4月11日判時708号89頁（実質的に一人会社の取締役が名目的取締役の監視責任を追及）、それ以外の例として東京高判平成15年9月30日判時1843号150頁（一人会社の名目的取締役責任が問われた事例で、総株主同意とあわせて抗弁が主張されており、総株主同意のほうが採用されたが、実質は信義則に近い）、高知地判平成2年1月23日金商844号22頁。

59)「特段の事情」に傍論的に触れる裁判例は多いが最終的に取締役を勝たせる例は限られる。東京地判平成17年5月12日金法1757号46頁、最判平成12年9月28日金商1105号16頁　東京都観光汽船株主代表訴訟（控訴審維持）。なお「特段の事情」という場合、役員の責任軽減でなく強化する方向で用いる場合がある。例、東京高判平成20年5月21日判タ1281号274頁（ヤクルト株主代表訴訟控訴審判決）、東京地判平成12年7月27日判タ1056号246頁。

よび後掲注66）参照）。

① そもそも責任認定にあたり過失を斟酌する例自体が限られる。判決中に「過失」を含む件数は77件だが、その殆どが過失相殺に関するもので、責任に関連して過失の語を使うものは10件程度である。しかも「任務懈怠または過失」というように同義もしくは任務懈怠に過失を包含させるもの（任務懈怠≧過失）が多く[60]、結局、野村（日興）、蛇の目、ネオダイキョーといった近時の著名事例に例は限られる[61]。

② 決定理由中に「法266条の帰責事由（故意、過失）は原則としてその不存在を取締役側において主張立証すべき責任を負うが、いかなる任務に違反したかという客観的要件は、株主側でこれを特定して主張し、かつ立証する責任がある」という、二元説そのものの表現を用いた決定例[62]が1件ある（図表7では備忘のため0.5件とした）。

［図表7］ 役員勝訴判決における抗弁

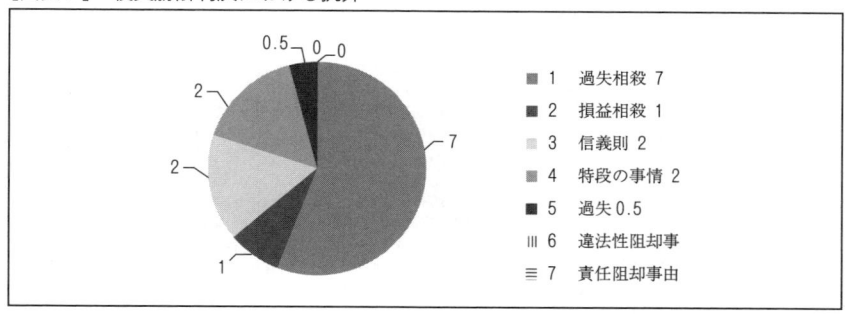

番号	抗弁	件数
1	過失相殺	7
2	損益相殺	1
3	信義則	2
4	特段の事情	2
5	過失	0.5
6	違法性阻却事由	0
7	責任阻却事由	0

数の上では最多の過失相殺と、二元説のいう無過失抗弁とは、どのような関係にあるだろうか。河合補足意見が指摘するように、過失相殺は、取締役責任の成立をいったん認めた上での抗弁という点で、責任成立そのものに関わる無過失抗弁とは異なる。しかし両者は内容的に相当に重複し得る。たと

---

60) 任務懈怠と過失とを同義または任務懈怠が過失を含む関係とするもの（いずれも具体的法令違反ではない監視義務違反の事例）として、大阪高判平成11年7月21日判時1698号142頁、浦和地判平成8年11月20日判タ936号232頁、東京地判平成6年12月20日判タ893号260頁。

えば、葉玉氏は「各取締役が自分に与えられていた情報や権限等を主張して、善意無過失を立証する」という解釈基準を示す（Ⅱ1（4））が、情報や権限等の弱さは過失相殺における会社側過失事由としても使えよう。

そもそも河合補足意見は、善管注意義務違反の主張立証義務を原告に課さ

61) 田中（上）・前掲注1)の6頁も、善管注意義務違反が問題となる事例についてであるが、過失の有無が争点となることはほとんどないとする。責任に関連して過失をいう判決のうち、明らかに過失をいずれかの立証に係らしめている場合（表のBおよびC）と、それ以外の場合（A）を整理したのが以下である。

［図表6］　過失立証責任の所在

	A　責任成立に過失が必要と判示するもの	B　請求者側に過失の主張立証責任ありとするもの	C　役員側に無過失の立証責任ありとするもの
1　善管注意義務違反	・最判平成18年4月10日民集60巻4号1273頁（蛇の目ミシン株主代表訴訟上告審判決。過失の有無の認定のため差戻（原審は外形的な善管注意義務があるも過失なしとするが最高裁では触れていない。差戻審（東京高判平成20年4月23日金商1292号14頁）では過失を否定できないとして善管注意義務違反を認めた上で責任認定）） ・最判平成12年10月20日民集54巻8号2619頁（ネオダイキョー。後に瑕疵が治癒された利益相反取引を行った、または同調した取締役に過失があれば商法266条1項5号に基づき責任ありと判示。善管注意義務については触れられていないが下記調査官解説はありとする）。		・大阪高決平成9年11月18日判時1628号133頁
2　具体的法令違反	・最判平成12年7月7日民集54巻6号1767頁（野村證券最高裁判決。損失補填が独禁法違反であると認識しなかったことにつき過失がないことを理由に責任を否定。善管注意義務違反の認定が不要なことを明言） ・名古屋地判平成13年10月25日判時1784号145頁（法令（条例）違反につき無過失、注意義務違反なしと判断） ・東京高判平成11年2月23日判タ1058号251頁（日興証券損失填補損害賠償訴訟差戻後控訴審判決。法令違反の認識を過失なく欠いていた取締役に善管注意義務違反がないと判示）	・最判昭和51年3月23日金商503号14頁（責任を追及するには過失を必要とする（傍論）。善管注意義務については触れていない）	

調査官解説として最判解民事篇平成12年度（下）582頁〔豊澤佳弘〕（野村證券）（取締役が一般規定以外に違反したとき、ただちに不完全履行となる。同603頁、605頁。不法行為の場合と同様、法令違反の予見可能性・回避可能性のない場合は過失が認められず責任を負わない）、最判解民事篇平成12年度（下）871頁〔矢尾渉〕（ネオダイキョー）、最判解民事篇平成18年度（上）473頁〔太田晃詳〕（蛇の目。同487頁で法令違反無認識に過失なしとした野村證券事件とは事案が異なり、この場合に善管注意義務違反ありとした後に無過失をいうのは難しく、また過失の実質が違法性阻却か期待可能性かも定かでないとする）。

野村、蛇の目のいずれも特殊な事案であるため、判示中に用いられた「過失」を役員責任法理一般に応用するには困難がある。最高裁まで争われた最近の事例とはいえ、これらを元に会社法下の役員責任法理を構築することは難しいように思われる。

62) 大阪高決平成9年11月18日判時1628号133頁（大和銀行株主代表訴訟担保提供命令申立事件抗告審決定）。

ないことによる役員側不利を慮って述べられたという経緯のものであった。補足意見が例示する諸抗弁に善管注意義務違反の認定に関する内容を盛り込めても不思議はない[63]。

(3) 過失の位置付け

以上の分析から、裁判所は、①客観・主観を基準として主張立証内容を分配し、②その各々を請求者側・役員側に割り当てるという葉玉氏・大江氏の二元説の発想に立っていなかったと見るべきでないか[64]。二元説が「過失」とする内容は、請求者側の主張立証に係る注意義務違反の認定か、あるいは、無過失以外の抗弁の認定において考慮されてきたと考えられるわけである。

ここまで「無過失抗弁」の明らかな例がない（過失の実質を無過失抗弁の形で斟酌しない）ということは、二元説に懐疑的な筆者にすら意外であった。会社法下はともかく、商法下では二元説は発想として素直だからである。すなわち、「法266条1項5号は過失責任と解すべき」という通説判例[65]の結論を盛り込む手法として、役員側無過失抗弁という形と、請求者側に直接あるいは間接（善管注意義務違反の主張立証を要求するとして、その具体的内容に役員過失を求める）に過失を主張立証させる形とのいずれも可能性としてあり得る（しかも要件事実論の教本は一般に無過失抗弁としてきた[66]）。また、前掲注53)を付した本文にあるように、商法下でも請求者側に取締役の「任務懈怠」を立証させた上で責任を認める例が相当あった。そうとすれば「任務懈怠は請求者側、無過失は役員側に」とする裁判例がもっとあっても良さ

63) 前掲注61)の表中にある蛇の目事件では最高裁までは過失が主な論点となっていたが、差戻審では注意義務違反（その認定にあたっては過失がなくはない（筆者、これは無過失抗弁の立証に失敗しているという趣旨とも読めるが、必然的ともいえない）ことが認められている）のほか各種の抗弁とくに過失相殺に審理の対象がシフトしている。
64) これに対して、間接事実レベルの事実（（無）過失を立証する具体的事実）が当事者双方に分配されていたことはありそうなことである。前掲注12) 参照。その配分に際し、二元説が指針とする主観・客観が影響することもありそうだが、ただ、二元説と違い、最初から徹底して請求原因と抗弁とに分類することは求めないので、本文中に指摘した負担（Ⅱ3）は生じないはずである。
65) 上柳克郎ほか編『新版注釈会社法(6)』274頁〔近藤光男〕（有斐閣、1987年）、江頭〔初版〕・前掲注6) 325頁。

そうに思われる。

　実例が乏しいことの理由として、①善管注意義務違反に過失判断を吸収する例が多い、②他の抗弁のほうが直感的にわかりやすく、先例もあり、悉無律にも縛られず使いやすい、③過失を当事者いずれかの立証に係ると簡単には決められない[67]（Ⅱ3の「そもそも論」を参照）、等が考えられよう。

3　小括および考察

　このように、商法下の裁判例は、主観的な内容を役員側に無過失抗弁として配分する二元説と整合的であったとは言い難い。そこにもって、任務懈怠と過失とを区分させるという仕切り直しをするだけの実益と必要性とが果たしてあるのか、疑問である。

　紙幅も尽きてきたので、会社法下で一元説ならば請求原因・抗弁がどうなるかの見込み[68]を述べて結びとしたい。

---

66) 岡口基一『要件事実マニュアル(3)〔第3版〕』43頁（ぎょうせい、2010年）は会社法423条について帰責事由（故意過失）は抗弁であるとした上で、東京地方裁判所商事研究会編著『商事関係訴訟』182頁（青林書院、2006年）（債務不履行責任の一般の要件に従い、帰責事由（故意過失）の不存在を抗弁事由とすべき）、186頁（過失は規範的要件ゆえ被告が無過失の評価根拠事実を、原告がその評価障害事実を主張立証するというように、一方のみの主張立証に終わらない）を引用する。

　全体に、東京地方裁判所商事研究会は①任務懈怠と過失とを区分する（二元説。ちなみに前掲『商事関係訴訟』183頁（注63）には上述の重複事態を避けるため二元説類似の分類を（局面を限って）提唱する先行諸論考が挙げられている。二元説は、実は昔からある議論を、会社法導入に際し役員責任一般に拡張しただけなのかもしれない）ことには関心が薄い一方、②過失を抗弁とすることは重視するようである。とはいえ、前掲『商事関係訴訟』183頁は、当事者相互が根拠事由と障害事由とを立証せざるを得まいと結論している（会社の義務違反行為の主張と取締役の過失不存在の主張が事実上関連し、同一行為（特に不作為）が本旨履行行為とされたり義務違反行為とされたりする事態が生じ得ることを是認する）。要するに「無過失抗弁」といっても、その実質は、当事者双方に立証内容を機動的に分配することを前提とするもののようである。

　立証責任分配の決定には裁判官の意見が優先されて当然と筆者は思うので、無過失抗弁が真に裁判官に支持されるならばそうあるべきと思うが、①無過失抗弁が実際には使われてこなかったこと、②役員責任追及訴訟数の増大、答弁の専門化・複雑化・巨大化の傾向から裁判所の余力は限られていようこと、③裁判所は上述の方向での処理を望んでいると推察されること、を踏まえると、二元説の採用には慎重であるべきと思われる。

67) 菅原・前掲注1）の197頁も正確には「無過失の抗弁」というよりは、過失の評価障害事実の主張立証（過失の阻却事由の抗弁）であるとする。

(1) 請求者側主張について（原則）

　法423条1項の任務懈怠と善管注意義務とを一体と考え、善管注意義務の判断中で過失実質を審理するのであれば、役員は無過失（無帰責事由）の抗弁は援用できないし、しても無意味であろう[69]（ただし(3)）。

(2) 請求者側主張について（例外）

　推定規定あるいは客観要件の充足で責任が簡単に成立する場合、具体的には、法423条3項や、上の(1)で善管注意義務違反（過失を含む）の判断を行わない場合（たとえば具体的法令違反について善管注意義務違反の認定を不要とする野村證券最高裁判決の判旨が会社法下でも有効と考える場合）である。学説上は、無帰責事由の抗弁が自己のために会社と取引した取締役以外の場合は認められると解されており[70]、条文構造上も(1)の場合よりも役員側の無過失を斟酌する必要性が強い。「無帰責事由の抗弁」を「無過失抗弁」と呼ぶかは言葉の問題であろうが、この「無帰責事由」には二元説でいう「任務懈怠不存在」も含まれるので、二元説でいう「無過失抗弁」とは別物である[71]（自己のために会社と取引した取締役の場合の救済については(3)）。

　上の(1)および(2)を通じて一元説では「任務懈怠」と「無過失」との区分す

---

68) 本稿は葉玉氏・大江氏の二元説の不都合を検討するものであり、一元説の根拠や帰結すべてを肯定するものではないので、一元説の厳格な定義や適用の委細には立ち入らないが、潮見教授の所説（前掲注9））中の、①任務懈怠と過失との区分を求めないこと、②過失立証は間接事実レベルで当事者双方に配分する（江頭教授の所説（前掲注6））や東京地方裁判所商事研究会の見解（前掲注66））、落合見解（前掲注1））とも結論的に整合する）の2点が確保されれば、「Ⅱ3　考察」で挙げた弊害は防止できよう。その他の各論的問題（たとえば法428条の抗弁並立）は解釈に委ねればよいと考える（債権法に遡っての基本問題、あるいは利益相反の局面に限定しての議論も同様）。なお、潮見・前掲注19）の143頁以下も法428条の問題を除けばいずれも債権法改正動向とは無関係の、会社法内部の問題とする。

69) 現在の商事担当裁判官の研究会の見解につき前掲注12）参照。

70) 前掲注28) 参照。ただその根拠は法428条1項（自己のために会社と取引した取締役以外は無帰責事由を抗弁にできる）に求められており、なぜ法423条3項と1項で過失実質を含む無帰責事由の抗弁を認める・認めないの差があるかを（任務懈怠で過失実質を審理するからという以上に）説明するのは難しいかもしれない。この点につき前掲注4）および前掲注7）。

71) 前掲注28) 参照。森本・前掲注24）の15-16頁はこの場合も一元説に立つほうが合理性があるとする（審理上の便宜を主な理由とするようである）。

る必要はない[72]。過失の立証責任を間接事実レベルで当事者双方に分配するという前掲注12) の見解とも整合的である。

(3) 役員側抗弁について

各種の抗弁によれば、二元説が無過失抗弁とする内容（任務懈怠が役員の責めに帰することのできない事由）の多くを役員責任軽減に用いることができる（法428条の本人の任務懈怠不存在の抗弁についても同様[73]）。無過失抗弁でなければ救済できない例を筆者は思いつかないが、仮にあれば、例えば「特段の事情－通常の枠組みで処理できない無過失」として対処すればよいのではないか。

[72)]「二元説が負担となる主因は、役員側抗弁の立証負担が課されることにではなく、任務懈怠と過失とを区分せねばならないことにある」という理解が正しいならば、区分不要の一元説において無過失抗弁を敬遠する理由はない。

[73)] 吉原2007・前掲注1) の545頁は、田中・前掲注1) が利益相反取引の場合に限定して任務懈怠と過失とを区分する基準および実益例を紹介するが、上例については損害賠償額の算定問題として処理できるとする。前掲注57) も参照。

D&O保険と企業・役員の裁量的行動の抑止

井上　健一

I　　はじめに
II　　D&O保険の概要と理論的検討
III　　D&O保険および保険者による会社に対する抑止的
　　　行動の可能性
IV　　D&O保険のディスクロージャーによるモラルハ
　　　ザードの補完的な抑制
V　　結び——日本のD&O保険実務への示唆

I　はじめに

　株式会社などの企業活動が国際化し、国境を越えての活動が標準となっている現在では、企業や取締役等の役員が株主等の出資者から訴訟を提起され、経営責任を損害賠償の形で追及されるケースでの賠償額の拡大は否めない。それに伴い、役員責任賠償保険、いわゆるD&O保険の実務上の役割もいっそう増している。しかし、D&O保険においても他の保険と同様に契約者である企業や被保険者である役員のモラルハザードの問題が存在し、しかもそれが他の保険形態においてはおおむね契約者や被保険者の人としての本能等から自然と抑制されるのに比して、D&O保険では必ずしもモラルハザードを抑制することができない事象が存在する。本稿はこうしたD&O保険の持つ特質について、はなはだ限定的ではあるが問題点を指摘し、将来的な改善への方策を考えるものである。すなわち、株主からの訴訟の存在は、会社（究

極的には株主）への損害の補填という機能とともに、取締役等の役員、ひいては会社の経営上望まれないような行動を抑制するという機能を持つが、訴訟における損害賠償責任をD&O保険でカバーすることによって、もし保険者にそうした抑制機能がシフトしなければ、会社・役員は経営上望まれない行動を行うという意味でのモラルハザードが生ずる可能性がある。

以下、ⅡではD&O保険の概要を株主からの訴訟との関係で説明した上で、Ⅲでは上で述べたモラルハザードを抑えるための3つの可能性、保険料・保険期間中の保険者によるモニタリング・保険者による訴訟や和解手続のコントロールのそれぞれが完全にモラルハザードを解消することができないこと、Ⅳではこれら3つに補完してD&O保険の付保を企業の開示情報とすることでモラルハザードの一定の抑制が得られるであろうこと、Ⅴでは日本のD&O保険実務への示唆を述べる。

Ⅱ　D&O保険の概要と理論的検討

現行のD&O保険は3つのタイプに区別されるのが通常である。すなわち、①取締役等の役員個人が株主からの訴訟に際して負う損害賠償のうち、会社が役員に対して補填・補償しない部分をカバーするもの（side A coverage）、②株主からの訴訟に際して役員個人の責任を会社が補填・補償した場合に会社の負担額をカバーするもの（side B coverage）③会社自身が株主からの訴訟の被告となっている場合に会社の賠償責任をカバーするもの（side C coverage）である。sideAおよびBがD&O保険の黎明期から存在するのに対し、sideCは1990年代に入って発展し始めた。

sideAとsideBは役員にとっては同じような経済的機能を果たすが、会社にとっては、sideBを付保することには保険料を会社が負担することを前提とすれば、sideBの方が会社にとっては課税上大きな控除を受けられることが一般的であり、したがって会社にはsideBのD&O保険を付保するメリットがあるとされる[1]。sideAおよびsideBは、会社が役員個人の責任を

---

1) Baker, Tom & Sean J. Griffith, Ensuring, Corporate Misconduct: How Liability Insurance Undermines Shareholder Litigation 47 (2010).

補填することが法的に許される場合にはまずそれをなし、その後にside Bの契約条項に従って会社に対して保険金が支払われることになる一方、会社が役員個人の責任を補填することが債務超過・倒産手続開始等の理由で法律上および事実上許されない場合には、side Aの保険によって役員は補償されることになる。すなわち、株主からの訴訟による損失のリスクは役員個人から会社、そして会社から保険者にシフトすることになる。

　side Aもside Bも訴訟の被告が会社の取締役等の役員である場合に機能する保険であり、会社自身が株主からの訴訟の被告になっている場合は保険金が支払われない。side Cはこうした間隙を埋めるものであり、A、B、Cの3タイプが揃うことによって株主からの訴訟から発生する損失のリスクはすべて第三者である保険者にシフトすることになる。

　役員個人の責任を担保するside AのタイプのD&O保険は、一般的に役員個人はリスク回避的であることからその合理性が説明できるが、会社の損失をカバーするside Bとside Cの合理性はどこに求められるか。保険者も株主からの訴訟によって生ずる会社の損失発生のリスクを引き受けるのは対価である保険料と引き換えであるはずであり、しかもその保険料は損失の期待値（損失額に損失発生の確率を乗じたもの）に契約費用等の保険者のコストを加えたものであるから、理論的には会社が訴訟から被る損失以上の支払いを契約費用という形で保険者に対してしていることになる[2]。しかし会社の所有者である株主にとってみれば、こうした会社の損失発生のリスクはもっと安価な方法、すなわち株式投資を分散してポートフォリオを組むことによって実現できるはずであり、D&O保険を保険料というコストを支払ってまで投資先である会社の損失リスクをカバーすることに合理性が認められない可能性がある。さらには、D&O保険は他の一般的な保険と比較した場合に被保険者・保険契約者にモラルハザードが生じやすい保険であるとも考えられる。自動車保険において運転者が自らの生命・身体の危険を顧みて自損

---

[2] 米国におけるある推定によれば保険料のおよそ20％から30％が保険者の諸経費に対する手数料であるとされる。Siegel, Marc, The dilemmas in the D&O market: Where do we go from here?（http://www.plusweb.org/Downloads/Events/Dilemmas_in_The_DO_Market.ppt）.

事故を回避しようとするという意味でモラルハザードが一定程度抑制されると考えられるのに対し、過度なリスクテイクや見通しの甘い財務情報の公表等、株主からの訴訟につながるような典型的な事例は、一方で役員や会社にとっても望ましい場合もあり（過剰な投資戦略にとってレバレッジを効かせようとするような場合など）、こうした意味でリスクを会社が過度に負うインセンティブが生じ、さらに付保によってモラルハザードが増長する可能性がある。

にもかかわらず会社の損害をカバーするための side B や side C の D&O 保険を会社が付保する合理性はどのような点にあるか。主として経済学の立場から論者は以下のような点を指摘する[3]。

① 節税効果

保険料は一般的に企業にとって税制上控除可能なのに対し、株主からの出資は内部留保すれば控除できないし、資産が利益を上げれば課税されることになる。

② 倒産の回避

倒産リスクは企業の取引相手に売買価格等の取引費用を上昇させる誘因を持つため、企業にとってコスト上昇につながる。D&O 保険によって倒産リスクを回避できることでこうした取引費用の上昇を抑制できる。

③ 過小投資（under investment）

保険によって守られていない企業においては損失は資本を毀損し、資本に対する負債比率（Debt to Equity rates）を高めるので、企業は過小投資になる可能性がある。すなわち、負債比率が上昇している場面においては新たな投資は債権者を利することになるが、株主が企業のコントロールをしている以上は新たな投資が望ましい水準より下回ることになる。D&O 保険は損失による資本の毀損を回避することで望ましい水準の投資を実現できる[4]。

---

[3] Mayers, David, and Clifford W. Smith, Jr., On the Corporate Demand for Insurance, 55 J. of Bus. 281-296 (1982).

[4] Mayers, David, and Clifford W. Smith, Jr., Corporate Insurance and the Underinvestment Problem, 54 J. of Risk and Insurance 45-54 (1987).

④　外部資本のコスト

　株式市場において企業が外部から資金を調達することは一般的に内部留保によって資金調達することよりもコストが高いため、企業は株主側が様々な企業に対して投資することでリスク分散することに期待するよりも、D&O保険によってリスクをカバーすることを望む。すなわち内部留保の額は企業のキャッシュフローによって制約されるから、D&O保険はキャッシュフローの額が十分でなく、かつ外部資本の調達もコストの観点から望ましくない状況で問題を改善する[5]。

⑤　保険によるモニタリング機能

　企業自身が損失を回避するためのマネジメントを行うのに十分な規模の経済を有していない場合に、保険が企業になりかわって損失回避のためのマネジメントを行うことを株主や他のステークホルダーが期待する[6]。

⑥　ポートフォリオを組めない投資家の存在

　十分な資産を持たないなど、ポートフォリオを株式投資に関して勧めない投資家がいるとき、このような者に会社の損失を転嫁させないためにはD&O保険の付保が望ましい。

⑦　取締役と株主との間のエージェンシーコストの存在

　株主はポートフォリオによってリスクを回避することができるとしても、企業そのものにコミットせざるを得ない取締役等の役員は企業の損失リスクが自己に転嫁されることを回避できないため、D&O保険を付保することが役員の経営に対するインセンティブ確保の点から望ましい[7]。

　D&O保険をside Bやside Cによって会社の損失リスクまでカバーすることの合理性は以上のように様々な形で説明されるのであるが、それがモラルハザードによってもたらされる不利益を凌駕するものであるかどうかについては十分な検証が行われているわけではないし、なによりも米国を例に取

---

5) Froot, Kenneth A., David S. Scharfstein, and Jeremy C. Stein, Risk Management: Coordinating Corporate Investment and Financing Policies, 48 J. of Finance 1631 (1993).
6) Mayers = Smith, *supra* note 3) 285.
7) Baker = Griffith, *supra* note 1) 72.

ればD&O保険が実際に利用される場面——株主からの訴訟による役員ないし会社の損失の補填——を考えると、そもそも株主による訴訟に期待される役割の1つである取締役等の機会主義的な行動に対する抑止的効果をD&O保険の付与が損なわせている可能性がある。つまり株主による訴訟が果たすべき機能を、保険者なり保険自体が十分に代替しているかどうかが次に問題となる。

III　D&O保険および保険者による会社に対する抑止的行動の可能性

1　保険料

　ミクロ経済学の基本的な考え方からすれば、経済主体が合理的であり、かつ情報が完全であれば、ある財に対する当事者による価格付けはその財の客観的価値を反映したものになるはずである。D&O保険においてもこれは当然に当てはまり、ある会社の多様な損失リスクを反映した保険商品の価格付け、すなわち保険料が決められるようなメカニズムが保障されれば、ハイリスクな要因を抱えた会社ないし役員は保険料を低下させるべく、ガバナンスの改善やリスクの高い企業行動を控えることとなろう。実際には保険料決定の場面においてそうした合理的な選択は行われているのであろうか。

　米国を例に取ればBaker=Griffithの調査（アンダーライター業務を行う保険者に対するインタビュー）によれば、保険者はD&O保険の保険の引き受けに先立ってかなりの時間と労力をリスク評価に費やしていることが窺われる[8]。ある保険者はD&O保険の引き受けの過程を"SLAP"——Selection Limit Attachment Pricing——と称し、保険でカバーするリスクの選択（selection）、一般的な保険者であれば填補するであろう範囲の決定（limit）、基本契約のどの部分にどのような特約を付加するか（attachment）、そして保険料の決定（pricing）をそれぞれ精査するとしている[9]。その過程においては個別の企業

---

[8]　Baker=Griffith, *supra* note 1) 79.
[9]　Ibid.

のリスクが重視され、当該企業の属する産業（成熟産業なのか成長産業なのか新興の産業なのか）、その企業の持つテクノロジー（既存のものか新規のものか）、その企業の歴史、最近の企業業績がどのように推移しているか、M&Aやリストラクチャリングの可能性の有無、SECへの提出書類の精査、SPE・SPV・JV等を企業戦略として採用しているかどうか、コーポレートガバナンスの問題として取締役等の役員が誰でどのような経歴か、役員間の関係の状況、コーポレートガバナンスに関する独立した委員会が存在しているか、企業全体の所有関係（大株主が存在するか等）、企業および役員が訴訟に巻き込まれたことがあるか、現在訴訟中であればその訴訟が企業の将来にどのような影響を及ぼしうるか等がリスク評価の上での重要なファクターとされる[10]。すなわち、保険者は企業の財務上のリスクとガバナンスにおけるリスクの双方について、企業個別のリスク要因を精査する態度を一般的にはとっていると言える。そうしたリスクを前提にしてアクチュアリーが保険者各社の一定のアルゴリズムに当てはめることで保険料を決定する[11]。

このように米国のD&O保険の実務においては、保険者は保険料の決定にあたって個別企業のリスクを見た上でかなりオーダーメイドな保険料の決定をしているように見えるのであるが、ただそうして決められた保険料が企業の訴訟リスクを完全に反映したもので、株主による訴訟が持つ企業・役員に対する抑止的機能を株主から保険者に完全に移転しているかどうか、D&O保険の保険料がコーポレートガバナンスの改善を促すインセンティブになりうるかという点については、実務においても疑問が呈されている。それは大部分の企業にとってはD&O保険の保険料は企業全体のコストに比べれば少額なものであることや、（ガバナンスが）「良い企業」と「悪い企業」とで限界的な保険料の差がそれほど大きくないことが理由として挙げられている[12]。

2番目の理由で挙げた事実については、それが起こりうる要因として保険者自身がリスク評価と保険料の決定を誤る可能性があることや、損害賠償のシステム自体に誤謬がある（「良い企業」が誤った経営を行った場合と「悪い企

---

10) Baker = Griffith, *supra* note 1) 85.
11) Baker = Griffith, *supra* note 1) 95.
12) Baker = Griffith, *supra* note 1) 202-203.

業」が誤った経営を行った場合とで損害賠償の額自体に差が出るわけではない）ことが指摘されている[13]。したがって、「良い企業」と「悪い企業」とで保険料に有意な差がないとすれば、前者は過大に保険料を払い、後者は過少に保険料を払うことになるため、外部性が生ずることとなって、「悪い企業」は「良い企業」の負担のもと便益を受け、さらにはガバナンスの改善を怠るという結果をもたらすことになる。すなわちD&O保険の保険料の決定、つまりは価格メカニズムによっては、株主による訴訟の持つ企業に対する抑止的機能を完全に代替することはできないと考えられる。

2 保険者によるモニタリング

D&O保険において保険者は会社に対してステークホルダーであり、被保険者ないし保険契約者である会社・役員に対して、株主からの訴訟につながるような誤った経営をさせないように保険期間中モニタリングすることには正当性があると考えられる。他の保険、たとえば火災保険や生命保険において保険の目的物や保険契約者・被保険者の行動を保険期間中モニタリングすることは、対象となる物や人が保険者にとって多数にのぼることから現実的ではないが、1で述べたようにD&O保険における保険者の企業に対する対応は個別的・専属的であるとすれば、特定の企業に対して保険期間中、経営モニタリングすることは、コストの面を考えても必ずしも実現不可能なものではないと思われる[14]。

しかし日本のD&O保険においてはともかくとして、米国においても保険者によるモニタリングは実際には行われていない。多くの場合、毎年の保険の更新に際して保険料の見直しがされるだけである。保険者がそうした損失発生回避のためのモニタリングを行わない理論的な説明は、①損失回避のために企業に対してアドバイスするような行動は公共財であるため、フリーライドが起こりやすく、よって民間企業である保険者が行えば過少供給になる、

---

[13] Baker = Griffith, *supra* note 1) 102.
[14] 歴史的には船舶建造保険において保険者の造船企業に対するモニタリングが行われた例がある。Andersen Hakon, and John Peter Collett, Anchor and Balance: Det Norske Veritas, 1864-1989 (1989).

②フリーライドが起こりにくいような個別企業に特化した経営アドバイスを行うためには広くかつ専門的な情報の収集・検討が必要であり、コストがかかる、それに加えて保険者にそうしたアドバイスを行うための知識と経験が十分にない、③企業が提供する情報には、一般的に外部モニタリングをミスリードするようなものがある、④D&O保険は多くの場合その保険金額の大きさから再保険が付されるが、第1次（primary）の保険者が企業のモニタリングを担うとしてもそのモニタリングのコストを再保険を引き受けた保険者に転嫁できず、この点においてもモニタリングの過少供給が起きる、⑤保険市場において、高いモニタリングコストを保険料に転嫁したD&O保険を販売するのは競争上不利益であることが多い、⑥取締役等の役員には株主の利益から乖離した自分自身の利益がある（エージェンシーコストの存在）ため、保険者からのモニタリングは経営者の裁量を狭めるものであって必ずしも合理性が担保されない、といった主張がなされる[15]。

3　訴訟・和解における保険者による被告企業のコントロール

　株主による訴訟が提起される、あるいは株主と会社とが和解手続に入るような場合に、保険者の立場からは認められる損害賠償額が少なければ少ないほど望ましいわけであり、そのことから訴訟・和解段階で保険者が手続に関与し、被告企業の行動にコントロールを及ぼすことで、適正な額の損害賠償額を決定せしめることは、株主による訴訟の持つ抑止的機能を適正な保険料の水準で保険者にシフトすることを実現することにつながる。

　実際にも保険契約上、保険者の同意なくして企業は責任を認めたり、和解手続に入ったり、弁護士を選定するなどの訴訟費用を負担したりすることはできないことになっていることが一般的であり[16]、保険者によるコントロールが及ぶ建前になっている。しかし実際は保険金額を大幅に上回る和解金で合意がなされることが近時多いことからもわかるように、保険者による被告企業に対する訴訟・和解行動でのコントロールが及ばないことも多い[17]。和解を保険者が拒否し続けることは保険者自身の法的責任が問われる可能性

---

15) Baker = Griffith, *supra* note 1) 116-127.
16) Baker = Griffith, *supra* note 1) 138.

があることや、株主と企業との間での争訟に関しては望ましい額の決定よりも、紛争の早期解決を目指し、その後の保険者と企業との間の争訟で保険者としては最終的に負担する額が決められる方が訴訟経済的にも効率的であるというような要因から、必ずしも保険者としては訴訟行動に対するコントロールが徹底できない、もしくはコントロールを控えるということがある[18]。

　上記のように株主・会社間の訴訟において過大な賠償額が認められ、次の段階の保険者・会社間の争訟において本来、適正であるはずの額が支払保険金額として決定されうるとしても、株主から保険者への抑止的機能のシフトはあらためて保険者が被契約者たる会社と争訟するなどのコストを伴って実現されるものになり、株主・会社間の争訟段階での保険者のコントロールの存在に会社・役員の経営行動への予防的な抑止効果を多く期待することはできないように思われる。

IV　D&O保険のディスクロージャーによるモラルハザードの補完的な抑制

　本来、D&O保険を付保することで会社ないし役員が株主からの責任追及からフリーハンドになることを抑えるためには、契約時における適正な保険料の決定が第1次的な方策であるはずだが、Ⅲ1で触れたようにそうした個々の会社の訴訟リスクに応じた保険料の決定はなされていないというのが現実である。すなわち価格メカニズムによっては完全に会社側のモラルハザードを抑えられないということであるが、いかなる方法が代替的に考えられるであろうか。

　保険料の決定においてはガバナンスの良し悪しが完全に保険料に反映されないというのが、D&O保険において抑止的機能のシフトが完全ではないこ

---

17) 2008年のニューヨーク州最高裁の裁判例に見られるように保険会社としてはそのような行動を企業がとった場合には事後的に過大な費用の支払いについて免責を求めることとなる（http://www.dandodiary.com/2008/03/articles/d-o-insurance/d-o-insurance-consent-to-settlement-really-is-required/（2013年4月18日閲覧））。

18) Baker＝Griffith, *supra* note 1) 138-141.

との要因であるとすれば、1つにはこうしたガバナンスの良し悪しに関してのリスク評価を詳細に企業規模や財務状況等のデータに基づいて行うことが考えられるが、オーダーメイドな要素が多いD&O保険であるとはいえ、そうしたリスク評価を契約締結時に実際に行うには限界があろう。結局、企業個別のガバナンスの良し悪しが最終的に判明するのは、経営に関する責任が表面化し、株主による責任追及が行われた後、確定判決や和解が出される段階、もしくはその後の保険会社との紛争の終了時であって、最終的な保険金額が決定される場面であるとも言え、そうであるとすれば少なくとも裁判実務において適正な保険金額の決定が事後的に行われ、それが実務上、将来的に反復されることは、間接的ないし予防的に「良いガバナンス」を企業がとるインセンティブを与えることになる。

　加えてBaker=Griffithは、会社がD&O保険を付保していること、そのタイプ（side A・B・Cの別）、保険料、保険金額等の情報を開示することがガバナンス改善に補完的な役割を果たすことを主張する[19]。D&O保険の付保によってはガバナンスの改善のインセンティブが完全に与えられないとしても、個々の会社に付されたD&O保険の内容はその会社の財務上・ガバナンス上のリスクを一定程度反映しているものであり——たとえ保険料の分散が「良い企業」と「悪い企業」とでそれほど大きくないとしても他の財務情報等を合わせて考えれば、たとえば証券アナリスト等にはその企業の評価がある程度適正にできる可能性があり——、しかもそのリスク評価は保険契約締結の過程でかなりの企業内部の情報を得た上で作成されているのであるから、これを開示させることには株式市場に参加する投資家にとって十分な意味があるとする。そして様々な他の情報と合わせて株価形成が行われ、ガバナンスの情報が株価に反映されることで、「悪いガバナンス」の企業は株式の評価も低くなるため、ガバナンス改善へのインセンティブを持ちうるとする。

　米国ではSECによる連邦レベルでのD&O保険の有無についての開示は強制されていないが、ニューヨーク州会社法[20]やカナダでは証券監督機関

---

19) Baker=Griffith, *supra* note 1) 203.
20) New York Business Corporation Law 726(d). ちなみにデラウエア州法では認められていないようである。

によってD&O保険についての開示が強制されている[21]。

V　結び——日本のD&O保険実務への示唆

　日本においても訴訟額が大きな代表訴訟の増加に伴い、D&O保険の商品としてのラインナップも増えてきているのが現状である。ただ欧米に比べるとD&O保険としては不十分であり、「日本のD&O保険は、欧米のSide A-Policyにしか匹敵しない」という主張もされており[22]、その意味ではside B・side CのD&O保険が存在することで会社争訟のリスクがすべて保険者に移転しうる欧米に比べればリスク移転は限定的であるが故に、逆説的ではあるが日本の現状はモラルハザード的な行動を企業がとる場面が限定されるが故に望ましいということになるのかも知れない。ただ、実務上side Bやside CのD&O保険が日本でもおそらくはそう遠くない時期に商品化されるのは自然の流れであると思われるし、そうであるとすればD&O保険の契約締結段階における保険会社としての当該企業のリスク評価のスキルを少なくとも欧米の実務で行われているレベルまで上げておくことや、事後的な保険金の払いすぎを避けるための積極的な争訟行動の見込み等、準備しておくことは必要かと思われる。

　またIVで述べたようなD&O保険の情報の強制開示も検討されるべきと考えるが、D&O保険の情報が会社の情報開示において重要なものと位置づけられることとなれば、保険会社に対してゲートキーパーとしての責任が求められるというような可能性はあるのか（低い保険料であったり、低い保険金額であった企業が多額の損害を出すような企業行動をとった場合に、保険会社は企業のリスク評価を誤って「悪い企業」を「良い企業」であるというメッセージを市場に送った法的責任があると言えるのか）というような問題も出てくるのではなかろうか。欧米での実務・研究を参照しつつ、今後の日本のD&O保険の動向を探究していきたい。

21) Baker = Griffith, *supra* note 1) 209.
22) 山下丈「世界初のオールリスクD&O保険」石田重森ほか編『保険学保険法学の課題と展望——大谷孝一博士古稀記念論文集』271頁（成文堂、2011年）。

事実上の取締役の対第三者責任について

髙橋　美加

I　はじめに
II　概念整理——裁判例に見る「事実上の取締役」
III　事実上の取締役による「任務懈怠」
IV　おわりに

I　はじめに

　「事実上の取締役」という表現を用いて取締役以外の者に会社法上の責任を主張する裁判例は従前から散見される。実際に会社の経営を掌握し執行する権限を持つ者と法律上正式な手続を経て選任された取締役とが必ずしも一致していない会社は少なからず存在し、そのような会社あるいはその業務を行う自然人の行為により第三者が損害を被った場合に、責任追及の対象とすべき人的範囲をどのように画するのかは、様々な形で繰り返し論じられてきたところである。単純に法律上／登記簿上の役員等のみが責任を負うとするだけでよいのかという問題意識は、特に昭和40年代以降、登記と実質的権力者の離齬を中心に据える「名目的取締役」をめぐる裁判例の一連のヴァリエーションとして現れ、大いに議論されてきた。さらに、会社法上の責任を法律上の取締役以上に広げるべきか、という問題意識は、対第三者責任の文脈以外にも、取締役の支配企業による競業や非通例的取引を競業避止義務違反や利益相反取引と考えるかという問題としても広がりを見せ、今般の会社

法改正においても親会社による子会社搾取から子会社少数株主をいかに保護するかが議論される等[1]、今もなお解決できていない難問といえる。

対第三者責任に関しては、平成2年から4年にかけて「事実上の取締役」の責任を認める下級審裁判例が出されたが[2]、その後しばらく途絶えていた。ところが近年になって再び、下級審裁判例において「事実上の取締役」であるか否かを正面から議論し、肯定するものも現れている[3]。近時の裁判例はその利用の仕方に平成初期の裁判例とは異なる特徴があり、不確実性の多いこの概念をあえて利用する意義・有用性が透けて見える。本稿では、周辺概念との交通整理をしながら、対第三者責任において「事実上の取締役」をあえて認定することの意味を明らかにすることを目的とする。

II 概念整理——裁判例に見る「事実上の取締役」

「事実上の取締役」という概念が多義的であることは繰り返し指摘されてきた[4]。いくつかの類似概念とともに、まずは概念整理をしたい。

1 「名目的取締役」と裁判例

法律上、あるいは登記簿上取締役であることと、実際の会社における役割との間に齟齬が見られることを問題視するとき、そのパターンには大きく分けて2つある。1つは、法律上は取締役でありながら実体が伴っていないパターンであり、もう1つはその逆で、事実上は取締役に類する者でありなが

---

1) 法務省法制審議会会社法制部会「会社法制の見直しに関する中間試案」(平成23年12月7日) の段階では、親会社による不当な影響力行使からの子会社少数株主の保護について、特に不利益を救済するための仕組みを置くかが問われていた (第2部第2) が、結局改正要綱 (平成24年) では明文の規定を置かないこととされた。
2) 東京地判平成2年9月3日判時1376号110頁、大阪地判平成4年1月27日労判611号82頁、京都地判平成4年2月5日判時1436号115頁。詳細は後述するIIIを参照。
3) 責任肯定例として名古屋地判平成22年5月14日判時2112号66頁、東京地判平成23年6月2日判タ1364号200頁、大阪地判平成23年10月31日判時2135号121頁。詳細は後述するIIIを参照。
4) たとえば石山卓磨「事実上の取締役概念の多義性」石山卓磨＝上村達夫『公開会社と閉鎖会社の法理——酒巻俊雄先生還暦記念論文集』51頁以下 (商事法務研究会、1992年) 参照。

ら法律上の地位を得ていないパターンである。前者は、最高裁昭和47年6月15日判決[5]（以下、昭和47年最高裁判決と称する）を皮切りに、いわゆる「名目的取締役」の責任論として学説でも活発に議論され、関連する裁判例も多く出されてきた。大まかに整理するならば、「名目的取締役」の裁判例は選任登記のような取締役としての外観がありながら、実際には正式の選任手続を経ておらず、また業務執行（多くは監視義務）も行っていない者に対する第三者責任の追及ケースであった。改正前商法では3名という取締役員数が法定され、この人員を確保する必要性から、特に小規模会社において名目的取締役を置かざるを得ない現実が存在したことが、この種の裁判がしばしば見られたことの背景となっている。昭和47年最高裁判決は、周知のとおり、登記簿上の名目的な代表取締役に対して、改正前商法14条（現行会社法908条2項）を類推して、同人が故意または重大な過失で不実の登記の出現に関与した場合には、善意の第三者に対しては自分が取締役でないことを主張し得ないことから、改正前商法266条ノ3の責任を負うと判示した。もっとも後の下級審判例の分析からは、単に登記簿上の取締役であれば即、責任を負わねばならないとされているわけではなく、何らかの業務への関与があったり、不実の登記作出以上の欺罔的な要素があったりする場合に責任が認められており[6]、むしろ、登記簿上の取締役として建前上は監視義務はあるとしながらも、他の取締役の専横を防ぐことの期待可能性がないことを理由に第三者に生じた損失との因果関係を否定する等して、結論として損害賠償責任を否定するものも多い[7]。

さらに、この類型のヴァリエーションとして、取締役を辞任したにもかかわらず退任登記がなく取締役としての登記が残存している者の第三者責任が争われた最高裁昭和62年4月16日判決[8]（以下、昭和62年最高裁判決と称する）

---

5) 民集26巻5号984頁。
6) 藤田友敬「いわゆる登記簿上の取締役の第三者責任について」米田実先生古稀記念論文集刊行委員会編『現代金融取引法の諸問題――米田実先生古稀記念論文集』15頁（民事法研究会、1996年）。
7) たとえば大阪地判昭和59年8月17日判タ541号242頁、東京地判平成6年7月25日判時1509号31頁（因果関係なしとするもの）、東京高判昭和63年5月31日判時1279号146頁（義務の不履行は重過失にならないとするもの）等。

は、一般論としては取締役登記の残存に対する明示的な承諾をもって改正前商法14条類推を認め、第三者責任を肯定して昭和47年最高裁判決の論理を踏襲したが、同時に「辞任したにもかかわらずなお積極的に取締役として対外的又は内部的な行為をあえてした場合」は別であると指摘した。判旨のこの部分は、虚偽の外観の作出責任とは関係なく、業務執行をしたことそのものに伴う責任を認めるかのように解釈することもできる[9]。そうなると、問題は純粋な外観作出責任というよりも、どのように業務を行っていたかという実態の問題へとつながりうる。

2 「事実上の取締役」

登記簿上の取締役の責任のあり方を論じるにあたりその類型を整理する必要性があったためか、特に昭和47年判決に前後する時期に各種論稿において様々な呼称が使用された。「表見（的）取締役」[10]は、正式の選任手続を経ていないことを前提に取締役としての外観のみを有する者の呼称であり、しばしば僭称している者を指す[11]。「名目的取締役」の典型例である登記簿上の取締役は、「表見的取締役」にあたり、前記1で見たような外観保護法理、あるいは禁反言則を理由に責任を問われるパターンとして説明されていた[12]。業務関与がないというニュアンスを含んでいる場合もある。業務関与のある登記上の取締役というケースの多くは退任登記未了の退任取締役であったが、昭和62年最高裁判決が出るまでは、「不実の登記作出責任」ではなく、改正前商法12条を利用し退任登記未了のうちは退任したことを第三者に対抗できないと解する説も有力で、業務関与の有無によって法律構成を変えるという考え方が一般的であったといえる[13]。退任登記未了ケース以外で、取締役の外観を持ちつつ業務執行に類する行為を行っているという類型は、株主

---

8) 判時1248号127頁。
9) 藤田・前掲注6) 27頁以下を参照。
10) たとえば加美和照「登記簿上の表見的取締役の対第三者責任」判タ39巻1号8頁（1988年）、吉川義春『取締役の第三者に対する責任』6頁、305頁（日本評論社、1986年）等。
11) たとえば退任登記未了の取締役は「登記簿上の名目的取締役」ではあるが「表見取締役」には含まれないことになるが、論者によっては不明確な場合も多い。
12) 吉川・前掲注10) 7頁以下等。

総会において取締役の選任決議がその後の取消訴訟により取り消される等の理由により遡及的に取締役の地位を失ってしまった場合が考えられるが、業務執行をしない「表見的取締役」と区別するために「事実上の取締役」の呼称も使用された[14]。これらの用語は、「名目的取締役」の名の下に論じられるいくつかの類型においてその責任のあり方を論ずるための説明概念であり、必ずしもそれらの概念に該当することから一定の法的効力を生じさせるものとはいえなかった。

ところが昭和50年代に英米法上の「事実上の取締役（de facto director）」に関する判例法理が詳細に紹介されて以来[15]、この語を法的な効力の伴う概念としてとらえる見解が見られるようになる。ここにいう「事実上の取締役」は、上述の場合と同様、法的な権原をいったんは具備したが、事後的に権原を喪失した者を念頭に、①取締役としての外観と②継続的な職務執行の存在を要件として認定され、かかる者によりなされた対内的・対外的業務執行行為は原則として有効であり、あわせて法律上の取締役同様の権利義務、および責任が認められるべきである旨、提唱するものであった[16]。昭和59年公表の法務省民事局「大小（公開・非公開）会社区分立法及び合併に関する問題点」においてもこの意味における「事実上の取締役」について規定を設けることに関する意見照会がなされ、昭和61年公表の「商法・有限会社法改正試案」では主として事後的に権原を失った取締役の行為の効力等が提案されたが[17]、結局立法化は見送られた[18]。次に述べる3と区別するため、

---

13) 最判昭和37年8月28日集民62号273頁、加美・前掲注10) 13頁以下に詳しい。なお、藤田・前掲注6) は昭和62年最高裁判決における昭和37年最高裁判決の引用は限定的に解釈すべきであり、実質的には昭和47年判決によって昭和37年判決の判例変更が行われていると解釈する。

14) 竹内昭夫『判例商法Ⅰ』298頁（弘文堂、1976年）。

15) 石山卓磨『事実上の取締役理論とその展開』（成文堂、1984年）。

16) 石山・前掲注15) 特に163頁以下を参照。

17) 法務省民事局参事官室が公表した「商法・有限会社改正試案について」（昭和61年）では「取締役の職務行為は、その選任に瑕疵があることが後に確定しても、その効力は妨げられない」（「試案」二13a）とされ、また責任に関しては「取締役と称する者による会社の業務執行に付き、会社がこれを許容しているときは、会社は、第三者に対し、その業務執行による責任を負う。この場合において、当該取締役を称した者も、会社及び第三者に対し、取締役としての責任を負う」（同13b）としていた。

このタイプを「事実上の取締役(1)」としておこう。法的な正当性を持たないものの、実態として「取締役」に類する者の処遇へと、議論がシフトしていく様を見て取ることができる。

3 「事実上の主宰者」・「影の取締役」・「事実上の機関」

「事実上の取締役(1)」は瑕疵があったにせよ1度は選任手続を経ているなど、いわば既成事実に重点が置かれる点に特徴があり、業務執行当時は法律上の取締役であると本人も周囲も考えていたはずであるから、法律上の取締役同様の責任を発生させる根拠ないし手がかりは比較的容易に見いだせる。これに対し、全く選任決議も登記もないが、取締役同様あるいはそれ以上に経営の重要事項に深く関与する者に対して取締役の義務や責任規定をあてはめようとする見解が類似の用語を利用しつつ展開されるようになった。ここで取り上げられるのは、取締役としての立場よりもむしろ支配株主としての権限、たとえば取締役に対する人事権等を背景に取締役を「藁人形」のように用いて会社の経営方針に圧力をかけたり、自己に有利な非通例的取引や隠れた利益処分などを通じて会社財産を私物化したりする者が典型例である。かかる事例において、会社に損害を与えるような取引を行ったのが法律上の取締役であれば忠実義務違反を理由に、損害賠償が認められる[19]。他方、支配株主にいかに責任を追及するかについては様々な解釈論が展開されている。利益供与禁止規定（会社法120条3項）に基づく返還や取締役の義務違反への加功という意味での債権侵害をなした不法行為責任（民法709条）[20]等によ

---

18) 本文の意味における事実上の取締役の責任に関する問題は、所有と経営の分離がない小規模閉鎖会社に対する規制に限定すべきであるという反対論が強かった模様である（法務省民事局参事官室編＝大谷禎男『商法・有限会社法改正試案——各界意見の分析』別冊商事93号53頁（1987年）。

19) 大隅健一郎「親子会社と取締役の責任」商事1145号41頁（1988年）では、企業グループ全体の利益のために、特定の子会社の利益を犠牲にしたという子会社取締役の主張は抗弁として認められないとする。

20) 江頭憲治郎『会社法人格否認の法理』410頁（東京大学出版会、1980年）。なお江頭憲治郎『株式会社法〔第4版〕』418頁（有斐閣、2011年）によれば、支配株主の利益を図る非通例取引に対して当該株主に賠償責任を課す論理としては、他に出資返還禁止原則違反による返還義務（大和正史「結合企業間の取引行為の規制(1)」関法31巻1号149頁（1981年））も考えられる旨指摘がある。

り支配株主に流出した会社財産を取り返そうとする見解のほか、支配株主に取締役類似の義務を課して責任を負わせるべきだとの主張もある[21]。特に著名な山崎製パン事件[22]以来、取締役が競業会社である別会社を支配下に置いているときも競業取引に当たるかが問題視された。山崎製パン事件では、会社の代表取締役が競業会社を買収して支配株主となり、自らは取締役の地位は持たないながらも経営を意のままに動かす「絶対的存在」であったとして、競業会社の「事実上の主宰者」であると認定されたことは周知のとおりである。この認定は取締役が表面的には別会社を利用しているにもかかわらず、いわば実質的に見て、競業取引に該当するかを認定するケースであり、その後の裁判例においても散見されるパターンといえる[23]。

「事実上の主宰者」は、競業取引・利益相反取引等の忠実義務違反に関する裁判例において用いられる用語として定着したようであるが[24]、取締役の対第三者責任（改正前商法266条ノ3、会社法429条）のケースでも支配株主による影響力行使を「事実上の取締役」による「任務懈怠」として適用しようとするものが現れたことは前述のとおりである（区別のために「事実上の取締役(2)」としておこう）。「事実上の取締役(2)」は基本的には、会社内部における地位や職務、実際に行使している権限内容等の客観的な事情を積み上げて、取締役として選任されてはいないが取締役同等の責任を負うことを肯定する類型である。平成初期に続けざまに出された裁判例がすべて支配株主の責任問題であったために、法人格否認の代替的機能を果たすものであるとも評価され[25]、また、親子会社における親会社のグループ指揮によって受ける子会社の少数株主との関係が示唆されることも多い[26]。もっとも、後述するとおり、現在の我が国の裁判例での用いられ方を見ると、支配株主の

21) 北村雅史『取締役の競業避止義務』（有斐閣、2000年）。
22) 東京地判昭和56年3月26日判時1015号27頁。
23) たとえば大阪高判平成2年7月18日判時1378号113頁。なお、法人格否認まで認めたものとして名古屋高判平成20年4月17日金判1325号47頁。
24) 中村信男「判例における事実上の主宰者概念の登場」判タ917号108頁（1996年）、北村・前掲注21）166頁等。
25) たとえば丸山秀平「判批」金判888号41頁（1992年）、藤田・前掲注6）43頁等。
26) 後掲注28)、29)の文献等、比較法を含めて議論するものには、結合企業のケースまで念頭に含めて議論するものも多い。

事例ばかりというわけではなく、広く法律上の取締役の地位にない者で、法律上の取締役と同様の影響力を持つ者、という類型でしかない[27]。

また、法律上は取締役でない者にも取締役類似の責任を認めるための解釈論・立法論を導くにあたり、海外に類似の概念や制度があることも盛んに紹介された。代表的なものとして英国会社法における「影の取締役（shadow director）」制度[28]やドイツの有力学説である「事実上の機関」を取り上げたもの[29]がある。ごく大まかにいえば、前者は、「取締役」として選任された者以外にもその背後にあって実質的に業務を指揮する者が存在するという認識から、「その者の指揮または指図に従って取締役が行動するのを常とする、その当該人物」と定義される[30]。英国独自の制度化の歴史が背景にあり、取締役概念を実質化して会社との間に信認関係を持つ者を広く捕捉しようという意図があったようである。後者は我が国でも繰り返し紹介のある「事実上のコンツェルン」[31]の基礎理論ともいうべき解釈論で、選任の瑕疵を治癒する機関代用機能と選任行為がない場合における責任拡張機能という性質の異なる2種類の機能を果たす議論とされる。ドイツにおいても裁判上・学説上、そのような解釈論の存在自体は否定されないものの、必ずしも要件や効果が統一化されているわけではないとの見解が有力である[32]。

---

27) 後述するⅢ2を参照。
28) 中村信男「イギリス法上の影の取締役」早大法研論集51号165頁（1989年）、坂本達也『影の取締役の基礎的考察』（多賀出版、2009年）、結合企業規制の観点から紹介するものとして高橋英治＝坂本達也「影の取締役制度」企会62巻5号107頁（2010年）等。
29) 青木英夫『結合企業法の諸問題』（税務経理協会、1995年）。
30) s 251, Companies Act 2006. なお「影の取締役」という呼称自体は1980年会社法において定義付けられ、2006年会社法に引き継がれている。2006年会社法改正による進展について中村信男「イギリス2006年会社法における影の取締役規制の進展と日本法への示唆」比較法学42巻1号211頁（2008年）。
31) 近時のものとして高橋英治「ドイツコンツェルン法の発展と日本法への示唆」同『ドイツと日本における株式会社法の改革――コーポレートガバナンスと企業結合法制』91頁（有斐閣、2007年）。
32) Urusula Stein "Das faktische Organ" (Carl Heymanns, 1984)、紹介として青木・前掲注29) 427頁、喜多了祐「事実上の取締役」金判755号85頁（1986年）。なお、裁判例の多くは刑事関係であり、刑事責任において取締役の身分が問題となる場合に、商法上の取締役概念に拘束されるかという視点の議論も含まれる。後掲注51）の文献も参照。

4　本稿の対象

　以上のように、会社の経営に携わっている者について、法律上の地位と実際の権限との間に齟齬が見られる場合、どのように義務や責任を考えるかに関連して、裁判例も学説も実に様々な呼称をもって整理を試みてきた。

　さて、本稿で取り上げるのは前記3で取り上げた「事実上の取締役(2)」である。取締役としての選任手続も登記外観なく、会社の事業活動に積極的に関与している者に対して、会社外の第三者が損害賠償請求を行う際、「事実上の取締役」の「任務懈怠」を観念する必要があるが、そもそも「事実上の取締役」に「任務」があるのか、あるとすれば対会社責任も観念でき、株主代表訴訟の対象となりうるのか、第三者責任に限定する解釈だとすれば、なぜ不法行為構成では足りないのかという素朴な疑問が生じる。「事実上の主宰者」に関しては、もちろん認定要素に共通性があることは否定できないが、会社との利害対立をどの程度実質的に考えるかという解釈論に帰結するようにも思われる。したがって、事実上の取締役の「任務」一般の適用をめぐる「事実上の取締役(2)」とは区別した方がよいと考え[33]、本稿の検討の対象からは外すことにする。

　そもそも「事実上の取締役(2)」を観念する必要があるかはすでに有力な批判がある[34]。事実上の取締役が支配株主（親会社）であるとして、その指図は常時行われるとは考えにくく、通常は法律上の取締役（子会社の取締役）に業務執行の裁量権があるはずで、端的に法律上の取締役の責任を問うのみで本来は足りるとするものである。事実上の取締役の責任を問うのであれば、法律上の取締役との共同不法行為による連帯責任を認めればよく、事実上の取締役による通例的な会社支配を単独で責任追及するならば、法律上の取締役の善管注意義務違反に相当するものを会社債権を侵害する不法行為（第三者による債権侵害）として構成すればよいとする。このような批判にもかかわらず、近年になって再び裁判例に登場した「事実上の取締役」はどのような利用のされ方をしているのか。あらためてその有用性を検討すべく、次に

33）北村・前掲注21）167頁参照。
34）大隅・前掲注19）特に44頁以下。

裁判例を眺めることにする。

III 事実上の取締役による「任務懈怠」

既述のとおり、選任手続も登記手続もないタイプの「事実上の取締役」事例は、平成2年から4年にかけて責任を肯定した事例があるものの、その後しばらくの間、当事者の主張としてもほとんど見受けられなくなった。以下に見るとおり平成初期の3つの裁判例はいずれも取締役の責任制度を拡張する形で支配株主の責任を追及するものであったが、特に京都地裁平成4年判決等は、法人格否認の法理とのバランスとして適切なのかとの批判もあるところである[35]。平成20年代に入って、再びこの構成を利用した当事者の主張が見られ、責任を肯定する下級審判例が現れた。検討に先立ち、すでに広く紹介されている②〜⑤判決を除き[36]、①判決および⑥〜⑪判決について簡単に紹介する。

[図表1] 裁判例の変遷

①	東京地判昭和55年11月26日	判時1011号113頁	責任否定
②	東京地判平成2年9月3日	判時1376号110頁	責任肯定
③	大阪地判平成4年1月27日	労判611号82頁	責任肯定
④	京都地判平成4年2月5日	判時1436号115頁	責任肯定
⑤	東京地判平成5年3月29日	判タ870号252頁	責任否定
⑥	東京高判平成20年7月9日 (カネボウ少数株主損害賠償事件)	民集64巻7号1912頁	責任否定
⑦	大阪地判平成21年5月21日	判時2067号62頁	責任否定
⑧	名古屋地判平成22年5月14日	判時2112号66頁	責任肯定
⑨	東京地判平成23年6月2日	判タ1364号200頁	責任肯定
⑩	大阪地判平成23年10月31日	判時2135号121頁	責任肯定
⑪	静岡地判平成24年5月24日	判時2157号110頁	責任否定

35) 江頭・前掲注20)『株式会社法』469頁。
36) ②〜⑤判決の紹介として竹濵修「事実上の取締役の第三者に対する責任」立命303号297頁（2005年）、藤田・前掲注6)、中村・前掲注24)、髙橋＝坂本・前掲注28)、また②判決の評釈として丸山・前掲注25)、落合誠一「判批」ジュリ1063号129頁（1995年）。

1　判決の紹介

(1)　①判決について[37]

会社から不動産を購入した者が、後になって他人物売買であったことが分かり、所有権取得できなかったことから売主の会社取締役の不法行為請求のほか改正前商法266条ノ3の責任を追及した事例である。責任追及の対象者は事件当時の取締役と監査役であるが、監査役が「専務」とも呼ばれていたこと、当該取引にかかる売買代金の受領時に同席していたことから「実質上の取締役」として、法律上の取締役らと同列に論じようとした様子がうかがわれる。結論としては法律上の取締役の責任は認められたが、「実質上の取締役」の責任は否定された。東京地裁は、選任手続も登記もなされていない者に取締役としての責任を追及すること自体に否定的で、「仮にこれを肯定する見解を採るとしても」という留保をつけた上で、「実質上の取締役」を認定するには、「取締役と呼ばれることがあるのみでは足りず、会社の業務の運営、執行について取締役に匹敵する権限を有し、これに準ずる活動をしていること」が必要であるとした。

(2)　⑥判決について[38]

経営状態の悪化したA会社は産業再生機構の支援を受けて事業再生を行っていたが、その再建スポンサーである被告Y_2〜Y_4が出資したファンドであるY_1会社のなした行為が不法行為に当たるとして、その保有する株式の価値下落分を損害賠償請求した事例である。原告の主張する不法行為とは、Y_1社が公開買付によらず、A社の発行する種類株式（普通株式に転換可能）をすべて取得したこと、およびその後Y_1社がA社の事業を整理して営業譲渡し、譲渡先の譲渡代金債務を免責的に引き受け、さらに減資を行ったことによりA社は実質的な財産を有さない状況になり、営業譲渡に伴う株式買取請求権

---

37) 評釈として田中啓一「判批」ジュリ827号88頁（1984年）がある。
38) 主たる争点は本文中のY_1社が公開買付によらず、A社の発行する種類株式（普通株式に転換可能）をすべて取得したことの当否であり、各種評釈もこの部分に集中する。上告審でも本文中の箇所は争点とならなかった。

の実効性をなくし、株式を無価値にした、というものである。後者の主張につき、第1審判決（東京地判平成19年5月29日民集64巻7号1896頁）が特に免責的債務引受により、引受先（Y_1社）の資力によっては原告の保有する株式価値は下落するが、その場合にもA社において免責的債務引受に同意したA社取締役の責任が生じることはあってもY_2～Y_4の責任にはならないと判示したことを受けて、控訴審判決においてY_1社がA社の支配株主になった後に行われたものであって、支配株主の権利濫用であるし、Y_2～Y_4はA社の業務に関与し、役員を派遣するなどしている点で、改正前商法266条ノ3の責任を問う旨主張した。東京高裁はこの点につき、事業再生の一環としてこれらの行為をしており、少数株主の締め出しになることだけでは不法行為に当たらず、株式評価額が下落したことも不当な安値とまではいえないとして支配株主の権利濫用の主張を退け、さらに以下のように述べた。

「株主総会において取締役として選任され、就任を承諾した取締役ではない者に対して、この旧商法266条ノ3の規定を類推適用して、会社に対する任務懈怠を理由に、第三者に対する損害賠償責任を負わせることができるかどうかについてはそもそも疑問があるところである。仮にこれを肯定する説に立ったとしても、取締役でない者に第三者に対する損害賠償責任を負わせるためには、その者が会社から事実上取締役としての任務の遂行をゆだねられ、同人も事実上その任務を引き受けて、会社に対し、取締役と同様の、善良な管理者としての注意義務を負うに至っていると評価されるような事実関係があり、かつ、実際にその者が取締役であるかのように対外的又は対内的に行動して、当該会社の活動はその者の職務執行に依存しているといえるような事実関係があることが必要であるというべきである。」

(3) ⑦判決について

原告は、商品取引員であったA社に金銭を預託して商品先物取引を委託したが、A社が破産手続開始決定を受けた。原告はA社の営業員による適合性違反の勧誘行為が行われ、取締役らがそのような違法な営業活動を是正しないばかりか、むしろ歩合給制度を採用するなど過当営業を容認・促進するような体制を敷いており、さらに手数料収入の流用や不正な役員賞与支給、

不適切な会計処理などの放漫経営を行っていたため会社ぐるみの違法な営業活動・杜撰な経営管理があったことを理由に、取引支出額などを損害額として不法行為および改正前商法266条ノ3の責任を追及した。大阪地裁は、過当営業を促進する制度を構築し、役員賞与の不当支給などの放漫経営の中心にいた代表取締役および受託業務管理体制の総括責任者であった取締役の責任は認めたが、A社の大株主であるY_1が「事実上の取締役」として266条ノ3の責任を負うことは否定した。大阪地裁は、Y_1は自分の関連企業と併せてA社の85％の株式を保有する大株主で、売上向上のためにY_2を取締役に据えるなど取締役の人事権を積極的に行使し、A社の営業状況について損益の概況程度の報告は受けていたが、過当営業の促進や不正経理については把握していなかったと認定した上で次のように判示した。

「Y_1は、A社の大株主として会社の経営を一定程度支配していたものと認められるが、その支配の態様は、……あくまで株主としての立場から、代表取締役のY_2……らを通じて間接的に行われたものにすぎない。したがって、Y_1が、事実上の取締役として実質的に会社を支配していたとまでは認められないから、Y_1には、商法266条ノ3第1項による第三者に対する損害賠償責任は認められない……。

また、Y_1が大株主としてY_2らを……受け入れ、A社の個人顧客に対する営業を強化しようとしたことは認められるが、Y_2らが実際に違法な営業を行い、顧客に損害を与える営業活動をしていることを具体的にY_1が認識していたとは認められないから、Y_1が、違法な営業活動による顧客の損害を具体的可能性として予見できたとまでは認められない。……会社として具体的に顧客に損害を加えるような組織体制をとっていることを認識していたなど特段の事情がある場合は別として、一般的に個人営業の強化により法的見解に争いのあり得る紛議が増加することを予見していたからといって、それをもって顧客の損害の発生についての不法行為法上の予見可能性を評価できるものではない。……

したがって、Y_1は、本件取引による原告の損害の発生に対する直接的な損害賠償責任も、原告のA社に対する損害賠償請求権が同社の破綻によって実現不能になったという間接的な損害賠償責任も、そのいずれについても

過失があったとは認められないから、民法709条の不法行為による損害賠償責任……を負わない。」

(4) ⑧判決について[39]

原告は建物建築請負契約の注文者であるが、請負人である訴外会社が建築し、原告に引き渡した建物に瑕疵があったことから、請負会社の事実上の取締役であったという被告に対し、会社法429条1項の類推適用に基づく損害賠償請求として、本件建物の瑕疵によって原告が被った損害の賠償を求めた。建築された建物は個人の邸宅であり、欠陥住宅であったことに当事者間で争いはなく、法律上の取締役ではない被告が責任を負うかどうかが問われた。

被告は訴外会社を個人的に設立していたことに加え、社内的にも対外的にも経営者として振る舞い、かつそのように認識されていた。また被告は、訴外会社の財産を着服する行為を繰り返しており、名古屋地裁は「被告による個人的な金員の取得ないし流用がなければ、(訴外会社)の経営が破綻することはなく、……原告らの損害を賠償することは容易であったと認められるから、事実上の(代表)取締役である被告の任務懈怠により原告らが損害を被ったということができる」として損害賠償責任を認めた。

(5) ⑨判決について[40]

原告は訴外会社（A株式会社・非公開）の株式の譲受人であるが、訴外会社が架空の循環取引により売上を仮装しており、株式譲渡後まもなく破産手続を開始することになったことから、株式譲渡時の株価算定基準が真の株価と著しく乖離しており、真実は無価値である株式を購入させられたとして、売主であるA社取締役（Y_1）のほか、売主の父親でA社の事実上の取締役とされる者（Y_2）へ会社法429条および不法行為に基づく損害賠償を請求し、また架空取引に参加した企業等にも不法行為による損害賠償を請求した。東京地裁は、Y_2が、支配株主でもあるY_1の父親としてY_1から株主としての権限行使を委任されており、また会長と呼ばれる最高実力者であったこと、A

39) 評釈として中村信男「判批」金判1379号2頁（2011年）がある。
40) 評釈として拙稿「批判」ジュリ1451号100頁（2013年）。

社の人事権を掌握し、A社の資本政策・投資活動を一任されていたこと、本件譲渡交渉も主導していたこと等からY₂がA社の「事実上の取締役」であったことを認めた上で、A社が架空循環取引をしていたことをY₂も認識していたことも認定し、「本件株式が実質上無価値ないしそれに近いものであり、原告が事情を知れば、本件株式譲渡契約を締結せず、その代金……を支出することはなかったであろうことを知り、又は知り得たものというべきであり、原告に対し、不法行為責任を負うものというべきである」とした。

(6) ⑩判決について

　原告は訴外会社（破産会社）の仲介により商品先物取引をした顧客であるが、訴外会社の元取締役、元監査役らを被告として、訴外会社の業績が低迷したことをきっかけにそれを取り戻そうと、原告を含む顧客らに対して適合性原則違反、不当勧誘、両建取引および一任売買等の違法な営業行為を繰り返し、さらにその発覚によって行政処分を受け、ついには訴外会社を破産させて原告らに損害を与えたとして改正前商法266条ノ3第1項に基づく損害賠償を請求した事案である。被告らのうち「事実上の取締役」とされる者（Y₁）は、訴外会社を含むグループ企業のオーナーであり、訴外会社の発行済株式の8割を保有する支配株主であり、「会長」と呼ばれて、訴外会社の事業執行について自ら決済し、破産会社から給与名目で多額の金員の支払いを受け続けており、訴外会社の取締役らがこの者の意向に反する意思決定をすることはないという状況であった。Y₁は以前訴外会社の代表取締役（退任登記済）であったが、取締役在任中から違法な営業行為の存在を認識しており、かつ行政処分や顧客からの訴訟を受けていたにもかかわらず改善には至らず、退任後の違法営業等についても同様に責任を負わせてよいかが問題となったと言える。大阪地裁は次のように述べて、責任を肯定した。

　「Y₁の地位、破産会社の他の役員等に対する影響力、破産会社の実際の業務に対する関与度合いや高額な対価の受領等の各事情に照らせば、Y₁は、取締役の退任登記を経た後も、その実質において破産会社の経営を支配していたというほかはなく、破産会社の事実上の取締役として……破産会社の役員及び従業員による過当営業行為を防止するための社内体制の構築その他適

切な措置を講ずべき職務上の注意義務を負っていたというべきである。」

(7) ⑪判決について

訴外A株式会社との間で建物建築請負契約を締結した注文者117名が原告となり、A社が多額の債務超過で工事を完成することが不可能であるのに、粉飾経理を隠蔽して原告から請負代金の前払い金を受領後破産し、破産管財人からの弁済額を控除した残余金相当の損害を被ったとして、A社の代表取締役Y_1およびA社で過去に取締役であったY_2Y_3に対して会社法429条および民法709条、719条に基づく損害賠償請求をしたケース。静岡地裁はY_1の責任を肯定したが、原告が「事実所の取締役」として責任を追及したY_2Y_3の責任は認めなかった。

静岡地裁は一般論として「取締役として登記されていないものについて事実上の取締役たる立場を肯定するためには、その者が、実際に会社の業務の運営、執行について取締役に匹敵する権限を有し、継続的に係る権限を行使して会社の業務執行に従事していることを必要とすると解すべきである」とした上で、Y_2Y_3には社長に次ぐ地位にあることを示す名称の役職に就任しており、実際に重要な職務も担当していたが、経営はY_1のワンマン経営で取締役就任時から経営の根本に関わる事項を決定し、あるいは意思決定に関与したとかそれができる立場にあったとまでは認められないことを理由に責任を否定した。

2 「事実上の取締役」と認定される判断要素──論理構成の違い

最初に「事実上の（あるいは実質上の）取締役」の認定要素を一般的に示した①判決は、傍論とはいえ、「取締役と呼ばれることがあるのみでは足りず、会社の業務の運営、執行について取締役に匹敵する権限を有し、これに準ずる活動をしていること」と述べた。しかし①判決のように一般的な要素を示して「事実上の取締役」を認定する手法は、その後の②③④判決には登場しない。②判決は、会社の取締役にはなっていなかったものの、対外的にも対内的にも重要事項についての決定権を有する実質的経営者に対して初めて法律上の取締役同様の対第三者責任を認めたケースであったが、責任肯定を導

いた事実認定を見ると、設立費用および設立時の株式払込金を捻出したオーナーであったほか、自らは代表取締役ではなかったが、会社の代表取締役以下取締役に自分の部下を配し、重要事項については決定権を留保し、対外的にも代表者のように振る舞っていた、といった点に着目している。人事権や重要事項の決定権の留保は、取締役としての業務関与というよりも支配株主としての権限行使といえることから、この問題の本質は支配株主の責任問題であって、いわば法人格否認の代替的機能を果たしていると評されていることは前述のとおりである。①判決の一般論には支配株主という要素は必ずしも含まれておらず、事案としても支配株主事案ではないが、③判決、④判決とも連続して当該「事実上の取締役」は会社の支配株主であった。特に④判決は、「会社の経営と相当に深い関係を持っており、親会社……の代表取締役として、また会社創設者……の相続人で、会社の実質的所有者として、会社の事実上の取締役に当たると言うべきである」と述べ、結論だけ見れば会社の実質的所有者としての支配が大きく影響したと整理できるだろう。ただし、問題の人物は単に親会社の代表者というだけでなく、会社の代表取締役の妻であると同時に会社創業者の子でもあって取引先との個人的なつながりも強く、さらに会社にも個人的にあるいは親会社を通じて多額の融資・物上保証をしていたという事情もあるなど、④判決において「支配」が認められた背景には相当特殊な事情が含まれていたといえる。

　②③④判決を通じ、支配株主の責任を問う手段として、「事実上の取締役」の認定を経由して取締役の責任制度を拡張し、損害を被った第三者が直接支配株主に損害賠償請求をするという手法が周知されるに至ったといえる。近年の裁判例においても、支配株主であることが「事実上の取締役」を認定する上での重要なポイントであることは否定できない。とはいえ支配株主が単に株主としての権限行使をするのみで「事実上の取締役」と認定されるわけでもない。たとえば⑦判決では人事権の行使程度では通常の株主としての権限行使の枠を出ておらず、支配があったといえないことを理由に、「事実上の取締役」とはせず、また責任も否定した[41]。通常の株主としての権限行使に加えて、プラスアルファの要素が必要であることは確かであろう。

　さらにいえば「支配株主」であることも「事実上の取締役」を設定する上

で必須の要件というわけではない。たとえばかつて取締役であった者で退任登記も経由しているが、「事実上」影響力が残存している可能性のある者という類型においても「事実上の取締役」として説明するものがある。この類型はⅡでは取り上げていないパターンであるが、⑤判決、⑩判決、⑪判決はそのような事例で、特に⑩判決では支配株主であったことのほか、会社内における呼称、業務関与の程度、この者への多額の金銭支払い等から影響力の残存を認定し、「事実上の取締役」として損害賠償責任を肯定した。この者が取締役在任中から任務懈怠状態、すなわち会社の体制として違法な営業行為を継続させていたと認定できた点も大きいと思われる。とはいえ、過去に当該会社の法律上の取締役であったという事情があったとしても、法律上正式に退任している場合を、登記残存ケースと同様に取り扱うべきではないし、裁判例からしても支配株主ケースの場合に比べて責任を肯定しやすいというわけでもない。⑤判決や⑪判決も退任登記済の退任取締役による業務継続ケースであるが、こちらは①判決同様の定式を示し、問題となった人物がそのような要件に該当しないという理由で責任を否定している。認定手法に差はあれ、責任が問えるだけの事情を見いだせなかったということなのだろう。

こうして見ると、まず、「事実上の取締役(2)」ともいうべき法律上の取締役ではない者に第三者責任を追求しようとするための論理の展開の仕方には、「事実上の取締役」について一般的な要件を定立するタイプと、事実の積み重ねから認定する事例判断タイプの2つがあることが分かる。このような考え方の違いはどこにあるのか、次に検討する。

3 論理構成の違い
——「事実上の取締役」の認定要素は一般化できるか

「事実上の取締役」を認定する上でその要素となるべき事象を一般的に提

---

41) 大阪地裁は「Y_1 はA社の大株主として会社の経営を一定程度支配していたものと認められるが、その支配の態様は、……あくまで株主としての立場から代表取締役の Y_2……らを通じて間接的に行われたものにすぎない。したがって Y_1 が事実上の取締役として実質的に会社を支配していたとまでは認められないから、Y_1 には商法266条ノ3第1項による第三者に対する損害賠償責任は認められない」と述べた。

示し、その該当性を審査する①判決の認定スタイルは、上述のとおり、⑤判決⑪判決に見られ、また若干内容が異なるものの、唯一の高等裁判所判決である⑥判決にも見受けられる。いずれも責任否定例において利用される点も注目される。

①判決の認定要素の一般化は、繰り返しになるが、必ずしも支配株主要件を組み込んだものではなく「取締役と呼ばれることがあるのみでは足りず、会社の業務の運営、執行について取締役に匹敵する権限を有し、これに準ずる活動をしていること」であった。⑤判決[42]、⑪判決[43]ともいずれもその内容を踏襲しており、取締役と「同等」の地位に立つことを要件としている点は興味深い。つまり平成初期の、特に④判決のような支配株主であることを前面に押し出したケースでは、通常の取締役と同様の業務執行への関与というよりも、法律上の取締役よりもさらに上位にあって指揮命令し、会社の存続さえ左右できるほどの強い支配力を感じさせる者を責任の対象としていたからである[44]。ともあれ、「事実上の取締役」を一般的に定式化するスタイルは、事業への関与・指揮をうかがわせる何らかの客観的事情を審査する構成といえるが、このような考え方の背後には、そもそも取締役が責任を負うべき理由を何に求めるかという大きな問題が潜んでいるように思われる。たとえば⑪判決では、①判決同様の一般的な定式化をした後、その該当性を審査するにあたり、問題とされた2名の被告（$Y_2 Y_3$）が、社長（法律上の代表取締役である Y_1）に次ぐ地位にあることを示す名称の役職に就任しており、実際に重要な職務も担当していたことを認めるものの、経営は Y_1 のワンマンで、$Y_2 Y_3$ が法律上の取締役に就任していた時から経営の根本に関わる事

---

[42]「『事実上の取締役』であると認めるためには、その者が実際上取締役と呼ばれるなどして取締役の外観を呈しているだけでは足りず、会社の業務の運営、執行について取締役に匹敵する重大な権限を有し、継続的に右のような権限を行使して会社の業務執行に従事していることを必要とするものと解すべきである」と判示した。

[43]「取締役として登記されていない者について事実上の取締役たる立場を肯定するためには、その者が、実際に会社の業務の運営、執行について取締役に匹敵する権限を有し、継続的にかかる権限を行使して会社の業務執行に従事していることを必要とすると解すべきである」とした。

[44] 英国の「影の取締役」も取締役を指揮下に置くもの、という定義である点で、取締役同等の者とは考えていないように見受けられる。後掲注46）も参照。

項を決定し、あるいは意思決定に関与したとかそれができる立場にあったとは認められないことを理由に該当性を否定、責任も否定した[45]。前提として、何らかの「取締役が行うべき実質的な業務執行行為」が存在し、それに該当する行為をした者こそ責任を負うべき者であるという構造になっているように見える。そうすると今度は「実質的な業務執行」を抽出するという難儀な作業へと向かうことになろうか。

詳細には立ち入らないが英国会社法上の取締役の定義は、「取締役」としての名称が付されているか否かにかかわらず「取締役たる地位を占めているもの」とされており、いわば上記の意味における「実質化」がなされている例であると考えられる[46]。ただしその背景には会社の業務執行機関の権限について定款で自由に設定できるという英国会社法独自の事情があり、実際に会社業務の指揮・管理・執行を行う者にこそ、取締役としての制定法上、コモンロー上の義務を負わせるべきだとの発想があったようである[47]。また取締役に対する規制も長らく開示規制中心で直接的な義務付けや代表訴訟の脅威による強制によるものではなかったことも、緩やかな取締役概念を許した事情と思われる。

他方、⑥判決は傍論ではあるが、①判決とは異なる視点で一般論を展開した。すなわち「取締役でない者に第三者に対する損害賠償責任を負わせるためには、その者が会社から事実上取締役としての任務の遂行をゆだねられ、同人も事実上その任務を引き受けて、会社に対し、取締役と同様の、善良な管理者としての注意義務を負うに至っていると評価されるような事実関係があり、かつ、実際にその者が取締役であるかのように対外的又は対内的に行動して、当該会社の活動はその者の職務執行に依存しているといえるような

---

45) その意味では⑪判決は「名目的取締役」とも関係するような事例といえるのかもしれない。
46) s 250, Companies Act 2006 は、" Director " includes any person occupying the position of director by whatever name called、と規定する。なおこの規定自体は、事後的な権原喪失を念頭に置いた「事実上の取締役（de facto director）」を含むが、「影の取締役」は含まれず、後者は別途定義される（s.251）。ただし後掲注 47) のように両者の区別はそれほど明確ではない（Gower= Davis, *Principles of Modern Company Law (8 th ed.)* pp 483-485）。
47) 詳細に付き、中村信男「イギリス法上の影の取締役規制の展開および法的位置づけの変容と日本法への示唆」石山卓磨ほか編著『21 世紀の企業法制――酒巻俊雄先生古稀記念論文集』537 頁（商事法務、2003 年）、坂本・前掲注 28) 特に 109 頁以下等を参照。

事実関係があることが必要であるというべきである」という一般論である。①判決の文言と比較すると顕著であるが、⑥判決は「事実上の取締役」とされる人物による任務の引き受け、およびそれに対する会社の許容を要求する点に特徴がある。取締役の第三者に対する責任原因は、あくまで「任務懈怠」であり、取締役の「任務」は会社において選任され取締役として就任するという契約関係から生じる点を特に意識した表現といえるだろう[48]。

　何らかの「実質的な業務執行行為」の事実上の執行ではなく、あくまで会社との関係において発生する「任務」を中心に据える⑥判決の論旨は明快で、従来からの我が国の解釈論に適合的だと思われる。明示的な契約によらずして「任務」に類する義務が事実上発生する状況がもしあるならば、責任も発生するということもできるだろう。理論的には当事者の合理的意思解釈や信義則・禁反言などによる事実上の「任務」の発生も考えられなくないが、特定の義務の引き受けであればともかく、そのような任務一般の引き受けを拒絶しているが故に「事実上」の地位に留まっているのではないかと思われ、取締役の任務一般の引き受けがあるという状況は想定しにくいのではないだろうか[49]。結局、どちらのアプローチを採るにせよ、一般的な要件を提示したところで、何らかの法的効果を生じさせるものではないといえるだろう。

4　事例判断としての「事実上の取締役」の認定

　これに対し責任を肯定した6つのケース（②③④⑧⑨⑩）では、上記に見られるような「事実上の取締役」要件の一般論を提示しその該当性を判断するスタイルは採らず、詳細な事実認定の末に「『事実上の取締役』に該当する」と宣言する手法を採る。無論、それらの認定要素を洗い出して定式化することも可能であるが、あえて一般論を提示する手法を採らず、いわば事例判断

---

[48]　東京高裁のこの表現は、竹濵・前掲注36）特に310頁以下において提案された要件を取り入れたものと思われる。それによると、本人による任務の引き受けと会社の許容により、明示または黙示の契約関係が発生し、取締役と同種の責任を負うべき法的関係が生じるとしている。

[49]　中村・前掲注39）も同様の点を指摘するが、自ら事実上の取締役としての職務を引き受けて行っている以上は、信義則上自らの責任を否定することは許されないと解することができるのではないかとしている。

として、請求者の主張する「任務」にあわせて「事実上の取締役」の認定要素を柔軟にとらえているようにも見える。たとえば⑧判決は、いわば「事実上取締役」による横領ともいえるような会社財産の流用について、原告が「任務懈怠」であると主張した事例であり、判旨は被告に会社財産の管理処分権があったかを主軸に構成されている。責任を問われた被告が「事実上の取締役」であったと認定するために、設立の経緯、人事・業務関与の程度、周囲の認識などの諸要素[50]が指摘されたが、多額の金銭の払戻し・流用が被告の指示で行われていたという帰結を導くための認定ともいえ、「事実上の取締役」認定要素として判旨の射程広く解することには躊躇をおぼえる。

さらに、近時の裁判例の特徴として、ほぼ単独で違法な会社財産の流用を行っていた⑧判決以外は、「事実上の取締役」と主張された者は法律上の取締役と並んで責任追及を受けている。たとえば⑦判決、⑩判決は金融商品の販売に関連して違法な勧誘があった事例であるが、いずれも会社として過当営業を奨励しているかのような体制があり、しかも行政庁から再三改善に向けた指導および処分を受けているにもかかわらず放置していた事例であった。両ケースとも法律上の取締役の責任は当然のように認められているが、「事実上の取締役」として責任追及された者に対し、⑦判決は否定、⑩判決は肯定されている。両判決の結論を分けたものは、「支配」の程度の違いであり、より具体的には過当取引への関与度合いの違いであったように見受けられる。⑦判決も⑩判決でも、「事実上の取締役」が過当取引状態を奨励するかのような営業システムを作り上げた法律上の取締役を登用する人事に関与していたが、⑦判決では「事実上の取締役」は営業に関する一般的な説明しか受けておらず、過当取引や不正経理を把握していたわけではなかったことから、「事実上の取締役」といえるほどの十分な支配がなかった、とされている。他方⑩判決では取締役在任中から過当取引の体制にあることを認識しており、取締役退任後も他の取締役への影響力や相当の業務関与が認定され、こちらは「事実上の取締役」であるとの認定を受けた。そうすると、「事実上の取締役」であると認定されるかは、法律上の取締役による任務懈怠行為に対し、

---

[50] 被告が発起人として一定の株式を保有していたらしいことは認定しているが、支配株主として何かをなした旨の認定はないことも1つの特徴といえる。

法律上の取締役と同等、あるいはそれ以上の影響力を持って関与しているかという観点でほぼ説明できそうである。その際、法律上の取締役の裁量権を奪い、指揮命令に服させるほどの強い影響力まで必要なのか、それとも、ほぼ同等の地位において法律上の取締役の違法行為に取締役以外の者が加担する、いわば「身分なき共犯」[51]、あるいは共同不法行為者的な関与の仕方で足りるのかについては、事例によって異なるとしかいいようがない。近時の責任肯定事例でも⑧⑨判決は、「事実上の取締役」とされた者による指揮命令まで認めているケースであるが、⑩判決は、どちらかといえば、法律上の取締役と同程度の業務関与の認定が強い。またⅢ3で見たとおり、一般的要件定立型では支配の要件を含まないものもある[52]。

　このように見ると、「事実上の取締役」といえるかどうかは、具体的な責任原因との関係で、何らかの特殊事情の下、責任を負うべき人的範囲を拡張すべきかどうかという実質的な利益衡量が前面に出てきていると見てよかろう。すべての裁判例において、「事実上の取締役」であるとの認定はそのまま損害賠償責任の肯定を意味し、責任を否定する場合は「事実上の取締役」への該当性から否定している点からもそのような印象を強くする。一般要件定立型の認定であれば、「事実上の取締役」には該当するが「任務懈怠」はなかったという類型がありそうだが、現在の一般的要件定立型のケースは全て「事実上の取締役」への該当性から覆すパターンしかない。これは事例の少なさに起因するというよりも、そもそも「事実上の取締役」という用語が取締役類似の権利・義務・責任を伴う形での法的概念として用いられていないからではなかろうか。ドイツの「事実上の機関」について評される場合と同様、端的に個別の事案において429条1項の適用対象の人的範囲の例外的な拡張を宣言するための用語と考えた方がよいように思われる[53]。

---

51) なお、刑事法からは特別背任罪などの認定にあたり、商法上の取締役概念に拘束される必要があるか、という問題提起がなされている（塩見淳「事実上の取締役について」京都大学法学部百周年記念論文集刊行委員会編『京都大学法学部創立百周年記念論文集（第2巻）』531頁（有斐閣、1999年））。
52) その意味では我が国の「事実上の取締役(2)」は「その者の指揮または指図に従って取締役が行動するのを常とする」英国の影の取締役とは必ずしも同じように用いられていないといわざるを得ない。

5　429条1項の適用範囲拡大の理由

(1) 実質的価値判断

それではなぜ、会社法429条1項の責任を問うべき人的範囲を拡大する必要があるのか。再度⑧判決について見てみよう。本件は原告は建物建築請負契約の注文者であるが、請負人である訴外会社が建築し原告に引き渡した建物に瑕疵があったが、請負会社は事実上の取締役であったという被告による会社財産着服により事実上倒産していたため、同条同項の類推適用に基づく損害賠償請求をしたケースである。「事実上の取締役」認定の手法は前述のとおり、事例判断として被告の行為態様・周囲の認識の客観的な事実の積み重ねから認定するタイプではあるが、事件全体としては建築物の欠陥により損害を被った原告が、請負会社に対して契約上あるいは不法行為上の損害賠償をすべきところ、被告による会社財産の流出により十分に達成できなかったことが引き金となったと考えられる。一般に会社の不法行為債権者は自ら望んで取引関係に入った取引債権者と区別するべきだという見解[54]もある上に、この建築物は個人の邸宅で原告は消費者的な立場にある者ともいえ、モニタリング手段に劣る原告と比較衡量すると、法律上の取締役の地位にはなかったものの会社財産の流出に積極的に関与していた被告が損害賠償責任を負うという価値判断は、むしろ当然のように見える。

裁判例の中でこのような請求者の属性について明示的に述べられることは少ない。しかしこの点は近年の「事実上の取締役」に関する裁判例に共通する特徴である。営業上の取引を継続的に行っていた取引債権者が原告であった②④⑤判決とは異なり[55]、⑧判決と⑪判決は個人邸宅の建築請負契約の

---

[53] Stein・前掲注32) は、何か規範を適用するための根拠となるものではなく、規範の法的効果の拡張を説明するための用語上の言い換え（法的略称、juristische Abbreviatur）にすぎないというが（ss30）、近年の我が国の裁判例の認定もそのようなものと考えた方がよいように思われる。

[54] 向井貴子「株主有限責任のモラル・ハザード問題と非任意債権者の保護」九大法学91号267頁（2005年）。

[55] なお③判決は原告が従業員に近いケースであり、取引債権者とは異なる扱いがあってもよい事例であったと見る余地はある。

注文者、⑦判決と⑩判決は個人投資家、⑥判決は会社の少数株主で⑨判決は株式譲受人である。このような者は、商人たる取引債権者であれば可能な事前のモニタリングや自衛手段を講じることが困難な場合が多く、会社経営陣による過剰なリスクテイクや過小なリスクマネジメントの犠牲になりやすいとされる[56]。さらに「事実上の取締役」が会社の支配株主である場合、有限責任の保護の下、支配株主にはハイリスクハイリターンを選好するインセンティブがあるという、株主有限責任のモラルハザードが生じやすい場面といえ、情報収集力や交渉力に劣る非取引債権者とどちらがその責任を負うべきかを比較した場合、支配株主の関与の仕方によっては「事実上の取締役」の理屈を用いて、責任をとるべき人的範囲を広げたいという価値判断は理解できそうである。近年の裁判例では、これらの請求者の属性と、法律上の取締役による損害の外部化を積極的に推し進めるような「事実上の取締役」の関与に対する非難とが相まって、責任を負う者の人的範囲の拡張が正当化されているように見受けられる。

(2) 429条1項による請求の利点

本来、会社に対して請求すべき債権につき、会社を構成する自然人にも請求できるという価値判断が支持されるとき、株主有限責任を否定することによりこの問題の解決しようとするのが法人格否認の法理であり、取締役としての責任として構成するのが会社法429条1項であって、両者の機能が重複することはこれまでも繰り返し指摘されてきた[57]。同条同項は、特に資力の乏しい中小企業にあって取締役が第三者に対して事実上の人的担保を提供するという法人格否認の法理の代替機能を果たしていると評され[58]、裁判所は法人格否認の認定に謙抑的である一方で、この取締役による第三者責任を活用してきたともいえる[59]。⑧判決からも分かるとおり、被告から会社

---

56) 向井・前掲注54)。
57) 江頭・前掲注20)『法人格否認の法理』405頁。
58) 上柳克郎ほか編『新版注釈会社法(6)』301頁〔龍田節〕(有斐閣、1987年)、加美和照『会社取締役法制度研究』443頁(中央大学出版部、2000年)等。
59) 加美・前掲注58) 464頁。

の資産を取り戻して請求者に還付する法律構成としてはほかにも利益供与や違法な剰余金分配の返還、あるいは会社の不法行為の被害者が有する損害賠償債権が取締役の任務懈怠により侵害されたことによる不法行為請求も考えられる。にもかかわらず「事実上の取締役」の議論を用いて同条同項を拡張適用を求めるのはなぜだろうか。

おそらく、特に一般不法行為の要件と比較するならば、会社法 429 条 1 項の方が故意・(重)過失の対象の上でも立証しやすく、責任が肯定されやすいという説明になるのだろう。一般不法行為による場合は、不法行為者の故意・過失は具体的な被害者の下での損害発生の予見可能性・回避可能性に向けられている必要があるのに対し、同条の場合は著名な昭和 44 年の最高裁大法廷判決[60]において、取締役の責任原因はあくまで会社に対する任務懈怠行為であり、取締役本人の故意・(重)過失の対象も任務懈怠に向けられていれば足りるとされているからである。会社の事業活動に関連して不法行為が発生した場合、取締役が通常の業務執行の過程において会社外の特定の第三者に具体的な損害が発生することを認識・予見できる事態は、詐欺などの取引的不法行為あればともかく間接損害の場合には考えにくい。構造的に任務懈怠行為と第三者の下での損害発生との間にタイムラグがあり、因果関係も会社の損害を挟むが故に遠くなるためである。同条 1 項の枠組みの利用は、取引債権者以外の「第三者」が会社関係者に損害賠償を請求する際、少なくとも具体的・個別的な第三者に対する損害の認識・予見可能性を主張立証しなくてすむという意味で敷居が低いといえる。

昭和 44 年最高裁判決の多数意見は会社法 429 条 1 項(正確には改正前商法 266 条ノ 3) が「第三者保護の立場から」特に認められた法定責任であることを説明するのみで、なぜ一般不法行為と異なる責任のとらせ方をしているかについては不明瞭な点も多い[61]。さらにその具体的な要件を検討する際、

---

60) 最判昭和 44 年 11 月 26 日民集 23 巻 11 号 2150 頁。
61) 株式会社が経済社会において重要な地位を占めていること、しかもその活動はその機関である取締役の職務執行に依存するものであること」という理由付けは、平成 18 年制定の「一般社団法人及び一般財団法人に関する法律」においても法人の役員等の損害賠償責任に関し、ほぼ同一文言の対第三者責任規定が採用された(一般社団法人につき 117 条 1 項、財団法人につき 198 条)ことからして、やや説得力に欠ける。

たとえば直接損害の場合には会社に損害が生じていないにもかかわらずこれを任務懈怠と称してよいのか[62]、また間接損害の場合であっても第三者に対する損害の認識可能性は本当に不要か、会社に対する任務懈怠と全く同じと考えてよいのか、これまで多くの解釈論が展開されてきた。表向きはあくまで「会社に対する任務懈怠」を責任原因とするとしても、問題とされる「任務」の中に第三者に対する損害防止義務の観点は無視し得ず、一般不法行為との質的な差はあまり大きくないとする見解も有力である[63]。実際、特に直接損害ケースの場合には、取締役に具体的な第三者に対する故意・(重)過失を観念できる場合は民法709条による責任、観念できない場合は会社法429条1項の責任を認める、という使い分けがなされているという指摘もある[64]。会社の事業活動において、会社を構成する自然人の個々の意思決定や活動がいかに会社全体としての行為として反映されるかは、内部組織の構造や権限分配によって千差万別であり、自然人の個人責任を前提に規定される一般不法行為による責任成立範囲ではとらえきれない。ここに、抽象化された「第三者に対する故意・過失」としての任務懈怠に対する故意・(重)過失という429条1項の要件の意味があるように思われる。あるいは、会社の事業に関与する会社内部の自然人と会社外の第三者の責任バランスを実質的に衡量し、より適切に責任を分配できる枠組みとなりうる点に、同条同項による責任追及構成の意味があるといいうるのかもしれない。

　近時の「事実上の取締役」ケースでは、明確に会社法429条1項を適用したわけではない⑨判決にその一端を垣間見ることができる。⑨判決は株式譲

---

62) 直接損害ケースへの対第三者責任の適用に批判的な見解として山下友信「支払見込みの内手形振出と取締役の対第三者責任」河本一郎ほか編『商事法の解釈と展望――上柳克郎先生還暦記念論文集』285頁（有斐閣、1984年）。また、会社の信用毀損を理由として任務懈怠を認めたり（上柳克郎「両損害包含説」同『会社法・手形法論集』120頁（有斐閣1980年））、債務超過に近い状態の会社では会社債権者の損害拡大を阻止することも取締役の善管注意義務の内容となる（吉原和志「会社の責任財産の維持と債権者の利益保護（3・完）」法協102巻8号1480頁（1985年））等の解釈論が見受けられる。
63) 中原太郎「取締役の第三者に対する責任と不法行為責任」法セ696号10頁（2013年）では、一般不法行為責任との関係での取締役の対第三者責任の独自性を義務の名宛人の違いに求めることは擬制的である旨の率直な指摘がある。
64) 上柳ほか編・前掲注58) 317頁〔龍田〕。

渡契約の売主の父親で対象会社の「事実上の取締役」でもあった者の民法709条に基づく損害賠償責任を認めたが、その理由は売主としての情報提供義務違反よりも、対象会社の不正経理への関与に着目するものであった。株式譲渡契約における情報提供義務は、売主であれば常に認められるわけではなく、譲渡交渉中の具体的な事実経過からごく限られた場合にのみ認められる裁判例が多い中[65]、⑨判決ではそのような点には触れず、当該人物が、株式の価値を実質的に失わせるような、対象会社の架空循環取引および粉飾決算ともいいうる売上計上処理に積極的に関与していた点を詳細に認定した。「事実上の取締役」に当たる者は当該株式譲渡契約にも携わっていたため、損害を受けた第三者である買主との直接的な関係が存在しており、民法709条が適用されているが、事実認定自体は会社に対する任務懈怠の認定に等しい。あえて「事実上の取締役」と認定することで、この者の会社による違法行為への関与と売買交渉への関与の双方を責任原因の中に反映させることができたといえるのだろう。

IV　おわりに

　以上、不完全ながら近時の裁判例における「事実上の取締役」の第三者に対する責任について見てきた。本稿の結論としては、「事実上の取締役」は、会社法429条1項が適用される人的な責任範囲を拡大することを宣言するための一種の用語法であって、四半世紀前に大隅博士が指摘したとおり[66]、本質的には不法行為法による解決で十分事足りるものと思われる。重要なのは同条同項による責任の人的範囲の拡大を正当化し、かつそのような解釈論が必要とされる、実質的な根拠ではあるまいか。そのような根拠について、本稿は損害を受けた会社外の第三者と会社事業に関与する自然人との適正な

---

[65] 株式譲渡契約における情報提供義務違反を理由とした不法行為責任について、東京地判平成4年9月17日判タ832号146頁、東京地判平成15年1月17日判時1823号82頁、東京地判平成19年9月27日判時1987号134頁等。私見としては⑨は事実上の取締役による直接損害ケースと見ることができる（拙稿・前掲注40））。

[66] 大隅・前掲注19）特に44頁以下。

責任バランスという利益衡量、およびその適切な反映に求めようとするものである。その意味で「事実上の取締役」の議論を対会社責任の文脈でも同様に考えてよいかは、さらなる検討が必要かと思われる。

　本稿は、実質的な利益衡量として「事実上の取締役」認定による解決が正当化されることもあると主張するものであるが、理論的に、また解釈論として、人的範囲の拡張を導くことが難しいことは否定できない。本来、会社法429条1項によって責任を負わされる会社側の自然人が法律上の役員等に限定されているのは、これらの者は法で定められた選任手続を受け、契約によって善管注意義務等の会社法上の義務を引き受けており、第三者に対する損害防止の観点も含めた注意義務を負っているためと整理されているからであろう。たとえ特定の事象に限定して、共同不法行為的に「任務懈怠」を認定するとしても、その負うべき人的範囲を役員以上に拡張するための理論的な根拠には、Ⅲ2で見たような、信義則あるいは禁反言による任務の引き受けと会社による許容、という一種の擬制によるほかはないように思われる。

　なお、本稿は主として裁判例に現れた事例を前提としたために、自然人の「事実上の取締役」を主として念頭に置いている。他方学界におけるこれまでの「事実上の取締役」の議論は、その多くが親会社がグループ全体の経営方針の下で子会社経営を指揮する場合の一般的な「任務」を念頭に置き、子会社少数株主からのグループ経営に関する「任務懈怠」を観念できるか、まで問題を広げて論じられていた。これは支配株主の責任論の一種として「事実上の取締役」を論じていたからであって、裁判例における用いられ方とは異なる議論であることは自覚しておかなければならない。

取引所のコーポレート・ガバナンス規制と金商法

温　笑侗

I　はじめに
II　金商法の目的と取引所のコーポレート・ガバナンス規制
III　行政監督と取引所自主規制の公的性質
IV　むすび

I　はじめに

　日本では、伝統的に、コーポレート・ガバナンスに係る規律は本来会社法の問題であるという考え方が強かったため、会社法以外の規制手段はあまり重視されてこなかったように思われる[1]。そして、金融商品取引所（以下、「取引所」という）の上場会社に対する規制は、上場審査と上場廃止措置以外は、基本的に会社情報の適時開示と上場株式数の把握等を中心とする見解が支配的で、コーポレート・ガバナンスについては、上場会社の会社法遵守を前提に特段の行為規制を設けてこなかったのである。
　しかし、近年では、上場会社のコーポレート・ガバナンスのあり方について、各国においてそれぞれの国の抱える問題に応じて活発な議論が行われ、日本においても、アメリカ、EU、および国内の機関投資家などから、日本

---

1) 王子田誠「上場基準によるコーポレート・ガバナンスの意義」姫路41・42号123頁（2004年）。

企業のコーポレート・ガバナンスの向上の要請を受けて、金融庁の金融審議会の「我が国金融・資本市場の国際化に関するスタディグループ」[2]、経済産業省の「企業統治研究会」[3]、東京証券取引所（以下、「東証」という）の「上場制度整備懇談会」[4]、日本経済団体連合会[5]、および日本監査役協会のコーポレート・ガバナンスに関する有識者懇談会[6]など、さまざまな機関ないし団体等でコーポレート・ガバナンスに関する議論が行われ、報告書が公表されている。これらの報告書はいずれも、基本的には、取引所による上場会社のコーポレート・ガバナンス規制を肯定し、または推奨する点で一致している。

東証は、2004年にコーポレート・ガバナンスに対する共通認識の基盤を提供するためのコーポレート・ガバナンス原則を策定したことを嚆矢として、2005年には、上場会社に対して、大幅な株式分割に関する自粛を要請し、敵対的買収防衛策の導入に際しての投資者保護上の留意事項を公表し、そして、2007年には、会社法上容認される経営活動に一定の制限を加えるための企業行動規範を制定した。とくに、2009年には、第三者割当てによる新株発行や株式併合についての規制を制定するとともに、これらの行為規範の実効性を確保するために、関連する上場審査・廃止基準やその他の懲戒措置を創設するなど、近年では、上場会社のコーポレート・ガバナンス規制に対し積極的に取り組むようになり、世間から大きな注目を集めた。

2) 金融庁金融審議会金融分科会「我が国金融・資本市場の国際化に関するスタディグループ——上場会社等のコーポレート・ガバナンスの強化に向けて」（以下、「スタディグループ報告書」という）2009年6月17日（http://www.fsa.go.jp/singi/singi_kinyu/tosin/20090617-1/01.pdf）。
3) 経済産業省企業統治研究会「企業統治研究会報告書」2009年6月17日（http://www.meti.go.jp/report/downloadfiles/g90617b01j.pdf）。
4) 東京証券取引所上場制度整備懇談会「安心して投資できる市場環境等の整備に向けて」2009年4月23日（http://www.tse.or.jp/rules/seibi/seibi.pdf）。
5) 日本経済団体連合会「より良いコーポレート・ガバナンスをめざして——主要論点の中間整理」（以下、「経団連報告書」という）2009年4月14日（http://www.keidanren.or.jp/japanese/policy/2009/038.pdf）。
6) 日本監査役協会 コーポレート・ガバナンスに関する有識者懇談会「上場会社に関するコーポレート・ガバナンス上の諸課題について」2009年3月26日（http://www.kansa.or.jp/PDF/ns_090403_02.pdf）。

一方、アメリカでは、各州の立法者が州の財政的な利益のために経営者にとって有利な会社法を作ってきたことや、株主が会社の設立州の立法過程に関与していないことなどにより、会社法のコーポレート・ガバナンス規制が脆弱であることもあって、取引所によるコーポレート・ガバナンス規制の可能性と重要性がいち早く認識されてきた。アメリカ連邦証券取引所法（以下、「取引所法」という）は、基本的に開示規制を中心としているため、連邦法レベルのコーポレート・ガバナンス規制の形成が難しく、それゆえに取引所のコーポレート・ガバナンス・ルールがこのギャップを埋めるために重要な役割を果たしてきたと言われている[7]。しかし、これは、あくまでアメリカに特有の事情によるものであって、日本にはこれらの事情は当てはまらないから、制定法の改正によってカバーできる限り、あえて取引所規制に頼る理由はないとする考え方も依然として有力である[8]。つまり、取引所のコーポレート・ガバナンス規制の役割は、あくまでも制定法の不足を補完する消極的なものにすぎないということである。

　前田重行教授は、証券規制における自主規制の形態を2つに分類する。第1は、自主規制が制定法上の根拠をもたず、証券業者や関係団体などによって自律的に行われ、政府の直接規制と並列的に存在する規制形態である。第

---

7) Robert B. Thompson, Collaborative Corporate Governance: Listing Standards, State Law, and Federal Regulation, 38 Wake Forest L. Rev. 961, 968-970 (2003) は、アメリカでは、会社法は、証券市場の問題と一般投資家のニーズに直接かつ柔軟に対応することができず、他方で、連邦証券法は、情報開示と詐欺防止以外に、会社の行為を規制することを避けてきたため、州会社法と取引所法との間にギャップが生じ、取引所のコーポレート・ガバナンス・ルールが、このギャップを埋める補完的な役割を果たしていると指摘する。また、Eisenberg教授は、デラウェア州の歳入は法人所得税に大きく依存しているため、立法機関は最善の経営ルールを犠牲にする場合があり、取引所規則はこのような州法上の欠陥を是正する役割を果たしていると指摘している（See Melvin A. Eisenberg, The Structure of Corporation Law, 89 Colum. L. Rev. 1461, 1513-1514 (1989)）。また、メルビン・A・アイゼンバーグ（松尾健一訳）「コーポレート・ガバナンス、ソフト・ロー、証券取引所規制」商事1783号8-11頁（2006年）を参考。

8) 梅本剛正『現代の証券市場と規則』197頁（商事法務、2005年）。明田川昌幸「公開会社における株式および新株予約権の発行規制について」藤田友敬＝黒沼悦郎編『企業法の理論（上）――江頭憲治郎先生還暦記念』363頁（商事法務、2007年）は、大規模な第三者割当てについて、合併などと同様の法規制が行われるべきであるとして立法的な解決を提唱する。

2 は、自主規制が制定法上の根拠を有し、政府監督機関の監督に服する規制形態であって、自主規制機関と監督を行う政府機関とは上下関係にある場合である[9]。前者は、証券規制の初期形態であって、この種の自主規制の存在意義は、規制の必要性があるにもかかわらず、法規制や直接的な行政規制が存在せず、証券業者や関連団体が自律的に規制を行い、法の不備を補完することに求められる。これに対して、後者の形態をとった自主規制の機能は、制定法の間隙を埋めるという消極的なものではなく、むしろ証券取引に対する体系的・包括的な証券規制システムの中で、立法者による直接的な政府規制よりもふさわしい規制方法として自主規制による機能の発揮が期待され、積極的かつ意図的に位置づけられた規制であると考えられる[10]。

しかしながら、①取引所のコーポレート・ガバナンス規制は、制定法上の根拠を持ち、政府機関による監督を受けることができるか、そして②かかる授権は具体的に取引所のコーポレート・ガバナンス規制にどのような影響を与えるかという問題については、必ずしも十分な議論がなされているとは言えない。そこで、本稿は、アメリカおよび中国の経験を踏まえ、証券規制システムにおける金商法と取引所規制の関係に着目して上記問題を検討するものである。

II　金商法の目的と取引所のコーポレート・ガバナンス規制

金融商品取引法（以下、「金商法」という）は、取引所は、投資者の保護に資するように市場を運営しなければならないと定めている（同法110条）。そして、一般投資者の利益が上場会社や一部の投資者の行動により害されないように上場会社を規制することも取引所の責務に含まれ[11]、上場会社のコーポレート・ガバナンスに対する規制は、その責務の履行として理解すること

---

9) 前田重行「証券取引における自主規制——アメリカおよびイギリスにおける自主規制の形態とその発展」龍田節＝神崎克郎編『証券取引法大系——河本一郎先生還暦記念』97-98頁（商事法務、1986年）。志谷匡史「市場間競争と自主規制の在り方——証券市場規制を素材に」インベストメント53巻2号5-6頁（2000年）。
10) 前田・前掲注9) 98頁、志谷・前掲注9) 5-6頁。
11) 近藤光男ほか『金融商品取引法入門〔第3版〕』469頁（商事法務、2013年）。

ができる。したがって、取引所によるコーポレート・ガバナンス規制の制定法上の根拠を金商法に求めることが可能だと考える。また、金商法は、会社法のような私法的規制とは異なり、行政管理機能を果たす公的規制[12]として、行政監督の根拠にもなる。しかし、前記のとおり、日本では、コーポレート・ガバナンス規制は、伝統的に、会社法の問題であるという考え方が強く、金商法は、会社法の領域にどこまで踏み込むことが許されるかという法体系上の問題が存在する。コーポレート・ガバナンスの問題に関する金商法の限界は、ただ単に保護対象や規制対象に関する制限から生じるだけでなく[13]、金商法は一体何のために、金融商品取引、金融商品取引業者および金融商品取引所などを規制しているのか、すなわち、金商法の目的と深く関係する。

1 金商法の目的と自己責任の原則

金商法の目的については、それは、投資者の保護であり、国民経済の適切な運営は、投資者の保護によって実現が期待される間接の効果にすぎないとする見解（投資者保護説）[14]、国民経済の適切な運営と投資者の保護とは、いずれも金商法（旧証取法）が達成すべき目的であるとする見解（二元説）[15]、公正な価格形成の確保を通じた証券市場機能の確保であり、公正な証券市場の存在が有する公共財としての機能が国民経済の適切な運営に結びつくものであるであるとする見解（市場説）[16]、および国民経済の適切な運営と投資

---

12) 江頭憲治郎教授は、会社法と金商法との境界の1つとして、会社法は、大部分が私法的規制から成り立っており、行政手段による規律を含まないのに対し、金商法は、金融庁や証券取引等監視委員会による行政的な手段が大きなウェイトを占めることを挙げている（江頭憲治郎「会社法制の将来展望」上村達男編『企業法制の現状と課題』122頁（日本評論社、2009年））。

13) 江頭憲治郎教授は、平成17年法律第86号を「形式的意義の会社法」、会社における利害関係者である個々の経済主体間の利害調整を図るために、会社の設立、組織、運営および管理を定める法律の全体を「実質的意義の会社法」と称し、形式的意義の会社法と実質的意義の会社法に属する金商法との境界を、規制の対象、保護の対象および規制の手段から説明する試みはあまり役に立たないと論じる（江頭・前掲注12）122頁）。

14) 鈴木竹雄＝河本一郎『証券取引法〔新版〕』41-42頁（有斐閣、1984年）、石塚一正『改正証券取引法要論』9頁（文雅堂銀行研究所、1966年）、堀口亘『最新証券取引法〔新訂第4版〕』2-3頁（商事法務、2003年）、河本一郎＝大武泰南『証券取引法読本〔第7版〕』4頁（有斐閣、2005年）。

15) 神崎克郎ほか『証券取引法』11-12頁（青林書院、2006年）。

者の保護のいずれもが金商法の目的であるが、両者は別々の目的ではなく内容的に同じものであり、資源の効率的分配であるとする見解[17]などが唱えられている。

そして、金商法の目的の達成手段として、いずれの見解も、投資者が有価証券について合理的な判断ができること（開示規制）や証券市場が不公正取引によって不当な影響を受けないこと（不公正取引規制）を挙げており、これらが、金商法が投資者の損失を填補しないという投資者の自己責任原則を採用していることの前提となっていると説明している[18]。しかしながら、金商法の目的と自己責任の原則との関係、すなわち、①投資者の自己責任原則の強調が許されるような公正な土俵[19]さえ確立すれば、金商法が求める「有価証券の発行および金融商品等の取引を公正にし、有価証券の流通を円滑にするほか、資本市場の機能の十全な発揮による金融商品等の公正な価格形成等を図り、もつて国民経済の健全な発展および投資者の保護に資する」という目的（金商法1条）が達成できるのか。②逆に、投資者の自己責任原

---

16) 上村達男「投資者保護の再検討――自己責任原則の成立根拠」専法42号1頁（1985年）。
17) 黒沼悦郎『証券市場の機能と不公正取引の規制』10頁（有斐閣、2002年）。
18) 河本教授は、「元来、証券投資の場合は、元本の保証がないのだから、まず一般投資者が公平、公正に取引ができるような土俵を作っておいて、次に、その土俵で自分の判断と責任で投資をしてもらうというのが旧証券取引法以来の金商法のねらいである」と指摘している（河本＝大武・前掲注14）4頁）。神崎教授は、「証券投資には、投資危険が当然に伴うものであり、投資者がその自由な判断と責任で行った証券投資の結果について、証券取引法は、一定の利益を保証しあるいは損失を填補することはない。証券取引法は、投資者が自由な判断と責任で、公平かつ公正な証券取引を行う機会を確保するために、投資者の自由な判断と責任による証券取引を妨げる不当な行為を排除することを目的とする」と指摘している（神崎ほか・前掲注15）16頁）。上村教授は、「証取法は、証券市場の機能を確保し、そこで公正な価格形成を確保することを第一の目的とし、そのための前提条件を整え、投資家の自己責任原則を貫くための環境を提供することを基本的使命とする」としたうえで、自己責任原則の成立条件として、第1にディスクロージャーにより、第2に内部者取引規制により、市場構成員の平等性が確保されることと、第3に中立的な公的機関による適正な監督により有効な競争が確保されていることを挙げている（上村・前掲注16）4頁、9-22頁）。黒沼教授は、「証券の価値に関する情報の開示と自己責任原則は、市場取引に本質的なものであり、証券取引法から欠かすことのできないものだ」。「そして、開示主義と自己責任原則を前提とする限り、投資者保護にとって重要なことは、高い買物をさせられないことと、買いたくないものを買わされないことであると言える」と指摘している（黒沼・前掲注17）8頁。
19) 上村・前掲注16）6頁。

則を成立させるのに十分な規制手段以上のものを講じると、金商法の目的範囲を超えてしまい、または自己責任原則の適用ができなくなるのか、という論点については必ずしも十分な検討がなされていないように思われる。

近年よく言われている「市場を通じた資源の効率的分配」[20]や「市場の健全性の確保」[21]は、いずれも「市場の機能」に着目したものであると言え、金商法における市場の重要性の観点からは実質的な違いはなく、市場機能の確保が金商法の目的に含まれることはほぼ通念になっているように思われる。しかしながら、市場機能の確保は、証券市場が市場として成り立つことを前提としていることは言うまでもなく、証券市場において充実した資金と豊富な品揃えがなければ、完全競争を通じた公正な価格の形成が[22]難しいのみならず、証券市場は、企業に資金を提供し、投資者に投資機会を提供する唯一の手段ではないことに鑑み、他の資金調達および投資手段に比べて、証券市場の国民経済の健全な発展にとっての重要性と寄与度も減少するに違いないと考える。

そして、品揃えがいかに豊富といえども、市場の管理や商品の品質が悪ければ資金が流れてこないが、逆に、資金さえ集まっていれば、自然に上場してくる商品の数と種類が豊かになることから、結局、資金の充実が前提となる。より多くの投資者に証券市場に投資してもらうためには、単に正確な投資判断ができるための適切な情報の提供と、投資者が知らないうちに損を被る結果となる相場操縦やインサイダー取引などを禁止するだけではなく、一般投資者が期待する合理的な利益に関し、公正かつ適切な情報に基づく投資判断により確保されることが非常に重要であり、投資者の信頼を獲得するために最も効果的な手段だと考える。上場会社のコーポレート・ガバナンス規制などを通じて、証券市場で流通している株式をはじめとする金融商品の品質を維持または向上させることは、このような金商法の目的に深く結びつい

---

20) 近藤ほか・前掲注11) 7頁、黒沼・前掲注17) 10頁。

21) 松尾直彦「金融商品取引法制の制定過程における主要論点と今後の課題（3・完）」商事1825号30頁（2008年）、神田秀樹『会社法〔第15版〕』129頁（弘文堂、2013年）。

22) 上村・前掲注16) 15頁は、「市場条件が整った状況の下で多くの投資判断が競争的に集中し、これにより公正な価格形成が可能である」と指摘している。

ている[23]。

　しかし、金商法は、自己責任原則を成立させる前提として、金融商品の安全性や価値を保証するシステム（規制主義）をとっていないとするのがこれまでの一般的な理解である[24]。そこで、金商法が、取引所の自主規制を通じて、上場会社のコーポレート・ガバナンスに介入することによって、株式価値を確保することが、自己責任原則を成立させるために必要以上の保護を投資者に与え、投資者の損失を填補するものとして、投資者の自己責任原則と矛盾する結果になるのかが問題となり得る。

　取引所のコーポレート・ガバナンス規則は、会社法とは異なり、上場会社の行動のみを規制対象としており、上場会社の取締役やその支配株主の行為を直接規制するものではない。投資者が、取引所のコーポレート・ガバナンス規則に基づいて、それに違反した上場会社の取締役や支配株主の損害賠償責任を追及することには困難があると考える[25]。また、不実開示の場合とは異なり、発行会社自体がコーポレート・ガバナンス規則の違反から利益を得ているわけではなく、また発行会社に賠償責任や取引所の規則に違反したことに対する違約責任を課すと、結局、投資者の利益も損なわれることになるので、発行会社に損害賠償責任を負わせるのは、投資者の損失を填補する

---

[23] 江頭教授は、金融庁設置法3条、4条1号・26号に基づいて、金商法を所管する金融庁の任務・所掌事務には、「資金の効率的分配」を図るため投資情報を金融商品等の価格に迅速に反映させる政策を立案すること以上には出ない、と解されるため、金商法1条の目的規定における「資本市場の機能の十全な発揮による金融商品等の公正な価格形成等を図り」という文言は、上述のことを意味し、すなわち、金商法が行いうる投資者の保護は、投資情報の株式等の価格への迅速な反映を図ることに尽きるのであって、それと無関係な規制は行えないと指摘している（江頭・前掲注12）123頁）。しかし、たとえ金融庁設置法の定めにより、金融庁が自ら上場会社のガバナンスを直接規制できなくても、取引所への監督権限（金融庁設置法4条3号タ）を通じてこれを間接的に規制することまで禁止されるわけではないと考える。

[24] 近藤ほか・前掲注11）8頁。

[25] アメリカでは、上場会社がコーポレート・ガバナンス・ルールに違反し、その結果、上場会社の株式が上場廃止または登録抹消された場合、取締役の信認義務違反に基づく損害賠償責任が問われる可能性がある。また、上場廃止による上場会社に回復不可能な損害が生じる場合、株主は、経営者の経営判断ミスや信認義務違反を理由に、裁判所に対し暫定的差止命令の発出を求めることがあるが、いずれも金商法または取引所のコーポレート・ガバナンス規制に基づく救済手段ではない。詳細は、拙稿「アメリカ証券取引所のコーポレート・ガバナンス規制」ソフトロー研究20号185-188頁を参照。

ために有効な救済方法ではないと考える。さらに、取引所がコーポレート・ガバナンス規則の執行を怠った場合、投資者が取引所に対して損害賠償を請求することも考えられるが、取引所が準政府的な機能を履行していることに鑑み、取引所に悪意もしくは重過失の損害の立証ができる場合を除き、そのような請求を容易に認めるべきではない[26]。

このように、金商法が取引所規制を通じて上場会社のコーポレート・ガバナンスを規制することによって投資者に与えられる利益というのは、投資者がその自由な判断に基づいて行った投資から蒙った損失を、他者が填補する制度上の保障といった性質のものではなく、そのような規制を金商法に基づき取引所が提供しているからといって、投資者の自己責任原則に抵触するものであるという批判は当たらないと考える。

2 Business Roundtable 判決

アメリカでは、コーポレート・ガバナンス上の問題は、連邦と州の権限分配原則に従い、伝統的に州会社法によって取り扱われるものとされ、連邦証券法の規制対象外と考えられてきた[27]。そのため、連邦証券法に基づいて設立されたアメリカ証券取引委員会(以下、「SEC」という)は、取引所のコーポレート・ガバナンス規制に介入することができるかどうかが問題となる。この問題に触れた唯一の裁判例が、Business Roundtable 判決[28]である。

1988 年に、SEC は、取引所による一株一議決権ルールの緩和をめぐる競争に対処するために、取引所に対して、一株一議決権と異なる議決権の配分

---

26) ただし、コーポレート・ガバナンス規制に違反した上場会社に対して懲戒措置をとるように、取引所に請求する権限を認めるべきだと考えるが、違反行為に対する取引所の懲戒措置の種類が限られており、たとえば、上場廃止やペナルティなどのサンクションは、株主自身の利益を害してしまうため、株主が上場廃止や上場会社に対するペナルティを求めて訴訟を提起することは考えにくい。

27) Santa Fe Indus. v. Green, 430 U. S. 462 (1977), CTS Corp. v. Dynamics Corp. of Am., 481 U. S. 69 (1987), Roberta S. Karmel. Realizing the Dream of William O. Douglas―― The Securities and Exchange Commission Takes Charge of Corporate Governance, 30 Del. J. Corp. L. 79, 92 (2005). also see Mark J. Roe, Delaware's Competition, 117 Harv. L. Rev. 588, 596 (2003-2004).

28) Business Roundtable v. SEC, 905 F. 2d 406 (D. C. Cir. 1990).

方法を採用する会社の上場を禁止するように義務づけた規則 19c-4 を導入した。ところが、発行会社をメンバーとする団体である Business Roundtable は、規則 19c-4 の内容は、各クラスの株主間の権限分配を規制するものであって、取引所法 19 条(c)項が定める SEC の権限を超えているため、無効とすべきであると主張し、SEC を相手に訴訟を提起した。

　この裁判で争点となったのは、規則 19c-4 が取引所法 19 条(c)項の定めている「取引所法の目的の促進」に寄与するかどうか、取引所法にはコーポレート・ガバナンスを規制する立法意図があるかどうかであった。SEC は、規則 19c-4 は、取引所法の 14 条(a)項、6 条(b)項および 11A 条の目的を促進するものであると主張した。すなわち、①議決権行使の委任プロセスを規制する権限を SEC に与えた取引所法 14 条(a)項は、株主の平等待遇を確保する目的がある[29]、② 6 条(b)項は、取引所を登録する際に、取引所のルールが投資者および公衆の利益を保護しているかどうかを審査する権限を SEC に与えている[30]、③ 11A 条は、全米証券市場システムの形成を促進する権限を SEC に与えており、議決権に関する上場基準を最低限必要と認められる基準を満たさないのに上場件数を増やすような行為は、取引所間の公正な競争とは認められないので、SEC は、このような不公正を排除する権限を有する、と主張した[31]。裁判所は、同法 14 条は主として開示規制であり、6 条(b)項と 11A 条(a)項は、コーポレート・ガバナンスを規制する立法意図の存在を示すほど強い根拠にはならないとして、コーポレート・ガバナンス規則は、19 条(b)項と(c)項によってカバーされることを認めつつ、規則 19c-4 は、SEC の権限を越えているため無効であると判示した[32]。

　同判決によれば、取引所のルールは、連邦政府または取引所法の授権に基づいて、主に会員を規制するためのものと、連邦政府または取引所法の授権とはまったく無関係に、もっぱら発行会社を規制するためのものとの 2 種類からなっており、後者については、取引所法の目的の範囲を超えて採用する

29) *Id*. at 411-412.
30) *Id*. at 413.
31) *Id*. at 415.
32) *Id*. at 410.

ことができる。そして、コーポレート・ガバナンス規則は、発行会社を規制するものとして連邦政府や取引所法の授権を受けていないものであるから後者のルールにあたり、それに対するSECの監督権限は制限されるとした[33]。Business Roundtable判決は、取引所のコーポレート・ガバナンス規制は、純粋な自主規制であり、取引所法の授権に基づくSECによる過剰な介入の結果ではないことを暗示しているとも言える[34]。

　しかしながら、アメリカにおける取引所のコーポレート・ガバナンス規制が純粋な自主規制であるかどうかは、Business Roundtable判決のみに基づいて判断すべきではないと考える。実際に、現在アメリカの取引所が採用している独立取締役制度は、もっぱらSECの主導・助言の下で確立してきたものであると言っても過言ではない[35]。とくに、2001年から2002年にかけて、相次いで生じた金融不祥事とアメリカ証券市場の崩壊を受けて、投資者の信頼を取り戻すために制定されたSOX法は、2世紀も続いたアメリカ連邦主義と既存のコーポレート・ガバナンス規制形態からの離脱を意味するものだと指摘されている[36]。同法は、開示規制を強化しただけでなく、コーポレート・ガバナンスの領域においても、発行者による取締役への貸付を原則として禁止する規定（SOX法402条）を入れ、また、上場規則に対するSECの監督権限に着目し、監査委員会の独立性について、一定の条件を満

---

33) *Id*. at 414-415.

34) Thompson, *supra* note 7, at 982.

35) SECは、1940年から、監査委員会の独立性と有効性を強調してきた。当時、SECは、不正会計で倒産したMcKesson & Robbins, Inc.に対する調査レポート（*See* Sec. Ex. Act Rel.2707）において、初めて監査委員会による監査プロセスを推奨した。その後、NYSEが監査委員会制度を導入したのは、SECの推奨によるところが大きい。また、1977年には、SECの強い要請を受けて、NYSEは、発行者と利害関係のない独立取締役のみによって構成される監査委員会の設置を発行者に求める旨のルール改正を行った（Sec. Ex. Act Rel. 13346, 11 S.E.C. Dock1945（1977））、この改正も、決して自発的なものではなかった。さらに、1998年に、SECは、財務報告の正確性と完全性を確保するために、独立監査役委員会の監視機能および説明義務をとくに重視した財務報告プロセスの見直しをNYSEとNASDに求めた。これを受けて、NYSEとNASDは、「ブルーリボン委員会（Blue Ribbon Committee）」を設置し、そのレポートに基づいてルールの改正を行った（*See* Sec. Ex. Act Rel. 42231（1999）（NASD）, Sec. Ex. Act Rel. 42233（1999）（NYSE））。

36) John W. Cioffi, Irresistible Forces and Political Obstacles: Securities Litigation Reform and the Structural Regulation of Corporate Governance. CLPE Research Paper No.7/2006, at 2.

たさない会社の上場を禁止する規則を取引所が定めなければならないとする規則を SEC が策定すべきことを求めた（SOX 法 301 条、取引所法 10A 条(m)項、SEC 規則 10A-3)[37]。SOX 法の上記法改正に鑑み、開示規制対コーポレート・ガバナンス規制という形で連邦法と州法の機能を区分することは、もはや適切ではなくなっており、取引所法にはコーポレート・ガバナンスを規制する立法意図はないと判示する Business Roundtable 判決の生命力もかなり失われていると指摘されている[38]。

また、コーポレート・ガバナンス規制であれば、発行会社を対象としているため、すべて純粋な自主規制に属するという Business Roundtable 判決の分類基準自体をも見直す必要があると考える。すなわち、前記のとおり、取引所のコーポレート・ガバナンス規制は、純粋な自主規制として取引所が法の不備を補完するために自律的に導入したものと、制定法上の授権に基づき、直接的な政府規制よりもふさわしい規制方法として証券規制システムの中で位置づけられたものとの2種類に分けることができる。前者については、私的自治の領域になるため、法律に抵触しない限りでは、その内容は当事者の合意により自由に定めることができるが、後者については、その限界を探る場合には、制定法の目的およびその授権可能な範囲の解釈に基づいてケースバイケースに判断する必要がある。以下において、東証が 2009 年に導入した第三者割当増資規制を例にとって、金商法の授権範囲について検討する。

3　取引所規則による第三者割当増資規制

株主は、その有する株式について、財産的な利益と会社支配に関する利益を有する。ところが、株式会社が株主割当てによらずに第三者に大量の募集株式を発行したり、または時価より安い価格で募集株式を発行すると、持株比率の低下により会社に対する支配力が希釈化し、または既存株主が保有す

---

37) 詳しくは、黒沼悦郎『アメリカ証券取引法〔第2版〕』106-109 頁（弘文堂、2004 年）。

38) Jeffrey Y. Wu, Revisiting Business Roundtable and Section 19 (c) in the Wake of the Sarbanes-Oxley Act, 23 Yale. J. on Reg. 249. at 250-251 (2006) ; Roberta S. Karmel, The Securities and Exchange Commission Goes Abroad to Regulate Corporate Governance, 33 Stetson L. Rev. 849, 852 (2004).

る財産的な利益の一部が新たに募集株式の発行を受けた者に移転してしまうといった損害が既存株主に生じる。とくに支配権をめぐる争いが生じている場面で現実にそのような募集株式の発行等が行われ、しばしば問題となっている。

　アメリカでは、上場会社が敵対的公開買付けに対抗するために行った第三者割当ては、株主がその保有する証券に基づき自由かつ公正な競争市場から生ずる利益を獲得できる機会を奪う効果を有し、公開買付けに関する詐欺的行為として、取引所法の14条(e)項によって禁止されていると指摘する論者がある[39]。1981年のMobil事件判決[40]では、Mobil社から公開買付けを仕掛けられたMarathon社が、U.S Steel社をホワイトナイトとして、同社に対抗的公開買付けを行ってもらうために、U.S Steel社との間で、その発行済株式総数の17％を占める未発行株式を、いずれの公開買付価格よりも有利な価格で購入できるオプションの形でU.S Steel社に取得させ、また、U.S Steel社の買付けが失敗し第三者がMarathon社の支配権を獲得した場合には、Marathon社の「王冠の宝石」たるYates油田の権益をU.S Steel社に売却するロックアップ契約を交わした行為の適法性について、同判決は、本件ロックアップ・オプションは、U.S Steel社以外の公開買付者を不利な地位に置くものであり、買付価格の上限を人為的に固定する効果を有することから、「相場操縦」に当たるとした[41]。

　ウィリアムズ法は、公開買付けに直面する投資家が企業買収に関する適切な情報を得られないまま公開買付けに応じてしまうことを防ぐことを目的とするものであるから、取引所法14条(e)項の訴訟原因として重要事実の不実表示または不開示が不可欠であり、また、同条同項は会社行為の正当性に関する実体審査権限を連邦裁判所に与えておらず、問題となる第三者割当増資は、伝統的に州法の領域とされる信認義務に関わるものであるとしてMobil事件判決を批判する裁判例や学説も少なくない[42]。しかし、Mobil事件判決

---

39) Note, Target Defensive Tactics as Manipulative Under Section 14(e), 84 Colum. L. Rev. 228 (1984).
40) Mobil Corp. v. Marathon Oil Co., 669 F. 2d 366 (6th Cir. 1981).
41) *Id*. at 376.

は、敵対的買収に対抗するために行われた大規模な第三者割当ては、一般投資者の株式売却機会を奪い、その期待する利益を毀損するものとして、取引所法によって規制する余地があることを説明したものだと考える。

日本においても、少数株主に対する支配権プレミアムの分配や売却機会の確保、および投資者への平等な取扱いを図る目的で、自己株式の処分に応じて行われる既発行株式の取得は、金商法27条の2にいう「買付け等」に該当するとして強制的公開買付規制が適用されているが、自己株式処分の場合と異なり、新株発行に応じて行われた新規発行株式の取得は、「買付け等」に該当せず、強制公開買付規制が適用されないと一般に解されている[43][44]。その理由として、新株発行の場合は、有利発行や著しく不公正な方法による募集株式の発行等の場合には、既存株主に差止請求が認められており、基本的に会社法の問題として処理されていることが挙げられている。

しかし、会社法では、新株発行と自己株式の処分は、ともに募集株式の発行等として同じ手続が求められているのに対し、金商法の強制公開買付規制は自己株式の処分の場合のみに適用されており、規制が非対称的である。自己株式の処分についても会社法は募集株式の発行と同様に規制しているのであるから、会社法上すでに規制されているという理由によっては、募集株式

---

42) Buffalo Forge Co. v. Ogden Corp., 717 F.2d 757 (2d Cir. 1983), Data Probe Acquisition Corp. v. Datatab, Inc., 722 F.2d 1 (2d Cir. 1983); Martin Marietta Corp. v. Bendix Corp., 549 F. Supp. 623, 628 (D. Md. 1982); Marshall Field & Co. v. Icahn, 537 F. Supp. 413, 422 (S.D.N.Y. 1982); Feldbaum v. Avon Products, Inc., Fed. Sec. L. R. (CCH) ¶91,637 (8th Cir. 1984); Altman v. Knight, 431 F. Supp. 309, 314 (S.D.N.Y. 1977), Schreiber v. Burlington Northern, Inc. 105 S. Ct. 2458 (1985). また、Mobil 事件判決を批判する論文として、See Note, Lock-up Options: Toward A State Law Standard, 96 Harv. L. Rev. 1068 (1982-1983) がある。

43) 金融庁が2006年12月13日にホームページで公表した「提出されたコメントの概要とコメントに対する金融庁の考え方」において、公開買付けの適用除外になる対象に自己株式の処分を追加するべきであるというコメントに対し、発行者が行う自己株式の処分に伴って株券等を取得する行為については、既発行の有価証券に係る取引であることから、公開買付規制の対象となっている「買付け等」の概念でとらえられていると回答されている (http://www.fsa.go.jp/news/18/syouken/20061213-1/01.pdf)。そのほか、神田秀樹ほか「会社法と金融商品取引法の交錯と今後の課題（中）——株主保護における会社法と金融商品取引法との役割分担」商事1822号5頁（2008年）〔武井一浩発言〕、井上広樹ほか「強制公開買付けの概要および基本概念の整理」商事1840号86頁（2008年）、岩崎友彦＝森幹晴「公開買付けを利用した取引類型ごとの留意点（中）」商事1863号50頁（2009年）を参照。

の発行については公開買付規制がかからないことの合理性への説明が尽くされたとはいえない[45]。このように、金商法において、大規模な第三者割当てを規制する手段として、割当ての結果発行済株式総数の3分の1超を取得する割当て先に対し公開買付けを義務づけることは不可能ではない[46]。それにもかかわらず、金商法が、大規模な第三者割当てについて特別な規制をしていないことは、直接的な政府規制よりもふさわしい規制方法として、取引所の自主規制に授権したと解釈することも可能であろう。

　2009年、東証は、株主や投資者の利益保護と市場の信頼性維持という観点から、第三者割当てによる募集株式の発行に一定の制限を加える規則改正を行った。具体的には、上場会社が25％以上の希釈化を伴う第三者割当てを行う場合、あるいは当該割当ておよび当該割当てに係る募集株式等の転換または行使により支配株主が異動する見込みがある場合には、経営陣から一定程度独立した者による第三者割当ての必要性および相当性に関する意見を入手するか、もしくは当該割当てに関する株主総会決議などによる株主の意思確認を行わなければならない（上場規程432条、施行規則435条の2）とされている[47]。そして、上場会社が300％を超える希釈化を伴う第三者割当てについては、株主の利益が不当に侵害されていると東証が認める場合には、

---

44) なお、金商法は、政令で定める一定期間内（施行令7条2項により3か月）に一定割合（施行令7条3項により10％）を超える株券等の買付け等または新規発行取得を行うことで、株券等所有割合が特別関係者の所有する分と合計して3分の1を超える場合には、当該株券等の買付け等は公開買付けによらなければならないものとしている（金商法27条の2第1項4号）。ここで新規発行取得も強制公開買付規制の対象とされているのは、市場内外の取引を組み合わせた脱法的な様態の取引を規制の対象に含めるためである。この規定は、第三者割当てによる新株発行取得と市場外の買付けを組み合わせた場合にも適用されるが、市場外の買付けによって取得した株券等の所有割合が5％以上であるときに限られている（施行令7条4項）。

45) 神田ほか・前掲注43) 6-7頁〔黒沼悦郎発言〕、また、岩崎＝森・前掲注43) 50頁は、仮に自己株式の処分を強制公開買付けの対象とするのが妥当であれば、自己株式処分に限らず、新株発行についても強制公開買付規制を及ぼすべきであると指摘する。

46) 神田秀樹ほか「金融商品取引法と会社法の交錯──上場会社法制」商事1849号9頁（2008年）〔中村聡発言〕。

47) ただし、当該割当ての緊急性がきわめて高いものとして東証が認めた場合はこの限りではない。たとえば、資金繰りが急速に悪化して、即時のファイナンスが必要な場合等が考えられる。このような取扱いにより、具体的妥当性と公平性の利益調整がなされ得る。

たとえ当該第三者割当てについて取締役会および株主総会の承認決議を経ていても、当該上場会社は上場廃止にされる（施行規則601条13項6号）[48]。なお、上場会社が上述した規則に違反した場合、東証は、違反行為の公表、上場契約違約金の請求、および改善報告書を提出させることなどの措置をとることができるとされている。

　しかし、25％以上の希釈化を伴う第三者割当てにつき、株主総会の決議を求めるとか、また、300％を超える希釈化を伴う第三者割当てを行った場合に上場を廃止するような規制内容は、株主の意思によらずに生じた支配株主の変動から、株主の支配的な利益を保護することを主な目的としており、その想定する案件の特殊性・保護対象の限定性および効果の不確定性などを考慮して、上場会社の品質を継続的に、長期的に維持または向上させるための「制度」として、投資者全体の利益を守り、ひいて証券市場の機能の確保に寄与するという行政的または政策的な目的から考えにくい。これらの規制ルールは、金商法の授権に基づくものというよりも、会社法の不備を補完するために、取引所が自律的に導入したものと見るべきだと考える。そして、株主の支配的な利益を保護する上記取引所規則は、会社法の改正に伴い、会社法に第三者割当てに係る規律が導入された場合には、重複する規制についてはその部分について取引所規則を廃止すべきだと考える。

　2012年9月7日、法制審議会において、「会社法制の見直しに関する要綱案」（以下、「要綱」という）が採択された。要綱は、公開会社が行う第三者割当てに支配株主の異動が伴う場合（新株の引受人が過半数の議決権を獲得する）、10分の1以上の議決権を有する株主が反対の通知を会社に行ったとき、原則として株主総会の普通決議が必要となるとしている。取締役会の割当自由を制限し、株主総会の権限を強化するという点は、要綱と上記取引所規則が同じであるが、取引所規則は、希釈率あるいは発行の規模の大きさを基準と

---

[48] また、希釈化率に関わらず、第三者割当て全般について、上場会社が、割当て先の資金手当ての確認状況、払込金額の算定根拠およびその具体的な内容、払込金額が割当て先にとくに有利でないことに係る適法性に関する監査役または監査委員会の意見等、投資判断上重要なものを開示し（上場規程402条、施行規則402条の2）、割当て先と反社会的勢力との関係がないことを示す確認書を作成し、直ちに東証に提出しなければならない（上場規程402条、施行規則417条(1)g）ものとされている。

しているのに対し、要綱は、支配株主の異動の有無を基準としており、両者の規制範囲が一致しているわけではない。もっとも、この両基準を組み合わせて規制を行うことは可能であり、現にアメリカのニューヨーク証券取引所（以下、「NYSE」という）の株主承認ルール（NYSE Listed Company Manual ¶310.00）は、この両基準を同時に採用している。したがって、たとえ要綱どおり会社法改正が行われたとしても、このことは、上記取引所規則を廃止すべき理由とはなり得ない。

III　行政監督と取引所自主規制の公的性質

　前記のとおり、取引所のコーポレート・ガバナンス規制は、その内容により金商法上の根拠を持ち、行政機関の監督を受ける可能性がある。純粋な取引所の自主規制と区別する必要があるのは、金商法上の根拠をもつ取引所規則かどうかということが、取引所のコーポレート・ガバナンス規制の性質およびそのエンフォースメントに影響を与える可能性があるからである。したがって、この点について検討する必要がある。以下において、「下からのソフトロー化」[49]の典型であるアメリカの取引所規制および「上からのソフトロー化」の典型である中国の取引所規制の経験を踏まえて議論を行う。

1　アメリカ

　1934年以前は、アメリカの証券市場は主に取引所の自主規制によってコントロールされていた。ところが、1929年の大恐慌をきっかけに、1934年、連邦議会は、取引所法を制定し、これまでの自主規制機能を維持しながら、もっぱら私的機関である取引所および証券業協会を国家機関であるSECの

---

49) 誰の意思に基づいてソフトローが策定されるかによって、神田秀樹教授は、ソフトローを2つの類型に分ける。すなわち、ソフトローには、「上からの」ソフトロー化と「下からの」ソフトロー化があることを指摘している（神田秀樹「企業と社会規範――日本経団連企業行動憲章やOECD多国籍企業行動指針を例として」ソフトロー研究1号4頁（2005年））。アメリカの取引所規制は、最初からもっぱら私的機関の意思に基づいて形成されているため、「下からのソフトロー化」に該当するが、中国の取引所規制は、最初から国の意思によってされているため、「上からのソフトロー化」に該当すると考える。

監督下に置いた。この新しいシステムを効率よく実行させるために、取引所法は、取引所につき登録制を採用し [50]、公正取引と株主保護の確保を目的とするルールの採用を取引所に求めた [51]。その後、1975 年の取引所法改正 [52] により、証券市場規制における政府の積極的な役割が実質的に強化され [53]、SEC は、取引所によるルールの修正または廃止を認可する権限を取得したほか [54]、取引所の適切な運営と取引所ルールの適法性を確保し、または「取引所法の目的を促進する」ために必要または適切と判断した場合、一方的に取引所ルールを修正、追加または廃止することができるようになった [55]。取引所の自主規制に対する SEC の監督権限の強化は、取引所の裁量的規制範囲をせばめ、取引所の自主規制は、政府規制に厳格に管理されたものという方向に進み [56]、取引所は、取引所法を執行する準政府機関（quasi-governmental entities）としての性質を具えることになったと言われている [57]。

このような性質の変化は、取引所の自主規制のエンフォースメントに大きな影響を与えている。たとえば、アメリカ連邦裁判所は、従来から、NASD および証券取引所による証券市場の規制行為について、もともと政府機関のために採用されている民事責任の絶対免除主義の適用を認めてきた。取引所は、私的機関として、本来では SEC と同様の主権免除（sovereign immunity）を受けることはできない。しかし、裁判所は、取引所の特別な地位と SEC との関係を考慮して、取引所が準政府的な権限を行使するときは、訴訟にさらされないように民事責任の絶対免除を受けるべきであると説明している [58]。

50) Securities Exchange Act of 1934 Section 5.
51) *Id*. Section 6 (b), SEC の登録を受けるためには、そのルールが取引所法が定めるいくつかの要件を充足していなければならない。
52) Securities Act Amendments of 1975, Pub. L. No. 94-29, 89 Stat. 97.
53) Roberta S. Karmel, Securities Regulation: Should the New York Stock Exchange Be Reorganized?, 230 N.Y. L.J. 3 (2003).
54) Securities Exchange Act of 1934 Section 19 (b).
55) *Id*. Section 19 (c).
56) 前田・前掲注9) 105 頁。
57) William I. Friedman, The Fourteenth Amendment's Public/Private Distinction Among Securities Regulators in the U.S. Marketplace-Revisited, 23 Ann. Rev. Banking & Fin. L. 727, 730 (2004).

また、アメリカでは、ある産業の規制制度によって認められた行為が、反トラスト法（Antitrust Law）によって禁止され、反トラスト法と当該規制制度との間に明らかな矛盾（clear repugnancy）が生じている場合には、議会による黙示的な反トラスト法の適用免除が裁判で認められることがある（黙示的免除（implied immunity）の法理）[59]。1975年までに、アメリカ連邦最高裁判所は、SECは、取引所の自主規制に一定の監督権限を有するものの、具体的なルールの執行を禁止する権限はなく、不適切な反競争的なルール執行を阻止できないため、反トラスト法と取引所法との間における明らかな矛盾を否定し、取引所の自主規制による競争に対する制限の防止には反トラスト法の適用があると判示していた[60]。ところが、1975年の法改正により、これまで争点となったSECの権限不足の問題が解消され、裁判所は、反トラスト法の適用につき、裁判所がSECと異なる基準を採用すれば、取引所がSECと裁判所のいずれかの命令に反せざるを得ないことになるので、反トラスト法と取引所法との間に矛盾があることを認め、取引所法を機能させるためには反トラスト法の適用除外が必要であると判示した[61]。

　さらに、取引所の懲戒決定に対する司法審査について、1975年の法改正前では、SECは、NYSEの懲戒決定についての審査権限を有していなかったため、会員や発行者が取引所に不服があるときは、直ちに取引所を相手に訴訟を提起することが可能であった。ところが、1975年改正法により、SECに懲戒決定に係る審査権限が与えられたため[62]、裁判所は、取引所を相手に訴えを提起する前に、まず証券市場監督システムにおける行政救済手続を

---

58) Barbara v. NYSE, 99 F. 3d 49 (2d Cir. 1996), D'Alessio v. NYSE, Inc., 258 F.3d 93, 105 (2d. Cir. 2001), California Public Employees' Retirement System v. NYSE, Inc., 503 F.3d 89 (2d Cir. 2007).
59) 反トラスト法の黙示的免除の法理は、Texas & Pacific 事件判決と Keogh 事件判決から生まれたものである（Texas & Pacific Railway Co. v. Abilene Cotton Oil Co., 204 U.S. 426 (1907); Keogh v. Chicago & Northwestern Railway Co., 260 U.S. 156 (1922)）.
60) Silver v. NYSE, 196 F. Supp. 209 (S.D.N.Y. 1961); Silver v. NYSE, 302 F.2d 714 (2d Cir. 1962); Silver v. NYSE, 373 U.S. 341 (1963).
61) Gordon v. New York Stock Exchange,Harding v. American Stock Exchange, Inc., 527 F.2d 1366 (5th Cir.1976).
62) Securities Exchange Act 1934 section 19(d).

尽くすことを原告側に求めるようになった（「行政救済を尽くす原則」、exhaust administrative remedies）[63]。

2 中国

アメリカとは異なり、中国の証券取引所は、当初から政府が公的な利益を実現するための政策的な産物であり、会員が自発的に創設したものではなかった[64]。そして、1992年の8・11事件[65]を契機に、証券市場に対する政府の監督を強化するため、国務院の直轄部門として中国証券監督管理委員会（China Securities Regulatory Commission、以下、「CSRC」という）が設立された。取引所の設立および解散[66]、取引所規則の制定および変更[67]について、CSRCの承認が必要であるのみならず、株式上場[68]および役員人事の任命[69]についても、CSRCによって決定されている。CSRCは、取引所に対して幅広い監督権限を有し、取引所に対して明確な上下関係に基づき絶対的・支配的地位にあると言っても過言ではない[70]。そのため、中国の取引所規制は公的性質がきわめて強いといえる[71]。

63) たとえば、Merrill Lynch, Pierce, Fenner & Smith Inc v. NASD, 616 F. 2d 1363 (5th Cir. 1980)、MFS Securities Corp. v. NYSE, 277 F.3d 613 (2d Cir.2002)。
64) 1970年代末、中国は経済改革と対外開放という経済戦略に重心を移し、国有企業改革への道を開いた。その後、国有企業の資金不足と経営効率の低下という問題を解決するために、国有企業において株式制度が全国レベルで試行され、そのような会社は株式制度試行会社と呼ばれた。それに伴い、株式売買量と投資者数が増加し、全国的な統一市場の形成が必要となったため、1990年、政府の許可を得て、上海証券取引所（Shanghai Stock Exchange、以下、「SSE」という）が設立され、その翌年に、深圳証券取引所（Shenzhen Stock Exchange、以下、「SZSE」という）も正式に開設された（中国証券監督管理委員会『中国資本市場二十年』3-6頁（中信出版社、2012年））。
65) 1992年8月11日、深圳市で新規株式の購入申込票の統一販売が行われたが、需要量が供給量を大幅に超えたため、申込票を購入できなかった人々が政府に抗議するデモを行った事件である（陸一『閑不住的手——中国股市体制基因演化史』34-50頁（中信出版社、2008年））。
66) 証券取引所管理弁法6条、7条、9条。
67) 証券法118条、証券取引所管理弁法15条、89条。
68) 中国では、株式の公開発行にはCSRCの許可が必要であり（証券法10条）、株式の公開発行が認められれば当然に上場が許されると考えられている。証券の発行に際して、上場契約の内容やどの取引所に上場するかなどもCSRCによって決められるため、取引所による上場審査は形式的なものに過ぎない。取引所の基本的な権限である上場審査権は、実質上CSRCによって行使されているわけである。

394

このような性質は、中国においても、取引所の自主規制のエンフォースメントに大きな影響を与えている。たとえば、上場会社に対する取引所の自主規制は、もっぱら上場会社と取引所間の契約に基づくものではなく、CSRCによる上場会社規制の一環として、上場会社の品質を確保、向上させるという行政管理上の目的を実現するための手段であり、取引所が法律や行政法規、CSRCの部門規章、CSRCの授権、および取引所規則に基づいて発行会社に対して行った規制行為は、行政訴訟の対象として認められる可能性がある[72]。

　そして、投資者の原告としての適格性について、裁判所は、投資者が取引所の自主規制を直接援用して、上場会社の違反行為を無効にすることを認めていない[73]。しかし、取引所がコーポレート・ガバナンス規則の執行を怠っ

---

69) 中国では、取引所の意思決定機関である理事会は、会員理事と非会員理事から構成される。理事会の理事長と副理事長の候補者は、CSRCにより指名され、非会員理事は、CSRCから派遣され、最大全理事の2分の1を占めることができるとされている。そして、取引所の代表者である「総経理」と「副総経理」の任命または解任はCSRCによって行われ、また、財務部門と人事部門の責任者の選任・解任は、最終的にCSRCの承認を要する（証券取引所管理弁法20条、21条、24条、25条）。

70) 謝増毅「政府対証券取引所的監管論」法学雑誌2006年第3期96頁。

71) 拙稿「中国における取引所によるコーポレート・ガバナンス規制の構造と実態」ソフトロー研究21号63-65頁。

72) 盧文道博士は、取引所は、公共職能を担う自律組織であり、その監督管理行為は、多くの場合、市場および公共利益に関わるものであるため、行政訴訟の対象として認めるべきと主張する（盧文道『判例与原理——証券交易所自律管理司法介入比較研究』379頁（北京大学出版社、2010年））。また、2005年に公布された中国最高裁の司法解釈（「最高人民法院関于対与証券交易所監管職能相関的訴訟案件管轄与受理問題的規定」法釈（2005）1号）では、取引所を被告または第三当事者とする民事訴訟および行政訴訟の第1審を管轄する裁判所が指定されている。同司法解釈は、主に司法管轄権についてのものであるが、取引所が民事訴訟の被告にも行政訴訟の被告にもなり得ることを示している。

73) 2006年3月、SSEの上場会社である上海軽工機械株式会社（以下、「軽工機械社」という）は、上海証券報（新聞紙）において、取締役候補を決定した取締役会決議と株主総会招集通知を公表した。しかし、取締役候補のうち1名が軽工機械社の実質的支配者である上海尓迪グループに勤務したことがあるにもかかわらず、当該情報が開示されていなかった。軽工機械社の株主が、軽工機械社の行為がCSRCの定款ガイドライン（56条）に違反したとして、取締役会決議の無効訴訟を提起した。裁判所は、会社法は、法律と行政法規に違反する取締役会決議は無効であると定めているが、CSRC規則は法律でもなく行政法規でもないから、CSRC規則違反が決議無効事由にはならないと判示した（劉暁燕「小股東向上市公司亮剣」人民法院報2006年11月6日）。

た場合に、株主に原告適格が認められる余地がある。2005年の最高裁の司法解釈[74]によれば、「取引所が監督権限を行使する過程において、発行会社と会員会社およびその従業員に対して行った投資家の利益と直接関係しない行為について、投資家が訴訟を提起した場合、裁判所はそれを受理しない」とされている。ここにいう「投資家の利益と直接関係しない行為」をどのように解釈するかが問題となる。たとえば、株式取引の一時停止命令や上場廃止命令などの規制行為は、投資家の利益と直接関係しないというのは無理であろう[75]。そうであるとすれば、上場会社の違反行為に対する取引所の上記懲戒決定は、投資者の利益に直接関係する行為として、司法審査の対象になると解釈することが不可能ではないと考えられる。

3 検討

取引所の自主規制には、行政機関の監督を受けることにより準政府的な公的性質が認められている。取引所の規制行為が訴訟にさらされないように、アメリカでは、本来行政機関に適用される司法審査基準が取引所にも適用され、行政監督を受けない他の純粋な自主規制に比べて、取引所規制のエンフォースメントはある程度確保されていると言える。一方、中国では、証券監督機関と取引所の一体性が顕著であり、取引所の自主規制の公的な性質が強いため、規制行為自体が行政訴訟の対象になっており、自主規制に期待される迅速性・柔軟性が損なわれるおそれがある。したがって、行政監督の関与の程度は、取引所の自主規制の執行実務に大きな影響を与える可能性があり、取引所規制の役割を最大限に発揮させるためには、合理的な範囲の行政介入が重要だと考える。

IV むすび

金商法は、その目的を実現するためには、開示規制や不公正取引規制など

---

74) 最高人民法院「関于対与証券交易所監管職能相関的訴訟案件管轄与受理問題的規定」法釈（2005年）1号。
75) 盧文道『証券取引所自律管理理論』184頁（北京大学出版社、2008年）。

投資者の自己責任原則を成立させるための制度的土俵を提供するだけでは足りず、投資者が投資活動から期待する投資者の合理的な利益を保護するために、上場会社のコーポレート・ガバナンスに関する規制を通じて、証券市場に流通する金融商品の品質そのものを確保する必要があると考える。このことは、投資者の蒙った損失を填補する制度上の保障を意味するわけではなく、投資者の自己責任原則に抵触するものではなく、また、証券市場に対する行政管理機能を果たす金商法の公的性質にも合致していると考える。そして、前記のとおり、取引所のコーポレート・ガバナンス規制は、金商法の授権の有無によって、純粋な自主規制として取引所が法の欠缺を補完するために自律的に導入したものと、制定法上の根拠を持ち、直接的な政府規制よりもふさわしい規制方法として位置づけられるものに分けることができる。後者については、金商法の目的に関連して、各規制ルールの具体的な内容に照らして検討する必要があると考える。さらに、金商法上の根拠を持つ取引所のコーポレート・ガバナンス規制は、直接的な政府規制よりもふさわしい規制方法として位置づけられるものとして、行政機関の監督を受けることによって、公的性質を認めるべきであると考える。かかる公的性質は、司法審査の段階において、行政監督の介入程度に基づいてケース毎に十分に考慮される必要がある。

「公正なる会計慣行」の認定をめぐって

久保　大作

I　はじめに
II　学説の現状
III　判例の展開
IV　整理と比較
V　おわりに

I　はじめに

　2005年改正前商法32条2項にいう「公正なる会計慣行」（現在の会社法431条にいう「一般に公正妥当と認められる企業会計の慣行」）をめぐっては、その規定が導入された1974年商法改正の当時から「『公正なる会計慣行』とは何か」という形で学説の議論が積み重ねられてきた。この問いは、近時、ある会計処理方法が「公正なる会計慣行」に反していたかどうかをめぐって多くの裁判例が出てきており、現在でも大きな問題である。
　もっとも、学説における伝統的な議論は「企業会計原則」や「企業会計審議会が公表した会計基準」などが「公正なる会計慣行」に該当するかという問題を中心に行われてきた。つまり、会計基準設定主体として一般的に受け入れられている主体によって、財務諸表作成者を名宛人として作成された会計規範が問題とされてきた。
　これに対して近時の裁判例で「公正なる会計慣行」に該当するかが問題と

なったのは、そのような典型的な会計基準ではない。問題となったのは、あるいは監督官庁がある業種を営む者を監督するために作成した通達であり、あるいは監督官庁内の担当官や監査法人等、財務諸表作成者以外の者を名宛人とした会計規範である。

これらの典型的な会計基準ではない会計規範がどのような条件を備えれば「公正なる会計慣行」と認められるのかについて、従来は必ずしも意識して論じられていなかったように思われる。しかし、判例の展開に従って、これらについて意識的に論じる学説も見られるようになった。それでも、学説における議論と、実際の裁判例における判断枠組みとでは、若干の違いが存在するように思われる。

本稿は、典型的な会計基準ではない会計規範がどのような場合に「公正なる会計慣行」として認められるのかについて、若干の考察の材料を提供しようとするものである。まずⅡにおいて学説を瞥見したのち、Ⅲにおいてこれまでの裁判例を、どのような要素に基づいて「公正なる会計慣行」該当性を判断しているのか、という点を中心に紹介する。そしてⅣにおいて裁判例を整理するとともに、学説との比較を行うこととしたい。

Ⅱ 学説の現状

1 「公正なる会計慣行」をめぐる解釈論の展開[1]

1974年の商法改正において、商業帳簿の作成に関する規定の解釈について公正なる会計慣行を斟酌すべき旨の規定が導入された（当時の32条2項。現在の会社法431条に相当する）。この「公正なる会計慣行」とは何かについては、当該規定の導入当初から議論がなされていた。

このうち、「公正性」の意義については、商人の営業上の財産および損益の状態を明らかにする目的に合致するものであるかどうかによって判断され

---

1) 本節の記述の大部分は、弥永真生「会計基準の設定と『公正ナル会計慣行』」判時1911号26頁以下（2006年）に負っている。なお、久保大作「商法上の会計規範の決定に関する一考察(1)」法協124巻12号2695-2696頁（2007年）も参照。

るという見解でほぼ一致してきた[2]。

　何が「会計慣行」であるか、という点については、学説に多少の見解の相違があった。多数説は、会計の実務において行われている習わしないし慣習である、との見解であった[3]。この場合、新たに考案された会計処理方法については、それが合理的なものであったとしても実務において定着していない限りは「会計慣行」とは考えられていなかった。新たな会計処理方法は、既存の会計慣行を「斟酌」する際に、それよりも合理的であるならば選択する、という形で取り入れられることが想定されていた[4]。

　これに対して、すでに行われている習わしや慣習だけでなく、現在は行われていなくとも近く慣行として実行される見込みがあれば「慣行」として認められるという見解[5]や、実施されることが確実な会計基準について32条2項を類推適用する（その結果として慣行性が認められる）という見解[6]も存在した。

　最近では、少なくとも企業会計審議会や企業会計基準委員会（以下では両者を合わせて「企業会計審議会等」と呼ぶことがある）が公表した会計基準については、それが会計慣行として認められる（あるいは会計慣行であることを推定される）ことを認める学説が多数であるといってよさそうである[7]。このような学説の変化の背景には、証券取引法（金融商品取引法）に基づく財務諸表規則1条によって、企業会計審議会の公表した会計基準ないし企業会計基準委員会が公表し金融庁長官が認定した会計基準については、証券取引法（金融商品取引法）上は「一般に公正妥当と認められる企業会計の基準」

[2) 田邊明「商法の一部を改正する法律案要綱案について」商事517号3頁（1970年）、矢沢惇「要綱案に関連する改正問題——監査制度改正をめぐる諸問題（下・2）」商事524号2頁（1970年）、草島清「会計基準一元化の経緯について」産業経理30巻5号51頁（1970年）など。鴻常夫『商法総則〔新訂第5版〕』260頁（弘文堂、1999年）。
3) 田邊明「商法の一部を改正する法律案要綱の解説」産業経理30巻5号44頁（1970年）、矢沢・前掲注2) 3頁、大隅健一郎『商法総則〔新版〕』218頁（有斐閣、1978年）等。
4) たとえば田邊・前掲注3) 44頁、矢沢惇『企業会計法講義〔改訂版〕』12頁（有斐閣、1973年）、矢沢・前掲注2) 4頁、大住達雄「商法総則の改正問題」産業経理30巻4号186頁（1970年）等。
5) 田中誠二「商法改正要綱案の問題点」商事520号7頁（1970年）、田中誠二＝喜多了祐『コンメンタール商法総則〔全訂版〕』333頁〔田中誠二〕（勁草書房、1981年）。
6) 服部栄三『商法総則〔第3版〕』352頁（青林書院新社、1983年）。

として認められるようになったこと、また1998年に公表された「商法と企業会計の調整に関する研究会報告書」やその後になされた1999年商法改正を通じて、証券取引法（金融商品取引法）上の会計目的と商法（会社法）上の会計目的には「企業の財務情報の開示」という点で共通性があり、証券取引法上の会計処理方法が商法上も妥当するのだという考え方へのシフトが生じたと考えられること[8]があるのではないかと考えられる。

2　企業会計審議会等の会計基準以外の会計規範について

もっとも、企業会計審議会等が公表した会計基準以外の会計規範について、それがどのような条件を備えれば「会計慣行」として認められるのか、という点については、従来必ずしも細かい議論がされてはこなかったように思われる。「企業会計原則など以外にも『公正なる会計慣行』となるものはあるか」という問いはなされており、会社形態や業種など、個別の事情に応じて発展した慣行などが「公正なる会計慣行」として認められる余地がある、との見解が示されていた[9]。しかし、これらの見解は、当該会計処理方法が「慣行」として認められることを前提にしている。それに対して、たとえば企業会計審議会等の公表した会計基準に付随して公表された会計規範（たとえば実務指針など）であるとか、あるいは企業会計審議会等以外の者（たとえばある業種についての監督機関）が公表した会計処理方法などが、実務として定着するより前に「会計慣行」として認められるのかどうかについては、少なくと

---

7) 企業会計審議会の公表した会計基準について会社法431条の「一般に公正妥当と認められる企業会計の慣行」に該当する、と述べるものとして神田秀樹『会社法〔第15版〕』253頁（注1）（弘文堂、2013年）。江頭憲治郎『株式会社法〔第4版〕』578頁（有斐閣、2011年）は、企業会計審議会の公表した会計基準については1974（昭和49）年改正の改正趣旨に鑑みて、「一般に公正妥当と認められる企業会計の慣行」にあたると推定される、とする。前田庸『会社法〔第12版〕』556-557頁（有斐閣、2009年）は、企業会計基準委員会の公表する基準等について、会社計算規則3条を通じて法的根拠を与えられたものと評価している。これに対して、岸田雅雄「不良債権と取締役の責任」商事1669号22頁（2003年）は、会計基準が慣行と認められるためには一定の期間の経過が必要であるとの立場を示している。

8) 久保・前掲注1) 2725-2728頁。

9) 矢沢・前掲注2) 4頁、矢沢惇「商法改正要綱における商法と企業会計原則――包括規定を中心として」産業経理30巻6号75頁（1970年）、日下部與市「会計慣行に関する斟酌規定の意味するもの」産業経理30巻5号61頁（1970年）。

も最近まではあまり明確に意識されてこなかったように思われる。

しかし学説でも、後に紹介する裁判例の展開を受けて、企業会計審議会等の公表する会計基準以外が、習わしとなる以前に「慣行性」を獲得するかどうかについての議論がなされるようになってきている。ここでは、代表的な2人の論者による議論を紹介することにしよう。

(1) 「権威」の存在をメルクマールとするアプローチ

片木晴彦は、一定の「権威」を有する会計基準設定主体のもとで、合理的な手続に従い、適用時期を明確にして、明瞭な基準が制定された場合には、その基準が慣行として行われているかどうかを顧慮することなく、効力発生時点で「公正なる会計慣行」となることを認める[10]。

ここでいう「権威」としてどのようなものが考えられるのか。企業会計審議会は、証券市場の規律について責任を負う金融庁の下に設置されている審議会としての「公の権威」によって会計基準の拘束力を確保しており、また会計基準設定委員会については、それを設置する財務会計基準機構が資金調達者たる企業、仲介者たる金融機関、運用者たる機関投資家の出捐により成立したのであり、合理的な会計基準を自律的に設定しようというそれらの証券市場関係者の意思に基づいて権威を有している、とする[11]。つまり、公的な手続によって法的拘束力を獲得することによっても、あるいは当該基準に従うことについて社会的合意が存在すると認められる状況が存在することによっても、「権威」が生じうる[12]。社会的合意によって権威が生じた場合に、それに対して改めて公的な認証を要求する必要はない、とする[13]。

そして、企業会計審議会等以外の者が設定した会計基準が「公正なる会計慣行」といえるかどうかも、上記の各要素を考慮すべきである、とする[14]。そして、それらの基準を満たす場合には、監督官庁等による行政規則に含まれる会計基準が、規制対象たる企業にとって「公正なる会計慣行」となる余

---

10) 片木晴彦「公正な会計慣行と取締役の責任——日本長期信用銀行事件の考察」広島法科大学院論集3号191頁（2007年）。
11) 片木・前掲注10)。
12) 片木晴彦「公正妥当と認められる会計慣行および会計基準」商事1974号17頁（2012年）。

地もありうることを指摘する[15]。

(2) 名宛人をメルクマールとするアプローチ

また弥永真生は、会計基準の名宛人に注目した議論をしている。弥永は一般論として、「慣行」という法の文言からは、1回も実施されたことのない会計処理方法を「会計慣行」として認めてしまうことはできないとする一方で、実際にある程度実施されなければ「会計慣行」に当たらないと解することも、会計技術の進歩に適時に対応しようとした法の趣旨に合致しない、とする[16]。そこで、ある会計処理方法が将来に広く実施されることが確実視される場合には、その第1回目の実施の時点で「慣行」になると解することができる、とする[17]。

そのうえで、会計基準の設定主体と法令の適用の関係のあり方が「慣行性」にどのような影響を与えるのかについて、次のような議論を展開する。

法令上、ある会計基準に直接的な効力が認められる場合には、最初に適用が要求される時点から商法上も「会計慣行」であるといえる。これに対して法令上、ある会計処理方法の採用が認容されるにすぎない場合、それが唯一の会計慣行となるまでには時間を要する可能性がある、とする。同様に、あ

---

13) 片木・前掲注12)。これに対して弥永真生「会計基準の会社法における受容」會計171巻3号364-365頁（2007年）は、会社法上の「一般に公正妥当と認められる企業会計の慣行」が分配可能額の算定や刑事責任等に影響を与えることに鑑みて、民主主義的コントロールが及んでいない規範について法的拘束力を与えることには慎重な姿勢を示している。もっとも弥永も、約款の拘束力に関する白地慣習法説（「約款に拘束される」ということ自体が慣習法となっている、と考えるもの）のような考え方が当てはまる可能性を示唆している。

14) 片木・前掲注10) 194頁。

15) 片木・前掲注10) 194頁。これに対して岸田・前掲注7) 19-20頁は、商法とは規制目的の異なる銀行法に基づいて発出された通達が、銀行に限らず会社一般に適用される商法において法規範性を有することになるのは問題だと指摘する。しかし、「公正なる会計慣行」がある業種においてのみ成立することも考えられるのが現在の通説であるように思われる。

なお、片木は明言していないが、規制目的で発出された通達等が「公正なる会計慣行」として認められるのに、当該通達の内容が商法（会社法）会計の目的からみて公正性の要件を満たすことが求められることを当然の前提としているのであろう。

16) 弥永・前掲注1) 28頁。

17) 弥永・前掲注1) 28頁、弥永真生『コンメンタール会社計算規則・商法施行規則〔第2版〕』88頁（商事法務、2009年）。

る会計基準が公認会計士や監査法人などを拘束するにとどまり、財務諸表作成者を直接拘束するものではない場合には、それらが直ちに「会計慣行」となる可能性は必ずしも高くない、とする[18]。

このうち、財務諸表作成者を直接拘束しない会計基準がなぜ直ちに「慣行性」を獲得しないかについて、弥永は次のように説明する。すなわち、そのような会計基準が指示する会計処理方法は、当該基準を適用しようとする公認会計士等と被監査会社との間のやり取りを通じて採用されていくのであって、場合によっては当該会計基準が指示する会計処理方法が採用されない可能性があることを挙げるのである。

III 判例の展開

次に、裁判例がどのように展開してきたかを見てみることにしよう。

1 共通する事実関係の説明

本稿の問題意識である「企業会計審議会等の会計基準以外の会計規範が、どのようにして慣行性を獲得するのか」という問題については、すでに知られているように、1997年から1998年にかけて行われた金融制度改革、詳しくいえば早期是正措置制度の導入に関連して、数多くの裁判例(具体的には①～⑩)を生み出してきた。そこで、共通する事実関係について簡単に説明しておく。

①～⑩の事件では、平成9年3月に大蔵省大臣官房金融検査部が金融証券検査官等に対して発出した通達「登記是正措置導入後の金融検査における資産査定について」(以下「資産査定通達」)、日本公認会計士協会が平成9年4月15日付で銀行等監査特別委員会報告第4号として発出した「銀行等金融機関の資産の自己査定に係る内部統制の検証並びに貸倒償却及び貸倒引当金の監査に関する実務指針」(以下「4号実務指針」)、大蔵省が金融要件検査官等に宛てて平成9年4月21日に発出した事務連絡「金融機関等の関連のノ

18) 弥永・前掲注1) 30頁。

ンバンクに対する貸出金の査定の考え方」（以下「9年事務連絡」）、大蔵省が平成9年7月31日に長期信用銀行や普通銀行の代表取締役頭取に宛てて発出した通達「『普通銀行の業務運営に関する基本事項等について』通達の一部改正について」によって改正が通達された決算経理基準（以下「改正後決算経理基準」）などが、平成10年3月期（⑨判決においては平成9年9月期、⑩判決では平成11年3月期および平成13年9月期）において「公正なる会計慣行」となっていたか（より厳密には唯一の「公正なる会計慣行」となっていたか）が問題となった。

これらの諸会計規範のうち、財務諸表作成者である金融機関が直接の名宛人となっているものは改正後決算経理基準のみである。資産査定通達や9年事務連絡は金融証券検査官等の行政庁内部が名宛人であり、また4号実務指針は公認会計士や監査法人が名宛人となっている。このことを念頭において、裁判例を見ていくことにしよう。

2　裁判例の紹介

(1)　①判決（東京地判平成14年9月10日刑集62巻7号2469頁（長銀刑事事件第1審判決））

①判決は、決算経理基準については、それが大蔵大臣の監督権限に基づいて発出されたものであり、金融機関がそれに基づいて決算処理をしてきたこと、また日本公認会計士協会も決算経理基準に基づく会計処理を公正な会計慣行に合致しているものとして取り扱うこととしていたことから、決算経理基準が「公平なる会計慣行」に当たる、とした（2481-2482頁）。

一方、資産査定通達や9年事務連絡、4号実務指針（以下「資産査定通達等」）については、それらが資産内容の実態を正確かつ客観的に反映した財務諸表を作成することを目指して策定されたものであること、それらの内容が所轄官庁や各種の関係者により検討されたものであること、それらの内容が公表・送付等によって周知徹底されていること、その内容において利用されていた概念等がそれまでの金融検査におけるものを踏襲したものであったことを根拠として、資産査定通達等が「改正決算経理基準の内容を補充するものとして……『公正なる会計慣行』に当たる」としている（2504-2505頁）。

その際、資産査定通達等が財務諸表作成者を直接の名宛人としていないという弁護人の主張に対し、「しかし、これらの通達や事務連絡、更には実務指針であっても、それらが商法32条2項にいう『公正なる会計慣行』に当たると認められる場合には、同条項を介して金融機関に対し一定の法的義務を課す法規範性を有することは当然であり、……資産査定通達等の策定目的や策定経過、周知方法等に照らすと、それらは、同条項にいう『公正なる会計慣行』に当たると解される」と応答している（2505-2506頁）。

(2) ②判決（東京高判平成17年6月21日刑集62巻7号2643頁（長銀刑事事件控訴審判決））

①判決の控訴審である②判決においては資産査定通達等の「公正なる会計慣行」該当性が争いとなったが、②判決は、①判決とほぼ同様の判示をしている。すなわち、策定目的、策定過程、周知徹底の存在、使用されている概念の継続性を挙げて、資産査定通達等が「改正決算経理基準の内容を補充するものであるとみることができ」（2649-2650頁）、それゆえ金融機関がこれらから逸脱するようなことは許されない事態に至っていることが共通の認識となっていたから、資産査定通達等に従うことが「公正なる会計慣行」となっていた、との判断をしている（2651頁）。

その際に②判決は、規範の名宛人の問題について、資産査定通達等の事務通達は金融検査官の検査を通じて、また監査の実務指針は監査人の監査を通じて、いずれも財務諸表作成者に対して適用されることになるから、それらが周知されていたことによって、財務諸表作成者もそれに従わなければならないことを認識していた、と認定している（2650-2651頁）。すなわち、事前の周知徹底により、金融検査官や監査法人等を通じてそれらの会計処理方法が強制されることをあらかじめ知ることができたのであるから、「公正なる会計慣行」として認めることに障害はない、と考えているようである。

(3) ③判決（東京地判平成17年5月19日判時1900号3頁（長銀民事事件第1審判決））

③判決は、旧商法32条2項にいう「会計慣行」の意義について、ある会

計処理方法が少なくともわが国の特定の業種に属する企業において広く行われていることが必要であり、相当の時間繰り返して行われている必要がある、とする。そして、新しい会計処理方法の内容が合理的なものであっても、それだけで直ちに「会計慣行」とされることはないとする（判時 1900 号 17-18 頁）。

　もっとも、すでにある会計処理方法が「公正なる会計慣行」として存在している場合に、その改正手続を踏んだうえで内容が変更され、その新たな内容が公正なものである場合には、繰り返し実施されなくとも慣行性が認められる、とする。その理由として③判決は、改正内容が公正なものであるならばその変更は機動的になされる必要があり、改正のあいだに間隙を生じさせることは相当とはいえないことを挙げる。ここにおいて、一種の白紙委任的なアプローチを採用している[19]といえる。

　そのうえで、資産査定通達等によって補充される改正後の決算経理基準の内容が改正前の内容を排除して「唯一の『公正なる会計慣行』」なる要件として、すでに上記であげた内容の相当性・改正手続の適正性に加えて、内容を変更することに伴う要件として変更による不意打ちを防止するための手当てがなされていること、また旧商法 32 条 2 項を介して法規範として取り入れられ、一定の強制力を生じさせることに伴う要件として、新たな基準が法規により会計の基準が定められたのと同程度に一義的で明確な内容であること、そして新たな基準が相当の期間繰り返して行われたのと同視しうるほどに、拘束性についての周知徹底が図られていること、を挙げる。周知徹底を要求する理由として③判決は、決算経理基準が放棄による根拠付けがなされていないことを考慮したものと説明している（判時 1900 号 19 頁）。

　そして具体的な当てはめとして、新基準の内容の合理性や改正手続の適正性については、金融制度改革の過程を詳細に認定したうえで、通達の改正手続は必要な手順を踏んでおり適正なものと認めることができること、そしてその内容も会計処理の基準としての一応の合理性は備えているとした。他方で、不意打ち防止のための必要な手当てがされていたとはいえないこと、基

---

[19] このような評価をするものとして、弥永・前掲注 1) 26-27 頁、得津晶「判批」ジュリ 1369 号 117 頁（2008 年）。

準としての一義的明確性や拘束性については多分に疑問が残るものであったこと、新基準の内容について一応の周知策は取られていたものの、それが唯一の規範として拘束力を有することの周知徹底が図られていたとはいえないこと、を理由として、新基準が「唯一の『公正なる会計慣行』」となっていたとまでは認められない、としている（判時 1900 号 73 頁）。

(4) ④判決（東京高判平成 18 年 11 月 29 日判タ 1275 号 245 頁（長銀民事事件控訴審判決））

④判決は、まず公正なる会計慣行についての一般論として、③判決とは異なり、ある会計基準の指示する特定の会計処理方法が、その基準時点とされる時点以後、ある業種の商人の実務において広く反復継続して実施されることがほぼ確実であると認められるときには、例外的に、その会計処理方法が同条項にいう「会計慣行」に該当する場合があることを認める（判タ 1275 号 251 頁）。その理由として同判決は、旧商法 32 条 2 項が会計慣行の斟酌を命じることを通じて、会計技術や実務の発展に法が適時に対応することを容認していることを挙げている。

そして、新たな会計慣行が旧来の「公正なる会計慣行」と抵触するように見える場合の調整について、新たな慣行が旧来の慣行を廃止するものとして法規範性を取得するためには、旧来の慣行を確定的に廃止し、例外的な取扱いを許容しないことが一義的に明確であることが条件の 1 つとして必要であるとする。そして、基準としての内容の不明確さ、関係者に対する不意打ち防止のための手当ての不足、関係者に対する周知徹底の欠如などは、新たな慣行について法規範性の点で未熟ないし不完全さを示すものであり、従来の慣行を直ちに廃止するものとはいえない、とする（判タ 1275 号 251 頁）。

④判決は、前者を「慣行性の要件」として、また後者を「慣行性の要件を兼ねた唯一性の要件」として整理している（判タ 1275 号 252 頁）。

では、具体的な当てはめはどのようになされているだろうか。

「慣行性の要件」については、決算経理基準を中心とした新基準に先行して旧基準が広く繰り返し行われていたこと、その中で決算経理基準が改正され、新たにそれらを補充するものとして資産査定通達等の行政通達や監査実

務指針等が策定され、全体として新基準となったこと、そしてそれらの改正手続に不適正さの疑いはないこと、を認定して、これにより「新基準は、……会計慣行となっていたと認めることができる」（判タ1275号255頁）としている。

また「慣行性の要件を兼ねた唯一性の要件」については、新基準が旧基準を許容せず、その廃止を一義的で明確に指示するものではなかったこと、決算経理基準を補充する資産査定通達等がいずれもガイドラインや解説の域を出るものでなかったこと、新基準自体もその内容について不明確な点があり、当局側もトライアル期間として将来の実務の収斂に期待していたこと、不意打ち防止のためのセーフティネットとしての税効果会計が導入されないまま見切り発車となっていたこと、新基準の一応の周知はなされていたものの、新基準が旧基準を明確に否定していると解釈できない以上は、旧基準を廃止する旨の内容の周知徹底は十分ではなかったこと、を挙げて、新基準が「唯一の『公正なる会計慣行』」であったと認めることはできない、としている。

④判決は、「慣行性の要件を兼ねた唯一性の要件」として挙げられた要素の大部分を否定したにもかかわらず慣行性の成立は認めていることからすると、上記で否定されていた部分に対応する要素については、慣行性との結びつきは弱いといってよいであろう。そうだとすると、内容の一義的明確性やセーフティネットの存在などは、必ずしも慣行性とは結びついていないと考えているといってよいように思われる。他方で、「新基準の一応の周知性」は認められており、慣行性を認めるための要素とされているといってもよいのかもしれない。

(5) ⑤判決（最判平成20年7月18日刑集62巻7号2101頁（長銀刑事事件最高裁判決））

②判決の上告審である⑤判決は、被告人を有罪とした②判決を破棄した事件であるが、判決文には「公正なる会計慣行」についての一般論は提示されておらず、資産査定通達等を「公正なる会計慣行」として認めたのか明確ではない。学説でも評価が分かれている。筆者は、最高裁は「公正なる会計慣行」であることを前提としているという立場をとっているが、なぜそのよう

に考えるのかは別稿ですでに論じたので、ここでは繰り返さない[20]。

(6) ⑥判決（東京地判平成16年5月28日刑集63巻11号2400頁（日債銀刑事第1審））

⑥判決は、「公正なる会計慣行」の意義について明確な定義は述べていない。しかし、決算経理基準については、次のようにして「公正なる会計慣行」であることを認めている。

まず旧来の決算経理基準について、それが1982年の銀行法施行に伴い当局の監督権限に基づいて発出されたものであること、当該通達発出後、金融機関はそれに基づいて決算処理を行っており、有価証券報告書にもその旨が記載されていたこと、日本公認会計士協会もこれについて公正な会計慣行として取り扱う旨の文書を作成していたことから、「公正なる会計慣行」であるとした。そのうえで、改正後の決算経理基準についても、それが同一の監督当局から発出されていること、金融機関においてはこれに従った経理処理を行うことが確立した慣行となっていたことなどから、改正前のものと同様に「公正なる会計慣行」に当たる、としているのである。

これに対して、資産査定通達等については、それらが新たな金融制度（早期是正措置制度）を有効に機能させることを目的としたものであること（策定目的）、金融機関関係者など多数の者の意見や検討に基づき策定されたこと（策定過程）、周知が十分に図られ、必要な準備期間も確保されていたこと（周知徹底の存在）から、「公正なる会計慣行」であることを認めている。

⑥判決は、決算経理基準については白地委任アプローチを採用する一方で、決算経理基準に付属する諸規範については①判決や②判決と同様の認定方法を採用している。このように使い分けられている理由について、同判決は特に述べていない。

---

20) 久保大作「『公正なる会計慣行』における明確性の位置づけ」阪法62巻3・4号793頁（2012年）。

(7) ⑦判決（東京高判平成 19 年 3 月 14 日刑集 63 巻 11 号 2547 頁（日債銀控訴審判決））

⑦判決は⑥判決の控訴審である。⑦判決では、資産査定通達等が唯一の「公正なる会計慣行」として認められるか否かについて、「公正性」「慣行性」「唯一性」に分けて認定がなされている。

このうち「公正性」が認められることに関しては、決算経理基準等が早期是正措置制度を有効に機能させることを目的とした制度であること、そこに示された会計処理方法が合理的かつ明確であることを理由として挙げている。

また「慣行性」が認められる理由としては、当局の監督権限を背景として改正前の決算経理基準が「公正なる会計慣行」となっていたこと、そのような状況のもとで、共通の目的のもとに資産査定通達や監査実務指針が出され、決算経理基準が改正されたことから、金融証券検査官および会計監査法人は資産査定通達等に従って検査および監査を行うことになるし、金融機関側としてもこれに沿った対応を求められること、これにより資産査定通達等を含めて決算経理基準に従った会計処理が反復継続して実施されることがほぼ確実と認められる状況にあったといえることを挙げる。そして、資産査定通達や監査事務指針については、趣旨や内容について十分に周知が図られており、実施に必要な準備期間はあったから手続に欠けることはない、とする。

他方、改正後の決算経理基準が「公正なる会計慣行」と認められることについては言及されているが、なぜそのように認定できるのかについては詳細な検討がなされているわけではないように思われる。ただ、資産査定通達等の「公正性」「慣行性」判断からは明確に分けられていることからすると、⑥判決と同様の判断を行っていると考えてよいように思われる。

(8) ⑧判決（最判平成 21 年 12 月 7 日刑集 63 巻 11 号 2165 頁（日債銀刑事最高裁判決））

⑦判決の上告審である⑧判決は、⑤判決とほぼ同様の論理で、被告人を有罪とした原審を破棄し、差し戻している。

(9) ⑨判決（大阪地判平成19年4月13日判タ1256号297頁（長銀民事事件））

　本事件は、①〜⑧判決までとは異なる時期、すなわち平成9年9月期における半期報告書において貸倒引当金の過少計上があったとして、証券取引法上の損害賠償責任が追及されたものである。

　⑨判決は、会計慣行の意義として、一般的に広く会計上の習わしとされていて、かつ相当の時間繰り返して行われていることが必要である、とする。そして、平成9年9月期においては主務官庁が税法基準による償却を基本方針としていたこと、また莫大な有税償却を避ける意味からも銀行業界において一般的に行われていたのは税法基準であったことから、税法基準が「会計慣行」であった、とする。そして、原告が主張していた新基準による会計処理については、トライアルが行われていたとしても未だ試行段階であって法令により義務付けられたものではないこと、新基準による会計処理を行っていたのは1行に過ぎなかったことなどから、一般的に行われていたということはできない、としている[21]。

(10) ⑩判決（宇都宮地裁平成23年12月21日判時2140号88頁）

　本事件では、金融機関が証券取引法に基づいて提出した平成11年3月期の有価証券報告書、および平成13年9月期の中間報告書に虚偽の記載があるかどうか、具体的には貸倒引当金の過少計上の有無、および繰延税金資産の過大計上の有無が争点となった。そして、それぞれの事項について何が公

---

[21] なお判決はこれに続けて、「改正後の決算経理基準は、早期是正措置が平成10年4月1日より導入され、金融機関が自己査定基準に基づき、資産査定を行うようになり、平成11年3月期から有税による償却であっても会計上の問題を解消する税効果会計が導入されたことにより、初めて、会計慣行としての一般性を有するに至ったものと認められるのであって、この基準による会計処理が『公正なる会計慣行』となったといえるのは、早くとも、平成10年3月期決算以降、実際には、金融検査が大蔵省から独立した金融監督庁の手に委ねられ、金融検査マニュアルに則った改正後の決算経理基準に基づき、自己査定を厳格に審査する慣行が定着した後に、これが一般的な会計慣行になったというべきである。」と述べている。この判示（傍論といってよいであろう）がどの時点をもって新基準に慣行性を認める趣旨であるかは判然としないが、本文中の判示から考えると、実際に厳格に審査する慣行が定着した場面をもって慣行性を認める趣旨ではないかと考えられる。

正なる会計慣行であるかが争いとなった。

　⑩判決は、公正なる会計慣行の意義として、③判決と同様の一般論を採用している。すなわちある会計処理方法が「会計慣行」として認められるためには、それが広く会計上の習わしとして相当の期間繰り返して行われることが必要である、とする。

　そこで、具体的当てはめを見ていこう。2つの争点のうち貸倒引当金については、従前の税法基準が公正なる会計慣行であると認められる一方で、平成11年3月期における資産査定通達や監査実務指針、あるいは平成13年9月期における監査実務指針について、その公正性や慣行性については言及せず[22]、内容の不明確性（ないし定量性に欠けること）を理由として「『唯一』の『公正なる会計慣行』」であることを否定している。それゆえ、果たしてそれらの会計規範が「公正なる会計慣行」であることも否定されたものなのか、あるいは「唯一性」のみが否定されたのかは必ずしも明らかではない。もっとも、同じく貸倒引当金に関して「公正なる会計慣行」であるかどうかについて争われた平成13年9月期における金融検査マニュアルについて、すぐ後で述べるように繰延税金資産について「公正なる会計慣行」ではないとされたことからすると、それ以外のものについても慣行性が否定される可能性はある。

　もう1つの争点である繰延税金資産に関して、税効果会計に関する会計基準および会計実務指針については、当事者間で争いがないことから「公正なる会計慣行」であることが認められた。他方で、それらを補充する会計規範については、あるいは留意点を解説するものにすぎないこと（平成11年3月期・平成13年9月期における「税効果会計に関するQ＆A」などのQ＆A類）、または財務諸表作成者を直接の名宛人とするものではなく、また導入から数

[22) 正確には、平成13年9月期における金融検査マニュアルについては、規範の名宛人が財務諸表作成者でないことや実施期間がまだ短いことをも理由に挙げている。しかしこれは、後で述べるように、金融検査マニュアルが税効果会計の関係でも争点となっており、そちらにおいて慣行性が認められないことを説明するために認定されたものではないかと思われる。他の会計規範において内容の不明確性のみが問題とされていることとの対比からすると、貸倒引当金との関係では、金融検査マニュアルについても内容に明確性・一義性が欠けていることが理由となったとみるのが自然であるように思われる。

か月ないし2年余りが経過したに過ぎないこと（平成11年3月期における事務ガイドライン、平成13年9月期における事務ガイドライン、金融検査マニュアル、監査実務報告）という理由によって「公正なる会計慣行」であることが否定されている。

(11) ⑪判決（大阪地判平成24年9月28日金判1407号36頁（三洋電機配当事件））

この事件は、電機メーカーである会社において、市場価格のない子会社株式の減損処理や子会社に対する貸付金に関する貸倒引当金の計上が「公正なる会計慣行」に反して不十分であり、本当は配当可能利益がなかったのに、配当を実施したのは違法であるとして取締役らに対して損害賠償が請求された株主代表訴訟である。争点の1つとして、配当が行われた当時の「公正なる会計慣行」が何であるかが問題となった。

⑪判決では、一般論として④判決における一般論のうち「慣行性の要件」として挙げられていた部分を引用し、ある特定の会計処理方法が、基準時点以降においてある業種の商人の実務において広く反復継続して実施されることが確実であれば、それが「会計慣行」であると認められる場合があると説く。

そして具体的な当てはめとして、平成14年3月期の金融商品会計基準の下部規範である金融商品会計実務指針について、同実務指針の上位規範といえる金融商品会計基準に従うことが法的に強制されること、そしてその場合には会計実務指針に従うこともほぼ確実であること、の2点を挙げて、同実務指針が会計慣行であることを認定している。

IV 整理と比較

1 裁判例の傾向の整理

まず、裁判例の傾向について、問題となった会計規範ごとに整理を試みてみよう。

(1) 資産査定通達等

　資産査定通達等のうち、資産査定通達や9年事務連絡は大蔵省の当局から金融証券検査官等を名宛人として発出された通達であり、また4号実務指針は日本公認会計士協会から公認会計士や監査法人を名宛人として発出された文書である。これらの文書については、①～⑩判決で取り扱われている。このうち、資産査定通達等が「公正なる会計慣行」となっていたかどうかについて、明確に判断を下しているのは①②④⑥⑦⑨である（⑨のみ否定、あとは肯定）。

　すると、①②④⑥⑦判決において「公正なる会計慣行」であることを認めるロジックは、概ね同じであると評価することができる。つまり、策定目的・策定過程・周知徹底の存在である。これに対し⑨判決では慣行として定着していないことを理由に慣行性が否定されており、上記の5つの判決とは異なる考え方をとっていると評価することも可能である。もっとも、⑨判決は他の5判決とは異なり資産査定通達等がトライアル期間中であったことを考慮すると、周知徹底があったとしても慣行性を否定される事件であったと評価することも可能である。

　資産査定通達等が「公正なる会計慣行」であるとの明確な判断を下していない③⑤⑧⑩判決のうち、③判決については、その判断構造から④判決と同様の評価が可能ではないかと考えられる。

　③判決は、一般論としては一定の期間継続して習わしとして行われない会計処理方法は「会計慣行」としては認められないとしつつ、既存の「公正なる会計慣行」を改訂する場合についてはそのような一定期間の実施を要求していない。つまり、既存のルールの変更に関しては④判決と同様の一般論を採用しているということができる。そして、③判決が「唯一の『公正なる会計慣行』」となるための要件として提示した要素は、それぞれ④判決において「公正性の要件」「慣行性の要件」「慣行性の要件を兼ねた唯一性の要件」の中で考慮されている要素と概ね対応関係を有すると評価できる[23]。そして、③判決と④判決においてそれぞれの要素に対する判断は概ね一致している。そうであるとすると、もし③判決において資産査定通達等が（唯一とは限らない）「公正なる会計慣行」として認められるかどうかが問題となった場合

には、④判決と同様の判断をするのではないかと推測される。

これに対して、⑤⑧⑩判決については、資産査定通達等の不明確性を専ら根拠として、資産査定通達等が先行する会計処理方法を排除するものではないことを結論付けている。この点については先に⑤判決の部分で述べたとおり、資産査定通達を「公正なる会計慣行」として認めない趣旨であるのか、認めたうえで唯一性を否定したものなのかが明確でないし、③判決のような推測も難しいから、ここでは整理の対象から外すことにする。

(2) 改正後決算経理基準

改正後決算経理基準は、先にも述べたように、大蔵省が、その監督権限に基づき、長期信用銀行や普通銀行等を名宛人として発出する通達であった。これについて「公正なる会計慣行」該当性を論じている判決は、①～⑧であった。このうち、⑤⑧判決は、前述の理由により除外したうえで、残った6判決の判断枠組みを比較してみよう。

①②⑥⑦判決は、改正後決算経理基準が「公正なる会計慣行」であることを、資産査定通達等と区別して認定している。すなわち、改正後決算経理基準が監督当局から発出されたものであって金融機関が従っていたこと、日本公認会計士協会も公正なる会計慣行として取り扱うこととしていたことを挙げて、「公正なる会計慣行」であることを認めている。

これに対して③④判決は、改正後決算経理基準とそれ以外の会計規範について特に別個の取扱いをしているわけではない。両判決では、「資産査定通達等により補充される改正後決算経理基準が唯一の「公正なる会計慣行」か」という形で争点が設定されており（③判決につき判時1900号16頁、④判決につき判タ1275号250頁）、すべての会計規範を一体的に判断している。

③④判決が一体的な判断を行っている点をどのように評価するかは、2つ

---

23) 西田祥平「判批」倉田卓次＝後藤勇『平成20年度主要民事判例解説（別冊判例タイムズ25号）』165頁（判例タイムズ社、2009年）。なお、弥永・前掲注1) 29頁は、③判決の示した「唯一の『公正なる会計慣行』」該当性において挙げられている要素について「公正性」「慣行性」「唯一性」に分類しているが、その分類は概ね④判決における「公正性の要件」「慣行性の要件」「慣行性の要件を兼ねた唯一性の要件」に対応している。

の方向がありうる。もちろん、改正後決算経理基準についても資産査定通達等と同様の判断枠組みに従っており、①②⑥⑦判決とは異なる判断枠組みを採用したのだ、と見ることも可能である。ただ、もう1つの方向として、資産査定通達等と一体的に判断することとなったために資産査定通達等の判断枠組みに引っ張られる形で判断されただけであって、改正後決算経理基準が単独で問題となった場合には別個の判断枠組みに載せられる可能性は否定されていない、と見ることも可能であろう。こう考えた場合には、③④判決と①②⑥⑦判決は必ずしも相対立するものではない。

(3) 税効果会計に係る補充会計規範

⑩判決で問題となった、税効果会計に係る事務ガイドラインや監査の実務指針などの補充会計規範は、(1)の資産査定通達等と同様、財務諸表作成者を直接の名宛人とするものではない規範であった。もっとも資産査定通達等と異なり、税効果会計は新しく導入された会計処理方法であって、それゆえ税効果会計に係る補充会計規範も新たに導入されたものであるという性格の違いを持っている。

⑩判決はこれらの補充会計規範について、名宛人が財務諸表作成者ではないこと、そして会計処理方法として実施されるようになってから相当の期間が経過していないことを認定して、それらが「公正なる会計慣行」とはなっていないと判断した。

(4) 金融商品会計実務指針

⑪判決では、金融商品会計基準を補充する会計規範である金融商品会計実務指針が問題となった。金商品会計実務指針は、補充会計規範である点では(1)の資産査定通達等や(3)の税効果会計に係る補充会計規範と同じであるが、名宛人が財務諸表作成者であり、上位規範である金融商品会計基準によって参照されている点において、それらの会計規範（とりわけ監査に関する実務指針）とは異なる性格を持っている。

⑪判決は、金融商品会計実務指針を「会計慣行」と認定する際に、それが慣習を経ない新たな規範であるとしたうえで、上位規範が法で強制されるこ

と、それに伴って金融商品会計実務指針も実施されることが予想されることのみを根拠としている。少なくとも判決の文言上は、周知性や制定手続の問題はほとんど意識されていない。もっとも、⑪判決で問題となった金融商品会計実務指針は、すでに存在していた実務指針を改正して新しい内容を付け加えたというものであり、⑩判決で問題になった税効果会計のようにそれまで全く行われていなかった会計処理方法を導入したものではない点には注意が必要であろう。

(5) 小括

以上の検討からは、規範の名宛人が財務諸表作成者であるか((2)(4))と、それ以外の者であるか((1)(3))によって、採用された判断枠組みが異なる、ということがいえるかもしれない。

すなわち、財務諸表作成者が名宛人である場合、それが何らかの形で強制の機縁を有している((2)であれば監督権限に基づく強制、(4)であれば強制適用される上位規範による参照の指示)のであれば、習わしとして実施されたことがなかったとしても「(公正なる)会計慣行」と認定されうる(もっとも、強制の機縁を有しない場合にどうなるかは、そのような事例がないため明らかではないが)。

これに対して財務諸表作成者が名宛人となっていない会計規範が問題となっている場合((1)(3))に、それが監督権限のあるものによって発出されたものであるのか(資産査定通達や9年事務連絡などの諸通達がこれに対応する)、あるいはそうでないのか(4号実務指針などの監査に関する実務指針がこれに台頭する)は、判断枠組みの選択に影響していない。

このように見てみると、これまでの裁判例における判断枠組みは、「名宛人」アプローチと「権威」アプローチの併用として整理することが可能かもしれない。

2 裁判例と学説の比較

もっとも、裁判例における判断枠組みを学説と対比した場合に、いくつか考えるべき点があるのではないかと思われる。

(1) 「権威」アプローチとの比較

　財務諸表作成者を名宛人として発出された会計規範に関する例と、片木が述べていたアプローチを比較した場合、こちらでも裁判例は片木よりも緩やかに「公正なる会計慣行」の成立を認めているとも評価できるかもしれない。

　このうち(2)類型（改正後決算経理基準）については、それが大蔵省という監督当局により設定されたものであること、またその制定過程において各種の市場関係者も参加した検討会による検討がなされていること[24]から考えると、適用時期が明確である限り、片木の「権威」アプローチによっても直ちに「公正なる会計慣行」と考えてよいケースであるように思われる。

　他方で、(4)類型（金融商品会計実務指針）の場合、当該実務指針の発出主体は規制当局ではなく、また「市場関係者が会計基準を設定するために自律的に設立した主体」でもない。また、当該実務指針が直接に法的な裏付けのある拘束力を有しているわけでもない。そうであるとすると、片木の「権威」アプローチをそのまま当てはめるとするならば、慣行性についての検討のないまま「公正なる会計慣行」と認定することは当然にはできないということになりそうである。しかし、⑪判決では当該実務指針に基づく会計処理方法が実際に行われたことに触れることなく慣行性を認めている。また、⑪判決は当該実務指針の審理過程についても特に触れているわけではなく、この点においても片木の「権威」アプローチよりは緩い判断を行っていると評価できるのかもしれない。

　片木のいう「権威」は会計基準設定主体について認められるのである。つまり、権威ある設定主体が判断した内容であることによって、当該規範の規制内容が拘束力あるものと認められることになる。そうであるとすると、権威ある設定主体が参照するように定めたからといって、それ以外の主体が決定する規範にも当然にその権威が妥当するとは言い難いように思われる。

---

24) もっとも、裁判例における事実認定を見る限り、当該検討会が改正後決算経理基準の按分を直接審理したかどうかは明らかではない。もしも片木の「権威」アプローチが、当該基準そのものについて直接審理されることを要求するものであるとすると、本文で述べた評価とは異なる結果になる可能性は否定できない。

(2) 「名宛人」アプローチ

　弥永の「名宛人」アプローチと、裁判例における判断枠組みとを比較してみよう。すると、裁判例の中でも弥永のアプローチに沿うものと、それよりも緩い基準で判断しているといえそうなものとがあることに気がつく。すなわち、(3)の類型（⑩判決）においては習わしとして定着してから間もないことを理由として慣行性を否定しており、習わしとして要求する時間の長さの長短について議論はありうるものの、基本的には弥永のアプローチに沿った解決をしているということができる。これに対して(1)の類型（①②③④⑥⑦判決）では、それが財務諸表作成者以外の者を名宛人とする規範であるにもかかわらず、当該会計処理方法が習わしとして行われていることを要求していない。それに代わって要求しているのは、当該会計処理方法が拘束力を持つものとして周知徹底されることである。特に③判決は、「相当の期間繰り返して行われたのと同視しうる程度」の周知徹底を求めており、「周知徹底の存在」が「習わしとしての実践」に代わるものであることを示している。

　このような違いを、どう説明することができるだろうか。「慣行性」の認定において両者がとる一般論の違い、という説明も可能である。すなわち、弥永や⑩判決は実際に習わしとして一定の期間実施されることを求めるのに対し、③④判決（③判決はすでに定着している「公正なる会計慣行」を改訂する場面に限定してではあるが）はいまだ行われていない会計処理方法を「会計慣行」と認定する可能性を認めている。その違いが素直に現れただけである、との評価もできよう。

　しかし、弥永が明示的に論じているように、習わしとしての実施を要求する立場であっても、定着の見込みがある会計処理方法については第1回目の実施によって「慣行性」を認めることによって、事実上、いまだ行われていない会計処理方法に「慣行性」を認めるのと同様の結果を生み出すことができる。とすれば、単なる一般論の違いだけでは結論の違いを説明しきれないように思われる。

　弥永が、財務諸表作成者以外の者を名宛人とする会計規範について「習わしとしての実践」を求める理由を想起してみよう。弥永は、名宛人とされた者と財務諸表作成者との間でのやり取りによって、実際に行われる会計処理

方法が確定していくことを理由として挙げていた。すなわち、実際の行動によって会計規範が試され、彫塑されることによって「慣行」が確定されるというイメージを持っている、といえそうである。

　弥永のアプローチの背後にあるイメージをこのように「実践による試しを要求する立場」として捉えるとすると、(1)類型と(3)類型における結論の違いを、弥永のアプローチに沿って解釈しなおすことも可能かもしれない。先に、両類型には「すでにある会計規範の改訂」か「新たに導入された会計処理方法」か、という違いがあることを指摘した。これは、言い換えれば「すでに当該事項についてある程度以上の実践が存在するか、しないか」という違いであるということになる。

　すでにある程度以上の実践がなされている事項について会計規範の改訂が行われる場合、それは当該事項について発生している何らかの問題に対処するため、ないしは当該事項についてよりよいと考えられる方法への変更を企図するものであることが多いであろう。そのような場合、改訂の過程において現実の慣行との比較検討がなされることになろう。つまり、実際に行われている会計処理方法における問題解決であること自体が「実践による試し」を経たことと同視できる、と考えることも可能であるように思われる。そのように考えた場合、何らかの形で関係者の参加の機会が保障された公正な手続のもとでなされた改訂であるならば、当該改訂が行われることをあらかじめ周知することによって、実際には行われていない会計処理方法に慣行性を付与することも正当化されるのではないかと考えられる。

　他方、それまでに実践がない事項について新たに会計規範が設定される場合、事前の検討のみでは実務の中での問題点が必ずしも明らかになっていない可能性があると考えられる。そのように考えた場合、たとえ当該規範についての周知徹底がなされていたとしても、それだけで「実践による試し」を経たと評価するのは困難であろう。そうだとすると、やはり一定の期間、実際に習わしとして行われることが要求されると解すべきことになる。

　このように考えてくると、名宛人が財務諸表作成者以外の者であったとしても、それによって直ちに「一定期間の実践」を要求することにつながるとは考えるべきではないかもしれない。すなわち、当該会計規範が既存の会計

規範の改訂であるのか、それとも全く新しい会計規範の導入であるのかを考慮し、前者であるのなら公正な手続と一定の周知徹底期間の存在によって、「一定期間の実践」に代えることも正当化できると考えられよう。

V　おわりに

　本稿では、典型的な会計基準ではない会計規範を「公正なる会計慣行」として認めるための条件について、学説における議論と裁判例における判断枠組みとを紹介し、比較してみた。もっとも、本稿は、これまでの学界での議論に対して何か新しいものを付け加えるものではない。強いて挙げるならば、学説について多少の精緻化を試みただけである。

　「公正な会計慣行」をめぐる議論は結局のところ、「誰が」「どのようなプロセスで」決定するのが望ましいのか、という問題に帰着するように思われるが、本稿においてその点を十分に論じられたとは思えない。それでも、「公正なる会計慣行」の認定をめぐる議論において、何らかの参考となるのであれば幸いである。

　　［付記］本稿の執筆に当たっては、久保田安彦大阪大学准教授、松尾健一大阪大学准教授、松中学名古屋大学准教授から、非常に有益な示唆と助言を頂いた。特に記して御礼を申し上げる。それでも残る誤謬は、当然のことながら筆者の責任である。
　　　本研究は、日本学術振興会科研費24530091の助成を受けたものである。
　　　なお、校正作業中に、弥永真生『会計基準と法』（中央経済社、2013年）に接した。

貸株と自己株式の処分

岩原　紳作

I　序
II　貸株の利用目的
III　貸株とその類似行為、および貸株の法的諸問題
IV　貸株と募集株式等の規制
V　種類株式発行規制との関係
VI　発行会社への株式返還と自己株式取得規制
VII　結び

I　序

　いわゆる貸株は、法律的には株式の消費貸借と解されることが一般的であり、我が国を含め、アメリカ、ドイツ等、各国の株式・金融市場において広く利用されている[1]。貸株は、経済的に言えば、株式を所有しているが一時的に所有を不要とする者が、その間、それを必要とする者に貸与するもので、同一価値の株式を当該期間経過後に返還してもらうことを約して株式の所有

---

1) Gregor Bachmann, Rechtsfragen der Wertpapierleihe, 173 ZHR (2009) 596, 597-598（本稿は同論文に多くを負っている）. アメリカにおける株式および債券の貸借市場は、2004 年半ばに 1 兆 3,000 億ドルに達していたし、2011 年には、平均 3.8 兆ドルの株式が貸出可能で、そのうち平均 2,495 億ドルの株式が貸し出されていたが、これはニューヨーク証券取引所とナスダック証券取引所の株式時価総額の 17 ％を占めるという（佐藤勤「議決権と経済的所有権の分離」南山 35 巻 3・4 号 65 頁、90 頁、136 頁（2012 年））。有価証券貸借は、アメリカにおける、Securities Lending という用語が各国に広まったものである（Bachmann, a. a.O. S.597）。

権を他者に譲渡する[2]。このように株式の所有権が貸与を受けた者に移転することに貸株の大きな特徴がある[3]。しかし貸株については、その利用目的の関係で、会社法、金融商品取引法、会計法、独禁法、税法等[4]、様々な法規制の潜脱にならないかといったような問題が、各国において生じている。特に会社法においては、後述するように、いわゆる empty voting の問題が最近クローズアップされている。

本稿においては、各国の中でも貸株に関する法理論的な議論が盛んなドイツにおける議論を主に参考に、貸株を巡る一般的な問題に触れたうえで、会社法的な問題の中でも従来はあまり取り上げてこられなかった問題、とりわけ発行会社が保有する自己株式（金庫株）を貸株する場合につき、募集株式規制が及ぶのか、及ぶとすればどの範囲でどのように及ぶのか、等の問題を検討することとしたい。それによって貸株に関するこの新たな問題に光が当てられるとともに、貸株に関する一般的な問題を考える端緒となり、あわせて募集株式規制等の意義を再検討するきっかけにもなれば、幸いである。

II 貸株の利用目的

貸株の利用目的について、例えばドイツにおいては、大きく3つに分類されて論じられている[5]。第1には収益を上げる目的で用いられる。第2には資本市場取引に随伴する手段として用いられる。第3には戦略的な目的、例えば規制の回避や定足数の確保のような目的で用いられる。特に最後の点は法規制の実現の観点から様々な問題を生んでいる。

第1の経済的な収益の実現としては、貸与者は、自らが使用する必要のな

---

2) 有価証券貸借（Securities Lending）の国際的な法的定義については、International Securities Lending Association（ISLA), Global Master Securities Lending Agreement, Clauses 1&8。ドイツにおける法的定義については、§54 Abs.1 S.1 InvG 参照。

3) Bachmann, a.a.O.（FN1), S.598; Adolf Baumbach/Klaus J. Hopt, HGB, 35 Aufl. 2012, Bankgeschäfte（7), Rdn.T/1.

4) 純粋な節税目的で貸株を利用することを禁止するドイツの法文として、§8b Abs.10 KStG がある（Backmann, a.a.O.（FN1), S.599)。

5) Bachmann, a.a.O.（FN1), S.597f.

い期間、株式を貸し付けることによって、貸借関係終了時点に貸借したのと同一価値の株式の返還を受けられることを条件に、貸借期間中の株式の貸株料や貸借した株式を保管する費用等を借株者から受け取ることができる[6]。他方、借株者は[7]、例えば、株式の現物市場と先物市場の間の相場の違いを利用するのに用いることもできる。すなわち、株価が今後値上がりすることを予測した株式先物を保有しているが、実際には値下がりした場合に備えて、あらかじめ（値下がりする前に）株式を現物市場で売却する契約を締結し、借りた株式を売却株式の交付義務の履行に充てることにより（借りた株式の返還は値下がりした値段で調達した株式を交付すればよい）、自らの損害を限定するというヘッジ戦略に使うこともできる。さらに、現物市場と先物市場を比較して、先物市場における株価が現物市場における株価より理論的に見て低い値段になっているときは、先物市場で買いを入れる一方、現物市場で株式を売って、借りた株式を現物市場における売却株式の交付に充てるというように、裁定取引に借株を利用することもできる。借株は、投機戦略として、現物市場において株式の空売りを行うために用いることもできる[8]。株価が下がることを期待して株式を売却し、借株をもって売却した株式の交付義務を果たし（§433 Abs.1 BGB）、その後株価が下がったところで当該株式をより安い価格で買って借株の返還に充てるのである[9]。

　第2の取引手段としての貸株は、望ましくない相場変動を防ぐために用いられるような場合である。例えば、海外においては新株発行の際の証券市場の安定操作の目的で、いわゆる"green shoe option"または"over-allotment

---

[6] Bachmann, a.a.O.(FN1), S.598 ; Christopher Kienle in Herbert Schimansky/Hermann-Josef Bunte/Hans-Jürgen Lwowski, Bankrecht-Handbuch 4. Aufl. 2011, Band II § 105 Rz.20.

[7] Siegfried Kümpel, Die Grundstruktur der Wertpapierleihe und ihre rechtlichen Aspekte, WM 1990, 909; ders. und Martin Peters, Aktuelle Rechtsfragen der Wertpapierleihe, AG 1994, 525, 526f.

[8] Backmann, a.a.O.(FN1), S.598.

[9] 空売りに対しては、相場の不安定さを増し、金融危機を招く原因になったという強い批判があり、規制の対象になっている（IOSCO, Regulation of Short Selling, Consultation Report, March 2009 (http://www.iosco.org/library/pubdocs/pdf/IOSCOPD289.pdf)）。なお、SEC, Regulation M, Rule 104（17 CFR§242.104）参照。我が国における規制としては、金融商品取引法162条1項1号、同法施行令26条の2ないし26条の6、有価証券の取引等の規制に関する内閣府令9条の2ないし15条の8等がある。

option" と呼ばれる取引が行われるときに、株式等の有価証券の貸借が用いられることがある。すなわち、公募価格を下回る価格で募集株式の取引が行われる公募価格割れの状態が生じることは、当該株式の取引・市場に深刻な問題を生じさせることから、募集株式の市場価格を買い支え、安定化させる目的で、発行会社が引受証券会社に募集価格により当該株式の空売りを行うことを依頼し、そのときに引受証券会社に貸株を行うとともに、green shoe option を付与するものである[10]。

具体的には、引受証券会社が、本来の募集株式数の例えば15％増しの数の発行会社の株式を、自らは所有していないにもかかわらずあらかじめ顧客に過大に売却しておき（いわゆる「空売り」）、発行会社から自己株式（金庫株）を借株して空売りした株式の買主への交付に充てる。そのうえで募集後に株価が募集価格以下になった場合は、引受証券会社は、過大な15％の株式を市場において市場価格で買い付けて買い支えを行い、安定操作活動を行う。その結果、自らは、空売りした株価（募集価格）より安い株価で当該株式を市場で買い取ることによって利益を上げるとともに、その株式でもって発行会社から借りた株式の返還を行うことができる。この場合、green shoe option は行使されない。

これに対し募集が成功して、募集後の市場における株価が募集価格を上回ったような場合は、引受証券会社が発行会社から借株をして15％増しで空売りをした数の株式を発行会社に返還するために証券市場で調達しようとすると、空売りした価格（募集価格）を上回る高値で買い付けなければならなくなり、損失が発生する。そこで引受証券会社がそのようなリスクを負うことがないように、あらかじめ発行会社が15％の過大募集分の株式を募集価格で取得できるコールオプションを引受証券会社に無償で与える。これが

---

[10] 以下の green shoe option の解説については、Giuliano Iannotta, Investment Banking : A Guide to Underwriting and Advisory Services, 2010, pp.65-66 参照。なおこのような取引については、アメリカの安定操作に関する規制の対象となる（連邦証券取引所法9条a項6号（15 U.S.C. §78 i(a)(6))、規則104条（17 CFR §242.104))。我が国においてもそのような取引が行われれば、金融商品取引法159条3項、162条1項1号、同法施行令20条ないし26条の6、有価証券の取引等の規制に関する内閣府令4条ないし8条、9条の2ないし15条の8等の適用を受けることになろう。

green shoe option である。引受証券会社はそのオプションを行使して発行会社から募集価格で取得した株式をもって発行会社への借株の返還に充てることができ、自らは損失を被らないようにできる。

　このような株価の安定化目的のほかに、リスクヘッジや株式市場の厚みの確保等、証券市場において多様な目的のための様々な取引を行う手段として、株式発行会社が証券会社等に自己株式を貸株するということが行われている[11]。我が国においても今後は十分に考えられるところである。

　第3の、ドイツにおいて戦略的手段としての貸株と呼ばれるものは、貸株によって株式の物権法的な帰属を変えて（借株者に株式の所有権を帰属させて）、望ましい帰属を一時的に生じさせたり、または望ましくない帰属を一時的に回避するのに利用するものである。ドイツではこのようなことが銀行が顧客に行うアドバイス業務の実務によって開発され、利用が促進されてきたと言われ[12]、一時的に議決権者を変更するのに利用される[13]。一時的に議決権者を変更する手段はほかにもありうるが、貸株は、銀行の実務において確立した問題の少ない簡潔な方法として用いられている[14]。しかし後述するように、このような貸株の利用法の有効性については、議論のあるところである。

III　貸株とその類似行為、および貸株の法的諸問題

1　法律構成

　貸株（貸有価証券）は、いわゆる株式（有価証券）のレポ取引と類似している[15]。レポ取引は、現時点における株式（有価証券）の売買契約と将来にお

---

11) アメリカにおいては、連邦証券取引所法3条(a)項(4)号・(5)号の定義する証券会社は、空売りの決済および決済不能 (fail) 解消を目的としたものを除き有価証券貸借取引を行うことが禁止されている (12 C.F.R. §220.10(a). ただし、12 C.F.R. §220.10(c))。また SEC 規則は、借株等決済の裏付けのない空売りを規制している (Short Sales, Securities Exchange Act Release No.34-50103 [69 Fed. Reg. 48,008] (Jul. 28, 2004))。
12) Backmann, a.a.O. (FN1), S.599.
13) Jürgen Oesler, Vertragliche Schuldverhältnisse, 2. Aufl. 2007, Rdn.474; Baumbach/Hopt, a.a.O. (FN1), Bankgschäfte (7), Rdn.T/3.
14) Backmann, a.a.O. (FN1), S.600.

ける同種・同量の株式の買戻契約を同時に併せて行うという、2つの売買契約が組み合わされた再売買契約（Repurchase Agreement）であるとされている[16]。同種の株式（有価証券）を返還する条件の下で株式（有価証券）が譲渡され、譲受人は当該株式（有価証券）を自由に処分することができる点で、貸株（貸有価証券）と同じである[17]。そのためドイツの多くの学説は、両者を総合した「統合有価証券・金銭貸付」概念という第3の法概念を設けようとしている[18]。このような説は、貸借取引とレポ取引の区別を時代遅れであるとしている[19]。しかし銀行実務においては、貸借取引とレポ取引を区別して業務を行っていることから、法的分析においてもそれを前提に両者を区別して扱わなければならないとする説もある[20]。

このようなことから貸株取引自体を、レポ取引同様に、再売買の予約（§456 BGB）がついた株式の売買契約であると法律構成する説もある[21]。また、金銭の消費貸借に担保として株式が譲渡されたとか、株式売買と金銭消

---

15) Siegfried Kümpel/Arne Wittig, Bank-und Kapitalmarktrecht, 4. Aufl., 2011, Rdn. 14. 106.

16) 国際的なレポ取引における法律構成につき、Securities Industry and Financial Markets Association (SIFMA), and International Capital Market Association (ICMA), 2011 Global Master Repurchase Agreement 参照。ドイツにおいても同様に、一般的には売買契約（§§433ff. BGB）として法律構成されている（Hans-Peter Schwintowsky/Detlef Schäfer, Bankrecht, 3. Aufl., 2010, §22 Rz. 16; Andreas Cahn/Nicholas Ostler, Eigene Aktien und Wertpapierleihe, AG 2008, 221, 222）。なおドイツにおいては、レポ取引のような取引形態は、ドイツ民法上の Das Pensionsgeschäfte（§340b Abs. 1 HBG）として位置付けられてもいる（Cahn/Ostler, a.a.O.; Backmann, a.a.O. (FN1), S. 600）。ドイツにおける、Wertpapierdarlehen、Wertpapier-Pensionsgeschäfte、Repurchase Agreement 概念の関係につき、Kiele, a.a.O. (FN6), §105 Rz. 18, 19 参照。アメリカにおけるレポ取引については、White Paper: Tri-Party Repo Infrastructure Reform, Fed. Res. Bank of N.Y. (2010), http://www.newyorkfed.org/banking/nyfrb_triparty_whitepaper.pdf 参照。

17) 前掲注 2)、3) 参照。

18) Andreas Dörge, Rechtliche Aspekte der Wertpapierleihe, 1992, S. 42ff.; ders., Wertpapierleihe-und Wertpapierpensionsgeschäfte, AG 1997, 396, 404; Cahn/Ostler, a.a.O. (FN16), S. 235. これに対し、Kiele, a.a.O. (FN6), §105 Rz. 1 は、Wertpapierdarlehen（有価証券消費貸借）、Pensionsgeschäfte、Repurchase Transactions、および、Buy Sell back Agreement の上位概念として、Wertpapierleihe（有価証券貸付）が存在するとしている。

19) Cahn/Ostler, a.a.O. (FN16), S. 224.

20) Backmann, a.a.O. (FN1), S. 600. 国際的な有価証券貸借取引の法律構成につき、ISLA, supra note 2 参照。

21) Kümpel/Witting, a.a.O. (FN15), Rdn. 14. 105; Klaus Peter Berger in Müch Komm BGB, Bd. 3, 5. Aufl. 2008, Vor §488 Rdn. 16.

費貸借の混合契約と見る見方もあるようである[22]。しかし実務や多数説は、物の消費貸借（§607 BGB）と解しているようである[23]。

　貸株取引を株式の消費貸借と法律構成しても、売買と法律構成しても、多くの法律問題は契約によって規定されるか、契約の解釈によって解決されるため、実際上は法的効果に大きな違いは生じない。しかし、売買と構成すると担保責任の問題が生じうるなど、若干の違いはありうるものと思われる。

2　取引法的な問題

　貸株を株式の消費貸借と法律構成して、借主に株式の所有権が移転することは、様々な取引法的な問題を生じさせうる[24]。その中で我が国における実例において問題とされたのは、貸株等の有価証券貸借の形で有価証券を担保に供していたところ相手方が倒産したときに、担保に供していた有価証券を取り戻せるかという問題である。株式ではなく国債の消費貸借の事件であるが、デリバティブ取引において、ISDAマスター契約のCSA（Credit Support Annex）に基づき、消費貸借と法律構成して、相手方口座に国債を振り替える方法で国債を担保の趣旨で差し入れたところ、相手方が民事再生手続に入ったため、担保提供者が余剰担保である国債の取戻権の行使等を請求した事件があった。しかし裁判所は、消費貸借形式により提供された以上は国債の所有権は相手方に移転し、相手方は当該国債そのものの返還義務は負わないとした。同判旨は、同契約は相殺の担保的機能により経済的意味での有担保化を図るものに過ぎず、譲渡担保と同視できる法的な意味での担保権設定であるとまでは言いがたいとしている[25]。

　確かに、我が国で用いられているISDA・CSAは、担保提供の方法として、同事件におけるような消費貸借方式のほか、質権設定方式も選択できるよう

---

22) Gesell, Wertpapierleihe und Repurchase Agreement im deutschen Recht, 1995, S.165.; Gillor, Der Rahmensvertrag für Finanzgeschäfte der Europäischen Bankenvereinigung (EMA), 2006, S.41（Bachmann, a.a.O.(FN1), S.601の引用による）.
23) Berger, a.a.O.(FN21), §607 Rdn.6 m. w. N.; Bachmann, a.a.O.(FN1), S.601.
24) Bachmann, a.a.O.(FN1), S.602ff.
25) 東京地判平成21年11月25日金判1360号58頁、東京高判平成22年10月27日金判1360号53頁。

になっており[26]、質権方式を選択した場合は、担保目的物の所有権は担保権者に移転しないために、当該目的物は「再生債務者に属しない財産」(民事再生法52条)として、余剰担保分は取戻権の行使対象となる。しかし質権方式の場合、質権設定のつど質権設定契約書の確定日付を付す必要があり、転質する以外に、担保権者が自由に担保目的物を処分することができないこと、転質を巡っても様々な問題があり、会社更生手続において質権の実行が止まる等の問題もあること等から、我が国のデリバティブ取引当事者には敬遠され、その利用は少ない。多くは消費貸借形式が用いられ、デフォルトが生じた場合は、有価証券消費貸借の貸借人(担保権設定者)の同種同量の担保目的物返還請求権とISDAマスター契約上の被担保債務を相殺する方法で、担保的機能を果たさせている[27]。この事件の担保権設定者もそのような方法を採ったものであり、わざわざ消費貸借方式の方を用いたということは、同事件のように契約文言が第一に尊重される企業間の商事取引においては、判例のように考えざるをえないであろう[28]。

しかし、国債を消費貸借により貸し付けたデリバティブ取引当事者の意思としては、あくまで担保の差入れの趣旨でそれを行ったことから、民事再生債務者との間で相殺をした残りの国債が民事再生債務者の資産となって取戻しができず、自らの国債返還債権は民事再生債権にしかならないないということは、おそらく実際には想定していなかったものと思われる[29]。このように国債や株式といった有価証券を、消費貸借構成により担保等に使用する

26) 坂本哲也「デリバティブ取引の『有担保化』の各種法律構成とその特質」金法1440号19頁(1996年)、後掲注(28)参照。
27) 坂本哲也「デリバティブ取引の有担保化における法的問題——日本国債を用いる場合の法律構成を中心に」金融研究14巻2号135頁、140-143頁(1995年)、和仁亮裕ほか「座談会 担保付デリバティブ取引をめぐる法的視座——一括清算法を踏まえて」金法1531号11頁(1998年)、加藤和成「ISDA標準担保契約書を用いたクロス・ボーダー担保取引」金法1531号31頁(1998年)、菅原雅晴「担保契約における消費貸借構成と与信の捉え方について」金法1531号39頁(1998年)等参照。
28) この事件の原告は、適格機関投資家たる銀行である。ISDA Japan コラテラル・コミッティー「ISDA Credit Support Annex概説書」59頁(2009年)は、消費貸借方式を採った場合は、借受者が倒産したときに、貸付者は余剰担保分が一般債権とされてしまう可能性があることを明記しており、契約当事者はそのような解説にも十分に注意して契約を締結すべきであろう。なお、落合誠一「商人間取引の特色と解釈」法教292号65頁(2005年)参照。

ことは、使用者が実際には意図していなかったような結果を招きかねないことに注意する必要があろう。契約の解釈に当たっては、できるだけ当事者の真の意図をくみ取り、取引の趣旨を生かした合理的な解釈がなされる必要がある。さらに、理論的にも、場合によっては立法論としても、合理的な扱いがなされるような努力をする必要があろう。例えば、アメリカ、イギリスにおいては、担保権者に一定の範囲で担保証券の利用・処分権を認めながらも、当該権利が行使されていない間、または当該権利が行使された後、担保目的物が事後的に返還された場合は、被担保債務を弁済すれば担保設定者への返還を認めており[30]、実際に担保が使われていない場合は顧客に所有権（権利）が残るとされる[31]。

3 金融商品取引法等の規制法上の諸問題

貸株等の有価証券の消費貸借は、金融商品取引法等の規制法の適用上も多くの問題を生じうる。ドイツにおいては資本市場法（WpHG）との関係において、借受者や貸付者の開示における届出義務[32]、インサイダー取引規制の適用要件との関係等で、様々な問題が論じられている[33]。

我が国においても、貸株を株式の消費貸借と解すれば、金融商品取引法166条の「有償の譲受け」に該当してインサイダー規制の対象となるのか、同法163条、164条の「買付け等」に該当して、役員等の売買等の報告義務や短期売買差益返還義務の対象となるのか、同法27条の2第1項柱書かっこ書にある「有償の譲受け」に該当し、株式公開買付規制の対象となりうるか、同法27条の23第3項の「保有」に該当し、大量保有報告義務の対象となるか、同法27条の2第1項柱書の「有償の譲受け」に該当し、強制的公開買付規制の対象になるのか、等が問題とされている[34]。最後の論点との関係では、自己株式の消費貸借に関連して、会社法上は自己株式処分が新株

---

29) 「金融取引における預かり資産を巡る法律問題研究会」報告書「顧客保護の観点からの預かり資産を巡る法制度のあり方」53頁（2013年）。
30) 「金融取引における預かり資産を巡る法律問題研究会」報告書・前掲注29）61頁。
31) 「金融取引における預かり資産を巡る法律問題研究会」報告書・前掲注29）61頁。
32) Backmann, a.a.O.(FN1), S.625ff.
33) Backmann, a.a.O.(FN1), S.636f.

発行と同一の要件・手続が要求されていることから、自己株式の処分（「貸株」）は、金融商品取引法上も新株発行と同様に株式公開買付規制の対象になるべきではないのではないかという問題も指摘されている[35]。

金融商品取引法上、貸株を株式の「有償の譲受け」や「買付け等」に該当すると考えるべきか否かは、それぞれの規制の趣旨との関係で考えるべき問題であり、貸株一般の問題として考えるべきではなかろう。ドイツにおいてもそのようなアプローチが採られている[36]。

4 会社法上の諸問題

各国ともに会社法に関して貸株（株式の消費貸借）が主に問題になったのは、議決権が借株者に移転することを利用して、株式の経済的な利益の帰属主体を議決権行使者から切り離すという、いわゆる empty voting の問題であった。我が国における貸株を利用した empty voting の有名な実例がニッポン放送事件である。

ニッポン放送事件においては、ライブドアがニッポン放送を買収し、ニッポン放送の子会社であったフジテレビの支配権を握ろうとしたのに対し、ニッポン放送（の経営者）の側は、同社が所有するフジテレビ株式をソフトバンク・インベストメントおよび大和証券と解除権の定めのない5年間の貸株契約を締結して、ライブドアがニッポン放送を買収しても、ニッポン放送が所有していたフジテレビ株式を取り戻すことができないようにして、ライブドアの買収目的を阻もうとした。これらの買収防衛策が功を奏して、結局、ライブドアはニッポン放送の買収を断念した。その後、ソフトバンク・インベストメントと大和証券は借り入れたフジテレビ株式をニッポン放送に返還している[37]。正に買収を阻止するためにだけ貸株が行われたとも見うる事

---

34) 岩原紳作ほか『金融商品取引法セミナー――開示制度・不公正取引・業規制編』277頁以下（有斐閣、2011年）、神田秀樹ほか編『金融商品取引法コンメンタール4』125-126頁（商事法務、2011年）等。海外における強制的買付義務回避のための貸株の利用の実例につき、佐藤・前掲注1) 83頁以下参照。

35) 岩原紳作ほか『金融商品取引法セミナー――公開買付け・大量保有報告書編』137頁以下（有斐閣、2010年）。

36) Backmann, a.a.O. (FN1), S.625ff.

件である。

　このように議決権を一時的に行使したり、行使しえなくさせる目的で行われる貸株は、会社法が株主に議決権を付与して株主による会社支配を認め、1株1議決権原則をとって、持株の割合、すなわち、会社に投資した金額の多寡に応じて議決権を与えた基本的な考え方に反することになるのではないかとして、各国において大きな議論となり、我が国においても議論されている[38]。アメリカにおいては、一定の範囲で口座名義人ではなく実質的所有者を権利者として扱う法制が採られており[39]、SECは、会社が株式保管振替参加金融機関等を通じて株式の実質的な所有者を見つけ出して、議決権行使書類が実質的所有者に送付され、実質的な所有者による議決権行使がなされるような規則を定めている[40]。特に貸株については、議決権行使の費用以上の経済的利益が期待できるのであれば、貸株を回収し、議決権行使することが義務付けられており[41]、制度受託者は、株主総会に重要な議案が上程されるならば、貸株の返却を求める義務を課されている[42]。ドイツにおいては、株式の所有者は物権法的に定められ、それが経済的な帰属とは乖離することが問題とされる。会計法的には財産は「経済的な所有者」に帰属すると扱われるのに[43]、会社に対する関係ではあくまで株主名簿に記載され

---

37) 佐藤・前掲注1) 86頁以下。
38) Henry T. C. Hu & Bernard Black, Equity and Debt Decoupling and Empty Voting II : Importance and Extensions, 156 U. Pa. L. Rev. 625, 628 (2008); Siddharth Ranade, Separation of Voting Rights from Cash-Flow Rights in corporate Law : In Search of the Optimal (2013), at http://ssrn.com/abstract=2246757 p.14. その他、Chris Waddle et al., Identifying the Legal Contours of the Separation of Economic Rights and Voting rights in Publicly Held Corporations (2010), at http://ssrn.com/abstarct=1695183 の引用文献、得津晶「株主による議決権行使の在り方に関する会社法上の論点についての調査研究報告書」(商事法務研究会、2013年) 末尾の関連文献リスト、佐藤・前掲注1) の引用文献等を参照されたい。
39) Uniform Commercial Code §8-501.
40) 17 C.F.R. §§240.14a-13, 240.14b-1, 240.14b-2. 佐藤・前掲注1) 132頁以下参照。
41) 17 C.F.R. §§270.30b1-4-4, 275.206(4)-6; 29 C.F.R. §2509.08-2(1). 佐藤・前掲注1) 136頁参照。
42) Pension & Welfare Benefit Programs, OP. Dep't of Labor No.79-11A, at 7 (Feb.23, 1979)(佐藤・前掲注1) 136頁による)。
43) BGHZ 137, 378, 380 = NJW 1998, 1559 (Tomberger); BGH NJW 1996, 458, 459 ; Baumbach/Hopt, a.a.O.(FN3), §246 HGB Rdn.11 m.w. N; Bachmann, a.a.O.(FN1), S.609.

ているか規則上要求される株主としての証明を行った者に株主権が帰属するものとされ[44]、貸株については、借株者が株主名簿に記載されているか必要な証明ができれば、貸株者ではなく借株者が議決権等の株主権の行使ができるとされる[45]。しかしこれに対しては、会社利益の実質的な担い手は借株者ではなく貸株者であるとして、借株者による議決権行使を権利濫用として原則として否定する法理が主張されている[46]。このように株式所有に関する形式的な法律構成に囚われることなく、株主の議決権を定めた会社法の趣旨に沿った議決権行使がなされるように、我が国においても立法論的、解釈論的努力がなされる必要があろう[47]。

　議決権の問題以外にも、貸株は会社法上の様々な問題を生じさせうる。例えば、ドイツでは定足数を充足させるために貸株を使うことが問題とされている[48]。また、我が国に比べるとなおより厳しい自己株式に関する規制を有しているドイツにおいては、株主が自己株式を会社に貸株することについても[49]、会社が有する自己株式を第三者に貸株することについても、自己株式規制との抵触が問題とされている[50]。

　このほかにも貸株には色々な会社法的な問題が生じうるが、我が国で言えば募集株式の発行等に関する会社法の規制と抵触することが問題となりうるような貸株取引が、海外においては行われており、我が国においても将来は類似の問題が起こりうることから、次のIVにおいては、そのようなケースを例にとって検討することとしたい。貸株の規制回避効果の問題が、従来論じられてきたのとは異なる場面でも問題となることを示し、その解決の方向を検討するものである。この問題を検討することにより、「募集株式」の一形態として平成17年会社法により位置付けられることになった、「自己株式

---

[44]　§§67 Abs. 2, 123 Abs.3 S. 6 AktG; Bachmann, a.a.aO.(FN1), S.610.
[45]　LG München NZG 2009, 143,145; Bachmann, a.a.O.(FN1), S.610 ; Kiele, a.a.O.(FN6) §105 Rz.36 ; Uwe Hüffer, Aktiengesetz, 10. Aufl., 2012, §118 Rn 15.
[46]　Bachmann, a.a.O.(FN1), S.611ff.; Kiele, a.a.O.(FN16), §105 Rz.36.
[47]　佐藤・前掲注1）135頁以下参照。
[48]　Bachmann, a.a.O.(FN1), S.620ff.
[49]　Cahn/Ostler, a.a.O.(FN15), S.226ff.
[50]　Cahn/Ostler, a.a.O.(FN15), S.237ff.

の処分」とは何かといった問題や、そもそも「募集株式の発行等」に関する会社法の法規制の在り方を再考する契機になれば幸いである。

IV 貸株と募集株式等の規制

1 総説

　海外においてはⅡにおいて紹介したように、新株発行の際の"green shoe option"と呼ばれる取引等において、株式発行会社が金庫株として保有する自己株式を引受証券会社に貸株すること等が行われている。本来の募集株式数を超える株式を引受証券会社が空売りしておき、空売りした株式を買主に交付するのに発行会社から借りた株式を使うのである。募集後の株価が募集価格以下になれば、引受証券会社は市場において市場価格で株式を買って借株の返還に充て、募集後の株価が募集価格を上回れば、新株発行の際に株式発行会社が引受証券会社に付与した株式取得オプションを行使して、発行会社から募集価格で取得した株式でもって発行会社への借株の返還に充てる。このような貸株取引については、Ⅲ1に記載したように、会社が有する自己株式（いわゆる金庫株）を相手方に消費貸借するという法律構成や、種類物たる株式を対象とする再売買の予約のついた株式売買契約とする法律構成が考えられる（いずれもその結果、相手方に株式の所有権は移転する）。

　自己株式の貸株を、自己株式の消費貸借や再売買の予約付売買がなされたものと構成する場合、自己株式の所有権が借株者に移転することから、会社法的に見て自己株式の「処分」となり（会社法199条1項）、募集株式規制が及ぶのか、及ぶとすればどこまでどのように及ぶのか、ということが問題になる。会社が条件を付さずに自己株式を売却することが、自己株式の「処分」として募集株式の発行等に関する規制（会社法199条以降）に服することは、異論のないところである。しかし、貸株を自己株式の消費貸借や再売買の予約付売買と法律構成した場合、貸株が自己株式の「処分」として募集株式の発行等に関する規制に服することになるのかは、明らかではない。

　会社法や同法施行規則には自己株式の「処分」に関する定義規定はなく、

また学説においても、その意義はあまり論じられていないようである[51]。会社法の立法の段階においては、会社法199条以下の募集株式の発行等の枠組みにつき、自己株式の単純な売却のような取引しか想定しておらず、株式の消費貸借や再売買の予約付売買のような場合は想定していなかったものと思われる。貸株の場合、確かにいったん借株者に自己株式の所有権が移るが、貸株期間の満了時点において同種・同量の株式が発行会社に返還されることから、自己株式の所有権の移転は一時的なものであり、「処分」とは考えなくてもよいようにも思われる。しかし、貸借期間が非常に長期の場合等を考えると、そのように割り切ってよいのか疑問がある。

むしろ解釈論的には、会社法199条1項において用いられている自己株式の「処分」という文言は、単純な「売却」よりは広い概念であることからは、自己株式の消費貸借ないし再売買の予約付売買といった特殊な内容も含むと考えることも可能であり、また原則としてはそのように解釈すべきではなかろうか。なんとなれば、green shoe option 等に用いられる自己株式の貸株は、自己株式の消費貸借と法律構成するにせよ、再売買の予約付売買と法律構成するにせよ、当該自己株式の所有権は、発行会社から借株者たる引受証券会社等に完全に移転し、借株者は所有者として当該株式を第三者に自由に譲渡することが想定されているからである。そうでないと例えば引受証券会社は、当該株式をもって空売りを行った顧客に対する株式交付義務を果たすという、green shoe option において借株を行うそもそもの目的を達成できない。同種・同量の株式の返還義務は、あくまで貸株者たる発行会社と借株者の間の債権関係に過ぎず、借株者が破綻し倒産したような場合には、発行会社は取戻権を行使することはできない。リスクヘッジや株式市場の厚みの確保等の目的で証券会社等が発行会社から借株を行う場合も同様である。

51) 江頭憲治郎『株式会社法〔第4版〕』261頁以下（有斐閣、2011年）、酒巻俊雄＝龍田節編集代表『逐条解説会社法（第3巻）』54頁〔山田純子〕（中央経済社、2009年）、神田秀樹編『会社法コンメンタール(5)』7頁以下〔吉本健一〕（商事法務、2013年）等参照。わずかな議論の例として、江頭憲治郎ほか編著『改正会社法セミナー・株式編』111頁以下（有斐閣、2005年）において、自己株式を貸株することが自己株式処分の規制の対象となるか等が論じられており、貸株に新株発行規制がすべてかかるべきではないという意見等が出されている（同書112-113頁〔落合誠一＝森本滋発言〕）。

このように自己株式の貸株取引は、自己株式の消費貸借と法律構成するにせよ、再売買の予約付売買と法律構成するにせよ、貸株された自己株式の所有権が借株者に完全に移転し、借株者が自由に処分できるというということからは、たとえ同種・同量の自己株式を返還することが約定されているとしても、自己株式を単純に売却した場合に準じる大きな影響を、既存株主の利害や会社の支配構造等に与える可能性がある。例えば、一時的であれ株式の所有権が借株者に移転し借株者がその株式の議決権を行使するとすれば、借株をしている間に借株者が会社の支配権を握り、自らに対する新株発行や組織再編等を行うことによって会社に対する恒久的な支配権を打ち立ててしまうことも可能となる。逆に、先に紹介したニッポン放送事件のように、買収防衛方法として貸株が使われることもある。そのような意図的な会社支配権の奪取や防衛に用いられない場合でも、借株者が破綻・倒産したときに、貸株の返還がなされないまま第三者に当該株式が転得されていたため、貸株の返還が不可能になって、既存株主の会社に対する出資持分の経済的価値が水割りされたり、会社支配上の地位が低下するなど、既存株主に深刻な影響を及ぼす事態が生じうる。その意味で原則としては、募集株式の発行等に係る諸規制に服さしめることが妥当であると考える。もっとも、諸規制が全て一律に適用されると解されるべきではなく、それぞれの規制の内容ごとに、貸株の特性やその契約内容に応じて、規制が適用される範囲や適用の在り方をきめ細かく検討する必要があろう。以下においては、募集株式の発行等に関する具体的な規制ごとにそのような検討を行いたい。

2　払込み・有利発行

　会社法199条以下の募集株式の発行等に関する規制が設けられている趣旨を考えると、募集株式の払込み・出資がきちんと行われなかったり、株主総会の特別決議を経ずに特に有利な条件の募集株式の発行等が行われて、既存の株主の利益が水割りされ害されること等や[52]、違法または著しく不公正な募集株式の発行等がなされることがないようにすること、もしそのような問題があれば、株主が、通知または公告等によりそれを知りえて（会社法201条3項・4項）、差止（同法210条）等の救済を求めることを可能にするこ

と等を、主な目的にしている[53]。貸株取引が問題になりうるとすれば、第1に、借株者は、取引開始時に貸株料の支払等だけで自己株式の所有権を取得し、それを転売したりすることが可能になるとされているが、募集株式の発行等の規制の観点から、貸株料の支払等だけで会社への出資の全額の払込みがあったことになって（同法208条1項）、株主の地位を取得することになるのか、ということ自体が問題となりうる（同法209条）。第2に、そのような支払だけで株主になりうるとすると、それは「特に有利な金額」（同法199条3項、201条1項、309条2項5号）による払込みに該当しないか、という問題がある。第3に、貸株取引は、自己株式の「処分」であることに異論のない自己株式の単純な売却とは異なり、その内容が複雑であることから、会社法201条3項・4項の通知または公告等はどのような内容にすればよいかが問題となる。取引内容の意義を株主が的確に理解して、会社法210条に基づく差止等の行動を採ることを可能にするためには、どのような内容の通知または公告をすべきかという問題である。第4に、Ⅱ4で紹介したライブドア事件の例で議論になったように、自己株式の貸株が支配権維持を主たる目的として行われたとすれば、「著しく不公正な方法」による「自己株式の処分」として、株主による差止めの対象とすべき場合がありうるのではないか（同法210条2号）、という問題がある。

　第1の問題については、払込金額全額の払込みがなく、借株者は株主にはなれないと考えると、借株者は募集株式の株主となる権利を失うことになる（会社法208条5項）。確かに、貸株料等だけを支払って自己株式を借株しただけの者が完全な株主として扱われることには、疑問のありうるところであり、借株者が議決権を行使することが適切かという empty voting 等のⅢ4で論じたような問題が生じている。

　これは結局、このような問題があるにもかかわらず、金庫株を貸株取引等

52）募集株式の発行等においても、自己株式の売却は、資本金等に変化を生じさせないことから、資本充実原則に係る問題は基本的に考慮しなくてよいとされている（郡谷大輔＝岩崎友彦「会社法における債権者保護」相澤哲編著『立案担当者による新・会社法の解説』別冊商事295号273頁、281頁（2006年））。

53）江頭・前掲注51）700頁以下、神田編・前掲注51）9頁以下〔吉本〕参照。

に利用することをどこまで認めるかという政策的判断の問題になるように思われる。海外における green shoe option 等の実務のように、金庫株を利用した安定操作を可能にして、株式の時価発行をやりやすくしたり、リスクヘッジや株式市場の厚みの形成のために、金庫株を利用することを認めることは、資本市場の機能を向上させる１つの手段になりうることから、既存株主の利益の侵害が生じないような手当がなされるなど、弊害防止が十分に図られるのであれば、金庫株の貸株への利用も積極的に認めてもよいのではなかろうか[54]。

　そうだとすれば、前述したように、green shoe option 等におけるような貸株取引の目的とするところの借株者に株式の所有権を移転することを認めざるをえず、株式の所有権の移転を認める以上は、借株者の株主としての地位も原則として認めざるをえないであろう[55]。もっとも、自己株式の貸株について、所有権移転の効果を認める一方で、募集株式の発行等の規制の趣旨が十分に守られるような方向の解釈論を考えるべきである。Ⅲ４で紹介したように、ドイツの学説も借株者を株主と扱う立場に立っているが、有力学説は、借株者による議決権の行使についてなど、限られた問題につき権利濫用の法理による修正を図っている。したがって、第１の問題につき借株者が

54) もともと平成13年商法改正が金庫株を認めたのは、そのような趣旨に基づいたものと思われる（中東正文＝松井秀征編著『会社法の選択――新しい社会の会社法を求めて』737頁（商事法務、2010年）等参照）。金庫株を貸株するという利用を認める本稿のような考えを採る場合と、会社が取得した自己株式は直ちに消却され、green shoe option におけるような自己株式の利用をしたいときは、引受証券会社に取得条項付種類株式を発行するほかない場合との利害得失を考えられたい。

55) 株式の所有権と株主の地位を分離して考えるという考え方もありうるかもしれない。しかし上場株式について言えば、全てが振替株式とされていることから、貸株を行うときも株式の所有権を移転する以上は振替口座の間で株式譲渡の形で行わざるをえず（社債株式振替132条、140条）、借株者が振替口座簿上の株主と扱われる（同143条）。もっとも、会社に対する関係における株主の地位については、口座加入者たる借株者が貸株者を株主（特別株主）として通知するように口座管理機関に申し出れば、貸株者が基準日における株主として発行会社に総株主通知がなされることになると思われる（同151条２項１号かっこ書）。これは主に譲渡担保の担保権設定者等に株主としての権利行使を認めるために設けられた規定であるが（高橋康文編著＝尾崎輝宏著『逐条解説 新社債、株式等振替法』343頁（金融財政事情研究会、2006年）、江頭・前掲注51）191頁）、貸株の場合にも適用されうる規定と思われる。

株主となることを否定する解釈は採るべきではないであろう[56]。

そこで第2の問題になる。貸株取引開始時点において借株者は、貸株者である発行会社に対し貸株料（および保管費用等）を支払って、自己株式の消費貸借または再売買の予約付売買を行い、株式の所有権が借株者に移るといっても、法律構成がそのようになっているだけであって、経済的な実質は、貸株期間終了までの間の株式の利用権を借株者に与えただけであり、また貸株料等もそのような経済的な実質に見合った低い金額にしかなっていない。したがって、貸株料等が「公正な払込金額」（会社法212条1項1号）であるとは、本来は言いがたいのではなかろうか。

これに対しては、貸株取引の開始時点における貸株という行為の合理的な経済的対価は貸株料等であり、それが支払われれば、「公正な払込金額」の支払があったと評価できるという意見もあろう。このような見方は、株式の売却ではなく貸付を行うのに過ぎないという貸株取引の経済的な実質にはふさわしい見方かもしれない。

しかし募集株式の発行等の規制の趣旨からすれば、借株者が確定的な株主になるためには、募集株式の対価が十分かつ確実に払い込まれることを確保する必要があり、一定の貸借期間における株式の利用の対価にしか過ぎない貸株料等の支払ではなく、貸借した株式を確定的に取得するような金額の払込み、すなわち、株式の売買対価に相当する金額を借株者が発行会社に支払

---

[56] 会社法205条1項によれば、新株の払込金額全額の払込みがないと、株式引受人は株主とはなりえず、新株引受権を失権するが、それにもかかわらず新株が新株引受人に発行されてしまった場合でも新株発行無効原因にならないという説が有力である（最判平成9年1月28日民集51巻1号71頁（ただし、この判旨は平成17年改正前商法における取締役の引受担保責任の存在を理由としており、同責任が廃止された平成17年会社法には直ちには妥当しないと考えられる）、江頭・前掲注51）716頁、林竧「判批」『会社法判例百選〔第2版〕』209頁（有斐閣、2011年））等。しかし他方、そのような場合は、新株発行不存在事由になりうるとする見解も有力である（弥永真生『リーガルマインド会社法〔第13版〕』306頁（有斐閣、2012年）、江頭憲治郎＝門口正人編集代表『会社法大系(4)』302頁〔真鍋美穂子〕（青林書院、2008年）、田澤元章「仮想払込の態様と効果」浜田道代＝岩原紳作編『会社法の争点』31頁（有斐閣、2009年））、奥島孝康ほか『新基本法コンメンタール(1)』41頁〔黒沼悦郎〕（日本評論社、2009年）、新谷勝『会社訴訟、仮処分の理論と実務〔第2版〕』471頁（民事法研究会、2011年））。この他、不存在事由ではなく無効原因になりうるだけだとする説もある（吉本健一「株式払込みの無効と当該株式の効力」永井和之ほか編『会社法学の省察』154頁、158頁以下（中央経済社、2012年））。

うことが確保されるようにする何らかの仕組みがあって初めて、自己株式の「処分」につき「公正な払込金額」の「全額の払込み」があったと評価できるのではなかろうか。このように考える実質的な理由は、借株者が借株を第三者に譲渡した後に倒産したりして、借りた株式の返還義務を果たせなくなったような場合、僅かな貸株料だけを対価に貸し出された株式が、そのまま流通して、貸株をした株式発行会社はそれ以外の当該株式の対価が得られないままに終わってしまうという問題があるためである。

　借株者の倒産手続の中で、発行会社は貸し付けた自己株式につき取戻権を行使することはできない。貸株の満期日が到来して同種同量の株式の返還を借株者に請求する権利は有していても、それは債権的権利に過ぎず、倒産手続において取戻権を行使することはできないのである。返還請求権は単なる破産債権、更生債権、再生債権等として行使しうるのに過ぎない。借株者は既に借り受けた株式を第三者に処分している可能性が高く、第三者は当該株式を善意取得していることが通常であるし、そもそも貸株者と借株者の間の同種同量の株式返還の合意は、債権的な合意にしか過ぎないことから、第三者に対してそれを主張することは原則としてできない[57]。その意味において、貸株取引により「処分」された自己株式を会社が取り戻すことは困難であろう。となると貸株された自己株式は、貸株料の支払だけで、株式の時価相当額の「払込み」がないまま、会社が取り戻すことができずに市場に流通することになり、既存株主の1株当たりの出資持分は大きく毀損されることになる[58]。

　有利発行規制は、既存株主の1株当たりの出資持分の価値を守ることを目的としている。すなわち、株主総会の特別決議の承認を受けずに、株主割当ではなく（会社法202条5項）、時価を著しく下回る新株の発行や自己株式の処分がなされることによって、既存株主が有していた1株当たりの出資持分の価値が新株や自己株式の取得者に移転され、既存株主の利益が奪われるこ

---

[57] いわゆる第三者による債権侵害の問題が生じうるくらいであるが、第三者に不法行為の主観的要件が認められることは難しく、実際には責任が認められる可能性は低いであろう。

[58] 募集株式の発行等の中でも自己株式の処分は、資本金に変化を生じさせず、会社債権者保護の問題を生じさせないとして、資本充実原則に係る問題は基本的には考慮しなくてよいとされている（郡谷＝岩崎・前掲注52）273頁、281頁）。

とを防ごうとしている。このような規制の趣旨に従えば、株式の時価よりずっと低い貸株料だけで前述したようなリスクに晒される貸株取引は「特に有利な金額」による自己株式の「処分」に当たり、株主総会の特別決議による承認が必要ではないかという疑問があるのである（同法199条3項、201条1項、309条2項5号）。

このような見解に対しては、貸株料はそのようなリスクも織り込んだ価格になっているはずだという反論もありえよう。したがって、借株者が破綻・倒産した場合でも、そのようなリスクは当初から想定されて貸株料の設定がなされていたはずであり、貸株料が株式の時価より低いと言っても、「特に有利な金額」にはならないというのである。しかし実際の実務においては、貸株の取引期間が一般的に短いこともあり、借株者の破綻・倒産リスクは貸株料にあまり反映されていないようであり、このような反論は現実的ではないように思われる。何よりも、会社法208条1項、209条1号の規制は、株主総会の特別決議による例外がない限り、あくまで株式の時価相当額の払込みを求めていると思われ[59]、解釈論としてこの反論は難しいのではなかろうか。

それでは自己株式の貸株取引は常に「特に有利な金額」による「自己株式の処分」となって、株主総会の特別決議による承認が必要な取引になってしまうのであろうか[60]。しかし、貸株を行うような取引の際には機動性が求められることなどから、株主総会の特別決議を要求することは、実務的には考えにくいところであろう（green shoe option は、取締役会決議で行える。新株を時価発行する際の市場価格の安定操作のために行われる）。そこで借株者が破綻・倒産したときでも既存株主の利益を害さないような手当を工夫することによって、有利発行の問題を回避する解釈が考えられるべきであろう。

前述したように貸株による既存株主の利益毀損の問題は、主に、借株者が破綻・倒産して貸株の返還がなされず、十分な株式の対価の支払なしに自己

---

59) 神田編・前掲注51) 11頁〔吉本〕、吉本健一『新株発行のメカニズムと法規制』10頁以下（中央経済社、2007年）、藤田友敬「株式会社の企業金融(1)」法教264号95頁（2002年）等参照。
60) 有利発行に関する株主総会の特別決議による承認があれば、それによって既存株主の利益の毀損という問題は解決できるという考えもあろう。ただ本文に記したように、貸株を行うような取引の際に株主総会の特別決議を要求することは、実務的には考えにくい。

株式が社外に流出するリスクから生じる。取引開始時に借株者が株式発行会社に貸株の対象となる自己株式の時価相当額を担保として提供しておけば、これらの問題は生じないように考えられる。貸株の満期日に借株者が破綻・倒産していても、会社は担保として提供された金額をもって取り戻せなくなった自己株式取得の対価とすることができるのであるから、会社は担保金をもって当該株式を取引開始時に借株者に無条件で売却したのと同様に扱うこともできる。そうなると、有利発行に関する問題も、自己株式の時価が支払われなくても、純粋に貸株という一時的な株式の所有権移転行為の経済的価値が適切に支払われているか、という問題として考えれば足りる。もしそれが肯定されるのであれば、自己株式「処分」時点で「公正な金額」の払込みがあったと考えてよく（会社法208条1項）、株主総会の特別決議がなくても、会社法199条3項、201条1項、309条2項5号の問題は生じないと考えてよいように思われる。もっとも、取引開始時の株価ではなく貸株取引の満期時の株価の時価を担保にとっておかないと、満期日に貸株と同種・同量の株式を市場で買い入れることはできないではないかという批判がありうるものと思われるが、取引開始時点において自己株式の処分が行われたと考えれば、取引開始時点における株価が担保として提供されれば足りるように思われる。以上から解釈論として、貸株取引の開始時点において、発行会社が貸し付ける自己株式の価格に相当する担保を借株者が発行会社に提供すれば、貸株料等の対価が相当である限り、募集株式の払込金額全額の払込み（同法208条1項）や有利発行の問題（同法199条3項、201条1項）は生じないと考える。

3　公示

第3の公示の問題については、発行会社による自己株式の貸株を会社法199条1項で言う自己株式の「処分」に該当すると考えると、発行会社が貸株を行う場合には、募集事項（会社法199条1項各号）を株主に通知するかまたは公告しなければならない（同法201条3項・4項）。募集事項を定める会社法199条1項各号は、貸株のような場合を想定した規定になっていないが、貸株の場合に類推して適用すると、貸株の数、貸株料が開示されなければならないことになると思われる。実質的に重要な情報として、それ以外に

も貸株期間や株式返還に係る条件や付された担保に係る情報等が開示される必要があろう。

さらに考えると、貸株は単にそれだけ単独に行われるのではなく、実際には、green shoe option のように、引受証券会社への株式取得オプション（新株予約権等）の付与等と一体で、新株発行時の安定操作目的等で行われることが多い。そのような場合の貸株取引の意義や既存株主への影響等は、それらの取引全体との関連で理解する必要がある。新株予約権の付与等については、それ自体についての会社法上の公示（会社法273条2項・3項、911条3項12号等）が行われうるが、募集株式の発行等に関する公示とは別個になされるものであり、貸株との関係等が触れられるとは限らないことから、貸株に関する上記のような募集事項の公示だけでそのような全体的な意義を株主が理解し、貸株（募集株式の発行等）が法令・定款違反だとしたり、著しく不公正な方法によっているとして（同法210条）、その差止を求めたりできるのかという問題がある。green shoe option のようなことが行われれば、安定操作や空売り等に関する金融商品取引法上のディスクロージャーも行われるところであるが[61]、貸株に関する会社法上の公示においても、green shoe option との関係等、取引全体の意義や内容が理解できるような公示の在り方が、検討されなければならないであろう。公示により株主が貸株取引を含む取引全体の意義や内容について知りえて、その差止を求めることが実際上も可能になって初めて、募集株式における既存株主の保護は担保されることになるからである。

4 不正処分

会社の経営者が、買収防衛策として、会社が有する自己株式（金庫株）を自己または親しい者に貸株し、その株式の議決権をその者に行使させて会社支配権を守るようなことを、株主が会社法210条2号に基づき差し止めることができないとすれば、同号の趣旨は完全に損なわれることになる。したがって、金庫株の貸株も、同号の「著しく不公正な方法」による「自己株式

---

61) 前掲注10) 参照。

の処分」となりうると解すべきであろう。

V　種類株式発行規制との関係

募集株式の発行等に関する規制のほかに、自己株式の貸株には、取得条項付種類株式の発行と同様な実質があって、あらかじめその条件を定款において定める必要がないかという疑問もあるかもしれない。自己株式の貸株を会社法 199 条 1 項の自己株式の「処分」に準じて考えることとすると、同項が自己株式の「処分」を新株の「発行」と同視して規制していることからは、自己株式の貸株も新株発行と同様に考えることができることになる。となると自己株式の貸株は、貸借期間の満了により同種・同量の株式が発行会社に返還されなければならないことから、発行会社が「一定の事由が生じたことを条件としてこれを取得することができる」取得条項付種類株式（会社法 108 条 1 項 6 号）に類似した内容を持つ新株の発行に準じて考えることができそうである。とすると、種類株式の発行には定款の定めが必要なように、自己株式の貸株についても、定款による定めが必要ではないかという疑問が生じうる。

会社法が取得条項付種類株式等の種類株式を発行するためには「一定の事由」等について定款に定めることを要求したのは（会社法 108 条 2 項 6 号）、株式というエクイティによる資金調達に関しては、その権利内容や条件等について、会社の基本構造を定める定款に定めさせることにより、会社の所有者である株主が株主総会の特別決議を経て自ら決定することとして、会社の支配構造にも関わりうるエクイティによる資金調達をコントロールする手段を株主に与えるとともに、そのような仕組みの種類株式が発行されることにより、既存の株主の会社に対する出資持分の価値が水割りされ損なわれることを防ぐことができるようにしたものと思われる。また、定款に記載されることにより、そのような株式が発行されることを株主・債権者等や公衆に公示することにもなる（同法 31 条 2 項、911 条 3 項 7 号）[62]。とすると、貸株に関する条件の定めは、会社資金調達や会社支配構造に対する株主によるコン

---

[62] 山下友信編『会社法コンメンタール(3)』85 頁以下〔山下友信〕（商事法務、2013 年）参照。

トロールに関わることや、既存株主および将来の株主の出資の価値等に影響を及ぼすことから、株主総会の特別決議で定款に定めて、公示すべきだという考えがありうるかもしれない。

しかし、このような考えに対しては、次のような反論が可能ではないかと考えられる。貸株取引はあくまで株式の消費貸借契約または再売買予約付の株式売買契約であって、取得条項付種類株式の発行そのものではないことから、取得条項付種類株式に関する規制を貸株取引にまで類推適用する必要は必ずしもないのではないか。株式の返還といっても、取引開始時に発行会社が交付した自己株式そのものを返還するのではなく、同種・同量の株式を会社に返還するという、単に会社と借株者の間の債権的な合意に過ぎない。その合意は、借株された株式を転得した第三者に対し主張できるものではなく、第三者はそのような条件の付いていない普通株式を取得したと主張できる[63]。そのような債権的な効力しかない合意について、定款で定める必要はない。そもそも自己株式の処分は、もともと会社の組織法上の行為ではなく、完全な取引行為として扱われていたものであって、それに対し、自己株式の処分は、自己株式をいったん消却したうえで新たに新株を発行するのと同様の経済的な効果を有することから、必要な範囲で新株発行と同様に法的に扱うべきであるという立法論に従い[64]、自己株式の処分を株式発行に関する手続について株式発行と同様に扱ったものに過ぎず、自己株式の処分に満期時における返還という条件が付いていたとしても、それだけで取得条項付種類株式の発行と全く同じように扱うことまで求めていると考える必要はない。実際、貸株について「株式の内容」としての登記を商業登記所が受け付けるとは考えがたい（会社法911条3項7号）。

実質的に考えてみても、募集株式の発行等に関する規定において普通株式の発行と同視され、特別の定款規定を要しない発行会社による単純な自己株式の売却と比較して、自己株式の消費貸借または再売買の予約付売買と法律

---

63) 善意取得することが通常であろうし、仮にそうでなくても、そのような合意についてのいわゆる第三者による債権侵害の問題が生じうるのみである。
64) 伊藤靖史「自己株式の買受と処分について」同法53巻9号88頁以下（2002年）、中東正文「自己株式」法教264号14頁（2002年）等。

構成される貸株につき、既存株主は特に大きな利害関係を有しているとは考えがたい。株式が返還されれば、結局、社外株式（発行会社が所有している金庫株以外の発行済株式）の数や金庫株の数等、貸株前の状態に戻るだけであるし、株主の出資持分の割合も貸株前に戻る。会社財務面においても、株式の返還を受けるに当たって、発行会社は対価を払う必要はなく、発行会社に不利益が生じるわけでもない。むしろ貸株料等の収益が上がる。借株者が破綻・倒産して株式を返還できなくなった場合は既存株主の利益に影響を及ぼしうるが、それもIV2において前述したように、貸株した株式の時価に相当する担保をあらかじめ借株者が発行会社に提供しておけば、貸株時に自己株式を単純に売却したのと同様の結果になるのであって、自己株式の売却の場合以上に定款変更等の手続を必要とすることを根拠付けるものではない。また同様の理由から、自己株式の単純な売却の場合と比較して、株主による会社の基本的な資金調達方法のコントロールの観点から大きな差があるわけでもない。株式の返還に当たって発行会社による対価の支払がないことからは、会社財務への悪影響はなく、会社債権者保護の問題も生じない。株式返還の合意はあくまで発行会社と借株者の間の債権的な効力しかなく、第三者に対抗できないことから、定款に記載して第三者に公示する必要もない。

以上の検討から、自己株式取得規制につき、種類株式発行規制は及ばないものと考える。

VI　発行会社への株式返還と自己株式取得規制

発行会社による自己株式の貸株取引においては、貸借期間の満了時に借株者は発行会社に貸借された株式と同種・同量の株式を返還することになる。形式的に自己株式の所有権が発行会社に移転する以上[65]、それが発行会社による自己株式の取得となり、会社法155条以下の規制の対象になるかとい

---

65) 譲渡制限株式を譲渡担保に付すことは、譲渡担保が所有権の移転という形式を採る以上は譲渡承認が必要であるとした、最判昭和48年6月15日民集27巻6号700頁参照。しかし同判決のこの解釈に対する学説の批判は厳しいし（竹内昭夫『判例商法 I』30頁（弘文堂、1976年））、自己株式取得規制とは規制の趣旨も異なる。

う問題がありうる。

しかし自己株式取得規制の目的は、出資払戻の抑止、株主平等の実現、会社経営や株式取引の不公正の防止等にあるとされている[66]。貸株した自己株式の返還に際して発行会社による支払はなく、出資払戻が生じないし、株主平等のうえでも問題は生じない。会社経営や株式取引に係る不公正も考えにくい。自己株式の取得の規制を受けない無償取得と考えることもできよう（会社則27条1項）。したがって、貸株における自己株式の返還は会社法155条以下に言う自己株式の取得には該当せず、これらの規定の適用はないと考える。ドイツにおいても、貸株の返還についても自己株式取得規制に関する株式法71条の適用はあるが、借株者はほかの株主と前提条件が異なるので株主平等原則に反することはなく、同条1項8号の授権によって実際には適法とされるという解釈が採られているようである[67]。

VII 結び

本稿においては、いわゆる貸株取引の問題について一般的に概観したうえで、特に発行会社が自己株式を貸し付ける取引の会社法上の問題を、募集株式の発行等に関する規制との関係において検討した。本稿の基本的な考え方は、証券市場の厚みを増し、市場の機能を向上させるためには、会社法の規制のそれぞれの趣旨に反しないような解釈論的・実務的な工夫を重ねながら、自己株式の貸株も活用されうるようにすべきだというものである。その際には、借株者が株式貸借時の株式の時価に相当する担保を貸株者たる発行会社に提供したか否かが重視されるべきであろう。本稿に述べたような検討はほんの試論に過ぎないが、本稿をきっかけに貸株等の新しい証券手法が、弊害を伴うことなく、海外市場に匹敵するように開拓され、証券市場の高度化に貢献することを願っている。

---

66) 江頭・前掲注51) 238頁、岩原紳作「自己株式取得規制の趣旨と規制内容」浜田道代＝岩原紳作編『会社法の争点』66頁（有斐閣、2009年）参照。

67) Cahn/Ostler, a.a.O.(FN16), S.241; Hanno Merkt in Großkommentar zum Aktiengesetz, 4. Aufl.2007, §71 AktG Rz.131.

2011年韓国改正商法上の種類株式制度

権　鍾浩

I　はじめに
II　立法経緯
III　種類株式を巡る議論
IV　利益配当・残余財産分配に関する種類株式
V　議決権制限株式
VI　償還株式
VII　転換株式
VIII　終わりに

I　はじめに

　韓国では1962年新商法の制定以来、最大規模の改正という商法改正が2011年3月11日に行われ、2012年4月15日から施行されている。改正条文だけでも250か条に至るほど大規模な改正であっただけに、立法までは難航を極めた。特に種類株式の場合は敵対的企業買収の防衛策として利用されうる恐れがあるということで、その多様化を巡って財界と学界は賛否両論に分かれて尖鋭に対立した。その結果、法務部が検討してきた多くの種類株式のうち、最終的に導入されたのは事実上議決権制限株式1つだけである。以下、2011年改正の韓国の種類株式につき紹介することにする（なお、以下で条文のみを表示している場合、改正商法の条文を指す）。
　読者の便宜のため、本論に入る前に2011年改正前の韓国の種類株式制度

につき簡略に触れておく。韓国の改正前の種類株式制度は、日本の平成13 (2001) 年改正前のそれとほぼ同じである。すなわち、改正前商法（旧商法）は、種類株式として利益の配当、利息の配当、残余財産の分配の3つの種類について内容の異なる株式を認めていた（旧商法344条1項）。無議決権株式と償還株式は種類株式としては認めず、利益配当優先株式に付される属性の1つとして認めるに過ぎなかった。転換株式も同じく種類株式に付される属性として位置づけられていた。

2011年改正では、資金調達手段の多様化の観点から、種類株式の数を日本の現行会社法の水準まで増やそうとしたが、前述のように防衛策としての濫用可能性を理由とする反対派の主張に負けて結局は失敗し、議決権制限株式を新たに導入し、既存の償還株式と転換株式を新たな種類株式の1類型として認めるに止まった。法務部の審議段階では、償還株式と転換株式制度は廃止し、その代わりに日本のように取得請求権付株式・取得権付株式を導入し、かつ対価の多様化を通じて同じ効果を得る方法も検討したが、償還株式・転換株式の名称に慣れていた実務の混乱を避けるために諦めた経緯がある。

II　立法経緯

種類株式につき法務部は2回にわたって改正案を公表した。その1番目が2006年6月に公表した改正案（2006年改正案）であり、2番目が2008年5月の改正案（2008年改正案）である。そして2009年12月にも改正案の公表があった。しかし、それは種類株式とは直接的な関係はないが、本稿の目的上必要な範囲で紹介することにする。

1　2006年改正案と2008年改正案

前述のように旧商法上の種類株式には3つのものがあった。すなわち、(i) 利益配当、(ii) 利息の配当、(iii) 残余財産の分配について内容の異なる株式である（旧商法344条1項）。2006年改正案では、その利用事例がほぼなかった (ii) は削除し、その代わりに①議決権制限株式、②譲渡制限株式[1]、③

拒否権付株式[2]、④役員選解任権付株式[3]を新たに導入し、そして、種類株式に含まれていなかった⑤転換株式と⑥償還株式を種類株式に変更した。

しかし、2008年改正案では、前記の③と④は排除した。防衛策としての利用可能性がその理由であった。すなわち、「会社の支配権の所在は経営成果に基づいて株主が判断すべきであり、特定の株式を利用して任意的に決めるのは望ましくない。それで、今回の改正案では防衛策として利用されうる拒否権付株式等は導入しないことにした」というのである[4]。その結果、2008年改正案では2006年改正案の種類株式のうち、①と②だけが導入された。しかしこのうち、②は2011年改正で再び排除された。今回もやはり防衛策としての利用可能性がその理由であった[5]。

2　2009年改正案

しかし、これとは別に法務部は2008年4月、「経営権防衛法制改善委員会」を構成して防衛策について約1年6か月かけて検討し、2009年9月に①特別決議要件加重制度[6]、②複数議決権株式[7]、③同意権付株式[8]、④取締役

---

1) 株式の譲渡について取締役の承認を要する種類株式をいう。
2) 株主総会または取締役会において決議すべき事項のうち、当該決議のほか、ある種類の種類株主を構成員とする種類株主総会の決議を要する種類株式をいう。
3) 種類株主総会において取締役または監査役を選任・解任することができる種類株式をいう。
4) 法務部『商法（会社編）改正案説明資料』79頁（文衆印刷、2007年）。
5) 国会『第298回国会法制私法委員会議事録（法案審査第1小委）』第1号9-14頁（2011年3月8日、国会事務処）。
6) 定款変更を通じて、株主総会の特別決議要件を加重することはできるものの（例えば、取締役を解任するには、出席株主議決権の90％が賛成し、かつそれが発行済株式総数の80％以上に当たらなければならない、とするなど）、当該定款規定を変更するためには加重した決議要件によってしなければならないことをいう。
7) 株主総会において行使できる「議決権の数」において1議決権より多い株式とする場合をいう。ただし、ここでいう複数議決権株式は、議決権普通株式（1株1議決権）に比べて議決権を最高で3倍までとする株式である。議決権の数をこのように最高3倍に制限したのは、投資の危険の負担と会社支配の程度が合理的な範囲を超えてまで乖離することを防止するためである。
8) 拒否権付株式という名称の有している強いイメージを払拭するために、名称を変更したものである。もっとも、同株式を発行するには、原始定款や株主全員の同意で変更した定款で定めなければならず、特に上場会社の場合は、発行そのものが禁止される。

選解任権付株式[9]、⑤新株引受選択権[10]に関する法律案を設けた。

しかし、2009年12月に最終的に立法予告されたのは、⑤だけであった。⑤は韓国版ポイズン・ピルを念頭に置いたもので、防衛策として濫用可能性が少ないのに対して、①ないし④は濫用可能性が大きいというのがその理由であった。しかし③および④は、上場会社においては発行そのものが禁止されていた点を考慮すれば、より現実的な理由は、防衛策として利用されうる制度の導入に対し、韓国では非常に批判が強く、世論を無視してまでそれらを導入する誘因が政府側にはなかったからではなかろうか。しかも最終的には、⑤すら立法に至らなかった。財閥が存在し、大企業の場合には株式持合等で既に堅固な防衛策を有している状況で、ポイズン・ピルまで導入すれば、韓国の敵対的M&A市場は機能不全になる恐れがあるという世論に負けたからである。

III 種類株式を巡る議論

以上の一連の過程を経て2011年商法改正で最終的に導入された種類株式は、①議決権制限株式、②償還株式、③転換株式である[11]。その結果、韓国で認められている種類株式は、既存の利益配当および残余財産分配に関する種類株式を合わせて計5つである。これは、特に日本に比べて非常に少ない数である。

よく知られるとおり日本の会社法は、株式による資金調達の多様化と支配関係の多様化の機会を株式会社に与えるために[12]、(ア)すべての株式の内容として@株式譲渡制限、ⓑ取得請求権、ⓒ取得条項について特別の定めを認

---

9) 種類株主総会で選任できる取締役の人数に関し内容の異なる株式をいう。取締役だけを対象にしており、同株式を発行するには同意権付株式と同様、原始定款や全株主の同意で変更した定款で定めなければならず、上場会社では発行することができない。

10) 日本の新株予約権に類似しているが、用途が専ら敵対的企業買収の防衛策に制限されている点で異なる。詳しくは、李賢哲「防衛策としての新株引受選択権の適切性」『敵対的M&A防衛策の導入のための商法改正公聴会資料集』57-64頁（2009年）。

11) しかし②および③は、従来特殊な株式と認めていた点を考慮すれば、実質的に新たに導入した種類株式は①だけである。

12) 神田秀樹『会社法〔第14版〕』71頁（弘文堂、2012年）。

める（日会社法107条1項）一方で、(イ)内容の異なる種類の株式として9つ、すなわち①剰余金の配当、②残余財産の分配に関し内容の異なる株式、③議決権制限種類株式、④譲渡制限種類株式、⑤取得請求権付種類株式、⑥取得条項付種類株式、⑦全部取得条項付種類株式、⑧拒否権付種類株式、⑨取締役・監査役選任権付種類株式を認めている（日会社法108条1項）。

このうち、韓国においては、すべての株式の内容としては⑧しか認めず、種類株式としては①②③を認めており、⑤および⑥は後述のように償還株式と転換株式の形で極めて用途を制限して認めている。さらに日本の非公開会社で認められる剰余金配当・残余財産分配・議決権についての株主ごとの異なる取扱いは、韓国では認められない。このように韓国の種類株式制度は、日本に比べて数においては少なく、内容においては極めて制限的である。

1 種類株式において標準となる株式の法的性質

種類株式につき改正法は、包括規定（344条）と種類株式ごとに個別規定（344条の2ないし351条）を置いている。種類株式を発行するためには、定款で各種類株式の内容と数を定めなければならず（344条2項）、種類株式を発行したときには、定款で定めがなくとも新株の引受、株式の併合・分割・消却、会社の合併・分割による株式の割当に関し、株式の種類ごとに異なる取扱いをすることができる（同条3項）。これは種類株主間の実質的な平等を図るためである。そうでなければ発行株式の増減によっていずれかの種類の株主に損害が生じるからである[13]。

ところで2011年種類株式制度の改正以来、韓国で浮かび上がった新たな問題は、種類株式において標準となる株式の法的性質である。すなわち、普通株式かそれとも種類株式かである。日本では、標準となる株式を普通株式と呼んでいても、会社法的には種類株式だというのがほぼ定説のようである[14]。しかし、韓国ではその性質を巡って学説の対立が激しい。その理由には色々なことが考えられるが、そのうち1つは償還株式と転換株式は種類

---

13) 江頭憲治郎『株式会社法〔第4版〕』137頁（有斐閣、2011年）。
14) 神田・前掲注12）72頁、森本滋『会社法・商行為法手形法講義〔第2版〕』223頁（成文堂、2011年）。

株式に限って発行することができるという規定（345条5項、346条1項・2項）のためである。標準となる株式の法的性質が何かによって償還株式と転換株式の機能は完全に異なりうるからである。

　種類株式の概念については、定義規定がないこともあって明確でない。しかし韓国では、一般的に344条1項に掲げる事項について内容の異なる株式で、原則として「標準となる株式」と「それと内容の異なる」2以上の株式の発行を前提とする概念と理解しているようである[15]。したがって、種類株式の発行といえるためには、原則として標準となる株式（以下、標準株式）と標準株式と内容の異なる2以上の株式を発行する必要がある[16]。

　ところで標準株式のことを一般的に普通株式と呼ぶが、この普通株式が種類株式か否かを巡って争いがあり、一部の学者は種類株式でないという立場をとっている[17]。

　普通株式に関する伝統的な見解は、利益配当優先株式（または劣後株式）を除いた株式はすべて普通株式だと解してきた。そして、従来はそのように解しても、特に問題とならなかった。利益配当優先株式が実務で一番多く利用される実質的に唯一の種類株式であり、また利益配当優先株式に限って無議決権株式や償還株式とすることを認め、転換株式も利益配当優先株式を対象にするものが一般的であったからである。

　ところで改正法のもとで、これまで関心の外にあった標準株式（普通株式）の法的性質が改めて問題となったのは、前述のように種類株式の多様化と共に、償還株式と転換株式は種類株式に限って発行でき、普通株式に対しては

---

[15] 権鍾浩「種類株式の争点と課題」商事法研究31巻4号46頁（2013年）。

[16] ただし、標準株式とその標準株式と内容の異なる株式を実際に発行する必要はなく、定款でこれに関する定めがあれば足りる（長島・大野・常松法律事務所編『アドバンス新会社法〔第3版〕』101頁（商事法務、2010年）参照）。しかし、これが当てはまるのは、既に株式を発行している会社が新たな種類株式を発行する場合であり、例えば、設立中の会社が最初に発行する株式が種類株式であるときや、既に株式を発行している会社が定款変更を通じて株式すべてを種類株式に変更する場合には、実際に2種類の株式を発行しなければならないと思われる。

[17] 宋沃烈「2011年改正会社法の解釈上重要争点」ジャスティス127号52頁（2011年）、沁淡「改正商法上種類株式に対する考察」一鑑法学22号114頁（2012年）、金弘基「2011年改正商法および同法施行令上財務分野の主要争点と解釈および運用上の課題」企業法研究26巻1号116頁（2012年）。

発行を禁止したからである。

　従来にも、普通株式には法理的に明らかに区別される２つの類型があった。すなわち、①種類株式に関する旧商法344条に基づき利益配当等に関し内容の異なる２種類以上の株式を発行したとき、その標準となる株式を意味する普通株式と、②新株発行に関する416条に基づき発行した株式を意味する普通株式である。②の普通株式は、その内容がすべて同一であり、法が例外を認める場合を除いて定款等によりその内容に差を設けることは許されないから、種類株式でない。しかし①の普通株式は、利益の配当等に関し内容の異なる株式が２種類以上発行された状況で、その１つであり、その点においては、優先株式や劣後株式とは変わりがないから、会社法的には種類株式である。

　種類株式は、標準株式とその内容の異なる株式をもすべて含む概念であるから、例えば、利益配当に関する種類株式の場合、①標準株式と②優先株式（または劣後株式）を一緒に発行しているとすれば、①の標準株式、すなわち利益配当に関する普通株式は②の優先株式（または劣後株式）とともに種類株式を構成することになる。

２　標準株式を除いた株式の発行

　前述の１で種類株式発行会社といえるためには、原則として標準株式とその内容の異なる２種類以上の株式を発行する必要があるとしたが、そうだとすれば標準株式（普通株式）を除いた株式だけの発行、例えば①利益配当・残余財産分配に関する種類株式の場合、利益配当・残余財産分配に関する標準株式の発行なしに、利益配当・残余財産分配優先株式を発行し、②議決権標準株式である完全議決権株式の発行なしに、議決権制限株式や無議決権株式を発行し、③償還・転換標準株式（償還権・転換権のない株式）の発行なしに償還・転換株式（償還・転換権のある株式）だけを発行することは、果たして不可能であろう。

　設立中の会社のように株式を最初に発行する会社や既に株式を発行している会社が、その発行済株式すべてを定款変更を通じて新たな種類株式にその内容を変更しようとする場合には、①は可能であるが、②および③は不可能

である[18]。

まず①の場合、すなわち利益配当・残余財産分配に関する種類株式の場合には、優先株式（劣後株式）は標準株式（普通株式）を基準とした相対的な概念なので[19]、標準株式が存在しないときには、優先株式が実質的に標準株式（普通株式）であり、したがって、その発行は可能である。

しかし②の場合は、結果的に発行済株式すべてが議決権制限株式（または無議決権株式）になることを意味する。これは、議決権制限株式が発行済株式総数の4分の1を超えてはならないという344条の3第2項に違反するのみならず、場合によっては株主総会の決議そのものが不可能になる恐れもあるため、認められない。

そして③の場合は、発行済株式すべてが償還・転換株式になることを意味するが、これもやはり許されない。なぜならば、内容の異なる2種類以上の株式が発行されていない状況で転換株式を認めることは意味がないのみならず、株主のない株式会社の出現もありうる（償還株式の場合）からである。

IV 利益配当・残余財産分配に関する種類株式

会社は利益の配当または残余財産の分配について内容の異なる株式を発行することができる（344条1項）。会社が利益の配当について内容の異なる株式を発行する場合には、定款で当該種類株式の株主に交付する配当財産の種類、配当財産の価額の決定方法、利益を配当する条件等、利益配当に関する内容を定めなければならない（同条2項）。具体的には利益配当に関し、参加の可否、累積の有無、優先権[20]の存続期間、配当基準等について定めな

---

[18] ただし、既に株式を発行している会社（通常の会社）が、その株式とは別に種類株式を発行する場合ならば、標準株式を除いた株式だけを発行することはできると思われる。この場合としては、例えば新株発行手続に基づいて普通株式を発行している会社が、議決権制限に関する種類株式の規定に基づいて議決権制限株式を追加に発行した場合を考えられるが、この時には、議決権制限株式が発行済株式総数の4分の1を超えなければ問題はない（344条の3第2項参照）。しかし、既存の株式の法的性質は、新たに発行した議決権制限株式と異なり種類株式でないことは変わりがないと思われる。

[19] 林在淵『会社法Ⅰ』352頁（博英社、2012年）、相澤哲ほか編著『論点解説新・会社法——千問の道標』54頁（商事法務、2006年）。

ければならない。もっともこの時、定款でどの範囲まで定めればよいのかが問題であるが、種類株式の機動的な発行のため定款には内容の要綱のみを定め[21]、より具体的な内容については、実際に当該種類の株式を発行する時までに、取締役会で定めればよいと思われる[22]。

そして会社が残余財産について内容の異なる株式、すなわち残余財産種類株式を発行するには、定款で残余財産の種類、残余財産の価額の決定方法、そのほか残余財産分配に関する内容を定めなければならない（344条3項）。

1 利益配当優先株式

利益配当優先株式の場合、改正前には定款で最低配当率を定めなければならなかった（旧商法344条2項）。いわゆる1％優先株式[23]の発行を防止するためであったが、改正法では廃止した。外国の立法例がないだけではなく、配当可能利益が具体化する前に最低配当率から定めるのはおかしいというのがその理由であった。利益配当優先株式は利益配当を条件に無議決権株式として発行することもできたが（同法370条1項本文）、これも改正法では廃止した。後述の議決権制限株式を導入した結果、存続させる実益がなくなったからである。

利益配当優先株式は、従来は配当順序において優先する株式だけを認めた。しかし、改正法ではこうした制限がなくなったため、配当金額や配当率についても内容の異なる株式を発行することができるようになった。そして、改正法では現物配当制度を導入したため（462条の4）、利益配当は金銭・株式以外にも現物ですることも可能になった。

20) 後述のように、改正前には優先株式は配当順序において優先権のある株式だけを意味した。しかし、改正法では配当順序のみならず、配当率や配当金において優先権のある株式（例えば、配当は普通株式と同時に受けるが、配当金や配当率においては普通株式より多く受ける株式）の発行も可能になったため、ここでいう優先権とは、配当順序のみならず、配当率や配当金における優先権も含む意味である。
21) 伊藤靖史ほか『会社法〔第2版〕』76頁（有斐閣、2011年）。
22) 日本の場合には、立法で解決している（日会社法108条3項）。
23) 普通株式の受ける配当率に1％を加えた配当率を適用する優先株式をいう。伝統的な意味での優先株式ではないが、改正法のもとでは、344条の2第1項の「利益配当に関し内容の異なる株式」として発行ができる。

2　利益配当に関する種類株式の争点

利益配当に関する種類株式の争点としては、第1に、定款に定めさえあれば、種類株式の間に配当金の差は無制限に認められるかである。例えば、配当金が普通株式のそれより1,000倍である優先株式を発行することができるかである。改正法では複数議決権株式を認めていないこと、投資の危険の負担程度と会社支配の程度は合理的な範囲内で比例すべきであること等の理由から、配当金の差が合理的な範囲を超える時にはその優先株式は無効だと解されている[24]。

争点の第2は、利益配当に関する種類株式の1つとしてトラッキング・ストックを発行することができるかである。トラッキング・ストックとは、会社が有する特定の完全子会社・事業部門等の業績にのみ価値が連動するよう設計された株式をいう[25]。商法改正委員会での審議の際、同株式の効果に関する疑問から導入を見送られたこともあって、発行できないとする見解もあるが[26]、多数説は、同株式は配当価額の決定方法が伝統的な株式と異なる株式であり、利益の配当について内容の異なる株式の一種であるので、発行が可能だという立場である[27]。ただし、トラッキング・ストックに対しては、利益相反取引等を通じた当該子会社等の業績操作の恐れ[28]、配当財源の差別化が実際に可能であろうかとの疑問[29]があるので、このような問題を解消しうる立法措置が行われない限り、その利用には多くの問題が伴うであろう。

争点の第3は、利益配当を永久にしない、いわば永久無配当株式の発行ができるかである。これは、株主の固有権である利益配当請求権を認めないもので許されないという見解が有力である[30]。しかし、株式会社の資金調達

---

24) 法務部『商法会社編解説』133頁（東江、2012年）。
25) 江頭・前掲注13）140頁。
26) 宋鍾俊「上場会社の資本秩序の変化と法的課題」商事法研究31巻2号153頁（2012年）。
27) 李哲松『会社法講義〔第20版〕』282頁（博英社、2012年）、権奇範『現代会社法〔第4版〕』429頁（三英社、2012年）。
28) 江頭・前掲注13）140頁。
29) 李・前掲注27）282頁。

手段という点では同じである社債の場合には、償還期限の定めのない永久劣後債が認められている点との衡平性、会社の営利性は利益の配当ではなく、残余財産の分配を通じても実現できる点、企業実務での必要性[31]等を考慮すれば、明文規定で禁止しない限り、解釈論としてこれを禁止する必要はないと思われる。

争点の第4は、利益の配当時期を異にする種類株式を発行することができるかである。改正法のもとでは、利益の配当に関する内容を自由に定めることができるから、利益の配当時期についても内容の異なる株式を発行することはできる。もっとも、それでも現行法が認めている中間配当と四分期配当（資本市場法165条の12）の形ではなく、会社が任意で定めた基準に従って随時に配当する種類株式は発行できないと解すべきという見解がある[32]。配当財源に関する規制（同法462条1項）が遵守され、中間配当に関する462条の3の趣旨に合致する規制が定款等を通じて会社内部で行われるとすれば、あえてそれを禁止する必要はないと思われる。

V 議決権制限株式

議決権制限株式[33]とは、株主総会で議決権を行使することができる事項について、内容の異なる株式をいう（344条1項）。会社が発行できる議決権制限株式には、株主総会の決議事項のうち、①全部について議決権を有するもの（議決権普通株式、完全議決権株式）、②一切の事項につき議決権を有しないもの（議決権排除株式）、③一部についてのみ議決権を有するもの（議決権制限株式）がある。

改正前には、株主総会の決議事項のうち、一部についてのみ議決権を有する株式（議決権制限株式）は認めず、決議事項の全部について議決権を有す

---

30) 法務部・前掲注24) 135頁。
31) 例えば、存続期間の定めのある会社における発起人が、会社の存続する間は利益配当を受けず、会社の清算の際に残余財産を分配されることを条件として株主を募集する場合が考えられるであろう。
32) 鄭秀蓉＝金光複「改正商法上の種類株式の多様化」BFL51号101頁（2012年）。
33) 改正法上の正式名称は、議決権排除・制限に関する種類株式である。

る株式（議決権普通株式）を原則とし、例外的に配当優先株式に限って、優先配当金の支払いを条件として無議決権株式にすることを認めていた（旧商法370条）。こうした点を考慮すれば、改正法は、議決権制限株式を新たに導入した点と無議決権株式である議決権排除株式を配当に関係なく発行することができるようした点にその意義があると思われる。

議決権制限株式は、株主総会の決議事項につき議決権があるかないかのいずれしか認められず、1株についての議決権を0.5とか2とか等と定めること、すなわち少数議決権株式や複数議決権株式は認められない。日本の単元株のような制度も認めていない。

議決権制限株式を発行するには、定款で議決権を行使することができない事項を定めなければならず（344条の3第1項）、議決権制限株式を発行する場合、議決権の行使または復活の条件を定めることができ、このときには、定款でその条件を定めなければならない（同項）。改正法は、議決権制限株式の発行を認めながら、一方ではこのように条件を付けることも許したため、多様な類型の種類株式を発行することができる。例えば、従来、利益配当優先株式の場合は、無配当を議決権の復活の条件に、無議決権株式として発行することができたが、改正法のもとでも、議決権排除株式を利益配当優先株式の形で発行しながら、無配当を議決権の復活の条件とすれば、従来の利益配当優先株式と機能面において同じくすることができる。

なお日本と同様、議決権制限株式の株主は、議決権が制限される事項については、その議決権の存在を前提とする権利（例えば、株主提案権、累積投票請求権等）は有しないが、それ以外の権利は認められる[34]。もちろん、議決権制限株式の株主も種類株主総会においては議決権を有する。

そして、議決権制限株式の総数は発行済株式総数の4分の1を超えてはならない[35]。4分の1を超えた場合には、会社は遅滞なくそれを4分の1以下

---

34) 神田・前掲注12) 82頁。
35) 改正案では、日本と同様に2分の1にしていたが、国会の審議過程において4分の1に変更された。その理由は、議決権制限株式を利用して、小額の出資で会社を支配することを防止する一方で、従来無議決権株式として発行することができた利益配当優先株式の発行限度が発行済株式総数の4分の1であったことを考慮したからである。

にするための措置をとらなければならない（344条の3第2項）。超過部分を無効にしない点は、日本と同様であるが、これに対しては疑問視する見解もある。しかしその意義として、種類株式として①議決権制限株式と②議決権無制限株式（議決権普通株式）の2種類の株式のみを発行している会社において、②の株式を償還して、①の株式だけが残っている状況を考えてみたい。このときには、すべての株式が議決権制限株式である。こうした状況で、もし4分の1を超過する部分を無効としなければならないとすれば、その4分の3を無効にしても、残り4分の1はやはり議決権制限株式であるから、結局にはすべての株式が無効になる。この問題を解決するためには、改正法のように超過部分を無効にせず、直ちにその状態を解消するようにするしか方法はないであろう。

VI 償還株式

改正前の商法は、償還株式を種類株式として認めず、利益配当優先株式に付いている属性の1つに過ぎないと解していた。すなわち、配当可能利益をもって株式を取得して消却しうる権利（option）の付いている利益配当優先株式を通常償還株式と呼んだ。

改正前は、償還株式に対し、償還財源と対象株式について厳格な制限があった。償還株式と発行することができる株式は配当優先株式に限られ、償還財源も配当可能利益に制限されていた（旧商法345条1項）。会社側が株主所有の株式を償還することは認めたが、株主が会社に対し所有株式の償還を請求するのは認めなかった。改正法では、償還株式を種類株式にする一方で、償還を要求しうる主体を株主と会社との双方に拡大し、償還の対価も多様化した。

1 権利内容

償還株式とは、利益をもってする株式の消却について内容の異なる株式をいう（345条1項）。償還株式につき改正法は、①会社側に償還する権利（償還権）のあるもの（同項）と、②株主側に償還を請求しうる権利（償還請求権）

のあるもの（同条3項）と区別している。①を会社償還株式または償還条項付株式、②を株主償還株式または償還請求権付株式と称する。

①の会社償還株式を発行するには、定款で償還の価額、償還期間、償還の方法、償還する株式の数を定めなければならない（345条1項）。①の会社償還株式は、会社が定款で定めた事由が発生すれば、株主の意思に関係なしに、配当可能利益をもって株主所有の株式を強制的に取得して消却することができるから、会社はこの株式を適切に活用することによって、財務構造の改善や財務管理において柔軟性を持つようになった。

これに対し、②の株主償還株式を発行するためは、定款で株主が会社に所有株式の償還を請求しうる旨、償還の価額、償還期間、償還の方法を定めなければならない（345条3項）。②の株主償還株式は、定款で定めた要件を満たす場合、株主が会社に対し所有株式の取得を請求することができるので、株主にとっては投資資本の適時回収が可能となり、それだけに投資の危険を管理するにおいて魅力的な株式である。

償還の対価は、従来配当可能利益、すなわち現金に限られていたが、改正法のもとでは、現金以外に社債等の有価証券、そのほか財産的価値があれば何でも可能である（345条4項）。ただし、種類株式は排除している。これは、対価として種類株式を認めると、償還株式が実質的に転換株式になるからである[36]。そして、償還株式は償還株式と転換株式を除いた種類株式に限って発行することができる（同条5項）。したがって、償還株式と発行することができるのは、利益配当・残余財産分配に関する種類株式と議決権制限株式であり、償還株式、転換株式および普通株式は除外される（同条5項の反対解釈）。償還株式と転換株式を除外したのは、償還株式を償還するというのは無意味であり、転換株式を償還株式として発行することができるとすれば、転換株式を認めた意義がなくなるからである。そして、普通株式も償還株式として発行することができないようにしたのは、もし普通株式の償還を許せば、定款で定めた一定の要件が満たされる場合、会社は普通株式をも取得して消却することができるようになる。そうであれば、当該普通株式は原

---

36) 権鍾浩「防衛策としての種類株式――2006年改正案と2008年改正案を中心に」商事法研究27巻2号62頁（2008年）。

始的な形態のポイズン・ピルと類似の機能をするようになるが、これは、種類株式が防衛策として利用されるのは許さないといった立法政策に反するからである。ただし、ここでいう償還株式として発行することができない普通株式とは、前述の普通株式の2つの類型のうち、新株発行手続きに基づき発行された普通株式をいう。敷衍して説明すれば、次のとおりである。

2 争点事項

(1) 単一株式としての普通株式の償還可否

前述のように、普通株式には、①種類株式に関する規定に基づいて発行された2種類以上の株式のうち、標準株式を意味する普通株式と②新株発行手続きに基づいて単一株式として発行された株式を意味する普通株式の2つがある。①の標準株式である普通株式は、会社法的には種類株式であるのに対して、②の単一株式である普通株式は、全株式が同一の内容なので種類株式ではない。

償還株式は種類株式に限って発行することができるから（345条5項）、償還株式として発行ができるのは、①の標準株式である普通株式であり、②の単一株式である普通株式ではない。例えば、利益配当に関し普通株式と優先株式の2種類の株式を発行した場合であれば、この時の普通株式は種類株式であるから償還株式と発行することができるが、新株発行手続に基づいて商法によりその内容が決められる株式（普通株式）を発行した場合には、この時の普通株式はすべての株式が同一な内容の株式であり、したがって種類株式でないから償還株式として発行することができないというのである[37]。もし②の単一普通株式も償還株式として発行することができるとすれば、理論的には株主が1人もいない会社の出現も可能になるが、これは株式会社の本質に反する。

---

[37] 同旨、鄭東潤「普通株と種類株式の概念について――改正商法の解釈と関連して」商事法研究31巻1号52頁（2012年）。

(2) 標準株式である普通株式を償還する場合の問題

　標準株式である普通株式は、種類株式であるから償還株式として発行することができる。そうだとすれば、標準株式を償還する場合、改正法の心配した問題、すなわち防衛策としての利用可能性や株式会社の本質に反する問題は生じないのか。結論からいえば、問題はない。前述のように改正法のもとで、償還株式として発行することができる株式は、利益配当・残余財産分配株式と議決権制限株式であるから、検討が必要なのはこれらの種類株式である。

　まず、利益配当・残余財産分配株式の場合、利益配当につき普通株式と優先株式の2種類の株式を発行したことを前提とすれば、2種類の株式はすべて種類株式であるから、償還株式として発行することができる。万一、利益配当につき優先株式と普通株式が発行され、それ以外の株式は一切発行されていない会社において、普通株式の全部を償還したと仮定すれば、このときの状況は優先株式だけが発行されている場合と同じである。しかし、利益配当・残余財産分配に関する種類株式は、優先株式は標準となる株式を基準とする相対的な概念である。したがって、普通株式が存在しない場合ならば、優先株式が実質的に普通株式となるから、普通株式が償還されたとしても会社法的には問題がなく、株式会社の本質に反する問題も生じない。

　ただし、普通株式を償還株式として発行することができれば、防衛策として利用可能性を懸念する向きもありうると思われる。ただ、防衛策としての利用可能性は、普通株式を償還株式として発行することができるかによるのではなく、償還株式として発行された普通株式の権利内容が何かによる問題である。これは、優先株式を償還株式として発行した場合にも同じであり[38]、懸念する問題ではないと思われる。

　次いで、議決権制限株式について、標準株式（普通株式）である完全議決権株式が議決権制限株式とともに発行された状況では、前者も種類株式であるから当然に償還株式として発行することができる。したがって、標準株式

---

[38] 利益配当普通株式が無議決権株式であるとすれば、それを償還株式として発行しても、防衛策としての意味は全くないであろうし、反対に、利益配当優先株式が議決権株式であるとすれば、それを償還株式とすれば防衛策としての意味は相当であろう。

である完全議決権株式を償還株式として発行し、それを償還すれば、議決権制限株式しか残らない状況が生じうる。こうなると、すべての株式が議決権制限株式となって、議決権制限株式は発行済株式総数の4分の1を超えてはならないという344条の3第2項に違反するだけではなく、株主総会での決議そのものが不可能になる恐れもある。しかし、改正法は超過部分を無効にせず、遅滞なくその状況を是正するようにしているため（同項後段）、会社は議決権制限株式が4分の1を下回るよう、超過分を完全議決権株式に転換するか、または新株を発行するかしなければならない。したがって、こうした恐れが現実化する可能性はない。もっとも、議決権制限株式が発行された場合に標準株式（普通株式）を償還できるというのは、完全議決権株式を取得・消却できることを意味するから、防衛策としての利用可能性を排除することはできない。これは、種類株式に対してのみ償還株式として発行することができるようにしても、完璧に防衛策として利用されるのを防止することはできないというもので、種類株式に対し償還株式として発行することを許す以上はやむをえない問題だと思われる。

(3) 償還の対価

前述のように、改正法は償還株式が転換株式となることを防止するため、対価として種類株式を与えることを禁止している（345条4項）。したがって、標準株式である普通株式は種類株式であるから、償還の対価として与えることはできない。しかし、単一株式である普通株式は種類株式でないから償還の対価として与えることができる。

VII 転換株式

従来は、転換株式を償還株式と同じく特定の種類株式に付いている属性の1つとして解し、種類株式としては認めなかった。また、転換株式の転換は、株主の請求によってのみ可能であり（旧商法346条1項）、会社からはできなかった。そのため会社にとっては配当圧力を減らすため優先株式を他の株式に転換しようとしても不可能であり、企業公開やリストラの過程で、種類株

式の単純化、株主管理費用の節約等の目的で、転換株式を利用することもできなかった。そこで改正法は、転換株式を種類株式とし、会社と株主の双方に転換する権利を認めた。

1 権利内容

転換株式とは、株式の転換、すなわち他の種類株式への転換について内容の異なる株式をいう（344条1項、346条）。転換株式の場合も、株主側に転換請求権があるもの（346条1項、株主転換株式・転換請求権付株式）と会社側に転換権があるもの（同条2項、会社転換株式・転換条項付株式）がある。しかし、転換の対価として、現金や社債等を認めず、従来と同じく他の種類株式しか認めていない。その理由は、転換株式が償還株式に変わることと、転換株式を利用して株主を強制的に会社から退出させることを防止するためである。

改正法が会社側に転換権を付与したことにより、会社が種類株式の活用において多くの柔軟性を持つようになり、その意義は大きいと思われる。特に、議決権制限株式が種類株式として新たに認められることによって、種類株式の組み合わせの際に転換株式の触媒としての機能が大きく増大した点も注目するに値する。転換株式の用途も、従来は種類株式として配当優先株式が唯一であったため非常に限られていたが、議決権制限株式が追加されることにより、防衛策への用途も含め広くなった[39]。

2 争点事項

転換株式は、種類株式に転換される場合に限って発行することができる。そのため転換株式の場合にも、争点は償還株式と同じく普通株式を転換株式として発行することができるかである。改正法では、種類株式には普通株式

---

[39] 議決権のある優先株式を発行しながら無議決権株式に転換する権利を会社が有すれば、当該株式を敵対的買収者が取得した場合、無議決権株式に転換すれば、買収者を容易に無力化することができる。また、友好的な株主に無議決権株式を発行しておき、敵対的買収者が現れれば当該株式を議決権株式に転換する方法で企業を防衛することもできる（李哲松『2011改正商法──逐条解説』116頁（博英社、2011年）。

が含まれないので、これまで実務で多く発行されてきた「優先株式から普通株式への転換」を意味する伝統的な転換株式は発行できなくなったという見解がある[40]。しかしこの主張は、普通株式には①標準株式である普通株式と②単一株式である普通株式との2種類があるという点を看過していると思われる。①の普通株式は、会社法的には種類株式であるから、改正法のもとでも相変わらず「優先株式から普通株式への転換」を意味する伝統的な転換株式は有効に発行することができる。

VIII 終わりに

　以上、韓国の2011年改正商法上の種類株式について争点となる点を中心に検討した。最初に2005年法務部が種類株式について改正作業に取り掛かったときには、種類株式の多様化を通じて、企業に対しては多様な資金調達の手段を提供し、投資家には多様な投資機会を与え、金融機関には多様な金融商品を設計・販売する機会を提供するというのが重要な立法目的であった。
　しかし、立法過程で種類株式の多様化は敵対的企業買収の防衛策の多様化に繋がるという認識が拡散するにつれて、立法目的である種類株式の多様な機能については議論の中心から外れ、専ら防衛策としての機能だけが強調された側面がある。その結果、立法の焦点が、種類株式の防衛策としての利用の防止に合わせられ、新たな種類株式としては議決権制限株式が導入されるに止まった。さらに、普通株式の概念に関する混乱で、従来企業実務でよく発行されていた種類株式（転換株式や償還転換優先株式（redeemable convertible preferred share））は、改正法のもとでは発行できないのではないかという憂慮まで生んだ。もちろん、このような憂慮は、普通株式には種類株式である普通株式と単一株式である普通株式との2種類が存在するということを認識しない誤謬から生じたものであり、改正法のもとでも既存の種類株式は相変わらず発行することができる。むしろ、新たな種類株式の導入で種類株式の用途が大きく増加したことも事実である。

---

40) 鄭＝金・前掲注32) 109頁。

日本の例からも分かるように、種類株式の類型は実に多様で、またその類型ごとに多様な機能を持っている。例えば、2006年改正案にあった拒否権付株式や取締役選解任権付株式は、中小企業やベンチャー企業の創業者には経営権を保障し、投資家には経営者を牽制する制度的な手段として重要な機能を遂行するなど、家業承継やベンチャー・キャピタル等による投資を促進する手段として重要な機能を果たしうる。それにも関わらず、防衛策としての利用可能性を理由に、最終的には導入までには至らなかった。

　新たな政権の出帆と共に、経済民主化というスローガンのもとで、上場会社や中小企業に焦点を合わせた政策等が具体化される見通しである。種類株式も、上場企業や中小企業の懸案を解決するのに有効手段となる点を認識し、日本の事例等を参考しながら、少なくとも2006年改正案と2009年改正案で検討した種類株式について、問題点は最小化し、その効用は極大化しうる方法で、追加的な立法が急いで行われるよう希望するところである。

株主総会決議と募集株式の発行等の無効原因

笠原　武朗

I　本稿の目的
II　公開会社における有利発行のための株主総会
III　非公開会社における株主割当てによらない募集株式の発行等の無効原因

I　本稿の目的

　本稿は、必要な株主総会決議を欠く、あるいは決議取消原因たる瑕疵を帯びた株主総会決議に基づく募集株式の発行等につき、そのような決議の欠缺や瑕疵が株式会社の成立後における株式の発行および自己株式の処分の無効の訴え（会社法828条1項2号・3号。以下、法令名のない条文番号は全て会社法のもの）において無効原因となるかについて検討するものである。もっとも、募集株式の発行等の無効原因については既に長い間の議論や判例の蓄積がある。本稿はそのような議論を蒸し返して無効原因について全般的な検討をしようというものではなく、平成17年の会社法の制定により従来の議論との関係が必ずしも明確ではなくなった点や新たに生じた問題について検討を加えるものである。

　定款の定めにより権限分配に関するルールは変更される可能性はあるが、法律上の原則として募集株式の発行等の手続中で株主総会決議（特別決議（309条2項5号））が必要とされているのは、①公開会社（2条5号）におい

ていわゆる有利発行に当たる募集株式の発行等につき募集事項（199条1項）を決定する場合（201条1項、199条2項・3項）、②公開会社でない会社（以下、「非公開会社」とする）において株主割当てによらない募集株式の発行等につき募集事項を決定する場合（199条2項）、③取締役会設置会社でない会社で②の募集株式の発行等につき割当先を決定する場合（204条2項）、④非公開会社において株主割当てによる募集株式の発行等につき募集事項および株主割当てに関する事項を決定する場合（202条3項4号）である。本稿では、このうち①と②を検討の対象とする。①については古くから議論の対象となっており、有利発行のための株主総会決議の欠缺は無効原因とはならないとする平成17年改正前商法下の最高裁判例[1]もあったが、会社法の下でもその判例が先例としての意義を有するかについては若干の問題が提起されている。②は、会社法で非公開会社における募集株式の発行等の手続の規定の仕方が大きく変わったため、新たに検討すべき問題となったものである。

　ただ、①については従来の判例は先例としての意義は失わないとするのが大方の見方であろうし、②についても少なくともその欠缺は無効原因となるという点で学説におそらく異論はなく、その旨判示した最高裁判決[2]も出ている。実は本稿の結論はそれらに異を唱えるものではない。にもかかわらず本稿がこれらの問題について検討するのは、どのような根拠に基づきある瑕疵を募集株式の発行等の無効原因としたりしなかったりするのかについてきちんと考えておくことが、他の行為についての無効原因を考える際のヒントになると思われるからである。とりわけ、合併・会社分割・株式交換・株式移転といった組織再編行為は、募集株式の発行等とともにいわゆるM&Aの手法として用いられたり、時として多数派株主が少数派株主を不当に圧迫したりする手段として用いられる可能性があったりするため、経営陣（取締役等）と株主との間の利害対立や株主間の利害対立という点で似たような問題状況を想定できることも多い。また、実際、両者の規律は近時近づく傾向にある[3]。もちろん違いはあるし、それはそれで理由のあるものも多いが、それを踏まえながらも同じような問題についてはできるだけ同じようなアプ

---

1) 最判昭和46年7月16日判時641号97頁、最判昭和48年4月6日金法683号32頁。
2) 最判平成24年4月24日民集66巻6号2908頁。

ローチをする方が望ましい。そういう意味で、結論にかかわらず、無効事由と解すべき根拠について考えておきたいということである。

最後に、個別の検討に入る前に本稿の無効原因についての考え方について2点言及しておきたい。1点目は、若干検討の先取りになるが、「会社の組織に関する行為の無効の訴え」（828条）における無効原因に共通の問題として、ある瑕疵の無効原因該当性を論じる際には、何のために無効判決という形で問題の解決を図るべきなのかという点を重視すべきではないかということである。なぜならば、「会社の組織に関する行為の無効の訴え」は「会社の組織に関する行為」における関係者の利害調整の仕組みの1つに過ぎないので[4]、利害調整の仕組み全体の中で事後的な形成無効が果たすべき役割といった理由以外の何らかの他の理由をいくら強調してみても、説得力や反論可能性のある議論はできないのではないかと思われるからである。

2点目は、本稿の「株主総会決議の欠缺・瑕疵は無効原因に当たるか」という問題の設定の仕方に内在する問題である。例えば、学説の中には、非公開会社においては不公正発行であること自体を無効原因とすべきとするものも少なからずある[5]。そのような見解からすると、本稿の問題の設定の仕方は、総合的に考慮すべき事実関係の一部を恣意的に切り取ってきているもの

---

[3] 募集株式の発行等の方では、平成17年会社法により非公開会社においては原則株主総会の決議が必要とされたり、大規模な増資について株主総会の関与を要求する立法が検討の対象となったりしている。組織再編行為の方でも、平成年間の改正を通じて株主総会決議を不要とする類型・範囲が拡大したり、現在（平成25年7月）進行中の法改正では差止規定の創設や簡易組織再編での株式買取請求権の廃止が予定されたりしている（「会社法制の見直しに関する要綱」（平成24年9月7日法制審議会総会決定）第2部第3の4①および第4）。

[4] 「会社の組織に関する行為の無効の訴え」は重大な瑕疵ある行為の是正を図る組織法上の訴えであり（故に取締役等にも原告適格が認められる）、株主の提訴は会社の機関として監督是正権を行使するもの等とも説かれるが（新株発行の無効の訴えにつき、上柳克郎ほか編集代表『新版注釈会社法(7)』340頁〔近藤弘二〕（有斐閣、1987年）、それにより無効の訴えが関係者の利害調整の仕組みの1つであることを否定することはできないだろう。少なくとも実態としては株主は自己の利益を守るために提訴するのが通常であり、そのような提訴を否定する必要もない。また、一定の場合に認められる債権者による提訴は明らかに自己の利益の保護のためのものでしかない。

[5] 吉本健一『新株発行のメカニズムと法規制』101頁、117頁等（中央経済社、2007年）、小林俊明「閉鎖会社における公示の瑕疵に基づく新株発行と不公正発行」専法102号60頁以下（2008年）等。また、中東正文「募集株式の発行等」江頭憲治郎編『株式会社法大系』427頁以下（有斐閣、2013年）も参照。

のように見えるだろう。ある具体的な募集株式の発行等（あるいは、「会社の組織に関する行為」）を目の前にしたときに、それをどのように切り取った上でその無効原因該当性を論じるべきかは1つの問題であり、本稿の問題の設定の仕方の中にはその切り取り方の是非を考える契機はない[6]。この点については本稿で扱うところではないが、本稿が「株主総会決議の欠缺・瑕疵は無効原因に当たるか」という問題設定を選択したことが、無効原因についての検討のあり方をある面で制限していることはここで断っておきたい。すなわち、募集株式の発行等の過程における個別的な瑕疵を取り上げてその無効原因該当性を論じるというやり方は、無効原因の有無の客観的明確性という点では優れているが、どうしてもその瑕疵が問題となる典型的な場合を念頭に置いて検討せざるを得ないため、それだけでは個別事案における妥当な解決を図ることができない場合があるということである。本稿の問題の設定の仕方に由来する限界である。

以下では、上記①②について順に検討していく。

II 公開会社における有利発行のための株主総会

1 平成17年改正前商法のルールと会社法のルール

平成17年改正前商法においては、通常の新株発行（会社法で言えば、募集による株式の発行）を行うことおよびその条件の決定は原則として取締役会の権限とされていた（平成17年改正前商法280条ノ2第1項）。ただし、いわゆる有利発行に当たる場合には、さらに一定事項について株主総会の特別決議が必要とされていた（同条第2項）[7]。

平成17年に制定された会社法においては、公開会社については、株主割

---

[6] もっとも、本稿のような問題の設定の仕方は、判例や多数説のそれと同じである。判例は不公正発行であることを無効原因とは認めておらず（最判平成6年7月14日判時1512号178頁）、個別の法令違反の無効原因該当性を論じている。

[7] 通常の自己株式の処分（会社法で言えば、募集による自己株式の処分）についても同様であった（平成17年改正前商法211条3項）。

当てによらない募集株式の発行等についても募集事項の決定権限（募集株式の発行等を行うことおよびその条件の決定権限と言い換えてもよい）は原則として取締役会にあるが、有利発行に当たる場合については募集事項の決定権限は株主総会にあるとされている（201条1項、199条2項・3項）。条文の構造としては、株主総会決議によるのが全体の原則で、公開会社で有利発行でない場合についての特則が設けられているものと見られなくもない。

　この会社法のルールは平成17年改正前商法のルールを引き継いだものである。ただ、違いがないわけではなく、従来のルールが「有利発行でなければ取締役会決議、有利発行であればそれに加えて株主総会決議」であったのに対し、会社法のルールは「有利発行でなければ（例外的に）取締役会決議、有利発行であれば（原則通り）株主総会決議[8]」というものである。つまり、株主総会決議を経ずに行われた有利発行は、平成17年改正前商法の下では取締役会決議に加えて必要と規定されている手続の欠缺であるのに対し、会社法の下では募集事項の決定権限を持つ機関の決議の欠缺であるという違いを見出せなくもないわけである。そこで、有利発行決議の欠缺に関する平成17年改正前商法下の議論が会社法の下でも変わらず妥当するのか、とりわけ有利発行決議の欠缺を無効原因とはならないとした判例の先例としての意義をどう考えればよいのかが問題となる。

2　先例としての意義が問題となる判例

　その有利発行決議の欠缺を無効原因とはならないとした判例[9]は、上場会社における公募増資のための証券会社による買取引受けの事例であったが、判旨はその理由として先例を引くのみであった。その先例[10]は同じく証券会社による買取引受けの事例であり、有利発行規制導入前における株主割当てによらない新株発行に必要な株主総会決議（昭和41年改正前商法280条ノ

---

　8) 株主総会で決議する前提として取締役会での議題・議案の決定が必要なので（298条1項2号、会社法施行規則63条3号イ・7号ハ、73条1項1号参照）、実際上の違いはもっと小さい。
　9) 最判昭和46年7月16日・前掲注1)。
　10) 最判昭和40年10月8日民集19巻7号1745頁。

2第2項)の欠缺を無効原因ではないとしたものである。判旨は、その理由につき次のように述べている。

「新株の発行は、元来株式会社の組織に関するものではあるが授権資本制度を採用する現行商法が新株発行の権限を取締役会に委ねており、ただ株主以外の者に新株引受権を与える場合には、……株主総会の特別決議を要するに過ぎないものとしている点等にかんがみるときは、新株発行は、むしろ、会社の業務執行に準ずるものとして、取り扱つているものと解するのを相当とすべく、右株主総会の特別決議の要件も、取締役会の権限行使についての内部的要件であつて、取締役会の決議に基づき代表権を有する取締役により既に発行された新株の効力については、会社内部の手続の欠缺を理由にその効力を否定するよりは右新株の取得者および会社債権者の保護等の外部取引の安全に重点を置いてこれを決するのが妥当であり、従つて新株発行につき株主総会の決議のなかつた欠缺があつても、これをもつて新株の発行を無効とすべきではなく、取締役の責任問題等として処理するのが相当であるからである。」

3　学説・判例

　会社法の立法の経緯からは、会社法制定時に公開会社におけるルールについて実質的な変更を行うつもりはなかったことは明らかである[11]。多くの学説も1で見た規定ぶりの変化には特に触れていないので、有利発行決議の欠缺の問題に限らず、公開会社については会社法の下でも従来の議論がそのまま(様々な判例ルールの妥当性に対する評価も含めて)妥当すると見る向きが一般的なのであろうと思われる。

　もっとも、学説の中には1で見た規定ぶりの変化に着目する見解もある。例えば、そもそも取締役会決議の欠缺も含めて決議の欠缺を無効原因と解すべきという立場に立っているある論者は、その解釈が会社法の下ではより一層妥当する理由として、会社法で1のように規定の仕方が変わり、199条2項で募集事項の決定が株主総会の権限であることが原則とされたことを指摘

---

[11]「会社法制の現代化に関する要綱」(平成17年2月9日法制審議会総会決定)第2部第4の3(1)a参照。

している¹²⁾。また、別の論者は、会社の下では従来の判例が採用してきた「準業務執行行為」という論理が妥当しない可能性があること、さらに2の判例が言う有利発行決議を「取締役会の権限行使についての内部的要件」とする見方はもはや成り立たないことを指摘し、2の判例のルールを会社法上も維持するためには沿革的な理由か別の根拠によらなければならないとしている¹³⁾。

他方、判例には、「会社法上、公開会社……については、募集株式の発行は資金調達の一環として取締役会による業務執行に準ずるものとして位置付けられ、発行可能株式総数の範囲内で、原則として取締役会において募集事項を決定して募集株式が発行される……」と述べ、会社法の下でも公開会社における募集株式の発行等は「準業務執行行為」という性質を失っていないという認識を示すものもある¹⁴⁾。

4　検討①——「準業務執行行為」「内部的要件」

確かに形式的に見れば、1で見た規定ぶりの変化は、従来の最高裁判例¹⁵⁾が依拠してきた新株発行の「準業務執行行為」性という性質論や、とりわけ2の判例が言う株主総会決議を「内部的要件」とするロジックとは抵触するとも言えそうである。したがって、会社法の下での有利発行決議の欠缺を無効原因としない判例ルールの妥当性は他の根拠に求めるべきとする2で見た指摘は正当なものであると思われる。

ただ、2や3で見たように、募集株式の発行等を「準業務執行行為」とする判例のロジックには根強いものがある。そこで、条文の構造等に着目した形式的な論理だけではなく、そもそもある瑕疵が無効原因に当たるか否かを考えるに当たって、そのような行為の性質論（「準業務執行行為」か「組織法上の行為」か）は重要なものではないこともここで合わせて述べておきたい。

---

12) 宮島司「判批」『会社法判例百選〔第2版〕』55頁（有斐閣、2011年）。
13) 伊藤靖史ほか『事例で考える会社法』32頁以下〔伊藤雄司〕（有斐閣、2011年）。
14) 最判平成24年4月24日・前掲注2)。
15) これまで挙げた判例の他、最判昭和36年3月31日民集15巻3号645頁（取締役会決議の欠缺の事例）がある。

「新株発行＝準業務執行行為」という理解は昭和25年商法改正により株式の発行等が原則として取締役会の権限とされたことを根拠とする。ところが、第三者割当て全般について株主総会特別決議を必要とした昭和30年商法改正後も、あるいは第三者に対する有利発行について株主総会特別決議を必要とした昭和41年商法改正後も、新株発行という行為の性質についての判例の理解は、2で見たようにたとえ総会決議が必要とされた場合についても変わらなかった。しかし、普通に考えれば、株主総会特別決議が必要な事項を代表取締役ないし取締役会の判断で行う業務執行行為に準じるものと考えるのは難しい。もっとも、ここで問題としたいのはそのような「準業務執行行為」の範囲の問題ではなく、このようなかなり強引な理屈から見えてくる、「準業務執行行為」性の無効原因該当性の理由としての説得力の限界である。すなわち、「準業務執行行為」であるか否かで必要な意思決定手続の欠缺が無効原因となるか否かが決まっているのではなく、むしろ、何らかの他の理由により必要な意思決定手続を欠いても無効原因が存しないと考えるべきものが「準業務執行行為」とされていたに過ぎない（そして、その結果として株主総会決議を「内部的要件」と見るようにしたに過ぎない）ように見えるということである。

以上のように、有利発行決議の欠缺は無効原因にはならないとする判例のよって立つ論拠の半分は形式的には会社法の規定ぶりにそぐわない上、実質的にも説得力に乏しいものである。そこで、より実質的な理由に着目する必要がある。

5　検討②——無効判決の外部性と損害賠償

まず、2で見た判例が明示する理由のうち、実質的な理由と思われる点について見ておこう。

1つ目として、無効判決が第三者に与える影響が挙げられている。確かに、事案が上場会社における公募のための証券会社による買取引受けであったことからしても、そのような無効判決の外部性はかなり大きな問題であることは容易に想像しうる。この点は無効判決を出すべきでない事情として挙げることはできるだろう。もっとも、この要素に着目するだけでは、どのような

瑕疵があっても常に無効判決を出すべきではないという話にしかならない。

2つ目として、2の判例はさらに、損害賠償による解決がよりふさわしいということを述べている。上場会社における有利発行では、通常、株主が被る不利益は経済的な損失に過ぎないので[16]、損害賠償による解決に馴染むものであり、この点も無効判決による解決の必要性が低いことを示す事情と言えるかもしれない。もっとも、上場会社の株主の経済的損失を損害賠償により塡補するという解決方法にはエンフォースメント上の問題[17]があるし、そもそも取締役の個人資産が賠償に十分でない可能性が高い。

以上のように、判例が明示する理由だけでは、実質的理由としては不十分かもしれない。

6　検討③——有利発行規制のあり方

そこで、判例の結論を支持する他の実質的理由を考えてみよう。有利発行規制で問題となっているのは、公開会社——念頭に置くべき典型例は上場会社——における募集株式の発行等の発行価額をどのようにコントロールするかである。そして、どのような発行価額が適切か、発行価額が低額に見えても合理性のある募集株式の発行等であるかを判断するのによりふさわしいのは本来株主総会ではなく取締役会であるところ、取締役会が不適切な判断をする場合に備えて有利発行については常に株主総会の特別決議を要求するという規制手法の合理性はかなり疑わしい[18]。加えて、有利発行該当性の判

---

[16] いわゆる支配権争いがある中で取締役会限りで行う募集株式の発行等が不公正発行にも有利発行にも該当することはあり得る。その場合の株主の損失は（損害賠償による解決に馴染む）純粋な経済的損失であるとは言えない。もっとも、無効判決というサンクションの大きさに鑑みると、この問題については効力発生前の差止め（の仮処分）による解決を指向する方がよさそうである。

[17] 有利発行の場合、会社に損害が発生していると言えるかは微妙であり、（特に上場会社において）株主代表訴訟が使えるかははっきりしない。より直截な方法である、取締役等から損失を被った株主への賠償（429条）については、個々の株主が提訴しなければならないという問題がある。これらの問題については、田中亘「募集株式の有利発行と取締役の責任——会社の損害か株主の損害か」新堂幸司＝山下友信編『会社法と商事法務』143頁（商事法務、2008年）参照。

[18] 松井秀征「新株有利発行規制に関する一考察」小塚荘一郎＝髙橋美加編『商事法への提言——落合誠一先生還暦記念』371頁（商事法務、2004年）参照。

断は実際のところ微妙な場合も多く、取締役会が何か悪質な意図を持っていなくても、取締役会限りで行った募集株式の発行等が有利発行に当たるとされる可能性もある。そのような状況において、株主総会特別決議を欠く有利発行の募集株式の発行等を株主総会特別決議の欠缺という要素を捉えて事後的に無効としたとしても、公開会社における募集株式の発行価額の適正化に資するところは極めて少ない。

　もちろん、利益相反的要素がある場合等、取締役会の判断の適切性に疑いが生じる場合はあり、それに対する何らかの対処は必要である。しかし、それを、有利発行であること、にもかかわらず株主総会特別決議がないことを捉えて事後的に無効とすることで行うのは適切ではない。有利発行該当性は取締役会の置かれた利益相反状況等を直接捉える指標ではないし、事後的な無効というサンクションは大きすぎる（＝大きすぎるが故に実際に機能することが期待できない）からである。このような問題に対する対処は、募集株式の発行等の効力発生前の利害調整の仕組みである差止め（の仮処分）制度（210条）の適切な運用によって図られるべきであろう[19]。

　以上要するに、公開会社における発行価額の適正化という規制目的との関係で、現行の有利発行規制を前提としても、総会決議の欠缺を募集株式の発行等の無効原因とすることは適切な規制手段とは言えないということである。

7　まとめ

　以上をまとめると、有利発行決議の欠缺は無効原因にはならないとする判例の形式上の理由は会社法の下では妥当し難い。また、判例の明示する実質的理由も不十分だと思われる。そうすると、判例の結論に批判的な立場の論者からすると、会社法の下では先例としての意義を失ったと評価することも十分可能である。

　もっとも、本稿は、判旨が明示しない他の理由によってその結論を支持することができると考えている。その理由は、有利発行決議の欠缺を無効原因として無効判決を出すと第三者に対する影響が極めて大きいと考えられるに

---

19) 白井正和『友好的買収の場面における取締役に対する規律』519頁以下（商事法務、2013年）参照。

もかかわらず、無効判決による利害調整を正当化する根拠に乏しく、また差止めによる対処にそれなりに期待ができるということである。このような立場からすると、この判決はそのような判断を暗に支持した先例としての意義があると言うことも可能である。

なお、本稿では決議を欠いても無効原因とはならないと解する以上、当然、決議に取消原因たる瑕疵があっても無効原因とならないと考える。

III 非公開会社における株主割当てによらない募集株式の発行等の無効原因

1 はじめに

平成17年改正前商法においては、取締役会に新株発行権限があるという原則は株式に譲渡制限が付された会社(以下では、平成17年改正前のこのような会社についても「非公開会社」とする)でも同じであったが、株主には持分比率に応じて新株を引き受ける権利が法律上付与されており、この新株引受権を排除するためには株主総会の特別決議が必要であった(平成17年改正前商法280条ノ5ノ2第1項)[20]。これに対して、会社法は、募集事項の決定を原則として株主総会(特別決議)の権限とした(199条1項・2項、309条2項5号)[21]。つまり、非公開会社については、決定権限の委任や株主割当てに関する定款の定めの可能性を除くと、「株主割当てであれば取締役会決議、

[20] 通常の自己株式の処分については、原則取締役会の権限であることや有利発行規制があることは新株発行の場合と同様であったが、株式に譲渡制限が付された会社における株主の新株引受権に対応する規定はなく、そのような会社では取締役会決議に加えて常に株主総会の特別決議が必要とされていた(平成17年改正前商法211条)。つまり、新株発行とは異なり、会社法の下での募集株式の発行等の決定権限に関するルールと類似していたのであるが、自己株式処分の無効の訴え(平成17年改正前商法280条ノ15、211条3項)における無効原因については特に議論はなかったので、この違いについての言及を本文では割愛した。
[21] その他、非公開会社については、株主総会特別決議(309条2項5号)により一定の枠内で決定を取締役・取締役会に委任することができるとする規定(200条)と、定款の定めにより株主割当てを取締役・取締役会の権限とすることができるとする規定(202条3項1号・2号)もある。

株主割当てでなければ取締役会決議に加えて株主総会特別決議による株主の新株引受権の排除」というルールが「いずれにせよ株主総会特別決議」というルールに変わっている。そこで、会社法の下での非公開会社におけるこの株主総会特別決議の瑕疵が無効原因となるのか否かが、従来の議論の蓄積をそのまま参照するわけにはいかない問題となっている。

　平成17年改正前商法の下でのルールは株主割当てであるか否かで異なっているため、株主割当ての場合と株主割当てでない場合とを分けて考えることが必要である。そして、より重要な問題となるのは株主割当てでない場合の株主総会決議の瑕疵の方であるので、本稿ではそちらの方について検討することとしたい。

　非公開会社において株主割当てによらない場合、平成17年改正前商法の下でも会社法の下でも株主総会決議が必要な点では変わりはないが、平成17年改正前商法の下では株主総会決議の欠缺は株主の新株引受権の無視という意味を持っていたのに対し、会社法の下では必要な決議の欠缺という意味しかない。そして、一般的に必要な決議の欠缺も無効原因とはならないとするのが従来からの判例の態度であった。そこで、まず、この場合の株主総会決議の欠缺が無効原因となるかが検討されなければならない。

　仮に決議の欠缺を無効原因と解するとすると、次に、株主総会決議はあるが、それに決議取消原因たる瑕疵がある場合について、決議の欠缺と同じように考えることができるかが問題になる。この点は従来からの議論ではあまり論じられることがなかった点である。その理由は、1つには、そもそも決議の欠缺は無効原因とはならないというのが判例の立場であったため、それを批判した上でさらに決議に取消原因がある場合まで議論が進められることが少なかったということがあろう。もう1つには、非公開会社において不存在とは言えない程度の瑕疵しかない決議に基づいて新株発行が行われるという事態が、従来は現実的な問題としてあまり想定できなかったということがあるかもしれない。しかし、近年の会社法制の柔軟化により、（少数派株主ではなく）多数派株主が少数派株主の圧迫のために募集株式の発行等を行う可能性が増しており、特別利害関係人の議決権行使による著しく不当な決議であるという決議取消原因（831条1項3号）が株主総会決議にあるという場

面が、現実的な問題として想定されるようになっている。

以下では、以上の2点について順に検討する。

2 株主総会決議の欠缺は無効原因か

この問題については、先に判例・裁判例を見た上で、学説を参照しながら検討することとしたい。

(1) 判例・裁判例

この問題について判示した最高裁判例(最判平成24年4月24日[22])がある。事案は、非公開会社において将来の株式の上場を権利行使の条件とする新株予約権が取締役に対して無償発行されていたところ、上場が困難な状況となった後に取締役会決議によりその条件を撤廃した上で取締役が権利行使をし、株式の発行を受けたため、監査役がその無効の訴えを提起したというものである。判旨は、将来の上場という権利行使の条件を撤廃する取締役会決議を無効とし、本件の株式発行を権利行使条件に違反する新株予約権の行使による株式の発行であるとした上で、その効力を検討した。そこではまず、ここで問題としている、非公開会社における株主総会決議を欠く株式の発行の効力が問題とされた。この点についての判旨は次のように言う。

「会社法上、公開会社……については、募集株式の発行は資金調達の一環として取締役会による業務執行に準ずるものとして位置付けられ、発行可能株式総数の範囲内で、原則として取締役会において募集事項を決定して募集株式が発行される……のに対し、……非公開会社……については、募集事項の決定は取締役会の権限とはされず、株主割当て以外の方法により募集株式を発行するためには、取締役(取締役会設置会社にあっては、取締役会)に委任した場合を除き、株主総会の特別決議によって募集事項を決定することを要し……、また、株式発行無効の訴えの提訴期間も、公開会社の場合は6箇月であるのに対し、非公開会社の場合には1年とされている……。これらの

---

22) 最判平成24年4月24日・前掲注2)。

点に鑑みれば、非公開会社については、その性質上、会社の支配権に関わる持株比率の維持に係る既存株主の利益の保護を重視し、その意思に反する株式の発行は株式発行無効の訴えにより救済するというのが会社法の趣旨と解されるのであり、非公開会社において、株主総会の特別決議を経ないまま株主割当て以外の方法による募集株式の発行がされた場合、その発行手続には重大な法令違反があり、この瑕疵は上記株式発行の無効原因になると解するのが相当である。」

以上のように判示した上で、判旨は、本件の行使条件に違反する新株予約権の行使による株式発行は、非公開会社において株主総会特別決議を経ることなく株主割当てでない募集株式の発行がなされた場合と異ならないとして、当該株式発行を無効とした。

この判決以前の下級審裁判例でも、株主総会決議の欠缺は無効原因とされていた[23]。例えば、横浜地判平成21年10月16日[24]は、非公開会社において代表取締役が株主総会の特別決議を経ることなく自己に対して新株発行を行ったため、元々当該会社の単独株主であった原告が当該新株発行の無効の訴えを提起した事例であるが、判旨は次のように言っている。

非公開会社において無効の訴えの提訴期間が1年とされているのは、「株主総会が開催されずに新株が発行された場合、株主総会が実際に開催されるまでは、株主が新株発行の事実を知る機会が乏しく、新株発行の事実を知らないままに出訴期間を経過してしまうことが起こりうるため、株主総会が年一回開催されなければならないことを踏まえて、出訴期間を一年間に伸張し

---

[23] 本文で紹介したものの他に、東京地判平成24年1月17日判例集未登載（理由は示さず）、東京地決平成24年1月17日金判1389号60頁（理由は示さず）、東京地判平成24年3月27日判例集未登載（非公開会社の株主は議決権比率の変動に重大な利害関係を有しているので、総会決議の欠缺は無効原因たるべき重大な瑕疵であるとする）が総会決議の欠缺を無効原因としている。

[24] 横浜地判平成21年10月16日判時2092号148頁。控訴審（東京高判平成22年6月29日判例集未登載）でも同様の判旨で控訴棄却とされたようである（金判1360号16頁（SUPPLEMENT Vol. 27 No.1））。

たものである。また、会社法においては、〔非公開会社〕と公開会社を明確に区別し、〔非公開会社〕について、既存株主の利益保護にも配慮されていること、〔非公開会社〕においては、発行された新株が転々流通する頻度は必ずしも高くないと思われる……こと、〔非公開会社〕において新株を発行する場合、公開会社の場合と異なり、株主に対して新株の募集事項を通知または公告しなければならない旨の規定がなく、株主総会以外に、株主が新株の発行をやめることの請求をする機会が十分に保障されていないことからすれば、既存株主の保護を図るべく、株主総会の特別決議を経ずに新株が発行された場合には、特段の事情がない限り[25]、無効事由となると解するのが相当である。」

　以上のように、非公開会社における株主割当てでない場合の株主総会決議の欠缺は無効原因であるという結論は、判例・裁判例において一貫している。

(2)　検討①——非公開会社における持分利益の保護の重要性

　私見も、総会決議の欠缺は無効原因と解すべきであると考える。学説上もその結論にほぼ異論はない。ただ、その理由として挙げられる要素は様々である。順に検討しておこう。

　まず、非公開会社の株主は持分比率の維持に重大な関心を有すること、募集株式の発行等を株主総会の権限とする会社法もそれを保護の対象としているということが挙げられている[26]。(1)で見た最高裁判例の判旨もこの点を重視しているように読めるし、下級審裁判例の判旨にある会社法における公開会社と非公開会社の明確な区別を言うところも同旨であろう。そして、それは確かにその通りなのだが、しかし、ある瑕疵が無効原因に当たるか否かにとってこの点が本質的な問題であるとは思われない。株主の持分利益の保

---

[25]　どのような事情が「特段の事情」となるかについての一般論は示されていないが、判旨は、被告会社の単独株主である原告会社の、これまた単独株主である個人が本件の新株発行について承諾していたか否かについて検討している（結論として承諾はなかったとされている。承諾があれば新株発行を無効としてまで株主の保護を図る必要はないとする）。

[26]　江頭憲治郎『株式会社法〔第4版〕』714頁（有斐閣、2011年）、弥永真生『リーガルマインド会社法〔第13版〕』300頁（有斐閣、2012年）、川島いづみ「判批」金判1368号2頁（2011年）、山本爲三郎「判批」慶應義塾大学法学研究85巻3号109頁（2012年）。

護の重要性や法がそれを重視した手続規制を置いていること自体をいくら強調しても、株主総会決議の欠缺とそれによる持分利益の侵害という問題に対しては何らかの対処をしなくてはならないということが理解されるだけで、なぜそれを無効判決という形で解決しなければならないかが反論可能な形で示されるとは思われないからである[27]。

(3) 検討②――株主の新株引受権と株主総会決議

学説では、総会決議の欠缺を無効原因と解すべき理由として、平成17年改正前商法の下では法律上株主に新株引受権が付与されており、株主総会決議を経ることなく新株発行を行うことはその新株引受権を無視して新株発行を行うに等しく、したがってそのような新株発行には無効原因があると考えられていたところ、会社法は株主の新株引受権を廃して端的に募集株式の発行等を株主総会の権限としたが、それは保護のレベルを下げることを意図したものではなかったということも挙げられている[28]。平成17年改正前商法の下で新株引受権の排除のための株主総会決議を欠く場合については判例の立場は明らかではなかったものの[29]、通説的理解によればその場合の総会決議の欠缺は無効原因となるものと解されていた。したがって、従来のルールとの整合性からすると、会社法の下でも非公開会社における株主割当てでない場合の株主総会決議の欠缺は無効原因となるとするのが通説的理解となるべきものであろう。

これも確かにその通りなのだが、従来からのルールとの整合性はそのルール自体の望ましさとは直接の関係はないので、従来の通説的理解の内容についても一応検討しておきたい。株主総会決議を欠けば無効原因があるという

---

27) もっとも、本文の記述は、株主の持分利益の保護の重要性のようなことを理由として挙げること自体を批判するものではない。他の論点に波及しないものである限り、理由付けは色々な形でなされてもよい。ただ、単に、決め手となる理由は他に求めるべきだということである。
28) 弥永真生「判批」ジュリ1427号163頁(2011年)、江頭ほか・前掲注12) 206頁〔山下友信〕。
29) 伊藤ほか・前掲注13) 32頁〔伊藤〕は、有利発行のための株主総会決議の欠缺は無効原因とはならないとする最判昭和46年7月16日・前掲注1)の立場からは、無効原因とはならないとされる可能性もあったことを指摘する。

結論は変わらないものの、実は従来の議論には2つの方向があった。1つは、株主の新株引受権の無視という要素に着目して無効原因になるとする議論である[30]。ただ、このような議論には、(2)と同様、やはりなぜ無効判決という形の解決が必要なのか必ずしも明らかでないという問題がある。
　これに対して、従来の議論のもう1つの方向は、平成2年商法改正が株主の新株引受権を法定して株主割当てでない新株発行に株主総会決議を必要としたのは、非公開会社において多数派株主が新株発行の公告（平成17年改正前商法280条ノ3ノ2（現201条4項の公告に相当し、官報公告で足りる））に気付かないまま新株発行が行われるという事態が生じていたため、その改善を図ることを目的としていたことを理由として、株主総会決議の欠缺を無効原因とすべきとするものであった[31]。こちらの議論が無効判決という形での問題解決を必要とする理由は明確である。すなわち、多数派株主の持分比率を下げるような新株発行が多数派株主の関与なしに行われることを防ぐ意味がこの株主総会決議という手続にあり、それを実効的なものとするために無効判決が必要だということである。さらに換言すれば、多数派株主が知らない間にその地位を失うことを避けるための最も簡便な方法は多数派株主の関与なしに新株発行が行われないようにすることであるから、そこを回避できないようにするために無効判決というサンクションを使うべきだということもできる。
　もっとも、非公開会社においては無効判決が第三者に与える影響は相対的に小さいが、ないわけではない。したがって、そのような第三者への影響への考慮と株主保護の必要性への考慮とのどちらを優先すべきかは、一応ここでは留保しておく。いずれにしても、無効判決を通じて株主総会という利害調整の場を活かす方向へ持って行くという考え方が従来の通説的理解の中にあったこと、そして、株主の新株引受権が法定されていた平成17年改正前

30）大隅健一郎＝今井宏『会社法論（中）〔第3版〕』664頁（有斐閣、1992年）、鈴木竹雄＝竹内昭夫『会社法〔第3版〕』428頁（有斐閣、1994年）。
31）上柳克郎ほか編集代表『注釈会社法（補巻平成2年改正）〔新版〕』244頁以下〔龍田節〕（有斐閣、1992年）、江頭憲治郎『株式会社・有限会社法〔第4版〕』615頁（有斐閣、2005年）、草間秀樹「新株発行の無効原因」明治大学法律論叢80巻2・3号86頁（2008年）、洲崎博史「判批」リマークス43号88頁（2011年）。

商法との整合性を言う議論の真に注目すべき点は、そのような考え方を会社法の下でも妥当させていこうとする点にあることは指摘しておきたい。

(4) 検討③——提訴期間の伸張

(1)で見た最高裁判例・下級審裁判例がともに挙げるのが、会社法では非公開会社の無効の訴えの提訴期間が、公開会社における6か月に比して1年と伸張されていることである。その趣旨は、(1)で見た下級審裁判例が述べているように、株主が募集株式の発行等について知る端緒として定時株主総会（あるいはその不開催）を位置付け、それを通じて事実を知った時点で無効の訴えが提起できるようにすることにある。そして、それが株主総会という利害調整の場を経ない募集株式の発行等に無効原因があるという理解を前提にしていることは疑いない[32]。もっとも、この提訴期間の伸張という点は、総会決議の欠缺を無効原因と解すべき根拠というよりは、無効原因であることを前提にそれを可及的に実効的なものたらしめるものであるから、あくまで付加的な理由として考える方がよいであろう[33]。

(5) 検討④——株式の流通性

(1)で見た下級審裁判例は、非公開会社においては株式の流通性に乏しいことも理由に挙げている。これも全くその通りなのだが、それは非公開会社においては無効判決により影響を受ける可能性のある第三者が少ないため、無効原因を比較的広く解してもいいかもしれないということを意味するにとどまり、総会決議の欠缺を無効原因とすべきか否かとは直接の関係はない[34]。

(6) 検討⑤——公示の制度がないこと

会社法では、非公開会社における株主割当てによらない募集株式の発行等については、株主に対する募集事項の通知・公告（201条3項・4項）に相当

---

[32] 相澤哲ほか編著『論点解説新・会社法——千問の道標』215頁（商事法務、2006年）、江頭・前掲注26) 714頁。

[33] 洲崎・前掲注31) 88頁以下も同旨か。

[34] 洲崎・前掲注31) 89頁。

する制度がない。この通知・公告の制度は、昭和41年商法改正により、取締役会限りで株主割当てによらない新株発行が行われる場合に株主に新株発行について知る端緒を与えるために導入されたものであるから、そもそも株主総会に募集事項の決定権限が与えられた会社法にこれに相当する制度がないのは当然である。逆に言うと、非公開会社における株主割当てによらない場合の株主総会には、株主が募集株式の発行等について知る端緒としての意味もある。(1)で見た下級審裁判例はこのことを株主総会決議の欠缺を無効原因と解すべき理由の1つとして挙げている。学説上も同様の考え方を採るものが少なくない[35]。

この点も、知る端緒としての新株引受権排除のための株主総会決議と通知・公告とのいずれに着目するかが異なるだけで、結局のところ(3)で述べたことと同じこととなり、なぜ無効判決という形での問題解決が必要かは分かり易い。すなわち、非公開会社において株主総会決議を必要とするルールには、多数派株主の持分比率を下げるような募集株式の発行等が多数派株主の関与なしに行われることを防ぐ意味があるが、そもそも多数派株主が知らないうちにこのルールが無視されたまま募集株式の発行等が効力を生じ、しかも無効の訴えによってもそれを是正できないのであればそのような利害調整の仕組みの実効性が損なわれるので、無効判決というサンクションが正当化されるのだという考え方である。

もっとも、(3)でも言及したように、無効判決は第三者にも影響があるため、効力発生前の利害調整の仕組みを実効的なものとするために無効判決を用いることが本当に望ましいのかは別問題である。この点についての本稿の立場は(8)で述べる。

(7) 検討⑥――損害賠償

最後に、学説では従来から、非公開会社において株主割当てによらない募集株式の発行等が行われた場合の株主の持分利益の侵害を損害賠償により償

---

35) 弥永・前掲注26) 300頁、洲崎・前掲注31) 89頁、久保田安彦「行使条件違反の新株予約権の行使による株式発行の効力（下）――最高裁平成二四年四月二四日判決の検討」商事1976号21頁以下（2012年）。

うことは難しいことが指摘されており[36]、このことを株主総会決議の欠缺を無効原因とすべき理由として挙げる見解もある[37]。会社法は少なくとも一定の場合においては株主の株主たる地位を金銭評価の問題とすることを認めているが（吸収型組織再編行為における対価の柔軟化等）、非公開会社におけるその政策の妥当性はかなり疑わしい。とりわけ手続規制を遵守せずに強行されるような行為に社会的有用性があるとは考え難く、損害賠償という金銭評価で償えない部分の不利益の可能性を株主に甘受させることを正当化するのは難しい。したがって、損害賠償はこの場合の適切な救済手段ではないという指摘は肯定しうるものと考える。

(8) まとめ

以上の検討をまとめると、非公開会社において株主割当てによらない募集株式の発行等が株主総会の特別決議を経ずに行われた場合には、株主総会決議の欠缺を捉えて無効原因と解すべきであるが、そう解すべき中心的な理由は、結局、この場合の問題解決を事後的な損害賠償に委ねるのは不適切なので、多数派株主が知らない間に募集株式の発行等が行われないように、株主総会の決議で募集株式の発行等について決定するという効力発生前の利害調整の仕組みを実効的に機能させるようにすべきであるというところにある。

結論を留保していたのは（(3)(6)）、ここで前提となっている、無効判決の第三者への影響よりも効力発生前の利害調整の仕組みを実効的なものとすることで図られる株主の利益保護の方を優先させた方がよいという判断の是非である。まず、従来からの判例の立場は効力発生前の利害調整の仕組みの実効化を優先させるという判断を強く支持している。すなわち、判例は、無効判決については「会社と取引関係に立つ第三者を含めて広い範囲の法律関係に影響を及ぼす可能性」を考慮してルールを考えるとしつつも[38]、差止め（の仮処分）の実効性を確保するためという理由で、通知・公告を欠く新株発行や差止仮処分命令違反の新株発行には（原則として）無効原因があると

---

36) 吉本・前掲注5) 78頁、198頁等。
37) 弥永・前掲注26) 300頁、同・前掲注28) 163頁以下。
38) 最判平成6年7月14日・前掲注6)。

している[39]。この点については公開会社か非公開会社かは区別していない[40]。このような判例の立場からすると、少なくとも非公開会社において、差止めよりもより直接的な利害調整の仕組み（株主総会決議）を実効的なものとするために無効判決を用いることは肯定されてしかるべきということになろう。本稿としても、ここで扱われている事例は結局のところ非公開会社における内紛の事例であり、無効判決が第三者に与える影響は典型的には極めて小さいと考えらえるため、これに賛成しておきたい。

3 株主総会決議に決議取消原因がある場合

(1) 何が問題か

次の問題は、非公開会社において株主割当てによる募集株式の発行等が株主総会の決議を経て行われたが、当該決議には決議取消原因たる瑕疵があった場合に、当該瑕疵は募集株式の発行等の無効原因となるかである。

なお、ここでは、総会決議取消訴訟と総会決議に基づく行為に関する形成無効訴訟との関係に関するいわゆる吸収説を前提にしている。募集株式の発行等に即して言えば、決議取消原因たる瑕疵を募集株式の発行等の効力発生前から争うのであれば総会決議取消訴訟の中で主張することになるが、募集株式の発行等の効力発生後は、株式発行等の無効の訴えの中で当該募集株式の発行等が取消原因のある総会決議に基づくものであることを募集株式の発行等の無効原因として主張することになる[41]。「決議取消原因たる瑕疵は無効原因となるか」というのは、正確には、以上のようにして決議取消原因を

---

39) 最判平成9年1月28日民集51巻1号71頁（公示の欠缺以外に差止事由がない限り公示の欠缺は無効原因とする）、最判平成5年12月16日民集47巻10号5423頁（仮処分命令違反の新株発行を無効とした事例）。

40) 公示の欠缺が実際に問題になるのはほぼ閉鎖的な会社に限られるので（江頭・前掲注26）716頁）、それを無効事由とするルールの対象となる会社について限定がなくてもあまり問題になることはなかった。むしろ、非公開会社のみならず、法律上は公開会社であるが実態としては閉鎖的な会社についてまでルールを及ぼすことができるというメリットがある。他方、この「公示の欠缺＝差止めの機会なし＝無効原因」というロジックを、上場会社のような会社において権利行使の条件に反する新株予約権の行使による株式の発行等が行われたような場合についてまで推し進めていくことになるのであれば問題かもしれない。久保田・前掲注35）21頁。

実質的に株式発行等の無効の訴えの中で無効原因として主張することができるか否かということである[42]。

さて、2で検討したように、総会決議の欠缺は募集株式の発行等の無効原因と解すべきであるが、それと区別して、ほとんど議論がないにもかかわらず（(2)参照）、総会決議に決議取消原因たる瑕疵がある場合についてここで検討するのはなぜか。本稿が決議の欠缺を無効原因と解すべき中心的な根拠と考えているのは、非公開会社においては株主総会の特別決議という効力発生前の利害調整の仕組みを実効化するために無効判決が必要だということである。ところが、総会決議に取消原因があるに過ぎない場合には、株主が募集株式の発行等が行われようとしていることおよびその条件を十分知っていることもあると考えられる。その場合、株主は効力発生前に差止め（の仮処分）を求めることができそうなため、議論の前提が変わってしまうかもしれない。この点について別途検討する必要があるというのが理論上の理由である。

さらに、現実的な理由として、近年の会社法制の柔軟化により、多数派株主が少数派株主の圧迫のために募集株式の発行等を行う可能性が増大しており、特別利害関係人の議決権行使による著しく不当な決議であるという決議取消原因が株主総会決議にあるという場面が現実的な問題として想定されるようになっていることもある。従来から、多数派株主が少数派株主の持分比率をさらに下げるために新株発行を行うような可能性はなかったわけではないが、現在では、例えば、非公開会社においても募集株式の発行等が少数株主の締め出しの一環として行われることがありうる[43]。あるいは、多数派

---

41) 江頭・前掲注26) 714頁。吸収説では一般に、株式発行等の無効の訴えの中で決議取消原因を主張できるのは、決議取消訴訟の提訴期間である決議の日から3か月以内とされている。募集株式の発行等の効力発生前から提起されていた決議取消訴訟は、募集株式の発行等の効力発生によりそのままでは却下となるが、株式発行等の無効の訴えへの訴えの変更が認められる。

42) もっとも、いわゆる併存説（決議取消判決と決議に基づく行為の無効判決の両方が必要だとする考え方）に立っても、ある決議取消原因よる決議取消判決を無効の訴えにおける無効原因と考えることができるかという意味で「決議取消原因たる瑕疵は無効原因となるか」という表現を用いることはできるので、吸収説に立つか併存説に立つかはここでは論旨に影響はない。

株主が有利な内容の種類株式を自己にだけ発行するということも考えられる。したがって、決議取消原因と募集株式の発行等の無効原因について検討しておく実際上の意義も少なからずあるものと思われる。

以下では、学説の状況と裁判例を順に見た上で検討を行うこととしたい。

(2) 学説

先に述べた通り、この点に関する議論は多くないが、総会決議の欠缺を無効原因とすべきとする見解の中には、欠缺（不存在）と取消原因がある場合とを特に区別せずに論じているものもある[44]。また、総会決議の欠缺を無効原因とすべき理由を重大な利益侵害があるにもかかわらず事前措置の機会が保障されていないという点に求めつつ、そのような理由からすると「特別決議に瑕疵がある場合も、新株発行無効事由になる余地があると解すべきことになろう」と述べる見解がある[45]。場合によるということであろうか。

(3) 裁判例

この問題について扱った裁判例として東京地判平成23年2月14日[46]がある。募集新株予約権の発行の事例であるが、募集株式の発行等と問題は共通するので、事実を簡略化しつつ紹介する。

〔事実〕

平成20年10月31日、非公開会社であるY社の株主総会において、第三者割当てによる募集新株予約権の発行の募集事項の決定を取締役会に委任する旨の決議（239条1項。募集株式の発行等に関する200条1項に相当）（「本件決議」）がなされ、同年11月10日、その決議に基づいて新株予約権（「本件新株予約権」）の発行がなされた。これに対して、平成21年1月30日、Y社

---

43) 非公開会社において全部取得条項付種類株式制度を利用して締め出しを行う場合には、全部取得条項を付す決議（111条2項）と取得の決議（171条1項）に合わせて、多数派株主に対する募集株式の発行等（新たな種類株式を発行する場合や取得した全部取得条項付種類株式の処分という形を採る場合が想定される）の決議を行うことになる。
44) 江頭・前掲注26）714頁。
45) 洲崎・前掲注31）89頁。
46) 東京地判平成23年2月14日判例集未登載。

の株主である複数の者（「Xら」）が、本件決議の取消しの訴えを提起した。取消原因として主張されたのは、本件決議はXらから株式を譲り受けたと主張しているAが株主として議決権を行使して成立したものであり、決議方法に法令定款違反があるということであった。

本件新株予約権はBに対して発行されていたところ、本件決議の取消訴訟が係属中の同年7月31日、Bは本件新株予約権を行使して新株の発行を受けた（「本件新株発行」）。これに対して、平成22年1月22日、Xらは、本件新株発行の無効の訴えを提起した。この訴えは本件決議の取消訴訟と併合された。

〔判旨〕決議取消しの訴えにつき却下、新株発行の無効の訴えにつき請求認容

判旨はまず、AとXらと間の株式の帰属を巡る争いについて判断し、本件決議に関するAの議決権行使は適法なものとは認められず、本件決議は「行使された議決権のうち83％が株主により行使されたものではなかったというのであるから、決議の方法が法令又は定款に違反するといわざるを得ない」と判示した。

次いで、本件新株発行の効力についての判断の前提として本件新株予約権の効力について次のように判示した。「会社法が、公開会社でない株式会社において新株予約権を発行する場合には、常に株主総会の特別決議を経る必要がある旨を定めていること……に照らせば、公開会社でない株式会社においては、募集事項を決定する決議又はその決定を取締役会に委任する決議に瑕疵があり、これが取り消されるべき場合には、当該新株予約権の発行は無効となると解すべきである。そうすると、本件新株予約権は、本件決議……による委任に基づき発行されたものであるから、無効である。」

そして、本件新株発行の効力について次のように判示した。「無効な新株予約権が行使されて新株が発行された場合には、当該新株発行も無効であって、株主は、新株発行無効の訴えにおいて、新株予約権発行が無効であることを理由にその効力を争うことができると解すべきである。もっとも、新株発行の無効原因として、新株予約権発行が無効であることを主張する場合には、当該主張は、原則として新株予約権発行無効の訴えの出訴期間内に行う

必要があるものと解されるところ、Xらが［本件新株発行の無効の訴え］を提起したのは、本件新株予約権発行の無効の訴えの出訴期間が経過した後のことであるから、Xらが本件新株予約権発行の無効を主張することができるかどうかが問題となる。しかしながら、Xらは、本件決議……についてその出訴期間内に決議取消しの訴え……を提起し、同訴訟の係属中に本件新株発行について新株発行無効の訴え……を提起し、両訴訟が併合されたものであるところ、本件新株予約権の発行の無効原因も、本件新株発行の無効原因も、いずれも最終的には本件決議……の取消事由に帰着するものである。そして、本件決議……の取消しを求める訴えも、同決議の委任に基づき発行される新株予約権及びその行使により発行される新株の効力を否定することを究極の目的とするものである。そうすると、本件決議……についての決議取消しの訴えが適法に提起されている本件においては、同訴訟と併合された新株発行無効の訴えにおいて、本件決議……の取消事由が本件新株予約権発行の無効原因となることを理由に本件新株発行の無効を主張することは、許されると解すべきである。」

以上のように判示した上で、本件決議の取消しの訴えについては本件決議は既に効力を失っているため（239条3項）訴えの利益がないとして却下したが、本件新株発行の無効の訴えについてはXらの請求を認容した。

(4)　検討①──差止めによる対応が困難な場合

まず、(1)で述べた問題、すなわち、総会決議に決議取消原因があるに過ぎない場合には効力発生前の対処（差止め（の仮処分））が可能なので決議を欠く場合とは状況が異なるかもしれないという問題の前提が妥当しない場合も少なからずあることを指摘しておきたい。例えば、取締役会設置会社でない会社では招集通知で議題が特定されていようがいまいが株主総会ではあらゆる事項について決議することができるので（309条5項参照）、不意打ち的な決議を成立させるのは難しくない[47]。取締役会設置会社においても、招集

[47]　場合により決議方法の著しい不公正（831条1項1号）という決議取消原因たる瑕疵を帯びることにはなる。多数派株主が自己に有利な決議を成立させたのであれば、特別利害関係人の議決権行使による著しく不当な決議（同条3号）でもある。

通知で特定されていない事項について決議したとしても決議取消原因があるにとどまる。議題として募集株式の発行等を特定していたとしても、議案の概要（298条1項5号、会社法施行規則63条7号ハ）がその不公正さを示す程度に明確に記される保証はない。そして、非公開会社における株主割当てによらない募集株式の発行等では、募集事項の通知・公告（201条5項）も割当通知（202条4項）も必要ないので、総額引受契約（205条）を締結する形を採れば決議のその日に効力を発生させることもできる[48]。その他、多数派株主が少数派株主による差止めを嫌って、そもそも少数派株主に招集通知をしないまま株主総会を開催して手続を進めてしまうこともあるかもしれない[49]。それらのような場合には、差止めの機会があった場合についてどのように考えるにしても、2に準じて取消原因のある総会決議を募集株式の発行等の無効原因と解すべきである。

また、差止めの機会がないわけではなかったとしても、実際に差止めを求めることを期待できないような場合も考えられる。法の規定に従い、または任意に招集通知において募集株式の発行等について決議する予定であることおよびその条件が示されていたとしても、非公開会社では招集通知は原則として総会の日の1週間前（取締役会設置会社でない会社であれば定款で短縮も可能）までに発せられればよいので（しかも、募集株式の発行等は決議の日に効力を発生させることができる）、それを受けた株主が検討を行い、差止め（の仮処分）を求めるまでの時間はそれほどない[50]。あるいは、決議と効力発生との間に時間があるとしても、それが十分に長くないと評価できる場合もあるだろう。はっきりとした基準を提示できるわけではないが、期間の点で株主が対応について検討し、実際に差止めを求めるに十分でないと評価できるような場合については、やはり2に準じて取消原因のある総会決議を募集株式の発行等の無効原因と解すべきであろう。期間の目安としては、募集事項

---

48) 相澤ほか編者・前掲注32）205頁。
49) 多くの場合、当該株主総会決議は不存在と考えられるが、程度によっては取消しの問題とされる可能性がある。もっとも、決議の「不存在」を規範的に考える立場（岩原紳作「判批」ジュリ947号119頁（1989年）参照）によれば、本文のような総会決議は程度を問わずに「不存在」とされよう。

の通知・公告の期間である 2 週間を考えてもよいかもしれない。
　以上のように、総会決議に決議取消原因たる瑕疵がある場合であっても、差止め（の仮処分）による対応可能性という点を考えていくと、実際に対応が可能であったと評価できる場合についてどう考えるにしろ、少なからぬケースにおいて当該瑕疵は無効原因に当たると解すべきであろうと思われる。

(5)　検討②——差止めによる対応が可能な場合

　それでは、差止め（の仮処分）による対応が可能である場合についてはどう考えたらよいか。これが(1)で提示した問題である。
　(3)の裁判例の事案では、新株予約権の発行に関しては決議と効力発生との間の期間は 10 日間であり、募集新株予約権の差止め（の仮処分）（247 条）による対応は難しかったと評価してもよいかもしれない。しかし、最終的な新株の発行に対する対処という観点からすると、新株予約権の発行から株式の発行まで 8 か月もあり、新株予約権の行使による株式の発行を差し止めることは時間的に十分可能であった[51]。ところが、X らはそれを求めることはせず、出発点である決議の取消しだけを争い続け、その間に新株予約権の行

---

50) 従来、いつから差止めを求めることができるかについてはあまり議論されてこなかった。裁判例としては、京都地判昭和 62 年 10 月 15 日民集 47 巻 10 号 5462 頁（最判平成 5 年 12 月 16 日・前掲注 39）の第 1 審判決）が「新株差止請求権は、会社が新株発行の手続を開始することによって（通常は取締役会による新株発行事項の決定のとき、代表取締役が取締役会の決議を経ないで新株の発行を行った場合は、その意思が外部に表示されたとき、例えば、株式申込証の作成や特定銀行との払込取扱契約の締結等）発生」するとしている。同旨、上柳ほか編集代表・前掲注 4) 293 頁〔近藤〕。これらによっても株主総会決議による場合にははっきりせず、株主総会決議の時からということになるかもしれないし、総会の通知が発せられた時からということになるかもしれない。しかし、決議の日に募集株式の発行等の効力を発生させうる現行法の下では、募集株式の発行等が行われる蓋然性が高くなった時、少なくとも招集通知が発送された時点以降は差止めを求めることができると解すべきである。

51) 法律構成としては、210 条の類推適用や新株予約権の発行の無効の訴え（828 条 1 項 4 号）を本案とする会社の採る措置の執行停止を求める仮の地位を定める仮処分（民事保全法 23 条 2 項）の申立てが考えられる。この問題については、吉本健一「新株予約権の行使による株式発行等の差止めおよび無効」奥島孝康先生古稀記念論文集編集委員会編『現代企業法学の理論と動態——奥島孝康先生古稀記念論文集（第 1 巻上篇）』239 頁以下（成文堂、2011 年）、久保田安彦「新株予約権発行の瑕疵とその連鎖」阪法 61 巻 3・4 号 803 頁以下（2011 年）参照。

使がなされたことを受け、株式発行の無効の訴えを提起したという次第である。このような事態に対して(3)の裁判例の判旨は、新株予約権の前提となる株主総会決議に決議取消原因があれば当該新株予約権の発行には無効原因があり、無効原因がある新株予約権の行使により発行された株式にも無効原因があり[52]、出訴期間の問題については出発点の瑕疵を争う決議取消訴訟が適法に提起されているのでクリアできるという理由で株式発行の無効を認めた。差止めの可能性については特に触れるところはない（Y社も特に主張しなかった）。

これをここで論じている問題に即して言い換えると、非公開会社における株主割当てでない募集株式の発行等について決議した株主総会決議に決議取消原因たる瑕疵があり、かつ、それに基づく募集株式の発行等について差止めを行う時間が十分にある場合、株主は差止めを求めてもよいし、差止めは求めずに募集株式の発行等の効力発生を待って決議取消原因たる瑕疵を募集株式の発行等の無効原因として主張してもよい（決議の取消しの訴えは提起していてもいなくてもいいが、決議取消原因たる瑕疵は取消訴訟の提訴期間内に主張しなくてはならない）というのが(3)の裁判例の判旨の考え方だということになる。このような考え方の反対の立場として想定されるのは、差止めにより効力発生を防ぐことができるのであれば差止めをせよという考え方である。

従来の判例の考え方と整合的なのは後者の考え方であろうか。従来の判例のように差止めを重視する考え方は差止めの機会がなかったことを問題視するが、それは、差止めをしようとすればできたのにしなかったのであれば常に救済しないということまでは必ずしも意味しない。しかし、差止めの機会さえあればたとえ不公正発行であっても救済しないという態度からすると、(3)の裁判例の考え方は従来の判例の考え方とは馴染むものではないかもしれない。

総会決議の欠缺について2で検討した本稿の考え方からすると、事後的な損害賠償による利害調整が困難な非公開会社においては、無効判決は効力発生前の利害調整の仕組みを実効的なものとするためのサンクションとして活

---

[52] この問題については、吉本・前掲注51) 241頁以下、久保田・前掲注51) 814頁以下参照。

用すべきものである。効力発生前の利害調整の仕組みの1つである株主総会決議に着目すると、多数派株主の持分利益侵害が問題となる2の総会決議の欠缺の方では、無効判決により達成されるのは総会を開いて多数決を行うという仕組みの実効化である。多数決の濫用や(3)の裁判例のように議決権の帰属が問題となる決議取消原因のある決議の方では、無効判決により達成されるのは決議取消原因たるそのような瑕疵を訴訟（決議取消しの訴えまたは株式発行等の無効の訴え）という場で争えるという仕組みの実効化である。そうすると、考えるべき問題を、差止めは実際上仮処分命令を求める形にならざるを得ないところ、それが可能であることで、濫用的な多数決であること等を訴訟で争わせるという仕組みを代替してよいかと言い換えることができるだろう。そして、悩ましいが、私見としては、その答えはとりあえずNOだと考えている。準備の時間や裁判所の審理のあり方に制約が大きい差止仮処分の可能性だけでは、総会決議という形で現れた株主間の利害対立を決議取消訴訟を通じて解決するという利害調整の仕組みを放棄するには不十分と思われるからである[53]。

(6) 検討③——裁量棄却となる場合

以上を原則としても、決議取消原因たる瑕疵が招集手続や決議方法の軽微な法令定款違反であり、かつ、決議に影響を及ぼさないようなものである場合、つまり決議取消しの訴えによれば裁量棄却（831条2項）となるような場合については、当該瑕疵ある決議は募集株式の発行等の無効原因とはならないと考えるべきである。効力発生前の利害調整の仕組みの中ですら事態を是正する必要がないとされる場合だからである。

(7) まとめ

以上をまとめると、非公開会社で株主割当てでない募集株式の発行等が行われ、株主総会決議に決議取消原因たる瑕疵がある場合、差止めの機会が実質的にある場合には決議に取消原因があることは当該募集株式の発行等の無

---

[53] なお、この場合も、2の場合と同様、事前の利害調整の仕組みの実効化と無効判決の外部性の緊張関係を問題とするが、やはり無効判決の外部性は極めて小さいと考えられる。

効原因とはならないとするのが従来の判例の立場と整合的であるとも思われるが、私見としては、差止めの機会が実際にあってもなくても、決議に取消原因があることは当該募集株式の発行等の無効原因となると解すべきだと考える。

グループ企業の経済的意義と法規制の役割

加藤　貴仁

I　本稿の目的
II　Entity Shielding/ Owner Shielding
III　Entity Shielding/ Owner shielding を補完する見解
IV　グループ企業の経済的意義と法規制の意義・限界

I　本稿の目的

1　問題意識

　グループ企業を対象とした規制には様々な手法が存在するが、その中には、グループ企業を構成する会社の法人格を実質的に無視するものもある。具体例としては、親会社の株主が子会社の取締役等の責任追及を目的として株主代表訴訟を提起すること（いわゆる多重代表訴訟）を認めること、子会社の債権者に対して親会社が損害賠償責任を負うこと等が挙げられる。
　これらの手法の妥当性を検討する際には、親会社と子会社または子会社間の法人格の独立性の意義を踏まえる必要がある。グループ企業、すなわち、独立した法人格を持つ複数の会社が統一的な指揮の下で事業を営むことに何らかの経済的意義があるのであれば、法人格の独立性を無視することに対して慎重な態度がとられるべきである。なぜなら、法人格の独立性が無視されることによって、グループ企業が形成されることによって発生するはずの便

益が発生しなくなるからである[1]。このことは、コーポレート・ガバナンスだけではなく、グループ企業を対象とした種々の規制に一般的にあてはまるように思われる[2]。

そこで、本稿は、グループ企業の経済的意義を親会社が子会社など法人格を持つ企業を保有すること（以下、「親子会社形態」という）の経済的意義に着目して分析し、グループ企業の規制方法を考える際の示唆を得たいと考えている。親子会社形態の経済的意義を分析することの意義は、子会社等の法人格の独立性が維持されるべき範囲の明確化に資することにとどまらない。このような分析の結果、法規制は、法人格を実質的に無視するという形以外に、グループ企業を構成する会社間の法人格の独立性を実質的に保障することで、グループ企業の企業価値を高めることができる可能性を有していることが明らかになる。その手段として、本稿は、親子会社形態の経済的意義に関連するアメリカの学説を参照した。その理由として、第1に、近年、アメリカではこの問題について活発な議論がなされていること、第2に、アメリカとわが国を含む諸外国の株式会社制度には、共通する普遍的な法的特徴が存在するため、複数の株式会社等から構成される親子会社形態の経済的意義についても各国で共通する部分が大きいと思われること、が挙げられる[3]。

なお、グループ企業の経済的意義を分析する視点は、親子会社形態の経済的意義に着目することに限られない。たとえば、その他の視点として、市場で行われている取引をグループ企業内で統一的な指揮命令の下で行わせることの経済的意義に着目することが挙げられる。しかし、後者は、グループ企

---

1) 法人格の独立性が実際に無視されなくとも、それが無視される可能性が存在し、かつ、その条件が不明確であれば、本文で挙げた便益は発生しない。なぜなら、このような場合、グループ企業の取引相手は親会社と子会社などの法人格の独立性が無視されることを考慮して、グループ企業と取引せざるをえなくなるからである。See Mary Elisabeth Kors, *Altered Egos: Deciphering Substantive Consolidation*, 59 U. PITT. L. REV. 381, 384 (1998).
2) *See* Kenneth Ayotte & Henry Hansmann, *Legal Entities as Transferable Bundles of Contracts*, 111 MICH. L. REV. 715, 717 (2013).
3) 株式会社制度に共通する普遍的な法的特徴とは、出資者から独立した法人格、出資者の有限責任、持分譲渡の自由、出資者によって選任された機関を中心とした経営、出資者による会社の「所有」("ownership")である。REINIER KRAAKMAN ET AL., THE ANATOMY OF CORPORATE LAW: A COMPARATIVE AND FUNCTIONAL APPROACH, 5 (2th ed., 2009).

業に固有の観点ではなく、「企業の境界」として知られている、企業一般を対象とした視点である。本稿は、分析の焦点を絞るために、ある事業（複数の種類の事業が組み合わされたものを含む）が企業内部で営まれることが望ましいことを所与の前提とした上で、当該事業を他の企業形態ではなく親子会社形態で営むことの経済的意義に焦点を絞ることにした。

2　分析の流れ

本稿は、親子会社形態の経済的意義を、*Hansmann & Kraakman* によって体系化された視点から分析する。彼らの研究は、親子会社形態のみを対象としたものではなく、種々の企業形態を、企業、企業所有者、両者の債権者という４者の関係に着目して、組織法の役割を包括的・横断的に分析するものといえる[4]。親子会社形態は企業形態の（重要ではあるが）一種に過ぎない以上、他の企業形態が採用されることの意義と比較可能な形で、その意義を分析することが有益と思われる[5]。本稿は、彼らによって提案された、*Entity Shielding/ Owner Shielding* という分析枠組みに着目して、親子会社形

---

[4] *Hansmann & Kraakman* は、企業が備えるべき属性として、①企業を契約に拘束させる権限の存在、②企業が当事者となる契約の履行を担保するものとして経営者が提供できる財産（*bonding assets*. 以下、「責任財産」という）の集合体の存在の２つを挙げる。企業の担い手には個人だけではなく、株式会社など（*legal entities*）も含まれる。そして、後者について、②は、企業の所有者と経営者の責任財産とは異なる企業自身の責任財産が存在する必要性を示している。*Hansmann & Kraakman* は、企業の責任財産と企業の所有者ならびに経営者の個人財産の区別が、*legal entities* を定義づける核となる要素であること、そして、この区別を達成することが、組織法が企業の形成に際して果たす主たる役割であると主張する。See Henry Hansmann & Reinier Kraakman, *The Essential Role of Organizational Law*, 110 YALE L. J. 387, 392-393 (2000). *See also* Henry Hansmann, Reinier Kraakman, and Richard Squire, *Law and the Rise of the Firm*, 119 HARV. L. REV. 1335, 1337 (2006)（「変動する（筆者注：一般）債権者の集合体に対して担保を提供し、それゆえ、個人又は事業を行う企業の契約の履行を確保するために利用可能な、法的に独立した財産の集合体」を、*legal entities* として定義する）。なお、本文で挙げた４者以外の関係者として経営者が存在するが、ほとんど全ての企業形態において、経営者の個人財産と企業の責任財産は完全に分離されている。そのため、彼らの研究においては、このことは前提とされている。See Hansmann & Kraakman, *id*., at 398.

[5] たとえば、親子会社が利用されることの意義を分析する際には、同種の事業が単一の会社によって行われる場合と親子会社で行われる場合を比較することが有益ではなかろうか。そして、*Hansmann & Kraakman* は、このような比較を行うための重要な視点を提供してくれると思われる。

態の経済的意義を分析する。

　Entity Shielding とは、企業の保有する財産が企業所有者の個人債権者の請求から保護されることをいい、それは企業の所有する財産に対して、企業の債権者の権利が企業所有者の個人債権者に対して優先される程度とも言い換えられる。*Owner Shielding* とは、企業所有者の個人財産が企業の債権者の請求から保護されることをいい、企業所有者の個人財産について、企業所有者の個人債権者の権利が企業の債権者に対して優先される程度と言い換えられる[6]。したがって、*Entity Shielding* と *Owner Shielding* は、企業と企業所有者の間における契約関係と財産関係の独立性（*Asset Partitioning*）の程度を表す指標としても位置づけられる[7]。

　IIでは、*Entity Shielding/ Owner Shielding* の概要を紹介した後に、それを親子会社形態にあてはめる。その結果、親子会社形態が利用されることによって、*Entity Shielding/ Owner Shielding* の費用を上回る便益が発生する可能性が明らかにされる。しかし、同時に、*Entity Shielding/ Owner Shielding* の費用が不法行為債権者や取引債権者に一方的に押しつけられる可能性が増加すること、また、*Entity Shielding/ Owner Shielding* では基礎づけられない親子会社形態が実際に存在することも指摘される。

　IIIでは、*Entity Shielding/ Owner Shielding* を補完する比較的最近の見解が紹介される。しかし、これらの見解も、*Entity Shielding/ Owner Shielding* と同様の問題を抱えていることがIVで指摘される。

　IVでは、引き続いて、IIとIIIを踏まえて、親子会社形態の便益には親会

---

6) Hansmann & Kraakman, *supra* note 4, at 393-394.
7) 個人が *legal entities* と評価される企業を所有する場合には、企業と企業所有者の間における契約関係と財産関係の区別が重要な意味を持つ。そして、このような区別は、*Asset Partitioning* と定義されている。*See* Hansmann & Kraakman, *supra* note 4, at 393-394; Hansmann et al., *supra* note 4, at 1337. そして、会社が別の会社を保有する場合には、これらの間における *Asset Partitioning* が重要な意味を持つ。なお、*Entity Shielding* は、Hansmann & Kraakman, *supra* note 4 において *Affirmative Asset Partitioning* と表現されていたものに、*Owner Shielding* は *Defensive Asset Partitioning* と表現されていたものと実質的には同じであるように思われる。*See* Hansmann & Kraakman, *supra* note 4, at 393-394. ただし、*Entity Shielding/ Owner Shielding* の方が、それぞれの内容を的確に表現していると思われるので、本稿でもこちらの用語を使用することにした。

社と子会社の法人格が異なること自体によって発生する便益（便益a）と、法人格が異なることを踏まえて親会社と子会社または子会社間で異なったアレンジメントを行うことが可能となることによって発生する便益（便益β）に分けられることが指摘される。そして、便益aと便益βでは発生するメカニズムに差異がある以上、法規制がそれらに影響を与えるメカニズムも必然的に異なるため、グループ企業の規制を考察する際には、それが便益aの増加を目的にしているのか便益βの増加を目的にしているのかが明確に意識される必要があることが主張される。最後にこれまでの分析を踏まえて、グループ企業の倒産手続を題材にして、グループ企業の法的構造の複雑化によって生じる問題と法規制による対処のあり方が検討される。

II　Entity Shielding/ Owner Shielding

1　Entity Shielding

(1)　Entity Shielding の分類

Entity Shielding は、*Weak Entity Shielding*、*Strong Entity Shielding*、*Complete Entity Shielding* に分類されている[8]。*Weak Entity Shielding* では、企業所有者の個人債権者が、企業の所有する財産から債権を回収しようとすること自体は制約されない。しかし、この場合、企業の所有する財産に対して、企業の債権者に優先権が付与される。*Strong Entity Shielding* では、*Weak Entity Shielding* に加えて、企業の所有者とその個人債権者が企業に対して持分の払い戻しを請求することが制約される。株式会社は、*Strong Entity Shielding* の典型例として挙げられている。*Complete Entity Shielding* の典型例は非営利法人や公益信託とされ、企業の債権者以外の債権者が、企業の所有する財産から債権を回収しようとすること自体が制約される。

---

8) Hansmann et al., *supra* note 4, at 1337-1338.

(2) *Entity Shielding* の便益

Entity Shielding がもたらす便益として、①企業の債権者のモニタリング費用の減少、②企業所有者と経営者のエージェンシー費用の減少、③倒産手続の管理費用の減少、④企業価値の保護、⑤企業による資金調達と企業所有者による分散投資の促進、⑥企業の持分の譲渡の促進、が挙げられている[9]。

Entity Shielding が認められない場合、企業の所有する財産について、企業の債権者と企業所有者の債権者の権利は平等に扱われる。そのため、企業の債権者は企業所有者が当該企業の活動とは別にどのような活動を行っているかに注意を払う必要があるし、企業の倒産手続が行われる際には企業の債権者と企業所有者の債権者を平等に取り扱うことが要請される[10]。これに対して、*Entity Shielding* によって、企業の所有する財産については企業の債権者の権利が企業所有者の個人債権者の権利に優先される場合、企業の債権者は前述したような注意を払う必要性が減少する（便益①）[11]。また、企業所有者の債権者は企業の債権者に対する支払い後に企業所有者に支払われる残余財産に対する権利しか有さないことになるので、企業の倒産手続において彼らの権利を考慮する必要性が消滅する（便益③）[12]。

便益②は、企業所有者が複数の事業を営んでいる場合を想定して説明されている[13]。これらの事業が1つの企業によって営まれている場合、ある事業に関連する債権者は当該企業の保有する全財産を当てにすることができる。

---

9) ①〜③は、企業の所有する財産について企業の債権者の権利が優先されることに基づき発生するものであるから、*Entity Shielding* に共通する便益である。これに対して、④〜⑥は主に、企業の所有者とその個人債権者が企業に対して持分の払い戻しを請求することが制約されることに基づき発生するものであるから、*Strong Entity Shielding* に特殊な便益である。See Hansmann et al., *supra* note 4, at 1343-1344. なお、便益①〜⑥以外に、*Entity Shielding* の便益として、企業の債権者を企業の将来とは無関係のリスクから隔離することも挙げられていた。See Hansmann & Kraakman, *supra* note 4, at 404. しかし、この点は、特に便益①と④を言い換えたものに過ぎないように思われる。

10) また、企業所有者の数が増えれば増えるほど、またはその構成が変動する割合や頻度が大きければ大きいほど、企業の債権者が債権の回収可能性を評価するために負担しなければならない費用も増加すると指摘されている。その結果、企業による資金調達の費用が増加するが、それは企業所有者が全体として負担するので、彼らには相互に監視するインセンティブがある。しかし、企業所有者の数が増加することは、このような監視も困難にさせる。See Hansmann & Kraakman, *supra* note 4, at 402-403.

その一方で、当該事業の経営を委託されている経営者が、当該事業と関連しない部門の信用力を利用して過剰な取引を行う危険がある。これに対して、それぞれの事業が個別の企業によって営まれている場合、当該企業の債権者の権利が企業所有者の個人債権者を含む他者に対して優先される財産は、当該企業の保有する財産に限定される。そのため、当該債権者について、当該企業の保有する財産が毀損しないよう当該企業の経営を委託された経営者を監視するインセンティブが増加する[14]。

Strong Entity Shielding が認められる場合には、便益④～⑥が追加的に発生する。これらの便益は、ある企業について所有者が複数存在する場合に発生する。持分の払い戻しによって、払い戻しを受けた企業所有者は直接的な便益を受ける。しかし、持分の払い戻しは企業から財産が流出することを意味するため、その規模によっては当該企業の事業活動の妨げになる可能性がある[15]。したがって、持分の払い戻しが自由に認められる場合、企業所有者は、財務状況の悪化など持分の払い戻しにつながるような状況が発生しているか否かについて相互に監視するインセンティブを持つ[16]。これに対して、持

---

11) Hansmann et al., *supra* note 4, at 1344-1345. *See also* Hansmann & Kraakman, *supra* note 4, at 399-400（便益①は特に取引債権者について発生すると指摘する）。便益①が発生する典型例の１つとして、持株会社形態で複数の事業が営まれることが挙げられている。そして、営まれる事業間の差異が大きければ大きいほど、便益①は大きくなるであろうことが示唆されている。*See* Hansmann & Kraakman, *supra* note 4, at 399-401; Andrew Brasher, Substantive Consolidation: A Critical Examination (2006), available at http://www.law.harvard.edu/programs/corp_gov/papers/Brudney2006_Brasher.pdf, at 20-21. なお、企業形態の経済的意義を説明する際に債権者のモニタリング費用の削減に着目することは、すでに *Posner* によって提唱されていた。*See* Richard A. Posner, *The Rights of Creditors of Affiliated Corporations*, 43 U. CHI. L. REV. 499, 507-509 & 516-517. この点で、*Hansmann & Kraakman* の見解は、*Posner* の見解を発展させたものと位置づけられている。*See* Richard Squire, *Strategic Liability in the Corporate Group*, 78 U. CHI. L. REV. 605, 607 note 3 (2011).

12) Hansmann et al., *supra* note 4, at 1346-1348.

13) Hansmann et al., *supra* note 4, at 1346.

14) 便益②は、*Owner Shielding*、すなわち、企業の債権者が企業所有者の財産から債権を回収することが制限されることによって、さらに強化される。Hansmann et al., *supra* note 4, at 1346 note 32.

15) Hansmann et al., *supra* note 4, at 1348.

16) 企業の債権者も、企業の財務状況によっては、本文で挙げたような点を監視するインセンティブを持つであろう。その結果、便益①が減少することになるように思われる。

分の払い戻しが制限されている場合には、このような監視を行う必要性が減少する。言い方を換えれば、ある企業所有者にとって、他の企業所有者の属性が重大な関心事でなくなるのである。その結果、個人が複数の企業に少額の投資を行うことや持分の譲渡が容易になる。

(3) *Entity Shielding* の費用

Entity Shielding がもたらす主な費用として、①債務者による機会主義的行動並びに企業と企業所有者の間における財産の混同、②費用①を削減するための費用、③洗練された倒産手続の必要性、④債権者の権利の de-diversification、⑤持分の流動性の低下、⑥支配者による搾取、が挙げられている。

費用①を簡単に説明するならば、企業所有者が自己の保有する財産を企業に移転させることによって、すでに存在する彼自身の債権者が害される可能性がある。企業所有者は、企業に移転した財産を利用して新たに資金調達を行うことができるので、彼自身の債権者の利益を犠牲にして、このような行動を行うインセンティブを持つ[17]。ただし、企業所有者の数が多い場合には、企業に移転された財産から当該企業所有者が排他的に受益することができなくなるので、このような行為は行われにくい[18]。また、このような行為が行われない場合でも、企業所有者と企業の財産が混同している場合には混同を解くために費用がかかるし、混同を解く仕組みが脆弱な場合には *Entity Shielding* のメリットが発生しない可能性がある[19]。費用①を削減するための制度として想定されているのは、会計や情報開示に関する規制、法人格否

---

17) *Owner Shielding* が認められている場合、本文で挙げた点と類似の理由から、企業所有者には企業の保有する財産を自らに移転するインセンティブを持つ。この場合に犠牲になるのは、企業の債権者である。同様の行為は、同一の企業所有者が所有する複数の企業間で行われる可能性もある。このように、企業と企業所有者の間で財産が移転されることによって債権者の利益が害されるのは、*Entity Shielding* と *Owner Shielding* に共通する費用と言える。*See* Hansmann et al., *supra* note 4, at 1351.

18) Hansmann et al., *supra* note 4, at 1351.

19) Hansmann et al., *supra* note 4, at 1351-1352. *See also* Ayotte & Hansmann, *supra* note 2, at 722（グループ企業を構成する会社間の境界が不明確な場合は、債権者によるモニタリングの費用が増加する可能性があることを示唆する）。

認の法理など事後的な債権者保護の仕組みである。そして、費用②として想定されているのは、前者を遵守するための費用と、後者に関して訴訟が提起された場合に発生する訴訟手続に関する費用と裁判所が判断を誤る可能性である[20]。

費用③は、*Weak Entity Shielding*、すなわち、企業の所有する財産について企業の債権者の権利が企業所有者の債権者に優先されること、を実現させるためには、当該企業の所有する財産と負債の額を確定する仕組み、すなわち、精緻な倒産手続が必要であることに由来する[21]。費用④は、企業所有者が複数の事業を営んでいる場合を想定して、説明されている[22]。当該事業が1つの企業として営まれている場合、ある事業に関連する債権者は当該企業の保有する全財産を当てにすることができる。したがって、それぞれの事業の業績が完全に連動している場合を除き、債権者はリスク分散のメリットも享受できる。これに対して、それぞれの事業が個別の企業として営まれている場合、当該企業の債権者が主に当てにできる財産は当該企業の保有する財産に限定される。その結果、債権者は、複数の事業が1つの企業によって営まれている場合と同様のリスク分散のメリットを享受するために、自らポートフォリオを設計する必要がある。

費用⑤と⑥は、持分の払い戻しまで制約される *Strong Entity Shielding* に固有である[23]。費用⑤は、持分の払い戻しが制約されることによって企業所有者が直接的に負担しなければならない費用である。これに対して、費用⑥は、持分の払い戻しによって企業価値が毀損される可能性を利用して少数派が支配者に対抗することができなくなるため、支配者が少数派を搾取する可能性が高まることを意味する[24]。

---

20) Hansmann et al., *supra* note 4, at 1352.
21) 早い者勝ちを認めるような単純な仕組みは、*Weak Entity Shielding* と両立しないと説明されている。See Hansmann et al., *supra* note 4, at 1352. ただし、*Strong Entity Shielding* まで認められる場合には、倒産手続において企業所有者の債権者の権利を考慮する必要性がなくなるため、倒産手続が簡略化するというメリットが発生する可能性がある。*Id*. at 1353.
22) Hansmann et al., *supra* note 4, at 1353.
23) Hansmann et al., *supra* note 4, at 1353.
24) Hansmann et al., *supra* note 4, at 1353-1354.

2 *Owner Shielding*

(1) *Owner Shielding* の分類

Owner Shielding は、*Weak Owner Shielding* と *Complete Owner Shielding* に分類されている[25]。*Weak Owner Shielding* では、企業が倒産した場合に、企業の債権者が企業所有者の個人財産から債権を回収しようとすることは制約されない。しかし、この場合、企業所有者の個人財産に対しては、企業所有者の個人債権者に優先権が付与される。これに対して、*Complete Owner Shielding* では、企業の債権者が企業所有者の個人財産から債権を回収しようとすること自体が制限される。*Complete Owner Shielding* の典型例は、株主有限責任である。

Owner Shielding が認められることは、企業所有者について *Entity Shielding* が認められることに等しい。企業について *Entity Shielding* が認められることは、「企業」の保有する財産が「企業所有者の個人債権者」の請求から保護されることを意味した。これに対して、企業について *Owner Shielding* が認められることは、「企業所有者」の保有する財産が「企業の債権者」の請求から保護されることを意味するからである。このことは、「企業所有者」が複数の企業を所有している場合に顕在化する。そのため、*Entity Shielding* がもたらす費用と便益に関する分析の多くは、*Owner Shielding* にもあてはまると思われる[26]。

(2) *Owner Shielding* の便益

Owner Shielding の便益として、(a)企業所有者の債権者と企業所有者によるモニタリング費用の減少、(b)企業のガバナンスの費用の減少、(c)経営者に対するモニタリングの負担の一部を企業所有者から企業の債権者に移すこと、(d)企業所有者による責任負担の簡易化、(e)企業の持分の譲渡の促進、(f)企業所有者と企業債権者間ならびに企業所有者間におけるリスク分担の効率化、が挙げられている[27]。

---

25) Hansmann et al., *supra* note 4, at 1339-1340.
26) *See* Hansmann & Kraakman, *supra* note 4, at 398.

便益(a)は、*Entity Shielding* の便益①と表裏一体の関係にあると説明されている。すなわち、便益①は企業の債権者が企業のモニタリングに注意を集中することを可能にするのに対して、便益(a)は、企業所有者の財産について企業所有者の個人債権者の権利を企業の債権者の権利に優先させることで、企業所有者の個人債権者が企業所有者のモニタリングに注意を集中することを可能にする。また、*Owner Shielding* が認められない場合、企業が負担した債務について個々の企業所有者が最終的に負担を求められる額は、他の企業所有者の財産状況に依存するため、企業所有者間で個人財産の状況を相互にモニタリングする必要性がある。*Owner Shielding* は、このようなモニタリングを不要にする[28]。

これに対して、便益(b)～(f)は、*Owner Shielding* に固有の便益と評価されている。便益(b)は、企業所有者が複数である場合に、*Owner Shielding* によって、企業所有者が企業の活動から得る利益または被る不利益が企業所有者の属性やその財産の状況とは関係なく持分に比例した共通の内容となることによって発生する。このことは、企業保有者が行う企業の意思決定によって彼らが享受する経済的利益が同一になることを意味し、その結果、集団的意思決定が容易になる[29]。便益(a)(b)は、*Owner Shielding* 一般に共通する便益である[30]。

便益(c)は、*Owner Shielding* によって、企業の債権者が主に当てにできる財産が企業の財産に限定される結果、当該債権者に企業の財務状況を監視するインセンティブが発生することに由来する。企業の債権者によるモニタリングは、企業保有者が保有するものとは異なる情報やモニタリングの手段を企業の債権者が保有している場合や企業保有者の数が多く彼らによるモニタリングが機能しない場合に重要な意味を持つ[31]。便益(d)は、企業所有者の

27) Hansmann & Kraakman, *supra* note 4, at 424-427.
28) Hansmann & Kraakman, *supra* note 4, at 424.
29) Hansmann & Kraakman, *supra* note 4, at 424.
30) Hansmann & Kraakman, *supra* note 4, at 424-425.
31) Hansmann & Kraakman, *supra* note 4, at 425. *See* Posner, *supra* note 11, at 468（リスク負担者として債権者の方が株主よりも優れている場合には、株主から債権者へのリスク移転は望ましい可能性があることを指摘する）。

負担を事前の出資に限定することで、企業の債権者が事後的に企業所有者から債権を回収することが認められていたら発生したであろう債権回収費用が節約されることを意味する[32]。便益(c)と(d)は、*Weak Owner Shielding* でも発生するが、*Strong Owner Shielding* の方がその便益は大きい[33]。

便益(e)は、便益(a)と(b)と密接に関係する[34]。便益(a)と(b)によって、企業持分の価値が企業所有者の財産から独立して算定されることが可能となり、持分に関する市場が形成される条件の1つが充たされるからである[35]。

便益(f)について、*Strong Owner Shielding* は企業所有者の出資額の増減を通じて企業所有者と企業の債権者の間で様々な形でリスク分担を定めることを可能にする枠組みとして、*Weak Owner Shielding* は企業保有者が負担するリスクをさらに増加させる仕組みとして位置づけられている[36]。企業所有者間のリスク分担について、*Owner Shielding* が認められ、そして、*Strong Owner Shielding* に近づくにつれて、企業所有者が他の企業所有者の行動というコントロール困難なリスクから解放されるようになると説明されている[37]。

(3) *Owner Shielding* の費用

Owner Shielding がもたらす費用は、*Owner Shielding* によって企業所有者が企業の債権者に対して機会主義的に行動する可能性に由来する。株主有限責任を例に挙げれば、企業の債権の額が企業の保有する財産の額を大幅に超える場合、企業所有者は、様々な手段を用いて企業の価値を当該企業から移

---

32) Hansmann & Kraakman, *supra* note 4, at 425-426.
33) Hansmann & Kraakman, *supra* note 4, at 425. たとえば、*Weak Owner Shielding* しか認められない場合、企業の債権者には企業所有者の個人債権者から債権を回収できる可能性があるので、*Strong Owner Shielding* まで認められる場合と比較して、企業の財務状況を監視するインセンティブが小さくなる。*Id*.
34) Hansmann & Kraakman, *supra* note 4, at 426.
35) なお、*Hansmann & Kraakman* は、歴史的事実に基づき、*Weak Owner Shielding* しか認められない場合でも、便益(e)は発生すると主張している。*See* Hansmann & Kraakman, *supra* note 4, at 426.
36) Hansmann & Kraakman, *supra* note 4, at 426.
37) Hansmann & Kraakman, *supra* note 4, at 427.

転させるインセンティブを有する[38]。

3 親子会社形態の経済的意義の基礎づけ

Entity Shielding/ Owner Shielding に従えば、株式会社は *Strong Entity Shielding* と *Strong Owner Shielding* の双方が認められる企業形態となる[39]。もちろん、グループ企業の頂点に位置する親会社が保有するのは、株式会社に限られない。しかし、親子会社形態の経済的意義は、*Asset Partitioning* の程度が高い株式会社が子会社とされる場合に顕在化するのではなかろうか。このような場合を分析することによって、ある事業を親会社の一事業部門として保有するか子会社として保有するかの差異が顕在化するように思われる。

そこで、以下では親会社によって株式会社が保有される場合を念頭に置いて、親子会社形態の経済的意義を分析していくことにする。(1)では、親子会社形態が採用されることによって発生する便益と費用を、*Entity Shielding/ Owner Shielding* の分析枠組みを利用して明らかにする。その後、(2)と(3)において、*Entity Shielding/ Owner Shielding* の分析枠組みでは親子会社形態の経済的意義を十分に説明できない可能性があることを指摘する。

(1) グループ企業における *Entity Shielding/ Owner Shielding* の便益と費用

親子会社形態の特徴として、子会社が上場されていない限り子会社の株主は少ない場合が多いこと、または子会社の株主は親会社だけである場合もあることが挙げられる。子会社の株主の数が少ないことは、以下のように、親子会社形態の経済的意義に影響を与える。

---

38) Hansmann & Kraakman, *supra* note 4, at 423. 企業の所有者がとる手段の例として、企業の債権者に対して約束したレベルの注意を払うことを怠ること、過剰にリスクを持つ案件に投資すること、倒産が予測される場合に企業から財産を引き出すことが挙げられている。言い方を換えれば、本文で挙げたような場合には、企業の収益の多くは企業の債権者に対する支払いに充てられる必要があり企業の所有者が享受することができないため、企業の所有者には、企業の収益を増加させる以外の手段で自己の利益を増加させるインセンティブが発生するということである。

39) Henry Hansmann, Reinier Kraakman, & Richard Squire, *The New Business Entities in Evolutionary Perspective*, 2005 U. ILL. L. REV. 5, 11.

第1に、*Entity Shielding/ Owner Shielding* の便益の中には、株主の数が少ない場合には発生しないものが含まれる。具体的に言うと、*Entity Shielding* の便益④～⑥は *Strong Entity Shielding* に固有の便益であるが、企業所有者が少ない場合にはその意義が小さくなる。また、*Owner Shielding* の便益(b)(d)も同様の性質を持つように思われる。*Owner Shielding* の便益(f)について、親子会社形態では、企業所有者が他の企業所有者の行動というコントロール困難なリスクから解放されるという便益は発生しない。

　第2に、*Entity Shielding/ Owner Shielding* の費用の中には、株主の数が少ないことによって、その規模が大きくなるものが含まれる。具体的に言うと、*Entity Shielding* の費用①と②、ならびに *Owner Shielding* の費用が、このような性質を持つ[40]。これらの費用が増加することは、企業所有者が、企業の債権者の利益または企業所有者自身の債権者の利益を害することを目的として機会主義的行動をとる危険性が高まるということを意味する。企業所有者の数が多い場合には、機会主義的行動による便益を他の企業所有者と共有する必要があったり企業の行動を支配するために他の企業所有者から同意を得る必要があったりするので、このような行動をとる危険性が低くなる。

　このように親子会社形態では、*Entity Shielding/ Owner Shielding* によって発生する便益の種類が限定されてしまう一方で（*Entity Shielding* の便益①～③と *Owner Shielding* の便益(a)(c)と便益(f)の一部）、その費用が増加する可能性がある（*Entity Shielding* の費用①②と *Owner Shielding* の費用）。しかし、親子会社形態によって発生する便益の中には、統一的な指揮の下で異なる種類の複数の事業が行われているというグループ企業の特徴によって、その規模が大きくなる可能性があるものが含まれている。*Entity Shielding* の便益①と *Owner Shielding* の便益(a)は、グループ企業が性質の異なる複数の事業をそれぞれ別の会社に営ませることで債権者によるモニタリングの費用の減少という便益を効果的に発生させることができるという意味で、このような性質を持つように思われる[41]。グループ企業がこのような便益を享受するためには、多くの子会社を抱える必要がある場合もあり得る。しかし、グループ

---

40) *Entity Shielding* の費用②は費用①の原因に対処するための費用といえるから、費用①と費用②の間には正の相関関係があるように思われる。

企業の傘下にある子会社の数が増加することは、*Entity Shielding* の費用①〜④と *Owner Shielding* の費用を共に増加させる可能性がある[42]。

(2) グループ企業を構築するインセンティブの問題

①で述べたように、親子会社形態が採用されることによって、*Entity Shielding/ Owner Shielding* の便益が発生する場合は十分に想定され得る。グループ企業を形成する目的として、市場で行われている取引をグループ企業内で統一的な指揮命令の下で行わせることによって、取引費用を削減することが挙げられることがある[43]。しかし、この目的を達成するためには、子会社の法人格の独立性を維持することは必ずしも必要ではない。取引費用を削減するためには、むしろ、子会社を親会社内の一事業部門のように扱うことが必要となる場合もあろう[44]。*Entity Shielding/ Owner Shielding* は、このように一見すると意味がないように思われる場合であっても、子会社の法人格の独立性を敢えて維持することに何らかのメリットがあることを基礎づけることができる可能性を秘めている。

グループ企業の頂点に位置する親会社の経営者が、*Entity Shielding/ Owner Shielding* の便益がその費用を上回るようにグループ企業を構築するインセンティブを持っているのであれば、単一の会社と比較してグループ企業の方が利害関係人の利益が害される可能性が高いとは言えなくなる。親会

---

41) *See* Hansmann et al., *supra* note 4, at 1345 note 29（*Entity Shielding* の便益①は、完全子会社とその他の特別目的事業体が利用される主たる目的の１つであると指摘する）.
42) *Entity Shielding* の費用①と②と *Owner Shielding* の費用は、企業所有者による機会主義的行動に起因して発生する費用である。そして、一般的に、企業所有者が保有する会社の数が増加するほど機会主義的行動の機会は増加し、その方法は複雑化するように思われる。
43) *Generally*, R.H. Coase, *The Nature of the Firm*, 4 ECONOMICA 386, 390 (1937); Oliver Williamson, *Transaction-Cost Economics: The Governance of Contractual Relations*, 22 J.L. & ECON. 233, 250 (1979); Ronald J. Gilson & Mark J. Roe, *Understanding the Japanese Keiretsu: Overlaps between Corporate Governance and Industrial Organization*, 102 YALE L.J. 871, 884-885 (1993).
44) *See* Christopher W. Frost, *Organizational Form, Misappropriation Risk, and the Substantive Consolidation of Corporate Groups*, 44 Hastings L.J. 449, 475 & 493-494 (1993); William H. Widen, *Corporate Form and Substantive Consolidation*, 75 GEO. WASH. L. REV. 237, 256-259 (2007).

社の経営者が株主利益のために行動することが確保されていれば、親会社の経営者は、ある事業を子会社に営ませた方が当該事業の価値が増加すると判断する場合に限り当該事業を子会社に営ませるであろう。その結果、当該事業の価値が増加することによって、親会社の株主・債権者だけではなく子会社の債権者も利益を得ることができることになる[45]。

以上に述べた点は、グループ企業の規制を考える際に、親会社の経営者と株主のエージェンシー問題の深刻さも考慮要素の１つであることを示唆している。しかし、皮肉であるが、親会社の経営者と株主のエージェンシー問題が深刻ではないほど、これらの債権者の利益が害されるようにグループ企業が構築される可能性が高くなる[46]。なぜなら、親会社の経営者は親会社株主の利益を最大化するために、このような債権者に Entity Shielding/ Owner Shielding の費用を押しつけるようにグループ企業を構築するインセンティブを持ってしまうからである。この点をもう少し詳しく説明しよう。

大規模な企業にとっては、親会社が複数の子会社を保有するという形でグループ企業を形成することが標準的な企業形態であり、このような企業形態が選択される主たる目的は、親会社が負う子会社の事業活動のリスクを、株主有限責任を利用して限定することにあると指摘されることもある[47]。このような目的で子会社を保有することに対しては、主に子会社の株主が親会社しか存在しない場合を念頭において、懸念を表明する見解がある[48]。しかし、すでに述べたように子会社の株主が親会社しか存在しない場合であっ

---

45) *See* Hansmann & Kraakman, *supra* note 4, at 409-410. *Entity Shielding* について本文のような主張を一般的に述べた後、*Hansmann & Kraakman* は、*Entity Shielding* を企業の債権者に対して企業が保有する資産を担保に供する仕組みであると評している。*Id. See also* Ayotte & Hansmann, *supra* note 2, at 721（*Asset partitioning*（前掲注 7））によって債権者によるモニタリングの費用が節約されるとの観点から、完全子会社は企業の保有する財産を別々の債権者の集団に対する履行を確保するために異なった責任財産に割り当てる手段であり、担保権と類似の機能を果たすと指摘する）。このことは、ある財産を担保に供するか否かと同程度の自由が *Entity Shielding* を利用するか否かについても保障されるべきとの主張を暗に含んでいるように思われる。

46) *See* Frost, *supra* note 44, at 484-485.

47) Lynn M. Lopucki, *The Death of Liability*, 106 YALE L. J. 1, 21 (1996); John H. Matheson, The Modern Law of Corporate Groups: An Empirical Study of Piercing the Corporate Veil in the Parent-Subsidiary Context, 87 N.C. L. REV. 1091, 1094 (2009).

ても、*Entity Shielding/ Owner Shielding* の便益は発生する。したがって、親会社が子会社について株主有限責任、すなわち、*Owner Shielding* の便益を享受しようとすること自体に問題は無いように思われる。

　より深刻な問題は、親会社が負う事業活動のリスクが限定される結果、親会社が子会社に過剰なリスクを引き受けさせる誘因を持ってしまう点にある[49]。しかし、この問題は *Entity Shielding/ Owner Shielding* の枠組みにおいて、*Owner Shielding* の費用として考慮されている問題に他ならない。子会社と取引する債権者が、この費用を考慮して取引条件を決定したり取引をするか否かを決定したりすることができるのであれば、この問題はそれほど深刻とは言えなくなる[50]。*Owner Shielding* の費用が取引条件に反映されるということは、親会社が当該費用を最終的に負担することに等しいからである。その結果、*Owner Shielding* の費用が著しい大きい親子会社形態の発生が抑止されることになる。

　しかし、子会社の債権者の中には、不法行為債権者のように *Owner Shielding* の費用を取引条件に反映させることが困難な債権者も存在する[51]。また、取引債権者の中には、*Entity Shielding/ Owner Shielding* の費用と便益を把握するために必要な、グループ企業の構造の調査・分析に費用と時間を投下する余裕が無い者も存在する可能性がある[52]。すなわち、このような債権者の数が多い場合、グループ企業の頂点に位置する親会社の経営者には、

---

48) *See, e.g.* Jonathan M. Landers. *A Unified Approach to Parent, Subsidiary, and Affiliate Question in Bankruptcy*, 42 U. CHI. L. REV. 589, 593 (1975); Widen, *supra* note 44, at 271-272; Matheson, *supra* note 47, at 1101.
49) Hansmann & Kraakman, *supra* note 4, at 423; Steven L. Schwarcz, *Collapsing Corporate Structures: Resolving the Tension Between Form and Substance*, 60 BUS. LAW. 109, 144 (2004); Brasher, *supra* note 11, at 36-37.
50) Hansmann et al., *supra* note 4, at 1401.
51) ただし、不法行為責任の回避が企業形態の選択に実際にどの程度の影響を与えているかについては、争いがある。*Compare* Brasher, *supra* note 11, at 39（企業の倒産手続に参加した不法行為債権者など非任意債権者の割合が1994年から2004年の間に増加した理由として、*Asset Partitioning*（前掲注7）の利用が増加したことも挙げられると推測する）*with* Squire, *supra* note 11, at 621（理論的可能性はともかく、会社に巨額の不法行為責任が課されることは、現代企業が数多くの子会社を有している主たる理由として位置づけられるほどには、一般的とは言えないと指摘する）。

親会社株主の利益最大化のためにグループ企業の債権者を搾取するインセンティブがある。そのため、*Entity Shielding/ Owner Shielding* の便益がその費用を上回るようにグループ企業が構築される保障がなくなるのである。

(3) グループ企業の実態と *Entity Shielding/ Owner Shielding* の乖離

Entity Shielding/ Owner Shielding とは、企業保有者の債権者と企業の債権者の間で優先劣後関係が設定されることを意味する[53]。そして、この優先劣後関係が種々の便益と費用を発生させる。親子会社関係にあてはめれば、親会社の債権者と子会社の債権者の間で、親会社の保有する資産については前者が、子会社の保有する資産については後者の権利が優先されることになる。

しかし、グループ企業の実態について、親子会社形態が *Entity Shielding/ Owner Shielding* の便益を得るために利用されていることに疑義を抱かせるような状況が存在することが指摘されている。

第1に、*Entity Shielding/ Owner Shielding* による債権者のモニタリング費用の減少は、各会社に割り当てられた資産または事業の評価について債権者が専門化していくことを想定している。しかし、銀行や社債権者（debenture holder）については、このような専門化は重要な意味を持っていない可能性がある[54]。*Hansmann & Kraakman* も、モニタリング費用の減少は、特に取

---

52) Frost, *supra* note 44, at 484; Squire, *supra* note 11, at 645. また、事前に取引するか否かまたは取引条件を変更するか否かを判断する機会があっても、取引開始後のグループ企業の行動によって、債権者は不意打ちを受ける可能性がある。そのため、正確に言うと、*Entity Shielding/ Owner Shielding* の費用と便益を取引開始前に判断することならびに取引開始後に取引相手の行動をモニタリングすることができる債権者のみが、*Entity Shielding/ Owner Shielding* の費用を債権者に転嫁しようとするグループ企業の行動を抑止できる地位にあることになる。*Id.* at 646.

53) 前掲注6) とそれらの本文参照。

54) George G. Triantis, *Organizations as Internal Capital Markets: The Legal Boundaries of Firms, Collateral, and Trust in Commercial and Charitable Enterprise*, 117 HARV. L. REV. 1102, 1104-1105. 本文のような主張がなされるに至った理由は *Triantis* によって必ずしも明確に説明されていないが、その理由として、銀行については特定の業種に対してのみ融資を集中するということはリスク分散の観点から想定されにくいこと、社債権者については発行会社をモニタリングするよりは分散投資による対処が選択されると想定されることが考えられる。

引債権者について顕著に発生すると考えていたようである[55]。しかし、取引債権者については、グループ企業の法的構造を分析して適確なモニタリングを行う能力があること自体に疑問が呈されている[56]。債権者の専門化が生じない場合には、親会社よりも債権者のモニタリング能力が優れているとも言えなくなるため、Ownership Shielding の便益(c)についても疑問が生じるように思われる。

　第2に、グループ企業を構成する会社に融資が行われる場合、同一のグループ企業に属する別の会社に当該融資の返済義務を保証させる実務が広く行われている[57]。債権者の専門化が生じなくても、Entity Shielding/ Owner Shielding によって債権者は直接の取引相手の財務状況のみを監視すれば足りるようになるので、モニタリング費用が減少する可能性がある[58]。にもかかわらず先に述べたような実務が広く行われているのは、モニタリング対象の限定によって生じる便益は、債権回収の際に当てにできる財産が減少するという不利益と比較すると、それほど大きくはないことを示しているように思われる[59]。

　第3に、Entity Shielding/ Owner Shielding の便益を得ること以外の目的のために、実際にグループ企業が構築されている可能性を示唆する見解がある。たとえば、グループ企業が他社の株式を取得して子会社とした後もその法人格を維持する理由は、単に吸収合併などによって当該会社の法人格を消滅させるために必要な費用を節約する点にある場合が多いと指摘する見解がある[60]。また、前述したように Entity Shielding/ Owner Shielding の費用を一

---

[55] Hansmann & Kraakman, *supra* note 4, at 399.
[56] Brasher, *supra* note 11, at 30.
[57] Triantis, *supra* note 54, at 1104-1105; Squire, *supra* note 11, at 606-607; Ayotte & Hansmann, *supra* note 2, at 722 note 9.
[58] Posner, *supra* note 11, at 507-509.
[59] 連結財務諸表と比較してグループ企業内の会社の個別財務諸表の信頼性が低い場合やグループ企業内部の会計に不備があるためグループ企業内の会社間の境界が不明確である場合には、Entity Shielding の費用①として述べた債務者の機会主義的行動や財産の混同により債権者の利益が害される可能性が高くなる。そのため、債権者は自己の利益を守るため、グループ企業内の他社からの保証を要求するとも言われている。See Squire, *supra* note 11, at 615-618.

部の債権者に押しつけることができることを利用して、このような債権者から株主への単なる利益移転の手段としてグループ企業が構築されている可能性を示唆する見解もある。たとえば、*Entity Shielding/ Owner Shielding*によって債権者のモニタリング費用が減少するという便益は、親子会社または子会社間の事業内容の関連性が薄い場合に大きくなる[61]。この点を裏から言えば、これらの会社間の事業内容の関連性が深く恰も同一の事業部門に属しているかのような状況であれば、子会社化の目的は先に述べたような便益の発生を目的としたものではない可能性が高くなる[62]。また、前述した債務者と同一のグループ企業に属する別の会社が当該債務を保証する行為は、保証を得ていない債権者から株主への利益移転を目的としたものであると説明する見解もある[63]。

III　*Entity Shielding/ Owner shielding* を補完する見解

II 3の分析は、子会社の法人格の独立性について、その手法はともかく、何らかの法規制を設けることが正当化される余地があることを示しているように思われる。*Hansmann & Kraakman* も、*Entity Shielding/ Owner Shielding* の費用が不法行為債権者に一方的に押しつけられる可能性があることを指摘していた[64]。

60) *See* Widen, *supra* note 44, at 261 note 80. *See also* Frost, *supra* note 44, at 475-476（グループ企業内の会社間の関係が垂直的統合か水平的統合か否かで株主有限責任の意義が異なることを指摘し、株主有限責任は後者の便益が発生するための必要条件であるが前者の必要条件ではないと指摘する）.
61) 前掲注 11）参照。
62) *See* Brasher, *supra* note 11, at 30-33. *Brasher* の主張の要旨は、銀行のような専門知識・能力に優れた債権者と異なり、取引債権者はグループ企業の法的構造を調査分析して、それを取引条件に反映させることができないため、リスクに見合ったリターンを得ることができない点にある。その結果、グループ企業は、銀行と取引する会社については、有利な条件で銀行から資金調達を行うために財務基盤を強化するが、事業活動を行う別の会社については、財務基盤の強化を行わないことを選択する可能性がある。このような選択は後者と取引する債権者が引き受けるリスクを増加させるので、取引債権者による信用供与の条件が悪化する可能性がなくはない。しかし、そのような状況が発生するためには、前提条件としてグループ企業の法的構造を取引債権者が認識できることが必要となるが、*Brasher* はそのような条件は満たされないと主張する。

そのため、不法行為債権者や取引債権者の利益を害することを目的として親子会社形態が利用されていることが常であるならば、いわゆる「企業責任の理論」のように、一定の範囲で子会社の法人格の独立性を容易に否定することにも合理性が認められ得る[65]。企業責任の理論は、親子会社が1つの企業として運営されている範囲では、親会社と取引する債権者と子会社と取引する債権者は同一の企業と取引しているのであるから、平等に扱われるべきことを要求する[66]。

　しかし、II 3 の分析は、*Entity Shielding/ Owner Shielding* の枠組みを利用して親子会社形態の経済的意義を説明することに限界があることを示した過

---

63) See Squire, *supra* note 11, at 623-629 & 632-633. *Squire* の主張の要旨は、同一のグループ企業に属するX社とY社には連鎖倒産の可能性があるため、X社のZに対する債務を保証するY社がZから得ることができる保証料は低く抑えられざるを得ないが、その額はY社が引き受けるリスクに見合ったものとはなっていない点にある。その結果、グループ企業の頂点に位置する親会社の株主は、Y社の債権者の犠牲の下、Zから有利な条件で信用供与を受けることができる。*Squire* の問題提起は、*Entity Shielding/ Owner Shielding* によって発生する債務者の機会主義的行動の問題に、現行法が十分に対応できていないことを示していると言えよう。See also Frost, *supra* note 44, at 485-492（詐害譲渡規制では、親子会社間の取引を利用した会社間の利益移転を上手く規制できない場合があることを指摘する）。なお、Y社がX社のZに対する債務を保証することに対しては、X社とY社が同時に倒産手続に入った場合にZはX社とY社の双方の倒産手続において債権全額を届け出ることができるとのアメリカ法における現在の取扱いを、担保権者が一般債権者として届け出ることができる額が担保価値を超える額に限られることと対照しつつ、問題視する見解もある。See also Widen, *supra* note 44, at 264-266 & 307-310. But Squire, *id*. at 634-635（*Widen* の指摘した問題は、X社とY社の連鎖倒産の可能性によって生じる問題と比較すると深刻ではないと指摘する）。

64) See Hansmann & Kraakman, *supra* note 4, at 430-431. *Hansmann & Kraakman* は、不法行為責任に対する株主有限責任は、会社を倒産させるような不法行為責任が発生することが希であった時代の歴史的な偶然によって発生したものであり、小規模な企業も会社形態で営まれるようになり会社に課される不法行為責任の額が巨大になった時代では再考されるべきと主張する。*Id*. at 431-432. この問題を解決するために、*Hansmann & Kraakman* によるものも含めて様々な提案がなされてきた。See, e.g., Henry Hansmann & Reinier Kraakman, *Toward Unlimited Shareholder Liability for Corporate Torts*, 100 YALE L.J. 1879 (1991).

65) 「企業責任の理論」を代表する論者として、*Phillip I. Blumberg* が挙げられる。*Blumberg* の主張は親会社が株主有限責任を享受することの是非にとどまらず、一般的に、法規制がその目的を達成するためには個々の会社ではなくグループ企業を一体として規制対象とすべきことに及んでいる。See generally Phillip I. Blumberg, *The Transformation of Modern Corporation Law: The Law of Corporate Groups*, 37 CONN. L. REV. 605 (2005).

ぎない。*Entity Shielding/ Owner Shielding* の枠組みでは正当化できない親子会社形態であっても、別の理由からその正当性を基礎づけることができる可能性がある。このような基礎づけが可能であるならば、企業責任の理論のような極端な解決策ではなく、子会社の法人格の独立性を原則として維持した上で、他の手段による解決策を模索することが望ましいことになる[67]。

そこで、以下では、別の観点から子会社の法人格の独立性を基礎付けるという意味で、*Entity Shielding/ Owner Shielding* を補完する比較的最近の見解を紹介する。

1 内部資本市場の限定（*Triantis*）

Triantis は、組織の法的境界が内部資本市場（"internal capital market"）の範囲を決定することを主張した[68]。内部資本市場とは資金の移動が権限の行使によって行われる市場をいい、外部資本市場とは資金の移動のために投資家との契約が必要となる市場をいう[69]。複数の事業部門を抱える会社において、取締役会の経営判断によって事業部門間で資金の再配分が行われることは、内部資本市場を通じて資本配分が行われることを意味する。外部資本市場の典型例は、株式を発行したり銀行から融資を受けたりすることである。

---

66)「企業責任の理論」の概要とそれに対する批判については、Kors, *supra* note 1, at 433-438; Stephen B. Presser, *The Bogalusa Explosion, "Single Business Enterprise," "Alter Ego," and Other Errors: Academics, Economics, Democracy, and Shareholder Limited Liability: Back Towards a Unitary "Abuse" Theory of Piercing the Corporate Veil*, 100 Nw. U. L. Rev. 405, 426-427（2006）; Brasher, *supra* note 11, at 42 等を参照．

67) *See, e.g.*, Presser, *supra* note 66, at 410-411（不法行為債権者が十分な損害填補を受けることを確保する方法として、資本規制、強制保険、製品安全規制、倒産手続における優先権の付与、ゲートキーパーの責任などを挙げる）; Squire, *supra* note 11, at 648-649（前掲注63）で指摘した問題を実体的統合（後掲注112））によって解決することは過剰規制であると主張する）．また、「企業責任の理論」を全ての債権債務関係に当てはめるのではなく、特定の政策目的を達成する手段として限定的に利用することも考えられる．*See* Kurt A. Strasser, *Piercing the Veil in Corporate Groups*, 37 Conn. L. Rev. 637, 647-648（製造物責任と労働環境の安全確保に関する責任を、判例法理において「企業責任の理論」が採用されている典型例として挙げる）; Widen, *supra* note 45, at 266 note 97（連邦法には、「企業責任の理論」に類似した発想に基づく責任規定が存在することを指摘する）．

68) Triantis, *supra* note 54, at 1105．

69) Triantis, *supra* note 54, at 1105．

資本配分の再調整が必要であることが明らかになったとしても、内部資本市場が利用可能であれば既存の事業部門間で資金を柔軟に移動させることができるので、外部資本市場から新たに資金を調達する必要性が小さくなる。その結果、たとえば、外部資本市場を利用した場合に必要な規制遵守費用の節約や競争者に対する情報漏洩の防止など種々の便益が発生する[70]。しかし、内部資本市場の規模が大きすぎることは、経営者が私的利益を追求するために企業価値の増加につながらない資本出資の再配分を行う危険が高まるなど、いわゆるエージェンシー費用が増加することになる[71]。最適な内部資本市場の大きさは、これらの要素を比較することによって導かれる[72]。

　将来的に資本配分の再調整の必要性が生じるか否かについて、投資家は不十分な情報しか有していない場合が多い。しかし、資本配分の再調整について経営者の裁量が広すぎる場合には、エージェンシー問題が深刻化する。後者の問題を懸念する投資家は、内部資本市場の範囲を限定する仕組みを企業に要求する[73]。親子会社形態または持株会社形態は、このような投資家の要望に応えつつ、複数の事業を統一的な指揮下で行うことを可能にする仕組みの1つとして位置づけられている[74]。たとえば、親会社と子会社がそれぞれ事業を営んでいる場合、親会社と少数派株主が存在する子会社の取引について存在する会社法上の規制は事業部門間での資金移動を制約する機能を果たす[75]。これに対して、会社の事業部門間の資金移動は取締役の注意義

70) 内部資本市場による便益の大きさを決定する要因には様々なものが存在するが、経営者と投資家の間の情報の非対称性の深刻さがその1つとして挙げられている。企業が、ある事業計画のために外部資本市場から資金調達をしようとする場合、情報の非対称性の存在によって、当該事業計画の企業価値が投資家によって割り引かれてしまう可能性がある。これに対して、情報収集と分析という点で外部資本市場が発展して情報の非対称性が減少する場合には、内部資本市場による便益は小さくなると評されている。See Triantis, *supra* note 54, at 1113.
71) たとえば、X社の取締役YはZ社にも利害関係を持っており、X社はZ社と取引可能な事業部門Aを有していたとする。事業部門Aに将来性があるのであれば、内部資本市場を通じてYが事業部門Aに資金を配分することはX社の企業価値を向上させる。一方、事業部門Aの将来性が乏しい場合であっても、YはX社にZ社と取引させるために事業部門Aへ新たな資金を配分したりAからの資金引き上げを渋ったりする可能性がある。See Triantis, *supra* note 54, at 1116-1117.
72) *See generally* Triantis, *supra* note 54, at 1109-1115.
73) Triantis, *supra* note 54, at 1115.

務によって規律されるにすぎず、かつ経営判断原則が存在するため、取締役の注意義務違反が裁判所によって認定されることは非常に希である[76]。その結果、事業部門間の資金移動は、親子会社間の資金移動よりも安価に行われることになる[77]。完全親子会社形態の場合も、子会社が配当規制の対象とされたり親子会社間の取引が詐害譲渡規制の対象とされたりする結果、内部資本市場の範囲が限定されることになる[78]。

2　最適資本構成と *Asset/Industry Specificity*（*Iacobucci & Trianti*）

Iacobucci & Triantis は、会社が法人格の異なる複数の会社を保有することの意義を、個々の会社ごとに最適資本構成を達成することを可能にするという点から説明する。最適資本構成に関する研究は、*Modigliani & Miller* を起源とするものであるが、それは企業にとって最適な負債と資本の組み合わせを探求するものといえる[79]。現在では、レバレッジの比率だけではなく、負債に関しては貸し手の属性や信用供与契約の内容について、資本に関しては株式保有の集中の程度、敵対的企業買収、取締役会の構成についても論じ

---

74) Triantis, *supra* note 54, at 1125. なお、ある子会社に融資する銀行が別の会社から当該融資債権の保証を得る実務は、リスク分散の程度が減少することによって債務者または保証人が倒産した場合に予測される費用が増加することよりも、会社間の資源配分が経営者の私的利益によって歪められる危険の方が銀行にとって重要であることを意味することも示唆されている。*Id*. at 1131-1132. 内部資本市場の範囲を限定するその他の手法として、担保権、証券化、信託が分析されている。*Id*. at 1138-1145. 内部資本市場の範囲を限定する便益と費用を比較しつつ、これらの手法の中で最も効率的な組み合わせが企業によって選択されることになろう。

75) アメリカにおける親会社と少数派株主が存在する子会社の取引に対する規制の具体的内容については、加藤貴仁「グループ企業の規制方法に関する一考察(3)」法協 129 巻 10 号 2203 頁以下、2252-2279 頁（2012 年）を参照。

76) アメリカにおける取締役の注意義務と経営判断原則については、加藤貴仁「グループ企業の規制方法に関する一考察(2)」法協 129 巻 9 号 1907 頁以下、1925-1931 頁（2012 年）を参照。

77) Triantis, *supra* note 54, at 1125-1126. なお、子会社に配当を行わせることによって前掲注 75) の本文で挙げた規制の多くが回避されるが、子会社の資金の一部が少数派株主に流出するという点で親会社は不利益を被る。*Id*.

78) Triantis, *supra* note 54, at 1132-1133.

79) *See* Franco Modigliani & Merton H. Miller, *The Cost of Capital, Corporation Finance and the Theory of Investment*, 48 AM. ECON. REV. 261 (1958).

られるようになっている[80]。その目的は、企業の内部者（経営者など）と外部者（投資家など）の情報の非対称によって生じる種々の問題を解決することにあると言われている。その中には、経営者と株主のエージェンシー問題の解決も含まれる[81]。

Iacobucci & Triantis は、最適資本構成を決定する要素の多くは企業が保有する資産の性質によって決まること、そして、企業が性質の異なる複数の資産を1つの会社に保有させようとする場合には効率性が犠牲にされる可能性があると主張する[82]。前者の主張は、Aという資産のみを保有する企業aとBという資産のみを保有する企業bとでは最適資本構成が異なる場合があること、後者の主張は、AとBの双方を保有する企業cの最適資本構成は企業aと企業bの最適資本構成と異なりかつ情報の非対称性の解決という点で劣っている場合があることを意味する。企業cの最適資本構成が企業aまたは企業bの最適資本構成に劣ってしまう原因として、企業cによる資金調達は企業cが保有する財産全体を基準として行わざるを得ないため個々の財産の性質を十分に反映させることが困難な点が挙げられている[83]。

具体的に説明すると、負債による資金調達に関しては、貸し主の属性（機関投資家、取引債権者、一般投資家など）が重視されている。そして、たとえば、借り主を監視することについて比較優位の立場にあるものがモニタリングの役割を担うよう負債が構成されるべきことが主張されている。個々の貸し主のモニタリングの能力は、企業が保有する財産や所属する業界の特徴によって異なるであろう。すでに述べたように、*Strong Entity Shielding* と *Strong*

---

80) Edward M. Iacobucci & George G. Triantis, *Economic and Legal Boundaries of Firms,* 93 VA. L. REV. 515, 543-544 (2007). ただし、最適資本構成に関する論点の多くは、理論面ならびに実証面についてコンセンサスが得られているわけではない点に注意が必要である。*Id*. at 519.

81) Iacobucci & Triantis, *supra* note 80, at 544.

82) Iacobucci & Triantis, *supra* note 80, at 519-520, 544.

83) たとえば、負債による資金調達について、Aを担保に供して借り入れを行うことは可能であるが倒産手続において担保権の優先権が制約される場合があること、資本による資金調達について、取締役の信認義務の対象はAが利用されている事業部門ではなく会社全体であること等が挙げられている。*See generally* Iacobucci & Triantis, *supra* note 80, at 524-543.

Owner Shielding の双方を備える企業の場合、当該企業の債権者は当該企業の業績や財務状況にモニタリングの焦点を絞ることができた。すなわち、債権者は、自己が専門知識や経験を持っている種類の財産や業界に属する企業への貸し出しやモニタリングに専門化することが可能となる[84]。その結果、企業の資金調達の費用が低下する[85]。このほかに、貸し主の属性については、特定の貸し主から借り入れるか（*private debt*）、市場取引を通じて一般に流通する負債（*public debt*）を発行するかが問題とされている[86]。

　最適な取締役会の構成についても、企業が保有する財産の性質が影響を与えることが指摘されている[87]。たとえば、業務執行も担当する内部者と比較して、社外または独立取締役が保有する企業に関する情報は乏しいが、彼らが私的利益を追求したり監視の目をかいくぐったりする危険は小さい。しかし、ハイテク業界など成長産業への投資を監視するという点では内部者の方が優れているため、この場合、社外または独立取締役が不十分な情報しか保有していないことのデメリットが大きくなる[88]。

　また、*Iacobucci & Triantis* は、会社がある財産または事業部門を子会社として保有することの便益の１つとして、従業員に対して付与される業績連動型報酬を設計する費用が減少することを挙げる[89]。子会社の株式を公開することによって、当該財産または事業部門に対する市場の評価を利用することが可能になる[90]。このような便益は、完全子会社については発生しない

---

84) Iacobucci & Triantis, *supra* note 80, at 549-550.
85) Iacobucci & Triantis, *supra* note 80, at 558-559.
86) Iacobucci & Triantis, *supra* note 80, at 550-551（銀行など特定の債権者のモニタリングの能力等が優れており費用に見合う場合には *private debt* が、そうではない場合には *public debt* が利用されることを示唆する）．たとえば、ある企業が *private debt* による資金調達に適した財産と *public debt* による資金調達に適した財産の双方を保有しており、*public debt* を発行したとしよう。この場合、*public debt* の債権者は企業の全財産を当てにすることができる。しかし、当該債権者は、*private debt* による資金調達に適した財産を評価する能力に欠けている。このことが貸付条件に反映される結果、*public debt* による資金調達に適した財産のみを保有する企業が *public debt* を発行した場合よりも、資金調達の条件が企業に不利になる可能性があることが指摘されている。*Id.*
87) Iacobucci & Triantis, *supra* note 80, at 555-556.
88) Iacobucci & Triantis, *supra* note 80, at 555.
89) Iacobucci & Triantis, *supra* note 80, at 536.

ように見えるかもしれない。しかし、このような便益が発生する理由は、子会社の株式が公開されることだけではなく、市場が評価しやすいように財産または事業部門を会社から切り出す点にあるように思われる。また、市場による評価が容易になるという便益は、切り出された側だけではなく、切り出した側にも発生する。そのような便益が発生する具体例として、売掛債権など取引債権（"account receivable"）の証券化が挙げられている[91]。いったん発生した取引債権の価値は債務者の財務状態など会社外部の事情によって変動するが、証券化取引によって取引債権は現金化される。その結果、切り出した側の会社の業績または財務状況を評価する際に検討しなければならない要素が少なくなる[92]。

これに対して、単一の会社に全ての財産を保有させた上で事業を営ませると、個々の財産または事業について以上に述べたような最適資本構成を達成することができなくなる。しかし、その代わりに単一の会社に全ての財産を保有させることから別の便益が発生する。そのような便益として、①投資家または企業と取引する第三者が負担する情報収集費用が減少すること、②当該財産が異なった企業に保有されていた場合に生じる契約費用を節約できること、が挙げられている[93]。

①について、たとえば、別個の会社に分離された複数の事業の全てに関して取引する者にとっては、これらの事業が単一の会社によって営まれていた方が、個々の会社について取締役会の構成や経営者の人となり等を調査する費用が節約されることになる[94]。②について、異なった性質を持つ財産を割り当てられた複数の会社が統一的に運営されるためには、会社間で契約が

---

[90] See Ronald J. Gilson & Jeffrey Gordon, *Controlling Controlling Shareholders*, 152 U. PA. L. REV. 785, 791 (2003); Jens Dammann, *Corporate Ostracism: Freezing Out Controlling Shareholders*, 33 J. CORP. L. 681, 696 (2008).

[91] Iacobucci & Triantis, *supra* note 80, at 568-569.

[92] なお、*Iacobucci & Triantis* の主張の要旨は、証券化によって経営者の努力に連動しない財産が社外に切り出されることで、会社に残存する財産と経営者の努力の連動性が増加する結果、株式市場の評価を利用した業績連動型報酬を設計することが容易になる点にある。See Iacobucci & Triantis, *supra* note 80, at 568-569.

[93] Iacobucci & Triantis, *supra* note 80, at 558.

[94] Iacobucci & Triantis, *supra* note 80, at 559.

なされる必要がある。また、子会社に少数派株主が存在する場合に典型的に現れるように、これらの企業の株主と債権者が異なる場合には株主間または債権者間で利益相反状況が発生する[95]。その結果、貸付契約の中に利益相反状況を念頭に置いたコベナンツが挿入される等して企業の資金調達費用が増加する可能性がある。しかし、これらの費用は財産が単一の企業に保有されている場合には発生しない[96]。

　企業グループの頂点に位置する親会社の経営者または株主は、以上に述べた点を考慮して、企業グループの構造を決定する。しかし、複数の会社から構成される企業グループを形成することには、会社間の資本関係を完全に消滅させることができないという限界がある[97]。最適資本構成の観点から、ある子会社の株式を完全に分散所有に委ねることが望ましいとしても、これは当該子会社がグループから離脱することを意味する。したがって、経営者は、単一の会社に全ての財産を保有させ事業を営ませるという形態と子会社をグループから離脱させるという選択を両極端として、種々の費用と便益を計算しつつ、中間に属する形態も含めて企業形態を選択することになる[98]。

3 Bundled Assignability（Ayotte & Hansmann）

Ayotte & Hansmann は、完全子会社が利用されることの経済的意義を説明するために、*Entity Shielding/ Owner Shielding* に基づく債権者のモニタリン

---

95) 子会社の支配株主である親会社と子会社の少数派株主の利益相反に関する諸問題については、加藤・前掲注75)、加藤貴仁「グループ企業の規制方法に関する一考察(4)」法協130巻4号894頁以下（2013年）を参照。完全親子会社であっても、子会社が倒産間際の状態にある場合に、親会社が子会社から財産を移転させるなど子会社の債権者の利益を犠牲にして親会社の株主または債権者の利益を図る危険が存在することに変わりはない。*See* Iacobucci & Triantis, *supra* note 80, at 563.

96) Iacobucci & Triantis, *supra* note 80, at 560-563.

97) Iacobucci & Triantis, *supra* note 80, at 563-564.

98) Iacobucci & Triantis, *supra* note 80, at 564. なお、*Iacobucci & Triantis* は、企業の資本構成を決定する経営者にもエージェンシー問題があることを認識しているが、議論の焦点を絞るために、経営者は情報の非対称性と資本コストを最小にするために資本構成を決定すると仮定している。*Id.* at 545. 経営者を実際に本文で挙げたように行動させる要因として製品、原材料ならびに労働力の市場における競争が挙げられており、これらの競争がもたらす規律も、企業が保有する資産の性質ごとに異なることが示唆されている。*Id.* at 545 note 83.

グの観点を補完するものとして、*Bundled Assignability* の観点を主張する[99]。

Bundled Assignability とは、企業の経済活動は複数の契約が組み合わさることによって行われていることを踏まえ、企業が、これらの契約関係を1つの束として移転することは許されるが、束を構成する契約関係を個別的に移転することは許されないことを言う。その結果、企業と契約当事者の双方の機会主義的行動が制約されると主張されている[100]。企業と契約当事者の双方の機会主義的行動が制約されることによって、取引費用が削減されたり企業による投資が促進されたりする効果が期待されることになる。

[99] Ayotte & Hansmann の分析は、自然人か会社かを問わず、株主が1名しか存在しない株式会社を想定して行われている。See Ayotte & Hansmann, *supra* note 2, at 726. しかし、Ayotte & Hansmann の分析枠組みの核心は、企業所有者が替わっても企業が当事者となっている契約の債務不履行とは評価されない点にあるため、その主張のほとんどは様々な企業形態に一般的に妥当すると説明されている。Id. at 724 note 18. たとえば、子会社に少数派株主が存在するか否かは、本文で以下に述べる便益が発生することを妨げないように思われる。ただ、Ayotte & Hansmann の研究の動機は前述した通り親子会社形態が利用されることを説明することにあったし、*Bundled Assignability* の観点からの説明は *Strong Entity Shielding* と *Strong Owner Shielding* が認められる株式会社に最も良くあてはまると思われる。Id. at 744-745（*Asset Partitioning*（前掲注7））が認められることは、会社が *Bounded Assignability* を達成することを補助すると主張する）。そこで、本文でも完全子会社を念頭に置いて Ayotte & Hansmann の主張を紹介・分析していくことにする。

[100] *See generally* Ayotte & Hansmann, *supra* note 2, at 725-735. 本文で挙げた点について、Ayotte & Hansmann の主張を簡単に紹介しておこう。企業XはA、Bと契約関係にあったとする。企業の機会主義的行動として想定されているのは、XがAとの契約関係をBの同意を得ることなくCに移転しようとすることである。Cの企業としての能力がAよりも劣っている場合、契約関係の移転によってXの企業価値が減少し、XのBに対する債務不履行の可能性が増加してしまう可能性がある。Xは、このような可能性を梃子にして、Bに対してXに有利なように契約内容を変更する圧力をかけるかもしれない。そして、このような危険を懸念するBは、自己の利益を守るような条項を契約に挿入することを求めたり、そもそも、Xと契約しないということを選択したりするかもしれない。契約当事者の機会主義的行動として想定されているのは、Xが事業を第三者に譲渡しようとする際に、AまたはBが譲渡益の分け前を得るために契約上の地位の移転に必要な同意を出し渋ることである。譲渡益の一部をAまたはBと共有することが強制されるならば、契約関係の相互補完性を向上させるなど事業の価値を増加させる投資を行うXのインセンティブが減少してしまう可能性がある。なお、企業の機会主義的行動について、XがCと新たに契約関係を持つことにも、多かれ少なかれ、契約関係のCへの移転と同じ効果があるように思われる。しかし、この問題は *Bundled Assignability* によって対処できないように思われるが、Ayotte & Hansmann による説明はなされていない。しかし、契約当事者の機会主義的行動が防止されるだけでも *Bundled Assignability* には重要な意味があると思われるので、以下の本文ではこの点に触れることはしない。

そして、会社は、*Bundled Assignability* を達成するための安価な手段として位置づけられている[101]。なぜなら、会社を当事者とする個々の契約関係において契約上の地位の移転を禁止する条項が挿入されたとしても、事実上、契約関係の移転と同じ意味を持つ全株式の譲渡について、個々の契約当事者の同意は不要と解されているからである[102]。そして、会社は *Strong Entity Shielding* と *Strong Owner Shielding* の双方が認められる企業形態であるため、複数の事業を営む企業所有者がそれぞれの事業について個別的に *Bundled Assignability* を達成することを容易にする[103]。親子会社を例に挙げるならば、親会社が当事者となる契約と子会社が当事者となる契約を括り出すだけで、*Bundled Assignability* の対象となる契約の束が確定されるのである[104]。

IV　グループ企業の経済的意義と法規制の意義・限界

1　親子会社形態の経済的意義の基礎づけ

Triantis, Iacobucci & Trianti, Ayotte & Hansmann は、実際に存在する親子会社形態が *Entity Shielding/ Owner Shielding* の観点以外から基礎づけられる可能性を示すことによって、子会社の法人格の独立性を損なうような規制を

---

101) Ayotte & Hansmann, *supra* note 2, at 717-718 & 727-728.
102) *See generally* Ayotte & Hansmann, *supra* note 2, at 723-725. ただし、株式の譲渡によって事実上、契約関係が移転されることを懸念する当事者は、それを妨げる条項（いわゆる"change of control" clause）を利用すれば自己の利益を守ることができる。*Id.* at 724.
103) Ayotte & Hansmann, *supra* note 2, at 744-745.
104) なお、*Ayotte & Hansmann* によって *Bundled Assignability* の観点が主張される以前に、*Widen* によって類似の見解がすでに主張されていた。*Widen* は、会社が他社の株式を取得して子会社とする理由は、子会社となる会社が保有する資産を個別的に取得するのに必要な費用の節約にあると主張していた。*See* Widen, *supra* note 44, at 241-242. しかし、*Widen* は、多くの場合、株式取得後も子会社の法人格が維持されている理由は親会社の合併のために必要な費用の節約にあり、親子会社の法人格の独立性を維持することで何か特別な便益が発生することは期待されていないとも述べていた。*Id.* 306 note 211. *Widen* と異なり、*Ayotte & Hansmann* は、ある会社が子会社とされた後も親会社が当該会社を再び譲渡する可能性が存在する場合には、当該会社の契約相手による機会主義的行動等の抑止に貢献するという点で、子会社としての法人格を維持することに合理性があることを主張しているといえよう。

導入する際には、より慎重な態度が望ましいことを示唆している。しかし、彼らの見解も、*Entity Shielding/ Owner Shielding* と同様の問題を抱えている点は否めない。特に、グループ企業の法的構造がもたらす費用が取引債権者や不法行為債権者に押しつけられる可能性は、彼らの見解においても存在するように思われる[105]。

また、Ⅲで挙げた理由づけや規制によって親子会社形態の利用が義務づけられていること以外に、親子会社形態の経済的意義を説明する理論が存在する可能性はあり得る[106]。本稿は、親子会社形態の経済的意義を完全に説明し尽くしていると主張するものではない。しかし、*Entity Shielding/ Owner Shielding* と *Triantis, Iacobucci & Trianti, Ayotte & Hansmann* を併せて分析すると、親子会社形態を採用することによって発生する便益には、少なくとも性質の異なる2つの便益が含まれるように思われる。それは、親会社と子会社の法人格が異なること自体によって発生する便益（便益α）と、法人格が異なることを踏まえて親会社と子会社または子会社間で異なったアレンジメントを行うことが可能となることによって発生する便益（便益β）

---

[105] *See, e.g.*, Iacobucci & Triantis, *supra* note 80, at 545 note 84（企業は、不法行為債権者など債務者の資本構成の変更に対して契約条件を調整することができない債権者の犠牲の下で、資本コストを下げるために、負債、特に担保権付きなど優先される程度が高い負債を発行する可能性があること、このような行為から企業が得る潜在的な便益の大きさは企業が前記債権者に対して負う債務額の期待値に依存すること、この関係は企業が保有する財産の性質に依存すること、を主張する）．*Ayotte & Hansmann* は、企業との契約の当事者が、企業が前掲注100）で挙げたような機会主義的行動をとる可能性を契約条件に反映できる場合には、*Bundled Assignability* を利用するか否かについての費用を企業が負担することになるので、企業は企業自身の利益と社会全体の利益の双方を最大化するように意思決定を行うインセンティブを持つと指摘する。*See* Ayotte & Hansmann, *supra* note 2, at 735．しかし、前掲注52）とその本文で指摘したように、取引債権者にこのような行動を期待できるか否かについては疑問を呈する見解もある。また、前掲注98）で触れたような仮定がなりたたない場合には、グループ企業の頂点に位置する親会社の経営者と当該会社の株主のエージェンシー問題によって、グループ企業の構造が当該株主の利益とは別の観点から選択されてしまう可能性が大きくなる。

[106] *See, e.g.*, Triantis, *supra* note 54, at 1107 note 13; Widen, *supra* note 44, at 259-260; William H. Widen, *Report to The American Bankruptcy Institute: Prevalence of Substantive Consolidation in Larger Public Company Bankruptcies from 2000 to 2005*, 16 AM. BANKR. INST. L. REV. 1, 29-30 (2008)．特に、国際的な企業グループを念頭に置いた場合には、税法上の取扱いがその構造に与えている影響が興味深い。この点は、今後の検討課題としたい。

である。便益 a は親子会社形態が採用されることによって一般的に発生する便益であるのに対して、便益 β が発生するか否かは個々のグループ企業の経営方針に依存する。すなわち、便益 β の有無またはその大きさは、グループ企業を構成する会社間で事業がどのように割り当てられるかに依存する[107]。

Entity Shielding/ Owner Shielding と Triantis の主張する便益は、便益 a と便益 β の双方を含む。たとえば、Entity Shielding/ Owner Shielding の便益である債権者のモニタリング費用の減少について、債権者が取引先の財務状況のみをモニタリングすれば足りるようになることに由来するのは便益 a であり、取引先の保有する資産や事業について債権者が専門化することによって発生する便益は便益 β である。Triantis の主張するように、親子会社形態によって内部資本市場が縮小し経営者のエージェンシー費用が減少することに由来する便益は、便益 a である。そして、内部資本市場と外部資本市場の最適な組み合わせに由来する便益は、便益 β である。

これに対して、Iacobucci & Triantis と Ayotte & Hansmann の主張する便益の多くは、便益 β ではないかと思われる。たとえば、Iacobucci & Trianti は、グループ企業内の会社ごとに最適資本構成を達成する手段として、子会社の法人格の独立性を位置づけている。Iacobucci & Trianti の主張の下では、子会社の法人格の独立性よりも、会社ごとに設定される資本構成から発生する便益が重視されていることは明らかである。Ayotte & Hansmann が主張する便益も、便益 β と評価されるべきと思われる。Ayotte & Hansmann は、企業を構成する個々の契約関係の移転を制約することで企業と契約当事者双方の機会主義的行動を抑止する手段として、子会社の法人格の独立性を位置づけている。したがって、Ayotte & Hansmann の主張する便益の多くは、個々の会社ごとに設定される契約関係の組み合わせの妙に由来する部分が大きいのではなかろうか。

親子会社形態の経済的意義を便益 a と便益 β に区別して考えることは、グループ企業を規制する目的を明確化するという点で意義があるように思われ

---

[107] 本文で挙げた便益 a と便益 β の区別は、Widen によって提唱された、会社の意義を context-sensitive/ context-neutral という観点から分析する枠組みに近い。See Widen, supra note 44, 262.

る。グループ企業を規制することに何らかの意味があるとすれば、それが便益 a または便益 β の額を増加させる点にあるのではなかろうか。しかし、便益 a と便益 β では発生するメカニズムに差異がある以上、法規制がそれらに影響を与えるメカニズムも必然的に異なることになる。グループ企業の規制を考察する際には、それが便益 a の増加を目的にしているのか便益 β の増加を目的にしているのかが明確に意識される必要がある[108]。

2　法規制の意義と限界（その1）
——便益 a と便益 β の区別の観点からの分析

便益 a が増加するためには、親子会社または子会社間の契約関係または財産関係が明確に分離されている必要がある。そして、後述するように、このような分離を保障するという点で、法規制は便益 a の増加に寄与できる可能性が高い。

これに対して、便益 β が増加するために必要な要素は、個々のグループ企業または個々の親子会社関係によって異なる。そのため、便益 a と比較して、法規制が便益 β の増加に直接的に寄与できる可能性は大きくはないように思われる。法規制によって便益 β が増加したか否かを判断することは、非常に困難だからである[109]。したがって、便益 β の増加を目的とする際には、グループ企業の法的構造について利害関係人が十分に理解した上で取引できることを目的にした情報開示規制や企業の不法行為責任に関する解釈・立法を通じて、グループ企業の法的構造を決定する経営者のインセンティブ構造を変化させることが意図されるべきである。その結果、グループ企業の法的構造がもたらす費用が取引債権者や不法行為債権者に押しつけられる可能性が低下するので、法規制は、間接的にではあるが、便益 β の増加に寄与できるように思われる。

---

[108] もちろん、本文で述べた点は便益 a と便益 β について別個独立した法規制が常に必要であることを意味しない。たとえば、便益 a の増加を目的とした法規制が便益 β の増加に寄与する可能性は排除されない。

[109] *See, e.g.*, Iacobucci & Triantis, *supra* note 80, at 564（単一の会社に全ての財産を保有させ事業を営ませるという形態と最適資本構成の観点から性質の異なる財産を別個の企業に保有させるという形態のトレードオフの関係は複雑であると指摘する）。

しかし、法規制が便益βの増加に直接的に寄与できないことは、法規制の重要性を当然に否定するとは思われない。便益aの発生は便益βが発生するための前提条件だからである。そこで、本稿では、さしあたって、法規制が便益aの増加にどの程度寄与できるかに焦点を絞って検討を試みる。

　便益aは、親子会社または子会社間の契約関係または財産関係が明確に分離されていること自体によって発生する。このような分離がなされていない場合、親子会社または子会社間の関係は、グループ企業と取引しようとする第三者にとって、事業部門間の関係と実質的に同じものとなる。その理由は、以下の通りである。

　第1に、グループ企業の利害関係者に対して、関係が構築される前に、このような分離の有無と程度が明らかになっていない場合、彼らは取引条件等を決定する際に親子会社が別個の会社であることを前提とすることはしなくなるであろう。グループ企業と第三者の間に関係が構築された後に、グループ企業が、分離の程度についての前提を実質的に覆すことが容易である場合も同様である。第2に、取引相手である会社の債務不履行が発生したり倒産手続が開始されたりした場合に、当該会社と同一のグループ企業に属する他の会社との契約関係または財産関係を分離することが容易でなければならない。事後的な契約関係または財産関係の分離が困難である場合には、そもそも、第三者は、取引条件等の決定の際に親子会社等が別個の会社であることを前提とすることができなくなる。

　そして、法規制は、グループ企業と関係を構築しようとする者に対して、以上に述べたようなグループ企業に属する会社間の分離を保障することに寄与できるように思われる。たとえば、第1の点は、グループ企業の法的構造に関する事前開示の重要性を示唆しているように思われる。また、支配株主の信認義務や詐害譲渡規制は、親子会社または子会社間の取引が公正な条件で行われることを確保する機能を持つ。言い方を換えれば、これらの規制によって会社間の契約関係または財産関係の分離が保障されるので、当該会社間の関係が事業部門間の関係とは異なるものになるのである。

　事後的な契約関係または財産関係の分離という点では、倒産手続が重要な意味を持つことは明らかであろう[110]。分離が保障されていると言えるため

には、グループ企業の倒産手続において、グループ企業を構成する個々の会社が保有する資産と負債の内容・額が別個独立のものとして確定される必要がある。

便益 a は、II1・2で紹介した *Hansmann & Kraakman* の分析から明らかなように、親子会社形態に固有の便益ではなく、株式会社が利用されることによって一般的に発生する便益である。しかし、単一の株式会社を想定した会社法が、親子会社形態において便益 a の発生を保障するために十分な内容を備えているか否かは、別に検討されるべきである。特に、次に述べるように、複数の親子会社形態が組み合わさることでグループ企業の複雑さが増加する場合に、便益 a の発生を保障するという点すら困難となる場合がある。

3 法規制の意義と限界（その2）
——法規制の便益と費用の観点からの分析

(1) グループ企業の法的構造の複雑化が引き起こす問題

法規制によって便益 a または便益 β の増加が期待されることは、ある法規制の導入を正当化するための必要条件に過ぎない。ある法規制の導入・維持に必要な費用が当該法規制から期待される便益の額を上回ることが見込まれる場合、当該法規制を導入することは、少なくとも社会全体の富を最大化するという観点からは正当化されないのではなかろうか。

このような観点は、法規制によってグループ企業内の会社間の契約関係または財産関係の分離を保障することに限界があることを示している。特に、グループ企業の傘下にある会社の数が増加し相互の関係が複雑になればなるほど、法規制によって契約関係または財産関係の分離を保障するための費用が増加するように思われる[111]。この問題は、倒産手続において契約関係と財産関係を分離することが実際に要求される際に顕在化するように思われる。

この問題に関して、アメリカの倒産手続では、裁判所の命令によってまたは当事者の合意によって、親子会社または子会社間の関係を分離することを

---

110) 前掲注21)とその本文参照。*See also* Hansmann et al., *supra* note 4, at 1366-1367（*Strong Entity Shielding* は、歴史的にみて、pro rata に基づく債権者への分配を原則とする倒産手続の整備と同時期に発展したと指摘する）.

放棄することが認められている。このような仕組みは、実体的統合または実体的併合（以下、単に「実体的統合」という）と呼ばれている[112]。本稿では、実体的統合を題材にして、グループ企業の法的構造の複雑化が法規制のあり方に与える影響を分析することを試みたいと思う。

(2) 実体的統合を題材とした試論
(i) 実体的統合を巡る利害状況

最初に、実体的統合を巡る利害状況を明らかにしておこう。

たとえば、Y社は、A社、B社、C社の親会社であり、Y社とA～C社はY社グループとして事業活動を行っていた。Y社グループの中で、Y社は持株会社としてグループ全体の経営方針の策定、広告宣伝活動、資金調達の役割を担い、A社とB社は製品の製造を、C社はA社とB社が製造した製品の販売を担っていたとしよう。XはY社の、ZはA社の債権者である。

Y社は、連邦倒産法第11章に基づく再建手続を利用して、Y社グループの業績不振を打開しようとした。その一環として、Y社は、Y社自身に加えて、A～C社にも倒産手続を申請させた。実体的統合が行われない場合、Y社とA～C社の再建手続は、同一の裁判官の管轄下に置かれる場合でも、別個独立して進められる。すなわち、それぞれの会社の法人格は維持され、たとえば、Y社の財産はXなどY社の債権者にとっての、A社の財産はZなどA社の債権者にとっての引き当て財産となる[113]。

Y社とA社の再建手続を別個独立して進めるためには、まず、Y社とA社

---

111) *See* Hansmann et al., *supra* note 4, at 1401 (「複数の組織体（"entities"）が絡み合うことで事業活動（business enterprises）の透明性が損なわれている精巧なグループ構造（"the elaborate group structures"）の発展」が企業所有者の債権者にもたらす費用として、①親会社の財務状況が不透明になることによって、親会社による詐欺の危険が増加すること（Ex. Enron, World Com）、②親会社の一般債権者が親会社の財務状況を監視することが困難になること、③倒産手続が複雑になること、を挙げる）.
112) *See* Hansmann et al., *supra* note 4, at 1401.
113) Douglas G. Baird, *Substantive Consolidation Today,* 47 B. C. L. REV. 5, 6 (2005).
　我が国の実務においても、実体的統合が行われた例があると紹介されている。藤原総一郎監修『倒産法全書（下）』166頁（商事法務、2008年）。以下の分析を踏まえた日本法の検討については、今後の課題としたい。

が保有する資産の内容および額と個々の債権者が保有する権利が確定される必要がある。そのためには、グループ内部で行われている取引から生じた債権債務関係の確定も必要となる[114]。しかし、Y社グループ内での帳簿管理が適切に行われていない場合には、グループ内の契約関係または財産関係を個々の会社ごとに分離していくことが事実上、不可能と評価されることもある[115]。また、それが不可能とは言えない場合でも、Y社グループのように複数の会社を利用して1つの事業活動が行われている場合には、債権債務関係の清算や資産の帰属先の確定のために莫大な費用がかかったりすることもある[116]。また、Y社グループの事業はグループ内の取引を基礎にして行われているため、Y社グループを再建するためには、Y社グループを構成する全会社を対象とする再建計画を作る必要がある。

　親会社と子会社の倒産手続を同時に行うための管理費用の問題は、実体的統合ではなく手続的統合でも対応可能であると指摘されることもある[117]。手続的統合では、親会社と子会社に共通した管財人（trustee）が選任されたり情報開示などの手続が統合されたりするが、両社は独立した資産と負債を持つ別個の債務者として扱われることに変わりはない[118]。

　手続的統合に加えて、Y社とA～C社の倒産手続が実体的に統合される場合、Y社とA～C社の間の債権債務関係を消滅させた上でY社とA～C社の債務と財産が合算され、合算された財産がY社とA～C社の全債権者に共通する引き当て財産となる[119]。その結果、先に述べたようにY社グループを構成する個々の会社ごとに再建手続を行うことから生じる費用が節約されるので、Y社グループの再建が円滑に進む可能性がある[120]。しかし、このような便益が生じる反面、実体的統合が行われることによって、ある会社の債

---

114) Frost, *supra* note 44, at 449; Kors, *supra* note 1, at 416; Baird, *supra* note 113, at 8.
115) Widen, *supra* note 44, at 281-282.
116) Widen, *supra* note 44, at 285. たとえば、再建手続申請前にA社とB社がC社に製品を引き渡していた場合、これらの製品の帰属を巡って、A社とB社の間で争いが生じる可能性がある。案件の難易度によっては、この問題を解決するために莫大な弁護士費用等がかかることもあろう。See J. Maxwell Tucker, *Substantive Consolidation: The Cacophony Continues*, 18 Am. Bankr. Inst. L. Rev. 89, 157-158 (2010).
117) Schwarcz, *supra* note 49, at 136-137.
118) Frost, *supra* note 44, at 450 note 3; Kors, *supra* note 1, at 381 note 1.

権者が別の会社の債権者の犠牲と引換えに利得する可能性が非常に高い[121]。

たとえば、資産の負債に対する比率がY社よりもA社の方が大きかった場合、実体的統合によって、Zへの支払の原資となる財産が減少しXへの支払の原資となる財産が増加するという意味で、ZからXへの利益移転が生じることになる[122]。しかし、このような利益移転が生じる可能性があったとし

- [119] 「実体的統合 ("substantive consolidation")」という用語については、注意すべき点がある。実体的統合は、①本文で述べたように債権者に対する分配額を確定する場合に加えて再建計画の策定と承認等のためにY社とA～C社から構成されるグループ企業を単一の会社と仮定することを指すに過ぎない場合と、②実際にY社とA～C社を統合して単一の会社とすることを指す場合がある。前者は、"deemed consolidation" と呼ばれることもある。See Widen, *supra* note 44, at 248 note 32. 伝統的に実体的統合は②の意味で行われていたが、最近の実務おいて利用されるのは、"deemed consolidation" が主流のようである。See Baird, *supra* note 113, at 9; Widen, *id.*, at 254 note 63; Widen, *supra* note 106, at 6. なお、連邦巡回区控訴裁判所の中には、第3巡回区控訴裁判所など両者の区別を厳密に考えるものもある。See Tucker, *supra* note 116, at 189 note 399. See, e.g., In re Owens Corning, 419 F. 3d 195, 216 (3d Cir. 2005) (*Owens Corning*)（親子会社の法的または財務上の境界が不明瞭であることを理由に行われた "deemed consolidation" の申立は、再建計画の効力発生後も不明瞭な親子会社関係の存続を許容することであるから、その目的は、申立人が親会社の債権者である銀行から、当該銀行が当該債務を子会社に保証させることによって得た優先的な地位を奪うことであったと判示した）。しかし、グループ企業を構成する会社が実体的に統合されれば、①か②かは、グループ企業の利害関係者にとって大きな差異は無いように思われる。なぜなら、グループ企業と関係を構築する際の前提が事後的に覆されるという点では、両者に差異は存在しないからである。すなわち、倒産手続後も法人格の形式的な独立性が維持されているか否かは、Ⅱで分析した便益が発生するか否かとは関係ないのである。また、実体的統合によって発生する費用と便益の多くは、"deemed consolidation" でも発生する。See Brasher, *supra* note 11, at 5; Widen, *supra* note 106, at 12. したがって、実体的統合の是非を分析する際にも、両者の区別を重視する必要性は大きくはないように思われる。そこで、本稿では特段の必要が認められない限り、①と②を包括する広義の意味で「実体的統合」という用語を用いることにする。なお、このような用語法は、アメリカの学説でも一般的に利用されているように思われる。See, e.g., Baird, *supra* note 113, at 6; Widen, *supra* note 44, at 238; WILLIAM T. ALLEN, REINIER H. KRAAKMAN & GUHAN SUBRAMANIAN, COMMENTARIES AND CASES ON THE LAW OF BUSINESS ORGANIZATION, at 166 (3rd ed. 2009).
- [120] See Frost, *supra* note 44, at 455 & 495-496; Kors, *supra* note 1, at 414-415; Widen, *supra* note 44, at 268-269 & 280.
- [121] Frost, *supra* note 44, at 449 at 450-451; Kors, *supra* note 1, at 382; Schwarcz, *supra* note 49, at 114; Baird, *supra* note 113, at 6; Brasher, *supra* note 11, at 2; Widen, *supra* note 44, at 280; Tucker, *supra* note 116, at 117. 実体的統合後の債務者の財務状況を基準にすると支払不能の状態が解消されるという希な状況では、債権者間の利益移転は発生しない。See Kors, *id.*, at 382. しかし、この場合、実体的統合前の個々の債務者が支払不能に陥っていなかった場合を除き、株主から債権者への利益移転が発生している。See Frost, *id.* at 451 note 10.

ても、Y社グループを構成する会社の債権者の間で個々の会社の倒産手続を実体的に統合することについて合意が存在する場合、当該合意は尊重されるべきであると主張する見解がある[123]。なぜなら、この場合、Zのような立場にある債権者が実体的統合によって生じる便益を考慮して自己の地位が改善すると判断したのであるから、実体的統合によってY社グループの全債権者の利益が向上するといえるからである[124]。しかし、倒産手続の実務において、裁判所は、株主の同意も債権者の同意も得ることなく、実体的統合を命じることができるとされている[125]。

(ii) グループ企業の規制方法としての意義

実体的統合は、倒産手続において、債権者の権利内容を事後的に変更することを意味する。しかし、債権者に分配される財産を増加させるためであれば、実体法上の権利義務を倒産手続において変更することは正当化される余地がある[126]。その一方で、実体的統合が行われることが常であるならば、グループ企業を構築することによって発生する便益の多くは失われてしまう[127]。なぜなら、このような取扱いは、法人格の独立性を前提としてグループ企業と取引を行った者にとって不意打ちとなるからである。不意打ちを避けるためには、親会社と子会社の法人格の独立性が事後的に否定される可能

---

[122] Y社にはA社しか子会社が存在しないと仮定すると、本文で挙げた問題は以下のように説明される。See Kors, *supra* note 1, at 382 note 10. Y社は70の負債を抱え10の資産を保有しており、A社は30の負債を抱え15の資産を保有していたとする。Y社とA社の倒産手続において、Y社の債権者であるXは額面の1/7、A社の債権者であるZは額面の1/2の配当を受けることができる。ところが、Y社とA社が実体的に統合される場合、XとZはともに額面の1/4の配当を受けることができることになる。このことは、実体的統合によって、Xは便益を被るがZは不利益を被ることを意味する。以上に紹介した問題は実体的統合によって生じる可能性のある利益移転の一部に過ぎず、この他に実体的統合によってY社とA社の間の取引を否認することができなくなることやXが担保権者の場合にはZが被る損害額が大きくなるといった問題もある。*Id*.

[123] Baird, *supra* note 113, at 6; Widen, *supra* note 44, at 292.

[124] *See* Widen, *supra* note 44, at 286 & 289-290.

[125] Kors, *supra* note 1, at 382-383.

[126] Kors, *supra* note 1, at 411-412.

[127] *See* Brasher, *supra* note 11, at 21 (*Asset Partitioning*(前掲注7))によって作り出されたグループ企業が保有する資産に対する優先劣後関係が、実体的統合によって覆されると指摘する); ALLEN ET AL., *supra* note 119, at 167 (*Asset Partitioning*(前掲注7))と内部資本市場の限定について同旨).

性を考慮に入れて、取引するか否かを判断することが必要となる。その結果、取引条件が親会社または子会社にとって不利に設定されたり、取引すること自体が差し控えられたりしてしまう可能性がある[128]。

　実体的統合が命じられるべき範囲について判例法理は混乱しているが、著名な巡回区控訴裁判所の判決においては、前述したような債権者の期待が尊重されるべきと考えられていることは共通している[129]。たとえば、第２巡回区連邦控訴裁判所の *Augie/Restivo* は、実体的統合が命じられることによって、親子会社の法人格の独立性を前提にして取引をした債権者の期待が害されてしまうことが重視されるべきことを明示している[130]。そして、企業グループを構成する会社の関係が複雑に絡み合っているため実体的統合によって全債権者が利益を得ることができる場合には実体的統合が命じられるべきとするが、それは契約関係または財産関係を正確に分離すること自体が不可能な場合か、それを試みるために必要な費用が債権者に対する分配の原資を使い尽くしてしまうほど著しく大きい場合であると判示した[131]。

　裁判所が実体的統合を命じることができる範囲が限定されることは、グループ企業内の会社間の契約関係または財産関係を分離するために、多くの時間と費用を費やすことを倒産手続の関係者に強制することを意味する。しかし、親子会社または子会社間の契約関係または財産関係の分離が事後的に困難になったのは、帳簿の管理などの点でグループ企業の経営に誤りがあっ

---

128) *See* Kors, *supra* note 1, at 384; Schwarcz, *supra* note 49, at 109-110.

129) *See* Drabkin v. Midland-Ross Corp. (*In re Auto-Train Corp.*), 810 F.2d 270 (D.C. Cir. 1987) (*Auto-Train*) (子会社から代金の支払いを受けた債権者が、代金支払い前にすでに倒産手続を開始していた親会社によって新たに申し立てられた遡及効を持つ実体的統合（親会社による倒産手続の申立日と同じ日に子会社についても倒産手続が申し立てられたとする効果があるため、前記代金の支払いが危機否認の対象となる）の申立に反対した事案); Union Savings Bank v. Augie/Restivo Bankking Company, Ltd., 860 F.2d 515, 518-519 (2d Cir. 1988) (*Augie/Restivo*) (親子会社が形成される前に子会社に融資を行っていた銀行が、実体的統合によって、親会社に対して DIP ファイナンスを行った債権者に劣後する地位に置かれるとして、実体的統合に反対した事案). *Auto-Train* と *Augie/Restivo* は、実体的統合に関する判例法において、最も引用される巡回区連邦控訴裁判所の裁判例であると言われている。*See* Brasher, *supra* note 11, at 9-10; Widen, *supra* note 106, at 1-2.

130) *See Augie/Restivo*, 860 F.2d 518-519 (実体的統合の結果、債権者による信用供与の前提が事後的に覆されるため、資本市場の効率性が損なわれると判示する).

たからではなかろうか。このような誤りを事後的に正すために、弁護士や裁判官等の人的資源が無尽蔵に投入される仕組みが合理的なのであろうか。もちろん、倒産手続の費用は債務者の財産から支払われる、すなわち、最終的に債権者によって負担されるのであり、公的支援が行われているわけではない。しかし、グループ企業の倒産手続に投入される莫大な資源は、他の社会的に望ましい案件に投入された方が望ましい場合もあり得るのではなかろうか[132]。

　すなわち、実体的統合が命じられる範囲が狭まることは、グループ企業の倒産によって倒産制度自体にかかる負荷が増加することを意味する[133]。逆に、実体的統合が命じられる範囲が拡大することは、グループ企業の頂点に位置する親会社に対して、会社間の契約関係または財産関係の分離の費用が高いことを理由に実体的統合が命じられることを避けるために、帳簿の管理などに十分な投資を行うインセンティブを与える可能性がある[134]。

---

131) *Augie/Restivo*, 860 F.2d 519. *Augie/Restivo* は、債権者の期待を重視する学説によって支持されている。See Kors, *supra* note 1, at 450; Schwarcz, *supra* note 49, at 137. *See also* Hansmann et al., *supra* note 4, at 1401（裁判所が実体的統合を命じる際には、Entity Shielding の歴史と経済的機能に十分な配慮を行うべきであると指摘する）。また、第 3 巡回区連邦控訴裁判所の *Owens Corning* は、*Augie/Restivo* と実質的に同じ立場を採用している。See *Owens Corning*, 419 F. 3d 195（実体的統合によって、親会社に対するシンジゲートローンを行っていた銀行団が、子会社に当該ローンの連帯保証をさせることによって当該銀行団が得ていた地位が害されるとして、実体的統合に反対した事案）. See Baird, *supra* note 113, at 18. *But see* Brasher, *supra* note 11, at 11 & 12（*Owens Corning* は、*Augie/Restivo* と類似の言い回しを利用しているが、*Augie/Restivo* よりも実体的統合が命じられるべき範囲を狭くしたと解釈する）。

132) 確かに、会社間の契約関係または財産関係の分離を困難にした責任がグループ企業にのみ存在するのであれば、この点について責任を負わない債権者が損害を被る可能性を最小化するために、実体的統合が命じられるべき範囲を限定することが望ましいことになる。しかし、分離のメリットを享受しようとする債権者に対して一定の責任を課すことによって、グループ企業が事後的な分離が困難な程に複雑化することが抑止される可能性もある。債権者は、実体的統合を回避できるような措置をグループ企業が採用しないかぎり、分離を前提とした取引条件に同意しないはずだからである。また、前掲注 45）で指摘したように、親子会社形態には担保権と類似した機能がある。担保権者が担保財産について優先権を得るためには一定の手続を踏むことが要求されていることを踏まえると、グループ企業と取引する債権者に現行法が要求している手続が、優先権付与を巡る利害対立を解決するために十分か否かが検討される余地はあるように思われる。

133) *See* Brasher, *supra* note 11, at 18 note 52.

(3) グループ企業の複雑化に対する法規制のとるべき態度とは？

　実体的統合に関する本稿の分析は試論にとどまることは否めない。また、実体的統合はグループ企業の倒産手続を構成する一要素に過ぎない。そのため、実体的統合に関する具体的な制度を提案するためには、グループ企業の倒産手続全体の中で実体的統合の位置づけを論じることが必要となる[135]。

　しかし、実体的統合に関する分析は、グループ企業が想定した通りに経済的意義を発揮することを促進するために法制度が貢献すべき範囲にも、限界があることを明らかにしている。たとえば、証券化取引のように、SPC（special purpose company）の法人格の独立性を確保するために種々の特別な手当がなされている場合は、債権者の期待が保護されるべきと解されることに異論は多くないように思われる[136]。SPC と同程度の措置を全ての子会社に要求することは行き過ぎかと思われる。しかし、会社間の契約関係または財産関係の分離を確保するための措置を十分にとってこなかったグループ企業とその利害関係人の利益を守るために、無尽蔵に法的資源を投下することは法政策として正当化されないように思われる。

　以上のような分析を踏まえて具体的な制度設計の提案を行うことは、今後の課題である。

　［付記］本稿はJSPS科研費25780060の助成を受けた研究成果の一部である。

---

134) 本注本文の主張を補足しておく。倒産手続において、親子会社または子会社間の契約関係または財産関係の分離が事実上困難であるまたは費用の面で非現実的である場合というのは、裏を返せば、子会社の法人格の形式的な独立性が、ⅡまたはⅢで述べた便益を発生させることを目的としているのではなく、ただ、漫然と維持されていることを示しているように思われる。このような場合、そもそも子会社の法人格の独立性が維持されていることに意味は無かったのであるから、債権者に対する配当原資の最大化という倒産手続の目的を重視して実体的統合が命じられることに理由があるように思われる。これに対して、ⅡまたはⅢで述べた便益が発生するためには親子会社または子会社間の契約関係または財産関係の分離が必要条件となっているのであるから、実体的統合の存在は、それが倒産手続きにおいて命じられることを回避するために、このような分離の維持を継続するインセンティブをグループ企業の関係者に与えていると思われる。

135) グループ企業と取引関係を持つ債権者等の期待を重視する裁判例では、実体的統合は例外的にしか命じられるべきではないことが強調されている。See, e.g., Augie/Restivo, 860 F.2d 518; Owens Corning, 419 F.3d 211. また、Auto-Train, Augie/Restivo, Owens Corning のいずれにおいても、実体的統合は命じられなかったし、実際に、裁判所によって実体的統合が認められることは希であると述べる見解もある。See Triantis, supra note 54, at 1132; Squire, supra note 11, at 614. しかし、実体的統合にはグループ企業を構成する会社間の契約関係または財産関係を分離するために必要な費用の節約や、グループ企業全体を対象とした再建計画の策定と実行の円滑化といった便益がある。したがって、実体的統合を行うことが全債権者の利益になる場合があることは明らかであるように思われる。このことが、実体的統合の是非を巡る訴訟の和解や利害関係者の交渉を通じて作成された再建計画の中で実体的統合を行うことが合意され、それが裁判所によって認可される場合が多い理由であるのかもしれない。See Brasher, supra note 11, at 24-25. See slso Widen, supra note 106, at 5-6（2000 年から 2005 年に手続の開始が申し立てられた資産総額が 100 万ドルを超える上場会社の倒産手続 315 件の中で、再建計画等によって実体的統合が提案された案件は 178 件（約 56.5 ％）、資産総額が 10 億ドルの上場会社 124 件に限ると 77 件（約 62 ％）であり、後者の案件で実体的統合の利用が裁判所によって否定された案件は 2 件に過ぎなかったことを示す）。そうすると、アメリカにおける実体的統合の問題は、実体的統合の存在自体ではなく、裁判所の裁量的判断によって実体的統合が命じられているという手続にあるように思われる。See Frost, supra note 44, at 496（裁判所が実体的統合を命じることに対して、債権者の意見が十分に反映されてないことを理由に疑問を呈する）; Kors, supra note 1, at 450（債権者からの強い反対がある場合には、裁判所は何が債権者の利益になるか否かを債権者に代わって判断することに慎重であるべきことを示唆する）。また、実体的統合に関する判例法理はグループ企業の倒産手続における債権者間の交渉の前提条件となっていることも考慮される必要がある。See Widen, id., at 245（実体的統合が認められる要件が厳格になる結果、機関投資家の交渉力が強化され、取引債権者や非任意の債権者など担保権を持たない一般債権者の交渉力が弱体化すると指摘する）, 286-287 & 289-290 & 325-326（債権者にはタフな交渉者としてのイメージを構築することを目的とするなど眼前の案件において回収可能な額を最大化することとは別の目的で行動するインセンティブがあることを指摘し、裁判所が実体的統合によって全債権者が利益を得るか否かを判断することは制度として望ましいことを示唆する）。

136) 実体的統合が命じられるべき範囲を広く解する Widen も本文のような結論を支持している。See Widen, supra note 44, at 325.

グループ会社間の資金融通と貸金業法

橋 本 　 円

I　はじめに
II　総論
III　貸金業法が規制の対象とする取引
IV　貸金業法に該当しない資金融通の方法
V　結論

I　はじめに

　わが国において、いわゆる連結決算中心主義の連結会計制度が導入されてから、10年以上が経過した。連結決算制度のもとでは、グループ全体の有利子負債を圧縮し、バランスシートを縮小してROAを向上させる上で、グループに属する各社の余剰資金を相互に融通することが有用である。CMS（キャッシュ・マネジメント・システム）にみられるプーリング[1]の手法は、その一例である。
　もっとも、グループ会社間の資金融通については、グループ内の取引とはいえ、独立した法人間における現実のまたは計算上の資金移動であるため、その法形式や実態に即して、複数の業法上の規制が存在する。例えば、資金提供者については、貸金業法（昭和58年法律第32号）の適用が、資金需要

---

1) 各社の余剰資金を、親会社またはトレジャリーセンター（インハウスバンク）と呼ばれる専業の子会社に集中させ、資金需要のある他のグループ会社に貸し付ける手法。

者については、出資法（出資の受入れ、預り金及び金利等の取締に関する法律（昭和29年法律第195号））の適用があり得る。また、資金移動が有価証券の授受を介して行われる場合は、金商法（金融商品取引法（昭和23年法律第25号））の適用もあり得る。これらの業法については、度々改正が行われているものの、必ずしも上記のような資金融通の需要を満たすものでないばかりか、当該業法の本来的な規制の目的を離れて、これと無関係な資金融通に対して規制を及ぼしている例もある。

本稿では、資金融通にあたり想定される業法上の問題のうち、特に貸金業法上の問題について検討する。具体的には、現在の貸金業法との関係で、①グループ会社各社が同法3条1項に定める登録を受けることなく、グループ会社間でどのような資金融通を行うことができるか、②グループ会社間の資金融通につき支障があるとすれば、いかなる改善が望ましいか、という点につき検討したい。

II 総論

1 前提となる事実

本稿は、議論を一般化するために、事業会社のみからなる複合企業体（グループ）に属する法人間の資金融通を前提とする。第1に、グループに属する各法人（グループ会社）は、いずれも会社法（平成17年法律第86号）2条1号に規定する会社または外国の法令に準拠して設立されたこれらと同種類の法人とする。第2に、いずれのグループ会社も、適格機関投資家、国、日本銀行、投資者保護基金といった、金商法2条31項に規定する特定投資家[2]ではなく、貸金業法3条1項の登録を受けていないものとする。

2 本稿の構成

本稿では、第1に、貸金業法が規制の対象とする取引について概観する。

---

2) 適格機関投資家につき、同2条3項1号、定義府令10条1項。

ここでは、規制の対象となる「貸付け」につき概観した後、「業として」につき、裁判上の位置付けおよび監督官庁の考え方の変遷について言及する。第2に、「貸付け」に該当しない資金移動の方式としてどのようなものが考えられるかを検討する。ここでは、社債の発行および取得を利用した資金融通の方式および金銭債権の譲渡および譲受けを利用した資金融通の方式について検討する。第3に、「業として」に該当しない資金融通の方式としてどのようなものが考えられるかを検討する。ここでは、監督官庁が事業性のないものとして示した資金融通の方式について概観した後、現在の監督官庁の解釈の限度で事業性が認められないものと考えられる資金融通の方式について検討する。最後に、今後、グループ会社間の資金融通につき支障を解消する上で、どのような改善が望まれるのか、という点について検討する。

III　貸金業法が規制の対象とする取引

1　貸金業の意義

(1) 沿革

(i) 金融業取締規則

　貸金業を初めて規制の対象とした法令は、1939年に旧憲法9条に基づく命令として制定された金融業取締規則（昭和14年8月31日警視庁令第29号）である。同規則は、いわゆる高利貸しと暴力的取立てを取り締まることを目的として、金融業を許可制とした[3]。

　同規則において規制の対象とされた「金融業」とは、「金銭貸付又ハ其ノ周旋ヲ為ス営業」（1条1項本文）であり、「手形割引、売渡担保其ノ他之ニ類スル契約ニ因ル金銭ノ交付ハ之ヲ金銭貸付ト看做ス」（同条2項）とされた。2項が設けられた理由は、同規則制定当時の借主の属性にあると考えられる。すなわち、当時の借主の大部分は、サラリーマンのほか、通常業務で手形の

---

[3] このほか、業務に関連する事項の届出義務（6条ないし8条）、貸付条件等および看板の掲示義務（11条、15条）、広告、書面交付、取立等に関する行為規制（14条）等といった、現在の貸金業規制の骨子が定められている。

授受を行い、かつ、事業用の資産として小規模の土地または建物を所有しているような、小商人ならびに支那事変における犠牲産業からの転職者および転業者であった[4]ことから、実態として、手形割引や売渡担保のような形式による貸付けが横行したのであろう[5]。なお、規制の対象となる行為は、「営業」として行われるものであるとされているが、これが今日的な意味における「営業」（営利目的または対公衆性を伴う反復継続的行為）を意味するものであるか否かは明らかでない。

(ii) 貸金業取締法

金融業取締規則は、新憲法施行と併せて廃止されたが、同規則の廃止後、再度前記のような高利貸しと暴力的取立てが横行したため、これを取り締まることおよび新たに貸金業を行政による指導監督の対象とすることを目的として、1949年に貸金業取締法（貸金業等の取締に関する法律（昭和24年法律第170号））が制定された。

同法は、貸金業を事前届出制としたが[6]、同法において規制の対象とされた「貸金業」とは、「何らの名義をもつてするを問わず、金銭の貸付又は金銭の貸借の媒介をする行為で業として行うもの」（2条1項本文）であり、「手形の割引、売渡担保その他これらに類する方法によつてする金銭の交付は、前項の金銭の貸付とみなす。」（同条2項）とされた。「何らの名義をもつてするを問わず」が加えられた点、「金銭貸付……ノ周旋」を「金銭の貸借の媒介」と改めた点および「営業」を「業として」と改めた点を除き、金融業取締規則における「金融業」の定義をそのまま踏襲している。なお、「営業」が「業として」と改められたことが原因であると考えられるが、同法が有効であった期間において行われた金銭の貸付けにつき、「業として」の意義が

---

[4] 東京朝日新聞1939年5月18日、国民新聞1939年6月26日等。

[5] 例えば、東京朝日新聞1933年9月22日は、当時行われた高利貸しの手法として、手形割引および不動産売渡担保を利用したものを挙げている。

[6] このほか、貸金業者による預り金の禁止（7条）、高金利規制（8条）、浮貸し等の禁止（15条）、非営業無尽の取締（16条）等といった、その後の出資法の骨子が定められている。なお、高金利規制については、実際には臨時金利調整法（昭和22年法律第181号）による金利の最高限度が定められることはなく、通達（昭和24年6月29日付財務部長宛銀行局長通牒）により、貸金業届出書に添付する業務方法書に日歩50銭（年率182.5％）以下の金利が記載されていれば届出を受理するとの取扱いがなされた。

争点となった裁判例においては、後述（Ⅲ3⑴(i)(ｱ)）のとおり、事業性を認定する上で営利性が不要とされている。

(iii) 出資法

貸金業取締法は、貸金業者数が過大なため、同法による規制の実効性が確保できなかったこと、消費者間に、貸金業者が大蔵省公認で営業しているかのような誤解を生ずる弊害があったこと、消費者保護の要請からすれば高金利のみを抑制すれば足り、貸金業は、原則として自由営業とすべきであるとの要請があったことから、1954年に出資法の施行と併せて廃止された。

出資法は、いわゆる街の金融機関が営む預り金[7]や高利貸しを規制することを主たる目的としたが、貸金業者に対する取締りおよび実態調査の必要性があることから、貸金業者につき簡易な届出制度（事後届出）が残された。同法において規制の対象とされた「貸金業」とは、「業としての金銭の貸付又は金銭の貸借の媒介」（7条1項）であり、「手形の割引、売渡担保その他これらに類する方法によつてする金銭の交付又は授受は、金銭の貸付又は金銭の貸借とみなす」（9条）とされた。ここでは、「何らの名義をもつてするを問わず」が削除された点、「金銭の交付は、前項の金銭の貸付とみなす」が「金銭の交付又は授受は、金銭の貸付又は金銭の貸借とみなす」と改められた点を除き、貸金業取締法における「貸金業」の定義をそのまま踏襲している。なお、「金銭の交付は、前項の金銭の貸付とみなす」が「金銭の交付又は授受は、金銭の貸付又は金銭の貸借とみなす」と改められたことから、手形の割引、売渡担保その他これらに類する方法による金銭の交付または授受の媒介行為が、貸金業に該当することとなった。

(iv) 貸金業法

1970年代半ばより、いわゆるサラ金問題が社会問題化したことに伴い、貸金業者を一般の金融機関では満たすことができない資金需要を満たすべき資金提供者として認識しつつ、かつ、資金需要者の利益を保護することを目的として、1983年に貸金業法（旧貸金業の規制等に関する法律）が施行され、

---

[7] 出資法制定の直接的な契機は、1953年に発生した、匿名組合保全経済会（出資金の返還を約束して出資を募っていたため、被害弁償との関係で、匿名組合出資と預り金との境界が問題となった）に関連する詐欺事件である。

出資法の規定のうち、貸金業者の規制に関する部分が削除された。

貸金業法は、貸金業を登録制としたが、同法において規制の対象とされた「貸金業」とは、「金銭の貸付け又は金銭の貸借の媒介（手形の割引、売渡担保その他これらに類する方法によつてする金銭の交付又は当該方法によつてする金銭の授受の媒介を含む。……）で業として行うもの」である（2条1項本文）。条文の体裁は、従来の出資法のものとは異なるが、規制の対象は、全く同じである。

以上より、現在の貸金業法は、「業として行う」「貸付け」、すなわち、①金銭の貸付け、②金銭の貸借の媒介、③手形の割引、売渡担保その他これらに類する方法による金銭の交付および④手形の割引、売渡担保その他これらに類する方法による金銭の授受の媒介を規制しているが、このうち、①ないし③については、1939年の金融業取締規則施行当時の概念が引き続き用いられており、④については、1954年の出資法施行当時の概念が引き続き用いられていることが分かる。

(2) グループ会社間における資金融通と「貸金業」との関係
(i) 資金融通を行おうとするグループ会社がいずれも国内の会社である場合

貸金業法は、法3条1項の登録を受けた者を貸金業者とし（2条2項）、登録を受けない者は、貸金業を営んではならないとする（11条）。「営んではならない」という文言が用いられているものの、これは、営利性のある事業（営業）を制限するものではなく、事業そのものを制限するものであると考えられている[8]。すなわち、「貸付け」を、「業として」行う場合には、あらかじめ登録を要することとなる。

もちろん、①資金融通を図ろうとする各グループ会社が登録を受けた場合や、②各グループ会社間の資金融通が貸金業法2条1項各号に掲げる除外事由に該当する場合については、グループ会社間で業として貸付けを行うことにつき支障はない。もっとも、①登録を受けて貸金業者となれば、業務運営に関する措置（12条の2）、指定紛争解決機関との契約締結（12条の2の2）、

---

8) 上柳敏郎＝大森泰人編著『逐条解説貸金業法』77頁（商事法務、2008年）。

貸金業務取扱主任者の設置（12条の3）、返済能力の調査（13条）、書面交付（16条の2、17条、18条）、帳簿の設置（19条、19条の2）等、余資をグループ内の他の会社に融通するという目的と比して過大な事務および費用の投入を要求されることになる。また、②貸金業法2条1項各号に掲げる除外事由は、国または地方公共団体が行うもの（1号）、貸付けを業として行うにつき他の法律に特別の規定のある者が行うもの（2号）、物品の売買、運送、保管または売買の媒介を業とする者がその取引に付随して行うもの（3号）、事業者がその従業者に対して行うもの（4号）、その他政令で定めるものが行うもの（5号）[9]に限定されており、グループ会社間における資金融通が除外事由に該当することは、一般的に想定できない。

　監督官庁は、貸金業法施行時に「第3条第1項に規定する登録を受けなければならない者は、法第2条第1項ただし書及び……施行令……第1条の規定により適用除外される者を除き、法第2条第1項本文にいう貸付けを業として行う者をすべて含むものとする。」との方針を示しており[10]、その後これが改められた様子はない。監督官庁がこのような姿勢を維持する以上、貸金業法3条1項の登録を受けずにグループ会社間で資金融通を図るためには、「貸付け」に該当しない法形式でこれを行うか、「業として」に該当しない形式で行わざるを得ない。

---

[9] 具体的内容は、貸金業法施行令1条の2各号に掲げられている。2012年2月15日時点においては、1号として、国家公務員法108条の2・地方公務員法52条の職員団体、国会職員法18条の2の組合（イ）、労働組合法2条の労働組合（ロ）（その直接又は間接の構成員以外の者に対する貸付けを業として行うものを除く）が、2号として、公益社団法人・公益財団法人（イ）、私立学校法その他の特別の法律に基づき設立された法人（ロ）（収益を目的とする事業として貸付けを行うものを除く）が、3号として、主としてコール資金の貸付け又はその貸借の媒介を業として行う者で金融庁長官の指定するものが、4号として、商品先物取引法2条4項に規定する商品取引所の会員等たる法人であって、かつ、当該商品取引所の会員等のみに対する貸付けの業務を行うもので金融庁長官の指定するものが、5号として、コール資金の貸付けを行う投資信託及び投資法人に関する法律2条13項に規定する登録投資法人が、それぞれ掲げられている。

[10]「貸金業者の業務運営に関する基本事項について」（昭和58年9月30日蔵銀第2602号）「第1登録1. 登録を要する者」。

(ii) 資金融通を行おうとするグループ会社の一方または双方が外国会社である場合

　資金融通を行おうとする各グループ会社がいずれも国内の会社である場合は、(i)のとおりであるが、これらのいずれか一方または双方が外国会社である場合は、貸金業法の保護法益や域外適用の可否の観点から、同様の結論が導かれるか否かが問題となる。

　この点、少なくとも現時点において、監督官庁は、貸付けの契約の締結またはこれに基づく金銭の授受の全部または一部が国内で行われる場合には、原則として貸金業法3条1項の登録を求めるという立場を採っている。この立場に従えば、資金需要者または資金提供者の一方または双方が外国会社であっても、資金融通に係る契約の締結や資金授受の一部が国内で行われる場合については、資金提供者について登録が必要となる。裏を返せば、資金需要者と資金提供者の属性にかかわらず、両者の間の契約締結や資金授受の全部が国外において完結する場合については、登録が不要となる。

2　「貸付け」の意義

　貸金業法上「貸付け」とされる行為は、Ⅲ1 (1)(iv)に記載のとおり、①金銭の貸付け、②金銭の貸借の媒介、③手形の割引、売渡担保その他これらに類する方法によってする金銭の交付および④手形の割引、売渡担保その他これらに類する方法によってする金銭の授受の媒介である。

(1)　「金銭の貸付け」および「金銭の貸借の媒介」

　①金銭の貸付けは、利息つきであるか否かを問わない。②金銭の貸借の媒介は、資金の融通を受けたい者と資金の融通を行いたい者との間に立って金銭消費貸借契約の成立に尽力する行為を広く含む[11]。

(2)　「手形の割引、売渡担保その他これらに類する方法」

　「手形の割引、売渡担保その他これらに類する方法」のうち、「手形の割引」

---

11) 上柳＝大森編著・前掲注8) 52頁。

については、Ⅲ1 (1)(i)記載の金融業取締規則の制定時の社会状況や貸金業法施行時の前掲注10）通達を見る限り、資金需要者をして手形を裏書譲渡させ、これを割り引くような、一般的な手形の割引業者が提供する業務がこれに含まれることは疑いない[12]。

「売渡担保」として想定されている取引の内容については、公的な解釈が示されていないが、金融業取締規則の制定時の社会状況や一般的な字義の解釈に従えば、信用授受にあたり財産権の移転の形式を借りる担保契約（広義の譲渡担保）のうち、売買の形式により信用の授受を行うため、被担保債務が存在しないものがこれに相当する[13]。なお、売渡担保の本来的な性質に照らせば、受戻権が所定の期間（買戻期間）内に売主によって行使されなかった場合、①買主は、その行使を売主に対して請求することができない（売主に対して弁済を求めることができない）、②受戻権が消滅し、買主は、確定的に目的物を取得する、③買主は、売主に対して支払った代金額と、取得した目的物との差額につき、清算する義務を負わない、という結論が導かれるはずであるが、狭義の譲渡担保に関する議論の深化に伴い、買戻期間経過後も売主による受戻権の行使が認める裁判例（大判昭和8年4月26日新聞3563号5頁・民集12巻767頁・法律学説判例評論全集22巻民法693頁等）、買主に清算義務を課す裁判例（高知地判平成7年7月14日判タ902号106頁等）が現れている。そのため、今日的には、清算合意の有無にかかわらず、資金需要者である売主に何らかの受戻権が留保された財産権の譲渡が、ここでいう売渡担保に該当するものと考えられる。

なお、貸金業法の成立に先立って、大阪地判昭和45年10月28日判時623号90頁・判タ259号257頁・金法607号44頁は、①売主が買主に対し

---

[12] 前掲注10)「第1登録1.登録を要する者」。なお、一般的な手形割引業者の業務の流れは、次のとおりである。①資金需要者は、第三者（振出人または裏書人）より交付を受けた手形の割引を、手形割引業者に対して申し込む、②手形割引業者は、申込みに承諾する場合は、資金需要者をして、当該手形に裏書をさせた上、みずからこれを割り引く、③手形割引業者は、支払期日またはこれ以降に、振出人に対して手形金の支払を請求する、④手形が不渡りであった場合、手形割引業者は、資金需要者に対して手形の買戻しを請求しまたは資金需要者その他の裏書人に対して遡求権を行使する。

[13] 柚木馨＝高木多喜男編『新版注釈民法(14) 債権(5)』430頁（有斐閣、1993年）。

て売買の 2 か月後に 3,000 万円を再売買代金として持参した場合、買主は、目的物である不動産を売主に返還する、②当該期限まで、売主は、当該不動産に居住することができる、との合意に基づき、③売主が、買主に対して当該不動産を譲渡し、買主のために所有権移転登記をし、④買主が、売主に対して 2,350 万円を支払った事例につき、買主の行為が出資法 9 条（当時）にいう「売渡担保に類する方法による金銭の交付」であると認定しており、これによれば、目的物の譲渡後、受戻権の行使期限までの間に、目的物を使用または収益する権利が売主に留保されていても、「貸付け」の成否に影響を及ぼさないこととなる。III 1 (1)(iii)および(iv)に記載のとおり出資法 9 条（当時）の文言と貸金業法 2 条 1 項本文括弧内の文言とがほとんど同じであることを考慮すると、貸金業法上も同様の解釈ができるものと考えて良い。

　これらを踏まえると、「手形の割引、売渡担保その他これらに類する方法」は、財産権の移転の形式を借りる信用提供であって、①資金需要者が当該財産権の買戻し義務を負うもの、②資金需要者が当該財産権の信用や価値を担保する義務を負うものおよび③資金需要者が当該財産権の買戻し権を有するものを指すものであると考えるのが妥当であろう。

(3) 「手形の割引、売渡担保その他これらに類する方法」の例外

　もっとも、財産権の譲渡であって、買戻し義務、信用や価値を担保する義務または買戻し権が認められるものの全てが、信用提供（金融取引）として貸付けとなるとすれば、金融取引に関する通常の理解から乖離することとなる。例えば、電気機器の販売業者が、当該機器の販売後、一定期間無償で当該機器の修理を行う場合、販売業者は、目的物である電子機器の販売後も、その価値を担保しているが、このような場合、一般的には当該機器が販売業者から顧客に対して文字通り販売されたものであると考えられ、当該機器がリースや担保の目的として提供されたものとは考えられない。

　そこで、譲渡の形式を借りた信用提供（金融取引）であるか、信用提供ではない真正な譲渡（真正譲渡）であるかを区別する基準が必要となる。これについての統一的な見解はないが、一般的な流動化取引においては、①契約当事者である売主と買主の主観的意図が真正譲渡であるか否か、②真正譲渡

の意図を基礎付ける客観的な事実として、財産権に係る回収不能等の危険および経済的利益がそれぞれ買主に対し移転しているか否か、③真正譲渡の意図を基礎付ける客観的な事実として、財産権の現実的な支配権が買主に対し移転しているか否かおよび④真正譲渡の意図を基礎付ける客観的な事実として、財産権を譲渡した対価が相当なものであるか否かといった事情から総合的に評価する方法が用いられる場合が多いだろう[14]。

　一般論として、財産権が金銭債権である場合に、売主が当該債権の債務者の支払能力や回収の確実性を保証すること、および回収不能等の場合に当該債権の買戻し義務を負うことは、いずれも財産権の回収不能等に係る危険が買主に移転していないことを示すものであり、売主が財産権を任意に買い戻す権利を有することは、財産権の現実の支配が買主に移転していないことを示すものであるため、いずれも真正譲渡性を否定する要素となる。もっとも、例えば、財産権の譲渡に係る契約書上、①売主が財産権につき瑕疵担保責任（弁済期における債務者の支払能力や回収可能性に関するものを除く）を負っている場合[15]や、②売主が、当該契約の締結時点または譲渡の実行時点において、財産権が特定の性質を有すること（弁済期における債務者の支払能力や回収可能性に関するものを除く）を表明および保証している場合については、瑕疵担保責任または表明保証違反に基づく損害賠償に代えて、売主が買主より財産権を買い戻す義務を負うこともあるが、このような場合、一般論として、買戻し義務の存在は、買主に対する危険の移転を否定するものではなく、真正譲渡性を否定する要素とはならないと考えられる。

---

14) 例えば、勝田信篤『債権流動化の現状と展望』202頁（日本評論社、2005年）は、金銭債権の流動化について、会計基準とわが国における学説を踏まえた真正譲渡と金融取引を区別する基準として、①契約書の文言、②目的物の特定の有無、③第三者対抗要件の有無、④目的物と譲渡代金との均衡、⑤売主に対するリコースの有無、⑥売主に留保される権利の存在、⑦目的物の移転に伴う損益の移転の有無、⑧買主の目的物に対する支配と制御の権限の有無、⑨コミングリスクの回避措置の有無、⑩目的物の譲渡制限の有無、⑪目的物のオフバランスの可否、⑫目的物を裏付資産とする資産担保証券が発行されている場合は、その保有者の属性および⑬売主による目的物の使用の有無を掲げているが、②および③は、真正譲渡であれ金融取引であれ必要であるし、⑨および⑫は、証券化に特有の基準であると考えられるから、実質的に上述の基準と同内容の基準を提示しているものであるといって良い。

また、財産権の譲渡後に売主が当該財産権の使用および収益または管理を継続することは、これが財産権の譲渡に係る契約書とは別個の合意により、相当な対価の定めと引換えに行われる限り、財産権の現実の支配が買主に移転していないことを示す要素とはならないと考えられている。

3 「業として」の意義

「貸付け」に該当する行為がⅢ1(1)(ⅳ)に記載のとおり法文上例示列挙されているのに対して、「業として」については、このような解釈の指針が示されていない。そのため、「業として」に該当するか否かの判断にあたっては、裁判例および監督官庁が示した解釈が特に重要となる。

(1) 裁判例における「業として」の解釈
(i) 貸金業取締法における「業として」

昭和20年代末から昭和30年代初頭にかけて、貸金業取締法2条1項本文における「貸金業」性、とりわけ事業性の有無がしばしば裁判上の争点となり、次のとおり判例が形成されていった。

(ア) 反復継続性・営利性　最判昭和28年2月3日集刑73号41頁において、「貸金業の取締に関する法律二条にいう貸金業とは、反覆継続の意思をもつて、金銭の貸付又は金銭の貸借の媒介をする行為をすれば足り、必しも報酬又は利益を得る意思若しくは現にこれを得た事実を必要としない」とされ、これが踏襲された。

このような、「業として」すなわち、事業性の認定において「反復継続

---

15) 目的物である金銭債権の債務者が、譲渡実行時または弁済期において弁済に足りる資力を欠くこと自体は、瑕疵にあたらないので、債務者の支払能力や金銭債権の回収可能性が瑕疵担保責任（民法570条）によって担保されることはない。譲渡人をして、これらを担保させるためには、譲渡人と譲受人との間で特約が必要となる（柚木＝高木・前掲注13）257頁）。民法569条は、このような特約の有効性を前提とした規定であるが、同条は、このような特約が取引の金融取引性を推認させることはない旨を明示しているわけではない。
　このような特約の存在のみをもって、ただちに真正譲渡性を否定することが困難である場合もあるが、少なくとも、貸金業法との関係においては、手形割引が貸付けに該当することと対比して、このような特約のある債権譲渡は、やはり貸付けに該当するものと考えざるを得ないだろう。

の意思」の存在を要求し、かつ、「報酬又は利益を得る意思若しくは現にこれを得た事実」、すなわち営利性を不要とする立場は、その後、大法廷判決においても確認された（最判昭和29年11月24日刑集8巻11号1860頁・集刑100号551頁・裁時172号2頁）。

　(イ)　対公衆性　　貸付けの相手が不特定多数の者であることは、事業性を認定する上で要件とならないとされた（最判昭和30年7月22日刑集9巻9号1962頁・集刑107号1079頁）。このように、事業性の認定において、反復継続性が要求され、営利性および対公衆性が不要とされることは、「業」の概念と「営業」の概念との違いから導かれるものであるといって良い。

　他方で、客観的に観察して、貸金業としての形態（被告人の許に行けば金が借りられるということが相当数の人々に知られているかどうかというような事情）を備えることは、事業性を認定する上で要件とならないとされているものの、「反覆継続の意思をもつて、貸金をしているかどうかを決する基準となり得る」ものであるとされている（最判昭和30年4月22日集刑104号723頁）。

　(ウ)　その他の客観的要件　　金利が高率であることは、事業性を認定する上で要件とならないとされている（最判昭和28年3月18日集刑76号369頁）。これは、(ア)に記載した最判昭和28年2月3日集刑73号41頁が事業性の認定において反復継続性のみを要求したことを踏まえ、金利水準の高低が、行為の反復継続性の有無を推認させる事実とはなりがたいためであろう。

　他方で、客観的に観察して、貸金業としての形態（貸金業者が普通にとっている程度の利息をとっているかどうかというような事情）を備えることは、事業性を認定する上で要件とならないとされているものの、「反覆継続の意思をもつて、貸金をしているかどうかを決する基準となり得る」ものであるとされている（(イ)に記載した最判昭和30年4月22日集刑104号723頁）。

　(エ)　その他の主観的要件　　事業の目的として、普段の収入の源泉をなす意思（最判昭和28年9月10日集刑86号549頁）や、生計を立てるためという目的（最判昭和28年10月22日集刑87号673頁）は、いずれも事業性を認定する上で要件とならないとされている。

このように、裁判例が集積された結果、「業として」、すなわち事業性の判断においては、反復継続性のみが要件とされることとなった。

(ii) 貸金業法における「業として」

前記のとおり、貸金業取締法2条に関する判例が蓄積されたため、貸金業法施行後に、「貸金業」の意義が最高裁判所において争われた事例は多くない。貸金業法下で事業性に言及した判例の1つとして、最判平成8年12月24日集刑269号773頁があるが、ここでは、「貸金業の規制等に関する法律二条一項にいう『貸金業』とは、反覆継続の意思の下に金銭の貸付け又は金銭の貸借の媒介を行うものをいうのであり、所論のような営利を目的とし特別の設備を備えるなど一個の業態として行うことまで必要としない」とされており、貸金業取締法下における判例をそのまま踏襲したものとなっている。

(2) 監督官庁における「業として」の解釈

(i) 貸金業規制法の解説

監督官庁における事業性の認定基準は、まず、貸金業法の公布および施行と同年に刊行された、貸金業規制法の解説（大蔵省銀行局内貸金業関係法令研究会編『一問一答　貸金業規制法の解説』（金融財政事情研究会、1983年））17頁に示されている。同書は、大蔵省銀行局内貸金業関係法令研究会の名義で編集され、大蔵省銀行局長および同中小金融課長が寄稿していること等から、当時の監督官庁である大蔵省の解釈を示したものであるといえる。

ここでは、「『業として行なう』とは、反復継続してそのことを行ない、それが社会通念上、事業の遂行とみることができる程度のものである場合を指す」とされている。

「反復継続的」であるか否かの判定は、具体的事実に即して行われるとされている。例えば、実際に取引が行なわれなくとも、看板を掲げ常時営業している旨を表示している者は、「継続して」行為をしているものと判断される。

「反復継続的行為が社会通念上事業の遂行とみられる程度のもの」であるか否かは、その行為の主体、行為の目的等に即して具体的に判断するとされている。

また、明示的な記載はないが、当該具体的判断は、「貸金業を営む者につ

いて登録制度を実施し、その事業に対し必要な規制を行うとともに、貸金業者の組織する団体の適正な活動を促進することにより、その業務の適正な運営を確保し、もつて資金需要者等の利益の保護を図るとともに、国民経済の適切な運営に資することを目的とする。」という貸金業法1条（当時）に照らして、合目的的に行われたものと考えられる。

例えば、職場や地域等における小規模な親睦団体が、付随的に相互扶助の観点からその構成員に対して貸付けを行う場合は、一般的には「社会通念上事業の遂行とみられる程度のもの」であるとの要件を欠くものとされている。

なお、営利目的の有無については、事業性の認定において問われないとされている。

(ii) 『貸金業法のすべて』

その後、同じく大蔵省銀行局内貸金業関係法令研究会の名義で編集された『貸金業法のすべて』（大蔵省銀行局内貸金業関係法令研究会編『実例問答式貸金業法のすべて』（大蔵財務協会、1992年））およびその改訂版であり財団法人大蔵財務協会（大蔵省所管の公益法人）名義で編集された新訂貸金業法のすべて（財団法人大蔵財務協会編『新訂実例問答式貸金業法のすべて』（大蔵財務協会、1998年））23頁は、いずれも貸金業規制法の解説に示された事業性の認定基準を踏襲し、「『業として行う』とは、反復継続して社会通念上、事業の遂行とみることができる程度のものである場合を指す」としている。「反復継続的」であるか否か、「反復継続的行為が社会通念上事業の遂行とみられる程度のもの」であるか否かの判定基準も、貸金業規制法の解説を踏襲している。事業性の認定にあたり、営利目的を不要とする点も同様である。

(iii) 『逐条解説貸金業法』

このような事業性の認定基準は、『逐条解説貸金業法』（前掲注8）参照）52頁にも、概ね踏襲されている。同書は、厳密には監督官庁の名義で刊行されたものではないが、執筆者は、いずれもグレーゾーン金利の廃止、総量規制等を盛り込んだ2006年貸金業法改正時の立法担当者であり、実質的にみて、監督官庁における解釈を示したものといって良い。

同書において、「『業として行う』とは、反復継続し、社会通念上、事業の遂行とみることができる程度のものをいう」とされている点は、従前のとお

りである。

「反復継続的」であるか否かは、「実態に即して」判断されるとあるが、これは従前の「具体的事実に即して」と同義であろう。

これに対して、「反復継続的行為が社会通念上事業の遂行とみられる程度のもの」であるか否かは、従前の「その行為の主体、行為の目的等に即して」ではなく、「行為の主体等に即して」具体的に判断するとされている。このような表現の変化について、理由は明らかでないが、事業性の認定にあたり、行為の目的が常に評価される事項ではなくなった（例えば、特定の集団内における相互扶助のような目的がない場合であっても、行為者の属性や行為態様といった客観的な事実により、事業性が否定される可能性が認められるようになった）とみるのが妥当であろう。

また、明示的な記載はないが、当該具体的判断は、「貸金業が我が国の経済社会において果たす役割にかんがみ、貸金業を営む者について登録制度を実施し、その事業に対し必要な規制を行うとともに、貸金業者の組織する団体を認可する制度を設け、その適正な活動を促進するほか、指定信用情報機関の制度を設けることにより、貸金業を営む者の業務の適正な運営の確保及び資金需要者等の利益の保護を図るとともに、国民経済の適切な運営に資することを目的とする。」という貸金業法1条に照らして、合目的的に行われるものと考えられる。

なお、営利目的の有無については、従前のとおり事業性の認定において問われないとされている。

(3) 検討

裁判例は、事業性を認定する上で充足すべき要件として、①反復継続の意思があることおよび②これに基づく貸付けのみを掲げているのに対して、監督官庁は、事業性を認定する上で充足すべき要件として、①および②に加えて、③貸付けが社会通念上事業の遂行とみられる程度のものであることであることを掲げている。

これによれば、裁判例の方が事業性を容易に認定しているようにも見えるが、裁判例は、(1)で示したものを含めていずれも刑事事件に関するものであ

り、そもそも起訴されるべき事案であるか否かという当罰性の観点からあらかじめ選別されている点に注意を要する。各事件において貸付けを行った者が起訴されるべき事案であるか否かを決定した実質的な要因は、新法の施行と併せてその実効性を確保するため、施行直後に行われた行為が取締りの対象となったこと[16]、無届出または無登録による貸付けそのものが社会問題となったことといった、特定の時期に行われた貸付け全体にあてはまる事情のみならず、貸主または実質的な貸主が反社会的勢力であったこと、借主がいわゆる社会的弱者であったこと、貸付けの態様が、高利率の適用や過大な保証人または担保の徴求があるような違法性の高いものであったこと[17]、貸付けが多数回行われたこと、貸付け後の取立の態様が、脅迫等を用いた違法性の高いものであったこと、貸付けにより得られた収益を隠匿したこと等[18]といった、個別の事情であったと考えられる。このような事情を考慮した上で、当罰性がないものと判断される事例についてはそもそも起訴されないので事業性をどのように捉えても問題はないし、当罰性があるものと判断される事例については起訴された以上有罪を認定する上で事業性を広く認める必要がある、という発想であろう。

これに対して、監督官庁において規制の対象とすべきであるか否かの判断は、個別具体的な貸付けの当罰性ではなく、貸金業法の目的である「貸金業を営む者の業務の適正な運営の確保及び資金需要者等の利益の保護を図るとともに、国民経済の適切な運営に資する」（1条）に沿うものであるか否かの見地からある程度抽象的に行われる。このような目的との関係で、規制の対

---

[16] 貸金業取締法施行前より貸金業を営んでおり、同法施行に併せて警察および代書人に相談の上、質屋営業の許可を取得した者が、同法施行後に無届出貸金業を営んだものとされた事例として、名古屋高判昭和26年1月24日判特30号28頁。その後、別事件の最高裁判決において、質屋営業者が業として質物をとらないで金銭を貸し付ける場合、貸金業取締法の適用があるものとされている（最判昭和30年5月24日刑集9巻6号1072頁・集刑105号819頁）。

[17] 過大な謝礼の要求、無職の者に対する貸付け、目的物である不動産を時価の半額以下に評価した売渡担保契約の締結等があった事例として、福井地判昭和33年8月23日一審刑集1巻8号1260頁・税資28号395頁。

[18] 貸付けに高利率が適用され、貸付けが短期間に多数回行われ、かつ、収益が隠匿されたものとして、横浜地判平成16年4月23日（最判平成17年8月1日刑集59巻6号676頁・裁時1393号1頁・判タ1188号243頁・判時1907号155頁の第1審判決）。

象に組み入れなくても差し支えのない類型の貸付けについては、事業性を否定することにより、規制の対象から除外するという発想であろう。

　反復継続意思に基づく貸付けのうち当罰性のあるものが、社会通念上事業の遂行とみられる程度のものである、と整理することができれば、監督目的上登録を要する場合にこれを行わなければ罰則の適用がある、監督目的上登録を要しない場合にこれを行わなくても罰則の適用がないというように、裁判例における判断と、監督官庁における判断とをある程度整合的に理解することができるが、前記のとおり、当罰性の判断は、回収の態様のような、貸付け後の行為をも考慮して決せられるものであるから、このような整理は、現実的ではない。

　このように、裁判例における判断と、監督官庁における判断とが異なり、かつ、前者が後者を包含する形で広い認定基準を設けているとなれば、裁判所と行政庁との関係に照らしても、前者をもって行為規範とするのが一般論としては合理的であろう。もっとも、本書の検討対象であるグループ会社間の資金融通について検討すると、連結決算中心主義の連結会計制度下におけるグループ会社間の資金融通については、いわゆる飛ばしや益出しを目的といった不当な目的によって行われるものとは想定し難い。また、貸付けの主体は、いずれも相互に人的または資本的な関係のあるグループ会社であるから、貸付けの態様が、高利率の適用や過大な保証人または担保の徴求があるような違法性の高いものであることは、およそ想定し難い。貸付け後の取立の態様が、脅迫等を用いた違法性の高いものであることも、取引主体であるグループ会社がこのような相互関係にある以上、同様に想定し難い。すなわち、グループ会社間で当罰性が認められるような態様による貸付けが実施されることは、現実的には想定し難い。そのため、グループ会社間の資金融通における事業性の認定については、認定基準が立法により解消されない限り、資金融通に当罰性が存在することを所与とした、裁判例が定める認定基準ではなく、このような当罰性の存否を考慮しない、監督官庁が定める認定基準に従うことが適切であると考えられ、監督官庁の認定基準と同様に、①反復継続の意思があることおよび②これに基づく貸付けであることに加えて、③貸付けが社会通念上事業の遂行とみられる程度のものであることを要求する

のが適切であろう。

IV　貸金業法に該当しない資金融通の方法

1　「貸付け」に該当しない資金融通の方法

　「貸付け」に属する行為のうち、グループ会社間の資金融通そのものに関するもの（媒介に関するものではないもの）は、Ⅲ2に記載のとおり、金銭の貸付けおよび手形の割引、売渡担保その他これらに類する方法によってする金銭の交付である。また、手形の割引、売渡担保その他これらに類する方法は、財産権の移転の形式を借りる信用提供であって、①資金需要者が当該財産権の買戻し義務を負うもの、②資金需要者が当該財産権の信用や価値を担保する義務を負うものおよび③資金需要者が当該財産権の買戻し権を有するものを指すものであると考えられる。

　これらを前提とすると、「貸付け」に該当しないグループ会社間の資金融通は、①金銭の貸付けに該当せず、②財産権の移転の形式を借りる信用提供であって、資金需要者が当該財産権の買戻し義務および信用や価値を担保する義務を負うものに該当せず、かつ、③財産権の移転の形式を借りる信用提供であって、資金需要者が当該財産権の買戻し権を有するものにも該当しないもの、となる。以下では、このような条件に適合する資金融通の方式のうち、導入時および導入後に必要となる事務コストが比較的少ないものと考えられる2つの方式について概観する。

(1)　社債の発行および取得

　まず、財産権の移転の形式を借りない信用提供であって、金銭の貸付けに該当しないものとしては、資金提供者であるグループ会社が、資金需要者である他のグループ会社が発行する社債を、一次市場において取得する方法がある。社債は、会社法「の規定により会社が行う割当てにより発生する当該会社を債務者とする金銭債権であって、第676条各号に掲げる事項についての定めに従い償還されるもの」（会社法2条23号）である。そのため、一の

会社が発行した社債を他の会社が取得したとしても、会社法に基づく金銭債権の取得にほかならず、金銭の貸付けには該当しないものと考えられる。

　金商法との関係では、社債は、社債券を作成するか否かを問わず、第一項有価証券として取り扱われるが[19]、一次市場における取得者（資金提供者であるグループ会社）の数が49名以下である場合は、発行者（資金需要者であるグループ会社）は、社債の発行にあたり、募集規制を受けない（私募として一定の開示義務はある）[20]。また、第一項有価証券である社債の発行に際して、発行者は、金融商品取引業の登録を受ける必要もない。更に、取得者は、転売する目的でなく社債を取得する限り、第一種金融商品取引業の登録を要求されることもない[21]。

　なお、社債については、会社法上、取締役会において、募集（金商法上の募集とは異なる。以下、本項目において同じ）社債の総額の上限（各募集に係る募集社債の総額の上限の合計額）、募集社債の利率の上限その他の利率に関する事項の要綱および募集社債の払込金額の総額の最低金額その他の払込金額に関する事項の要綱をあらかじめ決定すれば足り、複数回の起債に係る発行条件の決定を、取締役に対して委任することができることとされている[22]。また、各社債の金額が1億円以上である場合およびある種類の社債の総額を当該種類の各社債の金額の最低額で除して得た数が50を下回る場合には、社債管理者を設置する必要もない[23]。そのため、資金提供者であるグループ会社の数が少数に留まる場合は、機動的な資金の授受という側面に照らしても、金銭消費貸借契約による金銭の借入と大差のない事務コストにより、グループ会社間で資金融通を図ることができる。更に、①各社債の金額が1億円を下回らないこと、②元本の償還について、社債の総額の払込みのあった日から1年未満の日とする確定期限の定めがあり、かつ、分割払の定めがないこと、③利息の支払期限を、元本の償還期限と同じ日とする旨の定めが

---

19) 金商法2条3項柱書。
20) 金商法2条3項柱書・1号・2号、金商法施行令1条の5、1条の6、1条の7。
21) 金商法2条8項6号・6項、28条1項3号。
22) 会社法676条、362条4項5号、会社法施行規則（平成18年法務省令第12号）99条。
23) 会社法702条ただし書、会社法施行規則169条。

あることおよび④担保付社債信託法（明治38年法律第52号）の規定により担保が付されるものでないことといった条件を全て満たす社債（短期社債）については、社債権者集会に関する会社法の規定が適用されないばかりか、社債原簿の作成も不要となるので、資金需要者が負担すべき事務コストは、一層削減される[24]。

(2) 金銭債権の譲渡および譲受け

次に、財産権の移転の形式を借りる信用提供であって、財産権の買戻し義務、信用や価値を担保する義務および買戻し権を伴わないものとしては、資金提供者であるグループ会社が、資金需要者である他のグループ会社が保有する金銭債権を、債権譲渡の方法により取得する方法（いわゆるファクタリング）がある。

(i) 指名債権の譲渡および譲受け

売掛債権その他の指名債権の譲渡および譲受けにより資金融通を図る場合、買戻し義務、信用や価値を担保する義務および買戻し権は、譲渡人（資金需要者）と譲受人（資金提供者）とが締結する債権譲渡契約書にこれらの権利または義務がない旨を明記することによって排除することができるため、債権譲渡契約書にこのような記載を設ければ、金銭債権の譲渡および譲受けを行っても、金銭の貸付けには該当しないものと考えられる。売渡担保や譲渡担保であるとの疑義を避ける上で、譲渡につき少なくとも第三者対抗要件を具備することが望ましいが、グループ会社間の取引であるため、二重譲渡のリスクは事実上ないと考えられることから、これは必須ではない。第三者対抗要件を具備するとしても、債権譲渡登記をすれば足り[25]、債務者に対して債権譲渡通知を行う必要はない[26]。債務者に対する債権譲渡通知を行わない方式（サイレント方式）による場合、債権譲渡があった旨を債務者その他の第三者に認識されることがないため、譲渡人（資金需要者）であるグループ会社の風評被害を防止することができ、かつ、譲渡された債権の管理を引

---

24) 社債、株式等の振替に関する法律（平成13年法律第75号）66条、83条。
25) 動産および債権の譲渡の対抗要件に関する民法の特例等に関する法律（平成10年法律第104号）4条。

き続き譲渡人が行うため、譲渡人および譲受人の事務フローに及ぼす影響も軽微であるといえる。

　もっとも、このような債権譲渡の方法については、譲渡された債権が、通常の催告等では回収できないこととなった場合、すなわち、不良債権化した場合の処理につき、法律上の問題が生ずる可能性がある。譲渡された債権が不良債権化した場合、資金需要者であるグループ会社は、弁護士または弁護士法人でない者が業として法律事件に関する法律事務を取り扱うことを禁止した弁護士法（昭和24年法律第205号）72条との関係上、資金提供者であるグループ会社のために債権の回収を図ることができないこととなる。そのため、資金需要者であるグループ会社は、譲渡した債権が不良債権化した場合には、債務者に対して債権譲渡通知を行い、以後、資金提供者であるグループ会社がみずから債権の回収を図ることとなるが、資金提供者であるグループ会社が、譲り受けた債権をみずから回収することは、業として他人の権利を譲り受け、これを実行することを禁止した弁護士法73条に抵触する可能性がある[27]。

　このような弁護士法上の問題を回避するため、財産権の移転の形式を借りた信用提供ではないが、ローンパーティシペーション契約（権利義務関係を移転させずに、原債権に係る経済的利益および損失の危険を原債権者から参加者に移転させる契約）を利用し、法律上の債権者を原債権者（資金需要者であるグループ会社）にしたままで、経済的利益を参加者（資金提供者であるグループ会社）に移転する方法が考えられる。この方法によれば、債権そのものが資金需要者から資金提供者に移転するわけではないため、債務者に対する債権譲渡通知および債権譲渡登記のいずれも不要であるほか、弁護士法73条の問題も生じ得ない。また、この場合、資金需要者は、みずからの債権を回収するため、弁護士法72条の問題が生ずるとも考えにくい。

26）債務者は、債権譲渡通知を受けるまでの間、債権の譲渡人に対して、譲渡された債権の弁済をすることになる。そのため、債権の譲渡人と譲受人との間で、あらかじめ弁済の催告および受領（回収）並びに受領した弁済金の管理および送金に関する事務委託契約書（サービシング契約書）を締結することとなる。

27）譲渡された債権の種類によっては、債権管理回収業に関する特別措置法（平成10年法律第126号。いわゆるサービサー法）3条との関係も問題となる。

(ii) 手形の譲渡および譲受け

　手形の譲渡および譲受けにより資金融通を図る場合、貸金業である「手形の割引」またはこれに「類する方法によつてする金銭の交付」に該当するか否かが問題となり得るが、上記のとおり、買戻し義務、信用や価値を担保する義務および買戻し権が排除されていれば、ここでいう「手形の割引」および「類する方法によつてする金銭の交付」に該当しないはずである。そのため、手形譲渡契約書においてこれらの権利および義務を明示的に排除した上、①指図禁止手形（手形法（昭和7年法律第20号）11条2項）につき、指名債権譲渡の方式で権利移転した場合ならびに指図禁止手形ではない手形につき、②無担保裏書（同15条1項）により権利移転した場合、③白地式裏書の白地を補充せず、かつ、裏書をなさずに権利移転した場合および④指名債権譲渡の方式で権利移転した場合については、いずれも貸金業に該当しないものと考えられる。

2　「業として」に該当しない資金融通の方法

　「業として」の認定基準として、監督官庁の認定基準と同様に、①反復継続の意思があること、②これに基づく貸付けであることおよび③貸付けが社会通念上事業の遂行とみられる程度のものであることを用いる場合、どのような態様によるグループ会社間における資金融通が社会通念上事業の遂行とみられる程度のものではないこととなるのかについての判定が重要となる。ここでは、まず監督官庁がこのような判定を示した事例について概観し、次にこれに基づいて事業性が否定されるものと予想される資金融通の形態について検討する。

(1)　事例
(i)　『貸金業法のすべて』

　『貸金業法のすべて』75頁は、親会社・子会社間における金銭の貸付けについて、「資本関係が一定の親子関係（100％の株式を保有）にある親会社が子会社の資金繰りのために行う貸付け」が多々あっても、「業として行わないかぎり貸金業法の規制対象とはならないと解されるが、グループ会社間の

貸付けは規制の対象となると解される」とした。これは、①親会社とその完全子会社との間の金銭の貸付けであることおよび②親会社が貸主、子会社が借主となること（行為の主体）ならびに③金銭の貸付けが、資金繰りを目的として行われること（行為の目的）が満たされれば、原則として、金銭の貸付けが社会通念上事業の遂行とみられる程度のものではないこととなることを示したものであると考えられる。もっとも、ここでは、①ないし③が満たされた上で、貸付けが社会通念上事業の遂行とみられる程度のものと認められる場合がどのような場合であるかについては示していない。

(ii) 『新訂貸金業法のすべて』

『新訂貸金業法のすべて』71頁は、親会社・子会社間における金銭の貸付けについて、「資本関係が一定の親子関係（例えば、100％の株式を保有）にある親会社が子会社の資金繰りのために行う貸付け」が多々あっても、「業として行わないかぎり貸金業法の規制対象とはならないと解されるが、グループ会社間の貸付けは規制の対象となると解される」とした。これは、(i) の①ないし③の要件のうち、③（行為の目的）に関する要件を維持しつつ、①および②（行為の主体）に関する要件を、「完全子会社」を借主とするものから資本関係が一定水準にある子会社を借主とするものへと緩和したものである。貸主である親会社が、借主である子会社の発行済株式のうち何％を保有していれば良いかにつき、具体的な線引きは示されていないが、当時の子会社は、旧形式基準（親会社によって発行済株式の総数の過半数の株式を保有されている会社を子会社とする基準）により定義されていたため[28]、「一定の」は、単に過半数では足りず、これよりも相当程度大きな割合を想定していたものと考えられる。なお、(i) と同様、行為の主体に関する要件および行為の目的に関する要件が満たされた上で、貸付けが社会通念上事業の遂行とみられる程度のものと認められる場合がどのような場合であるかについては示していない。

(iii) 2001年9月3日付照会に対する2001年10月28日付金融庁回答

事業会社である株式会社が、みずからの発行する議決権のある普通株式の

---

[28] 旧商法211条の2第1項。

全てまたは 51％を間接保有する外国会社に対して、当該外国会社の指示に従い、一般事業目的（資金管理スキームの一環）で、実勢市場利率に準ずる水準の利率により、反復継続して金銭の貸付けを行う事例につき、金融庁は、法令適用事前確認手続を利用した照会に対する回答として、①会社が、みずからの発行する議決権のある普通株式の全てを間接保有する外国会社に対して、反復継続して金銭の貸付けを行うこと、および②会社が、みずからの発行する議決権のある普通株式のうち、51％を間接保有する外国会社に対して、反復継続して金銭の貸付けを行うことにつき、いずれも貸金業に該当しないとした（いずれについても、理由は示されていない）。

これは、(ii)の「資本関係が一定の親子関係」を、形式基準（親会社によって総株主の議決権の総数の過半数を保有されている会社を子会社とする基準）[29]における親子関係で足りるものとし、①親会社とその子会社との間の金銭の貸付けであること、②親会社および子会社とが、いずれも事業法人であること、③子会社から親会社への貸付けであること（行為の主体）、④貸付けの目的が、一般事業目的であること（行為の目的）ならびに⑤貸付けが借主の指示に基づいて行われることおよび⑥利率が実勢金利であること（その他の事情）が満たされれば、金銭の貸付けが社会通念上事業の遂行とみられる程度のものではないこととなることを示したものであると考えられる。

もっとも、本件は、借主が世界有数の資金力を有する会社であることまたは外国会社であること[30]を理由として、借主の要保護性に乏しいことから貸金業法の適用がないものとされたものであると考えることもでき、この場合、①ないし⑥を要件として事業性を否定したものと評価することはできない[31]。

(iv) 2006 年 7 月 10 日付照会に対する 2006 年 7 月 21 日付金融庁回答

事業会社である株式会社（子会社）が発行する議決権のある普通株式の全てまたは 51％を保有する持株会社である株式会社（親会社）が、所定のグループ金融規程に従い、経営資源の配分の効率化および有利子負債の削減を

---

29) 2001 年 6 月改正（同年 10 月 1 日施行）後の旧商法 211 条の 2 第 1 項。
30) Ⅲ 1 (2)(ii)に記載のとおり、監督官庁は、現時点においては、外国会社が資金需要者であることを理由として事業性を否定するとの立場を採っていない。

目的として、短期（3か月間）または長期（1年間）、短期につき TIBOR＋0.3％、長期につき TIBOR＋0.6％の利率により、各子会社に対して反復継続して金銭を貸し付け、短期につき別途合意する大口定期預金金利＋0.03％の利率により、各子会社より反復継続して金銭を借り入れる事例につき、金融庁は、法令適用事前確認手続を利用した照会に対する回答として、①親会社が、子会社に対して、反復継続して金銭の貸付けを行うこと、および②子会社が、親会社に対して、反復継続して金銭の貸付けを行うことにつき、いずれも貸金業に該当しないとした（いずれについても、理由は示されていない）。

これは、(iii)とは異なり、借主が常に資金力の十分な会社であるとは限らず、かつ、外国会社でもないことから、(ii)の「資本関係が一定の親子関係」を、形式基準における親子関係で足りるものとし、①形式基準における親会社とその子会社との間の金銭の貸付けであること、②親会社と各子会社とが、それぞれ持株会社と事業法人であること（行為の主体）、③貸付けの目的が、経営の合理化であること（行為の目的）ならびに④貸付けがあらかじめ定められた規程に基づいて行われることおよび⑤利率が実勢金利であること（その他の事情）が満たされれば、金銭の貸付けが社会通念上事業の遂行とみられる程度のものではないこととなることを示したものであると考えられる。

(v) 2008年5月29日付照会に対する2008年6月26日付金融庁回答

会社が、完全子会社2社およびいわゆる兄弟会社2社[32]に対して、企業集団の資金の効率的配分を目的として、反復継続して金銭の貸付けを行う事例につき、金融庁は、法令適用事前確認手続を利用した照会に対する回答と

---

31) 取引関係者の資本関係は、それぞれ、①会社（貸主）は、117,600株（議決権のある普通株式88,200株および議決権のない優先株式29,400株）を発行しており、米国籍の外国会社（借主は、議決権のある普通株式11,760株を保有し、オランダ国籍の外国会社（米国籍の外国会社（借主）により、議決権の100％を間接保有されている）は、議決権のある普通株式76,440株を保有し、他の会社（貸付けの当事者とならない）は、議決権のない優先株式29,400株を保有している、というもの、および②会社（貸主）は、98,001株（議決権のある普通株式98,000株および議決権のない優先株式1株）を発行しており、シンガポール国籍の外国会社（米国籍の外国会社（借主）により、議決権の100％を直接保有されている）は、議決権のある普通株式20,400株を保有し、オランダ国籍の外国会社（米国籍の外国会社（借主）により、議決権の100％を間接保有されている）は、議決権のない優先株式1株を保有し、他の会社2社（いずれも貸付けの当事者とならない）は、それぞれ議決権のある普通株式40,180株および7,840株を保有している、というものである。

して、兄弟会社 2 社に対する金銭の貸付けは、いずれも貸金業に該当するとした（理由は示されていない）。

これは、(iii)(iv)とほぼ同様に、貸付けの目的が、資金の効率的配分であること（行為の目的）であるものの、兄弟会社に対する金銭の貸付けについては、形式基準における親会社とその子会社との間の金銭の貸付けであること（行為の主体）という要件を満たさないため、金銭の貸付けが社会通念上事業の遂行とみられる程度のものであると判断されたものであると考えられる。

また、本件の照会書には、行為者の属性、貸付けがあらかじめ定められた規程に基づいて行われることおよび利率が低廉であること（その他の事情）等の記載がないことから、本件の回答は、これらの各点を捨象し、かつ、(iii)および(iv)において示された資本要件を踏襲して、①形式基準における親会社とその子会社との間の金銭の貸付けであること（行為の主体）および②貸付けの目的が、資金の効率的配分であること（行為の目的）のみをもって、金銭の貸付けが社会通念上事業の遂行とみられる程度のものではないこととなることを示したものであると考えられる。

(vi) 2011 年 12 月 2 日付照会に対する 2011 年 12 月 27 日付金融庁回答

会社が、議決権の 50 ％を保有するものの子会社ではない他の会社（合弁会社）2 社に対して、出資と貸付けを区別して経営資源の内容を合弁会社に明示する、金融機関からの借入れによって発生し得る金融機関の影響を回避する、自己調達を制限することで合弁会社の独走を予防する等の合弁目的により、反復継続して金銭の貸付けを行う事例につき、金融庁は、法令適用事前確認手続を利用した照会に対する回答として、合弁会社 2 社に対する金銭の貸付けは、いずれも貸金業に該当するとした（理由は示されていない）。

貸付けの目的が、合弁目的であるか、資金の効率的配分であるかで監督目的上実質的な差異は認められないこと（行為の目的）、(iv)(v)の回答時点では、

---

32) 取引関係者の資本関係は、独国籍の外国会社は、①会社（貸主）の議決権全部、会社（借主 1）の議決権の 85 ％および会社（借主 2）の議決権の 90 ％を保有しており、②会社（貸主）は、会社（借主 3）および会社（借主 4）の議決権の全部を保有している、というものである。なお、会社（貸主）と会社（借主 3）、会社（貸主）と会社（借主 4）それぞれの資本関係は、不明である。

「反復継続的行為が社会通念上事業の遂行とみられる程度のもの」であるか否かは、「その行為の主体、行為の目的等に即して」具体的に判断するとされていたのに対し、本回答時点では、「行為の主体等に即して」具体的に判断するとされていることから（Ⅲ3(2)）、行為の主体が親会社と子会社ではないこと（行為の主体）をもって、金銭の貸付けが社会通念上事業の遂行とみられる程度のものであるとされたものと考えられる。

(vii) 2012年6月28日付照会に対する2012年7月9日付金融庁回答

会社が、議決権の40％以上を保有し、実質基準における子会社（会社法施行規則3条1項・3項2号イまたはロ）である他の会社3社に対して、連結有利子負債の削減および企業グループ全体での資金活用を図る目的により、反復継続して金銭の貸付けを行い、当該子会社が、当該会社に対し、当該目的により、反復継続して金銭の貸付けを行う事例につき、金融庁は、法令適用事前確認手続を利用した照会に対する回答として、当該会社による金銭の貸付けおよび当該子会社による金銭の貸付けは、いずれも貸金業に該当するとした（理由は示されていない）。

(vi)と同様、行為の目的は、捨象されているようである。行為の主体については、(iii)ないし(v)から形式基準における親会社と子会社であれば事業性が否定されることが確認できるものの、行為主体が実質基準における親会社と子会社であることが事業性を否定するか否かが不明であった。本回答は、この点を明らかにし、行為主体が実質基準における親会社と子会社であっても、形式基準における親会社と子会社でなければ、金銭の貸付けが社会通念上事業の遂行とみられる程度のものであるとしたものと考えられる。

(2) 検討

(i)ないし(vii)をみると、当初、事業性を否定するために要件として、行為の主体、行為の目的およびその他の事情が全て考慮され、かつ、行為の主体および目的については、親会社から子会社に対する救済融資のみが想定されていた。これに対して、時期を経るごとに、行為の目的が資金の効率的な運用を含むものへと広く認められるようになり、その後事実上捨象され、その他の事情も捨象された結果、実質的に行為の主体のみが考慮されているかのよ

うに変化していることが分かる。

　これに照らせば、行為の主体を形式基準における親会社および子会社とする金銭の貸付けについては、行為の目的およびその他の事情が明らかに不当なものでないかぎり、事業性が否定されるものと考えられる。

V　結論

1　議論の整理

　上記の議論をまとめると、現行の貸金業法およびこれについての監督官庁の解釈を基礎として、グループ会社間における資金融通と貸金業法3条1項登録の要否との関係は、以下のとおりとなる。

　①　資金需要者と資金提供者の属性にかかわらず、両者の間の資金融通に係る契約締結や資金授受の一部または全部が国内で行われる場合は、資金融通が「貸付け」に該当しない場合または「業として」に該当しない場合を除き、資金提供者につき登録が必要となる。両者の間の資金融通に係る契約締結や資金授受の全部が国外において完結する場合については、「貸付け」に該当するか否か、「業として」に該当するか否かを議論するまでもなく、登録が不要となる。

　②　「貸付け」に該当しない資金融通は、①財産権の移転を伴わない金銭の貸付け、並びに財産権の移転の伴う信用提供であって、②資金需要者が当該財産権の買戻し義務を負うもの、③資金需要者が当該財産権の信用や価値を担保する義務を負うものおよび④資金需要者が当該財産権の買戻し権を有するもの、のいずれにも該当しない方法による資金融通である。具体例として、財産権の移転を伴わない方法としては、社債の発行および取得を利用する方法、ローンパーティシペーション契約を利用する方法等が考えられ、財産権の移転を伴う方法としては、指名債権のファクタリング、裏書譲渡以外の方法による手形の譲渡および譲受けを利用する方法等が考えられる。

　③　「業として」に該当しない資金融通は、形式基準によって親会社およ

び子会社とされる会社を行為の主体とする貸付けに限られ、行為の主体がこれらである場合、行為の目的およびその他の事情は、事実上捨象される。

　以上より、登録を受けずにグループ会社間における資金融通を行うためには、①国外にいわゆるインハウスバンクを設置し、国内のグループ会社についても、国外に銀行口座を開設させる等して、資金融通に係る契約締結や資金授受の全部が国外において完結するような体制を作る、②単なる金銭の貸付けではなく、社債、ローンパーティシペーション契約、ファクタリング等を活用する、③必ず形式基準における親会社を経由して他のグループ会社に対して金銭の貸付けをする、といった方法を用いることになる。

　このうち、①資金融通を国外で完結させるという方法は、主として国内のみで事業を展開しているグループについては、過大な事務負担となるし、国外で事業を展開しているグループについても、国内のグループ会社に国外に銀行口座を開設させるためのコスト（支店の設置および維持等）が重い負担となり得る。②社債を利用する方法は、少人数私募の方法により社債を発行する限り、新たに生ずる事務負担も少なく、単なる金銭の貸付けに代替する方法として有意義だが、ローンパーティシペーション契約やファクタリングは、資金需要者にしかるべき資産がなければ用いることができない。そのため、社債の発行を除けば、登録を受けることなく行うことができる金銭の貸付けの範囲が拡大されることが、グループ会社間の資金融通を円滑に行う上で好ましいといえる。

2　改善が望まれる点

(1)　立法による解決

　Ⅲ 3 に記載のとおり、現在「業として」の解釈は、裁判例と監督官庁とで異なっている。当罰性のない条件により資金融通を行う限り、監督官庁が示した解釈基準に準拠しても事実上罰則が適用される可能性はないものの、適法性につき疑義を払拭する上で、貸金業法に「業として」の定義規定を設けるか、貸金業法施行令（昭和 58 年政令第 181 号）1 条の 2 に追加する等して、社会通念上事業の遂行とみられる程度のものではない類型による貸付けを、

貸金業の範囲から除外すべきである。

(2) 立法により除外されるべき貸金業の内容

また、明文によりグループ会社間の資金融通の一部を貸金業の範囲から除外するに際しては、現在解釈により事業性が否定されている、形式基準によって親会社および子会社とされる会社を行為の主体とする資金融通のほか、次の類型による資金融通も併せて除外すべきである。

(i) 実質基準によって親会社および子会社とされる会社を行為の主体とする資金融通

会社法制においては、旧商法が会社法に改正された時点で、親会社および子会社の定義が、形式基準によるものから実質基準によるものへと改められている。形式基準では親会社および子会社の関係とならないが実質基準では親会社および子会社の関係となる会社間の金銭の貸付けにつき、監督官庁は、Ⅳ2(1)(vii)に記載のとおり事業性を認めたが、形式基準における親子関係と、実質基準における親子関係とを区別する合理的な理由はないから、少なくとも監督官庁の解釈を変更して、登録を不要とすべきである。

(ii) 兄弟会社間における資金融通

そもそも、同法が貸金業全体を規制対象とした理由は、①小口、無担保の貸金業以外のもの（例えば、法人向け事業資金の貸付け等）でも、暴利、暴力等、規制の対象とされるべき問題があること、②規制の対象を小口の貸付けに限定するとしても、いかなる限度で区切るのか判断が困難であること、区切りから外れた分野との権衡をどのように図るか不明であること、小口の貸付けから外れるように脱法的貸付け行為を誘発するおそれがあること、③小口、無担保の貸金業について、それ以外の貸金業との兼業を認めないとすれば、業者の実態として他の業種との兼業者が多いので不適切であること、兼業を認めるとすれば、同一業者について規制法の対象となる貸付けとそうでない貸付けが生ずることとなり、分別管理、脱法行為の認定等の困難な問題が生ずること等であるとされている[33]。

これに対して、グループ会社間の資金融通においては、①資金需要者および資金提供者双方が人的資本的関係で規律される関係にあれば、暴利、暴力

等、規制の対象とされるべき問題が生ずることは想定できず、②規制の対象から除外する金銭の貸付けを、個人向け無担保融資ではあり得ない高額によるものに設定すれば、いかなる限度で区切るのか判断が困難であるという問題も解消されるはずである。また、個人による保証を禁止する等、個人が取引の当事者となることを制限すれば、脱法的な貸付けによる弊害も生じない。さらに、③現在の登録制度を維持した上、一定の人的資本的関係にあるグループ会社間の資金融通のみを規制の対象から除外するのであれば、貸金業者の兼業の問題も生じない。

そこで、例えば、①いずれも同じ親会社による支配を直接的または間接的に受ける兄弟会社間における金銭の貸付けであって、②１回当たりの貸付けの金額が個人向け無担保融資ではあり得ない金額（例えば、１億円）であり、かつ、③個人による保証等が付されていないものについては、登録を不要とすべきである。これにより、実際の送金は兄弟会社（子会社(a)、子会社(b)）間で行うのに、子会社(a)を貸主とし、親会社を借主とする金銭消費貸借契約と、親会社を貸主とし、子会社(b)を借主とする金銭消費貸借契約との２つの金銭消費貸借契約を書面上用意するといったような、現行の解釈では必要だが有意義ではない事務を省略することができる。

(iii) **外国会社を資金需要者または資金提供者とする資金融通**

現在の監督官庁の解釈においては、日本に支店のない外国会社が資金需要者または資金提供者となってグループ会社間で資金融通を図る場合についても、資金提供者につき貸金業３条１項の登録が必要となる。

もっとも、①外国会社が資金需要者となる場合については、要保護性の観点からみて、このような会社が、そもそもわが国の法令において保護すべき対象ではなく、立法目的の観点からみて、資金提供者につき登録を求めなくても、「貸金業を営む者の業務の適正な運営の確保及び資金需要者等の利益の保護を図るとともに、国民経済の適切な運営に資する」という貸金業法の目的に照らして、全く問題が生じない。このことから、外国会社が資金需要者となる場合については、登録を不要とすべきである。この場合、資金需要

---

33) 貸金業規制法の解説15頁。

者の要保護性がないことから、資金需要者と資金提供者との関係が親会社と子会社との関係である場合に限らず、関係会社または兄弟会社である場合についても広く登録を不要とすべきである。

　また、②外国会社が資金提供者となる場合については、借主の要保護性や立法目的に照らせば、登録を求めることが必要であるとの結論になるであろうが、万が一、このような資金提供者が登録を受けずに貸付けを行ったとしても、これを取り締まる手段はなく、これに罰則を適用することもできない。すなわち、規制の実効性がない。このことから、外国会社が資金提供者となる場合についても、登録を不要とすべきである。この場合、資金提供者の範囲をどのように限定しても、規制の実効性がないことから、資金需要者と資金提供者との関係が親会社と子会社との関係である場合に限らず、関係会社または兄弟会社である場合についても広く登録を不要とすべきである。

キャッシュマネジメントシステム(CMS)を巡る会社法上の問題に関する一考察

舩津　浩司

Ⅰ　はじめに
Ⅱ　CMS の仕組み・機能
Ⅲ　ドイツにおける CMS を巡る会社法的議論
Ⅳ　日本法に係る若干の検討
Ⅴ　おわりに

Ⅰ　はじめに

　近年、法的な議論においても「グループ経営」の観点を重視する流れにある[1]。「グループ経営」とは、経営学的な表現としてはグループ全体のパフォーマンス（「グループ利益」と表現されることがある）を考えた経営スタイルであるとされる[2]。

　「グループ経営」の要請から「グループ利益」[3]の増大を図る施策が実施されるにあたっては、とりわけその様な施策の対象となるグループ会社に少数株主が存在する場合には、その保護にも配慮をする必要がある。本稿は、主として子会社[4]少数株主の保護を念頭に、グループ内金融、とりわけ、

---

1) たとえば、平成 23 年 7 月 27 日開催の法制審議会会社法制部会第 11 回会議における坂本三郎幹事発言（PDF 版議事録 39 頁）参照。
2) 伊藤邦雄『グループ連結経営』24-25 頁（日本経済新聞社、1999 年）。
3) なお、筆者の考える「グループ利益」については、拙著『「グループ経営」の義務と責任』50 頁（商事法務、2010 年）参照。

「キャッシュマネジメントシステム」(以下、「CMS」と略称する)と呼ばれる仕組みが有する機能の中でも、資金余剰のあるグループ会社の資金を1か所に集めて、資金不足のグループ会社に融通することを目的とした「資金プーリング(Cash Pooling[5])」機能[6]に関する会社法上の問題を、ドイツ法の議論を参照しつつ論ずることを目的とする。

本稿の構成は以下のとおりである。まず、IIにおいて、主としてドイツ語の文献を参照しつつCMSの仕組みやその機能について概観したうえで、IIIにおいて、ドイツにおいて展開されている、CMSをめぐる会社法上の問題点に関する議論を概観する。これを踏まえて、IVにおいて、わが国におけるCMSをめぐる会社法上の問題点を整理し、それについての筆者の考え方を示す。Vは結語である。

II　CMSの仕組み・機能

1　CMSの仕組み

ドイツにおいて、CMSはコンツェルン資金調達に不可欠な構成要素であるともいわれている[7]。

通常、CMSには金融機関が参加し、CMSに参加するグループ会社(以下、「CMS参加会社」という)各社が当該金融機関に保有する口座(「下位口座(Unterkonten)」[8])の余剰あるいは不足を、CMSを運営する会社(Betreibergesellschaft。以下、「CMS運営会社」という)が保有する主口座

---

4)　ここでは、ある企業グループを構成する会社のうち、当該企業グループの頂点に立つ会社(いわゆる「親会社」)以外の会社を指すものとする。

5)　Holger Altmeppen, §311 Rn.225, in Wulf Goette/Mathias Habersack (Hrsg.), Münchener Kommentar zum Aktiengesetz, 3.Aufl., Band 5, 2010.

6)　CMSの機能としては、本文で述べた資金プーリングのほか、グループ間取引で生じた債権債務を相殺することで決済の簡素化を図るネッティング機能や、グループ外との決済を一括して行う機能がある。

7)　Thomas Liebscher, §13 Anh. Rn.389, in Holger Fleischer/Wulf Goette (Hrsg.), Münchener Kommentar zum GmbHG, Bnad 1, 2010.

8)　「本源口座(Quellkonten、Ursprungskonten)」などと呼ばれることもある。

(Masterkonto、Hauptkonto）[9]で継続的に統合管理するというのが基本的な仕組みである[10]。CMS運営会社は、親会社や中間持株会社である場合もあるが、専門の金融子会社が設立される場合もある[11]。以下では、本稿の主題との関係で、下位口座を有する主体は子会社（従属会社）であることを前提として記述を進める。

一定の時点において他のCMS参加会社との間の債権債務を相殺した結果、ある下位口座にプラスの残高が残った場合にはそれが主口座に振り替えられ、マイナスの残高が残った場合にはそれを埋めるべく主口座から振替えが行われる。これらの精算処理の結果、CMS参加会社が有する各下位口座の日々の残高はゼロとなるような仕組みが組まれる（いわゆる「ゼロバランシング」）のが通常である[12]。

法的には、下位口座の精算前残高がプラスである場合には、当該プラスの残高につき下位口座を保有するCMS参加会社からCMS運営会社に融資（Darlehen）がなされていると解するのが通説であるが、非典型寄託（Verwahrung）であるとする説もある[13]。逆に、下位口座の精算前残高がマイナスである場合には、当該マイナスの残高につき、下位口座を保有するCMS参加会社はCMS運営会社に対する債務を負うことになる[14]。

通常、CMS運営会社は一般の銀行と当座勘定契約を結んでおり、主口座がマイナスとなる場合には、当該銀行により融資が行われることになる。CMS参加会社は、CMS運営会社に係る債務につき当該銀行に対し連帯保証を行い、あるいは担保を提供する場合がある。

---

9)「目的口座（Zielkonto）」「中心口座（Zentralkonto）」「決済口座（Verrechnungskonto）」などと呼ばれることもある。
10) Altmeppen, a.a.O. (Fn. 5), §311 Rn.225.
11) Altmeppen, a.a.O. (Fn. 5), §311 Rn.226.
12) Altmeppen, a.a.O. (Fn. 5), §311 Rn.226. ゼロバランシング以外の処理のバリエーションに関しては、後掲注47）参照。
13) Jens Ekkenga, §30 Rn.184, in: Fleischer/Goette (Hrsg.), a.a.O. (Fn.7).
14) Altmeppen, a.a.O. (Fn. 5), §311 Rn.227.

2 CMS の利点

コンツェルンにとって CMS（とりわけ資金プーリング）は、コンツェルン構成会社間でその保有する流動性を融通しあうものであり、各コンツェルン構成会社は自前で一定の資金を留保しておく必要がなく、コンツェルン外部から資金調達をするよりも低コストで流動性の供給を受けられるというメリットがある[15]。また、仮に外部資金が必要である場合でも、CMS 運営会社がコンツェルン全体を代表して金融機関と交渉することができるため、コンツェルン構成会社が個別に交渉するよりも有利な条件が引き出せる[16]。

さらに、コンツェルン内で効率的かつ専門的な資金マネジメントを行えることから、管理コストの削減ができるというメリットもあるといわれている[17]。

III ドイツにおける CMS を巡る会社法的議論

このように、CMS（とりわけ資金プーリング）は、子会社の資源を集中管理することで、コンツェルン全体の利益を高めるものであるといえるが、構造上、親会社（あるいは親会社の手足ともいうべき CMS 運営会社）に対して子会社の資金が吸い上げられ、そこで管理がなされる[18]。このような状況は、

---

15) Altmeppen, a.a.O. (Fn. 5), §311 Rn.230; Liebscher, a.a.O. (Fn.7), §13 Anh. Rn.367; Ekkenga, a.a.O. (Fn.13), §30 Rn.184.
16) Altmeppen, a.a.O. (Fn. 5), §311 Rn.230; Liebscher, a.a.O. (Fn.7), §13 Anh. Rn.367.
17) Altmeppen, a.a.O. (Fn. 5), §311 Rn.230; Liebscher, a.a.O. (Fn.7), §13 Anh. Rn.367.
18) 厳密には、運営会社が親会社である場合には、本文で述べるように払戻し禁止規定（株式法57条1項1文、有限会社法30条1項1文）が直接問題となりうるのに対して、運営会社が他の子会社である場合には、CMS 運営会社は払戻し禁止規定が定める「株主」「社員」には直接は該当しない。もっとも、「株主」「社員」の計算に属する第三者への給付に対してはこれらの規定が適用される（Walter Bayer, §57 Rn.56, in: Wulf Goette/Mathias Habersack (Hrsg.) Münchener Kommentar zum Aktiengesetz, 3. Aufl., Band 1, 2008）ことから、CMS 運営会社が他の子会社である場合に、払戻し禁止規定違反の問題を論ずるためには、まずは当該 CMS 運営会社への給付が経済的に親会社の計算に属することになるか否かを問題とする必要がある。しかしながら、簡単のため、以下では CMS 運営会社が子会社であるとしても、当該子会社は払戻し禁止規定の適用対象に含まれる第三者であることを前提とする。

株主・社員への払戻しを禁止する規定（有限会社法30条1項1文[19]、株式法57条1項1文）に反するのではないかという疑義が生じていた。他方で、特に子会社が株式会社である場合にはいわゆるコンツェルン法の適用もあり、それが上記払戻し禁止規定とどのような関係に立つのかも問題とされてきた[20]。

ドイツにおけるCMSに係る会社法上の議論は、これらの問題点に関する最上級審判例や法改正などを契機として非常に多く蓄積されている。もっとも、判例において問題となった事案や法改正時の論議において念頭に置かれていたCMS参加会社の類型が、有限会社か株式会社のどちらか一方のみであったこともあって、議論が非常に錯綜した状況にある。本節では時系列に従ってこれらの議論の整理を試みる。

1　払戻し禁止規定の基本的な内容とCMSにおける争点

CMS運営に関する会社法上の議論の端緒は、有限会社法30条1項1文、株式法57条1項1文という、社員や株主に対する会社財産の払戻しを禁止する規定（以下、「払戻し禁止規定」という）である。もっとも、有限会社法と株式法とでその内容は異なる。

[19] 本節では時系列に沿って叙述を進めるところ、その間には法改正が行われているため、問題となる規定をその当時の条文番号で示すと、全体として表記が一貫しないため混乱を生じる恐れがある。幸い、本稿に関連する法改正は主として新たな条文の追加にとどまることから、法改正前の状況を叙述する際に引用する条文であっても、その条文番号はすべて2012年11月15日時点の株式法・有限会社法を基準として行うこととする（たとえば、後述するMoMiG以前には有限会社法30条1項は1つの文のみから構成されていたところ、MoMiGにより第2文、第3文が追加されたため、改正前有限会社法30条1項の規定は改正後30条1項の第1文のみに該当する。しかしながら、本稿ではMoMiGによる改正の前後を問わず、当該規定を指示する際には「有限会社法30条1項1文」という表現を用いることとする）。

[20] さらにCMS参加会社が増資により資金調達を行う場合、調達した資金が下位口座に払い込まれる場合には、即日主口座への移転が生じることから、隠れた現物出資や仮装払込みといった資本充実規制上の問題が生じうることも認識されている（CMSの仕組みに対して資本充実規制が適用される点については、資金プール（第一）判決（後掲注59））参照）。CMSと資本充実規制との関係は非常に興味深い問題であるが、紙幅の関係からこの問題の検討は別の機会に譲り、本稿においてはCMS参加会社が独自に増資による資金調達を行うといった非日常的なイベントのない場合における、CMS運営に係る会社法上の問題に限定して検討することとする。

(1) 有限会社法30条1項1文の内容

有限会社法30条1項1文は「根本資本（Stammkapital）[21]の維持のために必要な会社財産は、株主に払い出される（ausgezahlt werden）ことができない」と定める。

同規定の直接の目的は根本資本の裏付けとなる会社財産の維持であるとされており[22]、予期せぬ損失を被った場合に備えて責任財産を確保するという、債権者保護に主眼を置くものであるといえる[23]。同規定違反に該当するのは、根本資本に対応する資産がない状況（このような状況を「貸借対照表欠損（Unterbilanz）」[24]という）となる財産の払出しであり[25]、貸借対照表欠損の有無の判定は、商法の諸規定に従った貸借対照表を基準として測定するというのが従来の通説であった[26]。

払戻し（Auszahlung）の概念は広く、経済的に当該有限会社の財産の減少をもたらすような給付全般を意味すると解される[27]。もっとも、有限会社法30条1項1文において禁止されているのは、社員としての関係に基づくものに限られるとも言われてきた[28]。そして、社員としての関係に基づく

---

21) 有限会社における資本制度の中核をなす概念であるStammkapitalの翻訳としてはこなれたものではないが、株式会社におけるGrundkapitalと区別するため、前者を「根本資本」、後者を「基本資本」と訳すこととする。なお、有限会社の根本資本も株式会社の基本資本も、商法典上は「表示資本（Gezeichnetes Kapital）」（商法266条3項）概念に含まれる。

22) Mathias Habersack, §30 Rn.81, in: Peter Ulmer (Hrsg.), GmbHG Großkommentar, Band 2, 2006; Ekkenga, a.a.O. (Fn.13), §30 Rn.1.

23) Götz Hueck/Lorenz Fastrich, §30 Rn.1, in: Adolf Baumbach/Alfred Hueck, GmbH-Gesetz Kommentar, 17. Aufl., 2000; Habersack, a.a.O. (Fn.22), §30 Rn.2.

24) Ekkenga, a.a.O. (Fn.13), §30 Rn.90. ただし、ここでの「貸借対照表欠損」とは一般の（＝有限会社法5a条が定める最低資本金規律のない「企業家会社（Unternehmergesellschaft）」ではない）有限会社の場合の一般的理解である。株式会社（および企業家会社）の場合には、準備金（Rücklage）に対応する純資産が存在する状況があって初めて「貸借対照表欠損のない」状況であると一般的には解されているようである（Adolf Coenenberg/Axel Haller/Wolfgang Schultze, Jahresabschluss und Jahresabschlussanalyse, 22. Aufl., 2012, S.8)。

25) Harm Peter Westermann, §30 Rn.16, in: Scholz Kommentar zum GmbH-Gesetz, 9. Aufl., Band 1, 2000; Andreas Pentz, §30 Rn.7, in: Heinz Rowedder/Christian Schmidt-Leithoff (Hrsg.), GmbHG Kommentar, 4. Aufl., 2002; Marcus Lutter/Peter Hommelhoff, §30 Rn.13, in: Lutter/Hommelhoff (Hrsg.), GmbH-Gesetz Kommentar, 16. Aufl., 2004.

26) Lutter/Hommelhoff, a.a.O. (Fn.25), §30 Rn.14.

27) Hueck/Fastrich, a.a.O. (Fn.23), §30 Rn.12.

28) Habersack, a.a.O. (Fn.22), §30 Rn.81.

か否かは、いわゆる第三者比較 (Drittvergleich) により、当該取引が社員ではない第三者との間でも同様の条件でなされるか否かが問題となるとされてきた[29]。

(2) 株式法57条1項1文の内容

株式法57条1項1文は、規定上「出資 (Einlage)」が「払い戻される (rückgewährt werden)」ことを禁止するものであるが、その意味するところは、解釈上、正規の利益配当手続あるいは法令の特段の定めがない限り、会社の財産から株主（あるいは株主と同視しうる第三者[30]）に対してなされる全ての給付が禁止されると解されてきた[31]。会社の財産維持という観点から債権者保護が念頭に置かれているが、株式法57条1項1文は、有限会社法30条1項1文とは異なり配当可能利益の範囲内であっても「払戻し」に該当すると解されており[32]、同時に少数株主保護の目的もある[33]ことが窺われる。

払戻し禁止規定により、株主への直截な支払いのみならず、取引を仮装した給付も「隠れた出資払戻し」として捕捉される。しかしながら、そのような給付でも、第三者との取引と同様の条件でなされる場合はこの禁止に該当しないとされる[34]。

(3) CMSにおける問題点

このように、株式会社・有限会社のいずれにせよ、株主に対する融資という取引行為も、第三者との取引における条件に比して会社に不利なものであれば、払戻し禁止規定違反が生じることとなる。もっとも、銀行業を営んでいない事業会社にあっては、株主に対する融資と比較しうる第三者との取

---

29) Westermann, a.a.O. (Fn.25), §30 Rn.20; Lutter/Hommelhoff a.a.O. (Fn.25), §30 Rn.27.
30) Walter Bayer, §57 Rn.50, in: Bruno Kropff/Johannes Semler (Hrsg.), Münchener Kommentar zum Aktiengesetz, 2. Aufl., Band 2, 2003.
31) Bayer, a.a.O. (Fn.30), §57 Rn.7.
32) Bayer, a.a.O. (Fn.30), §57 Rn.7.
33) Bayer, a.a.O. (Fn.30), §57 Rn.2.
34) Bayer, a.a.O. (Fn.30), §57 Rn.7.

引を現実に観念することはできない[35]。そこで、銀行取引において通常なされているような（banküblich）担保が提供され、適正な利子（angemessene Zinsen）が付され、かつ、融資を行った会社にとっての流動性（Liquidität）が害されない場合にのみ、株主融資が許容されるというのが、従来の考え方[36]であった。

このような考え方に照らせば、子会社が親会社グループのCMSに参加した場合、資金プーリング機能により、株主たる親会社（あるいはそれと同視しうるCMS運営会社）に対する現金の預託が「融資（Darlehen）」として評価された場合には、担保の確保、適正利子の受領および流動性供給手段の確保という上記3要件が満たされない限りは払戻し禁止規定に違反する可能性をはらんでいた。とりわけCMS参加会社とCMS運営会社との間で担保のやり取りがなされないことが通常であった点[37]が潜在的には問題であった。

2 「11月判決」の衝撃

このように払戻し禁止規定との関係で疑義を残しつつも、実務において浸透していたCMSに対して大きなインパクトを与えたのが、連邦通常裁判所により2003年に出された、いわゆる「11月判決（November-Urteil）」[38]である。

(1) 11月判決の要旨

事案は、破産した有限会社の破産管財人が、当該会社の社員に対する融資

---

35) Bayer, a.a.O. (Fn.30), §57 Rn.81.
36) 株主融資一般に関して、Marcus Lutter, §57 Rn.28, in: Wolfgang Zöllner (Hrsg.), Kölner Kommentar zum Aktiengesetz, 2. Aufl., Band 2, 1988; Hartwig Henze, §57 Rn.49, in: Klaus J. Hopt/Herbert Wiedemann (Hrsg.), Aktiengesetz Großkommentar, 4. Aufl., Band 2, 2000. とりわけCMSにこの3要件が妥当することを述べるものとして、Bayer, a.a.O. (Fn.30), §57 Rn.81; Peter Hommelhoff/Detlef Kleindiek, §21.19 und 21.20 in: Marcus Lutter/Eberhard Scheffler/Uwe H. Schneider (Hrsg.), Handbuch der Konzernfinanzierung, 1998.
37) Bayer, a.a.O. (Fn.30), §57 Rn.82; Gerd Krieger, §69 Rn.62, in Michael Hoffmann-Becking (Hrsg.), Münchener Handbuch des Gesellschaftsrechts, Band 4 Aktiengesellschaft, 3. Aufl., 2007.
38) BGH Urt. v. 24.11.2003, BGHZ 157, 72.

を行った当該会社の業務執行者に対して有限会社法30条1項等を根拠として損害賠償請求をしたというものである。連邦通常裁判所は、「会社の拘束財産の負担によって賄われた社員への信用供与は、社員に対する返還請求権が完全に等価である（vollwertig）場合であっても、基本的に有限会社法30条の意味における会社財産の禁止された払戻しとして評価されなければならない」[39]と述べて、同条に基づく責任を認める判決を下した。

　従来の通説[40]のように、有限会社法30条1項1文の発動要件たる貸借対照表欠損につき、商法上の貸借対照表を基準として算出するならば、流出する現金と等価の融資金返還債権が会社に流入する限りにおいては、貸借対照表上の借方金額には変化はなく（「貸借対照表上中立な（bilanzneutral）」取引であると表現されることも多い）、貸借対照表欠損が生じ、あるいはそれが拡大するという意味での財産状態の悪化は生じないはずである。しかしながら、少なくとも融資前にすでに貸借対照表欠損が存在する場合には、このような「純然たる貸借対照表法的な考察方法（rein bilanzrechtliche Betrachtungsweise）」は取れないというのが11月判決の要旨である。その理由について、連邦通常裁判所は次のように述べる。

　「この純然たる貸借対照表法的な考察方法は、しかしながら、有限会社法30条1項において定められた資本維持原則の意義を考慮すれば、不十分である。財産保護は、貸借対照表上の計算数値の保障において尽くされるのではなく、資本金額で裏付けられた責任財産の維持を命ずる。これに対応して、有限会社法30条の意味と目的からは、会社の財産は根本資本の額まで社員の侵害から遠ざけられるべきである。それによって、可能な限り、有限会社に対しその存続を保護する最小事業財産（Mindestbetriebsvermögen）が、またその債権者に対し満足のための備え（Befriedungsreserve）が確保されるべきである。有限会社の社員が拘束会社財産の負担で資本を引き出すことができ、有限会社は払い出された現物財産と引換えに（幾許かの利子請求権を前提としても）時間的に先延ばしされた債務法上の債権のみが残る場合には、この目的と一致しないであろう。流動性ある責任財産の、時間的に先延ばしさ

39) BGHZ 157, 72, 75.
40) 前掲注26) およびこれに対応する本文参照。

れた債務法上の債権との交換は、……会社財産およびその債権者の満足見通しを悪化させる。……単なる計算上の直ちには現実化しない債権は資本流出（Kapitalabfluß）に直面しているのであるから、既にこれらの理由から、信用力ある社員に対する正規に付利された融資の供与は、有限会社法30条と合致しえない。」[41]

本判決の最大の意義は、資本維持に関する規律の解釈において従来通説であったと考えられる貸借対照表的思考（handelsbilanziellen Denken）が妥当しない場合がありうることを示した点にあると考えられる。このような考え方は、通説に対する有力な批判説としてStimpel[42]らによって以前から提唱されていたが、11月判決はこれを最上級審裁判所として承認したものであったといえる[43]。

もっとも、貸借対照表的思考が制約される結果融資が払戻し禁止規定に抵触して禁止される、という上記判旨の考え方に例外がないわけではなく「融資供与が会社の利益に適い、融資条件が第三者比較に耐え、かつ社員の信用力が厳格な基準によっても合理的疑いの余地もなく存在している場合、または、融資の返還が価値ある担保で完全に保障されている場合」において、拘束財産からの融資の供与が例外的に許容される余地を残す判示も同時に行っている[44]。

(2) 実務の懸念

以上のような11月判決は、CMSの適法性に対する実務上の懸念に火をつけることとなった。

(i) CMS参加会社が有限会社である場合

11月判決の判旨は、事案との関係では、貸借対照表欠損が存在している場合における社員に対する無担保融資が有限会社法30条1項1文に違反す

---

41) BGHZ 157, 72, 75f.
42) Walter Stimpel, Zum Auszahlungsverbot des §30 Abs.1 GmbHG, Festschrift 100 Jahre GmbH-Gesetz, 1992, S.335.
43) Vgl. BGHZ 157, 72, 76.
44) BGHZ 157, 72, 77.

ることを述べるものであるが、学説上、判旨から、貸借対照表欠損が存在する場合に限らず社員に対する無担保融資一般につき、その返還債権の資産価値を考慮すべきではないとする規範を導き出すものもあらわれた[45]。

また、判旨の射程を貸借対照表欠損が存在する場合に限ったとしても、貸借対照表欠損が存在する場合には株主に対して（少なくとも無担保での）融資はできない、という判旨が述べる規範の遵守を確保するためには、融資前に特別決算をして貸借対照表欠損がないことを確認しなければならないことになる[46]。これは、預託額が日々変動し、その意味で新たな社員融資が随時発生しうるCMSの特性上相当困難な要求であった[47]。

(ii) CMS参加会社が株式会社である場合

11月判決は、事案としては有限会社における社員に対する融資に関するものであるため、株式会社には妥当しないとの理解もありえた[48]が、実務的には、株式会社についての同様の規律である株式法57条にも及ぶことが懸念された[49]。

11月判決が貸借対照表欠損の状況についての判示であったことから、株式会社においても、少なくとも貸借対照表欠損の状況、すなわち基本資本（あるいは考え方によってはそれに準備金を加えた額）の裏付けとなる資産がな

---

45) Andreas Engert, Kreditgewährung an GmbH-Gesellschafter und bilanzorientierter Kapitalschutz, BB 2005, 1951, 1955.
46) Peter Wessels, Aufsteigende Finanzierungshilfen in GmbH und AG, ZIP 2004, 793, 795. 有限会社の業務執行者の対応としては、同額の準備金を計上することが求められることになるとする。
47) 11月判決への対処として、ゼロバランシングではなく一定額を下位口座に残すコンディショナルバランシング（Conditional Balancing）、あるいは銀行を介在させることで口座数値上は主口座への吸い上げを行わず下位口座に預金を残すノーショナルバランシング（Notional Balancing）という手法で対応しようとする動きもあったようである（Liebscher, a.a.O.（Fn.7）, §13 Anh. Rn.383f）。もっとも、前者については単にバッファーを設けるのみであるため財産状況の揺らぎによってはなお有限会社法30条1項1文違反の状況となる可能性があった点、後者については資金調達をコンツェルン内部で完結させることで外部資金の導入と比較して有利な状況が生じるという資金プールそのもののメリットが銀行の介在により減殺される点で不十分であるとも言われていた。
48) Vgl. Peter O. Mülbert/Lars Leuschner, Aufsteigende Darlehen im Kapitalerhaltungs- und Konzernrecht - Gesetzgeber und BGH haben gesprochen, NZG 2009, 281, 282.
49) Wessels, a.a.O.（Fn.46）, S.794.

い場合には、株主に対する融資には担保が必要とされ、そうでなければ適正な利子を付した場合でも払戻し禁止規定に抵触するとされる可能性が生じた[50]。そればかりか、株式会社における払戻し禁止は会社に貸借対照表欠損が存する場合に限られない[51]ことから、11月判決が暗に要求していたとみられる融資の際の担保の裏付け[52]が、株式会社については株主融資全てについて要求されるという懸念もあった[53]。

もっとも、11月判決が直接の対象とした有限会社とは異なり、株式会社においてはいわゆるコンツェルン法、特に、事業年度終了時における補償と引換えに子会社への不利益措置を親会社に認める株式法311条が存在している。したがって11月判決以前は、株式会社が従属会社であるような事実上のコンツェルン内部のCMSについては、株式法311条に基づき、無担保であることから生じるリスクに関する上乗せ金利を親会社が事業年度終了までに支払えばよいとの考え方が示されていた[54]。しかしながら、払戻し禁止規定がコンツェルン法に優先し、11月判決の判旨の射程が株式会社にも及ぶと解すれば、支払不能リスクを上乗せ金利で補うことはできず、親会社に対する融資を完全に担保で裏付けるか、あるいは営業年度終了までに融資をいったん返還する必要が生じる[55]。つまり、現実問題としては支配契約がない限り株式会社が資金プーリングに参加することはできず[56]、したがってグループ内CMSへ参加することが極めて困難になる、という懸念が示されるに至った[57]。

---

50) Hartwig Henze, Konzernfinanzierung und Besicherung, WM 2005, 717, 720; Holger Altmeppen, Die Grenzen der Zulässigkeit des Cash Pooling, ZIP 2006, 1020, 1032.
51) III 1 (2)参照。
52) 11月判決は「未確定」としているが、通説は担保の裏付けがあれば11月判決自身が認めていた例外に該当し、許容されると解していたようである（Liebscher, a.a.O.（Fn.7）, §13 Anh. Rn.379）。
53) Wessels, a.a.O.（Fn.46）, S.796.
54) Wessels, a.a.O.（Fn.46）, S.796.
55) Wessels, a.a.O.（Fn.46）, S.796.
56) Vgl. Andreas Cahn, Das richterrechtliche Verbot der Kreditvergabe an Gesellschafter und seine Folgen, Der Konzern 2004, 235, 245.
57) Wessels, a.a.O.（Fn.46）, S.796.

(3) 「資金プール（第一）判決」による CMS への適用の確認

ところで、11月判決は、事案としては有限会社から社員への「融資（Darlehen）」を巡るものであった。これに対しては、CMS における子会社から親会社（あるいは CMS 運営会社）への資金の流れを「寄託（Verwahrung）」と構成することによって、社員（株主）への「融資」として問題とされてきた資本維持に関するルールを回避しうる可能性も示唆されていた[58]。しかしながら、このような実務の淡い期待を完全に打ち砕いたのが、「資金プール（第一）判決（Cash Pool）[59]」である。

同判決において、連邦通常裁判所は、「資金プールシステムに採り入れられた有限会社は、——そのような資金調達の方法についての『特別法』が認められることなく——設立および増資の際の有限会社法の資本充実規定およびそれについて最高裁判例が発展させてきた原則に服する」[60]と述べた。資金プールに関する特別法はない、とする判示からは、資本充実のみならず資本維持に関する原則やそれに関する判例法理、したがって 11 月判決までもが資金プーリングにも妥当すると解さざるをえないこととなった[61]。

3 MoMiG による改正

以上のように、11 月判決は、グループ内 CMS への参加に係る適法性に対する不確実性を増幅させることとなった。そこで、立法によりこのような不確実性を取り除くべく、2008 年の「有限会社法の現代化および濫用防止のための法律（Gesetz zur Modernisierung des GmbH-Rechts und zur Bekämpfung von Missbräuchen：以下、「MoMiG」という）」によって、有限会社法 30 条および株式法 57 条の改正がなされた。

---

58) Peter Ulmer, Vom Umgang mit rechtsfortbildenden BGH-Urteilen, ZHR 169(2005), 1, 4. また、Volker Hahn, Zum Spannungsverhältnis von Kapitalerhaltung und Cash Pool im Konzern, Der Konzern 2004, 641, 643f は、子会社が親会社から常時流動性の供給を受けうる（その意味で子会社にもメリットはあると考えられる）資金プーリングに、株主が一方的に利益を享受する株主融資に係る 11 月判決が及ぶのかは疑問の余地があるとしていた。

59) BGH Urt. v. 16.01.2006, BGHZ 166, 8.

60) BGHZ 166, 8, 15f.

61) Altmeppen, a.a.O.（Fn.50), S.1030; Bayer, a.a.O.（Fn.18), §57 Rn.102.

(1) MoMiG の概要

MoMiG では、有限会社法 30 条 1 項と株式法 57 条 1 項のそれぞれに「第 1 文の規定は、支配契約若しくは利益供出契約の存在する場合になされた給付、又は、社員／株主に対する完全に等価な（vollwertig）反対給付請求権若しくは返還請求権によって裏付けられている（gedeckt sind）給付については適用されない」と定める規定（有限会社法 30 条 1 項 2 文、株式法 57 条 1 項 3 文）が追加された。

有限会社法 30 条 1 項 2 文につきこのような改正を行う趣旨を、政府草案理由書は次のように述べる。

「〔有限会社法〕30 条 1 項の第 2 文による補完は、有限会社の社員に対する融資及びその他の信用的特徴を有する給付（アップストリーム融資）の一般的許容性、並びに、特にコンツェルンにおいて非常に普及しているいわゆる資金プーリング実務の許容性についての不確実性を背景になされている。資金プーリングの実務は基本的に経済的に有意義であり、通常はコンツェルン子会社の利益にも資する。資本維持規制の資金プーリングに対する適用は、その解釈に依存して、国際的な活動を行うコンツェルンに相当の実務的な困難を与えうる。このことは、特に、新しい連邦通常裁判所の帰結〔筆者注：11 月判決のことを指す〕において明らかとなった。実務に対する相当の法的不確実性が生じた。……本草案は、この議論において投げかけられた実務の懸念を取り上げるものである」[62]。

すなわち、MoMiG による改正は、とりわけ CMS（資金プーリング）の経済的な有用性に鑑みて、それを容易化するために行われたことが示されている。

有限会社法 30 条 1 項 2 文、株式法 57 条 1 項 3 文ともに、まず、前段によって、支配契約または利益供出契約が存在する場合には、子会社（従属会社）は一般的に、株主融資や親会社が運営する資金プーリングへの参加が許容されることを定める[63]。もっとも、改正前より、株式法 291 条以下の解釈から、

---

62) BT-Drucks 16/6140 S.41.
63) Holger Altmeppen, "Upstream-loans", Cash Pooling und Kapitalerhaltung nach neuem Recht, ZIP 2009, 49.

子会社の存続を危険にさらさない限りは払戻し禁止規定違反の問題は発生せず、したがって契約コンツェルンの場合には資金プーリングへの参加は全く問題がないという解釈が有力であった[64]のであり、その意味で前段について内容的に問題となるところは少ない[65]。より重要な意義を有するのは後段の規定である。以下では、後段の内容を概観する。

(2) 有限会社に関して

返還請求権が「完全に等価」である場合には、社員への融資であっても有限会社法30条1項1文の払戻し禁止規定違反とはならない、とするのが、有限会社法30条1項2文後段の趣旨である。この完全等価性がどのような場合に認められるのかについての詳細な定めは法律上置かれていない[66]が、この問題に関して、政府草案理由書では、次のように述べられている。

「〔拘束財産の〕計算については、一般的な貸借対照表原則が妥当する。それによれば、完全に等価な反対給付請求権又は返還請求権によって裏付けられた給付の場合には、借方交換（Aktivtausch）が行われる。債権の貫徹可能性（Durchsetzbarkeit）は完全等価性概念の定義の一部であり、したがって、特段の言及を必要としない。」[67]

要するに、完全等価性の概念は、貸借対照表規準（bilanzielle Maßstäbe）に従った貸借対照表的考察方法によって評価される[68]。そして、そのような貸借対照表規準の一般的な考え方に照らせば、完全等価性とは、債務者の個々の信用リスクを考慮した結果債権の取立て可能性（Einbringlichkeit）に

---

64) Altmeppen, a.a.O (Fn.50), S.1032.
65) 有限会社についても、支配契約がある場合には株式法の契約コンツェルンに係る規定が類推適用されるとするのが通説であり（Liebscher, a.a.O. (Fn.7), §13 Anh. Rn.401)、同様に問題となるところは少ない。もっとも、従来は利益供出契約のみが存在するだけでは払戻し禁止規定の適用除外とはならないという説が有力であり、その部分に関しては MoMiG が新たな規律を設けたものであるといわれている（Alexander Kiefner/Ingo Theusinger, Aufsteigende Darlehen und Sicherheitenbegebung im Aktienrecht nach MoMiG, NZG 2008, 801, 803)。
66) Altmeppen, a.a.O (Fn. 5), §311 Rn.242.
67) BT-Drucks 16/1640 S.41.
68) Altmeppen, a.a.O. (Fn.63), S.49; Mülbert/Leuschner, a.a.O. (Fn.48), S.282.

疑義がないことである[69]。この完全等価性は貸付時に判断し、事後的な返済能力の悪化は完全等価性には影響しない[70]。

このようなMoMiGによる改正の趣旨は、「11月判決以前には問題ないとして認められてきた貸借対照表的考察方法（bilanziellen Betrachtungsweise）に回帰する（zurückkehren）」ことであるとするのが政府草案理由書[71]の立場である[72]。

本稿の主題との関係では、11月判決が暗に要求していたと考えられる社員融資の際の担保の取得という規範が、完全等価性要件の下でどのように取り扱われることになるのか、という点が問題となる。政府草案理由書においてこの点は明示されていないが、貸借対照表作成時の債権評価に際して担保による裏付けが債権額全額の計上の要件とはされていないことに照らせば、完全等価性にとって担保の取得は必要的なものではない、という理解が一般的であった[73]。

69) Altmeppen, a.a.O.（Fn.63), S.50. BT-Drucks 16/1640 S.41 では、債権の貫徹可能性（Durchsetzbarkeit）に「疑義があることが見込まれる（absehbar in Frage gestellt sein）」場合には完全等価性は否定されなければならないだろう、と述べられている。

70) BT-Drucks 16/1640 S.41.

71) BT-Drucks 16/1640 S.41.

72) 政府草案理由書からは、立法により11月判決以前の法状況に戻そうとする意図があることが読み取れるであろう。しかしながら、MoMiGにより戻されることになる「11月判決以前の法状況」の内容がどのようなものかに関しては、政府草案理由書とは異なる理解が有力に主張されている。すなわち、11月判決のエッセンスは「貸借対照表欠損の場合に貸借対照表的考察方法が制限される」という点であり（Vgl. Wulf Goette, Gesellschaftsrecht und Insolvenzrecht, KTS 2006, 217, 227)、このような考え方は同判決以前から通説であって、それはMoMiGによっても変更されておらず、むしろMoMiGが取り消したのは、11月判決の革命的な部分、すなわち、流動性と引換えに債権を取得する場合についても貸借対照表的考察方法が制限されるとした点のみであるという理解である（Mathias Habersack, Aufsteigende Kredite im Lichte des MoMiG und des "Dezember"-Urteils des BGH, ZGR 2009, 347, 351f)。このような理解からは、政府草案理由書が述べる「11月判決以前には問題ないとして認められてきた貸借対照表的考察方法への回帰」という認識は誤りであるということになり（Habersack, a.a.O. S.352)、たとえば貸借対照表欠損がある状態で株主に対してなされた含み益ある資産の簿価譲渡なども、MoMiGによる改正後も、上記「11月判決以前からの通説」に従って貸借対照表的考察方法の適用が制限される結果、有限会社法30条1項違反の払戻しと評価されることになる（Habersack, a.a.O. S.353)。もっとも、最後の点に関しては政府草案理由書も結論を同じくするものであるが、これは有限会社法30条1項2文が定める、完全に等価な債権による「裏付けの要請（Deckungsgebot）」の中に、簿価ではなく市場価格での譲渡の規範が含まれているとする解釈のようである（BT-Drucks 16/1640 S.41)。

(3) 株式会社に関して

政府草案理由書は、上記のように有限会社法30条1項2文については詳細な改正理由を述べているのに対して、株式法57条の改正に関しては、「株式法57条の変更は、有限会社法30条の変更と横並びのもの（Gleichlauf）を作出している」とし、改正理由につき、有限会社法30条の改正に係る箇所を参照指示するのみ[74]という非常に簡単な取扱いにとどまる。

そこで、学説上は、11月判決の判旨が株式会社にも妥当することを前提として、有限会社と同様の議論が展開された[75]。もっとも、本稿の主題との関係で最大の論点であると思われる株式法311条と57条との優先劣後関係[76]について、MoMiGは何の手掛かりも与えていない。これが明らかにされるには、次に述べるMPS判決を待たなければならなかった。

4 事実上の株式会社コンツェルンにおける考え方
　　——MPS判決

11月判決およびそれを受けて出されたMoMiGによる法改正を踏まえて、事実上の株式会社コンツェルンにおける株主融資や子会社によるグループCMSへの参加に関する規範を一定程度明らかにしたのが、2008年のMPS判決[77]である。

---

73) Tim Drygala/Thomas Kremer, Alles neu macht der Mai – Zur Neuregelung der Kapitalerhaltungsvorschriften im Regierungsentwurf zum MoMiG, ZIP 2007, 1289, 1293; Michael Winter, Upstream-Finanzierung nach dem MoMiG-Regierungsentwurf, DStR 2007, 1484, 1489; Kiefner/Theusinger, a.a.O.（Fn.65), S.804.

74) BT-Drucks 16/6140 S.52.

75) しかしながら、すでにみたとおり、株式会社と有限会社との払戻し禁止規定の内容が違うにもかかわらず、その適用除外となる事由を定める条文に同じ文言を用いることが妥当であるのか、また、有限会社法30条に係る改正理由が株式法57条の改正理由としてそのまま妥当するのか、という点が本来は問題となるはずである。この点に関しては、そもそも、政府草案理由書が有限会社法30条に関して「回帰する」と宣言したような「貸借対照表的考察方法」は、株式法上はいまだかつて存在していなかったという指摘もある（Mülbert/Leuschner, a.a.O.（Fn.48), S.282)。このような理解からは、11月判決は株式法には妥当せず、したがって、株式法57条1項3文の追加は、有限会社法30条1項2文とは異なり「11月判決以前の法状況に戻す」以上の帰結（払戻し禁止規定の適用範囲の制限）を生じさせるものであるといえる。

76) 2(2)(ii)参照。

(1) MPS 判決の事案と判旨

事案は、次のようなものである。

新規市場（neue Markt）に上場していた建材会社たる S 株式会社（以下、「S 会社」という）が、その株式の 51％を保有する多数株主である M 有限会社（MPS GmbH：以下、「M 会社」という）の不動産取引の資金調達のために、M 会社に対して無担保融資を行ったところ、M 会社が倒産し、これらの融資債権が貸倒れとなった。S 会社の破産管財人である原告 X は、S 会社の監査役員 Y らに対して、問題となる 25 回の融資のうち 8 回の融資に関する融資債権の弁済不能につき、株式法 57 条、93 条 3 項 1 号、117 条 2 項、318 条 2 項に基づく損害賠償を求めた。

問題となる個々の融資契約はそれぞれ異なるものの、Y らの主張によれば利率は市場にありふれたもの（marktüblich）として 7〜8％で合意されており、さらに「融資の期間は、オープンである（offen bleiben）。融資の解約は月末にいつでも可能である。」との定めがなされていた。なお、それぞれの融資の合意および融資の実行の時点における M 会社の支払能力は問題がなかったとの認定がされている。

控訴審判決[78]は、無担保融資の契約の締結に関して M 会社による S 会社への株式法 311 条の意味の不利益な法律行為の仕向けを認定したうえで、無担保融資につき株式法 57 条、93 条 3 項 1 号による出資返還禁止違反として請求額全額の責任を認めた。

これに対して、連邦通常裁判所は破棄差戻しを命じた。

「判例によれば、株式法 311 条……の不利益概念は、『その侵害が従属性の結果として生じる限りにおける、数量化の可能性の如何を問わない、会社の財産状態又は収益状態の減少又は具体的な危険』と理解される。

――株式法 57 条による出資払戻しの確定についてと同様に――仮定的第三者取引との比較あるいは独立した会社の正常且つ分別ある業務指揮者であれば当該法律行為を同一の条件で行うかということが重要であるし、また、このことは、この無担保融資の場合において、それがなければ多数株主の不

---

77) BGH Urt. v. 01.12.2008, BGHZ 179, 71.
78) OLG Jena, Urt. v. 25. 4. 2007, ZIP 2007, 1314.

動産取引の金融のための信用取引を行わない会社によっては、めったに受け入れられることができないのであるから、確かに、従属性の結果がそのようなものであるとして、ここで肯定することができるのかもしれない。」[79]

「しかしながら、そのこと自体だけでは十分ではない。というのも、更なる要素として、上述の性質（Art）の意味での不利益が付け加わるからである。この意味における不利益な法律行為（株式法311条1項）は、完全に等価である払戻請求権（einen vollwertige Rückzahlungsanspruch）および相当な付利（angemessene Verzinsung）との交換による無担保の『アップストリーム融資』の供与それ自体には存しない。むしろ、会社の財産ないし収益の具体的な危険が問題である。」[80]

「株式法311条は、株式法57条と並行して作動する（gleichlaufen）限りにおいて、株式法57条、62条、93条3項1号を排除する特別規律を含む……。財産移動を含む、そのような——典型的には株式法57条に当てはまる——従属会社の不利益を導く措置は、何ら即時の返還請求権（株式法62条）を作動させない。むしろ、株式法311条は、不利益が事業年度終了までに補償されるか、その時までに従属会社に将来の不利益補償についての必ずしも担保の付されていなくてもよい法的請求権を与えるという方法による、時的に拡大された補償を許容している。このことと、全ての従属会社の無担保アップストリーム融資の中に、従属会社にとって不利益な法律行為を見出すこととは一致しない。」[81]

「融資債権が完全に等価であり、したがってその限りで融資供与が従属会社にとって不利益でないかどうかは、株式法311条の枠組みにおいて取締役が融資契約の締結前に検査しなければならない。そのための基準は、貸借対照表作成の枠組みにおける、第三者との取引から生じる債権の評価（商法253条）の際に重要であるのと同様の、合理的な商人の評価である。担保で限定された融資返済の蓋然性は、必要的ではない。しかしながら、事実上のコンツェルンにおいて指揮に服さない従属会社の取締役は、法律行為の受入

79) BGHZ 179, 71, 75f.
80) BGHZ 179, 71, 76.
81) BGHZ 179, 71, 77.

の時点に関連する評価に際して、株式法93条1項1文による注意義務に注意しなければならず、具体的な貸倒れリスク（Ausfallrisiko）の事例においては、無担保融資の供与は拒絶されなければならない。これに対して、ここで決定的な事前の観点からのみ、債権が完全に等価であり、ないしは債権欠損はありそうもない（unwahrscheinlich）ようであれば、後に予想に反して債権貸倒れに至ったとしても、この点で不利益な法律行為の問題とはならない。」[82]

「このことは、しかしながら、従属会社の経営機関は、従属会社にとって事前の観点から不利益でなかった融資提供後に、何らこれに向けた確認義務（Kontrollpflicht）をもはや負わないことを意味するものではない。むしろ、株式法93条1項1文から帰結し株式法311条や318条によっても排除されない、信用リスクの何らかの変更を継続的に確認し、融資供与後に示される支払能力の悪化に与信の終了又は担保の要求で対応すべき義務は手つかずのままである。広範な長期的融資又はキャッシュマネジメントの場合には、その義務によって、親会社・子会社間の適切な情報システム又は『早期警告システム（Frühwarnsystem）』の整備が必要的となりうる。」[83]

「ここでは、……融資が、相当の利子を生ずるものであったかどうかは関係ない。支配企業に対する融資提供によって奪い去られた流動性が何ら利子を生まず、または妥当な利子を生まない場合には、融資会社にとって株式法311条の意味での不利益を意味することは確かである。それによって生じる1〜2パーセントポイントの不利益は、全体の融資総額が把握する、補償できない具体的な信用リスクのそれとは異なるものであり、他の利益による補償の問題の際にも、損害賠償請求権の枠組みにおいても、別個に把握されなければならない。」[84]

(2) 判決の要旨

MPS判決の判示事項は多岐にわたるが、本稿の主題に関する要点を述べ

---

82) BGHZ 179, 71, 78.
83) BGHZ 179, 71, 79.
84) BGHZ 179, 71, 80.

れば以下のようになると思われる。

　まず、一般論として、株式法311条の適用局面では株式法57条は排除されるという通説的見解を承認する[85]。しかしながら、そのことからただちに株式法57条1項3文が明示する「完全等価性」の概念と完全に切り離して株式法311条の「不利益」概念を論ずることはせず、融資債権が株式法57条の意味で「完全に等価」であればそれは貸倒れの局面に関する株式法311条の「不利益」はない、との認識を示す。そして、そのような意味での不利益の不存在＝完全等価性の存在にとって、融資債権に担保が付されていることは必要的な構成要素ではなく、また、そのような意味での不利益の不存在＝完全等価性の存在は、融資時点における融資先の資力にかんがみて評価するものであって、事後的な資力の悪化はそれには関係しないことを述べている。

　もっとも、そのように事前において「完全等価性」があるがゆえに無担保融資が許容されることと、融資後の回収可能性に無関心であってよいこととは別問題であり、融資後の回収可能性をチェックし、回収可能性に疑義が生じた場合には、融資の引揚げや担保の徴求等のしかるべき対応をとることが取締役の義務であることも述べる。巨額の無担保融資そのものを資本維持規制に係らしめて違法として事前に抑止するのではなく、適法なものとして承認したうえでその事後的な貸倒れリスクの変化への対応を取締役の責任においてなさしめるというのが、MPS判決の基本的な態度であるといえよう。

5　現時点での解釈論の状況

　以上を踏まえて、主として資金プーリングを念頭に置いた株主融資をめぐる現段階でのドイツの議論状況を概観する。以下では、わが国におけるグループ内金融の会社法的検討という本稿の主題との関係から、もっぱら、支配契約等のない、事実上の支配関係のみがある子会社（事実上の株式会社・

---

85) MoMiGが株式法57条1項3文によって、支配契約や利益供出契約がある場合にのみ明文をもって株式法57条1項1文の適用を排除していることからすると、これらの契約のない事実上の支配従属関係の場合には、なお57条1項1文が適用されると解することも不可能ではなかった。Vgl. Habersack, ZGR 2009, 347, 356.

有限会社コンツェルン）に関する議論を紹介する。

(1) 融資の許容性、返還可能性と担保
(i) 「完全等価性」の要求と担保

株式会社にしろ、有限会社にしろ、まず、融資時において、融資債権の回収に疑いがないことが求められている[86]。そのことを表現して返還請求権が「完全に等価」であることが求められると表現される。この回収可能性は、資金プールシステムの特殊な構造から生じる全体的なリスクを考慮して判断される[87]。そして、担保の取得は「完全等価性」の要件ではなく[88]、融資先の支払能力を確認しておけば足りる[89]。この完全等価性は融資時に満たされておればよく、事後的な支払能力の悪化は融資時の完全等価性を損なうものではない[90]。

このような考え方は、有限会社であれ株式会社であれ、貸借対照表欠損が存在する場合であっても変わるところはない[91]。

(ii) 「完全等価性」を欠く場合

逆に「完全等価性」がなければ、資金プールは許されない。もっとも、MPS 判決の枠組みを前提とした場合、「完全等価性」が求められる根拠が株式会社と有限会社では異なることから、上記帰結を導く論理も異なる。

(ア) 有限会社の場合　MPS 判決は、事実上の株式会社コンツェルンの事例、すなわち、株式法 311 条以下の規律が適用される事例についてのものである。他方、有限会社コンツェルンには株式法 311 条の（類推）適用はなく[92]、したがって CMS 参加会社が有限会社である場合には、株式会社とは異なり、支配会社が従属会社に対して事後の補償と引換えに不利益な措置を仕向けるということはできない。CMS 参加会社が有限会社で

---

86) Altmeppen, a.a.O.（Fn. 5），§ 311 Rn.243; Ekkenga, a.a.O.（Fn.13），§ 30 Rn.188.
87) Altmeppen, a.a.O.（Fn. 5），§ 311 Rn.243.
88) BGHZ 179, 71, 77 (MPS); Altmeppen, a.a.O.（Fn. 5），§ 311 Rn.244.
89) Ekkenga, a.a.O.（Fn.13），§ 30 Rn.188.
90) BGHZ 179, 71, 78 (MPS); Ekkenga, a.a.O.（Fn.13），§ 30 Rn.241.
91) Altmeppen, a.a.O.（Fn. 5），§ 311 Rn.241.
92) Habersack, a.a.O.（Fn.72），S.360.

ある場合には、独立した有限会社における社員融資に関する一般原則が妥当することになる[93]。

有限会社の社員に対する融資の返還債権に「完全等価性」が求められる直接の根拠は、有限会社法30条1項2文であり、したがって融資を行う有限会社に貸借対照表欠損が存在する場合において、「完全等価性」を欠く融資が行われた場合には、条文上規定されている払戻し禁止規定に反する違法な行為となる。この禁止に反した場合には、当該融資は即時に返還されなければならない（有限会社法31条1項）。貸借対照表欠損が存在するか否かは、貸借対照表的考察方法により判定する。

他方、貸借対照表欠損（に陥る可能性）がない場合には、完全等価性を欠く融資がなされたとしても、有限会社法30条違反およびそれによる同31条の即時返還の問題は生じない。しかしながら、定義から、完全等価性を欠く場合にはその融資の返還債権の弁済可能性に疑義があるということであるから、業務執行者の一般的義務（有限会社法43条1項）に照らして、かかる融資はそもそも行うべきではないとされることが原則になると思われる[94]。

(イ) 株式会社の場合　株式法311条が適用される局面では、株式法57条の適用は排除される[95]。その意味で、株式法57条1項3文の意味での「完全等価性」は問題とならない。しかしながら、MPS判決の枠組みによれば、株式法57条1項3文と同様の意味での「完全等価性」を欠く場合には、株式法311条の意味での「不利益」が存在することとなる[96]。

もっとも、株式法311条が定めているのは、同条の不利益が存在すればそのような行為が禁止されるというものではなく、同条2項の定める方法による補償がなされることを条件として、親会社にそのような不利益措置

---

93) Mülbert/Leuschner, a.a.O. (Fn.48), S.287.
94) Vgl. Habersack, a.a.O. (Fn.72), S.360.
95) BGHZ, 179, 71, 77. その意味で、MoMiGによって導入された57条1項3文の意味での「完全等価性」が問題となる本来の局面は、株式法311条の適用のない状況、すなわち他者に対して従属関係にない株式会社における株主と会社との関係においてのみであるということになる。
96) BGHZ 179, 71, 78 (MPS); Mülbert/Leuschner, a.a.O. (Fn.48), S.284.

を仕向けることを認容するものである（かかる状況を指して株式法311条による親会社への「特権付与効果」と表現されることがある）。したがって、ここで問題としている「完全等価性を欠く」という意味での「不利益」が、同条2項の事後的不利益補償の対象となりうるか、という点が問題となる。同条項により事後的補償の対象となる「不利益」は計量可能であることが求められ、そのように計量された「不利益」を親会社が補償することができるという事前の見込みがなければ、そのような不利益措置を親会社が仕向けることはできないと解されているからである[97]。

「完全等価性を欠く」という意味での「不利益」が計量可能なものであるかを論ずるものはあまりないように見受けられるが、「完全等価性」の定義から、それを欠く場合の補償可能性について疑義を呈する考え方が有力であると思われる。すなわち、完全等価性の実質は事前における債権の弁済の見込みであり、それを欠くということは、当初から親会社の支払能力に疑問があるということである。したがって、完全等価性がないと判断される段階で、すでに事後的な補償能力にも問題があるという結論とならざるをえないのである[98]。したがって、そのような場合には、子会社の取締役は、一般的な注意義務に基づき融資を拒絶すべきである[99]し、それでもなお親会社による融資への仕向けがなされた場合には、違法な仕向けとして株式法311条の特権付与効果は失われ、親会社には株式法62条に基づく融資の即時返還義務が発生するとともに、株式法317条の責任が発生する[100]。

(iii) 返還可能性に関する継続的チェック義務

融資の返還債権が「完全等価性」を有する限り、無担保での親会社への融資・資金プールへの参加が許容される。しかしながら、この完全等価性は融資段階に判断するにすぎず、場合によっては融資先が事後的に貸倒れのリスクを増大させる可能性もある。そこで、貸倒れリスクの継続的検査が、子会

---

97) Krieger, a.a.O. (Fn.37), §69 Rn.80.
98) Mülbert/Leuschner, a.a.O. (Fn.48), S.286; wie auch Habersack, a.a.O. (Fn.72), S.358.
99) BGHZ 179, 71, 78 (MPS); Habersack, a.a.O. (Fn.72), S.358.
100) Habersack, a.a.O. (Fn.72), S.358f.

社の取締役の注意義務に含まれる[101]。短期契約の更新を繰り返す場合には、更新時に完全等価性の検査をしなければならない[102]。CMS の場合には、そのような事後の確認義務の履行態様として、親子会社間に情報システムあるいは早期警告システムを備えることが要請される[103]。

仮に、このような継続的検査により完全等価性に対する疑念が生じた場合には、即座に返還を求めるか、十分な担保を要求することが求められる[104]。

(2) 付利
(i) 原則

従来有力であった考え方によれば、適正な利子の支払いも株主融資の許容性に関する要件であった。これに対して、MoMiG により「完全等価性」メルクマールが導入されたことから、付利の当否をめぐる問題も、この「完全等価性」（およびその背後にある「貸借対照表的考察方法」）を手掛かりに解決すべきであるかという点が問題となる[105]。

「完全等価性」のみを手掛かりとする場合、どのような利子を付すべきかは、「完全等価性」を判断する貸借対照表規準に従い債権が額面通り資産計上されるか否かによって決すべきことになる。これに対して、従来第三者比較に基づき主張されてきた3要件（担保の徴求・適正な付利・流動性の確保）のうち、「完全等価性」は担保の徴求についてのみ影響し、それ以外の点については MoMiG 以降もなお従来通り第三者比較が妥当し[106]、利子についても第三者比較に基づく相当な利子を付さなければならないとする見解[107]がある。

---

101) BGHZ 179, 71, 79（MPS）; Altmeppen, a.a.O.（Fn. 5）, §311 Rn.245.
102) Liebscher, a.a.O.（Fn.7）, §13 Anh. Rn.399.
103) BGHZ 179, 71, 79（MPS）; Altmeppen, a.a.O.（Fn. 5）, §311 Rn.245; Habersack, a.a.O.（Fn.72）, S. 362.
104) BGHZ 179, 71, 79（MPS）; Altmeppen, a.a.O.（Fn. 5）, §311 Rn.245.
105) Ekkenga, a.a.O.（Fn.13）, §30 Rn.237.
106) Mülbert/Leuschner, a.a.O.（Fn.48）, S.283; Ekkenga, a.a.O.（Fn.13）, §30 Rn.237.
107) Winter, a.a.O.（Fn.73）, S.1487. また、Kiefner/Theusinger, a.a.O.（Fn.65）, S.806 は、払戻し禁止規定の解釈としては「完全等価性」したがって貸借対照表的思考により決するとしつつも、会社の業務執行者の一般的義務としては、相当の利子の支払いが求められるとする。

後者が現在有力であると思われる。

　もっとも、具体的な解釈論としての最大公約数をとるならば、短期で返済される資金については付利の必要はないが、長期に滞留する資金については付利しなければならない、といったものになると思われる。しかしながら、その根拠も貸借対照表的考察方法から導く考え方と、第三者比較の観点からこれを導く考え方とに分かれる。貸借対照表的考察方法によれば、短期と長期を分けるメルクマールは、貸借対照表において短期債権として現在価値への割引が不要な1年を基準とし、それを超えれば「長期」の融資として相当の付利が必要であると解することになる[108]。他方、第三者比較の観点からは、短期の資金に関しては、CMSの他の機能から得られるメリット（決済簡素化による費用削減効果等）によって埋め合わせることができると考えられる限りで付利の必要性はなくなる[109]一方で、長期の資金については、当該子会社の資金需要等に照らして適切なリターンが得られなければならない[110]ということになると思われる。

　また、付利が必要であるとして、いかなる利率であるべきか、という点も考え方が異なりうる。貸借対照表的考察方法に依拠し、「完全等価性」のみが求められていると解すれば、貸借対照表上債権額が割り引かれるような低利でなければよい（場合によっては無利子でもよい）、という帰結になるのに対して、第三者比較であれば、再調達費用・機会費用・リスクプレミアム等を勘案して決めるということが考えられる[111]。さらに、完全等価性のみが判断基準となると解するのでない限り、いわゆるシナジーの分配を妥当に行う必要があるというコンツェルン法の一般的解釈も妥当する[112]ことになろう。

(ii) コンツェルン法の適用

　CMS参加会社が株式会社である場合、CMSに対する預託金に相当の利子が付されていない場合には、株式法311条の不利益に該当する。しかしなが

---

108) Drygala/Kremer, a.a.O. (Fn.73), S.1293; Kiefner/Theusinger, a.a.O. (Fn.65), S.804.
109) Altmeppen, a.a.O. (Fn. 5), §311 Rn.255.
110) Altmeppen, a.a.O. (Fn. 5), §311 Rn.256.
111) Mülbert/Leuschner, a.a.O. (Fn.48), S.283.
112) Vgl. Liebscher, a.a.O. (Fn.7), §13 Anh. Rn.369.

ら、利子に関する不利益は返還可能性に関する不利益とは切り離して株式法311条2項の事業年度末の事後的補償の対象となるものであり[113]、付利の不利益が融資（CMSへの参加）の可否を決するものではない。

これに対して、CMS参加会社が有限会社の場合には、株式法311条に相当するコンツェルン法の適用はないことから、預託金に上記に述べたような意味での相当の利子が付されていない場合には、直截に有限会社法30条1項1文によって預託が禁止される[114]。

(3) 流動性

第三者比較に関する3要件のうち、これまで大きな議論にはなっていないものの、CMS参加会社の保護として非常に重要であると認識されているのが流動性確保の問題である。

(ⅰ) 原則

上述の通り、MoMiGによる「完全等価性」メルクマールの導入にもかかわらず、現在も、第三者比較の視点から、参加会社の流動性を害さない限りにおいてCMSへの参加が許容されるとする規範が妥当すると解されている[115]。

流動性の確保という観点からは、CMSに預託された資金は、当該CMS参加会社が必要とする場合には常に直ちに返還される状況でなければならないといわれ[116]、また、CMS参加会社は、親会社が定めるコンツェルン全体の流動性プランニングに完全に服するのではなく、独自の流動性調達手段として、金融機関との融資契約やコミットメントラインを確保しておく必要があるとも述べられている[117]。

(ⅱ) コンツェルン法の適用

もっとも、すでに繰り返し述べている通り、CMS参加会社が株式会社である場合には、株式法311条の適用の可能性がある。特に、随時返還が可能

---

113) BGHZ 179, 71, 80 (MPS).
114) Ekkenga, a.a.O. (Fn.13), §30 Rn.188 und Rn.238.
115) Altmeppen, a.a.O. (Fn. 5), §311 Rn.264.
116) Altmeppen, a.a.O. (Fn. 5), §311 Rn.264.
117) Krieger, a.a.O. (Fn.37), §69 Rn.65: Liebscher, a.a.O. (Fn.7), §13 Anh. Rn.368.

であることが原則であるとしても、CMS 運営会社による返還拒絶によってCMS 参加会社に生じた不利益が事後的に補償可能である限りにおいては、そのような不利益措置も許容される。たとえば、当該 CMS 参加会社よりも親会社や他のコンツェルン構成会社の資金需要が差し迫っている場合などに、CMS 運営会社が返還を拒絶することにより生じる損害について当該 CMS 参加会社がいったんは甘受し、事後的に親会社に不利益補償をなさしめるといった方法が可能である[118]。いずれにせよ、随時返還可能な状況となっていないのであれば、それにつき生じた財産侵害は親会社によって補償されなければならず、そのことが契約等で明らかにされていなければならないとされている[119]。

しかしながら、株式法311条の下でも、子会社（CMS 参加会社）の存続を危険にさらす行為は親会社といえども許されず、たとえば親会社や他のコンツェルン構成会社の救済であっても、CMS 参加会社の存続を脅かすような預託金の返還拒絶は許されない[120]。したがって、CMSへの預託が当該 CMS 参加会社を害さない限りにおいて行われることが確保されている場合にのみ、CMSへの参加が許容されるとされる[121]。

IV 日本法に係る若干の検討

以下では、IIIで紹介したドイツ法の議論を参考に、わが国における CMS をめぐる会社法上の問題について、若干の検討を行う。

1 総論的検討

(1) ドイツ法の小括——第三者比較と完全等価性

まず、ドイツ法の議論を簡単にまとめておく。

ドイツにおける議論は、主として有限会社法30条1項1文、株式法57条

---

118) Altmeppen, a.a.O. (Fn. 5), §311 Rn.267.
119) Altmeppen, a.a.O. (Fn. 5), §311 Rn.267.
120) Altmeppen, a.a.O. (Fn. 5), §311 Rn.265.
121) Altmeppen, a.a.O. (Fn. 5), §311 Rn.265.

1項1文という会社財産維持規制から出発している。しかしながら、とりわけ株式会社においては、その払戻し禁止規定には少数株主保護の要素も少なからずみられ、その意味で、会社財産維持規制イコール債権者保護の議論としてのみとらえるのは狭すぎる。むしろ、会社財産の維持という会社の利益の保護を通じて、債権者と少数株主を保護するという意識があるように思われる[122]。

そして、少なくとも11月判決以前は、そのような会社の利益を保護する観点から、第三者との取引でも同様の条件で取引がなされるか、という「第三者比較」の見地から、銀行取引で通常なされているような担保の取得、相当の付利およびCMS参加会社の流動性の確保という3要件の充足が求められていた。

もっとも、上記3要件に照らせば、CMSは無担保を前提としているという点で潜在的な問題を有していたところ、11月判決がまさにそれに関して否定的な判示を行ったことから、上記問題が顕在化し、MoMiGによる「完全等価性」メルクマールの導入となった。この「完全等価性」メルクマールの導入は、上記3要件のうち、担保の点でいわば第三者比較を放棄した[123]とみることができるが、第三者比較が放棄されたのはその点のみであるとするのが多数説であり、他の2点、すなわち、適正利子の支払いと流動性の確保の要請は、なお生きていると考えられている[124]。

(2) 第三者比較（独立当事者間取引基準）の妥当性

そこで、以下では、以上のようなドイツ法の議論状況にかんがみて、わが国におけるCMSを巡る会社法上の問題を、第三者比較とそれを部分的に修正した「完全等価性」メルクマールを中心に参照しつつ検討していくこととしたい。もっとも、その前に念のために確認しておくべき問題として、わが国において、第三者比較、より聞きなれた言葉でいえば「独立当事者間取引

---

122) 有限会社法30条1項1文の目的として、会社自身にとっても存続に必要な最小限の事業用財産を確保することを挙げるものとして、Habersack, a.a.O. (Fn.22), §30 Rn.2.
123) Kiefner/Theusinger, a.a.O. (Fn.65), S.806.
124) Mülbert/Leuschner, a.a.O. (Fn.48), S.283.

基準」が親子会社間取引を規律する基準として妥当するか否かという点がある。

　従来、親子会社間取引に関しては独立当事者間取引基準で行うべきことが強く主張されてきた[125]。これに対しては、企業グループ全体での効率性追求の容認を通じた社会経済の効率性の向上を損なうといった政策的視点からの批判がありうるであろう[126]。しかしながら、平成11年の株式交換法制の導入以降、グループ利益の増大を図る親会社には、上場子会社等の少数株主が存する子会社を完全子会社化することで、少数株主への配慮を必要とすることなしにグループ利益の追求を行うという選択肢が与えられている[127]。かかる選択肢が用意されたにもかかわらず、従来妥当であるとされてきた独立当事者間取引基準よりも緩やかな（その意味で少数株主を害する可能性の高い）基準での取引を容認する解釈論を採用する必要性は、上記のような政策的視点を踏まえてもなお乏しいように思われる。

(3) 第三者比較（独立当事者間取引基準）の具体的内容

　もっとも、従来、独立当事者間取引基準として述べられてきた内容には、相当幅があると考えられる[128]。その意味で、親子会社間取引を独立当事者間取引基準で規律すべきか、といった抽象的な議論よりも、いかなる取引を適法として許容すべきかという具体的な議論を積み重ねることが重要であると考えられる。

　本稿は、ある特定品目の市場価格のみを参照し、それから逸脱した部分が子会社にとって不利なものであるため直ちに当該取引が違法な取引となる、とまで厳格に解する必要はなく、また、解するべきではないと考える。独立当事者間で2種類以上の品目の取引を行っている場合に、その一部に市場価格を下回る取引があったとしても、それに近接する取引が社会通念上一体の

---

125) 江頭憲治郎『結合企業法の立法と解釈』38頁（有斐閣、1995年）、高橋英治『企業結合法制の将来像』157頁（中央経済社、2008年）。
126) たとえば、神戸伸輔「株主間利害対立」三輪芳朗ほか編『会社法の経済学』323頁（東京大学出版会、1998年）。
127) 拙著・前掲注3) 175-176頁参照。
128) 拙稿「グループ利益の追求と『親会社の責任』規定」商事1959号5-6頁（2012年）。

ものであるとみることができる限り、それらの利益不利益を総合することは、一般的な損害概念としても解釈論上認められうると思われるからである。しかしながら、たとえば、「グループに所属することにより子会社に生じる利益」[129]といった抽象的な利益を勘案することは、不可能であるとは言わないまでも、解釈論上極めて限られた局面においてのみ可能であると考えられる[130]。

　もっとも、その限界をどこに引くかは非常に難しい問題であり、一般論としては、先に述べたように社会通念上どこまでを一体のものとしてみることができるか、あるいは第三者であればどこまでの取引を交換条件として用いることが想定できるか、といったものにとどまらざるをえない。しかしながら、少なくとも本稿の主題であるCMSに関しては、CMSに係る諸機能を一体のものとみてそれらの利益・不利益を総合した結果をもって判断することは許されるということはできると思われる[131]。他方、CMS以外の取引に係るグループ内取引のメリットは勘案すべきでないとすることが、少なくともCMSの適法性に係る判断を行う局面においては原則となるように思われる[132]。

129) たとえば、法制審議会会社法制部会第17回会議において提出された部会資料18第二1(1)③ウ（7頁）参照。つづく本文で述べる本稿の立場からは、同部会における検討は、現行法の解釈論を確認すること（部会第14回会議内田修平関係官発言〔PDF版議事録20頁〕参照）を超えて、親子会社の利害関係者間の利害調整の新たな基準を設定することを意図したものであったと評価されることになる（中間試案における親会社の責任規定の評価につき、拙稿・前掲注128) 9頁）。
130) たとえば経営指導料といったものは、その経営指導が実際になされ、それが真に有益である限りにおいて、その対価として親会社が徴収可能であるとするのが本来の姿であろう。むろん、そのような対価性を誰がどこまで証明しなければならないか、という問題が最大の難問であるが、少なくとも「グループに所属する利益」といった抽象概念で正当化することはほとんど不可能であるように思われる。
131) ただし、2参照。
132) たとえば、子会社によりCMSに預託された資金に付される利子が低いという（子会社にとっての）不利益を、子会社が支払うべきであるとされたブランド使用料の免除という（子会社にとっての）利益で賄うことを許容することは通常すべきではないと考える。CMSというグループ内金融取引は、親会社のブランドの内容やその価値の大小とは無関係に行われうるものであり、他方、グループCMSの導入あるいはそれへの子会社の参加がブランド価値に及ぼす影響も通常は皆無であると考えられるからである。むろん、このような考え方の例外を一切許さないということまでを意図するものではない。

2　貸倒れリスクと「完全等価性」

先に述べたとおり、ドイツ法においては、株主融資に際しては、従来、第三者比較の見地から銀行取引で通常行われているような担保の取得が必要であると解されていたところ、MoMiG による「完全等価性」メルクマールの導入により、「完全等価性」を満たす限り無担保の融資も許容されるとの考え方が通説となっている。ここでは、ドイツにおける「完全等価性」メルクマールの意義を再検証したうえで、それを踏まえてわが国における貸倒れリスクの取扱いを検討する。

(1) 株主融資に特有の危険性の評価

そもそも株主融資の根本に存する問題点として、株主融資における高い貸倒れリスクという不利益を、高い利子という利益によって補うという考え方は取れないという点が指摘されている[133]。すなわち、貸倒れリスクを利子で補うという発想が可能であるのは、多様な借り手に対して貸付を行うことでリスクを分散化している金融機関が念頭に置かれているのに対して、一般事業会社が行う株主（とりわけ親会社）に対する融資の場合、貸付先は集中しており、したがって、（高い利率と引換えであっても）そのような形で高い貸倒れの危険性を受け容れるという選択は、単にギャンブルを行っているのと同じであるという指摘である[134]。

このような考え方からは、融資を行う会社の取締役の一般的義務内容としては、株主融資が単なるギャンブルとならないよう、貸倒れの危険性は（利率の高低とは無関係に）独立してコントロールしなければならず、したがって、具体的には、担保を取得することで当該融資の貸倒れの危険性を軽減・消滅させることが求められるということになろう。担保の必要性を唱えるドイツの従来の通説の考え方や、貸倒れの危険性の問題と利子に関する有利不利の

---

133) Mülbert/Leuschner, a.a.O. (Fn.48), S.282.
134) 貸倒れ率が利率に及ぼす影響は、貸し手が銀行であるかそれ以外の個別の主体であるかで異なることについての平易な説明として、大垣尚司『金融と法——企業ファイナンス入門』246 頁（有斐閣、2010 年）参照。

問題とは別個の審査をしなければならない旨を述べる MPS 判決の考え方も、そのような観点から説明ができるように思われる。

(2) 「完全等価性」を有する場合の巨額無担保融資の許容性

他方、担保の要求という考え方がこのような株主融資に特有の危険構造に基づくものであるとしても、CMS への参加に関して担保提供を要件とすることは、経済的有用性のある CMS へ子会社が参加することが困難になるという実務的な問題が生じうる。そこで、ドイツにおいては、CMS の経済的有用性を重視する見地から、MoMiG により「完全等価性」メルクマールが導入され、それにより CMS の円滑な活用という実務的な要請と会社財産保護の要請との間に新たな妥協点が設けられたとみることができるであろう。すなわち、MoMiG による「完全等価性」メルクマールの導入は、株主融資に際して、貸倒れリスクが一定程度を超えなければそのようなリスクは受け入れてよい、という形の妥協点を示したとみることができる[135]。その一定のリスクを示す指標が「完全等価性」というわけである。

以上のようなドイツ法の経緯に鑑みれば、わが国の解釈論として、親会社への融資に際して（ドイツ法の意味における）「完全等価性」があれば担保の取得を要しない、と解することは困難であろう。

まず、法形式的な問題として、ドイツ法が示す貸倒れの危険性に関する割り切り（表現を変えるならば、貸倒れの局面における第三者比較（独立当事者間取引基準）からの逸脱の許容）は、CMS の容易化という明確な立法意思に基づく法改正によって初めて可能となったと評価すべきであり、そのような立法のないわが国の解釈論としてこれを妥当させることは困難であると思われるからである[136]。さらに、無担保融資の許容性を最上級審として承認した MPS 判決も、無担保融資の許容性の根拠として株式法 311 条の存在を挙げているのであり、株式法 311 条に類似する事後的な（無担保での）不利益補償制度が存在しないと解される[137]わが国においてこの論理をあてはめることはできないであろう[138]。

---

135) Mülbert/Leuschner, a.a.O. (Fn.48), S.282.

そして、実質的にも、とりわけ本稿の主題である CMS においては、原則として余剰資金を全額貸付に回すことが通常であると考えられ、先の見解に即していうならば、ギャンブルのリスクが自社（CMS 参加会社）の倒産リスクにまで高まる可能性は極めて高い[139]。企業を継続させるということは、

> 136) 本文では、MoMiG のような立法がないわが国の法状況の参考資料として、MoMiG 以前のドイツの法状況を参照しているかのように見えるかもしれないが、参照しているのは、厳密には、11 月判決以前のドイツの法状況である。これは、11 月判決がドイツにおいても批判の強い特異な判決であると考えられることから、その打ち立てた規範については無視するのが当面は妥当であると判断したためである。これに関連して、MoMiG の政府草案理由書において、「完全等価性」メルクマールの導入が「11 月判決以前には問題ないとして認められてきた貸借対照表的考察方法への回帰」であると述べられている（前掲注 71）に対応する本文参照）ことから、実は 11 月判決以前においても一般的に「完全等価性」メルクマールが解釈論として妥当していたのであり、本文で述べた担保徴求という規範は 11 月判決に強く影響を受けた特殊ドイツ的事情に依拠したものに過ぎない、といった批判も考えられる。しかしながら、Habersack（前掲注 72）参照）や Mülbert/Leuschner（前掲注 75）参照）が指摘するように、上記のような政府草案理由書の説明は、従来の議論内容を歪めかねない、誤解に基づくものであるという点には注意が必要である。
> 137) ドイツ株式法 311 条類似の事後的不利益補償制度をわが国の解釈論として認めるべきでないとする点については、拙著・前掲注 3）162-166 頁参照。
> 138) MPS 判決は、株式法 311 条の「不利益」を決するための概念としての「完全等価性」を、株式法 57 条 1 項 3 文の規定における「完全等価性」と同じ意味である（以下、本注で「二重の意味での完全等価性」という）としたうえで（BGHZ 179, 71, 76)、そのような「完全等価性」にとって担保が必要的でないことの理由として、株式法 311 条 2 項の事後的不利益補償制度が担保の存在を前提としていない点を挙げており（BGHZ 179, 71, 77)、ドイツの学説上も二重の意味での完全等価性に関してこのような理由づけを行うことは広く受け入れられているように思われる（Vgl. etwa Mülbert/Leuschner, a.a.O.（Fn.48), S.285)。
>   もっとも、MPS 判決の判断枠組みにおいて、無担保融資の許容性の根拠として株式法 311 条（とりわけ 2 項の不利益補償制度）の存在が挙げられていたとしても、それに大きなウェイトを置くことには問題がないわけではない。株式法 311 条の適用局面では同法 57 条の適用は排除されること（BGHZ 179, 71, 77)、また、株式法 311 条の「不利益」概念は同法 57 条の「出資の払戻し」概念よりも厳しい規準ではないということ（BGHZ 179, 71, 79)が MPS 判決の枠組みであり、それを前提とする限り、株式法 311 条の存在のみをもって担保不要説を基礎づけてしまった場合には、なお、株式法 57 条の「完全等価性」は同 311 条の「完全等価性」とは別の概念である、したがってたとえば 57 条の「完全等価性」の充足のためにはなお担保が必要である、といった解釈を生じうるように思われるからである。したがって、先に述べた二重の意味での完全等価性にとって担保が必要的ではないことの根拠としては、むしろ、「貸借対照表的考察方法への回帰」という MoMiG の立法者意思により、57 条の意味での「完全等価性」にとって担保が重要ではないと考えられること（BGHZ 179, 71, 78）こそが決定的であり、事後的不利益補償制度の存在の摘示は単なる参考情報に過ぎないと解するのが本来であるように思われる。

取締役の善管注意義務のうちでもきわめて優先度の高い内容であると考えられることから、幾許かの利益と引換えに企業の継続を脅かすようなリスクをとることは、特段の事情がない限り許容されるべきではないと考える。少なくとも、取締役の義務内容としては、貸倒れリスクが存在する限りは、貸倒れにより自社を倒産の危険にさらすほどの巨額の無担保融資は避けるべきであるという規範が導かれるように思われる。

(3) 「完全等価性」を欠く場合の他のメリットによる補償可能性

さて、本稿では先に、一般論として CMS の枠組みの中で利益不利益を総合的に勘案することが許される、という主張を展開した[140]。しかしながら、CMS の枠組み内であればすべてを総合的に勘案してその有利不利を決して良いのか、という点は、ドイツ法を参照すると実は問題となる論点であることがわかる。先にも述べたとおり、MPS 判決も、株主融資の危険性にかんがみて、貸倒れに関する不利益は利子の水準では解決できないことを示唆している。

ところで、MoMiG による「完全等価性」メルクマールの導入により、「完全等価性」があれば「払戻し」ではない、という規範が定立されることとなったが、その裏返しとして、「完全等価性」がなければ「払戻し」に該当し、抑止されるべきものとなる、という帰結をも生み出しうる[141]。このような考え方からは、たとえどれだけ小口の融資であったとしても、「完全等価性」が存しない限りそのような融資は拒絶されなければならない、という（ある

---

139) MoMiG による改正前の見解であるが、CMS 参加会社の流動性がすべて吸い上げられてしまうという CMS の特性から、株式法 311 条の不利益補償制度の利用を前提とした無担保融資の許容性を否定する見解として、Walter Bayer/Jan Lieder, Darlehen der GmbH an Gesellschafter und Sicherheiten aus dem GmbH-Vermögen für Gesellschafterverbindlichkeiten, ZGR 2005, 133, 149.

140) IV 1 (3)参照。

141) Mülbert/Leuschner, a.a.O. (Fn.48), S.285. この見解は、完全等価性を欠いていても高い利率と引換えに貸倒れリスクを受容して利益を狙うという行動をとる第三者も十分想定できることから第三者比較であれば許容されるはずの行為が、完全等価性からは許容されない可能性があることを指摘したうえで、債権者保護という保守的な要請から完全等価性の観点からの審査が優先されることを述べる。

意味で極端な）規範をも導きうるかもしれない。

これに対しては、繰り返し述べているとおり、わが国において「完全等価性」メルクマールが導入されていない以上、解釈論として「完全等価性」を満たさない場合に一律に融資を行わしめないとする割り切りも働かないと一応は言えるであろう。したがって、(1)で述べた株主融資に係るリスク構造を念頭に置いたとしても、事業ポートフォリオ内でリスクが分散されているのであれば（したがって少なくとも事実上の要請としては融資が小口である場合には）、高い利率と引換えに返済可能性に疑義のある高リスク融資を行うことも許容される余地はあるように思われる。

しかしながら、こと CMS に関しては、株主融資が小口・分散化されたものとは通常なりえないように思われ、その意味で、CMS において高い利率をもって貸倒れリスクを補うという考え方をとる余地は現実にはまずないように思われる[142]。したがって結論としてはやはり、担保・保証の取得等を通じて債権の保全措置をとるというのが、CMS 参加会社の取締役に求められる一般的な注意義務の内容となるように思われる。

3　付利

2 でも述べたとおり、わが国において「完全等価性」メルクマールは導入されておらず、一般的な第三者比較の基準のみが妥当すると解される。したがって、短期の資金に関しては、CMS の他の機能から得られるメリット（決済簡素化による費用削減効果等）によって埋め合わせることができると考えられる限りで無利子であっても構わないと考えられる一方、そのような決済資金として準備すべき適切な額を超えた額については、妥当な資金運用を行った場合と同等以上の適切なリターンが与えられる必要があると考えられる[143]。

さらに、利率に関しては、シナジーの分配にも配慮すべきであろう[144]。

---

[142] もっとも、CMS への預託額を少額に抑え、残余の余剰資金は別の手段で運用する、といった場合には例外的に認められる余地があるのかもしれない。

[143] III 5(2)参照。

[144] III 5(2)参照。

すなわち、CMS の目的を、グループ内での効率的な運用により、外部資金の導入よりも低いコストでの資金融通を可能とすることに置くとするならば、CMS 参加会社にとっては、銀行預金よりも高い預託金利、自己調達金利よりも低い借入金利が実現できなければ CMS 参加は基本的には意味がないと考えられる。（先に検討した貸倒れリスクを除き）CMS に関する個々の機能のメリット・デメリットは総合的に考慮しうるとしても、たとえば、決済簡素化による費用削減や一定の与信枠の設定を受けられるといった CMS 参加会社にとってのメリットの存在を理由として、銀行預金よりも低い預託金利、自己調達金利よりも高い借入金利が適用されることは、シナジー分配の点で問題を含むように思われる。

4 流動性

グループ内 CMS に参加した場合において、参加しなかった場合と比較して流動性に関して CMS 参加会社にとって前者が不利であると考えられる点は、次の2点であると考えられる。

第1は、CMS への参加によって、本来 CMS 参加会社が自ら処分することのできた流動性を CMS 運営会社に移転させる結果、当該流動性に対する直接の処分権を喪失してしまうという問題である。第2は、第1の問題と密接に関連するが、当該流動性に係る処分権が CMS 運営会社または親会社に事実上移転する結果、当該 CMS 参加会社の流動性の状況が、CMS 運営会社や企業グループ全体の流動性の制約に服することになるという問題[145]である。

ドイツにおいては、CMS に預託された資金は、当該 CMS 参加会社が必要とする場合には常に直ちに返還される状況でなければならないこと、および、支配企業が定めるコンツェルン全体の流動性プランニングに完全に服するのではなく、独自の流動性調達手段を確保すべきであることが述べられている[146]が、前者は第1の問題、後者は第2の問題への処方箋として参照に値すると考えられる。

145) Liebscher, a.a.O. (Fn.7), §13 Anh. Rn.367.
146) III 5(3)(i)参照。

5 「準ずる契約」の可能性

これまでに述べてきたように、CMSにおける資金プールは、通常、預託の相手方が親会社あるいはCMS運営会社のみとなり、巨額の貸倒れ、ひいては自社（CMS参加会社）の倒産の危険性が増大するという点で、分散して預託が可能な銀行預金以上に危険が集中する取引であるといえる。また、流動性に関しても、本来子会社が自由に処分しえたものが、親会社あるいはグループ全体の流動性制約がかかる結果、適時適切に子会社に流動性が供給されない可能性がある。さらに、親会社は、そのような事実上の流動性コントロール手段（あるいはそのようなコントロール権限が契約上親会社あるいはその手足ともいうべきCMS運営会社に付与されている場合もあろう[147]）を用いて、CMS参加会社の存続に不可欠な資金を掌握する結果、当該会社を意のままに操ることも不可能ではない。そのような意味で、CMSへの参加は、CMS参加会社、親会社、CMS運営会社その他のグループ会社のそれぞれの資金状況や制度設計次第[148]では、CMS参加会社の独立性を大きく損なう恐れのある取引であるといえる。

この点で想起されるのは、ドイツにおいては、親会社と支配契約を締結した子会社でなければCMSに参加できないという解釈論が提示されていた[149]点である[150]。支配契約締結の少数株主にとっての実質的な効果は、配当補償（株式法304条参照）と退出権の付与（株式法305条参照）であり、独

---

147) 親会社自身がCMSを運営していたり、CMS運営会社自体が親会社から流動性の供給を受けている場合（親会社とは別の会社がCMSを運営する場合はこのような形態となるのが通常であろう）において、親会社がその流動性の供給を無条件に行うのではなく、一定の留保をつける場合が考えられる。具体的には、親会社のCMS運営会社に対する、あるいはCMS運営会社のCMS参加会社に対する貸付拒絶権あるいは預託金の払戻拒絶権が契約上定められていることが考えられる。
148) たとえば4で述べたように、参加子会社が独自のルートで流動性を確保する手段を持てなくなった場合には、その資金的独立性は大きく損なわれることになるであろう。また、前掲注147)で述べた親会社・CMS運営会社の貸付拒絶権・払戻拒絶権は、親会社によるCMS参加会社の流動性コントロールに法的基礎を与えることになろう。
149) 前掲注56)およびBayer, a.a.O.（Fn.18），§57 Rn.102参照。その実質的な理由は、親会社が倒産し親会社に対する融資が返還されないために生じる子会社にとっての負の影響（いわゆる「ドミノ倒し」効果）を防止することにある。

立性を失うことになる会社に生じる不利益を当該少数株主に負わせないことが制度的に担保されている状況であるといえる。

このようなドイツ法の解釈論の状況を参考にすれば、日本法の解釈論としても、CMSへの参加によって事実上資金繰りに関する独立性を失うことになる場合には、たとえばCMS参加のための基本契約を経営の全部の委任契約等に「準ずる契約」（会社法467条1項4号）と位置付けて、CMS参加会社の株主総会特別決議を要求したうえで、反対株主の株式買取請求権の形で少数株主に退出権を与えることも検討に値しよう[151]。このような決議がなされ、少数株主に退出権が与えられている場合に限り、2や4で述べた担保徴求や流動性供給手段の確保に関して、第三者比較（独立当事者間取引基準）から逸脱することが許されると解する余地があるように思われる。

150) もっとも、かかる解釈論は現在では少数説である。しかしながら、対する通説は、株式法311条の事後的不利益補償制度に関して、親会社による不利益措置の仕向けから当該不利益の補償がなされるまでの間に潜在する子会社の親会社に対する補償請求権は無担保であって構わないとされていることから、同制度は補償が未履行である期間中に親会社が倒産することによる「ドミノ倒し」効果も子会社（の少数株主）が甘受することが予定されている制度であると理解したうえで、事実上のコンツェルンであっても、そのような事後的不利益補償制度の適用がある以上、CMSへの参加によって「ドミノ倒し」効果が生じても問題ない、という立場であると思われる（Mathias Habersack/Jan Schürnbrand, Cash Management und Sicherheitenbestellung bei AG und GmbH im Lichte des richterrechtlichen Verbots der Kreditvergabe an Gesellschafter, NZG 2004, 689, 693参照）。これに対して、ドイツ株式法311条のような事後的不利益補償制度のないわが国の法体系にあっては、親会社が倒産することによって子会社の親会社に対する債権が貸し倒れ、結果として重大な負の影響が子会社に及ぼされたとしてもそれは甘受すべきものである、といった結論が当然に是認されるものではあるまい。

151) 事業の全部の賃貸契約・事業の全部の経営委任契約・事業損益の全部を共通にする契約は、会社にとって重大なことであり、事業全部を他人の手に任せるような事態が生じることから株主総会の特別決議の承認が必要となるとされており（落合誠一編『会社法コンメンタール(12)』38頁〔齊藤真紀〕（商事法務、2009年））、また、これらに「準ずる契約」とは、これらと同等のものを指すとされる（落合編・前掲書39頁〔齊藤〕）。資金の流動性を制限されるCMS参加契約も、会社にとっての重大性、事業全体への多大な影響という観点から、これらの契約との同等性を肯定することが可能であると思われる。なお、子会社の独立性に少なからぬ影響を及ぼす親会社との契約に関して、「準ずる契約」として子会社の株主総会特別決議による承認を要求する見解として、柴田和史「子会社管理における親会社の責任」別冊商事206号『持株会社をめぐる商法上の諸問題』115頁（1998年）、前田重行「持株会社による子会社支配と持株会社の責任」曹時58巻3号19頁（2006年）。

V　おわりに

　近年、法制審議会会社法制部会において、子会社少数株主保護というテーマが立法課題として挙げられた。子会社少数株主保護の問題は、会社法における積年の重要課題であったが、結局実体的な規律の提案は見送られた。筆者には、立法見送りの1つの要素として、従来の学界の多大な関心にもかかわらず、実務上問題となる事例を想定した具体的な検討がこれまで十分でなかった点があるように思われる。

　本稿では、今日広く普及しているCMSを素材として、具体的な状況における具体的な規範のあり方を探ることに努めた。この試みが成功しているかはわからないが、本稿の検討が、子会社少数株主保護に係る解釈論の積み重ねの1つとなれば幸いである。

　［付記］本稿は、科学研究費補助金（課題番号22730097）および学術研究助成基金助成金（課題番号25380125）の成果の一部である。

会社・金融・法〔上巻〕

2013年11月30日　初版第1刷発行

編集代表　　岩　原　紳　作
　　　　　　山　下　友　信
　　　　　　神　田　秀　樹

発 行 者　　藤　本　眞　三

発 行 所　　株式会社 商 事 法 務
　　　　　〒103-0025 東京都中央区日本橋茅場町 3-9-10
　　　　　TEL 03-5614-5643・FAX 03-3664-8844〔営業部〕
　　　　　TEL 03-5614-5649〔書籍出版部〕
　　　　　　　　http://www.shojihomu.co.jp/

落丁・乱丁本はお取り替えいたします。　　印刷／ヨシダ印刷㈱
　Ⓒ 2013 Shinsaku Iwahara, et al.　　Printed in Japan
　　　　　　　　　　　　　　　　Shojihomu Co., Ltd.
　　　ISBN978-4-7857-2125-1
　　　＊定価はケースに表示してあります。